1月9日　北京建筑大学王随林教授主持申报的"防腐高效低温烟气冷凝余热深度利用技术"荣获国家技术发明二等奖

1月18日　北京建筑大学古桥研究院成立

1月20日　由北京建筑大学、中国大学生在线、光明网共同主办的"弘扬　融入　传播——高校培育和践行社会主义核心价值观艺术作品展"在北京建筑大学举行

3月6日　北京建筑大学召开2015年年度工作会暨党风廉政建设工作会

3月14日　北京建筑大学举行2014级非全日制（在职）硕士研究生开学典礼

4月1日　2015亚洲医院建设新格局高峰论坛（中国站）在北京建筑大学举行

4月14日　满天星交响乐团音乐沙龙在北京建筑大学举行

4月20日　丰台区委托北京建筑大学承办的"城市规划建设管理培训班"正式开班

4月23日　市委组织部、市委教育工委到北京建筑大学宣布副校长李爱群任命决定

4月24日　北京高校心理素质教育工作会暨第九届首都大学生心理健康节在北京建筑大学隆重开幕

4月24日　教育部高等教育司张大良司长、住房和城乡建设部人事司赵琦副巡视员听取北京建筑大学卓越计划实施情况进展汇报

4月24日　市委教育工委常务副书记张雪来北京建筑大学调研指导工作

5月9日　北京市教委主任线联平、北京教育考试院党委书记兼院长钱军视察北京建筑大学2015年校园开放日暨北京市第三届高校高招联合咨询会现场

5月19日　北京建筑大学召开2015年人才工作会议

5月23日　第四届北京市大学生建筑结构设计竞赛在北京建筑大学举行

5月26日　北京建筑大学第七届教代会（工代会）第三次会议暨2015年工会工作会议召开

6月2日　"国家文物局-北京建筑大学建筑遗产保护规划进修班"举办开班仪式

6月8日　市政府外事办公室及葡萄牙波尔图市市长顾问来北京建筑大学调研
并进行项目合作洽谈

6月8日　校领导会见美国奥本大学教务长 Timothy Boosinger 访问团

6月30日　北京建筑大学召开党建工作会暨建党94周年纪念大会

6月30日　副校长汪苏为团长的北京市政府外办组织的第二期"中国青年设计师驻场四季计划"代表团在葡萄牙帕雷德斯市受到总统席尔瓦的接见

7月2日　北京建筑大学学生学业指导和发展辅导中心成立大会

7月10日　北京建筑大学隆重举行2015届本科生毕业典礼暨学位授予仪式

7月10日　遗迹·足迹　使命·责任——国家级抗战纪念设施、遗址社会实践调研成果展开幕

7月14日　北京市委市政府任命张爱林为北京建筑大学校长

7月14日　张爱林校长作任职讲话

7月14日　北京建筑大学举行2015届硕士研究生毕业典礼暨学位授予仪式

7月21日　北京建筑大学与天津城建大学、河北建筑工程学院签署协同创新战略合作协议
　　　　　携手成立"京津冀建筑类高校协同创新联盟"

7月22日　北京建筑大学与中国青年创业就业基金会签订"中国青年创业社区"
　　　　　战略合作协议

8月1日　北京建筑大学举行大兴校区体育馆工程奠基仪式

8月22日　市委副秘书长郭广生一行来北京建筑大学调研

9月10日　北京建筑大学举行2015级全日制研究生开学典礼

9月14日　北京建筑大学举行2015级本科新生开学典礼暨军训开营式

10月9日　北京市人民政府与住房和城乡建设部共建北京建筑大学

10月9日　北京建筑大学研究生院挂牌成立

10月18日　北京建筑大学举行青年校友会成立大会

10月20日　北京建筑大学召开第12次本科人才培养工作大会

10月22日　北京建筑大学创新创业教育学院成立

10月22日　法国驻华大使顾山先生一行访问北京建筑大学

10月27日　北京建筑大学马克思主义学院成立

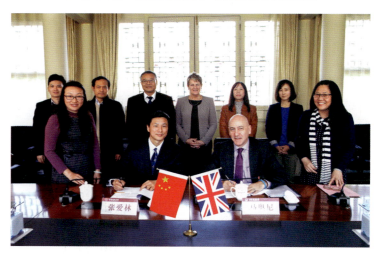

11月2日　英国西苏格兰大学校长克雷格一行访问北京建筑大学

11月10日 2015年学科与科技工作大会隆重召开

11月10日 "北京建筑大学城市设计高精尖创新中心"和"北京建筑大学海绵城市研究院"揭牌成立

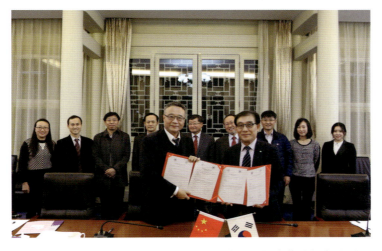

12月10日 北京建筑大学与韩国大田大学签订合作谅解备忘录

12月22日　北京建筑大学举办"直面'钱学森之问'——高校培养高水平人才之思考"谢礼立院士报告会

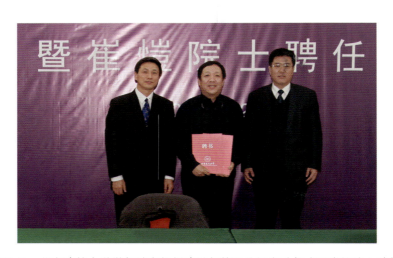

12月28日　北京建筑大学举行城市规划建设与管理论坛启动仪式暨崔愷院士聘任仪式

12月30日　北京建筑大学举办2016年教职工新年联欢会

北京建筑大学 2015 年年鉴

北京建筑大学年鉴编委会　编

中国建筑工业出版社

图书在版编目(CIP)数据

北京建筑大学 2015 年年鉴/北京建筑大学年鉴编委会编. —北京:中国建筑工业出版社,2017.5
 ISBN 978-7-112-20737-4

Ⅰ.①北… Ⅱ.①北… Ⅲ.①北京建筑大学-2015-年鉴 Ⅳ.①G649.281-54

中国版本图书馆 CIP 数据核字(2017)第 099900 号

本书由北京建筑大学组织编纂,内容综合反映了北京建筑大学发展现状,属于文献史料性工具书。内容主要包括:北京建筑大学概况、重要讲话、机构设置、教育教学、学科建设与科学研究、人才队伍建设、对外合作交流、学生发展、管理与服务、党建与群团工作、院系工作、教学辅助工作、社会服务、毕业生名单、表彰与奖励、大事记、新闻建大等。内容丰富,资料来源权威可靠,具有很强的指导性和文献性。可为校内外人员了解北京建筑大学发展情况提供信息。本书具有重要的史料价值和收藏价值。

* * *

责任编辑:王　磊
责任校对:王宇枢　李欣慰

北京建筑大学 2015 年年鉴
北京建筑大学年鉴编委会　编

*

中国建筑工业出版社出版、发行(北京海淀三里河路 9 号)
各地新华书店、建筑书店经销
北京红光制版公司制版
北京圣夫亚美印刷有限公司印刷

*

开本:787×1092 毫米　1/16　印张:33¾　插页:8　字数:841 千字
2017 年 6 月第一版　2017 年 6 月第一次印刷
定价:138.00 元
ISBN 978-7-112-20737-4
(30339)

版权所有　翻印必究
如有印装质量问题,可寄本社退换
(邮政编码 100037)

《北京建筑大学 2015 年年鉴》编纂委员会

主　　任：王建中　张爱林

副主任：何志洪　汪　苏　李维平　张启鸿　张大玉　李爱群
　　　　吕晨飞　张素芳

委　　员：白　莽　孙景仙　孙冬梅　高春花　黄尚荣　牛　磊
　　　　王德中　朱　静　郝　莹　冯宏岳　陈静勇　戚承志
　　　　邹积亭　李雪华　高　岩　陈红兵　贝裕文　孙文贤
　　　　刘　蔚　周　春　赵晓红　牛志霖　吴海燕　沈　茜
　　　　魏楚元　王锐英　丛小密　刘临安　何立新　李俊奇
　　　　杨　光　姜　军　杜明义　杨建伟　孙希磊　崔景安
　　　　杨慈洲　赵静野

《北京建筑大学 2015 年年鉴》编委会

主　　任：张爱林

副 主 任：张启鸿　白　莽

委　　员：李大伟　吴建国　齐　勇　詹宏伟　陈　娟
　　　　　高士杰　扈恒畅　李文超

《北京建筑大学 2015 年年鉴》撰稿人、审稿人名录

撰 稿 人（按姓氏笔画排序）

丁　帅	丁　奇	丁建峰	马小华	王　玮	王　玥
王　珏	王　茜	王　亮	王　梦	王子岳	王秉楠
王恒友	王鲜云	王德中	车晶波	牛志霖	毛　静
孔　娟	左一多	龙佩恒	申桂英	田　芳	冯萃敏
曲　杰	曲秀莉	朱浩兰	朱晓娜	伊勇适	刘　伟
刘　杰	刘　倩	刘　博	刘　璁	刘志刚	刘艳华
齐　群	关海琳	许　亮	孙　明	孙　强	孙文贤
芦玉海	杜明义	李　飞	李　伟	李　莹	李　维
李　鹏	李长浩	李佳冰	李晓飞	杨　倩	杨国康
杨益东	肖　冰	何　驰	何立新	何伟良	何其锋
何静涵	谷天硕	邹　娥	汪琼枝	沈　茜	宋奇超
宋桂云	张　岩	张　莉	张　曼	张　蕊	张小林

张文成	张国伟	张捍平	张媛媛	张群力	张瑶宁
陈亚飞	陈笑彤	陈靖远	陈雍君	陈霞妹	罗　辉
周　霞	周晓静	周理安	宛　霞	赵江洪	赵林琳
赵春超	赵海云	赵翠英	郝　迈	姚　远	秦立富
袁伟峰	聂跃梅	贾海燕	倪　欣	徐敬明	高　韬
高　蕾	高士杰	高方红	高兰芳	高丽敏	郭晋生
郭燕平	黄　兴	黄　瑸	黄　静	黄庭晚	曹鑫浩
章　瑾	梁　凯	董天义	董新华	韩　敏	韩　淼
韩忠林	韩京京	廖维张	薛东云	魏　祎	魏楚元

审稿人（按姓氏笔画排序）

王　昀	王建宾	王崇臣	王锐英	王震远	王德中
贝裕文	牛　磊	牛志霖	毛发虎	田　林	白　莽
冯宏岳	朱　静	朱俊玲	刘　蔚	刘志强	刘国朝
汤羽扬	那　威	孙冬梅	孙景仙	李　红	李云山
李俊奇	李海燕	李雪华	杨　光	杨慈洲	肖建杰
吴海燕	汪长征	沈　茜	张素芳	陈红兵	邵宗义
周　春	赵晓红	赵静野	郝　莹	姜　军	高　岩
高春花	高瑞静	黄尚荣	戚承志	彭　磊	程士珍
魏楚元					

编 辑 说 明

一、《北京建筑大学 2015 年年鉴》是一部综合性资料工具书，是学校教育全面发展的史料文献；在学校党委领导下，由北京建筑大学年鉴编纂委员会主持编写，由中国建筑工业出版社正式出版。

二、本年鉴汇集了学校各方面工作状况的重要资料，全面反映了北京建筑大学 2015 年在党建与思想政治工作、教学改革、学科建设、科学研究、人才培养、国际交流与合作等方面的发展状况和取得的主要成绩。

三、年鉴收录了学校各单位 2015 年 1 月 1 日-12 月 31 日期间的情况。选入的文章、条目和图表均由学校各单位、各部门组织编写和提供，并经单位领导审核确认。统计数据由学校各职能部门提供。学校重要事件、重要活动的主题图片由党委宣传部等提供。

本年鉴的编写和出版得到了学校各级领导的高度重视和各单位的大力支持，在此表示衷心感谢。由于编辑力量和水平有限，经验不足，书中疏漏、错误之处在所难免，恳请广大师生和读者批评指正。

目　　录

第一章　北京建筑大学概况 ·· 1

第二章　重要讲话 ·· 3
　一、党委书记王建中在北京建筑大学2015年年度工作会暨党风廉政建设工作会上的讲话 ··········· 3
　二、党委书记王建中在2015年北京建筑大学人才工作会上的讲话 ···················· 12
　三、党委书记王建中在北京建筑大学第七届教代会（工代会）第三次会议暨2015年
　　　工会工作会议上的讲话 ··· 17
　四、党委书记王建中在北京建筑大学党建工作会暨纪念建党九十四周年大会上的讲话 ······ 21
　五、党委书记王建中在北京建筑大学2015年秋季学期工作会上的讲话 ············· 27
　六、党委书记王建中在北京建筑大学2015年教师节座谈会上的讲话 ················ 32
　七、党委书记王建中在北京建筑大学第十二次本科人才培养工作会上的讲话 ···· 35
　八、党委书记王建中在北京建筑大学2015年学科与科技工作会议上的讲话 ······ 41
　九、校长朱光在北京建筑大学新春团拜会上的讲话 ··· 45
　十、校长朱光在2015年北京建筑大学人才工作会上的主题报告 ······················· 47
　十一、校长朱光在2015届学生毕业典礼暨学位授予仪式上的讲话 ···················· 52
　十二、校长朱光在2015届夏季研究生毕业典礼暨学位授予仪式上的讲话 ········· 54
　十三、校长张爱林在北京建筑大学2015级研究生开学典礼上的讲话 ················ 56
　十四、校长张爱林在北京建筑大学2015级本科生开学典礼上的讲话 ················ 59
　十五、校长张爱林在第十二次本科人才培养工作会上的工作报告 ···················· 64
　十六、校长张爱林在学科与科技工作大会上的工作报告 ··································· 71

第三章　机构设置 ·· 77
　一、学校党群、行政机构 ·· 77
　二、学校教学、教辅、附属及产业机构 ·· 78
　三、学校重要委员会和领导小组 ·· 78

第四章　教育教学 ·· 93
　一、本科生教育 ··· 93
　二、研究生教育 ··· 101
　三、国际教育 ·· 105
　四、继续教育 ·· 109
　五、体育教育 ·· 112
　六、计算机教学 ··· 119

第五章　学科建设与科学研究 ·· 121
　一、学科建设 ·· 121
　二、科学研究 ·· 122

第六章　人才队伍建设 · 132
一、基本情况 · 132
二、人才引进 · 132
三、教师培养 · 133
四、人事管理（考核、聘任、档案等）· 138

第七章　对外合作交流 · 140
一、国际交流与合作 · 140
二、港澳台交流与合作 · 142
三、国际友好往来 · 142
四、港澳台友好往来 · 142
五、因公出国 · 142
六、因公出境 · 145
七、国际教育 · 145
八、外国专家 · 146
九、港澳台专家 · 146

第八章　学生发展 · 147
一、本科生招生工作 · 147
二、就业工作 · 154
三、校友工作 · 161

第九章　管理与服务 · 167
一、党政管理 · 167
二、财务工作 · 169
三、审计工作 · 173
四、资产管理工作 · 174
五、校园建设 · 176
六、安全稳定工作 · 178
七、大兴校区管委会工作 · 182
八、后勤服务工作 · 183
九、网络信息工作 · 186
十、工程实践创新中心工作 · 187

第十章　党建与群团工作 · 189
一、组织工作 · 189
二、宣传思想工作 · 193
三、统战工作 · 206
四、纪检监察工作 · 207
五、工会、教代会工作 · 210
六、学生工作 · 213
七、离退休工作 · 230
八、机关党委工作 · 231

九、共青团工作 ………………………………………………………………… 233
第十一章　院系工作 …………………………………………………………………… 251
　　一、建筑与城市规划学院 ………………………………………………………… 251
　　二、土木与交通工程学院 ………………………………………………………… 265
　　三、环境与能源工程学院 ………………………………………………………… 277
　　四、电气与信息工程学院 ………………………………………………………… 286
　　五、经济与管理工程学院 ………………………………………………………… 290
　　六、测绘与城市空间信息学院 …………………………………………………… 303
　　七、机电与车辆工程学院 ………………………………………………………… 311
　　八、文法学院 ……………………………………………………………………… 316
　　九、理学院 ………………………………………………………………………… 329
　　十、马克思主义学院 ……………………………………………………………… 353
第十二章　教学辅助工作 ……………………………………………………………… 360
　　一、图书馆 ………………………………………………………………………… 360
　　二、学报编辑部 …………………………………………………………………… 368
　　三、建筑遗产研究院 ……………………………………………………………… 369
　　四、建筑设计艺术（ADA）研究中心 ……………………………………………… 373
第十三章　社会服务 …………………………………………………………………… 386
　　一、北京建大资产经营管理有限公司 …………………………………………… 386
　　二、北京建工京精大房工程建设监理公司 ……………………………………… 393
　　三、北京建工建筑设计研究院 …………………………………………………… 396
　　四、北京建工远大建设工程有限公司 …………………………………………… 403
　　五、北京建达兴工程咨询有限公司 ……………………………………………… 405
　　六、北京建工建方科技公司 ……………………………………………………… 406
　　七、北京致用恒力建筑材料检测有限公司 ……………………………………… 409
　　八、北京学宜宾馆有限公司 ……………………………………………………… 410
　　九、北京天乐服装批发市场有限公司 …………………………………………… 411
　　十、北京建广嘉业房地产开发有限公司 ………………………………………… 411
　　十一、北京北建大科技园发展有限公司 ………………………………………… 412
　　十二、北京北建大物业管理有限公司 …………………………………………… 412
第十四章　毕业生名单 ………………………………………………………………… 415
　　一、2015年北京建筑大学本科毕业生名单 ……………………………………… 415
　　二、2015年北京建筑大学本科生结业名单 ……………………………………… 430
　　三、2015年外国留学生本科毕业生名单 ………………………………………… 430
　　四、2015年北京建筑大学学士学位获得者名单 ………………………………… 430
　　五、2015年北京建筑大学硕士毕业生名单 ……………………………………… 448
　　六、2015年北京建筑大学硕士学位获得者名单 ………………………………… 462
　　七、2015年北京建筑大学继续教育学院毕业生名单 …………………………… 478
　　八、2015年北京建筑大学继续教育学院本科毕业生获得学士学位名单 ……… 480

九、2015年北京建筑大学自学考试本科毕业生名单……481
　　十、2015年北京建筑大学自学考试本科毕业生获学位名单……481
第十五章　表彰与奖励……482
　　一、单位和教师所获表彰与奖励……482
　　二、学生所获表彰与奖励……487
第十六章　大事记……503
附录一　2015年新增、减员工一览表和名单……512
附录二　学校高级职称人员名单……515

第一章　北京建筑大学概况

　　北京建筑大学是一所以土建类专业为特色，以工为主，工、管、理、法、艺等学科相互支撑、协调发展的多科性大学，是北京市和住房和城乡建设部共建高校，是"北京城市规划、建设、管理的人才培养基地和科技服务基地"、"北京应对气候变化研究和人才培养基地"和"国家建筑遗产保护研究和人才培养基地"。

　　学校始建于1936年的北平市立高级工业职业学校土木工程科，近80年来，历经高工建专、中专和大学三个发展阶段。1982年被确定为国家首批学士学位授予高校，1986年获准为硕士学位授予单位。2011年被确定为教育部"卓越工程师教育培养计划"试点高校。2012年"建筑遗产保护理论与技术"获批服务国家特殊需求博士人才培养项目，成为博士人才培养单位。2013年4月经教育部批准更名为北京建筑大学。2014年获批设立"建筑学"博士后科研流动站。2015年10月9日，住房和城乡建设部与北京市人民政府签署共建北京建筑大学协议书，市部共建为学校更好更快发展搭建了更加宽广的平台，提供了更为广阔的空间和机遇，标志着学校发展又迈上了新的台阶，步入了新的发展时期。

　　学校拥有西城和大兴两个校区。目前，学校正按照"大兴校区建成高质量本科人才培养基地，西城校区建成高水平人才培养和科技创新成果转化、产学研协同创新基地"的"两高"发展布局目标加快推进两校区建设。学校与住房和城乡建设部共建有中国建筑图书馆，是全国建筑类图书种类最为齐全的高校。

　　学校学科专业特色鲜明，共有34个本科专业。人才培养体系完备，设有13个学院和1个基础教学单位。学校拥有1个服务国家特殊需求博士人才培养项目，1个博士后科研流动站，26个硕士学位授权领域点。拥有建筑学、土木工程、测绘科学与技术、管理科学与工程、城市规划与设计等北京市重点学科。在2012年全国学科评估中，建筑学、测绘科学与技术名列第9名，城乡规划学名列第12名，风景园林学名列第15名。

　　学校名师荟萃、师资队伍实力雄厚。现有教职工1000余人，专任教师564名。其中具有高级专业技术职务的教师325人，教授99人，博士生导师26人。拥有长江学者、国家杰青、国家教学名师、全国优秀教师、百千万人才工程国家级人选、北京学者等高层次人才70余人。拥有教育部、住房和城乡建设部专业指导和评估委员会委员9人。

　　学校坚持质量立校，教育教学成果丰硕。学校2014年获得国家教学成果一等奖，并在近三届北京市教学成果奖评选中获得教学成果奖21项。学校是首批国家级工程实践教育中心建设高校，拥有国家级实验教学示范中心、国家级土建类人才培养模式创新试验区、国家级虚拟仿真实验教学中心、国家级校外人才培养基地等10余个。2015年，学生在全国和首都高校"挑战杯"等科技文化活动中，获得省部级以上奖励287项。

　　学校坚持立德树人，培育精英良才。现有各类在校生12461人，其中全日制本科生7575人，博士、硕士研究生1850人，成人教育学生2916人，留学生120人。多年来，学校为国家培养了6万多名优秀毕业生，为国家和首都城市建设做出了积极贡献。校友中涌现出了被称为"当代鲁班"后成为党和国家领导人的李瑞环，核工业基地建设的奠基人赵宏，中国工程院院士张在明，全国工程勘察设计大师刘桂生、沈小克、张宇、罗玲、胡越、包琦玮、高士国，在国际上有重要影响的中国建筑师马岩松等一大批优秀人才。学校毕业生全员就业率多年来一直保持在95%以上，2014年进入"全国高校就业50强"行列。

学校始终坚持科技兴校，不断强化面向需求办学的特色，科学研究硕果累累，形成了建筑遗产保护、节能减排、地下工程、智慧城市等多个在全国具有比较优势的特色科研领域与方向。学校现有城市雨水系统与水环境省部共建教育部重点实验室、代表性建筑与古建筑数据库教育部工程研究中心、北京市应对气候变化研究及人才培养基地等22个省部级科研平台。近几年以来，学校在研各类科研项目2000余项，其中国家863、国家科技支撑等省部级以上科研项目400余项；获省部级以上科技成果奖励60余项，其中荣获国家科技进步奖、技术发明奖共13项，2010、2011、2012连续三年以第一主持单位获得国家科技进步二等奖，2014年以第一主持单位获得国家技术发明奖。科技服务经费连续8年过亿，2014年达到2.8亿元，连续9年位居市属高校前列。学校重视科技成果转化，建设具有建筑行业特色的大学科技园，是中关村国家自主创新示范区股权激励改革工作首批试点的2所高校之一。

学校面向国际，办学形式多样。学校始终坚持开放办学战略，广泛开展国际教育交流与合作。目前已与美国、法国、英国、德国等25个国家和地区的54所高等学校和科研机构建立了交流与合作关系。

学校全面加强党的建设，党建和思想政治工作成效显著。近年来，获评北京市"党的建设和思想政治工作先进高等学校"、"首都高校平安校园示范校"、"全国厂务公开民主管理先进单位"、"北京市文明校园"等荣誉称号。

站在新的历史起点上，学校正按照"提质、转型、升级"的基本发展策略，围绕立德树人的根本任务，全面推进内涵建设，全面深化综合改革，全面实施依法治校，全面加强党的建设，持续增强学校的办学实力、核心竞争力和社会影响力，力争为北京乃至全国的城乡建设作出更大贡献。

（高士杰　白　莽）

第二章 重 要 讲 话

一、党委书记王建中在北京建筑大学2015年年度工作会暨党风廉政建设工作会上的讲话

老师们、同志们：

大家好！春节刚过，昨天是元宵佳节，先给各位拜个晚年！今天开学伊始，又是二十四节气中的第3个节气——惊蛰，代表着"天气回暖，春雷始鸣，万物苏醒"，在这一具有"革命"意味的节气，我们济济一堂召开年度工作会，全面部署和启动学校今年的工作，显得恰逢其时，意义重大。这次会议，按照中央的精神，我们在以往的基础上做了一些调整，一是将干部工作会改为年度工作会；二是将学校年度工作会与党风廉政建设工作会合并来开，做到同部署、同落实；三是请全校的正教授和有关代表参加。这样做的目的只有一个，就是想在最大范围内凝聚全校共识和力量，全心全意依靠全校师生办学。刚才，朱光校长总结回顾了学校2014年工作，对2015年工作进行了全面部署，何书记就2015年党风廉政建设与反腐败工作也作了全面部署，所讲意见，我完全同意。希望大家会后认真学习、传达，结合本部门、本单位实际情况细化工作方案，抓好贯彻落实。

2015年是不同寻常的一年，我们将其定位为"全面深化改革的关键之年，是全面推进依法治校的开局之年，是巩固拓展党的群众路线教育实践活动成果、坚持全面从严治党的重要之年，也是全面完成'十二五'规划的收官之年和全面谋划'十三五'发展的规划之年"，这样的多重称谓，就意味着多重责任和任务。可以说，无论从国家层面，还是从学校层面，2015年都是大事要事交织叠加的一年，改革发展任务十分繁重，要破解的难题也非常多，所以，全力做好2015年工作，对学校现阶段乃至长远发展都至关重要。

我是去年10月底到学校工作的，屈指一算，刚好4个月，如果去掉寒假和其他假期，也就是2个多月的时间。期间，到各个单位和部门做了初步的调研，通过各种座谈会与老师、学生和离退休教师代表见了面，特别是通过学校发展规划研讨班和处级干部培训班，在大家的帮助和支持下，应该说对我们北建大面上的情况有了一定的了解，但还很粗浅、很不深入，还没有形成全面的、系统的、深刻的认识。但形势变化快速，事业发展迅猛，时间不等人，对学校下一步的发展只能是边学习、边调研、边思考，边谋划、边构想、边推进，所以，感谢朱校长、学校班子成员和大家对我的理解、帮助和支持，特别是全校干部、师生在经过学校近几年跨越式发展后，追求更高目标和谋求更大发展的强烈愿望、饱满精神和充足干劲，深深地感染了我、激励了我，这是我们学校今后发展最宝贵、最根本、最强大的精神力量，也给了我巨大的力量和信心。我相信，有了这种强大精神和愿望作支撑，我们建大人一定能够实现新的跨越，创造新的更大成就。借此机会，再次感谢大家为学校发展作出的突出贡献。

下面，结合最近上级会议精神和学习体会，特别是教育部杜玉波副部长在北京高校领导干部会上的讲话，就做好今年的各项工作，我再和大家沟通一些想法，讲几点意见。

一、认清新形势，把握新特征，主动认识、适应和引领发展新常态

学校在不同的发展时期面临着不同的发展形势，呈现出不同的发展特征，我们只有认清当前的新形势，把握好学校发展新阶段的新特征，才能更好地抓住机遇推动学校发展，实现新起点上的新目标。在座诸位都是学校的重要干部和业务骨干，大家的视野决定了学校发展的境界，这就要求大家要经常站在全局的高度来认识、思考、谋划和推进工作，所以，大家都要重视对形势的研判和特征的把握，并善于从中识别机遇和抢抓机遇。当前，在经济发展进入新常态、高等教育与经济社会发展深度融合的形势下，我国高等教育正面临着一场深刻的变革，每一所大学都将在这一轮变革中接受洗礼，其价值也将被重新定位。

1. 认清我国新时期的发展战略布局。2015年2月2日，习近平总书记在省部级主要领导干部学习贯彻十八届四中全会精神全面推进依法治国专题研讨班开班式的讲话中，把"全面建成小康社会、全面深化改革、全面推进依法治国、全面从严治党"这"四个全面"定位于党中央的战略布局。全面建成小康社会是战略目标，全面深化改革、全面依法治国、全面从严治党是三大战略举措。高等教育服务于国家战略，这也就给高等教育的发展指明了方向。在新时期，深化教育综合改革、推进依法治校、全面加强党的建设、推进有特色高水平大学建设就成为学校当前的重要任务。所以，做好当前学校的工作，首要任务是认真学习贯彻十八大和十八届三中、四中全会精神，深入贯彻落实习近平总书记系列重要讲话精神。尤其是各级干部，一定要深入学习，真学真用，要深刻领会习近平总书记的讲话精神和治国方略，把它贯彻到我们学校的工作中，落实到我们各个单位的工作中。近期，中央出版了一系列关于习近平总书记治国理政的书籍，大家要当作经典放在桌上经常读、反复读，认真钻研。

2. 认清我国经济发展新常态的主要特点。一是增长速度正从高速增长转向中高速增长；二是发展方式正从规模速度型粗放增长转向质量效率型集约增长；三是经济结构正从增量扩能为主转向调整存量、做优增量并举的深度调整；四是发展动力正从要素驱动、投资驱动转向创新驱动，概括地说就是"速度变化、结构优化、动力转化"。高等教育服务经济社会发展，面对我国经济发展新常态，高校在学科建设、专业设置、人才培养、科学研究、社会服务以及招生、就业等诸方面都面临着适应调整问题。正如刘延东副总理所指出的，认识、适应、引领新常态，是当前和今后一个时期经济发展的主旋律，也是教育工作的大逻辑。高校必须站在战略和全局的高度加快转变思想观念，适应经济社会发展的新要求，构建高等教育新的发展模式和道路，实现在新常态下更高水平的发展、更可持续的发展。我们一定要高度关注新变化、新要求，否则就要掉队。

3. 认清我国高等教育发展的新特征。一是从发展环境看，随着国家产业转型升级进程的加快，人才市场的供需关系正由高校为主导的供给驱动变为行业企业为主导的需求驱动。这点在就业上体现非常明显，对人才培养质量的需求上也非常明显，比如现在有些专业市场认同度低，所以教育部提出高校要主动调整专业结构、主动调整专业招生，有些专业招不到学生，说明没有需求，也就没有继续办下去的必要，所以面临着深刻的调整。这就要求高校必须树立起市场竞争的意识和优胜劣汰的危机感，主动对接行业产业需求，在优化调整人才培养结构、加强创新创业教育和职业引导上主动作为、有所作为。各学院院长、书记要充分认识这一形势，否则将面临生存危机。二是从发展定位看，随着创新驱动战略的实施，特别是全社会对先进科技和高素质人才需求日益增加，高等教育正在走向社会的中心，角色定位从过去的支持服务逐步转向服务和引领同步。原来高校是配角，不在发展主战场，是服务主战场。现在高校除服务主战场外，还要在有些领域、有些方面要走向前台，处于引领地位。我们都要深入思考，学校的工作中哪些应该走向前台，直接为经济社会发展做贡献。现在很多高校进行产业、进行成果转化的时候明显体现出来，仅靠企业无法适应社会形势发展的需要，只有企业与高校联合发展，才能实现共赢发展。今年学校突出强调要加大加强协同创新的力度，加大成果转换的力度，就是当前的形势和趋势的需要。这就要求高校必须坚持需求导向、合理定位，与国家"五位一体"总体布局和"四化同步"发展的新要求贴紧靠实，通过拓展服务能力和提升贡献力实现与经济社会的深度融合。今年学校的工作要点中提出要"协同创新、协同育人"，就是推进深度融合，促进科研协同发展、人才培养协同发展。三是从发展方式看，随着多年来的快速发展，我国高等教育正在从以规模扩张为特征的外延式发展转向以质量提升为核心的内涵式发展。这就要求高校把发展重点从过去的拼规模、拼数量转向在稳定规模的基础上拼质量、拼内涵，提高优质高等教育资源的供给能力和水平，实现由"以量谋大"到"以质图强"的战略转变。这点对我们学校非常重要，过去拼规模、拼指标、拼科研奖励，我们学校规模小，比较吃亏。现在不仅拼规模，还要拼质量、拼产出，这点对学校发展极为有利，所以我们要把学校发展得更精致，特色更明显。四是从发展动力看，随着教育改革进入深水区，越来越涉及复杂的内部关系和利益格局的重大调整，容易改的都改了，剩下的都是硬骨头。这就要求高校不能再依靠零敲碎打、缝缝补补过日子，必须下决心通过深化体制机制综合改革理顺内部关系、释放发展活力、调动各方面积极性。这就是今年的工作要点为什么要把综合改革作为重点，学校要进一步上层次、上水平，就必须以本次教育领域综合改革为契机，理顺学校内部治理体系，提升治理能力。

4. 认清我校新阶段发展的新特征。在新时期，我们北建大与其他高校一样，面临着上述共同的发展形势和竞争环境，也有自身独特的机遇和挑战。通过去年年底我们进行的发展规划研讨，使我们感到，北建大经过近几年的快速发展，特别是更名为大学后，办学条件有了重大改善，学校发展跃上的新台阶，进入了"提质、转型、升级"新的发展阶段，也进入了内涵发展的关键时期。一方面，学校发展面临着很多新的机遇：一是城市化与新型城镇化。习近平总书记指出，城镇建设水平，不仅关系居民生活质量，而且也是城市生命力所在，一定要本着对历史、对人民高度负责的态度，切实提高城市建设水平。在去年年底的全国城市规划建设工作座谈会上，张高丽副总理明确指出，要加强城市设计、完善决策评估机制、规范建筑市场和鼓励创新，提高城市建筑整体水平；要加大投入，加快完善城市基础设施，增强城市综合承载能力；要注重保护历史文化建筑，牢牢把握地域、民族和时代三个核心要素，为城市打造靓丽名片，留住城市的人文特色和历史记忆。同时，要加强农村建筑风貌管控，做好传统村落和传统民居的保护工作。特别是昨天，李克强总理在政府工作报告中指出，2015年要稳定住房消费，支持居民自住和改善性住房需求，促进房地产市场健康平稳发展；住房保障方面要有新的突破，以解决"三个1亿人"问题为着力点，发挥好城镇化对现代化的支撑作用，等等。这些都是建筑行业的重大利好消息。与此同时，近期我也重点学习了习近平总书记关于城市规划建设的一系列重要指示批示，以及全国城市规划建设工作座谈会精神，其中蕴含了我们学校巨大的发展机遇，这是国家的重点，也是我们的机遇，我们要紧跟国家的发展方向，调整观念，调整思路，紧紧跟上，抓住机遇。今年还要以党中央、国务院的名义召开第四次全国城市工作会议，前三次分别于1962年、1963年和1978年召开，都是以党中央或者国务院的名义召开的，其中周恩来总理亲自主持召开过两次，可见国家对城市的发展非常重视，里面蕴含着学校发展的广阔空间和难得机遇。二是城市建设与可持续发展。这是全世界的主题，更是中国的主题。去年我们去同济大学调研，它们把自身发展就定位在可持续发展上，即围绕可持续发展论证怎样培养可持续发展的人才、怎样构建可持续发展的学科、怎样打造可持续发展的项目。作为建筑大学，为了城市、为了国家的可持续发展，我们有大量的专业和学科都能发挥更大的作用，这也是机会所在。三是城市环境和节能减排。2015年住建部将新增绿色建筑3亿平方米以上，完成北方居住建筑的供热计量及节能改造1.5亿平方米，这是一个巨大的市场，也是重大的机遇。四是一带一路战略构想。这个构想一旦变成现实，将构建起世界跨度最长、最具发展潜力的经济走廊，涵盖44亿人口，GDP规模达到21万亿美元，分别占世界的63%和29%，无论是基础建设，还是建筑遗产保护，都给我们带来新的机遇，需要我们用智慧、心智、辛勤劳动去挖掘。五是京津冀协同发展战略。推进交通一体化、环境一体化等措施，也蕴含着巨大的需求和发展机遇。六是北京"四个中心"建设。特别是在推进北京科技创新中心建设的进程中，结合我们的学科专业特色，更是大有可为。七是全社会的信息化建设。当前各行各业都需要推进信息化，这是重大课题，也是机遇。这些都是和学校有关的机遇，我们要全面认真地去学习、挖掘、转化，抓住机遇，做强学科，提升人才培养质量，使学校办学实力、核心竞争力和社会影响力进一步得到提升。

另一方面，学校发展也面临着很多新的挑战，除外部制约条件外，通过近期调研，特别是通过领导班子民主生活会前征求的意见汇总，我感觉主要有以下几点：一是管理体制机制还不能适应建设有特色、高水平建筑大学的需求。建设有特色、高水平建筑大学是全体北建大人的意志，任何战略目标、体制机制都要适应、支持这一目标，从目前的情况来看，我们在管理体制机制上还不能达到要求。二是管理服务能力还不能满足广大师生的要求，特别是两校区布局还需要尽快调整完善，信息化建设水平依然相对落后等，这些都是学校2015年工作要点中要重点突破的工作。三是人才培养质量与社会的要求、与高水平大学的要求还有差距。年前学校组织召开了校友座谈会，广大校友都提出学校办学关键还在于提高人才培养质量上，要不断提高学生实践动手能力。四是学术资源相对不足，博士授权点、高水平人才队伍建设等制约学校发展的瓶颈问题依然急待破解。我们在务虚会上讨论，目前学校的学科点、博士点、师资队伍能否支撑建设有特色、高水平建筑大学的目标，这点要深入分析，积极拓展学校学术资源。关于师资队伍建设，首先要充分挖掘校内师资资源，激发内生动力，支持大家建功立业。同时，要根据学校师资队伍现状、蕴含的潜能以及学科专业发展需求加大引进力度。关于博士点申报，在这项工作上，我们没有决定权，关键是提前做好各项准备工作，把工作落实、落细，掌握主动权，一旦政策放开就要尽力争取。各学院也要根据学科建设的需求，通过搭建事业发展平台来吸引人才，通过协同创新、协同育人和大学科技园建设，着力引进一批高水平人才；五是国际化建设相对滞后。国际化水平不高的大学不可能是高水平的大学，苟仲文书记在北京高校领导干部会议上也指出，市属高校要想实现"弯道超车"，国际化是一条重要途径，也是必然途径。我们一定要提前谋划，明确责任，统筹实施，全校推进，争取今年有所突破。

以上是对学校发展形势和特征的初步分析，供大家讨论参考。

二、坚持内涵发展，推进综合改革，持续增强办学实力、核心竞争力和社会影响力

站在新的历史起点上，面对我国高等教育发展新常态下的新特征、新趋势，杜玉波副部长强调，高校必须在观念上要适应、认识上要到位、方法上要对路、工作上要得力。具体来说，要做到四个"更加注重"：一要更加注重内涵发展，而不是一味扩规模、上专业、改校名、提规格。我们只有把质量提升作为核心任务、作为生命线，以质量求生存、以贡献求支持，才能进入自主发展、内涵发展的良性循环。二要更加注重特色发展，而不是一味盲目攀高或求全求大。我们只有立足实际、找准服务面向、不断强化办学特色，才能真正找寻到适合自身的发展道路，赢得更为广阔的发展空间。三要更加注重创新发展，而不是拘囿于原有利益格局和固定模式套路。我们只有敢于和善于推动体制机制的创新，才能从根本上打破束缚、释放活力，充分发挥各类办学要素的最大效益。四要更加注重需求导向，而不是蒙着头、关着门、脱离社会需求办学。只有坚持与国家战略和区域发展需要同向同行，才能得到政府和社会更多的支持，促进学校可持续发展。这些对我们学校办学具有重要指导意义。

在今年2月份召开的北京高校领导干部会议上，苟仲文书记指出，北京市的教育发展分为学前教育、小学教育、初中教育、高中教育、高职教育、大学教育六个层面，在具体发展理念上，他进一步指出，学前教育要突出"玩"，小学教育要突出"慢"，初中教育要突出"宽"，高中教育要突出"活"，高职教育要突出"高"，大学教育要突出"改"。刚才我分析了当前国内高等教育发展的背景和形势，可以说改革势在必行，改革就是要全面改、综合改，改到新常态，包括学科建设、专业建设、人才培养模式等各方面都要深化改革。为什么我们强调协同育人？就是不能关着门改革，要推进校企协同、国际领域协同、各学科交叉协同，这也是形势所迫。

通过刚才朱校长的讲话，大家可以清晰地看到，我们学校2015年党政工作要点确定的总体要求、基本思路、重点工作以及各方面的重要举措，都是在上述形势研判、特征把握和自身分析的基础上确定的，发展方向和举措都符合上述"四个更加注重"的要求。对2015年各项工作，刚才朱校长已经做了具体部署，这里我再着重强调几点。

一是全面启动学校综合改革。学校把综合改革确定为今年的主题，也可以说2015年是学校的"综合改革年"，一方面是贯彻落实党的十八届三中全会全面深化改革的部署要求，以及顺应当前教育领域综合改革新形势的需要，另一方面也是学校自身发展的迫切需求，许多问题都需要推进综合改革来破解。在前几天的领导班子扩大务虚会上，校领导班子围绕分管工作，畅谈了2015年的改革思路与重点举措，就今年的各项改革形成了共识，具体而言就是按照学校"提质、转型、升级"的工作思路，协同推

进学校人事制度改革、教学改革、科研体制改革、大资产大后勤改革、财务改革等。相关改革思路在工作要点中都已明确，但是具体到改革举措上，还需要我们相关部门和学院抓紧谋划，细化方案，强化执行，也需要全校师生的共同努力和支持。我们各级干部要高度统一思想，深刻认识到这次改革就是为了把学校建得更好，使师生发展得更好，使干部成长得更好，基本原则是规范做优存量，激励做强增量。这一轮改革我们瞄准的是制约学校发展的体制机制问题，不是针对某一个部门、某一位干部，大家要抛开顾虑，积极开动脑筋，全力支持学校改革，树立大局意识，使学校机制捋得更顺，使大家工作、学习、生活更顺。

二是"十二五"规划的收官工作。今年上半年，我们将着手对各单位"十二五"规划落实情况进行全面检查和评估，各单位要对照各自设定的目标要求逐一检查，希望各部门、各单位提前做好自查工作，对还没有完成的目标任务，要抓紧落实，确保我们"十二五"规划的圆满收官，为迎接"十三五"规划新的挑战打下良好基础。

三是抓紧谋划学校"十三五"规划。去年年底我们已经着手启动，通过"学宜论剑"，取得了初步成果。下一步，就是要结合我们深入调研分析的成果，根据新的发展形势，进一步谋划，进一步细化，进一步精准，把"十三五"规划谋划好，把学校发展蓝图规划好，指引学校未来的发展方向。

四是推进大学科技园建设，加强产学研合作。协同创新是高校发展面临的重大机遇，在这方面学校有很多资源，但是还没有充分利用，没有很好地转化为生产力，要通过做强大学科技园建设来进一步推进学校产学研合作。后面学校还会进一步出台实施方案，并作专门部署，重点就是突出协同。

五是尽快确定两校区功能定位与布局。两校区布局要充分利用学校资源，而不是浪费资源；要充分优化学校格局，实现两校区的功能优化。在这项工作上，各单位、各学院、各级干部千万不能怕麻烦，要瞄准学校有特色、高水平大学的建设目标、瞄准学院今后的发展目标来考虑这一问题，突出强调是"建家"而不是"搬家"，让设计与建设服从于、满足于、适用于学校建设有特色、高水平大学的发展步骤与品质。所以，希望大家反复设计、反复论证、反复征求意见，杜绝本位主义、山头主义、跑马圈地的现象。

六是加大推进国际化建设。这项工作之前已经作了部署，就是强调一点，国际化不仅是国际教育学院和国际交流与合作处的职责，也是全校各单位、各部门的共同职责，如果没有全校的国际化，国际化就是一句空话。我们推进国际化，核心是以国际化的办学标准来推进学校各项工作，以与国际高校的对接来提升学校的办学层次和水平。为更好地推进这项工作，学校也决定将国际化作为各学院的考核指标之一，当然各职能部门也要积极发挥作用，共同支持学校的国际化建设。

七是校庆八十周年筹备工作。校庆八十周年是学校发展史上的一件大事，是学校发展节点上的一件大事，我们要以此为契机，把学校各项工作推向更高水平，把校庆办成"情感校庆"、"聚力校庆"，把师生情、校友情这一主题体现出来，形成强大的凝聚力，推动学校发展。同时，我们也要着力办好"学术校庆"、"文化校庆"和"发展校庆"。这项工作今年要进一步推进，各单位都有任务指标，比如"学术校庆"需要举办什么样的国际会议，"文化校庆"上校史馆和艺术馆、大学文化建设是否能建立起来，任务非常繁重，大家要按照学校的整体部署要求，按时按点、保质保量做好各项工作。

三、坚持从严治党，落实主体责任，全面加强学校党的建设

去年中央召开了第二十三次全国高校党建工作会议，会前习近平总书记专门就高校党建工作作出重要批示。紧接着下发了《关于坚持和完善普通高等学校党委领导下的校长负责制的实施意见》，后来又下发了《关于进一步加强和改进新形势下高校宣传思想工作的意见》，凸显出当前中央对高校党建工作的高度重视。

党要管党，从严治党，从严管干部；反对"四风"，改进作风，遵守八项规定；党风廉政建设党委主体责任、纪委监督责任；安全稳定党政同责；加强高校宣传思想工作，牢牢把握高校意识形态领导权、管理权、话语权，弘扬和践行社会主义核心价值观等等。这些都是当前高校党建工作的主题词，是高校党建工作的新常态，是上级的新要求，也是我们的重要任务，这些工作在学校2015年党政工作要点中都作了详细的部署，各级党组织、各级干部和党员要增强落实全面从严治党思想自觉和行动自觉，适应新常态下的各项要求，认真贯彻落实。下面我再强调几点：

一是实行"三首问"：党建首问制（党建责任，党委要把抓党建作为最大政绩），廉政首问制（这是红线，体现的是党委抓党建主体责任），安全首问制（这是底线，需要落实安全生产党政同责）。这些都是党建新常态下的明确体现。为什么强调"首问"？就是因为这是新常态，有些人还没有及时适应新常态，还没有养成新常态下的思维方式和工作模式，这就容易出问题，所以我们要突出强调"三首问"，做任何事情都要首先思考是否符合党建要求、廉政要求和安全要求，这是做好各项工作的前提。

二是做好"两结合"：党建工作、廉政工作、安全工作要与具体工作流程结合，与信息化结合。这是把工作落实到实处的根本举措，避免"两张皮"。当前，党委肩负党风廉政建设主体责任，做好党建是党委的最大政绩，安全生产党政同责等新的任务和要求，这些工作都必须做实，这就要求我们在原有工作的基础上，进一步推进创新，把党建工作、廉政工作、安全工作纳入到学校的整体工作机制中，共同部署好、落实好。

三是落实"五严格"：全面从严治党是当前党建工作的新常态，对高校意识形态工作，我们也要突出强调"严"字，要严正立场，即任何在高校课堂上违反宪法、违反法律、违反社会主义核心价值观、违反社会主义理论的言行都不允许；严守阵地，即守住网络阵地、讲座阵地、课堂阵地、宣传思想阵地等；严把关口，即各相关职能部门要按照相关规定，严格管理；严明责任，即谁把关，谁负责，责任到人；严肃问责，即出了问题要严肃处理，实行一票否决制，当事人、把关人、主管领导都要担责。

四是做到"三落实"：社会主义核心价值观教育要做到落小、落细、落实。在这方面，通过一年的工作，我们要深入思考学校是否建立了相应的制度体系和工作成果，要及时做好总结凝练工作，并不断深化。

五是抓好"两级班子建设"。今年中央启动"三严三实"主题教育活动，我们既要抓好学校班子建设，又要做强学院班子。每一位干部都要积极树立"班子"意识，拧成一股绳，带领团队把各项工作做好，即在其位，谋其政，切实担负起责任。市委把学校发展的重任交给学校领导班子，我们就要对北建大的未来发展负责。各部处负责人、各学院院长、书记也肩负着重要的责任，更要切实担负起各学院、各单位的发展重任，杜绝懒政怠

政，不辜负学校党委和全校师生的重托。

最后，借此机会，再与大家强调一下科研经费管理的问题。这是红线，谁都不能触犯，我让财务处针对目前学校财务管理方面存在的一些问题进行了梳理，主要体现在以下几方面。

1. 习惯于按老黄历办事，没有主动适应中央从严治党、狠抓作风建设、"零容忍"惩治腐败的新常态。

一些干部职工总是抱怨"以前这钱都可以花，怎么现在就不让花了?！以前这事可以办的呀?！以前这饭可以吃的呀?！以前这钱可以给大家发的呀?！怎么都不行了？"这就是没有适应新常态下的新要求，还习惯于按老黄历办事。大家一定要注意学习领会中央和北京市的有关精神，多看看中纪委网站公布的违规违纪情况通报，主动适应这一新常态，多向广大教师做好宣传解释工作。同时，财务处、科技处也要在科研经费管理上做好服务工作，想办法让大家在不违规的前提下把科研经费用好，按规矩花钱。当然，若有些人依然不能适应新常态，发生违纪违规行为，学校党委一律严肃处理，绝不姑息。

2. 在报销过程中，在签字审核把关方面有关领导缺乏责任意识。

个别处长、院长在报销签字上把控不严，甚至认为就是走个形式，现在绝不是形式，审计一旦出现问题，就要担负领导责任，就要受到处分。大家要坚持实事求是，一是看是否符合规定，二是判断票据真伪，避免有些老师挪用、套用、私用科研经费，切实负起责任。

3. 部分教师特别是个别教授始终认为横向课题经费是自己的私有资产，不是国有资产，我的项目我说了算，甚至可以随便花，学校应该少管甚至不该管。

现在中央对此有明确规定，只要进到学校账目上的经费，都是学校的经费，不能个人随意支配，要按照规定来花。在实际报销过程中，个别教师依然存在一些问题，比如将科研经费支出私有化，随意开支科研经费，报账时出现与项目关系不大的票据，有时甚至存在假发票的现象。对此，我们要充分提高认识，适应新常态，实行集中核算，专款专用，不得随意挪作他用，更不能支付其他费用。

4. 好花的基本经费抢着要，不好花的专项经费重视不够，只重"要钱"，不重"花钱"。

针对这一问题，我们要做好预算，用好预算，特别是重视专项经费的使用。目前，一些部门、单位不重视专项经费的使用，不精心申请，先把项目的钱拿来再说，一直没想好怎么花，甚至一年都想不出来怎么花，最后导致大量的上缴财政。我们要深刻认识到，基本经费是保基本运行的，真正的事业发展要靠专项经费，专项经费没有使用好，就说明事业没有发展。所以，我们专项的责任单位、负责人以及有关部门要深入分析，抓好落实，否则将影响学校的长远发展。因为现在反腐败是党委主体责任，也是第一责任，所以借此机会，特别是在中央当前持续保持反腐败的高压态势下，我们更要强化党风廉政建设责任制，一级抓一级，一级推动一级，决不允许出现任何问题。我们抓党风廉政建设的同时，更要做好服务工作，机关各部门要帮助各学院、广大教师共同把科研经费用好，服务学校发展。

老师们、同志们，当前高校发展竞争激烈，不进则退，慢进也退，事实反复证明，敢拼才能赢，任何发展和突破都是拼来的，都要付出几倍于常人的努力，唯有本着只争朝夕的精神，加快干、拼命干、创新干，才能实现卓越发展目标。不投入、不专注，尤其是不用心琢磨，就不会有所发展。我们不能仅仅看到别人取得的成就，更要看到他们的台下的十年功，多向他们学习，把我们全部的心力和智慧用在推动学校发展上。希望我们每一名建大人都要有强烈的事业心和自信心，每一名干部，特别是各单位和部门的主要负责同志，都要有强烈的责任心和进取心，要树立大局意识和忧患意识，不断提高学习能力、谋划能力、执行能力、创新能力和破解难题的能力，既要充满感情与热情，更要满怀激情与豪情，在各自的岗位上建功立业，在推动学校发展的进程中实现自身追求和价值。

老师们、同志们，2015年学校发展的大幕已经开启，站在北建大"提质、转型、升级"的新起点上，面对繁重的改革攻坚任务，让我们进一步解放思想，大胆创新，勇于改革，追求卓越，为建设特色鲜明的高水平建筑大学而共同努力奋斗。

谢谢大家！

2015年3月6日

二、党委书记王建中在 2015 年北京建筑大学人才工作会上的讲话

老师们、同志们：

大家下午好！今天，我们召开 2015 年人才工作会，也是继 2011 年以来学校召开的第二次人才工作会。这次会议是在深入贯彻党的十八大、十八届三中、四中全会精神和习近平总书记系列重要讲话精神，深入推进"四个全面"战略布局、京津冀协同发展、首都"四个中心定位"和高教综合改革的大背景下召开的，是学校在更名大学后步入新的发展阶段、由"十二五"向"十三五"迈进的关键时刻召开的一次重要会议，是学校 2015 年工作要点部署的重要任务，是落实"提升学科、提升师资，协同创新、协同育人，改进管理、改进作风"的重要举措，是推进学校内涵发展和综合改革的核心内容，关系到"提质、转型、升级"策略的顺利实施，关系到建设有特色高水平建筑大学目标的实现。这次会议的主要任务是，坚持人才强校战略，推进人事综合改革，凝聚共识、提升境界，激发活力、增强动力，为学校"十三五"发展提供坚实的人才支撑和智力保障。

为了开好这次会议，学校党政做了认真部署和周密安排，从去年底举办学校发展研讨会之后，人事处会同相关部门和单位做了广泛调研和充分准备。刚才，朱光校长做了主题报告，系统总结了学校"十二五"时期人才工作，全面分析了今后学校人才工作面临的机遇和挑战，深入阐述了学校推进人事综合改革的背景、意义和任务，大玉副校长就学校拟实施的一揽子人事综合改革方案做了详细说明，讲得都很好，我完全同意，希望大家在后续研讨中认真学习领会，共同谋划好、推进好、落实好人事综合改革这件事关学校未来发展和广大教职员工切身利益的大事和要事。

下面，我就如何进一步做好学校的人才工作谈几点认识和体会，和大家一起探讨。

一、实现学校发展目标必须有一支高水平的人才队伍

千秋基业，人才为先。有什么样的奋斗目标，就需要什么样的人才来支撑。2013 年 10 月 21 日，习近平总书记在欧美同学会成立 100 周年庆祝大会上的讲话中指出，"我们比历史上任何时期都更接近实现中华民族伟大复兴的宏伟目标，我们也比历史上任何时期都更加渴求人才。"我感到这席话就好像是对我们北建大说的一样。大家知道，2013 年学校成功更名大学后，学校发展站在了新的起点上，特别是大兴新校区建设为学校发展提供了良好的条件，我们北建大比任何时候都更接近实现"有特色高水平建筑大学"的奋斗目标，我们也就比任何时候都更加渴求人才，都更加需要人才。

一代人才，一代事业。建校 80 年来，一代又一代建大人为学校的发展做出了历史性贡献，新时期、新阶段、新使命、新责任，学校发展的接力棒历史性地传到了我们这一代建大人手中，我们肩负着继续推进学校发展上层次、上水平的重任。刚才，我们隆重表彰了一年来获得优秀成绩的教师，他们为学校的发展做出了突出贡献，为学校赢得了荣誉，是我们中间的佼佼者，是全校师生学习的榜样。总结学校"十二五"人才工作，在教育部、市委市政府以及市委教育工委、市教委的正确领导和大力支持下，学校党政领导带领全校教职员工共同努力，取得了丰硕成果，有力地支撑了学校改革发展稳定事业的需要。

在此，我代表校党委向为学校事业发展和人才队伍建设工作提供支持、付出努力、做出贡献的上级部门、各级领导和全体教职员工表示崇高的敬意和诚挚的感谢！

老师们、同志们，当前学校发展正处于"提质"的关键期、"转型"的机遇期和"升级"的爬坡期，真的是机遇和挑战并存，学校面临的改革发展稳定任务十分繁重，要想实现有特色高水平建筑大学的奋斗目标，推进内涵发展更需要内功和耐力，喘口气、歇歇脚的想法要不得，必须发扬连续作战的精神，以更高的境界、更宽的视野、更大的决心、更多的努力来推动学校向更高层次、更高水平发展。从纵向比，我们取得了突破性进展；从横向看，我们是大学行列中的一名新兵，面对新的目标，我们现有的人才队伍还不能适应学校发展的要求，就像朱光校长在报告中指出的，学校还存在着领军人才不充足、人才队伍发展不平衡、人才阶梯培养不明晰、聘任考核等人事制度不能适应现阶段发展等问题。不进则退，慢进也退，面对高等教育领域的激烈竞争，全校教职员工必须有一个清醒认识，北建大要发展，要立足于大学之林，要成为一所令社会尊重和具有不可替代价值的大学，就必须建设一支高水平的人才队伍。召开这次人才工作会，就是在全校范围内，对建设高水平人才队伍进行动员和部署。

二、实施人事综合改革是造就高水平人才队伍的必由之路

党的十八届三中全会鲜明地提出了进行高等教育综合改革任务，人事制度改革是高校综合改革的重中之重，发挥着先导性、基础性和指挥棒的作用，是高校综合改革的突破口，是推动人才队伍建设的永恒动力。要造就一支高水平的人才队伍，就必须树立科学的人才观，就必须建立与之相适应的体制机制以及政策导向和环境支撑，也就是要坚持问题导向、目标导向、绩效导向，在全面推进学校综合改革进程中，扎实推进人事综合改革，为实现学校综合改革目标，推进大学治理体系和治理能力现代化奠定坚实基础。

一是要坚持人才强校战略，始终把人才作为学校发展的第一资源。国家的强盛，归根结底必须依靠人才。大学的振兴，说到底也必须依靠人才，谁能培养和吸引更多优秀人才，谁就能在竞争中占据优势，赢得主动，赢得未来。2013年6月28日，习近平总书记在全国组织工作会议上的讲话中强调，要树立强烈的人才意识，寻觅人才求贤若渴，发现人才如获至宝，举荐人才不拘一格，使用人才各尽其能。在人才竞争日益激烈的形势下，我们不仅要牢固树立人才资源是第一资源的理念，还要树立人才优先发展的理念，要把人才列为各类资源开发之首，谋划发展优先谋划人才发展，推动工作优先推动人才工作，使人才优先发展具体化、政策化、项目化和责任化。这就是在推进学校综合改革进程中，首先启动人事综合改革，首先召开人才工作会的意义所在。各单位，特别是领导班子成员，要进一步强化人才意识，提高人才工作能力，在谋划推动学科、教学和科研发展等工作时，要先看看自己手里有多少人才？结构上是否平衡？梯队上是否合理？还缺少什么人才？如何培养和引进人才？如何培育打造创新团队？等等，没有人才，谈什么都是空谈，干什么都是空中楼阁！面对学校的发展目标，从目前学校人才队伍面临的问题看，我们抓人才工作的主动性、自觉性、责任感都还要进一步加强，学校层面、各二级单位都要结合制定"十三五"发展规划，切实优先做好人才发展规划，要体现前瞻性、系统性、目标性，要落实人才工作责任制，切实把人才工作做实、做细、做到位。

二是要坚持按需选才用才，始终把学校发展目标作为人才队伍建设的出发点和落脚点。人才工作服务于发展目标，高校的人才工作要为落实学科建设、人才培养、科学研究、社会服务、文化传承等职能服务。不同的时期，不同的单位，具有不同的发展目标和不同的人才队伍特点，这就要求人才工作一定要具体问题具体分析，不能一概而论，要认真分析谋划，精准发力，特别是要注重根据学科发展规划统筹人才发展需求，坚持有所为，有所不为，突出重点，保证重点。从目前研究生处和人事处提供的学科专业、科研团队与人才匹配度的报告来看，有些学院人才分布极不平衡，显然缺乏系统科学的规划，有些学科发展与人才数量极不相称或严重断档，要么长期没有标志性重大成果，要么已经到了难以为继的地步，这都需要在今后的人才工作中通过科学规划，逐步调整、逐步加强、逐步加以解决。广大教师都要树立大局观念，积极参与优化调整，支持学校和学院凝炼方向、整合力量、组建团队、形成优势，为争取大项目、打造大平台、形成大成果奠定坚实基础，真正实现特色发展，推动学校"提质、转型、升级"。

三是要坚持引培并举，始终把统筹好各类人才队伍作为人才工作的重要原则。2014年5月4日，习近平总书记在北京大学考察时指出，我们有凝心聚力办大事的自信，要把最好的资源凝聚起来，发挥各类人才的智慧，聚天下英才而用之。这就告诉我们，要实现发展目标，就要把大家团结起来，充分发挥每一个人的作用，无论是校内的人才，还是校外的人才。我认为，培养是基础、是重点，引进是关键、是突破。特别是我们学校在更名大学过程中，选留了一批优秀年青教师，他们是学校赖以发展的重要力量，同时，也使学校目前面临着编制格外紧张的局面，继续大批引进新的人才受到很大限制，这客观上要求我们必须深入挖掘内部潜力，把现有人才培养好、使用好，这也是本次人事综合改革的重要指向。从目前我校人才结构上看，确实存在着高端人才严重不足的情况，本来数量就不多，又加上面临退休高峰，可以说严重制约了学校未来发展，必须想方设法根据学科发展需要尽快引进领军人才，作为学科带头人，引领学校学术发展和科研创新。这次人事综合改革为引进人才制定了有竞争力的政策条件，希望各二级学院抓住机遇，积极行动，主动作为，为每个学科，特别是重点学科，引进1－2名高层次人才，这是学校的任务，更是学院的任务。

三、坚持党管人才是建设高水平人才队伍的根本保证

党的十八大报告把人才工作作为"全面提高党的建设科学化水平"八项任务之一，强调广开进贤之路，广纳天下英才，是保证党和人民事业发展的根本之举。习近平总书记指出，择天下英才而用之，关键是要坚持党管人才原则。党管人才是党的组织制度重要组成部分，是人才工作沿着正确方向前进的根本保证。党管人才主要是管宏观、管政策、管协调、管服务，也就是要制定人才发展战略规划，建立人才工作体系，构建人才发展机制，搭建人才事业发展平台，营造人才发展环境，开创人人皆可成才、人人尽展其才的生动局面。学校召开这次人才工作会，研究制定《北京建筑大学关于深化人事综合改革的若干意见》，修订和出台一揽子人事制度文件，就是学校根据新的形势和要求，把握和遵循人才成长规律，着力破除束缚人才发展的思想观念，推进体制机制改革和政策创新，充分激发各类人才的创造活力，落实党管人才的具体举措。有关制度文本已作为会议材料印发，进

一步听取大家的意见和建议。下面，我着重从充分发挥党的政治优势、组织优势和思想政治优势，进一步做好人才工作，特别是落实好本次会议精神，提几点要求。

一是要坚持德才兼备、以德为先，按照"好老师"和"好干部"要求打造高水平人才队伍。立德树人是大学的根本任务，教师和干部发挥着主导和关键作用。建设高水平的师资队伍，就是要按照习近平总书记在第三十个教师节同北京师范大学师生代表座谈时所提出的"有理想信念、有道德情操、有扎实学识、有仁爱之心"的好老师要求，树立高度的责任感，在言行上做学生的表率，要有规矩意识和底线思维，积极引导学生树立正确的世界观、人生观和价值观。建设高素质的干部队伍，就是要按照习近平总书记所提出的"严以修身、严以用权、严以律己，谋事要实、创业要实、做人要实"的要求，做一名忠诚、干净、担当的好干部。各级党组织在人才工作中都要坚持以德为先的原则，把好政治关，守住意识形态的底线。

二是要坚持统筹兼顾、分类指导，稳步推进人事综合改革。任何改革都会涉及利益格局的调整，人事制度改革更是关系到每一名教师的切身利益，这就要处理好改革发展稳定的关系。在本次人事综合改革征求意见过程中，一部分老师心有顾虑，担心影响自己的待遇和未来发展，这是可以理解。事实上，学校高度重视大家反映的意见和建议，在追求学校发展目标的同时，尊重学校的发展历史，充分考虑了各类群体的利益，实事求是地制定各类人才的评价考核指标，在改革的广度和强度上都充分考虑了我们学校的实际基础和阶段特征，坚持以人为本，采取了稳中求进、重点突破的策略，以达到"激发活力，规范做优存量；增强动力，激励做强增量"的目的。各级党组织要切实负起责任，吃透改革精神，开展深入细致的思想政治工作，履行好、承担好主体责任，最大限度地凝聚共识，使每位教师选择适合的岗位，使每位教师发挥自己的优势，使每一个团队形成集合优势，实现个人出彩、团队出效、学院出果的效应，确保这次人事综合改革平稳顺利实施。

三是要坚持人文关怀、强化服务，以"大爱"精神营造良好人才发展环境。人文关怀是做好人才工作的情感文化基础，各级党组织都要把关爱人才、服务人才、支持人才作为义不容辞的责任。要正确看待人才、尊重各类人才，既关注高端人才、又重视实用人才，既重视已有成就的人才、又关注具有潜能的人才；校院两级干部要有识人之智、容人之量、成人之德，鼓励创新、宽容失败，使人才干事有舞台、发展有空间；要坚持以用为本，不求所有、但求所用，既重视开发本校人才，又加大引智引才力度，让人事综合改革见到实效；要营造优才留才生活环境，想方设法帮助解决人才各种困难和问题，真正理解关心广大教职工的诉求，多为老师们办实事、办好事。

老师们、同志们，学校的人才队伍不仅包括教师，还包括党政管理干部、企业经营管理人才以及实验教辅人才等等，今天主要谈了师资人才队伍建设，事实上，加强党政管理干部、企业经营管理人才和实验教辅人才队伍建设的工作也已启动，相关改革工作也正在推进，比如，科级干部纳入了组织部干部管理序列，出台了加强后备干部队伍建设文件，进一步规范了干部选拔任用办法、启动了大后勤、大资产以及产业体制机制改革，加强了干部岗位交流，推动了管理信息化建设等等。今年是学校的综合改革年，相信在全面推进综合改革进程中，各级各类人才都会经受考验和锻炼，都能靠自己的努力和学校的培养脱颖而出。改革的目的是使每一名建大人都能深入挖掘自身潜力，都能发挥最大效能，都能在为学校发展做出贡献的同时实现自身的人生理想和价值。

  老师们、同志们，深化人事制度改革，事关学校建设有特色高水平建筑大学的奋斗目标，也涉及每一位教职工的个人发展。这次人才工作会议系统提出了人事综合改革方案，希望全校教师本着对国家负责、对学校负责、对自己负责的态度，解放思想，提升境界，认真审阅改革方案，多提建设意见和建议，共同为建设高水平人才队伍做出贡献。

  谢谢！

2015 年 5 月 19 日

三、党委书记王建中在北京建筑大学第七届教代会（工代会）第三次会议暨2015年工会工作会议上的讲话

各位代表、同志们：

北京建筑大学第七届教代会（工代会）第三次会议暨2015年工会工作会议已经圆满完成各项议程。在一天的会期里，朱校长代表学校作了工作报告，总结了2014年工作，分析了学校面临的形势。大会同时审议了教代会、工会工作报告等相关报告，讨论通过了人事改革系列文件，充分履行了教代会职权，对建家工作突出的二级分工会、工会小组，进行了表彰，会议开得非常成功！在此，我代表学校党委向大会的成功召开表示热烈的祝贺！

这次会议是在全面贯彻落实党的十八大和十八届三中、四中全会精神、深入学习习近平总书记系列讲话精神、全面深化高等教育综合改革、全面推进依法治教、深入推进"四个全面"战略布局、京津冀协同发展、首都"四个中心定位"、扎实推进"三严三实"专题教育的大背景下召开的一次会议，是一次凝聚力量、推动发展的大会。会议相关工作报告已于上周印发给了大家，各代表团认真组织了讨论，各位代表对报告给予了充分肯定并提出了很多、很好的意见和建议，学校有关部门要抓紧推进落实。借此机会，我再讲四点意见：

一、坚定不移、凝心聚力，把有特色高水平建筑大学建设放在"四个全面"战略布局中来谋划和推进

党的十八大以来，以习近平同志为总书记的党中央从坚持和发展中国特色社会主义全局出发，提出并形成了全面建成小康社会、全面深化改革、全面依法治国、全面从严治党的战略布局，为实现"两个一百年"奋斗目标和中国梦提供了战略保证，为我们加快创建有特色高水平建筑大学提供了重要遵循。朝着有特色高水平建筑大学目标坚定不移前进，在"四个全面"战略布局中加快发展，必须切实把党中央作出的推进高等教育内涵式发展的战略决策落实好。

第一，坚持把质量特色作为竞争取胜的发展主线不动摇。去年5月4日，习近平总书记在北京大学考察期间指出："办好中国的世界一流大学，必须有中国特色""我们要认真吸收世界上先进的办学治学经验，更要遵循教育规律，扎根中国大地办大学"。贯彻落实好总书记这一重要讲话精神，我们就要始终坚持社会主义办学方向，秉承北建大的传统特色，发挥优势潜能，努力为创新驱动、京津冀协同、新型城镇化建设等国家发展战略提供人才保证和智力支持；还要以更加开阔的眼光，学习借鉴世界范围内行业一流大学的成功经验，瞄准国家和行业发展的重大需求和发展难题，按照一流水平来评价和衡量我们的工作，发挥优势学科和重点实验室等高端平台作用，吸引汇聚更多顶尖人才，不断增强学校的社会影响力和核心竞争力。

第二，坚持立德树人这一根本任务不动摇。"立德树人"被写入党的十八大报告，明确了教育的根本任务，标志着我们党对教育本质的认识进一步深化，其核心就是要培养中

国特色社会主义事业的合格建设者和可靠接班人。当前，落实好立德树人根本任务，就是要让社会主义核心价值观在北建大具体化、系统化，这不仅是学校党委的本职工作，而且是广大教职员工责无旁贷的任务；不仅是思想政治工作者的使命，也是每个专业教师的责任。

第三，坚持提高人才培养质量这一核心不动摇。要更加注重顶层设计，注重信息技术与教育教学的深度融合，强化教学基层组织保障，提高教与学的效率，要加强高层次教师队伍建设，把培养造就高素质教师队伍看作立教之本、兴教之源，完善教书育人、实践育人、科研育人、管理育人、服务育人长效机制。

二、深化学校综合改革，为加快创建有特色高水平建筑大学注入活力动力

党的十八大和十八届三中全会明确提出，要"深化教育领域综合改革"。今年的"两会"政府工作报告中也指出，"改革是最大的红利"。年初以来，清华大学、北京大学等高校的综合改革方案相继获得国家教育体制改革领导小组办公室的批准，国内高校综合改革如火如荼般进行。学校在2015年党政工作要点中也把今年明确为学校的"综合改革年"，提出了系列改革的目标和举措，其目的就是在于增强办学活力与核心竞争力，积极争取各方支持，力争在新一轮的全面竞争中站在前列。审时度势，登高望远，我们必须增强综合改革的紧迫性、主动性和创造性，着重把握好以下四点：

第一，要把握好建设有特色高水平建筑大学这一目标引领。学校提出到2036年建校百年之际，完成有特色、高水平建筑大学的建设目标，这既是全校师生和广大校友的殷切期待，也是国家高等教育新的发展趋势对我们提出的必然要求。学校的各项改革必须紧紧扣住这个建设目标，用这个目标引领综合改革思路和方案的制定。

第二，要把握好以人为本这一出发点和落脚点。改革的目的是要最大限度地调动师生员工的积极性、主动性和创造性，激发活力、增强动力、释放潜能，让广大教职员工感觉改革有奔头，让广大师生员工充分分享改革的红利。各级教代会和各位代表，要积极支持改革、参与改革，努力为改革汇聚智慧、贡献力量。

第三，要把握好问题导向这一原则。习近平总书记指出，"改革是由问题倒逼而产生，又在不断解决问题中而深化"。改革不能盲目，改革必须聚焦问题，每个部门、每个单位都要树立问题意识、坚持问题导向，勇于对照行业一流大学标准查找自身的不足，有的放矢、对症下药地推进各项改革，提高综合改革的针对性和实效性。

第四，要把握好特色发展这一关键。在近80年的办学过程中，我校形成了鲜明的办学特色，积淀了深厚的办学传统，这些传统和特色已经成为我们坚守和传承的宝贵财富。改革就是要通过强有力的举措，破解当前影响和制约学校发展的关键环节和难题，进一步提升办学质量，进一步弘扬优良传统，进一步彰显办学特色。

三、依法治校、民主办学，为加快创建有特色高水平建筑大学提供坚强保证

党的十八届四中全会明确了全面推进依法治国的总目标、重大任务，作出了一系列关于全面推进依法治国的新论断、新部署，深刻回答了在当今中国建设什么样的法治国家、怎样建设社会主义法治国家等一系列重大理论和实践问题，为我们依法治校指明了前进方向。如果说综合改革是我们加快创建有特色高水平建筑大学的动力源泉，那么依法治校就是这一目标的支撑和保证，推进依法治校对于建设现代大学制度、实现大学治理体系和治理能力现代化至关重要。在学校推进"提质、转型、升级"发展的关键阶段，我们一定会遇到各种各样的矛盾和问题，只有坚持依法治校理念，坚持法治思维和法治方式，才能积极稳妥地深入推进综合改革，才能扎实地强化内涵发展，切实维护师生员工的合法权益。具体来讲，要做好以下三点：

第一，模范执行党委领导下的校长负责制，确保依法治校的正确方向。实践证明，党中央确定的高等学校全面实行党委领导下的校长负责制完全符合我国国情和高等教育发展规律，是党对高校领导的根本制度，是坚持社会主义办学方向的重要保证。我们要学习好、领会好、贯彻好、落实好中央办公厅《关于坚持和完善普通高等学校党委领导下的校长负责制的实施意见》，制定好我校的实施细则，并毫不动摇、长期坚持、不断完善。

第二，突出师生员工的主体地位，发挥师生员工在依法治校中的重要作用。要进一步完善教职工代表大会制度和二级教代会制度，进一步完善学代会等大学生参与大学治理的体制机制，进一步畅通民主渠道，保障师生员工参与学校民主管理和监督的权利。要加强法制学习，做好普法工作，提高法律意识，让依法办学、依法办事成为每一位师生员工的行为规范和行为习惯。

第三，宣传贯彻好《北京建筑大学章程》，维护大学章程在依法治校中的权威地位。目前，学校章程已通过北京市教育委员会初步审查，进入相关审批程序阶段，不久就会正式发布。我们要充分认识章程制定和实施的重要性，做到知章程、学章程、用章程、守章程，自觉按章程办事；要以章程为依据，梳理内部规章制度，完善党委领导、校长负责、教授治学、民主管理的治理结构，健全决策权、执行权、监督权既相互制约又相互协调的权力结构和运行机制，保障学校改革发展的顺利进行。

四、立足学校全局，谋划工会发展，为加快创建有特色、高水平建筑大学营造和谐氛围

回顾近年来学校的发展，无论是三大工程、四大战略，还是六大突破，其中一条宝贵的经验就是全校师生员工共同"搭台唱戏"，共同营造和谐发展环境。在这一过程中，工会、教代会发挥了重要的作用，特别是在一些涉及学校整体发展的重大决策中，积极建言献策，促进科学民主决策。习近平总书记在庆祝"五一"国际劳动节暨表彰全国劳动模范和先进工作者大会上的讲话中指出，"工会是党联系职工群众的桥梁和纽带，工会工作是党的群团工作、群众工作的重要组成部分，是党治国理政的一项经常性、基础性工作。新形势下，工会工作只能加强，不能削弱；只能改进提高，不能停滞不前。"做好学校工会、教代会工作要把握好以下几点：

第一，立足学校全局，科学谋划工会工作。要从党政所急、教职工所需、工会所能出发，切实发挥好桥梁纽带作用，做好服务工作，牢牢把握"如何建设有特色高水平建筑大学"与实践"立德树人、办好人民满意的大学"这个根本问题的契合点，为学校发展营造积极向上的良好氛围，推动"中国梦"、"建大梦"植根于教职员工的工作生活之中。

第二，强化自身建设，提升服务水平。要支持和保障工会"三级建家"，把职工之家

建实。特别是各单位在建大兴"新家"的时候要给工会工作留足空间，留心建设，硬件角度给事业平台，软件角度给心灵港湾，让职工感受工会"家"的温暖。要坚持"党政工共建一个家"，不断完善"党委领导、行政支持、工会运作、各方面配合"的工作格局。要抓好教代会（工代会）代表、工会干部队伍建设，不断提高思想政治素质、履职议事能力和管理服务水平。

第三，深入师生群众，共建和谐校园。为教职工服务是工会的天然属性和生命线。要不断深化群众路线教育实践活动的成果，牢固树立面向基层、服务教职工的思想，准确把握教职工的新期待，按照"维权要到位，服务要做实，发展要全面"的工作要求帮助学校最大限度地实现好、发展好、保护好绝大多数职工群众的利益，把工会打造成教职工最可信任的职工之家。

各位代表、同志们：站在学校发展的新起点上，我们的任务十分繁重，使命极其光荣。我们一定要坚定发展信心，继承和发扬优良传统，扎实工作，锐意进取、勇于创新，在建设有特色高水平建筑大学的伟大征程上再创新的辉煌，以干事创业的实绩托起百年建大梦！

2015 年 5 月 26 日

四、党委书记王建中在北京建筑大学党建工作会暨纪念建党九十四周年大会上的讲话

各位老领导、老师们、同学们：

大家下午好！明天，我们将迎来中国共产党成立94周年。今天，我们隆重召开学校党建工作会，主题是"落实全面从严治党要求，履行党建主体责任，推进学校科学发展"，以此来纪念党的94岁生日。刚才，我们表彰了一批先进学生党支部和优秀学生党员标兵，6位同志从不同侧面交流了党建工作的经验和体会，充分彰显了学校各级党组织和广大党员的奋斗风采和昂扬向上的精神风貌。在此，我代表学校党委，向受表彰的"十佳学生党支部"和"十佳学生党员"表示热烈祝贺！向全校党务工作者和广大党员，向长期以来为学校事业发展作出突出贡献的老领导、老同志、老党员致以崇高的敬意和节日的问候！向共同致力于学校发展的各民主党派和无党派人士表示衷心的感谢！

这次会议的主要任务是，全面落实党的十八大和十八届三中、四中全会精神，深入贯彻习近平总书记系列重要讲话精神，按照中央"四个全面"战略布局要求，坚持从严管党治党，全面加强新时期学校党建工作，落实党建责任制，进一步严明政治纪律和政治规矩，严肃党内政治生活，持续改进作风，坚定不移推进党风廉政建设，全面推进学校内涵发展，全面深化学校综合改革，全面推进依法治校，进一步提升学校党建工作科学化水平，为建设有特色高水平建筑大学提供坚实的思想和组织保证。

回顾中国共产党94年不平凡的历程，我们心潮澎湃、感慨万千。94年来，我们党团结带领全国各族人民，经过艰巨卓绝的斗争，取得了革命、建设、改革的伟大成就，使中华民族的命运发生了历史性变化，使中华民族伟大复兴展现出前所未有的光明前景。实践证明，我们党是一个坚持科学理论武装、先进性特征鲜明的党，是一个一切为了人民、全心全意为人民服务的党，是一个经受得住各种风险考验、不断成熟自信的党。我们取得的成绩越大，就越要清醒认识党的历史和现实、优势和缺点、成绩和不足、矛盾和问题，越要不断加强和改进党的建设、管理和监督，切实解决好"打铁还需自身硬"的问题。

党的十八大以来，以习近平同志为总书记的党中央顺应党心民意，坚持党要管党、从严治党，凝心聚力、直击积弊、扶正祛邪，对党的建设从战略高度进行新谋划、新布局，开创了党的建设新局面，党风政风为之一新，党心民心为之一振。学校党委高度重视党建工作，认真学习贯彻习近平总书记围绕从严管党治党提出的一系列新的重要思想，牢固树立"抓好党建是党委最大政绩"的理念，按照从严治党新要求，强化党建工作责任制，研究制定了《中共北京建筑大学委员会落实全面从严治党要求，建立健全党建工作责任制实施意见》。下面，我就贯彻落实这一文件再讲几点意见。

一、深刻认识全面从严治党的重要意义，始终坚持从严管党治党

当前，我国正处于深化改革的关键阶段，正经历经济增长速度换挡期、结构调整阵痛期、前期刺激政策消化期"三期叠加"的时期，面临着"四大危险"、"四大考验"、"利益固化藩篱"等"命运性问题"。中国共产党作为执政党，担负着团结带领人民全面建成小

康社会、推进社会主义现代化、实现中华民族伟大复兴的重任。只有从严治党才能维护党的集中统一、稳固党的执政根基，才能把党的十八大提出的关于党的建设的目标落到实处，才能更好地实现经济社会发展、民族团结进步、国家长治久安。高等学校肩负着"立德树人"、培养中国特色社会主义事业建设者和接班人的重大任务，以全面从严治党为主线，加强和改进高校党的建设工作，是办好中国特色社会主义大学的根本保证。近年来，学校党委紧紧围绕改革发展稳定中心任务，持续加强党的建设，在强化思想引领、加强领导班子建设、从严管理党员干部、创新基层党组织和党员发挥作用的体制机制等方面进行了有益探索，有力推动了学校各项事业科学发展。当前，学校步入了全面"提质、转型、升级"的发展新阶段，各项改革发展任务繁重，需要破解的难题很多，发展机遇前所未有，挑战也前所未有，需要我们全面加强党的建设，进一步落实党建工作责任制，确保从严治党各项任务落地生根，为推动学校科学发展提供坚强保证。这也关系到学校深化改革各项任务的落实，关系到学校治理体系和治理能力现代化水平的提升，关系到学校"提质、转型、升级"发展任务和有特色高水平建筑大学宏伟目标的实现，具有重要而深远的意义。

二、深入领会全面从严治党的丰富内涵，认真落实从严治党责任

"全面从严治党"是习近平总书记在科学分析新时期党的建设基本态势与客观要求、自觉运用中国共产党执政与建设规律的基础上做出的重大战略部署，是对党的建设的理论创新和实践创新，是对马克思主义党建学说的丰富和发展，是新时期全面推进党的建设伟大工程重要的指导思想和方法论依据。全面从严治党思想内涵丰富，思路清晰，从转变作风入手，通过反腐败发力，用制度作保障，用信仰塑灵魂，将思想建党和制度治党紧密结合，从小到大、从外到内，标本兼治、固本培元，具有鲜明的民族性、时代性和实践性，勾勒出了习近平总书记管党治党的实践逻辑。

1. 充分认识全面从严治党是协调推进"四个全面"的根本保证。

"四个全面"是新一届中央领导集体治国理政的战略布局。其中，全面从严治党既是一个重要的战略举措，也是其他三个"全面"的根本保证，体现了伟大事业与伟大工程的统一，体现了党的建设与治国理政的统一，在"四个全面"战略布局中起着"牵一发而动全身"的作用。协调推进"四个全面"，最根本的就是坚持党的领导不动摇。只有坚持全面从严治党，才能确保我们党始终成为中国特色社会主义事业的坚强领导核心，为协调推进"四个全面"提供方向指引，进而为实现"两个一百年"奋斗目标、实现中华民族伟大复兴中国梦提供坚强保证。

2. 深刻领会全面从严治党的深刻内涵

全面从严治党，基础是全面。一是内容全覆盖，涵盖党的思想建设、组织建设、作风建设、反腐倡廉建设和制度建设各个领域，体现党的建设系统性和整体性。二是主体全覆盖，明确了管党治党的主体是各级党组织和广大党员干部，尤其是各级党组织的主要负责人。

全面从严治党，关键是"从严"。一是从严落实治党责任，强化了党建主体责任；二是坚持从严管理干部，以严的标准、严的措施、严的纪律管理约束干部；三是严肃党内政

治生活，强化了党内政治生活的政治性、原则性、战斗性；四是严明党的纪律，强化了纪律意识和规矩意识。

全面从严治党，重点是从严"治吏"。习近平总书记强调，从严治党的重点，在于从严管理干部，要做到管理全面、标准严格、环节衔接、措施配套、责任分明。一是坚持从严选拔，严在标准、程序、纪律上；二是从严约束，严在抓小、抓细、抓预防上；三是坚持从严监督，严在重点对象、重点环节、重点领域上；四是坚持从严问责，要严在认真、动真、较真上。

3. 准确把握全面从严治党的实践要求

全面从严治党要求我们在管党治党方面坚持思想教育从严，拧紧世界观、人生观、价值观这个"总开关"，补足共产党人精神之"钙"；干部管理从严，按照"三严三实"要求，打造忠诚、干净、担当的好干部队伍；作风要求从严，构建作风建设长效机制；反腐倡廉从严，构建不敢腐、不能腐、不想腐的党风廉政建设机制；制度执行从严，真正做到用制度管权管事管人。

三、全面加强学校党的建设，为创建有特色高水平建筑大学提供坚强保证

伴随着党和国家的发展步伐，我们北建大人代代薪火相传，砥砺前行，推动学校改革发展不断迈上新台阶。"三大工程"完成后，我们进一步提出创建有特色、高水平建筑大学"的"百年建大梦"，确定了全面"提质、转型、升级"的发展策略和"提升学科、提升师资，协同创新、协同育人，改进作风、改进管理"的工作重点。北建大人以"时不我待、只争朝夕"的精神全力投入新的历史征程。我们聚焦"十三五"发展规划举办了干部发展规划研讨班和培训班，各单位各部门主动认识高等教育发展的新常态，瞄准北京和全国城乡建设的主战场，借鉴兄弟院校改革发展的有益经验，积极谋划"十三五"发展新思路；我们坚持"党管人才"原则，秉承"人才是第一资源"的理念，以人事制度改革为先导，拉开了学校综合改革的序幕，成功召开了人才工作会，制定并实施了一系列人事综合改革举措；我们以信息化为载体系统实施《卓越管理行动计划》，大力推进管理体制机制改革，全面启动了"大资产、大后勤"改革，坚持目标导向、问题导向和绩效导向，科学梳理体制机制，优化与再造工作流程，推动管理效率和服务水平提升，为学校各项事业发展提供有力保障；我们积极落实北京疏解非首都功能任务，依据《京津冀协同发展规划纲要》和北京"四个中心"定位，提出了"大兴校区建设高质量本科人才培养基地、西城校区建设高层次人才培养基地、高水平科技创新成果转化和产学研协同创新基地"的"两高"发展布局，为统筹建设好两个校区积极争取政策支持、创造有利条件；近日，经多方努力，北京市和住房城乡建设部批准共建北京建筑大学，西城区批准成立"北京建筑大学科技园有限公司"，学校发展呈现出更加广阔的空间和更大的发展机遇。我们按照上级要求和学校实际，落实群众路线教育实践活动深化整改工作，在处级以上领导干部中扎实开展"三严三实"专题教育，广大干部对照"三严三实"的要求，聚焦对党忠诚、个人干净、敢于担当，不断加强党性修养，不断改进工作作风，着力解决"不严不实"问题，努力在深化"四风"整治、巩固群众路线教育实践活动成果上见实效，在讲政治顾大局、守纪律讲规矩、营造良好政治生态上见实效，在真抓实干、推动学校改革发展稳定上见

实效。

一代人有一代人的使命，一代人有一代人的担当。面对高等教育发展的新常态，面对京津冀协同发展、北京"四个中心"建设等国家发展的重大战略，面对学校各项事业急需上层次、上水平的新需要，面对学校推进综合改革，全面"提质、转型、升级"的新任务，我们这一代建大人使命光荣、责任重大。历史经验证明，办好中国的事情，关键在党。同样，发展好北建大，关键在各级党组织和全体共产党员。学校各级党组织和全体共产党员要认真学习贯彻习近平总书记系列重要讲话精神，认真贯彻落实中央和市委的统一部署，主动适应新形势、把握新常态，按照全面从严治党的要求，高标准推进学校党的建设，履行好党组织抓党建工作主体责任，建立健全党建工作责任制，以党的建设成效推动学校事业又好又快发展。

1. 深入实施"六大工程"，建立健全从严治党责任体系

一是深入实施"铸魂"工程，突出思想建党。要强化主旋律思维，按照学校宣传思想工作实施方案要求，推动社会主义核心价值观内化于心，外化于行。要强化互联网思维，主动适应信息化发展的新形势，打造更多深受师生欢迎的网络宣传阵地，牢牢把握意识形态工作的领导权、管理权、话语权。要大力加强和改进思想政治工作，坚持"立德树人"根本任务，倡导育人为本、德育为先、爱生为要，构建实施"最爱学生"工作体系。要大力加强道德建设和法治教育，提高运用法治思维和法治方式治理学校、推动发展的本领。

二是深入实施遵章立制工程，强化制度治党。要严格落实党建工作各项制度，以建立健全组织制度、干部人事制度、基层党组织建设制度、人才发展体制机制为重要抓手，构建我校党建与思想政治工作制度体系。要实施"党建首问制"和"廉政首问制"，形成学校从严治党工作特色，不断推动党建工作创新，为实现全面从严治党目标奠定制度基础。

三是深入实施党内政治生活质量提升工程，坚持政治性、原则性、战斗性。要进一步完善校、院两级领导班子议事规则和决策程序，切实贯彻落实好民主集中制。要充分运用"四大法宝"，严防党内政治生活庸俗化。要规范和严格民主生活会制度，进一步增强班子团结，不断激发推动工作的内生动力。

四是深入实施卓越队伍建设工程，坚持从严从实要求。要按照社会主义政治家和教育家的要求，建设团结型、学习型、民主型、创新型、务实型、廉洁型学校党政领导班子。要坚持"好干部"标准和干部选任程序要求，加大优秀年轻干部和后备干部选拔培养，建设好干部队伍的"活水源"和"蓄水池"。要构建"严"字当先的干部教育培训、管理监督体系，以"严"的标准要求干部，以"严"的措施管理干部。

五是深入实施作风建设工程，巩固作风建设的长效机制。坚持以师生满意为最终目标，以《卓越管理行动计划》实施为带动，构建永远改作风、开门改作风、经常改作风的作风建设长效机制，促进学校"改进管理、改进作风"目标的全面实现。以"三严三实"主题教育为契机，探索对党员干部进行经常性教育的有效途径和方法，实现作风建设常态化、长效化。认真落实党组织联系基层、党员联系群众"双联系"制度，持续深入实施"党建路桥工程"，架起党组织服务教师建功立业、服务学生成长成才的成长路和连心桥。

六是深入实施"清廉建大"工程，落实好"两个责任"。紧紧抓住落实党风廉政建设主体责任这个"牛鼻子"，进一步健全制度、细化责任、以上率下，层层传导压力、层层分解责任、层层推动落实。积极探索符合学校特点的反腐倡廉新思路、新举措，加强反腐

倡廉教育和廉政文化建设，深入推进反腐倡廉制度建设，进一步完善廉政风险防控机制，加强重点领域、重点部位、重点环节廉政风险点的动态监控和监督检查，形成不敢腐、不能腐、不想腐的长效机制。

2. 建立健全党建工作责任制，确保从严治党各项任务落地生根

一是落实党组织抓党建主体责任。首先要严格落实党建责任。党建工作与中心工作是两个轮子，互为促进、不可偏废。要在抓好中心工作的同时，更加重视党建工作，增强从严治党的意识，落实从严治党的责任。学校党委要做从严治党的领导者、示范者。要不断完善从严治党责任内容、体制机制等体系建设，要管好班子，带好队伍，建设好推动从严治党工作的领导核心。要做好顶层设计，积极推动任务落实。要建立党委抓党建的责任清单，细化到人、量化到岗，以责任传导压力，推动形成党委书记负总责、分管领导分工负责、二级单位党组织系统推进、基层党支部全员参与落实的上下贯通、步调一致的从严治党工作大格局。二级单位党组织要做从严治党的推动者、执行者。要认真贯彻落实学校党委部署，创新工作形式和载体，创造鲜活工作经验。按照搭平台、管干部、促交流、共成长的原则，发扬敢为人先的精神，带领大家争创佳绩。处级党员领导干部要将从严治党工作要求融入分管工作，以带队伍、管项目、创特色为抓手，履行好从严治党责任，注重以党建工作优势推动教学、科研、管理、服务工作，形成加强基层党建工作的良好局面。党支部要做从严治党的最有力践行者。按照一个支部一个品牌、一个支部一个战斗团队的目标，加强学习型、服务型、创新型党支部建设，切实解决好"为了谁、依靠谁、我是谁"的问题。通过抓学习、促服务，切实把从严治党各项工作落实到支部，落实到党的肌体的每个神经末梢，形成从严治党的微环境。

二要坚持党建工作和学校中心工作一起谋划、一起部署、一起考核。要像推动学校事业发展、维护安全稳定那样，把党的建设摆上重要议事日程，定期研究分析党的建设，切实做到情况清、目标明、措施实、要求严，把学校每个领域、每项工作、每个环节的党建工作都抓具体、抓深入、抓扎实，切实做到中心工作和党建工作"两手抓、两手硬"。

二是建立健全从严治党工作机制。要建立健全党政协同、党群协同和党团协同工作机制，凝聚形成全校党建工作的合力。要推动实施分工联系点制度，加强调研指导，把联系点建成示范点，以点上经验指导面上工作，做到联系一个点，抓好一条线，促进一大片。要建立日常谈话提醒制度，加大日常监督力度，坚持抓早抓小抓苗头。要探索实施党建述职和考核机制，完善党建工作考核指标体系，加大党建工作权重，强化考核结果运用，形成"述职述党建、评议评党建、考核考党建、任用干部看党建"风向标，让抓从严治党有成效的干部，干起来有精神、做起来有底气。要实施党建工作检查和督查督办机制，推动形成抓基层、打基础的责任链条和多维度、多层次的督办体系，推动从严治党各项责任落地生根。

3. 切实发挥党员先锋模范作用

面对新形势新任务，做好学校各项工作，必须充分发挥党员先锋模范作用。各级领导干部、全体党员要牢记使命，以更好的精神状态、更高的标准、更加扎实的作风做好各自工作，按照一名党员、一面旗帜、一个榜样、一个标杆的标准争做党建工作领跑者，争当事业发展排头兵。

各级党员领导干部要以身作则、率先垂范，以"打铁还需自身硬"的担当意识、"不

到长城非好汉"的进取精神，以及自我净化、自我完善、自我革新、自我提高的政治勇气，不断锻造成更为坚强的领导核心，始终做遵守党规党纪的表率、推动改革创新的表率、廉洁自律的表率，切实发挥领导干部的示范带动作用。

全体教师党员要时刻铭记教书育人的使命，既做学问之师，又做品行之师，以人格魅力引导学生心灵，以学术造诣开启学生智慧之门，帮助他们走好迈向社会的第一步，系好人生的第一粒扣子，做立德树人的表率；要以挚爱的情怀、博爱的态度、深爱的情感，主动关心、关爱学生的思想、学习、生活和成长发展，将"大爱"融入人才培养全过程，培育"爱教爱生"、"乐教乐学"的氛围，做热爱学生的表率；要勇于创新、迎难而上，积极承担学校各项改革发展任务，主动发挥在学校发展中的主体作用，做攻坚克难的表率。

全体学生党员要从现在做起，从自己做起，勤学、修德、明辨、笃实，大力践行社会主义核心价值观，努力在实现中国梦的伟大实践中创造自己的精彩人生，争做践行社会主义核心价值观的表率；要带头学习提高、带头争创佳绩、带头服务群众、带头遵纪守法、带头弘扬正气，争做成长成才的表率；要以敢为人先、敢闯敢干的锐气，锲而不舍、求真务实、矢志奋斗，在创新创业的大潮中奋勇搏击，争做"大众创业、万众创新"的生力军，争当创新创业的表率。

同志们，这次学校党建工作会是在深入贯彻落实党的十八大和十八届三中、四中全会精神、全面推进"四个全面"战略布局新形势下召开的一次重要会议，是深化党的群众路线教育实践活动成果，深入开展"三严三实"专题教育大背景下召开的一次重要会议，也是学校总结"十二五"、谋划"十三五"关键时期召开的一次统一思想、凝心聚力、推动发展的重要会议。接下来，会议还要总结研讨和具体部署从严治党的各项工作，各级党组织一定要按照学校党委的要求，认真组织好后续工作，切实把从严治党责任放在心上、扛在肩上、落实在行动上，把落实从严治党与推进中心工作密切结合，精心策划，抢抓机遇，直面挑战，努力开创学校党建工作和事业发展新局面。广大党员要同心同德、励精图治，真抓实干、攻坚克难，敢于担当，在创建有特色高水平建筑大学的历史征程中做出自己应有的贡献。

最后，祝愿我们党永葆生机！祝愿北京建筑大学明天更美好！谢谢大家！

2015 年 6 月 30 日

五、党委书记王建中在北京建筑大学2015年秋季学期工作会上的讲话

老师们、同志们：

大家好！暑假刚过，开学伊始，今天我们召开学校2015年秋季学期工作会，主要任务就是总结学校上半年工作，全面部署和启动学校下半年工作。刚才，启鸿副书记就上半年学校各项工作任务完成情况的督查结果进行了通报，爱林校长全面总结回顾了学校上半年工作，对下半年工作和今后的办学思路进行了全面部署，讲得非常好，我完全同意。希望大家会后认真学习、传达，结合学校2015年工作要点和本部门、本单位实际情况，细化方案，突出重点，抓好贯彻落实。

2015年是学校"提质、转型、升级"的元年，主题是综合改革，其核心要义就是通过全面综合改革，破除束缚学校向更高层次、更高水平发展的思想观念和体制机制障碍，进一步解放思想，更新观念，增强自信，激发新的动力和活力，扎实推进内涵式发展，适应和引领新常态，为实现学校"十三五"又好又快发展和建设特色鲜明的高水平建筑大学奠定坚实基础。上半年，在学校党政领导下，按照学校2015年工作要点，全校师生员工锐意进取、抢抓机遇、迎难而上、奋力拼搏，各项改革工作有序推进。一是全面从严治党工作系统推进，全面构建了学校从严治党的制度体系，认真开展"三严三实"专题教育，为学校科学发展提供了坚实的思想保证和组织保证。二是贯彻落实《京津冀协同发展规划纲要》工作系统推进，提出了"大兴校区建成高质量本科人才培养基地，西城校区建成高水平人才培养和科技成果转化、产学研协同创新基地"的"两高"布局方案以及动物园批发市场（万容天地）疏解方案，获得市教委认同，为学校两校区办学和长远发展奠定了基础。三是住房和城乡建设部、北京市批准共建北京建筑大学，学校成功进入省部共建大学行列，近期将正式举行签约仪式，学校发展空间进一步拓展，影响力进一步提升。四是综合改革系统推进，制定了"卓越管理行动计划"，"大宣传"体制机制改革、校办产业体制机制改革、"大后勤"体制机制改革基本到位，人事制度改革、财务管理制度改革、"大资产"体制机制改革、大学科技园建设、信息化建设、爱生体系建设全面启动，这些改革的逐步展开正在使学校悄然发生变化，全校师生正在逐步感受到改革带来的新体验。五是"十三五"规划编制工作有序推进，正在通过多种方式广泛征询意见和建议。总的来看，学校上半年的各项工作进展顺利，主要任务达到了预期目标。在这里，我要特别提出表扬的是，为了学校的发展，很多同志渡过了一个非常繁忙的暑假，营造了积极进取的暑期文化。暑假期间，我经常看到许多干部和老师们放弃休息时间，坚守在自己的工作岗位上，积极开展各项工作。有的在为学校和学院的"十三五"规划以及本学期即将召开的本科人才培养工作会、科技工作会、两校区办学工作会积极准备；有的在为申报国家级实验教学示范中心、国家级虚拟仿真实验中心和各级别科研项目准备材料、撰写文本；有的在做实验、搞调研，有的在为新学期的课程认真备课；基建和后勤部门的同志们，顶烈日、冒酷暑，加班加点抢抓工期，大家真正把暑期打造成为学习充电期、谋划提高期、总结提升期。在此，我代表学校向各级干部和教职员工表示衷心的感谢！

假期期间，学校领导班子围绕"三严三实"专题教育和"十三五"规划编制，召开了

多次座谈会和个人访谈，认真听取了教授、青年教师代表、民主党派负责人以及机关职能部门和二级学院负责人的意见和建议，上个星期又利用两天的时间召开了务虚会扩大会。务虚会开得很有质量，通过问题导向的反思性讨论和目标导向的前瞻性展望，激活了大家的思想火花，从战略上、策略上对学校未来发展的若干关键问题进行了深入的思考和研究。关于学校发展面临的新形势、新特征、新机遇和新挑战，年初学校工作会上我已作过系统分析，刚才爱林校长又做了深入全面的分析。下面，结合最近上级会议文件精神以及调研情况，就学校"十三五"规划编制和进一步做好下半年的各项工作，特别是结合学校发展中面临的实际状况我再和大家沟通一些想法，讲几点意见。

一、强化机遇意识，抢抓发展先机

顺势而为、乘势而上一直是成功发展的重要策略。事实反复证明，抓住了机遇，发展就事半功倍，丧失了机遇，发展就事倍功半，甚至举步维艰。这就要求我们，一是要善于发现和抓住当前的机遇，找准切入点和突破口推进发展，机遇稍纵即逝，竞争尤为激烈，机遇就在哪里，机遇只有这些，动作慢了，机遇就不在了，而且是一步跟不上，步步都被动；二是要有预见性和前瞻性，机遇往往青睐有准备的人，要超前布局、潜心积累、精心准备，要把主动权掌握在自己手里，确保能够赢在下一个节点上，所谓十年磨一剑就是这个道理。当前，我们正处在一个大变革的时代，又正在制定"十三五"规划，新的发展机遇层出不穷，面对新形势、新阶段、新要求，我们的机遇在哪里？我们的机遇是什么？这是我们全校师生要回答的问题。学校、学院、教师、学生是否都准备好了？学科、教学、科研等方面的发展是否都找到了属于自己的机遇？从调研的情况看，总体上我们的机遇意识还不够强，抢抓先机的紧迫感还不够强，我们还没有做好充分的准备，面对"十三五"发展，这一点必须引起大家的高度重视，必须尽快迎头赶上，绝不能观望，绝不能拖延，绝不能等待，机遇是抢来的，绝对是等不来的！这里，我点几个，挂一漏万。比如，国家经济社会发展进入了新常态，大力实施创新驱动发展战略，提出了"一带一路"战略，推出了"加快推进产业结构调整，推动传统产业转型升级，积极培育和发展战略性新兴产业，加快信息产业发展，大力发展节能环保和新能源产业"以及"中国制造2025"和"互联网+"等的一系列发展举措，前两天我又看到了国家科技体制改革工作方案，那么在这些方面我们从中抢抓了什么机遇？北京经济社会发展进入新常态，围绕京津冀协同发展、"四个中心"定位、深入实施创新驱动发展战略、构建"高精尖"经济结构、深入治理大城市病、优化城市发展格局等重点工作，我们从中抢抓了什么机遇？围绕国家"大众创业、万众创新"的战略部署，国家层面以及市委市政府、北京市教委层面，都出台了系列鼓励创新创业的政策措施，提供了大量项目和资金，我们从中又抢抓了什么机遇？8月18日召开的中央全面深化改革领导小组第十五次会议，审议通过了《统筹推进世界一流大学和一流学科建设总体方案》，方案的出台传递了一个明确的信号，也就是要通过体制机制改革，使中国高校产生动力焕发活力，创建若干个扎根中国大地的世界一流大学和一流学科，这其中蕴含着很多的政策、项目和资金，我们从中抢抓了什么机遇？国家城乡建设和建筑行业面临新的发展态势，中央即将召开全国城市工作会议，重点推进城市地下综合管廊建设、新型城镇化综合试点以及海绵城市建设等，都与我们学校的学科专业关系密切，我们从中抢抓了什么机遇？服务国家、首都、行业发展战略，是学校发展的必然选择和重大使命，人才培养、科学研究等各方面的工作都应该紧紧瞄准国家、首都、行业的发展需求，抢占先机，主动作为，一定要在这个大变革的时代发出北建大的声音，做出北建大的贡献，树立起北建大的品牌。这需要我们每一个北建大人都要认真思考怎么落实，特别是各级领导干部，要带头强化机遇意识，抢抓发展先机。

二、强化战略意识，把握发展全局

发展战略是顶层设计，决定着发展的方向、目标、定位、思路、布局、原则、路径等要素，对事业发展的成败起着决定性作用。当前，全国上下、各个领域都在制定"十三五"发展规划，这给了我们学校一次难得的机会，就是系统总结学校历史发展经验，客观分析学校发展形势，全面审视完善学校未来的发展战略。比如，站在新的起点上，面对新的发展阶段，学校的发展目标、办学定位、人才培养规格、战略重点、战略布局、战略路径、治理结构、体制机制是否需要调整？如何调整？也就是我们要重新回答两个老问题：办什么样的大学和如何办这样的大学？培养什么样的人和如何培养这样的人？所以，全校上下要高度重视"十三五"发展规划的编制，要不断提升战略思维能力，养成谋事谋局的习惯，使我们的学校、学院以及学科、专业、科研，包括教师和学生的发展，都能在明晰的战略规划下推进，绝不能脚踩西瓜皮，溜到哪是哪！不谋全局者，不足谋一域；不谋万世者，不足谋一时。制定规划要讲究境界和视野，要注重基础和长远，要强调全局性和系统性。希望我们全校上下都能重视规划，特别是我们的院长和书记，要认真谋划本学院学科和人才培养等各方面的规划，加大时间和精力投入。还要切实防止中梗阻现象，加大和一线教师、教授们沟通的力度，要把我们在群众路线活动中所倡导的密切联系群众的好作风认真贯彻落实下去，全心全意依靠全校师生的共同把"十三五"规划编制好。

三、强化改革意识，勇于推动发展

改革是发展的不竭动力，从某种意义上讲，不改革就不可能有变化，也就谈不上发展。我们提出的"提质、转型、升级"都意味着办学的各个方面都要向更高形态变化，所以，必然要推进一系列改革。全校师生员工都要在思想观念上树立不断改革的意识，要积极适应、倡导、融入、推动、引领改革。事实反复证明，改革是艰难的，因为要打破旧的体制机制，产生新的模式，就会有一个适应过程，甚至还会带来一定阵痛。国家层面如此，对学校来说也如此，改革是结构上的调整，是政策上的调整，所以大家都要有这个意识，主动去适应，去参与，甚至去推动，去引领。上半年，我们推进的一系列改革，比如"大后勤"改革，面对多少问题需要协调解决，需要承受多大压力，要没有各级干部攻坚克难的勇气和智慧，要没有后勤员工的大局意识和奉献精神，任何改革都不可能推进。改革就能促进发展，不改革，没有发展。为了实现学校更高层次、更高水平的发展目标，为了全校师生的长远发展利益，希望全校各级干部都要自觉按照"三严三实"的要求，遵循目标导向、问题导向、绩效导向的原则，勇于推进改革，这里要特别强调问题导向，目前学校发展势头很好，但确实也面临不少急待解决的问题，比如，一开学，就有4000多人次的补考？两校区办学，资源利用率的低下？等等，这些问题都需要通过改革来解决。希望全校师生员工要积极支持改革、一起投身改革，在改革进程中追求新的发展。我们要经常问自己，我们改革了吗？我们发展了吗？我们要强化改革意识，要勇于担当推动发展。

四、强化创新意识，敢于引领发展

创新是一切发展的源泉，从某种意义上讲，没有新事物的产生，没有增量的产生，就意味着没有发展。要以创新为先导推动改革，以改革为手段激发创新，很多情况下，没有理念、体制机制、途径方法上的创新，问题很难解决，改革很难有突破，也难以实现高水平的发展目标。创新是要解决从无到有的问题，就是所谓的从0到1的飞跃，这就要求大家要树立敢为人先的勇气，养成靠创新解决问题的习惯，敢于开创某个领域和方面的先河，遇到工作困难时，能够用创新的方法予以解决，实现创新发展。要实现创新发展，就要突出特色、突出优势、突出重点。对于一个学校、一个学院的发展，就是要搞清楚特色是什么，优势是什么，工作的创新点和突破点在哪里？比如，我们就要召开本科人才培养工作会，我们就要思考，学校的人才培养体系是否要创新？课程体系要不要改革？人才培养方案是否要调整？教学模式是否要创新？教学手段是不是要创新？现在的培养体系能不能支撑学校向教学研究型大学的转型等等。开学科建设和科技工作会，我们就要思考，科技体制机制是否要创新？北建大现在的科技体制是什么，治理架构是什么，我们应该有怎么样的管理体制，我们怎么样才能让北建大有成果的教师先富起来等等，这些都需要我们用创新的方法予以解决，通过创新来发展。

五、强化执行意识，追求发展实效

习近平总书记反复强调"实干兴邦，空谈误国"，要求发扬钉钉子精神，强化执行力。事实上，没有不折不扣的执行，任何战略和规划都是纸上谈兵，都是镜花水月。强调执行力，一是要务实性规划，科学决策，不放空炮。二是要发挥主观能动性、主动性、创造性地开展工作，提高战略执行力，而不是机械地执行；特别是我们各级干部，学校的大政方针定了、方向定了、原则定了，你就要发挥主观能动性，带领你的团队，去执行达到这个战略目标。要深刻领会学校的战略目标和战略部署，在这个框架下勇于创新、勇于改革，去努力实现这个战略目标，切实防止等、靠、要、拖。三是要能发现和提出问题，还要会解决问题，每个人都当战斗员，不做旁观者和议论员。加强执行力是个责任心的问题，也是个能力问题。最近，在网上看到一篇分析执行力差的原因的文章，很有收益。文章中总结执行力差的5大原因，一是没能明确的战略规划和目标，不知道干什么；二是能力不足，不知道怎么干；三是机制流程不合理，干起来不顺畅；四是评估考核激励不到位，不知道干好了有什么好处；五是惩罚机制不健全，知道干不好也没什么坏处。我仔细想了想，认为咱们学校在这五个方面也都存在一定问题，这些都需要通过改革创新来解决，来提升。所以说每个部门的负责同志，每个学院的负责同志，考虑考虑，在你分管的领域，有没有大家不知道干什么，有没有不知道怎么干的，有没有干起来很别扭的，有没有干好干坏一个样的，所以说第五要强化执行意识，追求发展实效。

六、强化党建意识，确保发展方向

习近平总书记提出了"四个全面"战略布局，全面从严治党是全面实现小康社会、全面推进综合改革、全面推进依法治国的根本保证。对于高校而言，就是要全面贯彻党的教育方针，以立德树人为根本，努力建设中国特色社会主义大学；就是要坚持民主集中制度，坚持党委领导下的校长负责制，严格遵守政治纪律和政治规矩，在政治上、思想上和行动上始终与党中央保持高度一致，坚决贯彻中央、市委以及学校党委的决策部署。当前，就是要扎实深入推进"三严三实"专题教育，全面落实学校制定的全面从严治党的一系列举措，重点是落实党建责任制，特别是我们各级基层党组织，要把抓党建作为我们的最大职责、最主要职责。要认真查摆"不严不实"的问题，找准"不严不实"的突出问题和具体表现，重点抓好校院两级班子建设，把严和实的作风体现到推进学校发展的成效上。各级党组织和广大党员，特别是各级领导干部，在学校综合改革过程中，带头讲政治、讲大局、讲奉献，以上率下，切实发挥领导核心、战斗堡垒和先锋模范作用。

老师们、同志们，一年一度的秋季学期工作会，在学校全年工作中起着承上启下的作用，对学校发展具有至关重要的意义，站在新的发展阶段，面对学校新时期发展遇到的新情况、新问题，面对学校"提质、转型、升级"发展的繁重任务，我们更加需要最大限度地调动全校师生的积极性，形成心往一处想、智往一处谋、劲往一处使；以更强的责任心，干事创业的激情投入到工作中去，切实推动"提质、转型、升级"在本部门、本单位的落实，为圆满完成全年发展目标，为"十三五"时期的良好开局奠定坚实基础。

谢谢大家！

2015 年 9 月 8 日

六、党委书记王建中在北京建筑大学2015年教师节座谈会上的讲话

老师们、同学们：

大家下午好！在新学期刚刚开学之际，我们迎来了第31个教师节。今天，我们在这里召开座谈会，共同庆祝我们自己的节日，一起感受到作为一名教师的光荣和自豪。在此，我代表学校党委、行政向辛勤耕耘在教学、科研一线的全校教师、向默默奉献在管理服务岗位上的管理和服务人员致以诚挚的问候和祝贺！向为学校建设与发展做出贡献的老领导、老教师和从事教育工作满30年的教职工们致以崇高的敬意和衷心的感谢！

参加今天座谈会的有锐意进取、成绩优异的青年骨干教师，有富有理想、朝气蓬勃，承载学校未来发展希望的优秀学子，尤其是有一批为学校事业倾注智慧和心血、奉献了三十个年头的优秀教师，你们是全校教职工的先进榜样，是"建大精神"的最佳代言。刚才大家情感真挚而又斗志昂扬的精彩发言，更加充分地展现了我们北建大学子心怀感恩、尊师爱校、勇于担当的优秀品质，展现了我们北建大教师情系学校发展、倾力学校发展、奉献学校发展的崇高精神。正是在这些精神品质的带动下，在刚刚过去的半年时间里，全校师生齐心协力，拼搏进取，以实际行动为学校新时期的发展又增添了丰硕的成果，为学校"十三五"时期的发展和建设有特色高水平建筑大学奠定了坚实的基础。一是住房城乡建设部、北京市人民政府批准共建北京建筑大学，学校成功进入省部共建大学行列，为学校新时期的发展开辟了广阔前景；二是两校区布局规划全面启动，"大兴校区建成高质量本科人才培养基地，西城校区建成高水平人才培养和科技成果转化、产学研协同创新基地"的"两高"布局方案得到上级和广大师生普遍认可，为新时期学校发展提供了坚实平台；三是各项改革有序推进，卓越管理行动计划启动实施，管理流程逐步优化，新一轮人事改革政策全面启动，"大资产、大后勤"的管理体系初步建立，改革发展成果惠及广大师生；四是1名教授入选"北京学者"行列，1名教授入选2014年国家百千万人才工程，并被授予"有突出贡献中青年专家"荣誉称号，成功引进高层次人才1名，填补了国家级教学名师和杰出青年基金获得者的空白，师资队伍水平再上新台阶；五是成功获批智慧城市国家级虚拟仿真实验教学中心和国家文物局文博人才培训示范基地，学校骨干专业学科建设和人才培养工作迈上了一个新台阶；六是学校作为主要参与单位再获国家级科技进步奖一等奖1项，获批国家自然科学基金项目连续3年突破20项，科研实力进一步增强；七是生源质量又创历史最佳，学生各类竞赛成绩突出，综合素质明显提升；八是积极落实《京津冀协同发展规划纲要》和北京"四个中心"建设、非首都功能疏解，牵手天津城建大学和河北建工学院成立"京津冀建筑类高校协同创新联盟"，与团中央、中国青年创业就业基金会合作共建全国第一个"中国青年创业社区"，社会影响力进一步增强。

老师们、同学们，经过前几年的快速发展，当前学校站在了一个崭新的历史起点上，进入了新一轮改革发展期。学校面临着"上层次、上水平"的新要求，提出了"提质、转型、升级"的发展策略和"提升学科、提升师资，协同创新、协同育人，改进作风、改进管理"的工作重点，进一步明确了从教学型向教学研究型大学转型、从单一校区办学向两校区办学常态化转型、从传统型大学向创新型大学、信息化大学转型的发展任务。面向

"十三五"和百年建大梦,全体北建大师生责任重大、使命光荣,而要成就北建大未来的辉煌,其根本在人才,关键在教师。

去年教师节,习总书记在北京师范大学调研考察时指出,百年大计,教育为本;教育大计,教师为本。"教师重要,就在于教师的工作是塑造灵魂、塑造生命、塑造人的工作。一个人遇到好老师是人生的幸运,一个学校拥有好老师是学校的光荣,一个民族源源不断涌现出一批又一批好老师则是民族的希望。"总书记号召全国广大教师要做有理想信念、有道德情操、有扎实知识、有仁爱之心的好老师。昨天习近平总书记在给"国培计划(2014)"北京师范大学贵州研修班全体参训教师回信中,又对广大教师提出"努力做教育改革的奋进者、教育扶贫的先行者、学生成长的引导者"的希望和要求。这既是国家的要求、学校发展的要求,也是教师个人成长发展的需要。借此机会,我想通过大家对全校教师提出四点希望,并与大家共勉:

一是以德为先,做学生成长成才的"引路者"。陶行知先生说,教师是"千教万教,教人求真",学生是"千学万学,学做真人"。老师肩负着培养下一代的重要责任,做一名好教师首先要有坚定的理想信念和高远的人生目标。广大教师要热爱和忠诚党的教育事业,热爱自己的学校和从事的工作,以高尚的人格和崇高的人生目标引领学生,帮助学生筑梦、追梦、圆梦。一段时间以来,通过全校教师的共同努力,学校在人才培养方面取得了长足进步,比如成功获评全国高校就业50强高校,英语四级一次通过率超过了70%,在科技、文化、体育等各类学生竞赛中屡创佳绩等,但是和我们自身的期望、和建设高水平大学的需要相比,还存在一定的差距,比如升研率较低、补考率居高不下,从根本上说,这些问题就是学生的理想信念和发展目标问题,需要我们每一位教师深入思考,更需要大家全身心投入教书育人工作,真正做好学生成长成才的引路人。希望我们每一位教师都能切实承担起为人师者的重要责任,走进学生宿舍、图书馆、自习室、体育场,和学生多交流、多沟通、多谈心,以真情、真心、真诚,关心和爱护学生,努力成为学生的良师益友,成为学生成长成才的指导者和引路人。

二是行为世范,做社会主义核心价值观的"践行者"。19世纪俄国教育家乌申斯基曾说过:"教师的人格,就是教育工作的一切",中国传统文化更强调"身正为范"。对教育工作者而言,人格、品行和操守都是第一位的。教师素质,师德为魂。高尚的师德,是对学生最生动、最具体、最深远的教育。当前,树立高尚师德的首要任务就是带头弘扬和践行社会主义核心价值观,努力把社会主义核心价值观融入教书育人的全过程,做学术道德和良好风气的坚守者、维护者和弘扬者。希望每位教师都能率先垂范、以身作则,用好课堂讲坛,用好校园阵地,用自己的行动倡导社会主义核心价值观,用自己的学识、阅历、经验点燃学生对真善美的向往,使社会主义核心价值观内化于心、外化于行,增强学生的价值判断能力、价值选择能力、价值塑造能力,引导和帮助学生把握好人生方向,扣好人生的第一粒扣子。

三是学高为师,做知识创新的"先行者"。扎实的知识功底、过硬的教学能力、勤勉的教学态度、科学的教学方法是老师的基本素质。国家新一轮教育综合改革和学校内涵发展、转型发展,对大家的能力素质提出了新的要求;以信息技术为标志的新技术革命突飞猛进,先进教育技术大量涌现,也给大家的知识更新带来了新的机遇。这些要求我们必须在专业成长的道路上不断丰富知识,不断更新观念,不断提升能力。希望每位教师都树立崇尚学术，刻苦钻研，勇于创新的精神，自觉克服浮躁功利、贪图享受等不良风气，真正成为一名学识渊博的优秀教师。

四是大爱无声，做爱校爱生的"示范者"。习近平总书记说，教育是一门"仁而爱人"的事业，爱是教育的灵魂，没有爱就没有教育。为贯彻习近平总书记做"四有"好教师的最新要求，全面落实"立德树人"根本任务，学校提出打造最爱学生的大学，积极构建"最爱学生"的工作体系，借此在人才培养模式上探索出一条特色之路和创新之路。希望每位教职员工，都能积极投身到"最爱学生"工作体系建设之中，努力铸就"大爱无声"的品格，把自己的爱心融入每一堂课、融入每一次服务当中，以最温暖的爱心、最专注的真心，去发现、去欣赏、去关爱身边的每个学生，努力成为学生的良师益友和爱校爱生的示范者。

老师们、同学们，北建大的发展，离不开你们的辛勤耕耘；学校的荣誉和地位，也离不开你们的热情投入与聪敏智慧。站在学校发展的新起点上和"提质、转型、升级"的关键时期，我们唯有更加勇敢地担当，更加勤奋地工作，才能为学校赢得更好更快的发展。让我们进一步解放思想，大胆创新，勇于改革，追求卓越，为建设有特色、高水平建筑大学而共同努力奋斗！以干事创业的实绩托起百年建大梦！

谢谢！

2015 年 9 月 10 日

七、党委书记王建中在北京建筑大学第十二次本科人才培养工作会上的讲话

老师们、同志们:

大家下午好！召开"第十二次本科人才培养工作会",全面推进本科教育教学综合改革,是今年学校工作的重中之重,是学校"提质、转型、升级"的基础和核心任务,对科学制定学校"十三五"发展规划至关重要,关系到建设有特色高水平创新型建筑大学目标的实现,具有十分重要的现实意义和长远战略意义。开幕式上,爱林校长作了主旨讲话,爱群副校长作了主题报告,所讲内容十分重要,我完全同意,大家要进一步学习领会,结合实际做好贯彻落实工作。

经过全校师生的共同努力,这次会议开得很有成效,概括起来有以下三个特点:一是高度重视,准备充分。为了开好这次会议,学校党政做了认真部署和周密安排,党委常委会、校长办公会多次听取汇报,进行专题研究,学校务虚又组织专门研讨推进;自去年底举办学校发展研讨会之后,半年多来,教务处会同相关部门和单位做了大量校内外调研工作,认真学习领会和研究上级文件精神,广泛听取各方面的意见和建议,假期加班加点认真准备,起草会议材料,为会议的成功召开打下了坚实的基础。二是主题明确,研讨深入。这次会议目标十分明确,就是要继往开来,系统总结本科人才培养特色经验,更好地适应和引领高等教育发展新常态,围绕学校"提质、转型、升级"新要求和"十三五"发展新目标,共同提高认识,转变观念,推进人才培养机制模式改革创新,开创我校本科人才培养新局面。会前和会议过程中,各类人才培养论坛、研讨会相继举行,邀请了教育部、北京市教委等教育主管部门和兄弟高校的领导、专家来校作了多场人才培养专题报告,表彰了在人才培养方面做出突出业绩的单位和个人,6名同志进行了大会经验交流,各单位都认真组织了研讨会,刚才9位学院负责同志又作了研讨成果报告,为学校深化人才培养改革进行了广泛深入的动员,营造了良好的氛围,奠定了坚实的思想基础。三是重点突出,措施有力。本次会议进一步强化了人才培养的中心地位和本科教育教学的基础地位,突出强调了推进教育教学改革的必要性、重要性和紧迫性,重点聚焦了教育教学质量提升和学生创新创业能力培养,提出了"六大工程"15条具体措施,制定、修订了1+10个制度文件,期间还调整加强了教务处组织架构,成立了学校教学督导委员会,独立设置了工程实践创新中心,昨天正式成立了创新创业教育学院,下周二还将举办马克思主义学院成立大会,为全面推进本科人才培养改革提供了初步的顶层框架设计,加强了制度和组织保障基础。总之,会议圆满完成了各项任务,达到了总结会、动员会、培训会、部署会和创新会的多项预期目标。在此,我代表学校对为会议成功举办做出辛勤努力和贡献的各级干部和师生表示衷心的感谢！并借此机会,向辛勤耕耘在教学工作第一线的广大老师、教学督导专家以及为教学工作做出积极贡献的全体教职员工们,致以亲切的问候和诚挚的敬意！

今天是会议的闭幕式,更是学校本科人才培养改革工作的开幕式,我们全校师生要以本次会议为新的起点,科学谋划,精心部署,锐意改革,真抓实干,全校师生都要积极行动起来,一起来吹响北建大人才培养改革的号角,奋力推进学校人才培养工作"提质、转

型、升级"。下面，我就贯彻落实好本次会议精神再谈几点意见和要求。

一、进一步强化人才培养中心地位和本科教育教学基础地位

立德树人，学校之本。人才培养是高等教育的本质要求和根本使命，是高校的首要职能。党的十八大报告指出，要深化教育领域综合改革，推进高等教育内涵式发展。我认为，高校综合改革的出发点和落脚点都是人才培养，内涵式发展首先是人才培养的内涵式发展，这次本科人才培养工作会就是要在迈向"十三五"的关键时期，把学校人才培养这面旗帜高高举起，把本科教育教学的基础进一步打牢夯实。一是要始终坚持社会主义办学方向，坚持立德树人的根本任务，坚持德育为先、能力为重的育人观，努力建设中国特色社会主义大学。二是要始终坚持人才培养的中心地位，坚持以提高人才培养质量为核心，突出教书育人是教师的首要价值，进一步增强广大教师教书育人的责任感和荣誉感。三是始终坚持高教改革的正确方向，坚持人才培养的正确导向，树立科学的教育理念，遵循高等教育发展规律、教育教学规律和人才成长规律，特别是在当前推进学校向教学研究型转型发展过程中，要正确处理好教学和科研的关系，处理好教学和学科之间的关系，切实发挥好学科和科研成果对教学工作的支撑提升作用，切实强化本科人才培养的中心地位和基础地位，要在转型中加强人才培养工作，要在转型中提高人才培养质量，而不是削弱。

二、进一步强化人才培养质量观和创新创业教育观

人才培养质量是高校生存和发展的生命线，衡量学校办学水平的第一标准就是看人才培养的质量，提高人才培养质量是当前高校最核心、最紧迫的任务。这次本科人才培养工作会，就是要深入贯彻落实教育部《关于全面提高高等教育质量的若干意见》以及推进大学生创新创业教育一系列文件精神的要求，按照"四个必须"和30条措施的要求，通过深化高教综合改革，适应和引领高等教育发展新常态，全面提升本科人才培养质量。关于如何提高人才培养质量，有很多认识，也有很多的措施，我想结合新的形势强调几点。一是要围绕经济社会发展需求，特别是首都建设和建筑行业发展需求来提高人才培养质量。习近平总书记多次强调，我国人才培养与经济社会发展需求存在不适应问题，这就要求我们必须深入分析研究当前经济社会发展对人才培养的新要求，主动优化调整学科专业结构、人才培养类型结构，科学制定2016版本科人才培养方案，要切实克服人才培养与社会需求结合不紧密的脱节现象。刚才几个学院的负责同志总结的都非常好，大家提出教师人数不够，无法支撑课程体系，无法支撑专业发展，无法支撑教学研究型的转型发展，这确实是个问题。刚才在听各学院的汇报发言时，我和张校长一直在思考，第一，我们现有的这些专业是不是都有必要办，是不是都适合学校当前发展的新形势、新要求、新发展。这需要我们在制定"十三五"发展规划和人才培养方案的时候进行全面的论证。第二，我们这些专业是不是需要开那么多课，要进一步走出去到国内外高校去深入调研。据了解，现在很多高校都在压缩学时，压缩课程，但同时加强课程质量，只要开设这门课程就精讲精练，切实打牢学生成长发展的基础。学校2014版人才培养方案有了很大的进步，但是在课程和学时压缩方面力度还不够，深受学生喜欢的高质量课程还不多，我们要在新版人

才培养方案中予以很好的研究，每个专业要开什么课程，哪些是核心课程，哪些是没必要开的课程，要把那些没必要开的课程坚决砍掉，把核心课程讲精讲好。我们提高人才培养质量，其根本就是培养社会需要的人才，办专业源头在社会需求、行业需求和市场需求，接下来才是根据社会的要求认真分析人才培养需要的知识结构、技能结构、素质结构，然后才是为了达到这样的知识结构、技能结构、素质结构，应该开什么课程，设计什么样的实践环节才能达到社会对人才的需求，最后还要进行检查、考核、评估。这是一个普遍的办专业、开课程应遵循的逻辑，也是《华盛顿协议》开展专业认证首先考察人才培养目标的原因所在。所以，学校2016版本科人才培养方案，要在这个方面下足功夫，导向一定要正确，决不能因人设课，因人设岗，要一切从社会需求出发，从提升学生的知识、技能和素质出发。二是要围绕提升学生社会责任感、创新创业和实践能力提高人才培养质量。一系列的研究表明，我国大学生的"一感三力"是我们高校人才培养的短板，就是社会责任感、创新能力、创业能力和实践能力。钱学森也说，我们那么多大学培养不出诺贝尔奖获得者，培养不出创新人才在于我们的人才培养方式不是培养创新人才的。那么如何破解这样一个难题，提高我们人才培养质量，我觉得就是要想尽一切办法来提高"一感三力"，因为这是高质量人才的核心要素，而我们现在人才培养方案的体制机制、方式方法不利于提高"一感三力"，所以说当前推进高校人才培养综合改革，就是要以提升学生的社会责任感、创新能力、创业能力和实践能力，特别是按照李克强总理所说的提高大学生的创新精神、创业意识和创造能力为突破口，进行全面的人才培养模式改革，把创新创业教育体现到人才培养方案、教育教学模式，以及教学的途径和方式方法上，融入人才培养的全过程和各个环节。昨天下午教育部高教司刘贵芹副司长的报告，也给我们传递这样一个信号，就是教育部正在以此为突破口全面提高人才培养质量。所以说，我们每一位老师都要反思我们的整个教学，整个培养环节当中，是不是突出了对创新实践能力的培养，对学生解决实际问题能力的培养，对学生批判质疑精神的培养，要跟上当前国家高等教育改革发展的形势，跟上时代的变化和对人才培养的新要求，及时改变人才培养方式，全面提高人才培养质量。三是要围绕解决学校人才培养方面存在的突出问题提高人才培养质量。提高人才培养质量要坚持问题导向和目标导向，就是把学校本科人才培养工作存在的问题找准确，并针对人才培养的目标，出实招有针对性地解决。比如：我们的考试不及格率偏高，我们的英四、英六通过率还不够高，我们的出国率、升研率还偏低，我们学生学习的主动性、积极性还不够强，我们教师讲课的质量和效果还不平衡等问题，如何解决，我想我们两头都要抓好，一个是抓老师，使我们的每一位教师都能成为名副其实的好教师。一个是抓学生，下大力气扭转学风，增强学生的学习动力，这次本科人才培养改革系列文件，有关于学风建设必须出实招解决。学校这次成立教学督导委员会，在原有的教学督导组的基础上进一步升级、加强，加大对教学工作的督导和考核评价力度，目的也是想把人才培养质量提高。

三、进一步强化人才培养改革意识和教育教学创新行动力

党的十八届三中全会强调，要创新高校人才培养机制，促进高校办出特色，争创一流。学校综合改革的目的就是要通过全面综合改革，破除束缚学校向更高层次、更高水平

发展的思想观念和体制机制障碍，进一步解放思想，更新观念，激发新的动力和活力，扎实推进内涵式发展，以适应和引领新常态。人才培养机制改革是学校综合改革的核心，学校的一切改革都要紧紧围绕提高人才培养质量来展开。如何推进人才培养机制改革，是个系统性很强的大文章，有关论述也很多。特别是昨天教育部高教司刘贵芹副司长做了全面系统的阐述和解答，把中央的方向，教育部的部署讲得非常系统和全面，大家要认真组织学习。围绕这个问题，就进一步强化人才培养改革意识和教育教学创新行动力，我想强调两点：一是要抓住关键点进行改革。通过近期的学习，几个关键词很重要，我概括为"一融二制四化"。"一融"是科教融合，也就是正确处理教学和科研的关系，在政策、管理体制等方面全面打通教学和科研之间的通道，这是个大趋势。在下一步制定 2016 版人才培养方案的时候一定要把科教融合作为一个重要内容体现进去，对各专业培养方案的设计、课程的设计，要把我们教师的科研和对我们本科生的培养打通。"二制"是全面学分制和导师制。这一点刚才几个学院都讲得很好，我再简单强调几点。"全面学分制"需要一定条件的支撑，对于学校目前的实际情况来说可能有些困难，这个不能一概而论，有条件的上，没条件的可以慢慢上。但是学分制，或者部分学分制要尽快推行，这是世界的潮流。导师制是学校当前一个必须推行的人才培养制度，尤其是我们要办教学研究型大学，导师制非常重要，这种制度能充分体现教师主导、学生主体的人才培养原则，增强学生学习的自主性和老师的主导性。"四化"是个性化、国际化、信息化和协同化。"个性化"其实就是分类培养，对我们学校意义尤为重大，因为咱们学校学生层次较多，个性化培养，能够帮助学生选择适合自己的个性化成才通道，使他们发展得更好。"国际化"是指树立国际化的教育理念，建立国际化的人才培养目标，加强学生的国际交流，拓宽学生的国际化视野，培养学生在国际化和多元文化环境下的生存能力和竞争能力，逐步实现培养过程的国际化。国际化办学是当前世界高等教育的一个潮流，全世界的大学都在推进，各个学院在制定人才培养方案的时候，要系统考虑国际化办学，而不单纯是把我们的学生送出去 3+1、3+2，或者把外国教授请进来给我们讲学，是要有系统的规划方案，在学校营造一个国际化的氛围，让我们学生有体验跨文化的机会，有跨文化交流的能力。学校将在明年适当的时候召开国际化办学工作会，系统的推进学校的国际化办学。关于人才培养工作的信息化，我们要理解他的实质，就是要搭建一个信息化平台，使我们的教学管理、教学运行的全部环节能够在网上运行，提高我们的信息获取量，提高我们的效率和便捷性。MOOCS 只是人才培养信息化的其中一个点，我们只是选择优质的课程和优质的资源去做MOOCS，更主要的是我们要建一个课程中心，世界上著名的大学像哈佛、MIT 都有一个庞大的课程中心，所有课程，所有老师，所有学生都在课程中心上进行学习、交流，提交作业。我们学校今后也要建一个课程中心，是一个教学信息化、人才培养信息化的平台，使我们所有的老师和学生都能在上面互动，来支持我们的教学。当前，我们面临的 95 后学生是土著网民，推进人才培养工作的信息化任务十分紧迫，尤其是课程中心要尽快上线开课，学校也将加大投入，争取通过近几年的努力，在"十三五"期间把我们学校打造成一个信息化大学。"协同化"就是教育部工作要点中所说的推进协同育人，一是高校必须推动和政府、企业、行业的合作，国外这一点做得很好，其中一个很重要的举措就是每个学科专业、每个学院都有一个企业合作伙伴，并建立长效的实质性合作机制。推进协同育人对我们学校来说就是全面实施好"USPS 计划"，从学校、学院、教授、学生四个层面全部和企业对接，利用北京市很多对口企业的老总都是我们的校友这一天然的优势，做好人才培养的协同工作，巩固学校在行业里的地位，各学院要好好谋划实施。二是注重校内的多学科协同，搭建老师之间的学科交叉平台，搭建学生之间的学术交流平台。二是要体现在具体改革措施中，也就是我们说的本科教育教学改革的行动力，我们要号召每一个老师都去投入到人才培养改革当中，都去开展教研工作，都去开展教改工作，都为申报教学成果奖做好准备。教务部门、学工部门、科研部门都要有一些具体的措施来激励每个老师投入改革，要把大家积极性调动起来，真正行动起来。提高人才培养质量，最重要的是要从课堂抓起。我们要把教学内容、教学方法、教学模式改革作为本科人才培养最基础性的工作，促进教师改进教育教学方法，探索实施小班化开课，鼓励开展启发式、探究式、研究式教学，加强师生互动，推动教师把国际前沿学术发展、最新研究成果和实践经验融入课堂教学，在教学全过程中激发和培养学生的批判性和创造性思维。

四、进一步强化"三严三实"要求和本科人才培养"十三五"规划编制工作

开展"三严三实"教育是今年学校党建的重要工作，是作风建设的重要举措，关键是把严和实的作风体现到推进学校事业发展上来，一是要以严和实的要求，举全校之力，推进人才培养改革。要统筹和突出教书育人、管理育人、服务育人，要加强学风建设、教风建设。在此，我代表党委号召各级党组织和广大党员，特别是党员领导干部，党员教师，要发挥先锋模范作用，奋力投身到教育教学改革之中，作出表率，做出业绩，把"三严三实"专题教育的成效首先体现到人才培养改革当中。二是要按"四有"好老师要求，加强师资队伍建设，建设一支师德高尚、业务精湛、结构合理、充满活力的高素质教师队伍。提高人才培养质量，关键在教师，必须有一支德才双馨的教师队伍，这就是要处理好学校发展中大楼、大师、大爱的关系，没有大楼不行，没有大师也不行，大师就是我们各位教授和老师，有了大师还要有大爱，所以我们一直强调要建最爱学生的大学，就是要关心爱护学生，对于我们老师来讲，核心就是把课讲好，让学生成长好，发展好，学到真本事，我们今天开人才培养工作会，也是建"最爱学生大学"的具体体现。关于大家刚才提出的学校目前的师资规模无法支撑学校"十三五"时期"提质、转型、升级"发展的问题，学校会想尽一切办法，下决心在"十三五"期间，增加学校的教师编制。但是，通过学校内部挖掘潜力，优化结构来调整、解决这个问题也很重要。这里我想再重点强调一下做好青年教师的培养发展问题，我们学校现在一半是青年教师，通过调研、座谈会、参加青年教师沙龙，反映出一些问题，就是很多青年教师存在发展困惑，归属感不强，对今后发展方向感到迷茫等问题，所以，我们还要思考如何让青年教师能够全身心地投入工作中，我们的教授、我们的学院班子，要带好青年教师，帮助他们减少一些迷茫，增强他们的归属感。三是要全力做好"十三五"人才培养规划。这是我们这次会议的核心，要把我们这次会议的成果体现到"十三五"规划中去，做好"十三五"人才培养规划要做好以下几点。第一，加强学习。学习中央、教育部和北京市的文件精神，学习外面的好的做法。第二，重视研究。我们不但要学习，还要结合学校、学院的实际去研究，到底我们人才培养的风格是什么、精髓是什么、体系是什么，围绕人才培养目标要开设哪些课程等等，尤其是在制定本学院"十三五"规划的时候，要加强研究，重视研究。第三，锐意改革。一定要有

改革的决心和毅力。第四，敢于引领，要善于挖掘和发现引领的关键点，做出工作特色，敢于实现引领。第五，勇于突破。只要我们天天有突破，月月有突破，年年有突破，积小事为大事，那么整个"十三五"学校就会有大的突破，大的改变。四是要全面落实好本次会议精神。推进本科人才培养体系改革，做好学校本科人才培养工作，关键是狠抓落实，这里，我也代表学校对各个学院、各个单位和全校师生提几点要求。

一是广泛发动，全员参与。本次会议是面向学校"十三五"时期本科人才培养召开的一次重要会议，涉及学校办学的根本和事业发展的全局，需要动员全校师生员工积极参与。会后各部门、各单位要进一步广泛发动，深入动员，把会议精神传达到每一个教职员工，让每一个老师都知道，现在学校人才培养要改革了，动员起每一个老师参与其中，让大家进一步学习领会，深入思考，要切实克服"中梗阻"的问题，真正起到认清形势、转变观念、凝聚共识、推进改革的作用。

二是凝聚共识、统一思想。推进本科人才培养体系改革，全面提高本科人才培养质量是一项系统性工作，涉及面广，需要群策群力。要把这次会议的各种材料印发到每一位教师手中，广泛发动全校教师深入思考，全方面、多层次地开展讨论，根据会议精神进一步完善本科人才培养的各项制度，形成统一认识，凝心聚力，全面落实本科人才培养工作各项工作，共同推进学校的发展。各学院要根据本单位实际，组织专门力量对本学院的本科人才培养体系、教学内容、教学方法以及各种教育教学资源，进行深入论证和全面总结，全面落实本科人才培养的各项基础性工作，突出特色，树立品牌。

三是明确任务，强化落实。各学院应主动承担责任，明确任务，深入研究，探索形成符合本学院实际的落实方案和教改之路，积极推进。第一，要有组织性，落实会议精神，推进学校发展，一定要有组织推进，各学院要制定详细方案。第二，要有精准性，各学院要找准各自在这次人才培养改革中要重点解决的问题，针对问题制定改革方案和措施。第三，要突出特色。没有特色就没有质量，所以每个学院要突出自己的特色，把新的举措落实到我们2016版本科人才培养方案之中，落实到我们"十三五"规划之中。

老师们、同志们，面对学校新的发展目标和要求，让我们深入贯彻党的十八大、十八届三中、四中全会精神和习近平总书记系列重要讲话精神，深入推进"四个全面"战略布局、京津冀协同发展、首都"四个中心定位"和高教综合改革，全面推动学校"提质、转型、升级"发展，针对学校当前面临的机遇和挑战，总结和凝练本科人才培养工作中的经验和成绩，反思问题和不足，有针对性地提出解决对策和措施，切实推进学校本科人才培养机制和模式改革创新，进一步激发人才培养的潜力和活力，为学校建设有特色、高水平、创新型建筑大学注入新的动力，做出实质性贡献。

谢谢大家！

2015年10月23日

八、党委书记王建中在北京建筑大学2015年学科与科技工作会议上的讲话

老师们、同志们：

大家下午好！刚刚闭幕的党的十八届五中全会审议通过了《中共中央关于制定国民经济和社会发展第十三个五年规划的建议》，提出了"创新、协调、绿色、开放、共享"发展新理念，描绘了未来5年国家发展蓝图，开启了全面建成小康社会的决胜阶段。国务院颁发了《统筹推进世界一流大学和一流学科建设总体方案》，为实现我国从高等教育大国到高等教育强国的历史性跨越制定了路线图和时间表。在这一大背景下，我们召开了学校学科与科技工作大会，集中探讨进一步深化科技体制机制改革、推进提质转型升级、强化创新驱动战略、建设特色一流学科，科学制定学校学科和科技发展十三五规划，正当其时，意义尤为重大。

这次会议开得很成功，完成了全面总结"十二五"学科和科技工作成就和经验、分析面临的新形势和新任务、查找存在的问题和差距、提出学校"十三五"学科和科技发展的目标、思路和举措的会议任务，统一了思想、凝聚了共识、坚定了信心，进一步增强了做好学科和科技工作的使命感、责任感和紧迫感。为了开好这次会议，科技处、原研究生处和现研究生院等部门以及各二级单位做了大量调研和准备工作，起草和修订了一系列文件材料，汪苏和大玉副校长多次带队到学院研讨，学校也通过座谈会、沙龙等多种方式听取教师的意见和建议，党委常委会和校长办公会专题进行了研究部署，会议还邀请了住建部、市科委、市教委领导出席并讲话，为"城市设计高精尖创新中心"和"海绵城市研究院"揭牌，各单位认真组织了研讨，刚才6个学院的代表又作了研讨成果报告，在此，我代表学校对为会议成功举办做出辛勤努力和贡献的各级干部和师生表示衷心的感谢！向工作在学校学科和科技工作一线的教职员工致以亲切的问候和诚挚的敬意！

开幕式上，爱林校长作了精彩的主旨讲话，汪苏和大玉副校长分别作了主题报告，所讲内容全面、深刻，对做好学校"十三五"学科和科技工作具有十分重要的指导意义，我完全同意，大家要认真学习领会，结合实际做好贯彻落实工作。下面，我就深入学习贯彻党的十八届五中全会精神、全面推进学科和科技工作提质转型升级再强调几点意见和要求。

一、以党的十八届五中全会精神为引领，奋力推进特色一流学科建设

党的十八届五中全会通过的《中共中央关于制定国民经济和社会发展第十三个五年规划的建议》，是实现"两个一百年"奋斗目标第一个百年目标、全面建成小康社会的纲领性文件，是今后5年经济社会发展的行动指南。当前和今后一个时期，全党全国的一项重要政治任务，就是深入贯彻落实全会精神，把《建议》确定的各项决策部署和工作要求落到实处。学校已对学习贯彻五中全会精神做出了全面部署，这次学科与科技工作会就是贯彻落实五中全会精神，认清形势，抢抓机遇，奋力推进特色一流学科建设的重要会议。

一是认清国家发展新形势，抓住"变化"谋发展的机遇。国家习近平总书记在十八届

五中全会第二次全体会议上的讲话中指出，世情国情不断变化，我国发展重要战略机遇期的内涵也相应变化。正在由原来加快发展速度的机遇转变为加快经济发展方式转变的机遇，正在由原来规模快速扩张的机遇转变为提高发展质量和效益的机遇。作为高等学校，从中至少领悟出两点，其一是机遇期的内涵变了，发展方式和任务也将随之变化，国家如此，高校也是如此，我们必须适应国家发展大环境的变化及时调整学校的发展方式和任务，不调整、不变化就将落伍和被淘汰；其二是变化的方向是着力提高发展质量和效益，而不是一味追求速度和规模，也就是我们一直强调的要坚持内涵式发展，我们已经进入了苦练内功求生存、求发展的时期。这一点，我们必须深刻把握，也就是说，"变化"是我们当前面临的最大、最新的形势，我们每一个人、每个单位都要问一问：我们要不要变化？我们向什么方向变化？我们如何变化？。

二是认清高等教育发展的新形势，抓住"调整"谋发展的机遇。国务院颁发的《统筹推进世界一流大学和一流学科建设总体方案》中指出，高等教育"存在身份固化、竞争缺失、重复交叉等问题，迫切需要加强资源整合，创新实施方式"，提出了"坚持以一流为目标、坚持以学科为基础、坚持以绩效为杠杆、坚持以改革为动力"的四个坚持的基本原则，明确了"建设一流师资队伍、培养拔尖创新人才、提升科学研究水平、传承创新优秀文化、着力推进成果转化"的五大建设任务和"加强和改进党对高校的领导、完善内部治理结构、实现关键环节突破、构建社会参与机制、推进国际交流合作"的五大改革任务，提出了"总体规划，分级支持；强化绩效，动态支持；多元投入，合力支持"的支持措施。从中我们领悟到，我国高等教育实质性进入了新一轮调整期，进入一个弱化身份，强化竞争、绩效、动态，更加强调特色、质量、一流的新时代。这对于我们长期受困于"身份"的高校，无疑是一次难得的发展机遇，我们必须抓住，以钢铁般的意志、坚定的信心、奋力一搏的决心在这一轮大调整中推进我们北建大上层次、上水平，其中核心就是建设特色一流学科。

三是认清学校发展的新形势，抓住"转型"谋发展的机遇。无论从大环境还是从小环境看，无论从学校发展历程还是阶段特征看，无论从硬件条件还是软件基础看，我们学校实实在在处在了转型发展的节点上，步入了向更高层次、更高水平发展的关键时期，这是我们这一代建大人的历史使命，责无旁贷，十分光荣，我们每一名建大人都要认清这一点，都要有这一份使命感和责任感，抓住这一机遇，主动积极投身到学校提出的"提质转型升级"之中，在转型中建功立业，在转型中实现自身理想和价值。我们所说的转型是全面的转型，其核心是向教学研究型大学转型，关键是建设特色一流学科。

二、以党的十八届五中全会精神为指南，大力提升科技创新能力和水平

十八届五中全会明确提出，创新是引领发展的第一动力。必须把创新摆在国家发展全局的核心位置，不断推进理论创新、制度创新、科技创新、文化创新等各方面创新，让创新贯穿党和国家一切工作，让创新在全社会蔚然成风。创新驱动发展已成为全党全社会的高度共识和自觉行动。刘延东副总理将其概括为"四个前所未有"：一是创新定位的战略高度前所未有；二是创新驱动的政策密度前所未有；三是创新体制的改革力度前所未有；四是创新创业的社会热度前所未有。从十八大报告中提出把科技创新摆在国家发展全局的

"核心位置",到习近平总书记强调的创新是引领发展的"第一动力",再到李克强总理提出的创新是中国经济向高端水平迈进的根本之策,再到国家密集出台的政策和改革举措,我们可以看出,创新在现代化建设全局中的战略地位日益凸显,成为贯穿党和国家各项工作的主线。抓创新就是抓发展,谋创新就是谋未来。我们必须把思想和行动统一到中央的决策部署上来,不断提升支撑引领创新驱动发展战略的能力和水平,为国家实施创新驱动发展战略做出实质性贡献。

近期中办、国办印发了《深化科技体制改革实施方案》,对科技体制进行了系统全面、可持续的改革部署,科技体制改革已成为提升国家自主创新能力、加快国家创新体系建设、全面实施以科技创新为核心的创新驱动发展战略的突破口。快速推进的科技管理体制机制改革,给高校科技工作带来了前所未有的机遇和挑战。国家科技资源配置方式的转变、科技成果处置、收益管理权的下放、间接费用补偿机制和劳务费的放开为高校分配制度的改革、建立有效的科技成果转化体系、加快科技成果转化等带来了重要机遇和政策空间;但是科研项目经费管理方式的调整、项目承担单位法人责任的强化对高校"人自为战"的科研管理方式、项目策划和组织能力,尤其是重大项目的策划和组织能力也带来了严重挑战。面对科技管理体制改革带来的挑战和机遇,学校必须抓住机遇用足用好新的政策,主动谋划高校科研管理体制的改革创新和科研管理方式的调整,主动谋划高校人事评聘机制和薪酬分配制度、研究生培养机制和科技成果转化机制的改革创新,跟上国家科技体制改革的步伐。

当前,结合学校提质转型升级的要求,我们全校师生都要围绕创新强化研究意识,提升研究能力,营造创新文化,养成创新习惯,进一步深化科技体制机制改革,充分激发科技创新的动力和活力,全面系统构建科技创新组织体系、工作体系、政策体系,找准定位、凝练方向、聚焦特色、搭建平台、组建团队。本会议拟出台一系列新的文件,大家要认真研讨,提出修改意见。

三、以党的十八届五中全会精神为统领,加快推进"十三五"学科和科技发展规划制定

国家习近平总书记在十八届五中全会第二次全体会议上的讲话中指出,理念是行动的先导,一定的发展实践都是由一定的发展理念来引领的。发展理念是否对头,从根本上决定着发展成效乃至成败。习总书记强调,首先要把应该树立什么样的发展理念搞清楚,发展理念是战略性、纲领性、引领性的东西,是发展思路、发展方向、发展着力点的集中体现。发展理念搞对了,目标任务就好定了,政策举措跟着也就好定了。我们正在制定学校"十三五"发展规划,就是要以党的十八届五中全会精神为统领,把"创新、协调、绿色、开放、共享"的发展理念全面体现到学校"十三五"发展规划之中,提高规划的科学化水平,加快推进"十三五"学科和科技发展规划制定。学校决定,12月底集中研究审议学校"十三五"规划,大家要在一年来工作的基础上,认真学习领会五中全会精神,结合新形势、新要求和学校的实际,加紧形成规划成果。

四、以党的十八届五中全会精神为要求，切实打牢学科和科技发展的组织基础

习近平总书记指出，没有广大党员、干部的积极性和执行力，再好的政策措施也会落空。各级领导干部要自觉践行"三严三实"，增强改革创新精神，增强主动担当、积极作为的勇气，充分发挥模范带头作用。围绕学科和科技工作，当前我们要做好两件事情，一是建好班子，提高干部队伍的能力素质；二是强化团队，切实打牢学科和科技发展的组织基础。

最后，我们全校要强化工作落实，全面贯彻好本次会议精神。研究生院和科技处要加强调研，靠前服务，强化引导，进一步做好顶层设计和高位引领工作，结合这次会议的意见建议汇总进一步深入基层，了解一线教师的实际诉求，密切结合国家和北京最新精神，做好各类改革制度举措的制定和完善工作。各单位、各部门要加强协同配合，组织广大教师认真研究促进学校学科和科技发展的政策措施，及时研究解决实际工作中的新情况、新问题。要针对近期国家和北京出台的一系列鼓励科技创新的政策措施，以及学校提出的系列改革举措和制度文件，结合本单位实际有针对性地制定落实措施，充分发挥政策的激励导向作用，要以钉钉子精神，全面落实任务责任，务求取得实效。

老师们、同志们，学科和科技工作是学校事业发展的源动力和重要支撑，全面提升创新能力，是对学校各级干部抓改革、谋发展能力的一次集中考验。希望大家会后继续认真思考，以高度的责任感和使命感，进一步解放思想、团结拼搏，以改革创新精神不断开创学校学科建设和科技工作的新局面，为早日将学校建成有特色高水平创新型大学，为服务首都科技创新中心建设做出新的更大的贡献。

谢谢大家！

2015 年 11 月 13 日

九、校长朱光在北京建筑大学新春团拜会上的讲话

尊敬的孙硕区长、各位领导、各位来宾，
尊敬的各位前辈、各位校友，
老师们、同学们：

在中华民族的传统节日——新春佳节即将到来之际，我们在这里欢聚一堂，辞旧迎新、共谋发展。首先，我代表学校，向出席今天团拜会的各位领导和来宾、向全校教职员工和同学、向一直关心学校发展的离退休老同志、向关心和支持学校发展的广大校友及各界朋友致以崇高的敬意和新春的祝福！给大家拜个早年，祝愿大家在新的一年里身体健康、吉祥如意！

刚刚过去的2014年，是我们党和国家发展进程中很不平凡的一年，也是学校更名大学后各项事业承前启后、继往开来的一年，是全校师生员工坚持把"中国梦"与"建大梦"有机结合，再筑新辉煌的丰收之年。一年来，在市委、市政府，市委教育工委、市教委的领导下，学校紧扣内涵发展的主题，坚持深化改革，强化办学特色，各项事业取得丰硕成果。获评"北京市党建先进校"称号，圆满完成第五次党代会上确立的"六大突破"目标；获评国家级教学成果一等奖，实现了国家级教学成果奖的零突破；首次以主持单位荣获1项国家技术发明二等奖，实现了市属高校五年来的新突破；同时荣获1项国家科技进步二等奖，国家级科技奖达到10项，位居北京市属高校前列；新增5个省部级科研基地，省部级科研基地数达到20个；获批增列3个硕士专业学位授权类别/领域点，学科建设水平不断提升；获批第一个博士后流动站，1人获评"全国优秀教师"，1人入选教育部"新世纪人才支持计划"，人才队伍建设成绩卓著。学生获得"创青春"全国大学生创业大赛银奖等国家级和省部级奖项272项。本科招生录取分数位居市属工科高校第二，全员就业率达到98.37%，被教育部授予"2014年度全国毕业生就业典型经验高校"，实现了学校办学历史上的10项新突破，向着有特色、高水平建筑大学的奋斗目标又迈出了扎扎实实的一步。

回顾一年来的成绩，离不开上级领导的关心指导，离不开老领导、老同志的积极支持，离不开广大校友和海内外朋友的热心帮助，离不开全校教职员工的辛勤工作与忘我奉献。在此，我代表学校，向上级各位领导，向学校历届老领导、离退休老同志，全校师生员工以及关心学校发展的各界朋友致以崇高的敬意和衷心的感谢！

回首过去，我们欢欣鼓舞；展望未来，我们深感任重道远。2015年，是全面落实党的十八大和十八届三中、四中全会精神的一年，是收官"十二五"、迎接"十三五"的转折年，也是学校全面推进深化综合改革的开启之年。站在新的起点上，我们要锐意改革，进一步破除制约发展的体制机制障碍。我们要坚持创新驱动，以创新持续推进学校的可持续发展；我们要强化服务国家战略需求，瞄准学术前沿，实现知识创新和人才培养的双轮驱动。新的一年，学校将继续坚持立德树人导向，凝心聚力，抢抓机遇，围绕学校核心竞争力提升，对标行业一流大学，研究制订学校"十三五"发展规划和综合改革方案，全面深化改革，科学谋划未来，以创新驱动和国际化视野推动学校"提质、转型、升级"，共同推动学校各项事业再上新台阶！

目标已经明确，征程已经开启，号角已经吹响。我们相信，在各级领导和社会各界的关心和支持下，在全校师生员工的共同努力下，我们一定能够又好又快地推动新发展、开创新局面，创造新辉煌！

祝大家新春快乐、身体健康、事业进步、阖家幸福！

谢谢大家！

2015 年 1 月 23 日

十、校长朱光在2015年北京建筑大学人才工作会上的主题报告

以三大工程为引领　建设优质师资队伍

老师们，同志们：

大家下午好！

2011年1月，学校召开了首次人才工作会，提出了我校实施人才强校战略的目标、步骤和具体举措。4年来，以加强人才队伍能力建设为核心，以引进培养高层次人才为重点，不断优化人才结构，创新人才工作机制，营造有利于人才成长的良好环境。今天我们再次集会，认真分析和总结过去几年人才队伍建设工作的经验与不足，分析原因和查找差距，从而进一步统一思想，研判现状，集思广益，对学校即将推行的人事综合改革进行动员部署，这是全面推进"十二五"规划目标的完成、科学谋划"十三五"事业发展的客观需要，也是我们主动适应国家和首都经济社会发展需求、深化教育领域综合改革、建设好一支人民满意教师队伍的职责所在，充分体现了学校对"人才资源是第一资源"的高度认同，体现了学校坚定不移推进"人才强校"战略的决心和信念。

要实现我校在更名大学揭牌仪式上提出的百年发展目标，即"到2036年建校100周年时，把学校建设成为国内一流、国际知名的有特色、高水平建筑大学"，我校还需进一步加大人才队伍建设。下面，我讲四个问题，供大家讨论。

一、分类统计、科学分析，准确把握我校师资结构特征

目前，我校专任教师551人，正高级职称99人，副高级职称224人，具有博士学位的教师316人，基本满足了学校的教学、科研、学科建设等各项事业发展需要。

第一、年龄结构。

我校专任教师队伍以中青年教师为主，有367名青年教师，占66.61%，其中：35岁以下133人，占24.14%。36-45岁之间234人，占42.47%。46岁以上184人，占33.39%。已经形成了一支老、中、青相结合、具有可持续发展潜力的师资队伍。

第二、学历结构。

我校专任教师中，具有博士学位的教师316人，占57.35%，具有硕士及以上学位的教师504人，比例高达91.47%。

第三、性别结构。

我校专任教师中，女性教师264人，占47.91%。男性教师287人，占52.09%。从性别结构看，我校师资队伍总体性别比例合理，适宜我校组织开展教学、科研活动。

第四、职称结构。

我校专任教师中，有99人具有正高级职称，占17.97%；224人具有副高级职称，占40.65%；专任教师中具有高级职称的整体比例超过58%。

第五、海外研修比例。

近年来，我校吸引了一大批具有海外研修经历的高素质人才充实到我校科研教学队伍

中，同时我校积极扩展海外学习渠道。目前专任教师中，共有112人具有海外研修经历，占专任教师20.32%。

二、全面回顾、认真梳理，客观总结人才队伍建设成绩

在推进申博、更名和新校区建设三大工程的过程中，我校师资队伍结构进一步优化和改善，初步造就了一支师德高尚、业务精湛、规模适中、结构合理、充满活力的高素质专业化师资队伍。提前完成了"十二五"师资队伍建设规划中对师资队伍学历、年龄等各项指标的要求，基本满足了学校改革和事业发展的需要。主要表现在：

第一，师资队伍结构不断优化。

同比"十一五"末期，专任教师中博士学历比例显著增长，由29.40%提高至57.35%，完成近一倍幅度增长；师资队伍年龄结构组成更加合理，其中36-45岁之间专任教师所占比例由36.50%提高到42.47%；海外研修经历教师比例有显著增长，由16%提高到20.32%，师资队伍结构进一步优化。

第二，高层次人才和团队建设取得一定突破。

进入"十二五"以来，学校一贯坚持引进与培养并举，柔性与刚性引进结合，深化人事分配制度改革，优化人才环境，人才队伍建设取得了较大成效。引进在相关学科领域具有一定影响力的学科带头人18名，按照"不求所有，但求所用"的工作思路，完善人才引进机制，破解人才引进难题，以双聘院士、讲座教授、兼职教授、项目合作等方式，引进教学、学科建设所需的高层次人才百余名，聘请外籍专家9名。成立了建筑遗产研究院和建筑设计艺术中心等专门的科研机构，返聘、外聘行业内知名专家多人，承担了多项国家文物保护重大项目、举办了ADA画廊展览，提高了学校服务社会的能力，扩大了学校在行业内的知名度和影响力。

目前，学校拥有长江学者1名、国家杰出青年获得者1名、百千万人才（国家级人选）2名、国家优秀教师1名、享受政府特殊津贴专家8名、教育部新世纪优秀人才1名。同时，我校获得北京市留学人员创新创业特别贡献奖1人、北京百名领军人才1名、北京市"新世纪百千万人才工程"市级人选4名、入选北京市科技新星计划8人。今年我校王随林教授以高票入选北京学者，取得了新突破。

此外，团队建设取得了一定成效，目前拥有16个学术创新团队、1个市委组织部青年拔尖创新团队、6个北京市优秀教学团队、1个管理创新团队。

第三，人才队伍建设助推了学校事业发展。

4年来，围绕学校更名大学和申博工程，人才队伍建设对学科发展、科学研究、人才培养和社会服务等事业发展的支撑作用日益显著。获批"建筑遗产保护理论与技术"服务国家特殊需求博士人才培养项目，构建了全国唯一的建筑遗产领域本、硕、博一体的人才培养体系。在2012年教育部学科评估排名中，2个一级学科进入全国前9名，4个一级学科进入全国前15名；近五年以第一主持单位获得国家科技奖励4项，国家级科技奖达到10项，其中2014年首次以主持单位荣获1项国家技术发明二等奖，实现了市属单位5年来的新突破，科研经费连续3年过亿；2014年达到1.2亿元；2014年获评国家级教学成果一等奖，实现教学类国家级奖项零的突破；同年获批建筑学博士后科研流动站，实现了

博士后培养零的突破。获评"北京市党建和思想政治工作先进普通高等学校"荣誉称号，是北京地区获此殊荣的五所高校之一。

老师们、同志们，以上这些成绩的取得，是教育部、市委市政府以及市委教育工委、市教委等各部门正确领导和大力支持的结果，是学校党政领导率领全校教职工共同奋斗的结果。在此，请允许我再一次向为学校事业发展和人才队伍建设工作付出努力的全体教职员工表示崇高的敬意！

三、聚焦对标、准确研判，全面把握学校人才队伍建设面临的问题与挑战

高水平的师资队伍是任何一所高校不断持续发展和提质升级的最重要的力量。我们学校自更名以来，学校外部的政策环境，发展目标，学生、家长和社会的期待都在不断发生变化。目前，我们学校正处在全面总结"十二五"规划和全面推进"十三五"事业发展规划编制的关键时期，知不足方可谋发展，需要我们更加主动积极地将学校的发展纳入到国家和首都经济社会发展的大局中，对比同类型的兄弟高校发展情况和我们自身的建设目标，深刻认识并准确把握学校人才队伍建设存在的差距，迎难而上，续写新的发展篇章。

一方面，从高等教育的发展趋势来看。

目前国际高等教育的发展趋势是全球化和回归社会，我国的高等教育从精英化教育已逐步转变为大众化乃至普及化教育阶段，高等教育的发展环境、定位、方式和动力等方面都发生了根本性的变化、形成了新特征，这就需要高校不断深化体制机制综合改革，理顺内部关系、释放发展活力、调动各方面积极性，才能取得又快又好的发展。国家实施教育规划纲要、启动"2011计划"、深化高等教育领域综合改革，促使高校间新一轮的人才竞争再度掀起高潮。

许多985、211高校和一些具有行业特色地方高校在师资队伍建设以及人事制度改革等方面已经进行了有益探索，已经远远走在了我们的前面。比如，浙江大学在国内高校中率先实施教师岗位分类管理制度。清华大学早已试行"非升即走、非升即转"制度，去年又开始试行"长期聘用制度"。中南大学明确副教授、教授必须上讲台，青年讲师不许上讲台。北京工业大学试行青年教师阶梯培养和转岗聘任制度。天津大学也在探索预聘、准聘及长聘制度的人事综合改革。

另一方面，从我们学校自身现状来看。

与同类院校人才队伍结构相比，我校师资队伍的总体水平还存在明显的差距：领军人才不充足、人才队伍发展不平衡、人才阶梯培养不明晰、现行考核聘任等人事制度已不能满足我校新常态下的发展需求。目前，我校国家级人才项目获得者只有2名，其他人才类项目仍然局限在北京市的层面。通过分析数据发现，我校人才项目主要集中在土木、环能和测绘学院，其他学院在人才队伍建设方面还需要进一步加强。我校中青年拔尖人才相对缺乏，新老衔接问题日渐凸显，学术梯队断层严重，师资国际化仍需加强，人才激励培养机制还未真正建立起来。

老师们，同志们，我们要研判外部发展环境的变化，要看清自身存在的问题、差距和不足，更要看到"人才资源是第一资源"的现实意义。我们存在问题的原因，主要源于我们思想认识、体制机制、制度建设等方面还没有跟上高等教育和我校的发展形势，主要体

现在：人才资源是第一资源的观念还需要进一步统一和提升；优秀人才成长，特别是青年教师成长的体制机制还不健全，阶梯培养的制度还没有完全建立起来；高层次人才培养和引进还需要进一步加强；校院两级在人才引进、培养、聘任、考核等方面的责权利管理体制尚未完全建立起来；人才发展的整体环境需要进一步优化；人才发展的动力和活力不足等。

针对这些问题，学校将通过此次推进的人事制度改革，突破制约人才队伍发展的主要矛盾和瓶颈问题，最大限度地激发人才成长的潜力和活力，为每一个建大人搭建成才的舞台和提供出彩的机会。

四、坚持问题导向、深化改革，形成推进学校事业科学发展的强大动力

第一，以改革为契机，引导转变观念，提高对人才工作的认识。

培养造就高水平人才队伍是立教之本、兴教之源，是学校人才培养、科学研究、社会服务和文化传承的主力军，是体现学校综合竞争力的关键指标，是学校持续发展的源动力。当前，学校正处于"提质、转型、升级"新的发展阶段，为实现百年建大梦想谋划新的三步走，为实现学校的发展目标，必须针对制约学校发展的主要矛盾，以深化人事制度改革为契机，引导转变既有的人才观念，不断提高对人才工作的认识，创新人才工作的思路和办法，突破制约人才队伍发展困难和瓶颈，以人事制度改革为突破口全面推动学校综合改革。

第二，坚持引培并举，构建高端人才培养体制机制。

高层次人才是学校教师队伍建设的重点，是学校事业发展的关键，学校将把高端人才的引进和培养作为人才队伍建设的重中之重，把人才队伍的质量特色作为高校竞争取胜的发展主线，继续坚持"引进与培养并重"的方针，加大力度实施"高层次人才引进实施计划"和"高层次人才短期聘任计划"，有计划、有重点地引进与培养一批学术造诣深厚、创新意识强的学术大师、学科带头人、学术骨干和教学名师，开辟高端人才的绿色通道，引领学科、团队达到国际或国内先进水平，进一步凸显高端人才在学校总体发展布局中的重要作用。同时青年教师是学校的未来，是高端人才的后备军，是实现"国内一流、国际知名的有特色、高水平建筑大学"办学目标的保证。给青年教师的发展和成长提供更好的环境和平台是学校未来几年发展的工作重心，要保证青年教师在想干事的时候有事干，能干事，干好事。对青年教师进行针对性培养，着重进行工程实践、教学科研能力培养。同时，要兼顾教学和科研，建立我校"金字塔人才培养工程"和"主讲教师培育计划"，大力加强杰出人才培养力度，打造可持续发展的杰出人才梯队。

第三，规范做优存量，激励做强增量，深化聘任薪酬制度改革。

聘任和薪酬分配制度是学校教师队伍管理的保证，是教师发展的指挥棒，是学校未来发展的重要制度保障。要努力提高教职员工收入水平，营造良好的教师成长环境。要更加重视标志性成果，提高教学和科研的质量要求，为学校的可持续发展提供重要支撑；要坚持目标导向和绩效导向，规范做优存量，激励做强增量，提升师资队伍整体水平。要鼓励优秀青年教师脱颖而出，突破年龄和职称限制，建立"低职高聘"渠道，做到破格聘任常态化，希望今后我校能涌现出更多的年轻教授；要重视高层次人才队伍建设，对达到一定条件的优秀人才引入奖励绩效、实施年薪制，实现"按劳分配、优绩优酬"。

第四，重心下移，协同推进，建立校院两级管理体制。

与以往的改革不同，这一轮学校的综合改革将更加注重顶层设计和统筹推进，落实在人才队伍建设上，将更加凸显全面发展、个性发展、多样化发展、人人发展的理念。学校将进一步完善党管人才的领导体制，完善校院两级管理的运行机制，加强对人才工作的宏观指导和组织协调，加大二级机构自主权并明确职责，使资源和责任并重，逐步构建校院两级的人才工作考评体系和激励机制，将引进和培养高层次人才情况作为党政领导班子年度和聘期考核的重要内容，充分调动学院人才工作的主动性和积极性。学校层面将在科学论证的基础上，为人才发展提供充足的软硬件保障和平台支撑。学院层面要用良好的氛围吸引人才，用完善的政策凝聚人才，用合理的待遇激励人才，用事业发展的环境留住人才。

学校历史发展的成就，是依靠广大教职工共同奋斗的结果，学校未来发展的方向，也将依靠广大教职工的共同努力。广大教职工都是北建大弥足珍贵的人才资源，学校将积极完善政策体系对人才队伍的全覆盖，尽可能地创造条件让每一个建大人都有出彩的机会。希望我们的全体教职员工都能识才、爱才、敬才，强化教学以学生为本、办学以教师为本的意识，为自己、为他人、更为学校的事业发展搭建人人皆可施展才华、人人皆可脱颖而出的舞台。

老师们，同志们，为了开好这次会议，学校党委常委会、校长办公会多次做过专题研究。会前，《北京建筑大学人事综合改革系列文件》在一定范围、不同层面上通过召开座谈会等形式广泛地征求了意见和建议。一会儿，张大玉同志将对我校人事综合改革文件进行详细解读。会后，希望大家联系实际，深入研讨，把这次会议开成一个统一思想、推动改革的会议，开成一个凝聚智慧、汇集力量的会议。

谢谢大家！

2015 年 5 月 19 日

十一、校长朱光在2015届学生毕业典礼暨学位授予仪式上的讲话

爱满建大　梦想启航

亲爱的同学们，老师们，家长朋友们：

大家上午好！

今天，我们在这里隆重举行2015届本科生毕业典礼暨学位授予仪式，共同见证1665名建大学子成长最重要的时刻，共同庆祝这个属于你们的重要节日。在此，我代表学校向各位同学表示最热烈的祝贺！同时借此机会，向默默支持你们完成学业的亲人们致以衷心的感谢，向为你们的成长成才倾注真情爱心和付出辛勤劳动的老师们表示衷心的感谢和崇高的敬意！

韶华易逝，最近流行的一句话："时间就是这么任性。"几年前，你们怀揣梦想来到建大，建大为你们开启了一扇扇意义非凡的大门，也记录着你们求学路上的一点一滴。几年里，你们不分寒暑、无暇春秋，争先恐后、奋力拼搏。校园里留下了你们青春的足迹：有你们在课堂上的勤学、明辨，有你们在实验室中的埋头、苦干，有你们在图书馆里的冥思、苦想，有你们在运动场上的挥洒、激昂，更有你们在宿舍的卧谈、畅想。你们当中有敲开国外著名大学之门的学神学霸，有潜心钻研、摘得"挑战杯"金奖、银奖的科技新星，有勇于开拓、敢于创新的创业达人，也有甘于奉献、扎根南疆建设的有志青年，他们是你们中的佼佼者，我为他们的成绩点赞！我更要为台下众多积极努力、默默奋斗的同学们用力点赞。也许你的成绩不够拔尖，事迹不够突出，但是你风趣幽默、乐观向上，同学们都喜欢你的正能量；也许你并没有获得各种奖励，但是你熟读经典、才思敏捷，一不小心就能出口成章；也许你不具备创业的条件，但是你兴趣广泛、推陈出新，把一个学生社团做得有模有样；也许你没有从事公益，但是你富有爱心、善解人意，是同学们心目中的"及时雨"，……这些看似平淡无奇，但是如果没有你们这一道道亮丽的风景，就成就不了北建大一幅幅精彩的画卷。你们都是最优秀的，我为你们鼓掌！

同学们，经过这几年的学习生活，相信你们已经"走进"了北建大的怀里，北建大也"住进"了你们的心间。在你们求学的这几年，学校也是蛮拼的，各项事业蒸蒸日上、高歌猛进。从学校更名大学、申博、新校区建设"三大工程"的全面完成，到质量立校、科技兴校、人才强校、开放办校的"四大战略"的深入推进，无不体现学校办学实力的提升和社会影响力的扩大，无不凝聚着同学们的努力、拼搏、执着与担当。这是属于我们的共同回忆，都将成为你们今生挥别不了的眷恋。我也知道，你们对学校也曾有所抱怨，吐槽精彩课程不足、选课选不上、饭菜不够香、上网费用高……，不管点赞还是吐槽，都代表了广大同学对建大的关心和爱护，都体现了同学们身为建大人的主人翁责任感。你们的抱怨也让我知道，尽管我们已经拥有了让外校学生羡慕的一流大学校园，但我们还必须让北建大变得更好。

相识犹如昨日，可离别就在眼前。此时，一张张毕业照片和毕业证书将你们定格在离别之时，你们即将奔赴世界各地，去开始"世界那么大，我想去看看"的新征程。作为你们的校长和老师，我有几点期望和大家共勉。

一是在这放飞梦想的创新时代，不能忘记自己的梦想。

心中有阳光，人生就有动力。梦想是什么？就是存在我们心中的阳光。路遥说过人生就是

永无休止的奋斗。一个人最重要的，不是他的位置而是他的方向、他的拼搏。希望同学们在今后的日子里要时刻心怀梦想，不要让忙碌的工作把梦想遗忘在记忆的角落中，不要让平淡的生活中把梦想磨灭在岁月的沧桑里。在顺境时，用梦想引导前进的动力。在逆境时，珍惜好自己的梦想，磨练心智，砥砺前行。希望你们既要仰望星空，用理想点亮人生的漫漫长路，又要脚踏实地，一步一个脚印，砥砺前行，真正做到不忘初心，方得始终。

二是在这竞争激烈的拼搏时代，不能忘记坚持学习。

"吾生有涯，而知也无涯。"大学毕业绝不意味着学习的结束，而是意味着新的学习的开始，尤其是在科技进步日新月异、知识更新不断加快的今天，只有不断加强学习才能跟上时代的步伐，才能在这个时代立足。面对未来你无法预知的挑战和压力，无法预知的困惑和痛苦，必须打造自己扎实的本领和强大的内心，而这些就需要不断地学习和思考、持续的学习和磨练。希望同学们要把学习养成一种生活习惯，看作一种工作职责，看作一种精神追求，树立以学习为本的理念，做到学思行相结合。

三是在这需要责任和担当的传承时代，不能忘记永怀感恩之心。

每个人在成长的道路上都不是孤立存在的个体，你们的每一次成功和每一点进步，固然得益于自身的禀赋和努力，然而不能忘记父母、师长、朋友、学校在支撑着你们，不能忘记这个蓬勃发展的国家和日新月异的时代在托举着你们。每一个人的成功也不是把事业做得很大、最大、更大，而是做得精彩；不是财富的巨大增长，而是对社会的价值，这些都得以懂得感恩亲人、感恩社会、感恩国家。希望你们常怀感恩之心，为国家和社会做出更多具有建设性的贡献。

四是在这价值多元的现实时代，不能忘记真实的自我。

人生的选择会受到很多因素制约。这个世界上，也不是所有"合理的"和"美好的"都能按照自己的愿望存在或实现。今天你们毕业了，走向了社会，有了骄人的成就，社会会为你骄傲。但如果没有，与其在别人的辉煌里仰望，不如点亮自己的心灯，把握最真实的自己，做最好的自己，你一样能获得幸福的人生，并赢得家人朋友的喝彩和社会的赞赏。希望你们不自欺，不迎合，不要习惯于成为社会时髦的平庸模仿者，不要习惯于成为社会热点的盲目喝彩者，要敢于做自己，做更好的自己，活出自己的精彩人生。

亲爱的同学们，我知道，在你们告别母校的时候，必有割不断的留恋。你们一定会常常想起校园里的花开花谢，宿舍里的欢声笑语，课堂里的紧张考试，生活中的逸闻趣事，还有你喜欢的老师和同学。这个校园和你们的青春实在难分难解，北建大已经是你生命的一个重要驿站，是你生活的一处重要港湾。关心她，我想，应该是你们乐于担当的义务；炫耀她，我想，应该是你们按捺不住的心思。我也知道，在你们告别校园的时候，必有无法弥补的遗憾。好在俱往矣，好在明天会更好。你们的母校也和你们一样，正在不断自我完善，正在蓬勃发展，正在为建设一所有特色、高水平建筑大学而努力奋斗。

同学们，明年北京建筑大学将迎来80年华诞，我真诚地邀请大家以最年轻校友的身份，重回母校，母校期待你们回家看看。最后，再道一声珍重，母校感谢一路上有你们。奔跑吧，同学们！

谢谢大家！

2015 年 7 月 10 日

十二、校长朱光在2015届夏季研究生毕业典礼暨学位授予仪式上的讲话

各位老师、各位同学：

大家上午好！

时光流转，又一个夏天如约而至。今天，我们在这里隆重举行夏季研究生毕业典礼暨学位授予仪式。首先向即将离开北建大展翅高飞、挥斥方遒的同学们表示最热烈的祝贺，祝贺你们即将开始人生崭新的篇章！

在这收获之际，我提议，全体毕业生同学，用你们最热烈的掌声，向你们的父母、亲人和老师们表达感恩之情，向你们朝夕相处的同学，献上真诚的敬意！

同学们，你们在校就读期间，正是学校学科建设、学位与研究生教育发展的重要阶段：建筑学、测绘科学与技术、城乡规划学和风景园林学等一级学科进入全国前15名；获批国家特殊需求"建筑遗产保护理论与技术博士人才培养项目"；产学研合作的基地建设不断取得突破，研究生教育质量工程深入实施；学科建设、研究生教育发展迈上了新的台阶。这些成绩的取得与你们本着对学术的追求和热爱，勤奋学习，潜心钻研，努力付出是密不可分的，你们的科研成果为提升学校学术影响力作出了重要贡献，为学校赢得了荣誉和骄傲，也给学校留下了一笔非常宝贵的财富，更成就了你们自己的成长与蜕变。

今天的你们，已经站在一个更高的人生新起点，即将向梦想的前方启航，有的同学将继续深造，更多同学将奔赴全国各地去建功立业，去实现自己人生抱负。此时，我和你们一样，内心无比的激动，也充满了更多的期待。作为你们的师长，在你们怀着远大的梦想继续一路向前的时候，我想再嘱咐大家几句。

你们一路向前时，不要忘记求实与创新。当代中国正在发生广泛而深刻的变革，在"大众创业、万众创新"和国家新型城镇化等大的时代背景下，对于即将开启人生事业线的同学们来说，充满了机遇和挑战。刚毕业的你们正是获取知识，增长才干，积累经验的关键时期，万丈高楼平地起，希望你们在工作岗位上踏实勤勉，通过扎实的工作来取得实实在在的成效；同时也更要立足实际，不断实践，大胆革新，不断创新，成为"新常态"下的创新实践者和社会发展的推动者。有几分耕耘，就会有几分收获，广阔的天地正等待着你们去干、去闯、去拼。

你们一路向前时，不要忘记学习和思考。这个时代奔跑的速度远超乎我们的想象，当你们步入社会，仍需要不断地充电、学习。要把学习作为首要任务，树立"梦想从学习开始、事业靠本领成就"的观念。"学所以益才也，砺所以致刃也。"希望你们要善于学习，善于重新学习，才能克服本领不足、本领恐慌和本领落后，才能紧跟上时代步伐。在学习的过程中要勤于思考，勇于实践，善于把知识转化为能力，努力做到学以致用、学而能用。要让勤奋学习和思考作为你们梦想远航的不懈动力，让增长本领成为你们青春搏击的源源能量。

你们一路向前时，不要忘记责任与担当。易卜生说："社会犹如一条船，每个人都要有掌舵的准备。"当你们步入社会，就需要不断思量对他人、对社会的责任和担当。责任和担当未必都是轰轰烈烈，而是能贯穿于你们生活和工作的点滴之中，用一颗平常心去努

力做好每一件事情。希望你们满怀感恩之心去对待自己的家人、身边的朋友和与你生命相遇的人，满怀强烈的责任感去对待社会的发展和进步。有一点想提醒这个年龄段的你们，前行之路或许并不平坦，在面临困境时，不要受外界太多的干扰，要少一些怨天尤人的抱怨，少一份愤世嫉俗的感叹，多一些自我的调整和适应，多一份从容淡定的平凡心态。

亲爱的同学们，再多的寄语也无法阻挡别离之时的到来。你们在建大学习几年里，无声无息中已和北建大、和你们的老师们结下了跨越时间和空间、无法割舍的不解之缘。在今后的岁月里，不管你们走到哪里，从事什么样的职业，不管是事业有成还是遇到诸多困难，请不要忘记告诉你们母校和老师，这里永远是你们的家，是人生的一处港湾，母校和老师的目光将永远追逐你们成长奋斗的背影。

同学们，明年北京建筑大学将迎来80年华诞，我真诚地邀请大家以最年轻校友的身份重返母校，学校期待你们常回家看看。最后，再道一声珍重，母校感谢一路上有你们。愿你们健康平安，家庭幸福，事业有成！

谢谢大家！

2015 年 7 月 14 日

十三、校长张爱林在北京建筑大学 2015 级研究生开学典礼上的讲话

点燃创新激情就能成才成功

2015 级的研究生同学们：

你们好！

你们是新同学，我是新校长，7 月 14 日刚上任，还不到两个月，我们都是北京建筑大学这个大家庭的新成员，我代表全校万名师生员工对你们的到来表示热烈的欢迎！

1. 你们赶上了北京建筑大学建设有特色高水平创新型大学的大好时期，也赶上了首都北京和中国最好的发展时期，你们未来的职业生涯前途无量。我校建设优美的大兴校区、获得博士学位授权、更名为北京建筑大学、北京市和住建部共建北京建筑大学把我校提升到了前所未有的高度。京津冀一体化协同创新发展、北京建设世界一流的宜居城市为北京建筑大学的发展提供了前所未有的重大机遇，京津冀区域的古城保护、生态修复、城乡规划、建筑设计、建造、管理以及治理交通拥堵、大气污染、水环境污染等"大城市病"都是世界性难题，攻克了这些难题，我们就能取得一流的创新成果，建成一流的特色学科，就能把你们培养成"古都北京的保护者、宜居北京的营造着、现代北京的管理者、未来北京的设计者、创新北京的实践者"，成为真正的一流创新人才。

2. 尽信书不如无书，这是 1991 年我博士研究生入学时，我的导师王光远教授送给我的一句话，他是我国著名力学家、中国工程院第一批院士，今年 92 岁了。有疑问、有问题才要研究，才能创新发展。你们作为高层次人才的研究生，是国家为未来发展建设培养的储备创新人才，无论是你们完成学位论文研究，还是你们毕业以后工作，你们都会遇到前人没有遇到的问题，可能也会没有现成的知识、办法和答案。因此，研究生期间最重要的是创新能力培养，就是自我获取知识能力、应用知识能力、工程实践能力和解决问题能力。要创新，迎接挑战，你就要敢于质疑，敢于提出问题，敢为天下先，干前人没有做过的事情，你就能成才和成功。

今天我简要地给大家讲费马大定理的故事。大家都知道几何中的勾股定理，西方叫毕达哥拉斯定理，就是直角三角形两个直角边的平方和等于斜边的平方。大约在 1637 年，法国数学家费马 Fermat 在研究《算数》一书时，涉及毕达哥拉斯定理，他提出当整数 $n > 2$ 时，关于 x, y, z 的方程 $x^n + y^n = z^n$ 没有正整数解。他是个好恶作剧的天才，他在书上写了个边注："我有一个对这个命题的十分美妙的证明，发现了一种美妙的证明，这里空白太小，写不下"。他还挑衅别的数学家，说我能证明这个定理，你们聪明的话，你证明给我看看。直到他去世，他也没有公布证明，这就是让人恼火的大数学家费马。

358 年过去，很多人努力，甚至耗费毕生精力进行猜想、证明，衍生了很多不起的成果，数学家们把费马大定理比喻为数学老母鸡，不断下蛋。直到 1995 年，英国数学家安德鲁·怀尔斯（Andrew. Wiles）最终证明了费马大定理，他是伟大的数学家，获得了数学界最高奖菲尔茨奖。但是，费马大定理这只老母鸡也被他杀了，从此再也不会下蛋了。

俄罗斯数学家格里戈里·佩雷尔曼于 2003 年左右证明了法国数学家亨利·庞加莱在

1904年提出的拓扑学庞加莱猜想，就感觉失业了，没事儿干了。大家看看，到底是有问题好，还是没有问题好？如果这个世界上没有问题了，那我们都失业了。没有最好，只有更好，我们才永远不会失业。

我筹办2008北京奥运会工作六年，新华社记者问我最大的挑战是什么，我说最大挑战就是我们没学过、没干过，我们还必须干好，只能成功。我们大学的老师和学生最大的优势就是会学习、能研究，学会我们不会的东西，创新前人没有的成果。

3. 学之道，取之于授，获之于行。老师传授的知识，要通过实践你才真正获得了，通过生活实践、社会实践、工程实践你才会用了。2006年科技日报记者张超采访我，让我举通俗易懂的例子，好让公众能更好地理解我们创新的奥运羽毛球馆新型大跨度预应力弦支穹顶，开始把我难住了。后来我把弦支穹顶比作三维弓弦，弓需要一根弦来张拉，它才有刚度，就能使弓保持一个稳定的形状，有射箭之力。奥运羽毛球比赛馆的单层钢网壳就好比弓，下面预应力张拉的钢索就是弦，这就是弦支穹顶结构。这种讲解对公众通俗易懂，登在《科技日报》上，也成了我以后讲课的内容。

2011年9月30日，我们在北工大举办诺贝尔奖获得者论坛，有11位诺贝尔奖获得者参加，其中美国伯克利大学物理学教授乔治·斯穆特教授说："我们要努力思考创新到底是什么意思。创新不只是发明或者发现，实际上也包括把研究的成果转化为产品，应用到产业当中。如果我们不能走这么远，也就是说不能把它转化为真正的成果，所谓的创新也没有意义，而且也难以保证这个创新文化能够持续下去。大学的知识、研究机构的知识不仅仅包括发明和创造，也包括转化的能力，所以我们也要提醒我们的学生和研究人员这一点"。

你们研一就要进入导师的实验室、研究室，理论和计算分析都要经过实验检验，实验室是创新的源泉，是培养科学家的摇篮。给大家留一个问题，我国为什么买瓦良格？

4. 青年是创新的主力军，失败是创新之母，也是成功之母。诺贝尔奖获得者（他培养了三位诺贝尔奖获得者）、美国普林斯顿大学、加州大学戴维·格罗斯教授说："创新通常是由好奇心来驱动的。创新是不可预见的，所以才有了发明创造，年轻人扮演很重要的角色，年轻人可能在创造发明之前都是无名小辈，所以政府可能不知道应该去支持哪些年轻人。那么领导人和决策者能做什么呢？能做的就是创造一些有利的条件来促进创新，来塑造创新的文化"。

"我想强调的是，真正的创新是不可预见的，不可计划的，甚至是不可想象的。所以，我们应该有不同的模式、开放的机会，而不是只提供单一的道路、单一的模式。我们也可以开展不同的实验，同时在不同的模式中进行不同的实验，并且允许实验失败。我们要允许年轻人去想出新的思想，我们要允许他们失败，以促进他们成功。在文化层面，我的想法是，我觉得中国的年轻人虽然已经有了很大的变化，但是他们好像不愿意去承担风险，他们想要成功，他们一直被告知成功的重要性，但是如果我们要促进创新，没有一个成功的答案，年轻人需要自己去寻找成功的答案。我们需要创造条件，允许年轻人在不同的方向进行研究，而不是提前给年轻人计划好他们的道路，不允许他们失败"。

5. 每天锻炼一小时，健康工作50年，幸福生活一辈子。这是清华大学老校长蒋南翔同志在20世纪50年代提出的，今天我们的生活条件这么好，但中学生、大学生的身体素质令人堪忧，数据显示高校学生的体质下滑明显，全国19—22岁年龄组（本科阶段）的男生在速度、爆发力、力量、耐力和柔韧性等身体素质指标下降，而女生略好，有升有降。同学们一定要像一日三餐那样，确保每天锻炼一小时，这是你们创新成才的身体基础。

老师们，同学们，我国著名数学家、复旦大学校长苏步青教授有一句名言，"最好的导师就是培养出超过自己的学生，最好的学生就是将来超过自己的导师"。我相信，只要我们的导师培养出超过自己的研究生，只要我们的研究生超过自己的导师，我们就把北京建筑大学建成了真正有特色高水平的创新型大学！

同学们，因为我为筹办北京奥运会，特别是科技奥运创新做了一点工作，2008年我有幸被选为北京奥运会的162号火炬手，我今天的讲话归结为一句话，点燃你们的创新激情，祝你们成才成功！

2015 年 9 月 10 日

十四、校长张爱林在北京建筑大学2015级本科生开学典礼上的讲话

点燃创新激情，就能成才成功，就能实现梦想

亲爱的2015级同学：

你们是新同学，我是新校长，今天我刚好上任两个月，7月14日，我当校长干的第一件事儿就是有生以来最认真地书写了自己的名字，学校制作了我的印章，给你们签发了新生录取通知书，我感到非常的荣幸，也深感责任重大，更热切地盼望着你们的到来，今天我们终于见面了。首先我代表北京建筑大学全体领导和万名师生员工，对你们以优异成绩考上大学表示最热烈的祝贺！我们张开双臂，热烈欢迎你们，拥抱你们！

你们赶上了北京建筑大学历史上最好的发展时期。北京建筑大学具有悠久的历史，前身是1936成立的北平市立高级工业职业学校以及1952成立的北京建筑专科学校，明年就是我校成立八十周年。近五年来，我校取得了令同行瞩目的成就：我们建设了大兴校区，你们觉得优美吗？舒适吗？育人和育苗、树木和树人都是一个道理，我们就是要为学生的成长成才营造良好的环境，我们的图书馆是国内大学最好的图书馆，里面再加一个咖啡厅和小书店，你们在里面学习，就不愿意出来了。我校带游泳馆的体育馆已经开工建设，2017年你们就能游泳了。我们获得了博士学位授权项目和博士后流动站，北京建筑工程学院更名为北京建筑大学，我校连续三年获得国家技术发明奖或科技进步奖、2014年获得国家级教学成果一等奖，我们引进了一批知名的学者和国内外著名大学毕业的年轻博士。这些成就把我校推到了新的起点，特别是北京市和住房和城乡建设部共建北京建筑大学，把我校的办学层次提高到了前所未有的高度，这使我们对学校的未来充满信心。

站在新的起点、新的高地，我们正在制定学校的"十三五"发展规划，建设什么样的北京建筑大学？怎样建设北京建筑大学？培养什么样的创新人才？怎样培养创新人才？这是摆在我们面前的重大课题和重大决策。虽然目前我校还有很大差距，但是面对国家的创新需求，面向未来的挑战要求，我们就是要旗帜鲜明宣布，北京建筑大学就是要建设有特色高水平的创新型大学，就是要建设最爱学生的大学，就是要把你们培养成创新型人才，你们同意吗？北建大人就是要争当"古都北京的保护者、宜居北京的营造者、现代北京的管理者、未来北京的设计者、创新北京的实践者"。

同学们，你们也赶上了首都北京、国家建筑业最好的发展时期，赶上了我国建设生态文明的历史机遇，你们未来的职业生涯前途无量。我国建筑业转型升级、京津冀一体化协同创新发展、北京建设世界一流的宜居城市为北京建筑未来大发展提供了前所未有的重大机遇。目前我国城市化进程和城乡建设还存在不少突出的问题：我国缺乏城市整体设计研究，建筑设计没有处理好艺术创意、结构创新、功能合理和造价经济的协调关系，奇奇怪怪的建筑时有出现；建筑业还处于农民工时代，建筑垃圾量巨大，处理率很低，建筑工业化程度也很低，远没有实现建筑业现代化、工业化和管理信息化；我国大多数建筑不是全寿命绿色建筑，而是高耗能建筑；我国钢产量世界第一，占全球产量50%，但钢铁产能严重过剩，我国的钢结构建筑不到5%，与发达国家40%的比例差距巨大；我国抗震防灾

能力也有待大幅提高。京津冀区域的古城保护、古建筑保护、生态修复、城乡规划、建筑设计、建造、管理以及治理交通拥堵、大气污染、水环境污染等"大城市病"都是世界性难题，攻克了这些难题，我们就能取得一流的创新成果，建成一流的特色学科和专业。

开学典礼上的校长讲话是最难写的作文，因为众多国内外著名大学校长发表过精彩的演讲。很遗憾没有机会征求你们希望我怎么讲的意见，但是我问了一些和你们一样刚刚考上大学的中学生以及在读的本科生、研究生和留学生，在开学典礼上他们希望听什么、不希望校长讲什么。我得到两点主要建议：一是少讲点空洞的大道理和学校概况，因为学生报考时已经把学校查得很清楚了；二是最好提一点儿对学生学习和成长有启发和帮助的建议，最好是讲一点自己亲身经历的故事。

下面，我给你们新生提六点建议，讲两个故事，希望对你们的学习和成长有所启发、有所帮助。

1. "上广义的大学、学广义的专业、拜广义的老师"。我简要地给你们讲一讲我的大师兄周锡元从一名中专生成为国内外著名工程抗震专家、中国科学院院士的故事。

1956年18岁的周锡元毕业于中专学校苏州建筑工程学校，被分配到在哈尔滨的中国科学院土木建筑研究所资料室，就是后来的中国科学院工程力学研究所和中国地震局工程力学研究所。当时王光远老师是哈尔滨工业大学的副教授，成果突出，已经很有名，他就是我后来的博士导师，今年92岁了，力学研究所所长刘恢先邀请王老师兼力学所副研究员，开展抗震设计理论和方法的研究，他要一名助手，帮他计算和抄写稿件，领导找了一位新去的本科生，那同学说看不懂，不愿意干，周锡元主动说那我干吧，就是这一选择，使他18岁就被领进抗震科学研究的前沿，对他后来事业的成功产生重大的影响。

王光远当时翻译苏联那扎罗夫的《工程地震学》，周锡元帮助抄写译稿，帮助计算论文中的例题和图表，有不懂的问题就向王先生请教，他靠自学和王先生的指点，逐渐掌握了有关结构力学的基本原理和方法。王光远说，四个助手中只有周锡元一个是中专生，虽然他年龄最小、学历低，但是他最刻苦、最努力，王光远像对待本科生一样重视对周锡元的培养和使用，让他参加高等数学培训班、研究生班力学课程学习。1958年，在研究高低两层两跨厂房模型出现蛇行状振动时，周锡元用数理方程中分离变量方法，按照高度方向和长度方向推导了理论解，与实验结果很相符，王光远老师非常高兴，夸奖他干得好，这是周锡元第一次感受到研究成功的喜悦，从此迷上科研工作。

20世纪50年代，王光远在国际上率先开展建筑物空间整体计算理论，否定了苏联专家将其割成一系列平面体系的计算理论。周锡元帮助推导了剪切梁系和剪切板在地震作用下的强迫振动问题解答，通过十几座厂房的实测，证明非常符合建筑物实际情况，论文发表在英文的《中国科学》杂志上，这项成果获得1978年的全国科学大会奖。

周锡元的英语水平比我们很多人都高，他的代表性论文发表在国际权威学术期刊上，什么原因？在"文革"时期，别人搞动乱，他刻苦自学外语，20世纪80年代初，他顺利地通过英语考试，得到了去美国进修的机会。周锡元教授在地震工程学领域辛勤工作了40多年，科研硕果累累，他一次申报就成功了，1997年10月当选为中国科学院院士，很多人问他是哪个大学毕业的？他平静地回答，我是中专毕业，这让众多国内外名牌大学的博士、教授汗颜。2000年我们请他领军北工大土木学科团队，他再创辉煌，北工大在短期内被评为土木工程一级学科博士点、结构工程国家重点学科。

为什么要上广义的大学？因为没有任何一所大学是完美无缺的。周锡元就是上的广义大学、学的广义专业、拜的广义老师。他说他就是王光远老师的学生，他就是我们的大师兄。我的导师王光远院士说，他最有出息的学生并不是那些有硕士、博士名分的学生，而是给他当助手的中专生周锡元，从来没有上学历意义的大学和研究生，也没拿毕业证和学位证。我和周锡元非常熟，在北工大我们共事11年，我们住在一个楼，他住一单元，我住二单元，经常晚上十点后回家，在楼下遇见，还要聊上一会儿。周院士的成功是"师傅领进门，修行在个人"的典范。周院士的故事告诉我们，真才实学是核心竞争力，比上任何名牌大学都重要，比任何学历、学位都更有价值。只要你好问好学、刻苦钻研、勇于创新，无论你上哪个大学，你都会是卓越的，都能成长、成才、成功。

为什么要学广义的专业？因为今天我们高校的学科专业划分过细了，割裂了相近学科的联系，比如说割裂了建筑学与结构工程的内在联系。美国一所著名大学的风景园林专业的课程有《建筑垃圾的处理和循环利用》、《城市交通规划》，我们有吗。你们说故宫的建造者（雷氏家族）是建筑师？结构师、建造师？英国的诺尔曼·福斯特是建筑师，但是对现代预应力钢结构很内行，你们看看他设计的、轻盈美丽的伦敦千禧桥。美国的世界桥梁大师林同炎是背景汇文中学毕业的，看看他的名著《结构概念和体系》，你说他是桥梁专家还是建筑学家。梁思成是建筑学家，他设计人民英雄纪念碑，都要考虑石块的重量、起重设备的承载力、工人施工的难度等等。

为什么要拜广义的老师？因为三人行必有我师，每个人都有他的优点，都值得我们学习。我也考不上清华大学，但是我国著名科学家、清华大学副校长钱伟长教授的一次学术报告改变了我的学习习惯、长期影响了我的学习生涯。1980年，我上大二，钱伟长教授陪中央领导视察大庆，到大庆石油学院做了一场学术报告，讲如何教好力学、学好力学，他特别强调老师讲课不要照本宣科，学生学习要课前预习，记笔记要记书上没有的，记老师讲的重点和难点，不要抄黑板。这番话彻底改变了我的学习习惯，长期影响了我的学生生涯和教师生涯，从那以后所有课程我都课前预习，记笔记也不再抄黑板，不再记流水账。

2. "尽信书不如无书"，这是1991年我博士研究生入学时，我的导师王光远教授送给我们的一句话。有疑问、有问题才要研究，才能创新发展。你们是国家为未来发展建设培养的储备人才，你们毕业以后工作，会遇到前人没有遇到的问题，可能也会没有现成的知识、办法和答案。因此，最重要的是创新能力培养，就是自我获取知识能力、应用知识能力、工程实践能力和解决问题的能力。要创新，迎接挑战，你就要敢于质疑，敢于提出问题，敢为天下先，干前人没有做过的事情，你就能成才和成功。

我简要地给大家讲一讲费马定理的故事。大家都知道几何中的勾股定理，西方叫毕达哥拉斯定理，就是直角三角形两个直角边的平方和等于斜边的平方，就是勾3、股4、弦5，都是整数。大约在1637年，法国数学家费马Fermat在研究《算数》一书时，涉及毕达哥拉斯定理，他提出当整数$n>2$时，关于x，y，z的方程$x^n+y^n=z^n$没有正整数解。他是个好恶作剧的天才，他在书上写了个边注："对这个命题，我发现了一种十分美妙的证明，这里空白太小，写不下"。他还挑衅别的数学家，说我能证明这个定理，你们聪明的话，你证明给我看看。直到他去世，他也没有公布证明，这就是让人恼火的大数学家费马。

358年过去，很多人努力，甚至耗费毕生精力也没有完成证明，但是衍生了很多不起的成果，数学家们把费马大定理比喻为数学老母鸡，不断下蛋。直到1995年，英国数学家安德鲁·怀尔斯（Andrew.Wiles）最终证明了费马大定理，他是伟大的数学家，获得了数学界最高奖菲尔茨奖。但是，费马大定理这只老母鸡也被他杀了，从此再也不会下蛋了。

大家看看，到底是有问题好，还是没有问题好？如果这个世界上没有问题了，那我们都失业了。没有最好，只有更好，我们才永远不会失业。

我筹办2008北京奥运会工作六年，新华社记者问我最大的挑战是什么，我说最大挑战就是我们没学过、没干过，我们还必须干好，只能成功。我们大学的老师和学生最大的优势就是会学习、能研究，学会我们不会的东西，创新前人没有的成果。

3．"学之道，取之于授，获之于行"。老师传授的知识，你是否真的获得了，要通过生活实践、社会实践、工程实践来检验。我们的本科生培养，也要推进导师制，强化实习实践，高年级要进实验室，进导师的科研组。毛主席的《实践论》讲得最生动、最形象，你要变革梨子，你就得亲口尝一尝。你要学游泳就必须下水练习，否则你永远也学不会游泳。

开学你们上高等数学课，很快就学到数列极限，我先给你们留一个作业，你举一个生活中的例子，说明什么是数列的极限？我在研究生复试是多次问过考研的学生这个问题，答好的同学不多，说明他们没有真正理解极限这个概念。

2006年科技日报记者张超采访我，让我举通俗易懂的例子，好让公众能更好地理解我们研发的世界上跨度最大的奥运羽毛球馆预应力创新弦支穹顶，开始把我难住了。后来我把弦支穹顶比作三维弓弦，弓需要一根弦来张拉，它才有刚度，就能使弓保持一个稳定的形状，有射箭之力。奥运羽毛球比赛馆的单层钢网壳就好比弓，下面预应力张拉的钢索就是弦，这就是弦支穹顶结构。这种讲解对公众通俗易懂，登在科技日报上，也成了我以后讲课的内容。

4．"每天锻炼一小时，健康工作50年，幸福生活一辈子"。这是清华大学老校长蒋南翔同志在20世纪50年代提出的，今天我们的生活条件这么好，但中学生、大学生的身体素质令人担忧，数据显示高校学生的体质下滑，男生在速度、爆发力、力量、耐力和柔韧性等身体素质指标下降，而女生略好，有升有降。同学们一定要像一日三餐那样，确保每天锻炼一小时，这是你们创新成才的身体基础。北建大体育馆带游泳馆，8月1日已经开工建设，2017年竣工，你们能用上。

5．"尽快规划确定自己的职业发展方向，这是你们成人、成长、成才、成功的指南针"。这是最重要的事情，这将直接指引你的学生生涯和人生道路。你想当教授还是当设计大师，当项目经理还是当政府公务员？

6．"在国际化的地球村时代，要学好英语。在创新创业的时代，要考研究生"。

我上大一时，英语老师是学俄语转过来教英语的，发音不准。实际上我的英语老师就北京外国语学院陈琳副教授，我用一年时间听完他主讲的英语广播讲座，共四册，后来听美国之音的英语九百句、中级美国英语。我背诵马丁·路德·金的《I Have A Dream》，阅读了《富兰克林自传》等，收获极大。我从没有想到，在我以后的工作中用到，我会接待国际奥委会主席罗格，向三任国际羽联主席、国际体操联合会主席汇报奥运筹办工作。

在创新创业时代，考研究生、出国留学是进入创新前沿和改变人生命运的最佳途径。

同学们！按照网络语言，你们知道好学生的标准是什么吗？就是老师为你们点赞！那么好老师的标准呢？就是学生为老师点赞！我再问一句，好校长的标准是什么？那就是所有学生都是他的粉丝！此处可以有热烈的掌声！

同学们！今天你们已经实现了大学梦，但还没有拿到毕业证。你们未来的梦想是什么？我想一定是成才成功！

北建大的梦想是什么？就是建成创新型的大学、最爱学生的大学。

我们国家的梦想是什么？就是实现中华民族的伟大复兴！

同学们，你们的梦想、北建大的梦想、国家的梦想是不是高度一致！由于我为筹办2008年北京奥运会，特别是科技奥运的创新做了一点工作，我有幸被选为北京奥运会的162号火炬手，火炬传递的主题就是"点燃激情，传递梦想"。我坚信，今天我已经把奥运激情的正能量传给了你们。只要你们点燃了创新激情，你们就一定能够成才成功！就一定能够实现梦想！

2015 年 9 月 14 日

十五、校长张爱林在第十二次本科人才培养工作会上的工作报告

总结特色经验，把准目标定位，创新机制模式，
科学制定好北京建筑大学"十三五"人才培养规划

老师们、同学们、同志们：

今天，我们在这里召开全校第十二次本科人才培养工作会，这是在我校编制"十三五"规划过程的关键节点、在学校"提质、转型、升级"的关键节点召开的重要会议，也是全面深化教育教学改革、坚持内涵发展和特色发展、提高人才培养质量的重要会议。本次大会的主题是：总结特色经验，把准目标定位，创新机制模式，研讨制定好我校"十三五"人才培养规划，部署构建有特色高水平创新型大学的人才培养体系。

10月13日，北京工业大学国家级教学名师蒋宗礼教授来我校所作的"专业教育——从经验走向科学、从粗放走向精细"的专题报告，是一场生动的高水平培训，也为本次本科人才培养工作会做了一次动员。10月19日北京航空航天大学国家级教学名师李尚志教授的精彩一课给我们做了高水平示范。下面，我就学校本科人才培养工作谈五个方面的意见。

一、回顾历史，总结凝练我校本科人才培养特色经验

我校建校79年来，培养了6万多名优秀毕业生，涌现出了10多位全国工程勘察设计大师和建筑大师，从新中国成立之初的人民大会堂等十大建筑到北京亚运会、奥运会等重大工程，从天安门、故宫修缮到首都总体规划、北京历史文化名城保护，从城市交通、市政管理、新型城镇化建设到环境保护，都凝结着学校师生和校友的智慧与汗水，并形成自身特色和优势，被誉为"首都城市建设者和工程师的摇篮"，为国家、北京市和建设行业的发展做出了重要贡献，集中体现为现代鲁班精神。

陈刚副市长在10月9日北京市与住建部签约共建北建大仪式上讲话，高度评价了我校。他说，北京建筑大学具有深厚的历史底蕴，在北京，特别是建筑行业，从企业到政府的很多重要岗位都与北京建筑大学有关，北京市和建筑行业的很多要害人物都是北京建筑大学的校友，掌握着首都城乡建设的方向盘。尤其近几年，学校发展建设的情况越来越好，成果越来越多，影响越来越大。

"十二五"以来，学校准确把握我国高等教育发展新形势，认真贯彻落实《国家中长期教育改革和发展规划纲要（2010-2020年）》和教育部《关于全面提高高等教育质量的若干意见》等文件精神，不断强化人才培养的中心地位，明确了培养为新型城市化服务的德、智、体、美全面发展的具有工程实践能力和创新精神的应用型高级专门人才的办学定位。

学校全面实施第十一次教学工作会上形成的《关于进一步加强师德学风建设，提高本科教学质量的意见》（简称38条），根据以"育人为本、因材施教、提高质量"的发展思路，紧紧围绕本科人才培养这一核心任务，以"人人成长，个个成才"为目标，不断深化

教育教学改革,创新人才培养模式,加强专业内涵建设,优化学科专业布局,强化实践育人环节,健全质量保障机制,本科人才培养取得了新进展、新成果,主要表现在以下几方面:

1. 创新人才培养模式,人才培养特色初显

一是坚持夯实基础、注重创新、立足行业、走向国际的原则,修订2014版本科生培养方案,调整专业培养目标及规格,重新设计课程体系,压缩总学分、增加创新学分和开展延续教学等。

二是不断加大人才培养模式改革力度。在理科实验班基础上扩大试点范围,开办"建筑大师班"、"土木英才班"、"环境类创新人才实验班"、"工科创新实验班"以及与奥本大学"中美2+2"试验班;先后在测绘学院、环能学院、电信学院、理学院试点学分制;在经管学院开展大类招生和培养;发起成立中国建设领域卓越工程师教育联盟,探索校企合作育人新机制;参与北京市组织的"三培计划"、"北航学生"访学计划。

三是人才培养体系不断完善,培养特色初显。形成了从本科生、硕士生、博士生和博士后到留学生的全方位、多层次的办学格局和教育体系;学校毕业生全员就业率多年来一直保持在95%以上,获评全国毕业生就业典型经验高校50强,其中2013届和2014届毕业生中从事建筑业比例分别达到47.8%、44.5%,2013届和2014届毕业生分布在北京就业比例分别达到92.1%和86.5%。

2. 强化师资队伍建设和专业实践能力培养

与"十一五"末相比,专任教师队伍博士比例明显提高,由原来的29.4%提高到56.4%;具有海外研修经历的教师所占比例提高了6个百分点,达到23%;专任教师队伍以中青年教师为主,占66.8%;不断强化教师教学能力建设,新建教师教学发展中心;加强青年教师岗前培训,实行导师制;青年教师参与至少半年企业工程实践,强化工程实践能力,促进专业发展。

3. 极大改善办学条件,营造良好育人环境

一是基本建成了一座环境优美、功能齐全的现代化校园。教室、实验室、教学设备、网络以及图书资料等育人条件得到大幅度提升,师生学习生活环境不断改善;不断加大教学经费投入,"十二五"期间,投入本科教学工程、教学实验室建设、教改项目、学生实习实训和素质提升等经费共计5.12亿元,其中财政专项经费4.12亿元,学校基本经费1亿元。

二是实施教学质量责任制。全方面落实"任课教师是课堂教学第一责任人"的要求,强化教师的教学质量责任意识,将本科教学质和量的要求纳入教师考核评价体系及晋升、聘用和评优奖励。

三是建立人才培养质量动态监测机制。每年发布《教学工作质量年报》,持续开展学情调查、用人单位调查、毕业生跟踪调查等,发布《社会需求与培养质量年度报告》、《社会需求与质量跟踪评价报告》,逐步完善了校内本科教学质量监控体系。

4. 强化专业和基地建设,取得标志性教学成果

一是专业建设全面展开。建筑学、土木工程和给水排水工程、热能与动力工程4个专业获批卓越工程师教育培养计划高校学科专业,测绘工程专业首个通过中国工程教育专业认证,6个土建类专业全部通过住建部专业评估,土木工程、测绘工程2个专业获批市属

高校专业综合改革试点项目，新增专业 8 个，学科专业结构不断优化。

二是实践教学基地建设不断取得新进展。获批国家级实验教学中心 1 个，国家级虚拟仿真实验教学中心 2 个，国家级工程实践教育中心 1 个，国家级大学生校外实践教育基地 1 个，建成各级各类校内外实践教学基地 95 个。

三是教学成果取得重大突破。2012 年获得北京市教学成果一等奖 5 项；在 2014 年国家教学成果奖评选中，《注重中国优秀文化传承的建筑学专业人才培养体系研究与实践》一举获得一等奖，是全国高等学校建筑学领域近四届国家级教学成果奖中唯一获得一等奖的成果。

二、面向未来，把准国家、建筑业、北京市和北建大四个发展目标对人才培养的要求

我们必须站在国家的未来、建筑业的未来、北京市的未来和北建大的未来需要我们培养什么样的人才，我们必须跳出大学看今天的大学。

1. 国家全面建成小康社会的"十三五"规划目标

"十三五"时期是全面建成小康社会的五年，2020 年是实现伟大中国梦的重要战略阶段。到建党 100 周年（2021 年）GDP 接近美国，人均接近高收入国家门槛，人均 11000 美元；到 2030 年 GDP 达到美国的 1.5 倍，人均达到高收入国家中等水平；到建国 100 周年（2049 年）GDP 达到美国的 2 倍，人均达到高收入国家中上水平。

目前中国 GDP 已是全球第二大国，GDP 是日本的 2 倍，已是美国的 60%，但是人均 GDP 只排第 84 位，贫富差距拉大，因此，中央决定要在 2020 年全部消灭贫困人口。我国面对的最大挑战是如何跨越"中等收入陷阱"，未来的竞争对手就是现在的发达国家。就大学而言，归根结底是要培养什么样的人才来支撑中国未来的可持续发展？

2. 粗放式发展的建筑业"十三五"要转型升级

我国建筑业正处于转型升级的重点发展机遇期，城市化进程和城乡建设粗放式的发展还存在不少突出的问题，比如缺乏城市整体设计，建筑设计创新能力有待提高，建筑工业化程度很低，大多数建筑不是全寿命绿色建筑等，宜居城乡建设、建筑业的转型升级对行业未来需求的人才提出了更高的要求。

3. 北京建设世界一流的和谐宜居之都和四个中心定位

面对北京建设世界一流的和谐宜居之都和四个中心定位，一个主要方面就是重点解决建设发展与城市战略定位相适应的问题，特别是在古城保护、生态保护、城乡规划、设计、建造、管理等方面存在一些世界性难题，这样就对作为北京市唯一的建筑类高校的北建大的人才培养目标、类型、层次、质量提出了新的要求。

4. 学校"十三五"事业发展规划

学校正在编制"十三五"事业发展规划，基本形成了大兴校区建设高质量本科人才培养基地、西城校区建设高层次人才培养和科技成果转化协同创新基地的两校区办学新格局，确立了到 2020 年基本实现向教学研究型大学的转变，努力建设有特色高水平创新型建筑大学的目标。实现学校发展目标最根本的是转变人才培养的理念，创新人才培养模式，思考和解决"培养什么样的人"和"如何培养人"的问题。

三、把准国内外高等教育未来趋势和挑战

创新型人才培养一直是我们中国高校面临的最大挑战,钱学森之问"为什么我们的学校总是培养不出杰出人才?"是我们高校不能回避的问题。党的十八届三中全会对高等教育改革发展提出明确要求,"创新高校人才培养机制,促进高校办出特色争创一流"。

纵观美国教育,非常强调学生的独立思考、创新思考和质疑精神,注重学生个性发展,强调让学生自己动手探索并设计实验;而中国教育更强调的是标准答案,甚至是服从权威。关于对人才教育和培养,有两点认识和大家一起交流。

第一个认识:管制、管教、灌输的教育方式注定要失败

孔子曾说过"有教无类",讲的就是没有教不好的学生,只有不好教的学生。教育的最高境界在于博爱,没有博爱就没有教育。拍摄电影《明星狼》聘请的世界顶级驯兽大师安德鲁说:"最重要的武器就是爱"。有了爱,能把狼教育好,爱是施教的必要条件,没有爱,也不能把人教育好。传统管制、管教、灌输的教育方式是注定要失败的,必须要坚持以学生为本,促进成人、成长、成才、成功。

第二个认识:迷失的大学教育要回归本体

大学必须要坚持本科人才培养为第一要务,一流的大学都有一流的本科教学,比如北京大学。现在对大学的各种评估评价的标准都缺少了大学为学生做了什么这一指标。我认为真正意义上的一所大学应该主动寻求为其学生做了些什么,而不是像一些薪酬最高的教授受聘于研究型大学那样,本科生教育对他们来说一般只是副业。

哈佛大学校长福斯特说:"College Helps Students Dreams of More than a Salary"。大学存在的伟大目的,不是帮学生为挣钱做准备,而是点燃他们的思想,成就一代代年轻人的梦想。对于年轻人才的培养,要注重培养学生未来的创造潜力,使他们接触多元的观点,鼓励他们跨越学科学习研究。如同哈佛大学毕业生说,最重要的是他们在大学获取的学习方法、分析方法和适应能力,他们能够以一种新的方式了解这个世界。

我国大学教育在经历了大幅扩招等外延式大发展后,推进内涵发展是当务之急,也是由教育大国向教育强国迈进的内在要求,此外,我国大学教育还正在经受信息化和国际化浪潮的猛烈冲击。

1. 从信息化和国际化发展来看

信息化飞速发展跨越了时空界限,使地球日益变成一个"村庄"(又称"地球村")。美国经济学家杰里米·里夫金(Jeremy·Rifkin)所著《第三次工业革命》也指出今后20年人类将迎来历史上最大的技术革命——数字化革命,云计算、大数据、智能化和移动互联等数字化手段,将在不同领域被广泛应用,教育领域也将因数字化发生颠覆性变革和结构性改变,近几年来,MOOCs(慕课)为高等教育带来一场革命,MOOCs、翻转课堂、混合式教学、智慧校园、数字化大学等全新教育模式,空前强烈地冲击着传统教育模式。

高等教育国际化也呈现出教育的国际交流与国际合作日益增强,全球范围的教育理念的共性、教育内涵的普遍性和同一性不断加强,高等教育的国际和地区间协调日趋活跃等特征,对我们的挑战就是必须培养越来越多熟悉和掌握国际规则的高素质创新型人才。

2. 从我国高等教育发展目标和挑战来看

国家社会经济正迈向创新驱动发展的升级转型期，高素质创新型人才成为创新发展的关键。高等教育领域综合改革全面启动，各高校综合改革尤其是人才培养模式改革不断加快推进。作为最大的发展中国家和世界第二大经济体，培养一流人才，产出一流成果，建设人才强国是参与全球化、主导全球化的必然选择，提高人才培养质量是高校主动适应国家创新型发展战略的需要。

面对新形势、新目标，我们必须清醒地认识到在本科人才培养方面存在不足：

人才培养理念和管理机制模式很不适应我校向教学研究型大学转变的要求，尚未建立与教学研究型大学相适应的本科人才培养管理体制机制和管理运行模式；在专业建设方面，学科、专业、队伍和平台之间不够协调，缺乏部门之间、学院之间的统筹协调；专业评估和工程认证的针对性不强，对《华盛顿协议》中毕业生具有处理复杂工程能力的要求落实不够；人才培养特色不够鲜明，毕业生用人单位反馈信息于学校人才培养全过程的机制尚未建立；信息化管理和国际化推进不够，人才培养信息化管理体系不够健全，管理水平和效率有待提高，人才培养的国际化需要加强；教风学风有待进一步改善，教师的主导作用没有得到充分发挥，学生学习的积极性、主动性还没有得到充分调动等等。

面对这些问题和不足，学校要继续全面推进本科人才培养综合改革，按照把准未来战略导向、需求导向和问题导向原则，重点突破和解决一系列制约人才培养的主要瓶颈问题，持续有力地提升人才培养质量。

四、全面深化本科人才培养综合改革，把准提高人才培养质量的关键环节

1. 用好教与学的辩证法，教师真正成为主导

教学相长，树立"教师为主导、学生为主体"的理念；传道授业解惑是教师的使命，教师首先要为人师表，点燃学生的激情，各方面做学生的榜样，同时要改变教学是教师对学生单向"输入"活动的传统教学理念，认识到人才培养是教学相长的交流、互动，实现共同发展提高。

进一步规范管理教师教学行为，把师德教风建设纳入日常培训和考核，落实各级师德教风建设的主体责任，健全保障教师教学水平提升的机制体制；健全本科教学激励机制，加大优秀教师评选表彰和宣传力度，做到加强教育管理与尊重教师、关心教师和促进教师全面发展相结合。建立健全全员、全方位、全过程育人工作体系；实施本科生与青年教师导师制，全面促进优良学风的形成。

2. 优化专业设置，强化特色优势

适应建筑行业转型升级和首都新定位、新发展需求的导向，分层次开展专业建设，建立专业动态调整机制，存量适当做减法，在新设置学科专业时，坚持增量优化，不断优化调整专业结构，全面促进专业内涵式建设和特色发展；加强4个获批卓越工程师教育培养计划专业建设；重点围绕毕业生能力培养，加强专业评估和工程认证工作，培育一流专业建设，提升专业核心竞争力；科学合理地全面推进学分制建设；加大课程体系及教学方法、手段的改革。

3. 创新体制机制，强化工程实践

立足服务国家建筑业、服务北京新定位这"两个服务"，全面深化人才培养模式改革。以现有开设的四个实验班为切入点，全面夯实各实验班培养方案和教学运行管理，重点落实"导师制培养、国际化课程、学分制管理"等一系列教学改革措施，探索培养创新性拔尖人才；依托中国建设领域卓越工程师教育联盟平台，强化校企产学研合作模式的探索与实践，全面推进 USPS 校企协同育人计划的落地；广泛开展国内外合作与交流，充分利用"京津冀建筑类高校协同创新联盟"平台，在课程建设、优质教学资源共享、学分互认等方面积极开展建设，推进高校跨区域协作与共赢。

4. 科教融合，提高学生工程实践和科技创新能力

探索建立科教融合新机制，鼓励教师开设学术前沿课、新生研讨课，鼓励学生参与实际科研活动，开展探究式、体验式、开放式、研究型教学和学习，激发学生的探究、创新热情；指导学生课外学习、阅读相关论文和科研资料，加深对课堂教学知识理解运用；依托科研资源优势，强化学生参与科研实践，开展真题课程设计、毕业设计。将以传统传授知识为主的教学方式转变为以引导学生学习、思辨、探究、实践为主，培养学生提出、分析、解决问题的能力。

五、抓好三项重点工作

1. 科学编制好"十三五"人才培养专项规划

以此次人才培养工作会为契机，科学论证"十三五"乃至更长一个时期学校人才培养的目标定位和特色，基本形成创新型人才培养体系；学院的本科人才培养规划要依据学校目标，明确学院定位和作用；"十三五"人才培养规划的实施要分阶段，重点突破，坚持特色发展，有所为有所不为，解决影响和制约人才培养的瓶颈问题，切实持续提高人才培养质量。

2. 构建和完善本科人才培养制度体系

深化校院两级管理体系，按照"紧扣管理服务主题、瞄准师生满意目标、体现卓越一流标准"的原则推进卓越教学管理；建立资源共享、开放制度体系，本着资源最大化原则优化"校校、校企"合作模式，打破校内各部门壁垒，提高各类资源利用率；健全校内外协调工程实践制度体系，创新实践教学基地管理机制，探索校内外实践教学基地合作新模式；构建信息化制度体系，搭建优质教学资源的开放、共享和服务于人才培养全过程的管理服务机制。

3. 完成 2016 级本科人才培养方案修订

按照构建教学研究型大学创新型人才体系这一目标，切实做到规定动作标准规范，自选动作要创新精彩。重点做好以下几个结合：一是专业培养目标定位、学院目标定位与学校目标定位相结合，研究和探索培养人才的类型、特色优势和主要就业领域；二是毕业生的知识要求、素质要求与能力要求相结合，重点解决培养方案与国家相应要求、专业培养目标的符合度，课程体系和内容对实现毕业生要求的支撑度；三是规定动作标准规范与自选动作创新精彩相结合；四是传承优势特色与改革创新发展相结合。

刚才，学校对为教学工作做出突出贡献的单位和教师给予了表彰，今后学校将从制度

层面上出台相应办法，设立"校长特别嘉奖"，重奖在人才培养、科学研究和管理服务等各方面为学校做出卓越贡献的师生。为了开好这次人才培养工作会，学校领导班子会多次做过专题研究。一会儿，李爱群副校长要对本科人才培养综合改革工作做总体部署，就具体实施的"六大工程"进行详细解读，希望大家深入交流研讨，落到实处。

老师们、同学们、同志们，全员育人，抓好人才培养工作是学校的第一要务，全面推进我校"提质、转型、升级"是一项必须要解决的重大课题，更是一项十分艰巨而又必须完成的神圣使命。落实本次会议精神，就是要认真总结我校人才培养特色经验，把准目标定位，认真查找不足，创新机制模式，以强化工程实践、推进信息化和国际化为抓手，科学制定好北京建筑大学"十三五"人才培养规划，为建设有特色高水平创新型北京建筑大学而努力奋斗！

2015 年 10 月 20 日

十六、校长张爱林在学科与科技工作大会上的工作报告

落实"创新、协调、绿色、开放、共享"新理念
全面深化改革，创新驱动转型，建设一流学科

老师们，同学们，同志们：

今天，我们在这里召开学科与科技工作大会，这是在我校"十三五"规划编制的关键时刻召开的重要会议，是我校学习、贯彻、落实十八届五中全会新境界、新理念和国务院发布的《统筹推进世界一流大学和一流学科建设总体方案》精神，全面深化改革，创新驱动转型，建设一流学科的重要会议。

11月3日，教育部科技司副司长高润生来我校调研座谈，阐述了我国建设世界一流大学和一流学科的重大意义和需求，并对我校学科建设和科技创新工作提出了很好的建议，具有重要指导作用。会前，学校已将《中共中央关于制定国民经济和社会发展第十三个五年规划的建议》、国务院印发的《统筹推进世界一流大学和一流学科建设总体方案》、中共中央办公厅国务院办公厅印发的《深化科技体制改革实施方案》、北京市人民政府办公厅印发的《加快推进科研机构科技成果转化和产业化的若干意见（试行）》等相关文件汇编成册印发给大家，请大家要认真学习中央、国务院、教育部和北京市文件精神。

这次会议的主要任务就是学习、贯彻、落实十八届五中全会"创新、协调、绿色、开放、共享"新境界、新理念和国务院发布的《统筹推进世界一流和一流学科建设总体方案》精神，谋划和部署学校"十三五"一流学科建设和科技创新工作，服务好国家建筑业转型升级和首都北京新定位，加快推进向教学研究型大学转型。

汪苏副校长和张大玉副校长将分别代表学校做学科和科技工作报告，全面总结"十二五"学科与科技工作取得的成绩，分析问题和差距，对"十三五"期间学科建设和科技重点工作进行布置。今天我主要就学校"十三五"规划目标和发展整体思路、学科建设和科技工作中如何具体落实中央、国务院、教育部和北京市文件精神，要坚持的原则、重点任务、改革措施谈以下六个方面意见。

一、学习、贯彻、落实十八届五中全会新理念及《统筹推进世界一流大学和一流学科建设总体方案》精神，统领我校"十三五"规划建设等一切工作

1. 十八届五中全会关于发展阶段和奋斗目标的论断

十月底刚闭幕的十八届五中全会明确提出到二〇二〇年实现我们党确定的"两个一百年"奋斗目标的第一个百年奋斗目标——全面建成小康社会。"十三五"时期成为全面建成小康社会决胜阶段，"十三五"规划必须紧紧围绕实现这个奋斗目标来制定。这是在全面分析国际国内形势后确立的发展目标，要如期全面建成小康社会，既具有充分条件也面临艰巨任务。全会研究了"十三五"时期我国发展的一系列重大问题。

2. 落实"创新、协调、绿色、开放、共享"发展理念

十八届五中全会明确指出要实现"十三五"时期发展目标，必须牢固树立并切实贯彻

创新、协调、绿色、开放、共享的发展理念，这是具体指导制定"十三五"规划的思想灵魂和设计布局。创新是引领发展的第一动力，必须把创新摆在国家发展全局的核心位置，不断推进理论创新、制度创新、科技创新、文化创新等各方面创新，让创新贯穿党和国家一切工作，让创新在全社会蔚然成风；协调是持续健康发展的内在要求，必须牢牢把握中国特色社会主义事业总体布局，正确处理发展中的重大关系；开放是国家繁荣发展的必由之路。

世界一流大学建设的经验表明，大学发展始终与国家发展和民族振兴同向同行是成功之道，因此，我们要全面学习和贯彻会议精神，要融会贯通，接地气，指导我校"十三五"发展规划。

3.《国务院关于印发统筹推进世界一流大学和一流学科建设总体方案的通知》的精神

10月24日印发的《统筹推进世界一流大学和一流学科建设总体方案》明确提出三步走目标，即到2020年，若干所大学和一批学科进入世界一流行列，若干学科进入世界一流学科前列；到2030年，更多的大学和学科进入世界一流行列，若干所大学进入世界一流大学前列，一批学科进入世界一流学科前列，高等教育整体实力显著提升；到本世纪中叶，一流大学和一流学科的数量和实力进入世界前列，基本建成高等教育强国。方案重点指出了高等教育的五大建设任务（建设一流师资队伍、培养拔尖创新人才、提升科学研究水平、传承创新优秀文化、着力推进成果转化）和五大改革任务（加强和改进党对高校的领导、完善内部治理结构、实现关键环节突破、构建社会参与机制、推进国际交流合作）。

作为北京市属的唯一的建筑类高校，我校的发展战略、学科建设和科技创新工作必须以《统筹推进世界一流大学和一流学科建设总体方案》精神为指导，以此来统领我校"十三五"各项事业健康发展。通过正确的办学理念、发展思路、规划目标、重点任务和改革措施，抢抓机遇，迎接挑战，推动学校科学发展。

二、深刻认识一流学科建设、科技创新驱动和全面深化改革对我校转型的重大推动作用

1. 一流学科是一流大学发展建设的龙头

今年秋季学期工作会上我曾引用了加州大学前校长田长霖教授有一句耐人寻味的话，他说，世界一流大学不可能所有的学科都是世界一流，但是世界一流大学一定有若干个学科世界一流。任何大学的资金和其他资源都是有限的，所以，我们在学科建设上要坚持"有所不为、确保重点"的发展战略，不追求综合化、多学科、大而全。要聚焦优势和特色，坚持重大需求导向、问题导向。

2. 为什么要科技创新引领？

习近平总书记指出，创新是引领发展的第一动力，抓创新就是抓发展，谋创新就是谋未来。李克强总理在谈到科技创新时指出："科技创新要在'顶天立地'上下功夫。'顶天'，就是要推动原始创新，研发高精尖技术；'立地'，就是面向'大众创业、万众创新'，有利于科技成果转化为现实生产力。

创新就必须要克服保守，必须要解放思想、转变观念。充分认识科技创新在高校发展中的巨大作用，科技创新是大学学科特色研究方向的体现，是高水平教师成长的必由之路，只有不断的科技创新才能培养学生的探索、质疑、创新精神，才能更好服务国家和区

域经济发展，以贡献求更大支持。

3. 为什么人才是第一资源？

高水平师资队伍是学科和高校的核心竞争力。学科建设最关键的是学科队伍，学科队伍的水平决定了学科建设的水平，因为教师是承担大学人才培养任务的主体，是教与学的主导；是承担大学学科建设任务的主体；是承担大学科学研究任务的主体；也是承担大学服务社会职能的主体；更是优秀干部的主要来源。

欧元之父罗伯特·蒙代尔教授说，美国有许多世界领先的顶尖大学，在第二次世界大战期间，美国接收了大量移民的人才，然后美国替代了英国，成为世界上人才汇聚密度最大的国家。

4. 为什么要全面深化改革？

目前，改革已经进入"深水区"阶段，加强理论指导、顶层设计是发展的必然选择，要做到上下联动、综合协调政策、协同创新、形成合力；全面就是必须要综合学校发展、改革、管理的系统性、整体性和协调性，突出问题和需求导向。我们要跳出学科看学科、跳出科研看科研，制约学科发展和科技创新的障碍主要在其外，要破解难题，突破瓶颈。学校要全面深化改革，推进学校由教学型向教学研究型转型。

三、我校"十二五"学科建设、科技工作主要成绩、差距和挑战分析

"十二五"以来，我校的学科建设和科学研究取得了突出的成绩，为学校"十三五"发展打下了坚实基础。

1. 学科建设主要成绩

获批"建筑遗产保护理论与技术"服务国家特殊需求博士人才培养项目；在 2012 年教育部学科评估排名中，建筑学和测绘科学与技术 2 个一级学科进入全国前 9 名，城乡规划学和风景园林学 2 个一级学科分列全国第 12 名和 15 名；获批建筑学博士后科研流动站，实现了博士后培养零的突破；学科梯队建设不断优化，高层次人才和团队建设取得一定突破，引进在相关学科领域具有一定影响力的学科带头人、教授 18 名；研究生教育规模逐年扩大，由 2009 年招生 245 人到 2015 年的 493 人，现有博士、硕士研究生 2014 人，其中博士研究生 7 人。

2. 科技工作主要成绩

近五年以主持单位获得国家科技奖励 4 项，国家级科技奖达到 10 项，其中 2014 年首次以主持单位荣获 1 项国家技术发明二等奖，实现了市属单位 5 年来的新突破；荣获省部级（含行业科技）奖励 50 项（不含 2015 年），学校主持完成 23 项，其中一等奖 6 项；科研经费连续 4 年过亿；新增城市雨水系统与水环境教育部重点实验室等各类省部级科研平台 17 个。

3. 差距和挑战分析

面对我国一流学科建设新要求，面对建筑业转型和北京发展新定位内在要求，我们在看到成绩、坚定信心的同时，也要客观分析学科、科技工作自身存在的差距和挑战，主要表现在：

1）发展理念相对滞后，不适应学校转型要求，学科龙头、抢抓机遇、创新驱动的意

识不强，缺乏系统的顶层设计；

2）全面深化改革滞后，体制机制问题尚未解决，校内外协同机制未真正建立，人才培养机制和人才脱颖而出的选拔机制创新不够，财务管理服务和资源分配共享机制有待改进，学术委员会等学术组织不健全，专家作用发挥不充分；

3）校园缺乏创新文化及学术土壤不肥沃。大学的创新文化对于创新人才培养具有"润物细无声"的巨大作用。伦敦艺术大学校长、伦敦设计节主席约翰·索雷尔（John Sorrell）说道："创意可以帮助一个国家更加成功，可以改变生活；创造力的培养要从娃娃抓起"；

4）现代大学制度下学科体系尚未真正建立。现有的学科结构、层次及类别布局与管理不到位，学科方向多且分散，缺学科高原和高峰；

5）创新团队运行机制尚未健全，学科团队建设亟需加强，特色创新团队、领军人才和拔尖青年人才偏少。

四、"十三五"及中长期规划三步走目标构想、阶段特征和建设原则

学校"十三五"及中长期规划三步走目标构想概括为：到2020年实现向教学研究型大学转变，若干学科进入国内同类学科先进行列；2036年（建校100年）建成有特色高水平创新型建筑大学，若干学科进入国内同类学科领先行列；2049年（建国100年）建成国际知名、特色鲜明的创新型建筑大学，若干学科进入国际先进行列。

"十三五"时期是北京建筑大学实现向教学研究型大学转变的决胜阶段，是学校形成现代大学管理制度、调整优化学科布局、聚焦重点突破、创新灵活高效的科研组织形式的关键时期，我校"十三五"规划必须紧紧围绕实现这个奋斗目标来制定，学科建设、科技工作必须支撑这个奋斗目标。

认真总结我校"十二五"成绩和经验，全面分析全面小康社会国情、建筑业转型升级行情、首都北京新定位市情的重大需求导向和问题导向，认真查找不足，认清面临的挑战和艰巨任务。

学科建设和科技工作必须遵循坚持学科龙头地位，坚持人才第一资源，坚持突出重点、特色发展，坚持创新驱动发展，坚持资源开放共享，坚持服务建筑业转型升级、服务首都北京新定位"两个服务"到位的"六个坚持"原则。

五、"十三五"学科建设、科技工作六大任务

1. 聚焦博士人才培养项目重点学科，建成博士授权单位

举全校之力，完成"建筑遗产保护理论与技术博士人才培养项目"建设任务，2016年准备验收；按照博士学位授权水平来重点建设建筑学和土木工程、测绘科学与技术、环境科学与工程"1+3"的4个一级学科；对照教育部指标体系，狠抓博士点建设和自评估的落实；完善研究生院管理服务职能，构建校院两级重点学科体系，分类管理。

2. 建设校园创新文化，培育学术土壤

营造校园的创新文化环境和宽容的学术研究氛围，促进学术自由；充分发挥图书馆知

识殿堂的巨大作用；树立培养创新人才理念；鼓励师生通过国内外访学、学术交流等方式，增加学术意识，提升学科专业影响力；建立健全校院两级的学术组织，体现大学学术性和学科性这一根本属性，培育学科团队。

3. 构建学科创新团队

按照校院两级重点学科和凝练的重点方向构建学科创新团队，校级重点学科上要形成院士指导、拔尖教授领军、青年博士为骨干的学科创新团队；领军人才、拔尖青年和团队建设一起抓，人员要进团队；大胆使用和培养已有人才，重点引进领军人才。

4. 搭建学科开放共享平台，组建高精尖创新中心

整合分散的学科基地和平台，设备要进平台；西城校区要构建国家建筑领域科技研发创新高地，成立城市设计高精尖创新中心、海绵城市研究院、国家城乡建设与发展高端智库，积极与住建部合作共建中国建筑图书信息中心和中国建筑文化研究院等；大学科技园新定位要推进产学研合作研究和成果转化；加大国家级研究平台的培育力度，筹建国家级科研平台。

5. 凝练学科特色方向，提高科技创新水平

凝练学科特色方向，要有所不为、少而精；一个重点学科凝练2—4个重点二级学科方向，科研项目要进方向；重点抓国家重点研发计划、建筑业、北京市"十三五"重大项目，针对战略性、全局性、前瞻性问题的项目以及建筑业和北京市的新型智库建设。

6. 推进成果转化，做好两个服务。

出台鼓励科技成果转化配套政策，设立成果转化专门岗位，完善成果转化工作体系；探索教师教学科研及在校产企业兼职的管理模式；探索中关村示范区股权激励试点政策创办科技型企业和企业兼职，服务国家建筑业，服务北京新定位。

六、全面深化改革六项措施

1. 加强和改进党对高校的领导

坚持和完善党委领导下的校长负责制，建立健全党委统一领导、党政分工合作、协调运行的工作机制。重视和完善对学校重大规划和决策的可行性和科学性论证。对学校重点工作进行督办，加大学校决策、执行和监督力度，推动学校科学发展。

2. 改革完善现代大学治理结构，推进治理能力现代化

以学校章程为统领，积极探索现代大学管理模式，落实学校办学自主权，推进依法治校。理顺学校党政权力与学术权力的关系，明确各级各类学术组织的功能定位，健全学术组织运行机制，发挥学校和院部两级学术组织在学科规划、资源配置和有关评审中的作用，突出教授和学术的本体地位。加强管理体制改革创新，构建权责明确、科学有效的校院两级管理体系，激发学院办学活力。

3. 突破体制机制关键环节障碍，全面深化改革

修订政策文件，依法严格管理，推进简政放权；完善干部和人事制度，包括干部选拔竞聘、专业技术职务岗位设置、职称评聘、年度及聘期考核、人事管理等；财务管理包括资金投入机制改革、强化信息化管理和简化报销手续等；资源管理包括推进绩效理念下的开放共享、分配、使用和考核体系等。

4. 创新人才培养模式，全面提高人才培养质量

推进本科生人才培养模式改革与创新，以"卓越工程师教育培养计划"和"实验班"为试点，利用现有的科研平台、项目等优质资源和产学研合作，着力培养学生的创新意识、工程素质和工程实践能力；推进研究生培养机制改革，建立学术型和专业型人才的分类培养机制，面向国家重大战略需求，立足于学科前沿，依托优势学科和高水平科研课题，强化应用和学术创新能力的培养。

5. 构建校内外协同创新模式，创新科技处管理模式

探索建立开放、集成、高效的校内外协同创新模式，推进以人才培养、科学研究和体制机制创新为一体的组织模式改革；创新现有科研管理和组织模式以及科技处管理模式，构建面向未来的基础研究、面向前沿和重大需求的高精尖中心、面向应用的研究院所体系，加快技术转移和科技成果转化、面向决策的智库的"四个面向"一体化科研管理模式。

6、推进国际化和信息化

深化与国外一流大学和研究机构开展合作研究，建立若干高水平的国际合作研究中心、联合实验室；鼓励和引导教师参加高水平的国际学术交流。大力开展信息化建设，构建高效的管理服务平台，提升管理效率与服务水平；推动学校充分利用信息技术创新组织模式和协同机制；探索建设数字化科研协同支撑平台，促进学校与科研院所、企业共享资源。

学校顶层设计的"十三五"规划目标和学科建设重点任务概括为114666工程。即1个向教学研究型大学转型目标，建成1个博士授权单位，建设4个博士学位授权水平学科，坚持6项工作原则，完成6项重点任务和实施6项改革措施。

同志们，国家正处于从高等教育大国走向高等教育强国的关键时期，高等教育强国和伟大的中国梦正在呼唤中国的世界一流学科和世界一流大学，国家建筑业转型升级、首都北京新定位，特别是北京创新中心和设计之都定位正在呼唤一流的北京建筑大学，这是时代赋予我们的光荣使命。

我校杰出校友李瑞环同志在2000年3月11日政协会的讲话中说，地球越来越小，发展越来越快，慢走一步，差之千里，耽误一时，落后多年。我们要抢抓机遇，与时俱进，奋发有为。我坚信，全体师生员工一定能够点燃创新激情，在探索科学真理和创新创业中找到乐趣，在培养创新人才和勇攀科技高峰中获得成就感。通过优化学科结构，凝炼学科特色方向，突出学科建设重点，强化科技创新驱动，打造更多学科高峰，我们一定能够建成有特色高水平创新型北京建筑大学！

2015年11月10日

第三章　机　构　设　置

一、学校党群、行政机构

（一）学校党群机构

北京建筑大学党政办公室
中共北京建筑大学委员会组织部
中共北京建筑大学委员会党校
中共北京建筑大学委员会宣传部
中共北京建筑大学委员会统战部
中共北京建筑大学纪律检查委员会
中共北京建筑大学机关委员会
中共北京建筑大学委员会保卫部
中共北京建筑大学委员会学生工作部
中共北京建筑大学委员会武装部
中共北京建筑大学委员会研究生工作部
中国教育工会北京建筑大学委员会
共青团北京建筑大学委员会

（二）学校行政机构

党政办公室
监察处
学生处
研究生院
保卫处
离退休工作办公室
大兴校区管理委员会
教务处
招生就业处
校友工作办公室
科技处
重点实验室工作办公室
人事处
财务处
审计处

资产与后勤管理处
规划与基建处
国际合作与交流处
网络信息服务中心
工程实践创新中心
城市设计高精尖创新中心

二、学校教学、教辅、附属及产业机构

（一）教学机构
建筑与城市规划学院
土木与交通工程学院
环境与能源工程学院
电气与信息工程学院
经济与管理工程学院
测绘与城市空间信息学院
机电与车辆工程学院
文法学院
理学院
马克思主义学院
体育教研部
国际教育学院
继续教育学院
创新创业教育学院

（二）教学辅助、附属及产业机构
图书馆
发展规划研究中心（高等教育研究室）
学报编辑部
建筑遗产研究院
建筑设计艺术（ADA）研究中心
海绵城市研究院
北京建大资产经营管理有限公司

三、学校重要委员会和领导小组

（一）发展规划领导小组
组　　长：王建中　朱　光
副组长：张启鸿　张大玉
成　　员：何志洪　汪　苏　李维平　李爱群　吕晨飞　张素芳

领导小组下设办公室，办公室设在发展规划研究中心，主任：白莽（兼）。

（二）干部工作领导小组

组　　长：王建中

成　　员：朱　光　何志洪　吕晨飞　李爱群

秘　　书：孙景仙（组织部）

（三）人才工作领导小组

组　　长：王建中　朱　光

成　　员：张启鸿　张大玉　李爱群　吕晨飞

　　　　　白　莽（党政办公室）　　　陈红兵（人事处）

　　　　　孙景仙（组织部）　　　　　陈静勇（研究生处）

　　　　　邹积亭（教务处）　　　　　高　岩（科技处）

领导小组下设办公室，办公室设在人事处，主任：陈红兵（兼）。

（四）党风廉政建设工作领导小组

组　　长：王建中

副组长：朱　光

成　　员：何志洪　汪　苏　李维平　张启鸿　张大玉　李爱群　吕晨飞　张素芳
　　　　　高春花（纪委办公室）　　　孙景仙（组织部）
　　　　　孙冬梅（宣传部）

领导小组下设办公室，办公室设在纪委（监察处），主任：高春花（兼）。

（五）学校宣传思想工作领导小组

组　　长：王建中　朱　光

副组长：张启鸿　何志洪　汪　苏　李爱群　吕晨飞

成　　员：白　莽（党政办公室）　　　孙景仙（组织部）

　　　　　孙冬梅（宣传部）　　　　　黄尚荣（学工部）

　　　　　陈静勇（研工部）　　　　　于志洋（保卫处）

　　　　　张素芳（工会）　　　　　　朱　静（团委）

　　　　　邹积亭（教务处）　　　　　高　岩（科技处）

　　　　　陈红兵（人事处）　　　　　赵晓红（国交处）

　　　　　吴海燕（国际教育学院）　　魏楚元（网络信息管理服务中心）

　　　　　肖建杰（思政部）

领导小组下设办公室，办公室设在宣传部，主任：孙冬梅（兼）。

（六）网络安全和信息化工作领导小组

组　　长：王建中　朱　光

副组长：张启鸿　李维平　李爱群　吕晨飞

成　　员：白　莽（党政办公室）　　　孙冬梅（宣传部）

　　　　　黄尚荣（学生处）　　　　　陈静勇（研究生处）

　　　　　贝裕文（财务处）　　　　　于志洋（保卫处）

　　　　　邹积亭（教务处）　　　　　李雪华（招就处）

　　　　　高　岩（科技处）　　　　　陈红兵（人事处）

　　　　　周　春（基建处）　　　　　　刘　蔚（资后处）
　　　　　王锐英（图书馆）　　　　　　朱　静（团委）
　　　　　魏楚元（网络信息管理服务中心）
领导小组下设办公室，办公室设在网络信息管理服务中心，主任：魏楚元（兼）。
（七）校园文化建设领导小组
组　　长：王建中　朱　光
副组长：张启鸿　何志洪　汪　苏　李维平　张大玉　李爱群　吕晨飞
成　　员：孙冬梅（宣传部）　　　　　　白　莽（党政办公室）
　　　　　孙景仙（组织部）　　　　　　高春花（纪委办公室）
　　　　　黄尚荣（学工部）　　　　　　陈静勇（研工部）
　　　　　张素芳（工会）　　　　　　　邹积亭（教务处）
　　　　　高　岩（科技处）　　　　　　陈红兵（人事处）
　　　　　王锐英（图书馆）　　　　　　孙　强（宣传部）
　　　　　周　春（基建处）　　　　　　贝裕文（财务处）
　　　　　刘　蔚（资后处）　　　　　　朱　静（团委）
领导小组下设办公室，办公室设在宣传部，主任：孙冬梅（兼）。
（八）党务公开工作领导小组、监督小组
领导小组：
组　　长：王建中
副组长：张启鸿　吕晨飞
成　　员：白　莽（党政办公室）　　　　孙景仙（组织部）
　　　　　孙冬梅（宣传部）　　　　　　高春花（纪委办公室）
　　　　　黄尚荣（学工部）　　　　　　陈静勇（研工部）
　　　　　于志洋（保卫处）　　　　　　王德中（离退办）
　　　　　张素芳（工会）　　　　　　　魏楚元（网络信息管理服务中心）
领导小组下设办公室，办公室设在党政办公室，主任：白莽（兼）。
监督小组：
组　　长：何志洪
成　　员：高春花　孙希磊　王跃进　张怀静　宫瑞婷　关海琳
监督小组下设办公室，办公室设在纪委（监察处），主任：高春花（兼）。
（九）安全稳定工作领导小组
组　　长：王建中　朱　光
副组长：吕晨飞
成　　员：于志洋（保卫处）　　　　　　白　莽（党政办公室）
　　　　　孙冬梅（宣传部）　　　　　　黄尚荣（学工部）
　　　　　冯宏岳（大兴校区管委会）　　陈静勇（研工部）
　　　　　刘　蔚（资后处）　　　　　　毛发虎（保卫处）
　　　　　朱　静（团委）
领导小组下设办公室，办公室设在保卫部（处），主任：于志洋（兼）。

（十）国家安全工作领导小组

组　长：吕晨飞

成　员：于志洋（保卫处）　　　　　白　莽（党政办公室）
　　　　孙冬梅（宣传部）　　　　　高春花（纪委办公室）
　　　　黄尚荣（学工部）　　　　　陈静勇（研工部）
　　　　高　岩（科技处）　　　　　陈红兵（人事处）
　　　　赵晓红（国交处）　　　　　吴海燕（国际教育学院）
　　　　朱　静（团委）　　　　　　魏楚元（网络信息管理服务中心）

领导小组下设办公室，办公室设在保卫部（处），主任：于志洋（兼）。

（十一）师德建设（"三育人"）工作领导小组

组　长：王建中　朱　光

副组长：张启鸿　何志洪　李爱群　吕晨飞

成　员：孙冬梅（宣传部）　　　　　白　莽（党政办公室）
　　　　孙景仙（组织部）　　　　　黄尚荣（学工部）
　　　　陈静勇（研工部）　　　　　张素芳（工会）
　　　　邹积亭（教务处）　　　　　高　岩（科技处）
　　　　陈红兵（人事处）　　　　　刘　蔚（资后处）
　　　　朱　静（团委）

领导小组下设办公室，办公室设在宣传部，主任：孙冬梅（兼）。

（十二）离退休干部工作领导小组

组　长：王建中

副组长：朱　光　何志洪

成　员：王德中（离退办）　许　秀　金　舜　叶书明　王保东
　　　　白　莽（党政办公室）　　　孙景仙（组织部）
　　　　孙冬梅（宣传部）　　　　　陈红兵（人事处）
　　　　刘　蔚（资后处）　　　　　贝裕文（财务处）

领导小组下设办公室，办公室设在离退休工作办公室，主任：王德中（兼）。

（十三）关心下一代工作委员会

主　任：王建中

常务副主任：彭正林

副主任：许　秀　叶书明　王保东　裴立德　李爱群　吕晨飞

成　员：王德中（离退办）　史湘太　李兆年　张栋才　梁贤英　韩增禄　曾雪华
　　　　白　莽（党政办公室）　　　孙冬梅（宣传部）
　　　　黄尚荣（学工部）　　　　　陈静勇（研工部）
　　　　于志洋（保卫处）　　　　　张素芳（工会）
　　　　邹积亭（教务处）　　　　　高　岩（科技处）
　　　　刘　蔚（资后处）　　　　　朱　静（团委）

领导小组下设办公室，办公室设在离退休工作办公室，秘书长：王德中（兼），副秘书长：史湘太（兼）、朱静（兼）。

（十四）保密委员会
主　任：张启鸿
副主任：汪　苏　张大玉　李爱群
成　员：白　莽（党政办公室）　　　孙景仙（组织部）
　　　　高春花（纪委办公室）　　　陈静勇（研究生处）
　　　　于志洋（保卫处）　　　　　邹积亭（教务处）
　　　　高　岩（科技处）　　　　　陈红兵（人事处）
　　　　贝裕文（财务处）　　　　　赵晓红（国交处）
　　　　吴海燕（国际教育学院）　　赵静野（继续教育学院）
　　　　魏楚元（网络信息管理服务中心）

保密委员会下设办公室，办公室设在党政办公室，主任：白莽（兼）。

（十五）信访工作领导小组
组　长：王建中
副组长：何志洪　张启鸿
成　员：白　莽（党政办公室）　　　孙景仙（组织部）
　　　　孙冬梅（宣传部）　　　　　高春花（纪委办公室）
　　　　黄尚荣（学工部）　　　　　陈静勇（研工部）
　　　　于志洋（保卫处）　　　　　王德中（离退办）
　　　　邹积亭（教务处）　　　　　陈红兵（人事处）
　　　　刘　蔚（资后处）

领导小组下设办公室，办公室设在党政办公室，主任：白莽（兼）

（十六）民族宗教工作领导小组
组　长：王建中
副组长：张启鸿　吕晨飞
成　员：孙冬梅（统战部）　　　　　黄尚荣（学工部）
　　　　白　莽（党政办公室）　　　陈静勇（研工部）
　　　　于志洋（保卫处）　　　　　张素芳（工会）
　　　　邹积亭（教务处）　　　　　陈红兵（人事处）
　　　　刘　蔚（资后处）　　　　　赵晓红（国交处）
　　　　吴海燕（国际教育学院）　　朱　静（团委）

领导小组下设办公室，办公室设在统战部，主任：孙冬梅（兼）

（十七）建家工作领导小组
组　长：王建中
副组长：朱　光　何志洪　张启鸿
成　员：张素芳（工会）　　　　　　白　莽（党政办公室）
　　　　孙景仙（组织部）　　　　　孙冬梅（宣传部）
　　　　陈红兵（人事处）　　　　　刘　蔚（资后处）
　　　　何立新（工会副主席）　　　聂跃梅（工会副主席）
　　　　王锐英（教代会副主席）　　秦红岭（教代会副主席）

领导小组下设办公室，办公室设在校工会，主任：张素芳（兼）

（十八）处理"法轮功"问题领导小组

组　　长：王建中

副组长：朱　光　吕晨飞

成　　员：于志洋（保卫处）　　　　白　莽（党政办公室）
　　　　　黄尚荣（学工部）

领导小组下设办公室，办公室设在保卫部（处），主任：于志洋（兼）。

（十九）校园治安综合治理委员会

主　　任：吕晨飞

副主任：李维平　张启鸿

委　　员：于志洋（保卫处）　　　　白　莽（党政办公室）
　　　　　黄尚荣（学工部）　　　　陈静勇（研工部）
　　　　　冯宏岳（大兴校区管委会）　邹积亭（教务处）
　　　　　高　岩（科技处）　　　　刘　蔚（资后处）

委员会下设办公室，办公室设在保卫部（处），主任：于志洋（兼）。

（二十）学生军训工作领导小组

组　　长：吕晨飞

副组长：黄尚荣（学工部）　　　　邹积亭（教务处）

成　　员：白　莽（党政办公室）　　于志洋（保卫处）
　　　　　冯宏岳（大兴校区管委会）　刘　蔚（资后处）
　　　　　冯永龙（学工部）　　　　朱　静（团委）
　　　　　丁　奇（建筑学院）　　　王秉楠（土木学院）
　　　　　黄　琇（环能学院）　　　武　岚（电信学院）
　　　　　魏　强（经管学院）　　　王震远（测绘学院）
　　　　　汪长征（机电学院）　　　　　（文法学院）
　　　　　郝　迈（理学院）

领导小组下设办公室，办公室设在武装部，主任：黄尚荣（兼）。

（二十一）经营性资产管理委员会

主　　任：王建中　朱　光

常务副主任：李维平

副主任：何志洪　张大玉

委　　员：刘　蔚（资产公司党委）　祖维中（资产公司党委）
　　　　　高春花（纪委办公室）　　高　岩（科技处）
　　　　　陈红兵（人事处）　　　　贝裕文（财务处）
　　　　　孙文贤（审计处）

委员会下设办公室，办公室设在财务处，主任：贝裕文（兼）

（二十二）学术委员会

主　　任：朱　光

副主任：王建中

成　员：汪　苏　李维平　张大玉　李爱群
　　　　陈静勇（研究生处）
　　　　邹积亭（教务处）　　　刘临安（建筑学院）
　　　　戚承志（土木学院）　　李俊奇（环能学院）
　　　　姜　军（经管学院）　　王晏民（测绘学院）
　　　　杨建伟（机电学院）　　孙希磊（文法学院）
　　　　崔景安（理学院）　　　肖建杰（思政部）
　　　　杨慈洲（体育部）　　　郝　莹（计算机教学部）
　　　　王锐英（图书馆）
委员会下设办公室，办公室设在科技处，主任：高岩。

（二十三）教学工作委员会
主　任：朱　光
副主任：李爱群
委　员：邹积亭（教务处）　　　黄尚荣（学生处）
　　　　陈静勇（研究生处）　　李雪华（招就处）
　　　　吴海燕（国际学院）　　赵静野（继续教育学院）
　　　　杨慈洲（体育部）　　　郝　莹（计算机教学部）
　　　　孙建民（教务处）　　　张　艳（教务处）
　　　　马　英（建筑学院）　　韩　森（土交学院）
　　　　冯萃敏（环能学院）　　魏　东（电信学院）
　　　　周　霞（经管学院）　　吕书强（测绘学院）
　　　　朱爱华（机电学院）　　刘国朝（文法学院）
　　　　宫瑞婷（理学院）
委员会下设办公室，办公室设在教务处，主任：张艳（兼）。

（二十四）学位评定委员会
主　席：朱　光
副主席：王建中　汪　苏　张大玉　李爱群　吕晨飞
委　员：陈静勇（研究生处）
　　　　邹积亭（教务处）　　　刘临安（建筑学院）
　　　　戚承志（土木学院）　　李俊奇（环能学院）
　　　　姜　军（经管学院）　　王晏民（测绘学院）
　　　　杨建伟（机电学院）　　孙希磊（文法学院）
　　　　崔景安（理学院）　　　肖建杰（思政部）
　　　　杨慈洲（体育部）　　　郝　莹（计算机教学部）
　　　　黄尚荣（学生处）　　　吴海燕（国际学院）
　　　　赵静野（继续教育学院）
秘书长：陈静勇（兼）

（二十五）财经工作领导小组
组　长：王建中　朱　光

副组长：张大玉　何志洪　汪　苏　李维平　李爱群
成　员：白　莽（党政办公室）　　　　高春花（纪委办公室）
　　　　黄尚荣（学生处）　　　　　　陈静勇（研究生处）
　　　　邹积亭（教务处）　　　　　　高　岩（科技处）
　　　　陈红兵（人事处）　　　　　　周　春（基建处）
　　　　贝裕文（财务处）　　　　　　刘　蔚（资后处）
　　　　孙文贤（审计处）

领导小组下设办公室，办公室设在财务处，主任：贝裕文（兼）。

（二十六）学生工作领导小组

组　长：王建中　朱　光
副组长：吕晨飞　汪　苏　李爱群
成　员：黄尚荣（学工部）　　　　　　白　莽（党政办公室）
　　　　孙景仙（组织部）　　　　　　孙冬梅（宣传部）
　　　　陈静勇（研工部）　　　　　　于志洋（保卫部）
　　　　张素芳（工会）　　　　　　　冯宏岳（大兴校区管委会）
　　　　邹积亭（教务处）　　　　　　李雪华（招就处）
　　　　陈红兵（人事处）　　　　　　刘　蔚（资后处）
　　　　吴海燕（国际教育学院）　　　杨慈洲（体育部）
　　　　朱　静（团委）

领导小组下设办公室，办公室设在学生工作部（处），主任：黄尚荣（兼）。

（二十七）本科生招生录取工作领导小组

组　长：朱　光
副组长：李爱群　何志洪
成　员：李雪华（招就处）　　　　　　白　莽（党政办公室）
　　　　高春花（纪委办公室）　　　　于志洋（保卫处）
　　　　邹积亭（教务处）　　　　　　吴海燕（国际教育学院）
　　　　刘临安（建筑学院）　　　　　戚承志（土木学院）
　　　　李俊奇（环能学院）　　　　　姜　军（经管学院）
　　　　王晏民（测绘学院）　　　　　杨建伟（机电学院）
　　　　孙希磊（文法学院）　　　　　崔景安（理学院）
　　　　魏　东（电信学院）

（二十八）学生就业工作领导小组

组　长：朱　光
副组长：李爱群　汪　苏　吕晨飞
成　员：李雪华（招就处）　　　　　　黄尚荣（学工部）
　　　　陈静勇（研工部）　　　　　　白　莽（党政办公室）
　　　　于志洋（保卫处）　　　　　　邹积亭（教务处）
　　　　陈红兵（人事处）　　　　　　刘临安（建筑学院）
　　　　戚承志（土木学院）　　　　　李俊奇（环能学院）

　　　　　杨　光（电信学院）　　　　姜　军（经管学院）
　　　　　王晏民（测绘学院）　　　　杨建伟（机电学院）
　　　　　孙希磊（文法学院）　　　　崔景安（理学院）
　　　　　李云山（研工部）　　　　　朱俊玲（招就处）
（二十九）研究生招生录取工作领导小组
组　　长：朱　光
副组长：何志洪　汪　苏　陈静勇
成　　员：白　莽（党政办公室）　　　高春花（纪委办公室）
　　　　　刘临安（建筑学院）　　　　姜　军（经管学院）
　　　　　杨建伟（机电学院）　　　　孙希磊（文法学院）
　　　　　李海燕（研究生处）　　　　张忠国（建筑学院）
　　　　　龙佩恒（土木学院）　　　　张群力（环能学院）
　　　　　杜明义（测绘学院）
（三十）思想政治理论课工作领导小组
组　　长：王建中
副组长：张启鸿　汪　苏　李爱群
成　　员：孙景仙（组织部）　　　　　孙冬梅（宣传部）
　　　　　黄尚荣（学工部）　　　　　陈静勇（研工部）
　　　　　邹积亭（教务处）　　　　　陈红兵（人事处）
　　　　　肖建杰（思政部）　　　　　孙希磊（文法学院）
　　　　　朱　静（团委）
（三十一）校务及信息公开工作领导小组、监督及考核评估小组
领导小组：
组　　长：朱　光
副组长：何志洪　汪　苏　张启鸿　李爱群
成　　员：白　莽（党政办公室）　　　孙景仙（组织部）
　　　　　孙冬梅（宣传部）　　　　　高春花（纪委办公室）
　　　　　黄尚荣（学生处）　　　　　陈静勇（研究生处）
　　　　　于志洋（保卫处）　　　　　王德中（离退办）
　　　　　张素芳（工会）　　　　　　邹积亭（教务处）
　　　　　李雪华（招生就业处）　　　高　岩（科技处）
　　　　　陈红兵（人事处）　　　　　赵静野（继续教育学院）
　　　　　周　春（基建处）　　　　　魏楚元（网络信息管理服务中心）
领导小组下设办公室，办公室设在党政办公室，主任：白　莽（兼）。
监督及考核评估小组：
组　　长：何志洪
副组长：张素芳（工会）　　　　　　高春花（纪委办公室）
成　　员：邹积亭（教务处）　　　　　陈宝江（机电学院教授）
　　　　　欧阳文（建筑学院教授）　　孙金栋（教代会经审委员会）

　　　　何立新（工会副主席）　　　　秦红岭（教代会副主席）
　　　　朱　静（团委书记）
　　　　学生会主席　　　　　　　　　研究生会主席

（三十二）学生资助工作领导小组
组　　长：吕晨飞
副组长：黄尚荣（学工部）
成　　员：白　莽（党政办公室）　　孙冬梅（宣传部）
　　　　陈静勇（研工部）　　　　邹积亭（教务处）
　　　　刘　蔚（资后处）　　　　朱　静（团委）
　　　　李爱琴（财务处）　　　　丁　奇（建筑学院）
　　　　王秉楠（土木学院）　　　黄　琇（环能学院）
　　　　武　岚（电信学院）　　　魏　强（经管学院）
　　　　王震远（测绘学院）　　　汪长征（机电学院）
　　　　　　　（文法学院）　　　郝　迈（理学院）
　　　　李　红（学工部）

领导小组下设办公室，办公室设在学生工作部（处），主任：黄尚荣（兼）。

（三十三）学生心理健康教育工作领导小组
组　　长：吕晨飞
副组长：黄尚荣（学工部）
成　　员：白　莽（党政办公室）　　孙冬梅（宣传部）
　　　　陈静勇（研工部）　　　　于志洋（保卫部）
　　　　邹积亭（教务处）　　　　刘　蔚（资后处）
　　　　冯永龙（学工部）　　　　朱　静（团委）
　　　　丁　帅（国际教育学院）　丁　奇（建筑学院）
　　　　王秉楠（土木学院）　　　黄　琇（环能学院）
　　　　武　岚（电信学院）　　　魏　强（经管学院）
　　　　王震远（测绘学院）　　　汪长征（机电学院）
　　　　郝　迈（理学院）　　　　　　　（文法学院）
　　　　李　梅（学工部）　　　　贾瑞珍（医务室）

领导小组下设办公室，办公室设在学生工作部（处），主任：黄尚荣（兼）。

（三十四）研究生奖助学金工作领导小组
组　　长：朱　光
副组长：汪　苏　吕晨飞
成　　员：陈静勇（研工部）　　　白　莽（党政办公室）
　　　　高春花（纪委办公室）　　黄尚荣（学工部）
　　　　邹积亭（教务处）　　　　高　岩（科技处）
　　　　刘　蔚（资后处）　　　　刘临安（建筑学院）
　　　　戚承志（土木学院）　　　李俊奇（环能学院）
　　　　姜　军（经管学院）　　　王晏民（测绘学院）

　　　　　杨建伟（机电学院）　　　　孙希磊（文法学院）
　　　　　崔景安（理学院）　　　　　李云山（研工部）
　　　　　朱　静（团委）

（三十五）服务国家特殊需求"建筑遗产保护理论与技术博士人才培养项目"实施指导委员会

　　主任委员：励小捷
　　副主任委员：朱　光
　　委　　员：汪　苏　张大玉　解　冰　关　强　段　勇　侯卫东　张　兵　陈同滨
　　　　　　　姜中光（建筑学院）
　　　　　　　汤羽扬（建筑学院）
　　　　　　　刘临安（建筑学院）
　　联络员：周君生　陈静勇（研究生处）

（三十六）《北京建筑大学学报》编辑委员会

　　主　任：朱　光
　　副主任：张大玉　牛志霖（学报编辑部）
　　委　　员：陈静勇（研究生处）　　　　邹积亭（教务处）
　　　　　　　高　岩（科技处）　　　　　刘临安（建筑学院）
　　　　　　　戚承志（土木学院）　　　　李俊奇（环能学院）
　　　　　　　姜　军（经管学院）　　　　王晏民（测绘学院）
　　　　　　　杨建伟（机电学院）　　　　孙希磊（文法学院）
　　　　　　　崔景安（理学院）　　　　　杨慈洲（体育部）
　　　　　　　郝　莹（计算机教学部）　　魏　东（电信学院）
　　　　　　　甸克马章·奥卡尼斯（亚美尼亚）

（三十七）学生申诉处理委员会

　　主　任：何志洪
　　副主任：汪　苏　吕晨飞
　　成　　员：高春花（纪委办公室）　　　黄尚荣（学生处）
　　　　　　　陈静勇（研究生处）　　　　邹积亭（教务处）
　　　　　　　吴海燕（国际教育学院）　　赵静野（继续教育学院）
　　　　　　　朱　静（团委）　　　　　　张　艳（教务处）
　　　　　　　学生会主席　　　　　　　　研究生会主席
　　委员会下设办公室，办公室设在纪委（监察处），主任：高春花（纪委办公室）（兼）。

（三十八）治理教育乱收费领导小组

　　组　长：朱　光
　　副组长：何志洪
　　成　　员：高春花（纪委办公室）　　　黄尚荣（学生处）
　　　　　　　陈静勇（研究生处）　　　　邹积亭（教务处）
　　　　　　　高　岩（科技处）　　　　　刘　蔚（资后处）
　　　　　　　吴海燕（国际教育学院）　　赵静野（继续教育学院）

　　　　　贝裕文（财务处）　　　　　　孙文贤（审计处）
领导小组下设办公室，办公室设在纪委（监察处），主任：高春花（兼）。

（三十九）档案工作领导小组

组　　长：王建中　朱　光
副组长：张启鸿　李爱群　吕晨飞
成　　员：白　莽（党政办公室）　　孙景仙（组织部）
　　　　　高春花（纪委办公室）　　黄尚荣（学生处）
　　　　　陈静勇（研究生处）　　　邹积亭（教务处）
　　　　　李雪华（招就处）　　　　高　岩（科技处）
　　　　　陈红兵（人事处）　　　　赵静野（继续教育学院）
　　　　　王锐英（图书馆）　　　　贝裕文（财务处）
　　　　　周　春（基建处）　　　　杨湘东（资后处）
　　　　　魏楚元（网络信息管理服务中心）

领导小组下设办公室，办公室设在党政办公室，主任：白莽（兼）。

（四十）劳动人事争议调解委员会

主　　任：何志洪
副主任：张素芳（工会）
委　　员：高春花（纪委办公室）　　冯宏岳（大兴校区管委会）
　　　　　姜　军（经管学院）　　　张晓霞（民主管理委员会）
　　　　　李云山（研究生处）　　　杨　洪（民主管理委员会）

（四十一）公费医疗管理委员会

主　　任：李维平
副主任：黄尚荣（学生处）　　　　张素芳（工会）
　　　　　杨湘东（资后处）
委　　员：王德中（离退休工作办公室）　陈红兵（人事处）
　　　　　李云山（研究生处）　　　李爱琴（财务处）
　　　　　各院（部）办公室主任

委员会下设办公室，办公室设在医务室，主任：张复兵。

（四十二）节约型校园建设领导小组

组　　长：朱　光
副组长：李维平　吕晨飞
成　　员：刘　蔚（资后处）　　　　周　春（基建处）
　　　　　白　莽（党政办公室）　　黄尚荣（学生处）
　　　　　冯宏岳（大兴校区管委会）　邹积亭（教务处）
　　　　　朱　静（团委）　　　　　孙文贤（审计处）

（四十三）体育运动委员会

主　　任：李爱群
副主任：杨慈洲（体育部）
成　　员：白　莽（党政办公室）　　孙冬梅（宣传部）

　　　　　黄尚荣（学工部）　　　　陈静勇（研工部）
　　　　　于志洋（保卫处）　　　　张素芳（工会）
　　　　　冯宏岳（大兴校区管委会）　邹积亭（教务处）
　　　　　周　春（基建处）　　　　康　钧（体育部）
　　　　　刘　蔚（资后处）　　　　朱　静（团委）
　　　　　丁　奇（建筑学院）　　　王秉楠（土木学院）
　　　　　黄　琇（环能学院）　　　武　岚（电信学院）
　　　　　魏　强（经管学院）　　　王震远（测绘学院）
　　　　　汪长征（机电学院）　　　　　　（文法学院）
　　　　　郝　迈（理学院）
秘书长：康　钧（兼）
委员会下设办公室，办公室设在体育部。
（四十四）计划生育委员会
主　任：朱　光
副主任：白　莽（党政办公室）　　张素芳（工会）
　　　　刘　蔚（资后处）
委　员：黄尚荣（学工部）　　　　陈静勇（研工部）
　　　　　王德中（机关党委）　　　邹积亭（教务处）
　　　　　牛　磊（建筑学院）　　　何立新（土木学院）
　　　　　刘艳华（环能学院）　　　杨　光（电信学院）
　　　　　彭　磊（经管学院）　　　赵西安（测绘学院）
　　　　　王跃进（机电学院）　　　肖建杰（文法学院）
　　　　　程士珍（理学院）　　　　康　钧（体育部）
　　　　　郝　莹（计算机教学部）　沈　茜（图书馆）
　　　　　刘　蔚（资后处）　　　　聂跃梅（资后处）
　　　　　朱　静（团委）
委员会下设办公室，办公室设在医务室，主任：贾瑞珍。
（四十五）爱国卫生运动委员会
主　任：李维平
副主任：白　莽（党政办公室）　　刘　蔚（资后处）
委　员：黄尚荣（学工部）　　　　陈静勇（研工部）
　　　　　王德中（机关党委）　　　牛　磊（建筑学院）
　　　　　何立新（土木学院）　　　刘艳华（环能学院）
　　　　　杨　光（电信学院）　　　彭　磊（经管学院）
　　　　　赵西安（测绘学院）　　　王跃进（机电学院）
　　　　　肖建杰（文法学院）　　　程士珍（理学院）
　　　　　康　钧（体育部）　　　　郝　莹（计算机教学部）
（四十六）红十字会
会　长：何志洪

常务副会长：李维平
副会长：白 莽（党政办公室）　　　张复兵（医务室）
成　员：孙冬梅（宣传部）　　　　黄尚荣（学生处）
　　　　陈静勇（研究生处）　　　张素芳（工会）
　　　　杨慈洲（体育部）　　　　朱　静（团委）
　　　　杨湘东（资后处）
秘书长：吴丽娟
红十字会下设学生分会

（四十七）继续教育培训中心理事会、监事会
理事会：
理事长：汪　苏
理　事：赵静野（继续教育学院）　陈静勇（研究生处）
　　　　戚承志（土木学院）　　　李俊奇（环能学院）
　　　　姜　军（经管学院）　　　宋桂云（继续教育学院）
理事会下设办公室，办公室设在继续教育学院，主任：赵静野（兼）。
监事会：
监事长：孙文贤（审计处）
监　事：高春花（纪委办公室）　　郭瑞林（继续教育学院）

（四十八）防火安全委员会
主　任：吕晨飞
副主任：于志洋（保卫部）
委　员：白　莽（党政办公室）　　孙冬梅（宣传部）
　　　　黄尚荣（学工部）　　　　陈静勇（研工部）
　　　　张素芳（工会）　　　　　冯宏岳（大兴校区管委会）
　　　　陈红兵（人事处）　　　　刘　蔚（资后处）
　　　　周　春（基建处）
委员会下设办公室，办公室设在保卫部（处），主任：于志洋（兼）。

（四十九）交通安全委员会
主　任：吕晨飞
副主任：于志洋（保卫部）
委　员：白　莽（党政办公室）　　孙冬梅（宣传部）
　　　　黄尚荣（学工部）　　　　陈静勇（研工部）
　　　　张素芳（工会）　　　　　冯宏岳（大兴校区管委会）
　　　　陈红兵（人事处）　　　　周　春（基建处）
　　　　刘　蔚（资后处）
委员会下设办公室，办公室设在保卫部（处），主任：于志洋（兼）。

（五十）科技创安工作领导小组
组　长：吕晨飞
副组长：于志洋（保卫部）

成　　员：白　莽（党政办公室）　　　　黄尚荣（学工部）
　　　　　陈静勇（研工部）　　　　　　冯宏岳（大兴校区管委会）
　　　　　高　岩（科技处）　　　　　　周　春（基建处）
　　　　　刘　蔚（资后处）　　　　　　贝裕文（财务处）
　　　　　毛发虎（保卫部）　　　　　　魏楚元（网络信息管理服务中心）
　　　　　领导小组下设办公室，办公室设在保卫部（处），主任：于志洋（兼）。

（五十一）北京建筑大学科技园管理委员会

主　　任：王建中　朱　光
副主任：李维平　何志洪　张大玉
成　　员：丛小密（资产经营公司）　　　高　岩（科技处）
　　　　　陈红兵（人事处）　　　　　　贝裕文（财务处）
　　　　　高春花（纪委办公室）　　　　陈静勇（研工部）
　　　　　周　春（基建处）　　　　　　黄尚荣（学工部）
　　　　　朱　静（团委）

（五十二）国有（非经营性）资产管理委员会

主　　任：王建中　朱　光
副主任：李维平　张大玉　张启鸿　何志洪
委　　员：刘　蔚（资后处）　　　　　　贝裕文（财务处）
　　　　　邹积亭（教务处）　　　　　　高　岩（科技处）
　　　　　陈静勇（研究生处）　　　　　周　春（基建处）
　　　　　白　莽（党政办）　　　　　　王锐英（图书馆）
　　　　　魏楚元（网络信息中心）　　　孙文贤（审计处）

学校国有（非经营性）资产管理委员会办公室（简称校国资办）设在资产与后勤管理处，办公室主任：刘蔚。

第四章 教育教学

一、本科生教育

（一）概况

北京建筑大学以"努力培养为城市化服务的、德智体美全面发展的、具有工程实践能力和创新意识的应用型高级专门人才"为人才培养目标。学校第十二次本科人才培养工作会在充分总结特色经验基础上，把准目标定位，创新机制模式，研讨制定好学校"十三五"人才培养规划，部署构建有特色高水平创新型大学的人才培养体系。

（二）专业设置

【2015年招生专业设置一览表】

学院名称	专业名称	学制	学科门类
建筑与城市规划学院	建筑学	五年	工学
	建筑学（城市设计方向）	五年	工学
	建筑学（大师实验班）	五年	工学
	城乡规划	五年	工学
	风景园林	五年	工学
	环境设计	四年	艺术学
	历史建筑保护工程	四年	工学
土木与交通工程学院	土木工程（建筑工程方向）	四年	工学
	土木工程（城市道路与桥梁工程方向）	四年	工学
	土木工程（城市地下工程方向）	四年	工学
	土木工程（英才实验班）	四年	工学
	无机非金属材料工程（建筑材料方向）	四年	工学
	交通工程	四年	工学
测绘与城市空间信息学院	测绘工程	四年	工学
	地理信息科学	四年	理学
	遥感科学与技术	四年	工学
环境与能源工程学院	给排水科学与工程	四年	工学
	给排水科学与工程（中美合作2+2）	四年	工学
	建筑环境与能源应用工程	四年	工学
	能源与动力工程	四年	工学
	环境工程（海绵城市方向）	四年	工学
	环境科学（应对气候变化方向）	四年	理学

续表

学院名称	专业名称	学制	学科门类
机电与车辆工程学院	机械工程	四年	工学
	机械电子工程	四年	工学
	车辆工程（汽车工程方向）	四年	工学
	车辆工程（城市轨道交通车辆方向）	四年	工学
	工业工程	四年	工学
经济与管理工程学院	工程管理	四年	管理学
	工程造价	四年	管理学
	工商管理	四年	管理学
	市场营销（房地产运营与策划方向）	四年	管理学
	公共事业管理	四年	管理学
电气与信息工程学院	电气工程及其自动化	四年	工学
	自动化	四年	工学
	计算机科学与技术	四年	工学
	建筑电气与智能化	四年	工学
	工科创新实验班	四年	工学
文法学院	法学	四年	法学
	社会工作	四年	法学
理学院	信息与计算科学	四年	理学
	电子信息科学与技术	四年	理学

（三）培养计划

【**制定 2015 级本科人才培养方案**】2015 年 9 月，在 2014 版本科人才培养方案的基础上，教务处组织各二级学院完成了 2015 级本科生培养方案的制定、审核、组稿、编排以及印制工作，并下发至全体新生及各院部。

【**首批参与并实施北京市教育改革项目"三培"计划**】2015 年北京教育领域推出一项重大改革举措，即"北京高等学校高水平人才交叉培养计划"。该计划包括"双培计划"、"外培计划"、"实培计划"三个子项目，重点推进高校之间、高校与社会之间的交流合作与资源共享，为北京市属高校学生到在京中央高校和海外境外知名高校进行访学、到科研院所和企事业单位实习实践拓宽了渠道。

双培计划：2015 年 9 月，北京建筑大学"双培计划"招生 106 名，按照"3＋1"（建筑学五年制专业"1＋2＋2"）模式共同培养。学生在央属高校相关专业完成 2-3 年学习后，返回北京建筑大学继续完成学业。今后，学校将继续按照北京市教委的要求开展各级"双培计划"学生的招生、选拔与培养工作。与此同时，学校积极开展与央属院校短期访学工作，2015 年 3-9 月，学校先后遴选出两批共计 40 余人赴北京航空航天大学北京学院参与短期访学。

外培计划：2015 年 9 月，北京建筑大学实施与美国奥本大学共同培养优秀学生的"外培计划"，在北京地区本科提前批次 B 段录取 14 名学生。"外培计划"录取学生第一年在北京建筑大学强化英语学习，一年后符合美国奥本大学的入学标准即可转入该校继续学习两年，第四学年再回北京建筑大学学习。同时，按照北京市教委关于2015年在校生"外培计划"选拔工作的要求，学校通过遴选共派出18名符合条件的在校大学生参与此项计划。

实培计划：2015年，北京建筑大学结合学校优势专业，聘任国际高声誉的建筑设计大师及著名高校的专业教授、国内著名的建筑设计大师、二级学院资历与学术背景深厚的教授成立"大师指导组"，形成大师工作室；同时依托卓越计划试点专业，聘请大型企业著名大师与总工开设专业技术讲座，安排学生到企业进行工程实践学习校外实践教学基地，实施个性化的订单式培养。此外，学校还积极组织参与"实培计划"项目，首批入选的项目包括与中国建筑设计研究院、中国科学院合作开展的北京市大学生毕业设计项目9项，选拔在校本科生17人；与北京市市政工程设计研究总院有限公司、北京路桥中交科技有限公司等20家企业合作开展的北京市大学生科研训练计划深化项目23项，参与学生96人。

（四）本科教学工程

【2015年本科教学工程获批项目一览表】

序号	项目名称	市级及以上质量工程项目明细	学院名称	主要负责（完成）人
1	市级教学名师	第十一届北京市高等学校教学名师奖	建筑学院	欧阳文
2	国家级虚拟仿真实验教学中心	智慧城市虚拟仿真实验教学中心	电信学院	汪苏
3	市级校外人才培养基地	中国城市建设研究院有限公司—依托学院建筑学院	建筑学院	
4	市级校外人才培养基地	北京京港地铁有限公司—依托学院机电学院	机电学院	
5	中国建设教育协会2013-2014优秀教育教学科研成果奖	基于创新能力培养的土建类本科专业人才培养方案研究与实践	一等奖	张大玉 邹积亭 赵林琳 吴海燕 李雪华 魏东 梁凯
6	中国建设教育协会2013-2014优秀教育教学科研成果奖	以课题组为单元的本科生人才培养模式研究与实践	三等奖	王崇臣
7	青年教师教学基本功比赛	北京高校第九届青年教师教学基本功比赛	一等奖 第一名	许鹰

（五）教学质量

【教学质量稳步提升】 北京建筑大学大力加强教学质量建设，学生学习效果较好。学校近5年毕业生就业率连年保持在97%以上，平均签约率保持在92%以上。截至2015年10月31日，学校2015届本科毕业生共计1665人，其中155人系专升本毕业生，33人系结业生，毕业率为98.02%。2015届本科毕业生读研170人，读研率为10.21%，为近三届最高（2013届为7.32%，2014届为6.84%）。其中，考取学校研究生131人，占读研总数的77.06%。本届毕业生中，出国115人，占毕业生总数的6.91%，为近三届最高（2013届为4.90%，2014届为4.89%）。2015年学校共有本科毕业生1665人，截至2015年10月31日，就业率达到98.74%，签约率达到97.36%。

（六）实践教学和基地建设

【实验教学中心建设情况】2015年，北京建筑大学新增国家级虚拟仿真实验中心1个（智慧城市虚拟仿真实验中心），北京市实验教学示范中心1个（土木工程实验教学中心）。截至2015年底，学校共有国家级实验教学示范中心1个，国家级虚拟仿真实验中心2个，北京市实验教学示范中心4个。

【校内外实践教学基地建设情况】2015年北京建筑大学新增北京市高等学校市级校外人才培养基地2个（中国城市建设研究院有限公司、北京京港地铁有限公司），北京高等学校示范性校内创新实践基地1个（建筑类专业设计创新实践基地）。截至2015年底，北京建筑大学拥有校内外实践教育基地112个，其中国家级工程实践教育中心1个（北京建工集团有限责任公司），国家级大学生校外实践教育基地1个（中国新兴建设开发总公司），北京市高等学校市级校外人才培养基地7个，北京市示范性校内创新实践基地2个。

北京建筑大学校外实践教学基地一览表

序号	基地级别	委托学院	基地单位名称	联系人	使用有效期限
1	国家级/市级	土木学院	北京建工集团有限责任公司*	吴徽	2011.4-2016.4
2	国家级/市级	环能学院	中国新兴建设开发总公司*	孙金栋	2011.12-2016.12
3	市级	建筑学院	中国城市规划设计研究院*	张忠国	2011.4-2016.4
4	市级	土木学院	北京市市政工程设计研究总院*	吴徽	2011.4-2016.4
5	市级	建筑学院	中国建筑设计研究院*	马英	2012.6-2017.6
6	市级	建筑学院	中国城市建设研究院有限公司	丁奇	2011.4-2016.4
7	市级	机电学院	北京京港地铁有限公司	朱爱华	2011.4-2016.4
8	校级	环能学院	北京市建筑材料科学研究总院有限公司*	孙金栋	2011.4-2016.4
9	校级	建筑学院	北京市建筑设计研究院*	刘临安	2011.4-2016.4
10	校级	建筑学院	清华大学建筑设计研究院有限公司*	刘临安	2011.4-2016.4
11	校级	建筑学院	中国中元国际工程公司*	刘临安	2011.4-2016.4
12	校级	环能学院	北京城市排水集团有限责任公司科技研发中心*	冯萃敏	2011.4-2016.4
13	校级	环能学院	北京市燃气集团研究院	冯萃敏	2011.4-2016.4
14	校级	环能学院	北京市热力集团有限公司*	冯萃敏	2011.4-2016.4
15	校级	环能学院	苏州浩辰软件股份有限公司	冯萃敏	2011.4-2016.4
16	校级	环能学院	北京市自来水集团安德投资管理有限责任公司*	冯萃敏	2011.4-2016.4
17	校级	环能学院	北京格瑞那环能技术有限责任公司*	王瑞祥	2011.4-2016.4
18	校级	土木学院	北京国道通公路设计研究院*	龙佩恒	2011.4-2016.4
19	校级	测绘学院	北京林业大学	陈秀忠	2012.3-2013.3
20	校级	土木学院	北京北大资源地产有限公司	杨湘东	长期

续表

序号	基地级别	委托学院	基地单位名称	联系人	使用有效期限
21	校级	测绘学院	河北农业大学林场	陈秀忠	长期
22	校级	经管学院	中国招标投标协会	张俊	长期
23	校级	机电学院	用友新道科技有限公司	王跃进	2012.7-2015.7
24	校级	机电学院	北京住总集团有限责任公司	朱爱华	长期
25	院级	建筑学院	北京筑邦建筑装饰工程有限公司	陈静勇	2009.1-2019.1
26	院级	建筑学院	北京市建筑设计研究院第八设计所	陈静勇	2009.1-2019.1
27	院级	建筑学院	北京红衫林环境艺术工程有限公司	陈静勇	2009.1-2019.1
28	院级	建筑学院	中国建筑设计研究院环境艺术设计研究院室内设计所	陈静勇	2009.1-2019.1
29	院级	土木学院	北京住总集团有限责任公司	侯敬峰	2011.4-2016.4
30	院级	土木学院	北京首都公路发展有限责任公司	吴徽	长期
31	院级	土木学院	北京市公联公路联络线有限责任公司	吴徽	长期
32	院级	土木学院	北京华通公路桥梁监理咨询公司	吴徽	长期
33	院级	土木学院	北京城建集团有限责任公司土木工程总承包部	廖维张	2012.6-2017.6
34	院级	土木学院	北京城乡建设集团有限责任公司	廖维张	2011.4-2016.4
35	院级	土木学院	北京金隅混凝土有限公司	李崇智	2012.7-2017.7
36	院级	土木学院	北京敬业达新型建材有限公司	李崇智	长期
37	院级	土木学院	北京市榆树庄构件公司	李崇智	长期
38	院级	土木学院	北京华联丽合科技公司	李崇智	长期
39	院级	土木学院	北京市加气混凝土公司	李崇智	长期
40	院级	土木学院	北院金隅砂浆	李崇智	长期
41	院级	土木学院	北京宝贵石艺科技有限公司	李崇智	长期
42	院级	土木学院	北京市成城交大建材有限公司	李崇智	长期
43	院级	土木学院	北京琉璃河水泥厂	李崇智	长期
44	院级	土木学院	北京东方雨虹公司	李崇智	长期
45	院级	土木学院	北京市政路桥控股建材集团	李崇智	长期
46	院级	土木学院	北京远通水泥制品有限公司	李崇智	长期
47	院级	土木学院	和创新天（北京）环保科技有限公司	李崇智	长期
48	院级	环能学院	北京鸿业同行科技有限公司	冯萃敏	2009.12-2015.12
49	院级	环能学院	北京市自来水集团门头沟分公司	冯萃敏	2009.12-2015.12
50	院级	环能学院	北京市自来水集团门城污水处理有限公司	冯萃敏	2009.12-2015.12
51	院级	环能学院	北京泰宁科创科技有限公司	冯萃敏	2009.12-2015.12
52	院级	环能学院	北京市建筑设计研究院 3M1 工作室	冯萃敏	2009.12-2015.12
53	院级	环能学院	中国建筑设计研究院机电专业设计研究院	冯萃敏	2009.12-2015.12
54	院级	环能学院	北京卢南污水运营有限责任公司	冯萃敏	2009.12-2015.12
55	院级	环能学院	北京市市政四建设工程有限责任公司	冯萃敏	长期
56	院级	环能学院	北京城市排水集团有限责任公司方庄污水处理厂	冯萃敏	2010.1-2016.1

续表

序号	基地级别	委托学院	基地单位名称	联系人	使用有效期限
57	院级	环能学院	北京京城中水有限责任公司再生水水质监测中心	冯萃敏	2010.1-2016.1
58	院级	环能学院	北京自来水集团禹通市政工程有限公司	冯萃敏	2010.1-2016.1
59	院级	环能学院	同方人工环境有限公司	冯萃敏	2010.11-2015.11
60	院级	环能学院	北京白石工程技术有限公司	冯萃敏	长期
61	院级	环能学院	北京大河环球科技发展有限公司	冯萃敏	长期
62	院级	环能学院	北京味知轩食品有限公司	冯萃敏	长期
63	院级	环能学院	北京兴杰恒业石油化工技术有限公司	冯萃敏	长期
64	院级	环能学院	北京中联志和工程设计有限公司	冯萃敏	长期
65	院级	环能学院	北京金源经开污水处理有限责任公司	冯萃敏	长期
66	院级	环能学院	北京金迪水务有限公司	冯萃敏	2012.3-2017.3
67	院级	环能学院	北京启祥凯鑫特科技有限公司	孙金栋	2012.2-2017.2
68	院级	环能学院	北京澳作生态仪器有限公司	孙金栋	2010.7-2015.7
69	院级	环能学院	北京信德科兴科学器材有限责任公司	孙金栋	2010.7-2015.7
70	院级	电信学院	北京石油化工学院	岳云涛、栾茹	长期
71	院级	电信学院	北京互联立方技术服务有限公司	王佳	2011.10-2014.10
72	院级	电信学院	中国建筑科学研究院防火研究所	张雷	2013-2018
73	院级	电信学院	北京北变微电网技术有限公司	张雷	2013-2018
74	院级	电信学院	北京安工科技有限公司	张雷	2013-2018
75	院级	电信学院	北京中易云物联网科技有限责任公司	魏东	2013-2018
76	院级	电信学院	北京筑讯通机电工程顾问有限公司负责人	魏东	2013-2018
77	院级	经管学院	北京伟业联合房地产顾问有限公司	张俊	长期
78	院级	经管学院	思泰工程造价咨询有限公司	赵世强	长期
79	院级	经管学院	北京中原房地产经纪有限公司	张俊	长期
80	院级	经管学院	北京居而安装饰有限公司	张俊	2012.3-2017.3
81	院级	经管学院	北京龙腾房地产开发有限公司	张俊	2011.9-2016.9
82	院级	测绘学院	北京市测绘设计研究院	吕书强	2012.7-2015.7
83	院级	测绘学院	北京鹫峰国家森林公园	吕书强	2012.9-2015.9
84	院级	机电学院	北京广达汽车维修设备有限公司	陈宝江	长期
85	院级	机电学院	北京永茂建工机械制造有限公司	陈宝江	2010.11-2016.11
86	院级	机电学院	参数技术（上海）软件有限公司	秦建军	长期
87	院级	文法学院	北京市西城区展览馆街道办事处	孟莉	长期
88	院级	文法学院	北京市洪范广住律师事务所	李志国	长期
89	院级	文法学院	北京市西城区悦群社会工作事务所	郑宁	长期
90	院级	文法学院	北京市顺义区绿港社会工作事务所	孟莉	长期
91	院级	文法学院	夕阳红老人心理危机救助中心爱心传递热线	郑宁	长期
92	院级	文法学院	北京市西城区人民法院	李志国	长期

续表

序号	基地级别	委托学院	基地单位名称	联系人	使用有效期限
93	院级	文法学院	北京市朝阳区安贞社区卫生服务中心	孙希磊	长期
94	院级	文法学院	北京厚德社会工作事务所	孙希磊	长期
95	院级	理学院	北京国网中电自动化技术有限公司	代西武	2012.7-2017.7
96	院级	理学院	北京道和卓信科技有限公司	张长伦	2014.7-2017.7
97	院级	理学院	北京同美世纪科技有限公司	张健	2014.7-2017.7
98	市级	教务处	工程实践创新中心	邹积亭	长期
99	校级	建筑学院	建筑与环境模拟实验教学中心	刘博	长期
100	校级	电信学院	建筑电气与智能化实验教学中心	蒋志坚	长期
101	校级	环能学院	水环境实验教学中心	孙金栋	长期
102	校级	土木学院	建筑结构与材料实验教学中心	张国伟、李飞	长期
103	校级	测绘学院	测量遥感信息实验教学中心	陈秀忠	长期
104	校级	机电学院	机电与汽车工程实验教学中心	田洪森	长期
105	校级	理学院	物理与光电实验教学中心	马黎君	长期
106	校级	计信部	计算中心	张堃	长期
107	校级	环能学院	中法能源培训中心	郭全	长期
108	校级	校产	北京建工建筑设计研究院	王建宾	长期
109	校级	校产	北京建工京精大房工程建设监理公司	王建宾	长期
110	校级	校产	北京建工建方科技公司	王建宾	长期
111	校级	校产	北京建工远大市政建筑工程公司	王建宾	长期
112	校级	校产	北京致用恒力建筑材料检测有限公司	王建宾	长期

（七）教学改革与创新

【实施 USPS 协同育人计划，深化教育综合改革】 USPS 协同育人计划（以下简称 USPS 计划）是北京建筑大学全面深化高等教育综合改革，充分依托建筑行业土建类专业卓越工程师教育联盟，深入推进卓越工程师计划实施，进一步加强校企合作协同育人的重大计划。其中：U 指学校（University）；S 指学院（School）；P 指教授（Professor）；S 指学生（Student）。学校负责 USPS 计划相关政策的制定，学院负责 USPS 计划的具体实施，教授和学生是 USPS 计划的主要参与者。USPS 计划以建筑学、土木工程、给排水科学与工程、能源与动力工程四个卓越工程师计划试点专业为依托，鼓励各专业在人才培养过程中加强与企业和科研院所的合作，采取开设大师实验班、本科生直接参与海外国际工程项目、联合多家行业内知名企业实行订单式培养以及根据学生就业需求实行个性化培养等多种形式，全面提升学生的工程素质和实践能力。2015 年学校首次开展拔尖实验班招生计划，分别是依托建筑学专业开设的"大师实验班"、依托土木工程专业开设的"土木英才实验班"、整合环境工程和环境科学专业开设的"环境类创新人才实验班"，3 个实验班招收学生共计 137 人。学生通过参与 USPS 计划，可以在本科阶段进入行业内知名的各类企业进行专业实践和个性化培养，感受企业文化，提升实践创新能力，表现突出的学生可以优先在合作的企业就业。USPS 计划的实施将进一步提升北京建筑大学人才培养的质量，增强学校毕业生的就业能力和职业发展竞争力。

【多专业启动联合毕业设计工作，提供校际间交流新平台】 由北京建筑大学牵头，与清华大学、同济大学、东南大学等八所院校合作开展的建筑学专业八校联合毕业设计活动，已经成为国内建筑教育界具有相当影响力的联合实践教学活动。八校建筑学毕业生根据统一命题完成毕业设计，这有利于不同学校、不同专业学习背景、不同文化认知的学生发挥自身优势，拓宽角度和思维，互相取长补短。2015年，城乡规划、工业设计、建筑电气与智能化等专业都开始逐步尝试开展和推广采取联合毕业设计的方式，提升学生的工程实践创新能力。

（八）学籍管理

【学籍处理情况表】 本年度，本科学生学籍管理工作逐渐规范化，各类学籍事务工作处理及时有效，加大了信息化办公力度，每名学生涉及学籍变动的情况大多数已在教务系统内予以标注，方便了日后学生信息的查询与管理。2015年度，北京建筑大学本科生各类学籍事务处理共计610次（详情见下表）。

学籍处理情况表

处理事项	保留学籍	复学	更改姓名	留降级	退学试读	提前毕业	跳级	退学	未报到	休学	转学	转专业
人次	43	80	4	28	37	1	1	42	62	164	2	146

（九）教学运行

【课程及考试情况】 2015年，继测绘与城市空间信息学院之后，环境与能源工程学院、电气与信息工程学院、理学院等学院相继实行学分制管理，北京建筑大学实施学分制管理的学院增加至4个。本科生教学分别在大兴和西城两校区进行，由教务处统一安排课程1249门次，整个教学运行过程平稳。

2015年，由教务处统一安排的校内考试包括开学前重考、期末考试及毕业前清考等。其中开学前重考131场次，期末考试1015场次，毕业清考48场次；除教师参加监考外，机关人员参与期末监考230人次。校外考试主要有全国大学英语四六级考试和专升本考试。全国大学英语四六级考试考前分别在大兴校区和西城校区举办考前培训会，覆盖到每一位监考老师及教务人员，使考试工作得以圆满完成，得到了上级的认可。

【转专业情况】 依据《北京建筑大学本科新生转专业管理办法（试行）》文件规定，本年度实际发生转专业的学生数量为146人次。

各学院转专业人数情况统计表

学院	转专业人次	学院	转专业人次	学院	转专业人次
建筑与城市规划学院	14	环境与能源工程学院	38	电气与信息工程学院	27
土木与交通工程学院	26	机电与车辆工程学院	14	文法学院	4
测绘与城市空间信息学院	4	经济与管理工程学院	17	理学院	2

（十）教学研究与成果

【2015年度北京高等学校教育教学改革立项】 根据国家和北京市中长期教育改革和发展规划纲要、教育部《关于全面提高高等教育质量的若干意见》（教高〔2012〕4号）、北京市

教育委员会《关于进一步提高北京高等学校人才培养质量的意见》（京教高〔2012〕26号）等文件要求，着力推动和深化首都高等学校教育教学改革，促进人才培养模式创新，优化教育资源结构，加速首都高等教育现代化进程，提高高等教育质量。2015年，北京建筑大学教务处组织相关专家对申报材料严格把关，最终获批3项北京市高等学校教育教学改革面上项目。

2015年度北京市高等学校教育教学改革立项名单

编号	项目名称	项目负责人	项目申请学校	项目类别
2015-ms155	传统手工艺与现代设计实践教学	赵希岗	北京建筑大学	面上
2015-ms156	以课题组为单元的本科生人才培养模式深化研究	王崇臣	北京建筑大学	面上
2015-ms157	基于MOOC平台的建筑类院校专业课程体系构建	张艳	北京建筑大学	面上

【2015年度校级教育科学研究项目立项】根据《北京建筑工程学院教育科学研究项目管理办法》等文件的要求，北京建筑大学教务处于2015年7月组织开展2015年度校级教育科学研究项目立项工作。经校级教研项目评审专家组讨论决定，2015年度共有35项校级教育科学研究项目获批立项，其中包括8项重点项目和27项一般项目。学校资助经费总额为28.9万元。

【2015年度校级教材建设项目立项】根据《北京建筑工程学院教材建设项目管理办法》等文件的要求，北京建筑大学教务处于2015年7月组织开展2015年度校级教材建设项目立项工作。经校级教材建设项目评审专家组讨论决定，2015年度共有10项校级教材建设项目获批立项，其中包括4项重点项目和6项一般项目。学校资助经费总额为9.6万元。

【2015年度校级实践教学专项基金项目立项】根据《北京建筑工程学院实践教学改革研究项目管理办法》等文件的要求，北京建筑大学教务处于2015年7月组织开展2015年度校级实践教学专项基金项目立项工作。经校级实践教学专项基金项目评审专家组讨论决定，2015年度共有10项校级实践教学专项基金项目获批立项，其中包括4项重点项目和6项一般项目。学校资助经费总额为10.6万元。

（赵林琳　梁　凯　倪　欣　宋奇超　刘　杰　赵春超　毛　静）
（刘志强　那　威　王崇臣）

二、研究生教育

（一）概况

2015年，研究生教育规模与质量稳步提升。施行"培养提质、学科升级、招就对接、动态调整"的研究生教育与招生改革机制，进一步调整、优化了各学科在校研究生规模结构。

顺利完成全日制及在职硕士招生工作，进一步完善博士研究生招生工作制度。进一步完善招生管理机制，在全国生源不足的压力下积极开拓、创新宣传思路，进一步加强考务标准化管理，建立考务工作保密、管理无缝安全机制，全面启用标准化考场及考试装备，试题命题、试卷印制、封装、寄送、考试等初试环节零差错。

为提升研究生教育质量，促进研究生参与科研成果产出，启动并完成基于校院两级管理的研究生学术活动分学科要求备案工作。结合校院两级管理实施工作，对重点学院、重点学科、特色学科、交叉学科等提出的高于北京建筑大学现行《硕士研究生学术活动要求》的申请硕士学位条件进行备案；按照新要求进行相应申请学位条件审核工作。

贯彻落实国务院学位委员会、教育部《博士硕士学位论文抽检办法》实施工作，实行对申请学位论文全部进行查重，匿名评审率不低于20%，优秀学位论文评审率为10%，建立对实名评审论文抽检、学位论文复评工作新机制，确保研究生培养质量，2014年北京市首次学位论文抽查合格率为100%。

贯彻落实教育部《关于改进和加强研究生课程建设的意见》，组织完成校级研究生优质课程建设项目6项，研究生教材（教学参考书）立项4项，研究生教育教学研究项目立项10项，提升研究生教育教学质量与水平。

（二）研究生招生专业设置

北京建筑大学2015年召开学科与科技工作大会，推动一流学科建设和科技体制机制改革。自2015年起，3个新增列的硕士专业学位类别/领域点开始招收全日制专业学位硕士研究生。

2015年，北京建筑大学录取全日制硕士研究生490人，比2014年增长6.3%；2014年（2015年春季入学）录取非全日制（在职）硕士生156人。

2015年研究生招生录取工作，北京建筑大学认真贯彻落实党的十八大、十八届三中、四中全会精神以及《国务院关于深化考试招生制度改革的实施意见》要求，提高复试阶段专业考核比例和学院复试比例，切实提高招生选拔质量；深入推进信息公开，加强复试阶段监督管理，对复试过程全程录音，条件允许情况下全程录音录像，确保研究生招生录取工作科学公正、规范透明。

（三）研究生导师

2015年7月8日，北京建筑大学夏季学位评定委员会全体会议成功举行，经学位评定委员会审议、表决，新增学术型学位硕士研究生指导教师54人，新增专业学位硕士研究生指导教师103人。北京建筑大学2015级学术型学位硕士研究生指导教师队伍增加至532人，较2014年增长11.3%；2015级专业学位硕士研究生指导教师队伍增加至635人，较2014年增长19.4%。

（四）研究生培养

探索施行"培养提质、学科升级、招就对接、动态调整"的研究生教育改革机制，全面提升研究生培养质量。为贯彻落实深化高等教育综合改革工作中要更加注重"内涵、特色、创新、需求"导向的要求，着眼北京建筑大学在"提质、转型、升级"中学科建设发展更新更高目标，进一步优化硕士研究生培养条件，提升硕士研究生培养质量，重点结合2015级硕士研究生培养要求，组织对北京建筑大学学术学位授权学科点、专业学位授权类别（领域）点相应硕士研究生培养方案进行修订，并完成相关培养方案纸质版本印制。

组织修订了北京建筑大学2015版《研究生指导教师手册》、《全日制硕士研究生手册》、《非全日制（在职）硕士生手册》等研究生教育管理文件，于2015/2016学年第1学期下发使用、上网公布。

持续深入开展服务国家特殊需求"建筑遗产保护理论与技术博士人才培养项目"建设工作，加强对博士生教育质量管理。完成 2013 级博士研究生论文开题工作，修订并落实博士生培养流程。于 2015 年 10-11 月安排 2013、2014 级博士研究生前往意大利马尔凯理工大学进行为期一个月的博士访学交流活动。

开展学位授权点合格评估与专项评估工作。根据国务院学位委员会教育部《学位授权点合格评估办法》和《关于开展学位授权点合格评估工作的通知》、《关于开展 2014 年学位授权点专项评估工作的通知》，对照《学位授权点自我评估指南》、《学位授权点抽评要素》等，完成工商管理硕士专业学位授权点、数学学位授权学科点专项评估工作，形成《自评估工作方案》，启动了为期 3 年的校内自评估工作，建立了实现北京建筑大学人才培养质量升级的学位点建设机制。

（五）学位授予

2015 年，北京建筑大学授予毕业研究生硕士学位 479 人，比 2014 年增长 4%，其中学历教育硕士学位 207 人，专业硕士学位 272 人，专业硕士学位比 2014 年增长 8%。45 名毕业研究生获得"校级优秀硕士学位论文"荣誉。

为保证学位论文质量，提高研究生的学术水平和科研能力，修订和完善了对研究生的学术活动要求、学术不端检测要求等相关文件，强化了对新学科、新专业、新导师、历史成绩不佳、申请提前毕业等多种情况下的学位论文双向盲审制度，协助建筑与城市规划学院、环境与能源工程学院、经济与管理工程学院、电气与信息工程学院、机电与车辆工程学院、测绘与城市空间信息学院、理学院依据学科实际制定针对本院研究生学术活动成果特殊要求的实施细则，这些措施均有力保证了研究生学位授予质量。

作为"研究生教育管理信息系统"的子系统，学位管理信息系统在 2013 年全面启动后，继续在 2015 届毕业研究生中顺利完成论文开题、中期检查、实践环节考核、学术成果采集、论文评审、答辩及学位授予工作，并针对各环节出现的具体操作问题进行了系统改进和调整，使之更好地服务于研究生学位日常工作管理。特别是在 2015 年 5 月，首次通过系统完成论文在线评审工作，创新了工作方法，规范了学位工作过程管理，提高了管理水平和工作效率。

（六）学籍管理

完成 2015 级全日制研究生新生学籍复查、电子注册及研究生在校生学年注册工作。按照《北京市教育委员会办公室转发教育部办公厅关于做好 2015 年普通高等学校录取新生复查和学籍电子注册工作文件的通知》，在规定时间内完成 491 名 2015 级全日制研究生（含 488 名全日制硕士研究生、3 名博士研究生）学籍信息注册。在规定时间内完成 1364 名全日制在校研究生学年注册。

按照北京市教育委员会学生处《关于做好北京地区 2015 年春季普通高等教育毕业生学历证书电子注册工作的通知》及《关于做好北京地区 2015 年暑期普通高等教育毕业生学历证书电子注册工作的通知》，在 2015 年 1 月完成 2015 届春季 4 名全日制硕士生学历注册，2015 年 7 月完成 2015 届夏季 408 名全日制硕士生夏季学历注册。完成 7 人次休学（复学）、3 人次退学、2 人学籍注销流程审核及在线操作。

通过参加北京市教育委员会学生处组织的工作培训及政策学习，规范研究生学籍管理相关流程，加强全日制研究生日常学籍维护及管理。

（七）教学质量提升与成果

切实贯彻落实教育部《关于改进和加强研究生课程建设的意见》，组织完成研究生教材（教学参考书）立项4项。此外，为贯彻落实深化研究生教育改革实施工作，不断总结凝练研究生教育教学成果，探讨研究生教育教学规律和发展新趋势，2015年1月22日，开展首期研究生教育教学研究项目立项评审工作，"研究生数据处理课程实验教学体系构建研究"等10个项目获批立项。研究生教育教学质量项目以提高研究生培养质量为目的，鼓励研究生课程任课教师、研究生指导教师及教育教学管理人员等开展研究生教育理论、研究生培养模式、课程体系建设、课程教学建设与改革，以及研究生管理等方面的研究与改革实践，促进北京建筑大学高层次创新人才培养质量的不断提升。

（八）研究生思想政治教育工作

把研究生思想政治教育与发挥导师的育人作用相结合，把研究生思想政治教育与研究生学术诚信活动相结合，把研究生思想政治教育与关注研究生的身心健康相结合，把研究生思想政治教育与发挥研究生党员作用相结合，把研究生思想政治教育与解决研究生实际困难相结合。

首次组织全校17组51名研究生参加了2015年"全国研究生创新实践系列活动大赛"，包括第二届全国研究生智慧城市技术与创意设计大赛、第十二届全国研究生数学建模竞赛、第一届全国研究生移动终端应用设计创新大赛和第一届中国研究生未来飞行器创新大赛，其中两组参赛研究生获得第十二届全国研究生数学建模竞赛三等奖。

联合筑福抗震集团建立筑福创业产业园"筑福园"作为创业孵化基地，开展了首届北京建筑大学"筑福杯"创新创业大赛，共24名学生参与大赛，最终3名学生入围，1名学生的太阳能项目现在在创业园孵化。

组织研究生到人民大会堂参加了2015年首都科学道德和学风建设宣讲教育报告会。组织知名设计院所（企业）人力资源部部长为主的讲师队伍讲授职业生涯规划和就业指导讲座，介绍优秀校友事例，指导诚信就业，友善待人。结合学位评审工作，做进一步严格学位论文查重和匿名评审工作宣传教育，保障学位论文质量和育人质量。

启动首届"京津冀地区高校'城乡建设与管理'领域研究生学术论坛"征文工作，包括天津大学、北京科技大学、河北建工学院在内的六所高校研究生投稿，论坛征文工作全部完成。

与组织部、学生工作部共同制定了《关于进一步加强新形势下学生工作的实施意见》，对研究生党建中的支部设置、党员发展、理论学习、党员教育管理、党建工作创新、支部骨干培训等进行了具体的规定。开展了研究生党员暑假集中培训，建立集中学习、培训的工作模式，建立了党支部书记联谊制度。

利用入学和毕业两个重要教育节点，以硕士研究生毕业典礼暨学位授予仪式、全日制研究生开学典礼为抓手，对903名研究生进行系统的思想政治教育与学业指导。

（九）学生事务管理（奖学金、助学金、档案等）

按照《北京建筑大学研究生奖助学金管理办法（暂行）》，共评选国家奖学金获得者30人，获得学业一等、二等、三等奖学金、新生学业奖学金、新生奖学金、优秀研究生干部奖学金、产学研联合研究生培养基地优项目奖学金研究生1359人次，优秀毕业研究生44名，获得国家助学金人数共计1334人。

按照《北京建筑大学研究生档案管理办法（试行）》，本年度研究生查阅本人档案内党员材料和本科成绩单等、企业查阅研究生档案、到北京市机要局寄送研究生档案、2015年毕业生户档留存学校等共计897份。保证了档案保存无损毁、查阅无障碍、寄送无差错。

按照《研究生"三助"工作实施办法》，2015年全年遴选、安排助管岗位研究生151人，共发放助管津贴85.6万元。为家庭经济困难研究生发放临时困难补贴18000元。为2015级81名同学办理了绿色通道入学，45人办理校园地助学贷款。

（刘　伟　丁建峰　姚　远　王子岳　薛东云）
（戚承志　李海燕　李云山　汪长征）

三、国际教育

（一）概况

国际教育学院成立于2012年，主要负责学校中外合作办学项目管理，留学生招生及管理、中国学生国际交流等事务。具体负责学校中外合作办学项目的申报、筹备及日常管理工作；留学生的招收、教学及日常管理工作；中国学生长短期派出及相关事务管理工作；接待外宾和外国专家来校访问及交流；为学校国际交流工作的决策提出意见和建议等。2015年10月15日，根据北京建筑大学党发〔2015〕46号《中共北京建筑大学委员会关于调整学校部分内设机构的通知》要求，国际交流与合作处与国际教育学院合署办公，原工作职责不变。

（二）国际交流

【概述】2015年，国际教育学院积极开拓、扩大与国（境）外高校间的合作与交流，取得丰硕成果。共联系美国华盛顿大学、罗格斯大学、奥本大学、科罗拉多大学、英国卡迪夫大学、南威尔士大学等国外高校，接待来访10批次。

【校际交流】2015年3月，奥本大学建筑学院建筑系主任David Hinson、工业设计研究所主任LAU Tin-Man、建筑科学系副教授刘峻山、建筑学院招生官员Kristi Sandlinz一行4人来访，北京建筑大学与美国奥本大学进入多方位、深层次合作阶段。2014年派出了第一届"2+2"项目本科生15人赴美学习，12月份完成了在奥本的第1个学期，大部分学生获得了优异成绩，得到了工学院教师的认可与好评；规划专业第一批"3+1+1"派出两名学生，得到建筑学院老师们的好评。3月9日，副校长汪苏会见了访问团并提出进一步加深拓展合作的希望，2015年开始，建筑学院每年为我校工业设计专业预留2名免试读研资格，9月份将有1名学生赴美攻读硕士学位。

5月30日，美国华盛顿大学（西雅图）机械工程系和生物工程系（兼）终身正教授、低温生物工程和低温保存领域的国际知名科学家高大勇教授受聘为我校客座教授。校长朱光、人事处、机电与车辆工程学院、国际教育学院相关负责人出席聘任仪式。校长朱光对高大勇教授的到来表示欢迎，并希望在前期合作的基础上，进一步加强与华盛顿大学的交流合作，发挥双方专家、学者和人才培养的优势。高教授详细介绍了华盛顿大学现状及和我校后续潜在的一些合作办学可能。双方就研究生联合培养的MOU文件条款进行了逐条讨论，达成共识，并就师生互派合作交流、学术交流和共同开展科学研究等具体事宜展开深入交流。

6月12日美国奥本大学教务长Timothy Boosinger先生带队来访，校长朱光、副校长汪苏接见，双方就"北奥国际学院"等有关合作事宜进行了交流。朱光代表学校对Timothy Boosinger一行表示欢迎，并对北京建筑大学的教育教学、科学研究、人才培养等方面进行了详细介绍。汪苏表示，欢迎更多的奥本大学学生来北京建筑大学交流学习，希望中美两校的学生广交朋友，增进友谊。

7月2日，英国西苏格兰大学工程与计算机学院副院长谭大维教授访问我校。至此，北京建筑大学在英国的英格兰、苏格兰、威尔士和伦敦区域都有了合作院校。不同的地理位置和专业优势将为我校有意愿出国交流的同学提供更多的选择。

9月15日，英国卡迪夫大学理工学部国际处处长Stephen Bentley一行二人来访。副校长汪苏会见Stephen Bentley并致欢迎词，相关部门参加了讨论会。双方从教师交流、硕士研究生培养、本科生培养三方面，探讨了两校合作框架协议，确定了北京建筑大学土木类本科专业直升卡迪夫大学硕士课程对接，确定了在土木大类研究生"1+1+0.5"的双学位合作模式，并讨论了未来开展本科生交流和双学位联合培养项目等事宜。

10月12日下午，美国奥本大学建筑学院建筑科学（对应北京建筑大学工程管理）系主任Richard Burt教授来访。经管学院领导班子及工程管理系相关老师参加了交流。双方就"1+2+1"外培计划课程对接、"3+2"合作项目等问题进行了深入洽谈，达成了一致共识。

【学生出国】2015年，共有124名学生通过交流、实习等各种渠道，获得境外学习或交流经历。

2015年1月，北京建筑大学与全美公立大学排名第7名的加州大学圣地亚哥分校（University of California, San Diego，简称UCSD）签订学生合作备忘录，开展海外学分课程项目。在校学生可以参加对美方短期课程或是一学期（一个或两个小学期）的课程学习。

1月25-2月21日，举办美国奥本大学冬季小学期语言文化交流活动，包括中美合作办学"2+2"水133班、水143班和经管学院学生在内的20名学生参加。大部分同学以优异的成绩通过了奥本大学的托福考试。

4月，在学校和奥本大学合作基础上，我校学生获得每年5个到奥本大学工学院读硕士、博士免学费名额。申请人须为北京建筑大学当年毕业的优秀学生，获得奥本大学Samuel Ginn工学院硕士、博士入学通知书。根据国家留学基金委相关规定，取得免学费资格的优秀学生可申请国家留学基金委的生活费、机票等相关资助。

2014年10月-2015年6月，举办十场"留学－建大"系列讲座，邀请到了美国加州大学圣地亚哥分校、罗格斯大学、奥本大学、澳大利亚南昆士兰大学、伦敦南岸大学、英国南威尔士大学以及国家留学基金委的老师们分享其在各自领域的学术成果，介绍合作项目和指导同学们进行留学规划。"留学－建大"系列讲座拉近了同学们与国外高校的距离，让同学们充分了解到国际教育学院的各类交流学习项目，找准定位和需求，自信地面对未来国际化人才的选拔。

7月1日，2015年英国南威尔士大学项目出国行前教育会暨经验交流会在大兴校区举行。将于今年暑期前往南威尔士大学参与"3+1"、"4+1"和暑期语言文化交流活动的共计 24 名同学参加了本次会议，国际教育学院、电气与信息工程学院、经济与管理工程学院、南威尔士大学中国办公室、教务处、国际交流与合作处等部门参加，旨在增强学生出国安全防范意识，保障学生在外人身财产安全，提高学生跨文化交流能力，保障学生顺利完成海外学习任务。

7 月，北京教委"外培"计划项目开始实施并由国际教育学院和教务处全面负责项目运行。2015 年外培计划首次在本科提前批次录取 14 名北京地区新生，海外合作院校为美国奥本大学，涉及专业为建筑学、风景园林、工程管理、自动化 4 个专业，按照"1+2+1"（建筑学五年制等专业"1+2+2"）模式共同培养。2015 年共通过校内遴选模式选拔 18 名"外培计划"学生，派出海外合作院校为美国奥本大学、加州大学圣地亚哥分校、科罗拉多大学波尔得分校等 4 所学校，涉及专业为建筑学、风景园林、给排水科学与工程、土木工程、电气工程、工程管理等 7 个专业。北京建筑大学 2015 年"外培"项目派出率和经费完成率在北京市属高校位居前列。

8 月，组织"美国罗格斯大学暑期语言文化交流活动"、"英国南威尔士大学暑期语言文化交流活动"、"美国南康涅狄格州立大学暑期社会实践交流活动"三个暑期团，派出近 30 名学生赴海外进行为期 3-4 周的交流活动。本次暑期团派出团组数量和人数均创历年之最，是北京建筑大学广大学生提升国际视野、提升语言能力和国际交往能力的有益尝试。

11 月 30 日，英国南威尔士大学国际英语中心主任 Helen、中国事务办公室主任栾一冰来北京建筑大学，组织英语测试和留学讲座。

（三）合作办学

【概述】2012 年获批的中外合作办学项目"给水排水工程专业本科教育 2+2 项目"，2015 年招收第 4 批 28 名学生，5 月，中外合作办学水 133 班共有 20 名同学达到奥本大学录取要求，实际派出 18 人，录取率接近 80%。在项目招生第二年即实现了重大突破。

【教学管理】2015 年 1 月中旬，国际教育学院继续举办第二届"英美文化周"系列活动，以帮助中美合作办学"2+2"水 133 班的同学们更好地适应和融入美国本土文化和奥本大学校园生活。

3 月和 9 月，继续通过英语分级考试开展分层教学，将大一大二两个自然班分成 IBT 基础班、强化班、PBT 班三个英语教学班，以实现英语教学的针对性。

6 月，"北京建筑工程学院与美国奥本大学合作举办给排水科学与工程专业本科教育项目"顺利通过教育部中外合作办学 2 年期评估，成为第一批通过教育部中外合作办学评估的高校。

6 月 5 日，中外合作办学水 133 班召开出国行前培训会及家长会，国际教育学院院长吴海燕、环能学院副院长冯萃敏出席，"2+2"水 133 班 18 名全体学生和家长参加，会议通过介绍美国留学签证的最新政策变化、细节要求和注意事项、学籍管理、生活语言文化适应方面给同学们提出了建议，从奥本大学返校的 3 位同学张宵、张博、刘澜结合自身经历给大家介绍了不少实用信息。

（四）留学生管理

【概述】2015 年，共有来自 24 个国家和地区各类长短期留学生 88 人来校就读，其中长期生76人，短期生12人。学历生62人，其中博士生1人，硕士研究生17人，本科生42人；非学历学生26人，其中语言生14人，短期进修生12人。来自美国奥本大学、意大利马尔凯工业大学、韩国亚神大学等学校的校际交流学生在建筑与城市规划学院、环境与能源工程学院、国际教育学院学习进修。毕业本科生2人，硕士研究生6人。来自利比亚的易卜拉欣成为首位攻读博士学位的留学生。

【教学管理】1月22日，印尼北苏门答腊大学建筑学系的42名师生来访，听取了建筑学院赵晓梅博士的专题报告，学习故宫的历史、设计建造理念及其在建筑遗产保护中发挥的作用。同时，两校初步达成联合举办设计营的意向。

5月1日，经国家汉办和孔子学院总部评审批准，北京建筑大学成为汉语水平考试（HSK）考点。汉语水平考试（简称HSK），为测试母语非汉语者（包括外国人、华侨和中国少数民族考生）的汉语水平而设立的一项国际汉语能力标准化考试。它是来华留学生进入中国高校学习和获得相应学位的先决条件，考点的设立将极大方便学校及周边高校留学生参加HSK考试，对进一步提升学校对外汉语教育的知名度，进一步推动留学生教育事业的发展具有极为重要的作用。

5月23-30日，美国奥本大学工学院赵东叶教授带领10名奥本大学工学院学生来我校完成了海外项目学分课程的学习。这是北京建筑大学第三次承办该课程项目。在结业式上，副校长汪苏给每位奥本大学学生颁发了证书。他对两校合作前景进行了展望，鼓励奥本大学的同学们多深入、多了解中国文化，当好中美两国和两校的友好使者。

9月，首名博士留学生入学。易卜拉欣，利比亚籍，师从建筑学院刘临安教授，专业为建筑遗产保护理论与技术，研究方向是建筑遗产保护理论。至此，北京建筑大学留学生实现了从语言预科至博士研究生的全系列培养。

9月23日，2015级留学生新生参加了"大兴行"入学教育活动。新生在大兴校区重点参观了国际教育学院大兴办公区、新食堂、图书馆、大学生活动中心、留学生公寓等地。该活动是国际教育学院留学生入学教育的内容之一，前期还邀请了北京市公安局出入境管理处的警官对全体留学生进行了安全教育。

【学生活动】4月17日，留学生组团参加北京建筑大学第三十四届学生田径运动会，取得运动成绩和精神文明的双丰收，并获得"入场式最佳方队奖"。

4月25日，由团委、国际教育学院选派，蒙古国留学生恩克金代表北京建筑大学参加在北京航空航天大学举办的"冯如"文化节暨第二十五届"冯如杯"竞赛主场活动。在"冯如"学生创新中心举办的国际大学生科技创新沙龙中，恩克金与其他几位来自莫斯科、埃及、中国台湾等国家和地区的优秀选手、国内高校的留学生以及北航优秀科技作品作者，围绕各自项目的研究成果，介绍作品的创作理念、应用前景及创新点，并热情解答了观众的问题。

5月9日，老挝籍留学生索帕森和利比亚籍留学生易卜拉欣参加由北京市教委主办的北京市外国留学生汉语之星大赛。他们与来自北京的26个高校的150多名留学生同场竞技。大赛初赛分为"串词讲故事"和"汉语才艺秀"两个部分，既考验了留学生的汉语水平和应用能力，又表现了他们对中国文化的学习和理解，对留学生汉语学习提高和文化生活丰富有积极的作用。

6月16日，北京建筑大学与外交学院两校的留学生受邀，与西城区副区长陈宁、中国茶叶流通协会常务副秘书长姚静波等行业组织和政府领导同聚马连道，感受中华茶文化的独特魅力。本次活动使我校外国留学生近距离接触中国茶文化，感受茶文化，充分领略中国文化的博大精深。7月20-30日，5名留学生参加北京市人民政府外事办公室组织的"未来领袖 青春使者"重走丝绸之路国际青年夏令营。来自36个国家和地区的76名营员历经11天，沿古丝绸之路，参观当地创业园区、企业和学校，探寻古丝绸之路沿线地区的历史文化，了解各地"一带一路"发展构想，并与当地青年进行广泛交流。

（丁 帅 黄 兴 吴海燕）

四、继续教育

（一）概况

继续教育学院是北京建筑大学举办成人高等学历教育和非学历培训的教辅单位。学院下设学历教育科、非学历教育科、自学考试办公室，目前编制9人。承担着3000余名成人高等学历教育教学、管理工作，承担着年均1000余人次的继续教育培训工作，承担着"建筑工程"专业自学考试主考院校工作。

（二）学历教育

北京建筑大学1956年成立北京业余城建学院。1981年成立北京建筑工程学院夜大学。1988年建立了成人教育部。1997年成人教育部更名为成人教育学院。1999年成人教育学院更名为继续教育学院。在业余城建学院时期，开设的专业有工业与民用建筑工程、给水排水工程、道路与桥梁工程3个专业。成立夜大学以后，增加了起重运输与工程机械、供热通风与空调工程、城市燃气等专业。后又相继开设了城市规划管理、古建筑保护、建筑经济管理、工程造价管理、房地产经营管理、土木工程专升本、工程管理专升本、建筑环境与设备工程专升本、机械工程及自动化专升本、计算机科学与技术专升本、法学专升本、城市规划专升本、城市燃气工程、装饰艺术设计等专业。学院受北京市规划委员会委托，举办了城市规划专业大专和专升本教学班；受北京市委城建工委和市建设委员会委托，举办了建筑经济管理专业劳模大专班和土木工程专业专升本教学班；受国家文物局委托，举办了古建筑保护专业大专班；受北京市怀柔、密云、顺义、平谷等区县公路局委托，举办了交通土建工程专业大专班；受首钢集团委托，举办了房地产经营管理专业大专班；受通州区建委、密云县人事局、怀柔建筑集团委托，分别举办了土木工程专业专升本、工程管理专业专升本教学班。

目前，学院开设3个层次8个专业，其中高中起点本科有土木工程专业；高中起点专科（高职）有建筑工程技术、工程造价、供热通风与空调工程技术等专业；专科起点本科有土木工程、工程管理、建筑环境与设备工程、城市规划、英语（国际工程）等专业；在校生3000余人。共计培养了毕业生15000余名。

【日常教学管理工作】 继续教育学院共有21个相关的教学管理规章制度，基本上覆盖了成人高等教育的教学、管理的各个环节，在日常教学管理过程中，可以做到有章可循，确保教育质量。

继续教育学院制订了成人教育教学质量管理手册，严格按照规定执行。如：进行开学前检查，对教师上课情况、教材到课率及学生注册等情况进行检查并通报。期中进行学生对任课教师的网上评教，对任课教师的教学态度、教学方法、教学效果等方面进行评估。任课教师可以通过数字化校园平台，及时了解学生对自己教学工作的评价和提出的建议，及时调整教学方法，为学生提供更好的教学服务。教师对学生进行评学，班主任通过任课教师的评价，针对学风、出勤等情况，及时管理班级，维持良好的学习环境。毕业班级还要进行毕业前的问卷调查，为学校的发展出谋划策。这些意见和建议，对完善规章制度、调整招生计划、修订教学计划、申办新专业提供了第一手资料。

继续教育学院数字化校园平台的使用，将日常的教务管理、学籍管理、考务管理、毕业管理等，全部实现网络化管理，既提高了工作效率，又规范了管理程序。

按照继续教育学院学历教育科工作流程和各岗位职责，认真完成了：聘请任课教师、排课、调课、考试、实践环节、学籍变异、毕业审核、学位初审、毕业生评优、任课教师期中评测和班主任考核等工作。

【招生工作】2015年，北京建筑大学共录取成人高等教育3个层次（高起本、专升本、专科）、8个专业（土木工程高起本、土木工程专升本、建筑环境与设备工程专升本、城市规划专升本、工程管理专升本、建筑工程技术、工程造价、供热通风与空调工程技术）的新生492人，其中高起本：79人，专升本：339人，专科：74人。

2015年北京成人高校招生上线考生情况一览表

学校代号：056　　　　　　　学校名称：北京建筑大学

专业代号	专业名称	专业类别	学习形式	录取线	最终录取人数
专业层次：专升本					
05670	土木工程	理工类（专升本）	业余	108	140
05671	城市规划	理工类（专升本）	业余	108	46
05672	建筑环境与设备工程	理工类（专升本）	业余	108	50
05673	工程管理	经济管理类（专升本）	业余	112	103
层次合计					339
专业层次：高起本					
05650	土木工程	理工类（高起本）	业余	150	79
层次合计					79
专业层次：高起专					
05601	建筑工程技术	理工类（高起专）	业余	135	29
05602	工程造价	理工类（高起专）	业余	135	31
05603	供热通风与空调工程技术	理工类（高起专）	业余	135	14
层次合计					74
学校总计					492

【开学典礼】3月7日，2015级769名成人高等教育新生开学典礼，进行入学教育、报到、注册、审核新生资格、领取本学期课程表、填写《学生登记表》。其中高起本124人，专科86人，专升本559人。

【毕业典礼】1月17日，2015届春季成人高等教育毕业典礼。2015届春季毕业生768人，其中本科毕业生705人，专科毕业生63人。授予本科毕业生210人学士学位。

7月11日，2015届夏季成人高等教育毕业典礼，共毕业学生19名，其中高起本3名，专升本14名，高起专2名。授予本科毕业生68人学士学位。

【学位英语组考工作】根据北京市教委的安排，完成了2015年度的成人学位英语考试的组考工作。上半年考试报名994人，实到632人，通过133人，（按实考人数）通过率13.38%。下半年考试报名1047人，实到652人，通过144人，（按实考人数）通过率13.75%。

【修订2015版成人教育培养方案】在学校修订2014版本科人才培养方案的基础上，积极推进我校2015版成人高等教育人才培养方案的修订工作，经过学院多次的调研、讨论、修改，并报相关二级学院审核，方案于2015年11月正式通过，2015版培养方案将在2016级学生中正式执行。

【大力加强信息化管理建设】学校于2013年启动了继续教育管理系统升级改造项目，2014年完成了项目的立项、审批、招投标、合同签署和系统的部署任务，2015年完成了数据迁移和人员的培训，2015年5月新版系统正式上线。

（三）非学历教育

北京建筑大学培训中心（以下简称"培训中心"）成立于2001年6月。培训中心自成立以来，陆续开展了"注册类建筑师、监理工程师、造价工程师、建造师、电气工程师执业资格考前培训"、"建筑行业各类上岗证"、"成人专科升本科考前辅导"、"AutoCAD2005-2010专业资格认证"等培训工作。近年又与政府机关、企业联合，根据政府机关、企业的要求，为他们有针对性的培养专门人才。培训中心多次被主管部门评为"先进培训机构"，2014年荣获"五星级学校"。2015年荣获"诚信自律办学示范学校"。2015年共计培训609人次。

【举办AutoCAD2010专业资格认证班】2015年举办2期AutoCAD2010专业资格认证班，61人参加培训且通过考试，全部获得工程师资格认证。

【举办自学考试考前辅导班】2015年举办自学考试考前辅导班，298人参加。

【举办丰台区城市规划研讨班】2015年举办丰台区城市规划研讨班，60人参加。

【举办一级建造师继续教育培训班】2015年举办建筑工程专业一级注册建造师继续教育培训班1期，174人参加且获得继续教育培训证书。

【举办工程硕士考前辅导班】2015年举办工程硕士考前辅导班16人参加。

（四）自学考试

北京建筑大学于1982年11月开考"房屋建筑工程"专科、"建筑工程"本科专业。具体工作由教务处负责。2000年初，根据北京市教委、北京市自考办的要求，经2000年11月1日校长办公会决定，成立校自学考试办公室，归属继续教育学院，继续教育学院院长牛惠兰兼自学考试办公室主任。主考学校的主要工作是专业课程的调整、部分课程的命题、网上阅卷、实践课考核及登分、毕业环节审核、学位审批及学位证书发放。

【自学考试工作】 2015年组织完成了阅卷658份；完成了227人次课程设计、实验、毕业考核的组织工作和网上登统工作；完成了10人的学位审查、授予工作；组织12人次命题老师参加命题工作会议，按时参加命题工作，受到市自考办的肯定。

【主要成绩】 在2015年北京高等学校继续教育大学生英语口语竞赛中获竞赛组织奖，王培老师获竞赛贡献奖。培训中心被北京市西城区教工委评为西城区教育系统优秀集体；被西城区教委评为诚信、自律办学示范学校；自学考试工作被北京教育考试院评为工作质量一等奖。

（五）其他

1. 截至2015年12月31日，成人高等学历教育各专业在校生共2686人（2015年12月录取2016级新生尚未报到，不在统计数内；2016届毕业生将于2016年1月毕业，含在统计数内）。

2. 截至2015年12月31日成人高等学历教育1月和7月共毕业787人。

3. 截至2015年12月31日全年共培训609人次。

（宋桂云　赵静野）

五、体育教育

（一）概况

2015年体育部承担学校体育教学工作。主要职责是：一、二年级的体育必修课教学，三、四年级体育选修课教学；全校本科生的国家学生体质健康标准测试工作；全校课外体育锻炼工作；群众性体育活动、运动队训练及竞赛工作。

在体育教学方面，累计完成114个教学班4800节体育必修课、90余门次选修课；在课外群众体育活动方面，继续试行北京建筑大学"大学生阳光体育联赛"优胜评估办法；在运动队训练和竞赛方面，2015年共参加北京市和中国大学生体育协会举办的各项比赛36项；在《国家学生体质健康标准》工作方面，2015年累计完成7050名学生体质健康测试工作。

（二）体育教学

【概述】 2015年体育部全体教职员工坚决贯彻党的教育方针，以教育教学为中心工作，将主要精力投入到教学工作中。坚持每两周一次的集体备课制度，主讲主问，教学相长；认真组织全校学生的国家学生体质健康标准的测试工作，全校合格率保持在90%以上。

【师资队伍建设】 体育部师资队伍结构合理，教师实践经验丰富，2015年共有在职教职员工27人，其中专任教师25人，教授1人、副教授10人，硕士18人、博士1人。体育部加强教师的业务培训，除每两周一次的集体备课学习外，全年有33人次的教师参加校外各级各类的业务学习，提升教师整体水平。注重对青年教师的培养，鼓励指导多名青年教师参加学校组织的教学优秀奖的评选活动，在经过体育部内部听课评选，推荐青年骨干教师参加学校的教学优秀奖的评选活动，并取得好成绩。

2015年体育部教师参加各类培训一览表

序号	时间	培训名称	地点	参加人员
1	2015年4月24-26日	2015年全国排舞运动教练员、裁判员培训北京站	北京建筑大学	施海波、朱静华、王桂香、肖洪凡、刘梦飞
2	2015年4月30日-5月3日	2015年全国高校跆拳道教练员培训班	天津理工大学	刘金亮
3	2015年6月13-14日	首都高校花样韵律跳绳教学培训班	北京联合大学	孙瑄瑄、公民和2名学生
4	2015年6月14日	首都高校体育舞蹈教学培训班	中国劳动关系学院	朱静华和4名学生
5	2015年6月15日	板球培训		施海波、李焓铷、李金、王桂香
6	2015年9月18-21日	学校体育装备发展与合作论坛	燕山大学	施海波、张哲、公民、孙瑄瑄
7	2015年8月20日	教练技术培训	评估教师疗养院	刘梦飞
8	2015年10月25-28日	健身	昌平	刘梦飞
9	2015年11月20-21日	青年教师教学与科研能力提升培训	怀柔	李金、刘金亮、孟超
10	2015年10月12-16日	北京高校青年骨干教师理论培训班	海淀区委党校	胡德刚
11	2015年11月16-20日	全国田径裁判员培训班	云南曲靖	胡德刚
12	2015年11月28日	首都高校瑜伽分会首届教学交流研讨会	中华女子学院	张宇、王桂香、李金

【教学改革】体育教学始终牢固树立"健康第一"的指导思想,坚决贯彻执行党的教育方针,认真执行党和政府有关学校体育工作的指导文件及精神;结合学校办学要求,坚持特色教学,即:一年级为必修必选课,以田径项目内容为基础,提供全体学生基本运动素质;以太极拳为特色教学,要求全校学生都学会一套太极拳,传承祖国优秀体育文化。二年级开设必修选项课,为学生开设了20多项体育项目,供同学选择,真正做到学生"自主选时间、自主选项目、自主选教师"的三自主教学。

【日常教学管理】体育部加强日常教学管理和教学研究。坚持每两周一次的集体备课制度,加强教学监督,坚持部分项目教考分离制度。严格教学过程管理,严格考勤,始终保持学生出勤率在98%;严格考试管理,统一考试标准,实施教考分离,保证一年两个项目全部实施教考分离,对提高教学质量起到了积极作用。认真贯彻执行《学生健康体质标准(试行)》和《国家学生健康体质标准》,每学年有计划组织全体学生进行体质测试,每班测试任务落实到老师,坚持每学年全校学生测试一次。测试结果良好,达标率在90.38%上。其中,优秀率在1.77%,良好率在19.28%。积极参加校教学优秀奖和青年教师基本功比赛活动,一名教师获得教学评比三等奖称号。

2015年体育部体质测试成绩统计一览表

	优秀	良好	及格	不及格	及格率	总计/人
人数	125	1359	4888	678	6372	7050
比率	1.77%	19.28%	69.33%	9.62%	90.38%	

（三）科研与学术交流

【科研成果】体育部积极组织和鼓励教师参加教研和科研工作，积极申报各类课题，努力提升教学业务水平。积极申报2011-2014年度的校级教学成果奖3项，发表论文24篇，其中核心期刊6篇，其他期刊18篇，教材4本。

2015年体育部申报2011-2014年度校级教学成果奖一览表

序号	项目名称	负责人	参与人	奖项	备注
1	以田径运动为载体，构建建筑类高校多元化教学体系	康钧	康钧、胡德刚、李林云、肖洪凡	一等奖	
2	养生保健体育促进学生终身健康	施海波	施海波、付玉楠、公民、杨慈洲	三等奖	
3	构建普通高校篮球三体化培养模式促进人才多方面发展的研究与实践	张胜	张胜、张宇、张哲、张明	二等奖	

2015年体育部科研成果一览表

序号	论文题目	第一作者	所有作者	发表/出版时间	发表刊物/论文集	刊物类型
1	义务教育阶段学校体育场地器材均衡发展的研究	张吾龙	张吾龙（外）、胡德刚	2015-12-31	北京师范大学学报·自然科学版	核心期刊
2	肉桂酸对小鼠运动疲劳的实验研究	穆旭	穆旭（外）、李金	2015-12-20	重庆医学	核心期刊
3	浅析保持和提高我校健绳代表队竞技水平的训练周期循环机制	孙瑄瑄	孙瑄瑄	2015-12-20	北京体育大学学报	核心期刊
4	对普通高校女生篮球行进间投篮教学步骤的探讨	刘利	刘利（外）、孙瑄瑄	2015-12-20	北京体育大学学报	核心期刊
5	长跑锻炼中如何预防运动性猝死的发生	丛林	丛林（外）、朱静华	2015-12-08	田径	权威期刊
6	健身长跑爱好者的营养补充	朱静华	朱静华	2015-11-09	田径	权威期刊
7	高校课余体育竞赛组织管理对策研究	王桂香	王桂香	2015-10-25	湖北体育科技	一般期刊
8	健身长跑爱好者的膝关节养护	丛林	丛林（外）、朱静华	2015-10-06	田径	权威期刊
9	健身长跑运动中的四忌	朱静华	朱静华	2015-09-03	田径	权威期刊
10	浅谈健身长跑的运动装备	丛林	丛林（外）、朱静华	2015-08-10	田径	权威期刊

续表

序号	论文题目	第一作者	所有作者	发表/出版时间	发表刊物/论文集	刊物类型
11	对我国高校山地户外运动队的主要问题研究	张明	张明，王桂香	2015-07-25	体育时空	一般期刊
12	美国高校体育发展模式对我国高校体育发展的启示	王桂香	王桂香	2015-07-25	体育时空	一般期刊
13	健身长跑的锻炼方法	朱静华	朱静华	2015-07-06	田径	权威期刊
14	北京市重点中学高三男生体重突然增加的原因研究	张明	张明	2015-06-25	当代体育科技	一般期刊
15	健身长跑的自我监控	丛林	丛林（外），朱静华	2015-06-08	田径	权威期刊
16	健身长跑中应注意的问题	朱静华	朱静华	2015-05-06	田径	权威期刊
17	浅谈如何有效缓解运动后肌肉酸痛	丛林	丛林（外），朱静华	2015-04-06	田径	权威期刊
18	浅谈瑜伽健身术与佛教的关系	马湘君	马湘君（外），刘梦飞	2015-03-15	体育时空	一般期刊
19	扁平足的防治	朱静华	朱静华	2015-03-03	田径	权威期刊
20	大学生体育运动损伤的预防与处理分析	刘金亮	刘金亮	2015-02-26	统计与管理	一般期刊
21	对技术训练的几点认识	丛林	丛林（外），朱静华	2015-02-02	田径	权威期刊
22	首都高校青年体育教师培养机制的研究	刘金亮	刘金亮	2015-01-08	山东体育学院学报	核心期刊
23	腕关节损伤及其防治	朱静华	朱静华	2015-01-09	田径	权威期刊
24	首都高校中体育教学团队建设的研究	刘金亮	刘金亮	2015-01-10	山东体育学院学报	核心期刊

2015年体育部著作成果一览表

序号	著作名称	第一作者	所属单位	出版单位	出版时间	著作类别	总字数（万字）	ISBN号
1	田径运动技术基础教程	施海波	体育部	广西师范大学出版社	2015-12-01	正式出版教材	20	978-7-5495-7855-9
2	超级篮球技术	张宇	体育部	北京体育大学	2015-05-12	正式出版教材	16	978-7-5644-1923-3
3	老年体育活动指导师实务培训	冯晓丽	体育部	中国社会出版社	2015-04-08	国家级规划教材	20	978-7-5167-1882-7
4	大学高尔夫教程	丁明汉	体育部	首都经济贸易大学出版社	2015-01-01	正式出版教材	25	978-7-5638-2319-2

（四）体育竞赛

【竞赛获奖情况】 体育部认真组织各运动队的训练工作，共有 3 个常训队 90 余名队员、20 个短训队 400 余名队员，2015 年共参加北京市大学生体育协会举办的高校比赛 34 个、中国大学生体育协会组织的比赛 4 项，项目涉及乒乓球、沙滩排球、棒垒球、羽毛球、网球、橄榄球、藤球、毽球、高尔夫球、游泳、热力操、毽绳、传统体育、体育舞蹈、跆拳道、龙舟、男子健美、定向越野、拓展等，参赛队员累计达 1000 余人，获得团体奖前八名累计 40 余个，个人奖前八名不计其数。

积极承办了首都高校传统体育保健比赛、高校田径精英赛、高校慢投垒球赛、高校校园越野赛等多项首都高校的体育赛事，展现了我校体育的综合实力，扩大了我校在高校体育界的影响。

2015 年获得"阳光杯"和"朝阳杯"优胜奖。

2015 年体育部竞赛获奖情况一览表

序号	时间	竞赛名称	地点	成绩	指导教师
1	2015 年 4 月 11 日	首都高等学校第三届徒步运动大会	爨柏景区	优胜奖	肖洪凡
2	2015 年 4 月 18-19 日	2015 年春季首都高校"佛雷斯"杯羽毛球锦标赛	北京大学	女团乙组第五名	智颖新、张哲
3	2015 年 4 月 26 日	2015 年首都高校大学生"star"杯篮球联赛	五棵松篮球馆	女子乙组冠军，男子乙组第四名，获体育道德风尚奖	张胜、张宇、张哲、张明
4	2015 年 5 月 9 日	首都大学生阳光体育体能挑战赛	北京工商大学	团体二等奖，2 人获优秀运动员称号	李金、王桂香
5	2015 年 5 月 10 日	2015 年北京大学生足球乙级联赛	北京印刷学院	第四名	奇大力、刘文
6	2015 年 5 月 16 日	北京市大学生跆拳道精英赛竞赛	北京科技大学	获得品势女子乙组团体第一名，品势乙组混双第一名，男子团体总分第 5 名，团体总分第 6 名	刘金亮
7	2015 年 5 月 17 日	首都高校第 53 届学生田径运动会	北京体育大学	男女团体第一名，男团第一名，女团第一名，体育道德风尚奖，阳光杯、朝阳杯。单项 7 个第一名，7 个第二名，6 个第三名，5 个第四名，4 个第五名	康钧、李林云、胡德刚、肖洪凡
8	2015 年 5 月 16 日	首都高等学校网球联赛	国关、人大	丙组女团冠军，男团亚军	智颖新、孟超
9	2015 年 5 月 22 日	首都高校 2015 年高尔夫球技能赛	顺义	获团体第八名	康钧、胡德刚、肖洪凡

续表

序号	时间	竞赛名称	地点	成绩	指导教师
10	2015年5月24日	首都高等学校第四届校园铁人三项赛	北京农学院	团体第八名、体育道德风尚奖	李林云、代浩然
11	2015年5月24日	首都高校武术比赛	良乡体育馆	获得个人项目第二名、第四名、第五名、第七名、第八名	付玉楠
12	2015年5月31日	首都高校"TST"杯乒乓球锦标赛	北京邮电大学	男队甲B团体第六名，女队乙D团体第七名	王桂香
13	2015年6月6日	首都高校游泳冠军赛	国家奥林匹克体育中心游泳馆	获个人2项第一名、1项第六名、1项第八名，2人获优秀运动员称号	代浩然
14	2015年6月6日	首都高校武术比赛	北京中医药大学	团体第三名	付玉楠
15	2015年6月7日	首都高等学校第二十届棒垒球锦标赛	清华大学、北建大	男子棒球队获得乙组第五名	付玉楠
16	2015年6月21日	首都高等学校第五届大学生龙舟锦标赛	延庆夏都公园	男、女队分别获400M直道竞速第三名	刘梦飞
17	2015年6月28日	第七届北京市体育大会垒球比赛	芦城体校	获一场胜利	付玉楠
18	2015年7月18日	谁是球王—青少年校园足球竞赛活动华北地区决赛	山西临汾	华北地区第二名	刘文
19	2015年7月19-24日	全国第十五届大学生田径锦标赛	广西师范大学	获个人1项第四名，1项第六名，2项第七名，1项第八名	肖洪凡
20	2015年9月12-13日	首都高校长跑越野赛（卢沟桥醒狮跑）	卢沟桥		胡德刚
21	2015年9月12-13日	"善行者"百公里公益活动	昌平		胡德刚
22	2015年10月18-19日	首都高等学校第七届秋季学生田径运动会	北京工业大学耿丹学院	乙组男子团体总分第二名、男女团体总分第四	康钧、胡德刚、李林云、肖洪凡
23	2015年10月19日	2015"舞动中国-排舞联赛"（北京赛区）暨首都高等学校排舞比赛	北京林业大学	团体奖一等奖、优秀组织奖	朱静华、李金、王桂香
24	2015年10月25日	首都高等学校第三届棒垒球锦标赛	北京建筑大学	高校竞技组亚军、高校快乐组亚军	施海波、付玉楠

续表

序号	时间	竞赛名称	地点	成绩	指导教师
25	2015年10月31日	第十八届CUBA大学生北京赛区预选赛	北京大学	女篮季军	张胜、张宇、张哲、张明
26	2015年10月31日	首都高等学校第十二届越野攀登比赛	鹫峰	乙组团体第二名	康钧、李林云、胡德刚、肖洪凡
27	2015年11月1日	首都高校第五届拓展运动会	首都体育学院	单项1个第一名、1个双人第二名、1个团队第二名，团体总积分第四名	王桂香
28	2015年11月8日	北建大第三届台球比赛	酷赛台球厅		张明
29	2015年11月22日	第八届首都高校藤球比赛	对外经济贸易大学	男藤冠军，女藤第五名；刘文获最佳教练奖，黄龙基、王婧潇获最佳球员奖	刘文
30	2015年11月21日	首都高校定向越野锦标赛	东坝郊野公园	高校精英组团体总分第二名	康钧、李林云、胡德刚、肖洪凡
31	2015年11月28日	首都高校第十六届传统养生体育比赛	北京建筑大学	团体总分第四名、体育道德风尚奖	施海波、付玉楠
32	2015年12月5日	首都高校游泳锦标赛	英东游泳馆	个人第1、2、4、5名，2人评为优秀运动员	代浩然
33	2015年12月6日	第二十三届首都高校大学生毽绳比赛	清华大学	获得个人8个单项第一名，4个单项第二名，三到八名若干；获得团体男子第二名、女子第三名，总分男女团体第二名	孙瑄瑄、公民
34	2015年12月5日	2015年首都高等学校校园越野赛	北京建筑大学	团体总分第三名	康钧、李林云、胡德刚、肖洪凡
35	2015年11月7日	首都高等学校触式橄榄球比赛		碗级第三名	智颖新
36	2015年12月6日	首都高校大学生跆拳道比赛	北京市高级技术学校	个人1项第三名，1项第六名	刘金亮
37	2015年12月12日	北京大学生第三十二届田径精英赛	先农坛体育馆	个人3项第六名、4项第七名、4项第八名	康钧、李林云、胡德刚、肖洪凡
38	2015年12月25日	"特步"中国大学生五人制校园足球联赛（北京赛区）（乙组）		第五名	奇大力、刘文

【学校群体活动】积极开展校园阳光体育活动，促进学生身体健康发展。体育部每位老师参加"一带三"的群体工作，即每个老师带一个学院的群体活动、带一个体育社团的指导工作、带一个运动队的训练和比赛工作。自2013年9月开始试行《北京建筑大学"大学生阳光体育联赛"优胜评估办法》（讨论稿），25名专任教师负责指导9个院部和研究生部的阳光体育活动及全校30个体育社团活动，让学生真正走出教室、走出宿舍，走到阳光下，把群体工作做到基层去，努力把校园阳光体育活动开展得轰轰烈烈。体育部与校团委和校学生会组织了校田径运动会、新生田径运动会、新生篮球赛、足球赛、羽毛球、乒乓球、毽绳和长跑接力赛等多项丰富多彩的体育活动，为营造健康校园文化氛围做出实在贡献。

2015年体育部教师指导院部阳光体育活动一览表

序号	学院	指导教师	序号	学院	指导教师
1	土木学院	张胜、张哲	6	经管学院	奇大力、刘文
2	环能学院	代浩然、张明	7	测绘学院	胡德刚、付玉楠
3	机电学院	智颖新、刘梦飞	8	建筑学院	朱静华、李烙铷
4	电信学院	张宇、李林云	9	理学院	孙瑄瑄、李金
5	文法学院	王桂香、刘金亮	10	研究生	肖洪凡、孟超

（五）党建工作

【概述】2015年体育部党建工作主要围绕以下几个方面开展：加强基层组织建设，积极发挥党员的先锋模范作用；认真开展教职工的思想政治工作，加强师德建设；加强领导班子及党风廉政建设，切实发挥支部的保障监督作用；认真做好学生群体、训练工作，在各类比赛中取得优异成绩；重视安全稳定工作，五重大责任事故；重视群团工作，注重发挥二级工会交代会作用。2015年体育教研部直属党支部获得校先进基层党组织称号。

（董天义　杨慈洲）

六、计算机教学

【概述】2015年计算机教学部顺利完成机构调整，建立健全部门管理体系，启动十三五规划工作。计算机教学部按照北京建筑大学的教学工作要求，成立教学工作委员会、教学督导组、学术委员会，成员由部门领导、科室主任、教职工及工会代表组成。

【学生获奖】2015年北京建筑大学计算机教学部继续开展IC3竞赛、蓝桥杯竞赛的组织工作，以选修课、讲座等形式进行宣传和培训。

在第六届蓝桥杯全国软件和信息技术专业人才大赛中，北京建筑大学共选派67名同学参加C/C++程序设计/本科B组的角逐，计算机教学部和理学院等相关单位进行了近一年的选拔培训。因优秀的赛事组织和赛场承办工作，北京建筑大学荣获"优胜学校奖"。在全国总决赛中，北京建筑大学车131班的廖星创荣获二等奖，地131班的方书玮、土124班的邓青青、电子121班的秦蒙荣获三等奖，机131班的王连杰荣获优秀奖，大赛获奖选手将获得IBM、百度等众多知名企业的免笔试直接面试及特别优秀者直接录用的绿色通道。

在第五届全国大学生计算机应用能力与信息素养大赛中，北京建筑大学代表队获得"突出贡献奖"团体奖项。地141班周子墨和车141班郝润之同学获得本科组全国一等奖，并代表北京建筑大学去台湾参加海峡两岸赛，商132班丁瑞、测142班赵天宇获得本科组全国二等奖，建电142班丁珏、土138班李硕、地122班潘正华获得全国三等奖。

（朱洁兰　郝　莹）

第五章 学科建设与科学研究

一、学科建设

(一) 概况

2015年召开学科与科技工作大会,推动一流学科建设和科技体制机制改革。自2015年起,3个新增列的硕士专业学位类别/领域点开始招收全日制专业学位硕士研究生。

(二) 学科规划

坚持学科龙头地位,坚持人才第一资源,坚持突出重点、特色发展,坚持创新驱动发展,坚持资源开放共享,坚持服务建筑业转型升级、服务首都北京新定位"两个服务"到位。落实北京建筑大学"十三五"学科建设、科技工作的六大任务:聚焦博士人才培养项目重点学科、建成博士授权单位,建设校园创新文化、培育学术土壤,构建学科创新团队、搭建学科开放共享平台、组建高精尖创新中心,凝练学科特色方向、提高科技创新水平,推进成果转化、做好两个服务。

(三) 学科建设活动

成功召开学科与科技工作大会,全面对北京建筑大学学科建设现状、分学科与国内建筑类院校进行了学科建设指标的分析与对比,查摆清楚学科建设存在的问题,明确了"十三五"乃至北京建筑大学中长期发展学科建设目标和实施方案。

组织分析12个一级学科授权学科点现状,梳理学科团队,协同人事处将全校在岗在编专业教师全部纳入既有一级学科(含专业学位授权点)进行唯一学科方向管理,分析论证学科队伍结构,与人员调入、接收、职称评聘、岗位聘任等相关联,为进一步优化学科队伍,进一步凝练学科方向奠定了基础。

持续深入开展服务国家特殊需求"建筑遗产保护理论与技术博士人才培养项目"建设工作,完成实施指导委员会换届;根据人才培养特殊需求,依托行业和国际化的优质科教资源,安排博士研究生开展专业实践活动,4名博士生完成赴意大利国外访学特色培养环节;修订完成了《博士研究生手册》、《博士研究生指导教师条例》、《博士研究生学术活动要求》等博士研究生培养、学位授予、质量保证等规章制度。

全面启动博士授权单位及博士学位授权一级学科点申报工作,组织建筑学、土木工程、环境科学与工程、测绘科学与技术等4个学科按照每周例会交流制度推进申报工作,为正式申报做好准备,力争2016年博士点申报工作取得突破。

深入分析新一轮学科评估指标体系,以此为目标建立"学科建设年检制"和绩效评价机制,起草了《学科建设年检与绩效考核管理暂行办法》;起草了《学科建设负责人遴选及管理暂行办法》,强化学科负责人岗位职责和学科建设绩效;完成《学科评估工作管理办法》,启动学科评估方案准备工作。

进一步加强交叉学科建设，深化"建筑遗产保护"、"建筑技术科学"交叉学科建设，引导和促进学科交叉环境建设，修订了跨学院培养方案；同时，强化学科交叉渗透，组织开展了"可持续能源科学与工程"及"产品开发工程"校内论证，交叉学科建设取得了显著成效。

（王子岳　戚承志　李海燕）

二、科学研究

（一）概况

2015年是"十二五"发展规划的收官之年，科技处在学校各级领导和广大教师关心和支持下，紧密围绕学校党、政工作要点，依据国家及北京的科技发展需要，结合学校的学科专业特点，提出了学校科研工作的发展思路，科学制定学校科技工作年度工作计划，并认真组织实施，在科研项目、科技奖励、科研平台、科研成果等方面均取得了不错的成绩。

（二）科研项目和经费

1. 国家及省部级科研项目和经费

【总体情况】2015年，北京建筑大学新立项各类纵向项目146项，包括：国家973计划、国家重大水专项、国家自然科学基金、欧盟项目、国家科技支撑项目、各相关部委立项课题、北京市自然科学基金重点项目和面上项目、北京市哲学社会科学规划项目等，到校科研经费3796万元。

2015年，北京建筑大学在基础研究领域的研究项目数量保持稳步增长。受《国家自然科学基金项目管理办法》中"面上项目连续申报两年，不予资助的，将停报一年"等相关政策的影响，申报数量增长相对缓慢。最终主持申报国家自然科学基金106项，获批21项（面上项目9项，青年项目11项，应急管理项目1项），获资助金额774.9万元。获批项目质量较往年明显提升。

【国家自然科学基金项目】8月18日，国家自然科学基金委发布《关于公布2015年度国家自然科学基金申请项目评审结果的通告》，北京建筑大学获批21项，其中面上项目9项，青年项目11项，应急项目1项，详见下表。

2015年国家自然科学基金资助项目清单

序号	项目批准号	负责人	项目名称	项目类别	批准金额/万元
1	41501494	刘祥磊	高速立体视频测量大型建筑物模型振动台试验健康监测关键技术研究	青年科学基金项目	20
2	41501495	张瑞菊	地面激光雷达与设计数据正逆向结合的建筑物三维重建技术	青年科学基金项目	20
3	41572268	齐吉琳	多年冻土地区路基沉降变形的机理和时空演化规律研究	面上项目	62
4	51506004	徐荣吉	复合抛物聚光脉动热管太阳能中温集热器复杂热流边界条件下极限传热机理研究	青年科学基金项目	21

续表

序号	项目批准号	负责人	项目名称	项目类别	批准金额/万元
5	51508016	胡文举	户式蓄能型空气源热泵毛细管辐射供暖系统特性与建筑供暖行为模式的适应性研究	青年科学基金项目	20
6	51508017	张晓然	水环境中碳纳米管的分散状态对其吸附典型PPCPs的影响机制研究	青年科学基金项目	20
7	51508018	王少钦	风雪环境中高速列车-桥梁耦合作用及行车安全控制研究	青年科学基金项目	20
8	51508019	侯苏伟	碳纤维（CFRP）索股粘结型锚固系统的抗疲劳性能研究	青年科学基金项目	20
9	51508020	王琴	氧化石墨烯对水泥水化历程的调控机理研究	青年科学基金项目	20
10	51573018	李地红	复合材料层合板低能量冲击损伤表征技术研究	面上项目	64
11	51578034	王崇臣	氨基化金属-有机骨架薄膜光催化降解有机污染物性能研究	面上项目	62
12	51578035	许萍	循环冷却水管网微生物协同腐蚀机制及控制方法研究	面上项目	62
13	51578036	郝晓地	腐殖质抑制与解抑制厌氧消化水解过程机制研究	面上项目	62
14	51578037	袁冬海	径流雨水中溶解性有机质特征演化及其对典型污染物迁移和生物有效性影响研究	面上项目	62
15	51578038	王孟鸿	空间网架结构在设备激励下的损伤识别失效机理与修复策略的研究	面上项目	61
16	51578039	宋少民	非活性掺合料在低熟料胶凝体系中微结构与稳定性研究	面上项目	63
17	51578040	焦朋朋	基于实时O-D反推的动态交通网络组合模型与算法	面上项目	53
18	61501019	刘慧	基于散射点密度信息熵的层析SAR建筑三维重建新方法研究	青年科学基金项目	19
19	61502024	王恒友	广义低秩矩阵重构算法及其应用研究	青年科学基金项目	20
20	71503019	李惠民	贸易中隐含碳流动的不确定性及其对我国温室气体减排的影响研究	青年科学基金项目	14
21	71540015	金占勇	突发灾害事件在线社交网络舆情信息管理体系研究	应急管理项目	9.9

2. 科研平台建设

【总体情况】2015年，"机器人仿生与功能研究北京市重点实验室"和"城市轨道交通车辆服役性能保障北京市重点实验室"获得批准认定；学校与北京航空航天大学联合建立"北京市通用航空实验室"通过了北京市教委的建设期验收；北京市科委的工程中心"北京城市交通基础设施工程中心"通过了北京市科委的三年绩效考评，成绩为良好；"城市雨水系统与水环境省部共建教育部重点实验室"和"代表性建筑与古建筑数据库教育部工程研究中心"通过了教育部的安全检查；顺利完成了市教委组织的工程中心绩效审计、重点实验室验收、教育部科研平台调查、2016财政专项申报和2015财政专项经费执行；对17个科研基地开展了三年绩效考核等各项工作，保证了学校各项工作的进展。2015年度科研平台到校科研经费5631万元。

【北京市发展和改革委员会、北京市教育委员会领导调研北京应对气候变化研究和人才培养基地建设工作】1月22日，北京市发展和改革委员会资环处、气候处和气候中心张玉梅处长（主任）、于凤菊副处长与北京市教委发展规划处姚林修处长共同来我校调研"北京应对气候变化研究和人才培养基地"建设情况。北京建筑大学校党委书记王建中、校长朱光、副校长张大玉、教务处处长邹积亭、招就处处长李雪华、环境与能源工程学院党委书记陈红兵和副院长冯萃敏以及基地副主任张明顺和马文林参加了汇报会，会议由副校长张大玉主持。

【城市雨水系统与水环境省部共建教育部重点实验室荣获首都环境保护先进集体】3月30日，北京市环境保护委员会召开扩大会议暨"首都环境保护奖"表彰大会，北京建筑大学城市雨水系统与水环境省部共建教育部重点实验室被北京市政府授予"首都环境保护先进集体"荣誉称号。

【"中国传统村落与建筑文化传承协同创新中心"召开建设专家咨询会】5月11日，"中国传统村落与建筑文化传承协同创新中心"建设专家咨询会在北京建筑大学第一会议室召开。来自协同单位天津大学、北京建筑大学、清华大学、故宫博物院、中国建筑设计研究院、中国民间文艺家协会、北京师范大学、中国文化遗产研究院、中国艺术研究院、中国艺术报社、中国建筑文化遗产杂志社的专家学者、研究生以及北京建筑大学建筑与城市规划学院、建筑遗产研究院的教授共40余人参加会议。

【"中国传统村落与建筑文化传承协同创新中心"建设专家咨询会】5月11日，"中国传统村落与建筑文化传承协同创新中心"（下文简称中心）建设专家咨询会在北京建筑大学西城校区第一会议室召开。天津大学、清华大学、故宫博物院、北京师范大学、中国建筑设计研究院、中国文化遗产研究院、中国艺术研究院、中国艺术报社、中国建筑文化遗产杂志社以及北京建筑大学建筑与城市规划学院、建筑遗产研究院的专家学者、研究生共40余人参加会议。北京建筑大学张大玉副校长及科技处部分人员出席会议。

【两个"北京市重点实验室"获得认定】5月21日，北京市科委发布《关于公布2014年度北京市重点实验室和北京市工程技术研究中心认定名单的通知》，北京建筑大学申报的"机器人仿生与功能研究北京市重点实验室"和"城市轨道交通车辆服役性能保障北京市重点实验室"获得认定。

【"机器人仿生与功能研究北京市重点实验室"召开学术委员会】12月4日，"机器人仿生与功能研究北京市重点实验室"学术委员会暨研究课题评审会在北京建筑大学召开。北京建筑大学副校长汪苏、北京航空航天大学机器人研究所所长陈殿生、北京理工大学智能机器人研究所副所长段星光以及我校科技处、电信学院师生代表参加了会议。

3. 北京市特色教育资源库建设项目

2015年度共完成了《北京古都文化历程》、《风采中国——中国传统建筑之门窗》、《城市经链》、《城市文化中的新剪纸艺术》和《中国的城市与建筑遗产——台北》5个资源包的建设和验收工作，并有两个在教委年度总结中受到表扬。

2015年度开始建设的有《中国景路——史哲录》、《北京古塔》和《筑·宅》3个资源包，并完成了3个资源包的启动建设、中期检查和年度经费支出。

（三）科研成果

1. 论文和著作

2015年度，北京建筑大学公开发表各类学术论文800余篇，其中SCI检索论文111篇、EI检索论文157篇、ISTP检索论文25篇、CSSCI检索论文34篇、核心期刊271篇、艺术作品26篇，其中环能学院王崇臣教授课题组的1篇论文入选ESI高被引论文，体现了学校在科研方面持续稳定发展的良好态势。

2015年度，北京建筑大学公开出版各类学术著作89部，其中学术专著32部。

2. 科技奖励

【总体情况】2015年度，北京建筑大学荣获各类省部级以上科技奖励17项，其中国家科学技术进步一等奖1项、国家科学技术进步二等奖1项；省部级科学技术一等奖5项，包括北京市科学技术进步一等奖1项、华夏建设科学技术进步一等奖3项、河北省科学技术进步一等奖1项；教育部科技奖2项，其他省部级奖励8项。

2015年度北京建筑大学省部级及以上科技奖励一览表

序号	奖励名称	成果名称	所属单位	我校获奖完成人	发证机关	获奖级别	获奖等级
1	国家科学技术进步奖	建筑结构基于性态的抗震设计理论、方法及应用	土木学院	韩淼	中华人民共和国国务院	国家级	一等奖
2	国家科学技术进步奖	预应力整体张拉结构关键技术创新与应用	机关	张爱林	中华人民共和国国务院	省部级	二等奖
3	教育部科技进步奖	建筑垃圾资源化技术创新与规模化应用	土木学院	陈家珑、周文娟、周理安	中华人民共和国教育部	省部级	二等奖
4	教育部科技进步奖	大熊猫栖息地恢复技术研究与示范	机关	宋国华	中华人民共和国教育部	省部级	二等奖
5	北京市科学技术奖	重交通条件下的高比例RAP沥青路面关键技术研究与应用	土木学院	季节、索智、许鹰、徐世法	北京市人民政府	省部级	一等奖
6	华夏建设科学技术奖	城市节水关键技术与应用	环能学院	张雅君、许萍、陈韬、冯萃敏、王俊岭、汪长征、孙丽华	华夏建设科学技术奖励委员会	省部级	一等奖
7	华夏建设科学技术奖	城乡统筹环境系统整治关键技术及装备	环能学院	袁冬海、李俊奇、陈红兵	华夏建设科学技术奖励委员会	省部级	一等奖

续表

序号	奖励名称	成果名称	所属单位	我校获奖完成人	发证机关	获奖级别	获奖等级
8	华夏建设科学技术奖	异型组合拱桥新结构关键技术研究及其应用	土木学院	龙佩恒	华夏建设科学技术奖励委员会	省部级	一等奖
9	华夏建设科学技术奖	北京市生活垃圾源头减量化对策研究	环能学院	李颖、李盼盼、戚振强、吴菁	华夏建设科学技术奖励委员会	省部级	三等奖
10	华夏建设科学技术奖	变风量（VAV）系统调试方法的研究与应用	环能学院	于丹	华夏建设科学技术奖励委员会	省部级	三等奖
11	华夏建设科学技术奖	《雨水控制与利用工程设计规范》DB11/685-2013	环能学院	—	华夏建设科学技术奖励委员会	省部级	三等奖
12	河北省科学技术进步奖	全断面隧道掘进机刀盘设计理论及应用	机电学院	窦蕴平	河北省人民政府	省部级	一等奖
13	山西省科学技术进步奖	建筑起重装备安全运行保障关键技术	机电学院	杨建伟、王凯晖、姚德臣	山西省科学技术奖励委员会	省部级	二等奖
14	地理信息科技进步奖	高效三维地学浏览器的研制与示范应用	测绘学院	霍亮、沈涛、靖常峰、赵江洪、张学东、蔡剑红	中国地理信息产业协会	省部级	二等奖
15	精瑞科学技术奖	北京大学人民医院白塔寺院区房屋结构加固装修工程	建筑学院	郝晓赛	北京精瑞人居发展基金会	省部级	最佳人居城市更新范例
16	河北省科学技术进步奖	重载交通热拌再生沥青混合料及高性能再生剂的开发与应用技术	土木学院	季节	河北省人民政府	省部级	三等奖
17	湖北省科学技术进步奖	农村分散型生产生活污染控制及其循环利用关键技术与装备	环能学院	袁冬海	湖北省人民政府	省部级	二等奖

3. 知识产权

【总体情况】2015年度，北京建筑大学授权各类专利证书176项，其中授权发明专利49项、实用新型专利116项、外观设计11项。

2015年，北京建筑大学获得11项软件著作权的登记证书。

【知识产权电子化申请与科技成果转化培训会】4月13日，知识产权电子化申请与科技成果转化培训会北京建筑大学西城校区第三阶梯教室举行。两位专家分别作了题为《知识产权电子申请流程》和《高校知识产权转化之道》的专题培训。

【行业标准《碎砖瓦建筑垃圾再生砌墙砖》通过专家审查】 11月25日，由住房和城乡建设部批准编制，北京建筑大学土木与交通工程学院周文娟、陈家珑、周理安、李飞等老师主编的行业标准《碎砖瓦建筑垃圾再生砌墙砖》审查会在西城校区举行。审查专家委员会主任委员刘新生带队的专家组，住房和城乡建设部标准定额研究所副所长李铮、副处长展磊，北京建筑大学副校长张大玉及科技处相关负责人出席会议，会议由住房和城乡建设部建筑制品与构配件标准化技术委员会魏素巍主持。

（四）成果转化和社会服务

2015年度，北京建筑大学新增各类成果转化和社会服务项目（横向科研项目）175项，服务项目覆盖北京、河北、天津、山东、辽宁、河南、江西、新疆、四川、浙江、广东等十余个省、市、自治区以及韩国等国际市场，体现了北京建筑大学日益增长的社会服务能力和影响范围。其中，服务于北京市城乡建设和社会发展项目141项，为北京的发展发挥了应有的作用。

2015年度，北京建筑大学成果转化和社会服务项目合同经费3546万元，到校经费2660万元，其中办理免税登记13项，免税合同额648万元。

（五）学术交流

【总体情况】 2015年度，北京建筑大学举办各类大型学术讲座、学术会议、学术论坛、学术研讨会和学术展览共120余次。包括2015亚洲医院建设新格局高峰论坛（中国站）在我校举行、海绵城市规划设计思路——以北京永定河生态文化新区规划设计为例、中国海绵城市热潮背后研究生的付出和贡献—研究的热情和爱好、第九届中国国际建筑电气节能技术论坛暨第一届全国建筑机电技术研究生学术论坛、北京建筑大学大学生创新创业成果展、从文化误解到创造性适应——"中国风"建筑在欧洲等一系列高水平学术交流活动，有利促进了北京建筑大学与国内外高等学校、科研机构、社会团体和政府机构的交流与合作。

【2015亚洲医院建设新格局高峰论坛（中国站）】 4月1-2日，2015亚洲医院建设新格局高峰论坛（中国站）在北京建筑大学西城校区大学生活动中心隆重举行。民建中央办公厅主任谷娅丽、国家机关事务管理局公共机构节能管理司副司长李兆宇、住房和城乡建设部机关服务局副主任彭维平、北京市中医管理局副局长禹震、北京市医院建筑协会会长任玉良、中国医学科学院肿瘤医院总体发展规划办主任侯惠荣、北京建筑大学党委书记王建中及副校长李维平等出席高峰论坛。来自国内28个省市112家大型公立医院、外资医院、合资医院、民营医院的代表，46家来自亚洲、港澳台及欧美等国家及地区的医院建设与运维专家，以及30余名国际一流医院规划设计机构的代表等400余位与会嘉宾云集，从设计理念、建造技术、信息化、养老和政策措施等方面就我国医疗设施建设应如何适应新时期百姓对于优质医疗卫生服务的新需求进行了深入研讨，共商医院建设发展新格局。

【李维平出席第二届中国城市建筑垃圾管理与资源化国际论坛并致辞】 10月30日，第二届中国城市建筑垃圾管理与资源化国际论坛在北京举行，建筑垃圾管理与资源化工作委员会主任、北京建筑大学副校长李维平出席论坛并致开幕词。日本驻华使馆公使高岛竜祐、德国再生骨料行业协会主席克莱科勒（Jasmin Klackner）、能源基金会（美国）节能项目部经理辛嘉楠等国际代表，住建部城建司、国家发改委资源节约和环境保护司、工信部节能与综合利用司等单位代表以及各地政府管理部门和企业代表近百人参加了论坛。

【青年教师科技创新交流活动】11月26日，北京建筑大学"臻园沙龙"文化活动之青年教师科技创新交流活动在大兴校区臻园二层教师讲堂举行，旨在为青年教师搭建自由展示科研成果和研究思路的学术交流平台，强化各院系学科教师之间的交流、沟通与合作，拓宽知识视野的广度，展开思想与智慧的深度碰撞，集思广益启发思路，寻找兴趣合作机遇，开展实质深入合作，共同学习促进提高，推进科研协同创新和学科交叉融合，营造良好学术氛围。

【"学术研究与基金申请"专题讲座】12月14日，台湾科技大学副校长、台湾大学终身特聘教授、长江学者讲座教授李笃中在北京建筑大学西城校区教1-126作了"学术研究与基金申请"的专题讲座。

（六）日常管理

1. 思想作风和党风廉政建设

【总体情况】在党风廉政建设工作中，北京建筑大学科技处根据学校党风廉政建设的有关规定，及时组织处内人员认真学习国家及学校的相关文件精神，提高处内人员对党风廉政建设以及惩治和预防腐败体系重要性的认识。同时，将党风廉政建设工作与岗位分工相结合，并将其纳入年度工作计划，明确工作目标，接受处内外人员的监督，将廉政建设与岗位分工相结合，责任到人，自觉地将廉政建设贯穿到日常管理工作之中。

【张大玉同志为科技处党支部讲党课】7月1日，张大玉副校长为科技处党支部开展了题为"搞好'三严三实'专题教育，扎实推进科技工作再上新台阶"的教育党课。

2. 内部管理及制度建设

【总体情况】利用召开学科与科技大会的契机，科技处组织全处力量，认真梳理了国家在科技体制改革，项目经费使用等方面的最新政策，起草了符合国家要求的校内管理《北京建筑大学科研基金项目管理办法（修订）》《北京建筑大学科研经费管理办法（试行）》《北京建筑大学出版基金管理办法（修订）》，顺应了国家科技改革的要求，规范了学校科研经费的管理，为学校科技工作的有序开展奠定了政策基础。

2015年度，科技处认真开展了工作流程优化，防范制度风险的工作。在相关部门的支持下，完成了27项工作流程的优化再造，其中纵向项目管理流程10项；横向项目管理流程2项；成果与知识产权管理流程6项；财政专项管理流程2项；科研基地管理流程4项；日常事务3项，从而起到了规范工作程序、方便师生、防微杜渐的作用。

科技处始终将提高服务质量和管理水平作为日常工作的重点来抓，坚持"可办可不办的事要办，办不了的事要向老师解释清楚"，每次例会中都强调全体人员首先要爱岗敬业、对办事人员进行热情周到服务，更重要的是及时帮助解决科研人员在科研工作中遇到的困难；推广使用科研信息管理系统，提高工作效率，同时鼓励工作中大胆开展创新工作。

科技处清醒地认识到，北京建筑大学科技工作虽然取得了一定成绩，但同校领导的要求相比，与科技发展形势相比，与科研先进大学相比，还有较大差距，更不能适应我校更名为大学后对科研工作的新要求，这些问题和不足，科技处将认真研究，并采取切实措施逐步加以解决。

2015年度，北京建筑大学科技处以加强科研平台内涵建设、规范科研基地日常管理为重点，建立健全科研基地内部管理和运行机制工作；对2013年以前成立的省部级科研基地组织了学校科研基地三年绩效考评自查工作；制定了《科研基地财政专项过程管理细则》；制定了关于加强科研基地专项经费使用进度管理的文件（北建大科发〔2015〕20号）；制定科研基地财政专项立项评审管理办法；完成了科研基地开放课题的组织评审立项工作；主动申报两个科研基地获得市教委初中开放性科学实践项目立项。

【科技处获评北京社会科学基金项目优秀二级管理单位】3月27日，北京市哲学社会科学规划工作会在北京会议中心召开，北京建筑大学科技处由于2014年度在北京社会科学基金项目的立项率、项目完成率、年度检查率、成果转化应用情况以及市社科基金项目《成果要报》采用数量等项指标中表现优秀，被北京市哲学社会科学规划办公室授予"北京市社会科学基金项目优秀二级管理单位"荣誉称号，科技处霍丽霞老师被授予"北京市社会科学基金项目管理工作先进个人"荣誉称号。

【校学术委员会全体会议】6月3日，北京建筑大学学术委员会全体会议在西城校区第一会议室召开，会议议程有四，一是增补新委员；二是审议学校申报2016年度北京市教委科研计划项目，最终评审确定学校推荐上报项目；三是审议并通过2015年校设科学研究基金资助项目；四是审议2013年校科研奖励发放方案。

【科研管理工作培训会】6月5日，北京建筑大学科技处组织召开了科研管理工作培训会，学校各二级学院和科研基地科研负责人、科研秘书、部分教师代表及科技处全体成员参加了会议。

【北京市自然科学基金委领导调研】9月15日，北京市自然科学基金委员会副主任陈力工、基金委办公室主任王红、基金委办公室副主任江南等一行5人来北京建筑大学调研，副校长张大玉及科技处、机电与车辆工程学院共10余人参加研讨。

【科技工作管理政策文件征求意见会】9月16日和9月22日，北京建筑大学就"十三五"期间科研工作改革的总体设想、科技工作大会拟出台的部分政策意见、管理办法等问题，分别向各学院（部）和管理部门的民主党派教师、教授及中青年教师代表征求意见。这次公开征求意见的文件和办法包括《深化科研体制机制改革，促进科研创新能力提升的若干意见（征求意见稿）》、《北京建筑大学科技成果转化管理办法（试行）（征求意见稿）》、《北京建筑大学科研课题间接费用管理办法（试行）（征求意见稿）》等。

【教育部科技司高润生副司长一行调研】11月3日，教育部科技司副司长高润生、综合处处长李楠一行莅临北京建筑大学，调研指导学校学科建设和科研创新工作。张爱林校长、张大玉副校长，党政办公室、研究生院、财务处和资产与后勤处的负责人，各学院科研管理负责人及科技处全体人员参加了会议。

【2015年学科与科技工作大会隆重召开】11月10日，北京建筑大学2015年学科与科技工作大会在西城校区第二阶梯教室隆重开幕。大会的主题是"深化科技改革，推进转型发展，强化创新驱动，建设一流学科"。住房和城乡建设部建筑节能与科技司副司长韩爱兴、北京市教委副主任叶茂林、北京市科委副主任朱世龙出席会议并分别致辞。开幕式由北京建筑大学副校长张大玉主持，全体校领导、处级干部、各学院（部）负责人及教师等300余人参加。党委书记王建中宣读成立"北京建筑大学城市设计高精尖创新中心"和"北京建筑大学海绵城市研究院"的决定，主席台领导同志集体为2个新设校内独立研究机构揭牌。校长张爱林作了题为《落实"创新、协调、绿色、开放、共享"新理念，全面深化改

革，创新驱动转型，建设一流学科》的主题报告。副校长汪苏和副校长张大玉分别就学科建设和科学研究进行总结分析。11月13日，大会在西城校区第二阶梯教室闭幕。党委书记王建中作总结讲话，部分学院代表作汇报发言。大会闭幕式由校长张爱林主持，全体校领导、全体中层干部、各院（部）教师等300余人参加。

（七）新增科研平台简介

1. 机器人仿生与功能研究北京市重点实验室

"机器人仿生与功能研究北京市重点实验室"是北京市科学技术委员会在2015年5月批准成立，依托在北京建筑大学电信学院建设。目前，北京建筑大学副校长、博士生导师汪苏教授任实验室主任，学校科技处副处长张雷任副主任。目前实验室有40名专职人员，其中教授9人，副教授11人，中级20人；其中具有博士学位的教师27人；专业技术人员34人，管理人员6人。

实验室针对机器人基础理论研究还不能满足机器人系统研制的技术需求，机器人走向应用的诸多关键技术亟待突破等重大需求，重点研究机器人的机构机理、运动规划、传感感知和人机交互等关键基础理论问题，研究解决机器人仿生与控制系统走向应用的技术难题，并开展工业机器人关键技术的研究工作。实验室计划建立具有自主知识产权的机器人仿生和控制技术研发体系，推进相关科技成果的转换和产业化，占领该领域技术制高点，有效满足首都的经济发展需要，推动首都乃至全国机器人仿生和控制技术的进步。

实验室目前有面积2000余平方米的科研用房，拥有先进的实验设施并构成一个完整的机器人研究与装备设计、开发、监测与控制一体化的实验与研究体系，拥有科研实验设备资产总值超过1800万元，建有产学研基地5个。在理论研究上，实验室与国内外同行建立了密切的联系，国内与北京理工大学密切合作，国际上与美国卡内基-梅隆大学、中佛罗里达大学、日本富山大学、早稻田大学保持了长期合作关系。实验室开展的仿生机器人研究，在国内处于领先地位，并具有国际影响力。

实验室与国内外的机器人应用公司具有良好的合作基础。如与安川首钢机器人有限公司、西门子（中国）有限公司、罗克韦尔自动化（中国）有限公司等建立联合实验室。实验室与中科院深圳先进技术研究院合作，研制助老助残服务型机器人解决了外骨骼式机器人仿生机构与轻型材料的集成等问题，将应用于下肢残疾病人的护理。实验室与北京隆源自动成型系统有限公司合作，研制3D打印系统及工艺软件若干套，解决了3D打印信息处理问题，打破了外国企业在该领域的垄断局面，帮助企业3D打印技术的推广与应用。实验室与各类医疗机构有长期合作，尤其是在医院建筑领域有深入的合作，实验室所从事的养老护理机器人的研究，也为推动提供更绿色、更舒适、更便捷、更健康的医疗服务，为推动绿色医院建设事业的新发展贡献我们自己的力量

2015年，实验室组织了3场国内知名专家的学术报告，建设了3个高水平科研实验室，落实科研基地建设专项经费500万元，获批北京市属高校创新能力提升计划项目1项（养老康复机器人设计与应用研究，300万元），在研国家自然科学基金项目3项、北京市自然科学基金项目2项，发表SCI、EI收录期刊论文20余篇，申报专利3项。2015年，实验室与北京理工大学、日本早稻田大学、意大利比萨圣安娜大学合作申报"智能机器人与系统北京市高精尖创新中心"获批；实验室与北京电影学院、中影集团等合作申报的"中国电影高新技术协同创新中心"获批。

2015年12月4日,"机器人仿生与功能研究北京市重点实验室"学术委员会暨研究课题评审会召开。我校副校长汪苏、北京航空航天大学机器人研究所所长陈殿生、北京理工大学智能机器人研究所副所长段星光以及我校科技处、电信学院师生代表参加了会议。会上还进行了2015年重点实验室研究基金课题的会议评审。与会专家认真听取了关于重点实验室研究基金课题的组织情况报告,认真审阅了申报材料,并进行了逐一点评和打分。根据专家评议,确定本年度批准8项予以支持。

2. 城市轨道交通车辆服役性能保障北京市重点实验室

城市轨道交通车辆服役性能保障北京市重点实验室是由北京市科学技术委员会在2015年底批准成立,挂靠在北京建筑大学机电与车辆工程学院。目前,北京建筑大学机电学院院长、博士生导师杨建伟教授任基地主任,国家百千万人才、国家863计划专家组组长、北京交通大学博士生导师贾利民教授任基地学术委员会主任。研究基地共有专兼职研究人员39人,正高职称9人,副高职称16人,90%以上研究人员具有博士学位。

城市轨道交通车辆服役性能保障北京市重点实验室针对北京城轨车辆长期超负荷服役导致关键零部件性能下降及安防要求级别高、难度大的特点,瞄准城轨车辆服役性能演变的主要科学问题和关键性技术难题,与中车二七机车有限公司、中车二七车辆厂等单位合作,建立以企业需求为主体、市场为导向、产学研相结合的科技创新体系,形成一批具有鲜明特色的标志性高科技成果,成为城市轨道交通行业的科技成果产业化和国际化基地,并为北京城轨车辆运行安全与维保提供强有力的基础研究与技术产品支持,满足首都的经济发展需要。在2016年,城市轨道交通车辆服役性能保障北京市重点实验室主任杨建伟教授获得国家重点研发计划子课题1项;主要科研人员张楠博士、姚德臣博士分别获得国家自然科学基金(青年基金)项目各1项;秦建军博士、王传涛博士、卢宁博士分别获得北京市教育委员会科技计划项目各1项,有多名科研人员获得司局级以上科研奖励。

实验室研究顺应特大城市对轨道交通的需求,研究成果提高了车辆运行安全保障能力,保证了城市轨道交通的安全性、可靠性,进而大幅度提高了我国城市公共交通的服务水平和质量。相关研究成果引起了国际同行的广泛关注和高度评价。实验室研究成果促进了可靠性评估、故障诊断、维修装备的进步,为各城市轨道交通车辆运行安全运行和维修装备提供了可靠的技术保证,研究成果形成了我国自主知识产权的城市轨道交通安全保障系统与装备产业,大大提升了我国自主相关系统和装备的竞争能力,大幅度提升了我国城市轨道交通大规模建设和运营过程中与国际垄断企业的谈判能力,显著降低了我国城市轨道交通建设与运营成本。

(周理安　高　岩)

第六章 人才队伍建设

一、基本情况

（一）学校整体人员结构

截止到2015年12月31日，我校现有教职工1007人，其中，专任教师564人，正高级职称99人，副高级职称226人。从年龄结构看，专任教师以中青年教师为主，所占比例为65.7%；从学历结构看，具有博士学位的教师共有333人，所占比例为59%；从性别结构看，男女比例为1.12∶1；从职称结构看，正高级职称99人，所占比例为17.6%，副高级职称226人，所占比例为40.1%，高级职称比例合计为57.5%。专任教师中，111人具有海外研修经历，所占比例为19.7%；339人毕业于985和211院校，所占比例为60.1%；32人毕业于海外院校，所占比例为5.7%。

（二）2015年新增、减员工一览表和名单见附录一

（三）学校高级职称人员名单详见附录二

（四）从事教学工作满30年的教职工

王 芬	王毅娟	吕亚芹	刘福生	齐 群	孙一兵	阴振勇	李维平
李 英	陆 翔	宋桂云	吴俊奇	汪 苏	张怀静	张新天	金安琍
杨跃生	周 春	周怀雄	胡雪松	钟 铃	赵静野	桂益香	高春花
高金海	郭晓东	黄 莉	董素清	董艳玲	窦蕴平

（五）2015年退休人员

宋明启	樊振和	阎仲超	宋国华	刘栋栋	赵京明	郭瑞林	刘建才
于贵凡	张少军	孙树清	张庆春	刘家凤	穆静波	贾桂彬	王 兰
王 义	赵金瑞	李振明	陈桂荣	李金生	张静云	韩路平	朱 光
沈建国	高金岐	李常居	周晓斌	周渡海	黄少代	曹宝新	吴 徽
于志洋

二、人才引进

序号	单位名称	姓名	性别	学历	学位	技术职务	入校时间	进入我校形式
1	机关单位	张爱林	男	研究生	博士	教授	2015.07.14	从其他单位调入
2	机关单位	李爱群	男	研究生	博士	教授	2015.04.23	从其他单位调入
3	机关单位	吕晨飞	男	研究生	博士	教授	2015.06.05	从其他单位调入
4	建筑与城市规划学院	陈雳	男	研究生	博士	副教授	2015.04.20	从其他单位调入

续表

序号	单位名称	姓名	性别	学历	学位	技术职务	入校时间	进入我校形式
5	土木与交通工程学院	齐吉琳	男	研究生	博士	研究员	2015.04.21	从其他单位调入
6	机电与车辆工程学院	张军	男	研究生	博士	教授	2015.07.06	从其他单位调入
7	机电与车辆工程学院	宋春雨	女	大学本科	硕士	高级工程师	2015.07.01	从其他单位调入
8	理学院	何强	男	研究生	博士	副教授	2015.10.22	从其他单位调入
9	机关单位	孟梅	女	研究生	硕士	教授	2015.01.19	从其他单位调入

三、教师培养

（一）享受国务院政府特殊津贴专家

序号	姓名	性别	学位	专业	职称	入选时间
1	李德英	男	博士	供热供燃气通风及空调工程	教授	1992 年
2	王晏民	男	博士	摄影测量与遥感	教授	1998 年
3	刘临安	男	博士	建筑历史与理论	教授	2000 年
4	王瑞祥	男	博士	供热供燃气通风及空调工程	教授	2006 年
5	宋国华	男	博士	应用数学	教授	2012 年
6	徐世法	男	博士	道路与铁道工程	教授	2012 年
7	郝晓地	男	博士	市政工程	教授	2014 年
8	李爱群	男	博士	结构工程	教授	1997 年
9	张爱林	男	博士	结构力学	教授	2011 年
10	朱光	男	硕士	地图制图学与地理信息工程	教授	2014 年

（二）长江学者

截止到 2015 年底，我校共戚承志 1 人入选"长江学者奖励计划"。

序号	姓名	专业	专业技术职称	学历/学位	批准年份
1	戚承志	岩土工程	教授	研究生/博士	2011 年

（三）长城学者

2014 年 9 月 25 日，根据《北京市教育委员会关于公布 2015 年度北京市属高等学校高层次人才引进与培养及创新团队建设计划资助名单的通知》（京教函〔2014〕456 号），机电与车辆工程学院院长杨建伟教授入选市属高等学校长城学者培养计划。目前学校有长城学者培养计划入选者 3 人。

序号	单位	项目负责人	项目编号	项目名称	资助年度
1	土木与交通工程学院	季节	CIT&TCD20130318	煤直接液化残渣改性沥青材料开发与性能评价	2013 年
2	机电与车辆工程学院	刘永峰	CIT&TCD20140311	工程机械用柴油机富氧燃烧及 CO_2 固化技术的研究	2014 年
3	机电与车辆工程学院	杨建伟	CIT&TCD20150312	时变速载条件下地铁齿轮箱早期故障动力学建模与状态评估	2015 年

（四）学校外聘院士、高级专家

序号	聘任部门	姓名	性别	工作单位	职称	聘任职务
1	经济与管理工程学院	刘峻山	男	美国奥本大学建筑科学学院	副教授	客座教授
2	土木与交通工程学院	李勇	男	深圳市桥博设计研究院股份有限公司	教授级高工	客座教授
3	机电与车辆工程学院	孟宏	男	南车集团二七车辆有限公司技术中心	教授级高工	兼职教授
4	建筑与城市规划学院	Roy Strickland	男	美国密歇根大学MIT	教授	客座教授
5	团委	戴玉强	男	总政歌剧院	演员	客座教授
6	机电与车辆工程学院	翟会昆	男	北京建筑机械化研究院建筑机械杂志社	研究院	兼职教授
7	建筑与城市规划学院	Niall Kirkwood	男	美国哈佛大学	终身教授	客座教授
8	建筑与城市规划学院	孙旭光	男	文化部恭王府管理中心	研究员/主任	客座教授
9	建筑与城市规划学院	孙冬宁	男	文化部恭王府管理中心，中华传统技艺研究与保护中心	研究员/主任	客座教授
10	经济与管理工程学院	杨天举	男	泛华建设集团有限公司	教授级高工	客座教授
11	机电与车辆工程学院	高大勇	男	美国华盛顿大学机电工程系和生物医学工程系	终身正教授	客座教授
12	环境与能源工程学院	宋莉	女	美国俄克拉荷马大学	副教授	客座教授
13	环境与能源工程学院	李笃中	男	台湾科技大学	教授/副校长	客座教授
14	经济与管理工程学院	陈川生	男	山西省机械设备局	教授级高工/总工程师	兼职教授
15	建筑设计艺术研究中心	朱小地	男	北京市建筑设计研究院	教授级建筑师/董事长	客座教授
16	电信学院	高学山	男	北京理工大学机电与车辆工程学院	教授/副所长	兼职教授
17	环境与能源工程学院	Kim Yong-Joo	男	韩国环境产业技术研究院	院长/教授	客座教授
18	马克思主义学院	宫敬才	男	河北大学	教授	客座教授
19	马克思主义学院	焦国成	男	中国人民大学	教授	客座教授
20	马克思主义学院	孙熙国	男	北京大学马克思主义学院院长	教授	客座教授
21	马克思主义学院	罗安宪	男	中国人民大学哲学院	教授/副院长	客座教授
22	马克思主义学院	马仲良	男	北京市社会建设专家组长	研究员/组长	客座教授
23	测绘与城市空间信息学院	李松年	男	加拿大瑞尔森大学土木工程系	教授	客座教授
24	土木与交通工程学院	薛昌明	男	美国里海（Lehigh）大学	教授	兼职教授
25	土木与交通工程学院	米舰	男	北京住总集团	教授级高工/副总	兼职教授
26	建筑与城市规划学院	Jeffrey L. Soule	男	美国规划协会	院士级规划师	客座教授
27	校办	崔愷	男	中国建筑设计研究院副院长、院总建筑师	院士	教授

(五) 博士生指导教师

序号	单位名称	姓名	性别	出生日期	学历	学位	职称
1	机关单位	王建中	男	1964.08.10	研究生	博士	研究员
2	机关单位	张爱林	男	1961.03.27	研究生	博士	教授
3	机关单位	汪苏	男	1959.12.14	研究生	博士	教授
4	机关单位	张大玉	男	1966.04.12	研究生	博士	教授
5	机关单位	李爱群	男	1962.07.05	研究生	博士	教授
6	机关单位	吕晨飞	男	1978.03.15	研究生	博士	教授
7	机关单位	高春花	女	1964.02.19	研究生	博士	教授
8	机关单位	戚承志	男	1965.03.25	研究生	博士	教授
9	建筑与城市规划学院	田林	男	1968.05.02	研究生	博士	教授级高工
10	建筑与城市规划学院	范霄鹏	男	1964.10.14	研究生	博士	教授
11	建筑与城市规划学院	刘临安	男	1955.07.16	研究生	博士	教授
12	土木与交通工程学院	韩森	男	1969.10.19	研究生	博士	教授
13	土木与交通工程学院	徐世法	男	1963.10.10	研究生	博士	教授
14	土木与交通工程学院	齐吉琳	男	1969.01.15	研究生	博士	研究员
15	土木与交通工程学院	董军	男	1967.03.14	研究生	博士	教授
16	环境与能源工程学院	李俊奇	男	1967.11.02	研究生	博士	教授
17	环境与能源工程学院	李德英	男	1955.11.16	研究生	博士	教授
18	环境与能源工程学院	郝晓地	男	1960.04.19	研究生	博士	教授
19	经济与管理工程学院	何佰洲	男	1956.06.04	大学本科	学士	教授
20	测绘与城市空间信息学院	杜明义	男	1963.06.27	研究生	博士	教授
21	测绘与城市空间信息学院	王晏民	男	1958.04.01	研究生	博士	教授
22	测绘与城市空间信息学院	赵西安	男	1957.11.19	研究生	博士	教授
23	机电与车辆工程学院	杨建伟	男	1971.04.06	研究生	博士	教授
24	理学院	崔景安	男	1963.09.29	研究生	博士	教授
25	理学院	梁昔明	男	1967.02.12	研究生	博士	教授
26	机关单位	吴海燕	女	1965.08.23	研究生	博士	教授

(六) 王随林获得北京学者称号

2015年，环境与能源工程学院王随林教授荣获北京学者称号，北京市将从2016年开始连续6年进行培养资助。王随林于1982年1月毕业于哈尔滨建筑工程学院，2006年获北京科技大学博士学位，曾任西北建筑工程学院暖通热工教研室主任，北京建筑工程学院城建系副系主任、暖通教研室主任等。

王随林长期从事建筑用能系统节能与天然气高效利用研究，承担和完成国际合作项目、国家与北京市重大科技成果转化等省部级科研项目30余项。在低温排烟冷凝余热深度利用的关键技术、设备/装备开发、工程优化等方面，取得了国际领先水平的研究成果，在北京、新疆、成都、黑龙江、辽宁、山东等地应用，取得显著节能与社会经济效益。获国家技术发明二等奖、中国发明专利奖、北京市科学技术一等奖、中国防腐蚀行业发明专利金奖、华夏建设科技奖。

（七）季节获得科技部中青年科技领军人才称号

2015 年 8 月，经个人申报，学校研究，推荐土木与交通工程学院季节教授为 2015 年创新人才推进计划中青年科技领军人才候选人。经科技部遴选，我校教授季节入选中青年科技创新领军人才。

季节教授于 2007 年 7 月毕业于同济大学道路与铁道工程专业，博士学位，现为土木与交通工程学院教授。主要从事节能减排型沥青路面新材料开发与应用等领域的研究，其科技成果先后获得国家科技进步二等奖、教育部科技进步奖、北京市科技进步奖、北京市发明专利奖、华夏科技进步奖、河北省交通科技进步奖等多个奖项。在核心期刊上发表科技论文 30 余篇，多篇论文被 EI 收录。季节教授先后被北京市教委、北京市妇女联合会、北京市总工会、中国公路学会等授予北京市"长城学者"、"首都劳动奖章"、北京市"三八"红旗奖章、"中国公路优秀百名工程师"等荣誉称号，2 次获得校级"科技先进个人"称号。

创新人才推进计划是由科学技术部、人力资源与社会保障部、财政部、教育部、中国科学院、中国工程院、国家自然科学基金委员会、中国科学技术协会共七个部委共同组织实施，旨在通过创新体制机制、优化政策环境、强化保障措施，培养和造就一批具有世界水平的科学家、高水平的科技领军人才和工程师、优秀创新团队和创业人才，打造一批创新人才培养示范基地，加强高层次创新型科技人才队伍建设，引领和带动各类科技人才的发展，为提高自主创新能力、建设创新型国家提供有力的人才支撑，从 2012 年开始全面实施。

（八）6 人入选海聚工程人才。

2015 年，学校组织 8 名海外专家申报北京市海聚工程项目，最后有吴伟等 6 人入选海聚工程人才，这是学校在海聚工程项目上实现零的突破。

序号	申报单位	姓名	性别	国籍	学历学位	现工作单位	从事专业	申报项目
1	环境与能源工程学院	方兴	男	美国	博士	美国奥本大学	资源环境	短期
2	理学院	冯芷兰	女	美国	博士	美国普渡大学	应用数学	短期
3	土木与交通工程学院	柏宇	男	中国	博士	澳大利亚莫纳什大学	结构工程	短期
4	土木与交通工程学院	吴伟	男	德国	博士	维也纳农业大学	岩土工程	短期
5	土木与交通工程学院	Elias Aifantis [Ilias Ayfantis]	男	希腊/美国	博士	希腊亚里士多德大学	材料与力学	外专短期
6	建筑与城市规划学院	尼尔·柯克伍德	男	美国	博士	美国哈佛大学	风景园林学	外专短期

（九）其他人才类项目获批情况

2015 年，经个人申报、专家评议、学校推荐，上级部门遴选，焦驰宇和张溢木入选北京市委组织部青年拔尖个人，丁锐获得留学人员科技活动择优项目资助。

（十）选派 20 名教师到国外进行研修

2015 年，学校共遴选了 20 名教师到海外进行研修学习，其中有 14 人是通过国家留学基金委遴选，有3人是通过学校的培训项目派出，有3人是自费到国外进行研修。

序号	单位	姓名	性别	培训学校	进修内容	出国时长	备注
1	土木与交通工程学院	杨静	女	美国内华达大学里诺分校	访问学者	12个月	留基委青骨项目
2	测绘与城市空间信息学院	危双丰	男	荷兰代尔夫特工业大学	访问学者	12个月	留基委青骨项目
3	电信学院	谭志	男	加拿大英属哥伦比亚大学	访问学者	12个月	留基委青骨项目
4	机电与车辆工程学院	秦建军	男	美国南加州大学	博士后	12个月	留基委青骨项目
5	文法学院	关玲永	男	澳大利亚阿德雷德大学	访问学者	12个月	留基委青骨项目
6	机电与车辆工程学院	秦华	男	美国加利福尼亚大学伯克利分校	访问学者	12个月	留基委青骨项目
7	环境与能源工程学院	王思思	女	美国麻省大学阿姆赫斯特分校	访问学者	12个月	留基委青骨项目
8	环境与能源工程学院	徐荣吉	男	英国伦敦大学玛丽女王学院	访问学者	12个月	留学基金委
9	机电与车辆工程学院	尹静	女	英国布里斯托大学	访问学者	12个月	留学基金委
10	电信学院	陈一民	男	德雷塞尔大学	读博士	2年	自费
11	测绘与城市空间信息学院	蔡剑红	女	哈恩大学	访问学者	13个月	自费
12	经济与管理工程学院	张俊	男	美国奥本大学	访问学者	12个月	留基委青骨项目
13	环境与能源工程学院	袁冬海	男	美国密歇根大学安娜堡校区	访问学者	12个月	留基委青骨项目
14	电信学院	刘亚姝	女	英国卡迪夫大学	访问学者	7个月	留基委青骨项目
15	电信学院	马鸿雁	女	英国诺丁汉大学	访问学者	12个月	留基委青骨项目
16	电信学院	祁新春	男	佐治亚理工学院	访问学者	12个月	留基委青骨项目
17	建筑与城市规划学院	李春青	女	美国奥本大学	访问学者	6个月	学校派出
18	经济与管理工程学院	张宏	女	美国奥本大学	访问学者	6个月	学校派出
19	文法学院	高春凤	女	美国纽约大学	访问学者	12个月	自费
20	测绘与城市空间信息学院	王文宇	女	加拿大卡尔加里大学	攻读硕士	6个月	学校派出

（十一）学校召开人才工作会议

5月19日，北京建筑大学2015年人才工作会议在大兴校区基础教学楼A座报告厅召开，人才工作会共分三个阶段进行，5月19日举行开幕式，20日至21日由各单位组织召开研讨会，22日举行闭幕式。校领导王建中、朱光、何志洪、汪苏、李维平、张启鸿、张大玉、李爱群，全体教授、处级干部、教代会代表以及教职工代表共450余人参加了会议。会议的主题为：提质、转型、升级，打造高水平人才队伍。

为了促进人才队伍的健康成长，人才工作会议通过了"1+10"的人事综合改革系列文件，1个为总领文件，10个为支撑文件；对《岗位聘任办法》、《教职工考核工作办法》、《绩效工资分配办法》、《青年教师岗前培养办法》、《高层次人才引进管理办法》、《人事调配管理办法》6个文件进行了修订；新增了《金字塔人才培养工程实施办法》、《主讲教师支持计划》、《高层次人才短期聘任办法》、《人事代理实施办法》4个文件。其中《岗位聘任办法》还包含了《岗位聘任实施细则》、《其他专业技术岗位聘任实施细则》、《管理、工勤岗位聘任实施细则》3个子文件。

《岗位聘任办法》、《教职工考核工作办法》、《绩效工资分配办法》3个文件，于5月26日提交第七届教职工代表大会讨论并通过。

（十二）学校修订专业技术职务晋升办法

为了促进青年教师的成长，对2014年的专业技术职务晋升条件暂行规定进行了修订，颁布了《北京建筑大学专业技术职务晋升办法（修订）》（北建大人发〔2015〕19号），主要对破格晋升的条件进行了明确的规范。

（十三）组织高级专业技术职务的评聘工作

2015年度高级职称评聘工作起动于2015年12月18日，共设正高6名、副高12名。共有23人申报正高职称，46人申报副高职称。

（十四）教育管理研究系列高级职称申报

2015年3月17日，学校发文（北建大人发〔2015〕5号），同意聘任李雪华、刘伟分别为研究员、副研究员的专业技术职务，聘任时间自2015年3月17日起算。

根据北京市教委2015年度职称评审工作的安排，经个人申报、学科组推荐及校聘委会评议，学校同意张启鸿、齐勇分别申报2015年度教育管理研究系列研究员、副研究员的专业技术职务，2015年12月9日经北京市高校教师职务专业学术评议委员会评议，认定张启鸿、齐勇分别具备教育管理研究专业的研究员、副研究员职务资格。

四、人事管理（考核、聘任、档案等）

（一）2015年考核情况

2014/2015学年共有809位教职工参加考核（不含聘在管理岗的处级以上干部、校产系统、原后勤集团），其中：考核优秀153人，考核合格645人，考核不合格3人，考核未定等级8人。15人未参加考核。

（二）2015年聘任结果

教授二级岗：

戚承志　齐吉琳　徐世法　郝晓地　杜明义

教授三级岗：

龙佩恒　韩　淼　何渐渐　季　节　张怀静　李俊奇　王瑞祥　张明顺　王晏民
赵西安　王　佳　陈志新　蒋志坚　杨建伟　刘永峰　尤　完　何佰洲　赵世强
郭　立　高春花　秦红岭　崔景安　郝　莉

教授四级岗：

董　军　宋少民　张新天　王孟鸿　刘　军　曹秀芹　车　伍　李　锐　吴俊奇
许淑惠　张金萍　张世红　霍　亮　陈秀忠　石若明　罗德安　魏　东　王亚慧
李英姿　赵春晓　张　军　陈宝江　孙建民　王　平　李英子　张　原　周晓静
姜　军　陶　庆　秦　颖　李志国　贾荣香　孙希磊　肖建杰　梁昔明　黄　伟
张　艳　杨慈洲

副教授五级：

李地红　李崇智　罗　健　张　蕊　侯云芬　廖维张　张艳霞　赵东拂　李　颖
马文林　冯萃敏　郝学军　孙金栋　王崇臣　王建龙　王文海　黄　明　朱　凌

赵江洪	衣俊艳	王怀秀	栾　茹	吕　橙	邱李华	秦建军	陈志刚	周　明
周素霞	秦　华	张　丽	周　霞	戚振强	刘炳良	武　烜	刘国朝	赵仲杰
常宗耀	魏京花	杨　谆	宫瑞婷	白　羽	王晓静	马黎君	康　钧	施海波

副教授六级：

王毅娟	戴冀峰	邓思华	杨　静	赵赤云	祝　磊	张国伟	李　飞	彭丽云
侯敬峰	周文娟	仇付国	冯利利	宫永伟	刘建伟	刘　蓉	牛润萍	任相浩
孙方田	王俊岭	徐　鹏	许　萍	闫全英	杨海燕	杨　晖	詹淑慧	张健钦
刘　扬	丁克良	庞　蕾	刘旭春	周乐皆	胡云岗	蔡国印	吕书强	谭　志
马鸿雁	钱丽萍	田启川	岳云涛	龚　静	张立权	张　琳	胡玉玲	刘辛国
李敏杰	曹　青	万珊珊	郭志强	张　勉	高振莉	窦蕴平	朱爱华	唐伯雁
高嵩峰	连香姣	尹　静	王炳霞	刘　娜	刘建利	邵　全	张　宏	张　俊
郭晋燕	孟　莉	左金凤	张晓霞	王俊梅	晁　霞	陈素红	吴彤军	高春凤
郭晓东	张　华	金焕玲	汪琼枝	聂传辉	余丽芳	牟唯嫣	俞晓正	石　萍
侍爱玲	张鸿鹰	王俊平	任艳荣	吕亚芹	刘长河	高雁飞	何　强	许传青
薛颂菊	孙瑄瑄	朱静华	张　胜	智颖新	刘梦飞			

（三）档案工作

1. 接收人事档案材料2100余份；
2. 协助各部门查借阅档案1670余次；
3. 整理装订人事档案将近300份；
4. 为教职工提供档案材料复印件70余份；
5. 转递档案7份。

（张　莉　赵翠英　何其锋　陈红兵）

第七章 对外合作交流

一、国际交流与合作

（一）概况

2015年，秉承开门办学的理念，北京建筑大学通过多种途径扩大与国外高水平学校间校际的各级各类合作与交流。在完善原有的合作办学项目的同时，北京建筑大学进一步开拓了新的国际合作项目，本年度共与10所国（境）外大学新签署了合作协议，至此北建大已经与国外50所大学建立了合作关系，合作伙伴覆盖23个国家和地区。

（二）合作院校

截至2015年年底，与北京建筑大学建立合作关系的院校如下。

国际合作院校一览表

序号	国别或地区	院校或组织	
1	韩国	韩国京畿科学技术大学	Kyonggi University
2	韩国	湖西大学	Hoseo University
3	日本	东京大学	The University of Tokyo
4	日本	名城大学	Meijo University
5	马来西亚	智达教育集团	Legenda Education Group
6	马来西亚	吉隆坡建筑大学	Infrastructure University Kuala Lumpur
7	蒙古国	蒙古科技大学建工学院	Mongolian University of Science and Technology
8	越南	河内建筑大学	Hanoi Architectural University
9	美国	奥本大学	Auburn University
10	美国	新泽西州立大学	Rutgers, The State University of New Jersey
11	美国	北达科他州立大学	North Dakota State University
12	美国	西南明尼苏达州立大学	Southwest Minnesoda State University
13	美国	科罗拉多大学波尔得分校	University of Colorado Boulder
14	美国	加州大学圣地亚哥分校	University of California, San Diego
15	美国	南康涅狄格州立大学	Southern Connecticut State University
16	加拿大	卡尔加里大学舒立克工学院	Schulich School of Engineering, University of Calgary
17	澳大利亚	南澳大学	University of South Australia
18	澳大利亚	迪肯大学工学院	School of Engineering, Deakin University
19	新西兰	UNITEC理工大学建筑学院	Unitec Institute of Technology
20	新西兰	奥克兰大学	The University of Auckland

续表

序号	国别或地区	院校或组织	
21	俄罗斯	圣彼得堡建筑工程大学	St. Petersburg State University of Architecture and Civil Engineering
22	俄罗斯	圣彼得堡技术大学	Saint Petersburg State Polytechnical University
23	俄罗斯	莫斯科建筑学院	Moscow Architectural Institute
24	意大利	意大利罗马·拓·委瑞伽塔大学	University of Rome Tor Vergata
25	意大利	马尔凯工业大学	Marche Polytechnic University
26	意大利	奈普勒斯帕森诺普大学	Parthenope University of Naples
27	意大利、西班牙、巴西	欧洲设计学院	Istituto Europeo di Design
28	意大利	佛罗伦萨大学	University of Florence
29	英国	萨尔福德大学	University of Salford
30	英国	格拉斯哥卡里多尼亚大学	Glasgow Caledonian University
31	英国	诺丁汉大学	University of Nottingham
32	英国	南岸大学	London South Bank University
33	英国	西苏格兰大学	University of the West of Scotland
34	英国	威斯敏斯特大学	University of Westminster
35	英国	南威尔士大学	University of South Wales
36	法国	马恩河谷大学	University of Marne-la-Vallée
37	法国	昂热大学	University of Angers
38	法国	拉浩石勒大学	University of La Rochelle
39	法国	马克西米利尔·佩雷学院	E. P. L. E. MAXIMILIEN PERRET
40	法国	巴黎东部马恩·拉瓦雷大学	Université de Paris-Est Marne-La-Vallée
41	法国	里尔高级工程师学院（HEI教育集团）	Group HEI-ISA-ISEN
42	亚美尼亚	埃里温国立建筑大学	Yerevan State University of Architecture and Construction
43	波兰	琴斯特霍夫理工大学	Czestochowa University of Technology
44	德国	柏林工业大学	Technical University of Berlin
45	荷兰	鹿特丹伊拉斯姆斯大学国际社会科学研究院	Erasmus University Rotterdam international Institute of Social Studies
46	荷兰	代尔夫特理工大学	Delft University of Technology
47	爱尔兰	高威理工学院	Galway-Mayo Institute of Technology
48	瑞士	伯恩应用科学大学	Bern University of Applied Sciences
49	瑞典	鲁鲁阿科技大学	Luleå University of Technology
50	芬兰	赫尔辛基大学	University of Helsinki

二、港澳台交流与合作

截至 2015 年年底，北京建筑大学已经与港澳台 4 所大学建立了合作关系。

港澳台合作院校一览表

序号	院校所在地		院校或组织
1	中国台湾地区	台湾首府大学	Taiwan Shoufu University
2	中国台湾地区	台湾宜兰大学	National Ilan University
3	中国台湾地区	云林科技大学	National Yunlin University of Science and Technology
4	中国香港地区	香港理工大学	The Hong Kong Polytechnic University

三、国际友好往来

（一）概况

2015 年度，共负责并参与接待了国外 21 个校级团组的访问，分别是：美国南康州立大学、美国科罗拉多大学、美国奥本大学、美国田纳西州高级教育访华团和 Fisk 大学、意大利欧洲设计学院（IED）、意大利佛罗伦萨大学、希腊亚里士多德大学、英国威斯敏斯特大学、英国诺丁汉大学、英国南威尔士大学、英国普利茅斯大学、英国萨里大学、澳大利亚科廷大学、澳大利亚西澳大学、新西兰 UNITECH 理工大学、波兰琴斯特霍瓦理工大学、日本名城大学、韩国 GIST 大学、韩国环境产业技术院、瑞士健康环境设计研究会、葡萄牙帕德雷斯市市长顾问高访团。

（二）重要接待活动

1.3 月，协助经管学院迎接英国皇家 CIH 专家来北京建筑大学评审。

2.10 月 22 日接待法国驻华大使顾山先生、法国教育部国际合作与交流司司长德赫芙女士一行 5 人访问北京建筑大学，进一步商谈中法能源培训中心合作事宜。

四、港澳台友好往来

2015 年度，共负责并参与接待了境外 3 个校级团组的访问，分别是：台湾科技大学、台湾大叶大学和台湾宜兰大学。

五、因公出国

（一）概况

2015 年度，完成教师出访国外共计 36 个团组、60 人次。这其中涉及美国、英国、德国、法国、意大利、葡萄牙、西班牙、希腊、澳大利亚、荷兰、加拿大、日本、韩国、泰国、新加坡、马来西亚、印度、德国、阿联酋、俄罗斯等国家和地区。

国际交流与合作处在因公出访各个环节都严格按照规章制度办事，严格执行因公证照集中管理制度,收回和保管率达到100%,未出现丢失情况。其中,公务普通护照数量为160本。

向北京市外国专家局申请到了1个2016年出国培训项目,即"北京市属高等创新团队建设与教师职业发展计划英国培训",并已得到北京市外专局的批准。

2015年出国一览表

序号	姓名	部门	任务名称	出访国家
1	杜明义	测绘与城市空间经济学院	国际会议	澳大利亚
2	董军	土木与交通工程学院	国际会议	意大利
3	戚承志	土木与交通工程学院	国际会议	土耳其
4	魏强	经济与管理工程学院	学生培训	英国
5	吴徽	土木与交通工程学院	项目合作研究	美国
6	侯平英	文法学院	学生培训	美国
7	吴徽	土木与交通工程学院	国际会议	美国
8	陈红兵	环境与能源工程学院	校际交流	日本
9	冯萍	建筑与城市规划学院	访学	美国
10	刘志强	理学院	访学	美国
11	宋宗耀	土木与交通工程学院	校际交流	美国
12	黄兴	国际教育学院	校际交流	美国
13	贾荣香	文法学院		
14	赵晓梅	建筑与城市规划学院	访学	荷兰
15	欧阳文	建筑与城市规划学院	访学	意大利
16	王佳	电气与信息工程学院	项目交流	美国
17	周小平	电气与信息工程学院		
18	刘芳	科技处		
19	戚承志	土木与交通工程学院	国际会议	希腊
20	马文林	环境与能源工程学院	国际会议	印度
21	陈红兵	环境与能源工程学院	国际会议	阿联酋
22	韩森	土木与交通工程学院	国际会议	日本
23	焦朋朋	土木与交通工程学院	国际会议	美国
24	李海燕	研究生处	国际会议	美国
25	陈韬	科技处		
26	王建龙	环境与能源工程学院		
27	张大玉	机关	校际交流	加拿大、美国
28	杜明义	测绘与城市空间经济学院		
29	刘国朝	文法学院		
30	晁霞	文法学院		
31	吴海燕	国际教育学院		
32	于淼	机电与车辆工程学院	国际会议	意大利

续表

序号	姓名	部门	任务名称	出访国家
33	施海波	体育部	大学生运动会	韩国
34	郝晓地	环境与能源工程学院	合作研究	荷兰
35	陈红兵	环境与能源工程学院	合作研究	日本
36	王瑞祥			
37	任相浩	环境与能源工程学院	国际会议	新加坡
38	寇莹莹			
39	王随林	环境与能源工程学院	合作研究	英国
40	解国珍	环境与能源工程学院	国际会议	日本
41	崔景安	理学院	国际会议	日本
42	宋国华			
43	王建中	机关	校际交流	英国、俄罗斯
44	戚承志	土木与交通工程学院		
45	陈静勇	研究生处		
46	赵晓红	国际合作与交流处		
47	张宏	经济与管理工程学院	境外培训	美国
48	李春青	建筑与城市规划学院		
49	栾茹	机电与车辆工程学院	国际会议	泰国
50	张艳霞	土木与交通工程学院	国际会议	澳大利亚
51	程蓓	土木与交通工程学院		
52	戚承志	土木与交通工程学院	国际会议、校际交流	意大利、希腊
53	刘临安	建筑与城市规划学院		
54	朱光	机关		
55	张爱林	机关	校际交流	法国
56	邹积亭	教务处		
57	丛小密	设计院		
58	贝裕文	财务处		
59	张群力	环境与能源工程学院		
60	赵晓红	国际合作与交流处		

（二）重要出访活动

1. 6月28日至7月27日，北京建筑大学3名教师、5名学生赴葡萄牙开展为期30天的合作交流。期间，以副校长汪苏为团长的市外办访问团及8名师生受到了葡萄牙总统席尔瓦的热情接见。"中国青年设计师驻场四季计划"为中葡两国，尤其是为北京市与葡萄牙帕雷德斯市文化创意和设计交流方面的合作提供了良好的平台，进一步推进了中葡间的文化与教育文流。

2. 9月，党委书记王建中率团出访英国、俄罗斯，先后访问了西苏格兰大学、威斯敏斯特大学、圣彼得堡技术大学、伊尔库茨克研究性技术大学，会见了中国驻伊尔库茨克领事馆总领事郭志军先生,就进一步拓展我校师生校际交流与科技合作进行了广泛交流和合作洽谈,进一步推动了学校国际化办学的进程,完善了我校国际化战略合作布局。

3. 12月,校长张爱林率团先后访问了法国克雷泰学区、马克西米利尔佩雷学校、巴黎东部马恩—拉瓦雷大学、里尔高级工程师学院（HEI集团）和中法经济贸易合作区—首创中法国际大学城。在克雷泰学区,张爱林校长与该区区长吉勒（Gille）女士共同主持召开了中法能源培训中心联合管理委员会第九届会议并签署《北京建筑大学中法能源中心合作办学协议书》（第三期）,扩大了我校与法国政府、高校、企业多边合作范围和形式,提升了学校国际化合作层次。

六、因公出境

2015年度,完成教师出访境外4个团组、4人次,这其中主要涉及香港和澳门地区。

国际交流与合作处在因公出访各个环节都严格按照规章制度办事,严格执行因公证照集中管理制度,收回和保管率达到100%,未出现丢失情况。其中,往来港澳通行证数量为60本,大陆居民往来台湾通行证数量为22本。

2015年出境一览表

序号	姓名	部门	任务名称	目的地
1	张爱林	机关	国际会议	澳门
2	丁锐	经济与管理工程学院	国际会议	香港
3	金珊珊	土木与交通工程学院	学术竞赛	香港
4	王红春	经济与管理工程学院	合作研究	香港

七、国际教育

（一）学生出国

2015年北京市教育委员会积极启动"外培计划",北京建筑大学作为首批单位,共有19名学生获得"外培计划"资助出国留学。6月份,国际交流与合作处参加市教委外培计划落实情况协调会,协助市教委推进外培计划境外调研工作。

2015年中美合作给排水科学与工程"2+2"项目派出学生18人赴美学习,目前已完成了在美的部分学业,大部分学生成绩优异,得到了美方教师的认可与好评。

（二）留学生

2015年,来自美国、意大利、蒙古、巴基斯坦等25多个国家共88名留学生在北京建筑大学学习。国际交流与合作处制定和完善了留学生管理的各种文件和规章制度。"北京建筑大学留学生学籍管理规定","留学生守则","留学生公寓管理规定","奖学金评选办法"等。在留学生入学教育期间,进行学校规章制度宣讲;在学习期间,按照管理规定进行管理;对违反管理规定的学生进行反复谈话,提醒,警告,对屡教不改的学生做退学处理,逐步形成了适合我校留学生特点的行之有效的管理模式。

八、外国专家

2015年，共聘请了5名长期外国文教专家（分别来自美国、法国、印度）从事教学、合作科研工作，还邀请了多名外国文教专家来北京建筑大学进行短期访问、商谈合作、参加国际学术会议等。这些外国文教专家主要承担英语语言、建筑学、环境科学、电气自动化、土木工程等课程的教学和研究，为北建大营造了国际化的学术氛围。

九、港澳台专家

2015年，共聘请了2名台湾长期文教专家从事教学、合作研究工作，还邀请了多名台湾文教专家来北京建筑大学进行短期访问、商谈合作、参加国际学术会议等。

（王　茜　赵晓红）

第八章 学 生 发 展

一、本科生招生工作

（一）概况

2015年，北京建筑大学牢固树立"服务人才培养、加大招生宣传、提高生源质量"的工作目标，紧紧围绕高招宣传和高招录取开展工作，积极探索，不断创新。在学校领导和全校教职工的大力支持下，招生办公室积极拓展宣传途径，加大宣传力度，提升了学校在京内、京外地区的知名度和社会认可度；顺利完成了2015年高招录取工作，保持了高招录取工作中"零违规、零失误、零投诉"的良好成绩，使学校高招录取成绩再上一个新的台阶。

（二）招生政策

国家教育部、北京市教育委员会、北京教育考试院等上级部门规定普通高等学校实行"招生学校负责、省市招办监督"的录取管理制度。即：在思想政治品德考核和身体健康状况检查合格、统考成绩达到同批录取控制分数线的考生中，由招生学校确定调阅考生档案的比例（一般在学校招生计划数120%以内），决定考生录取与否及所录取专业，并负责对未录取考生的解释及其他遗留问题的处理。省（直辖市、自治区）招生委员会实行必要的监督，检查学校执行国家招生政策、招生计划的情况。

根据上级部门的有关规定，北京建筑大学招生录取期间成立学校招生工作委员会，由校长担任委员会主任，主管教学的校长、纪委书记为副主任，招生工作委员会下设录取工作组、监察工作组和技术保障组，招生工作委员会对学校本科招生实行统一组织领导。同时成立由纪委副书记为主任的招生监察办公室，成员由学校纪检监察干部、特邀监察员等相关人员组成。招生监察办公室在学校招生工作委员会的领导下，具体实施对本校招生录取的监督工作。

2015年北京高考志愿填报模式改革为考后知分知排位大平行填报，每个考生在每个批次均可填报6个院校志愿，每个院校志愿均可填报6个专业志愿。

2015年，北京建筑大学高招录取的录取规则为：学校在录取考生时，全面贯彻实施高校招生"阳光工程"，本着公平、公正、公开的原则，严格按照市高校招生办公室公布的批次、科类进行录取，专业录取时按照分数优先原则结合考生志愿顺序，全面审核，择优录取，给排水科学与工程（中美合作2+2项目）只录取填报该专业志愿的考生，给排水科学与工程（中美合作2+2）要求英语单科成绩在100以上。

在进行录取时遵循以下原则：

1. 所有专业入学前后均无美术加试；
2. 考生提档后无特殊情况均不退档；

3. 认可各地加分政策，加分到分专业；
4. 同一志愿条件下分数优先，遵循志愿，不设专业级差；
5. 总分相同情况下，文综/理综分数高的考生优先录取；如文综/理综分数仍相同，数学分数高的考生优先录取；如数学分数再相同，英语分数高的考生优先录取。
6. 不设男女生比例限制，体育、艺术等特长生在同等情况下优先录取。

2015年学校招生新政包含以下三方面内容：

1. 依托行业进行"实验班"教学改革，旨在培养建筑行业卓越工程师和拔尖领军人才

本次教学改革依托学校优势专业进行实验班人才培养模式创新，结合专业开展特色教学，采取"导师制培养、国际化的课程、学分制管理"等一系列教学改革措施。开办了建筑学大师实验班、土木英才实验班、环境类创新人才实验班、工科创新实验班四个实验班。

2. 整合优势资源在相近专业进行大类招生改革，给学生更多的专业选择自主权

推行大类招生改革，低年级进行通识培养，一年或者两年以后根据学生意愿和学习成绩细化专业方向。三个类别开展大类招生：分别是建筑电气与信息类（含电气工程及其自动化、自动化、建筑电气与智能化、计算机科学与技术）、机电类（含机械工程、机械电子工程、工业工程）、工商管理类（含工商管理、市场营销）。

3. 落实北京高等学校高水平人才交叉培养计划，面向北京地区投放"双培计划"、"外培计划"，另外加大北京地区农村专项计划比例，促进教育公平。

（三）招生计划

2015年学校招生计划总数为1830人，其中北京计划1170人（含双培计划106人，外培计划15人，农村专项计划25人），外省市计划660人（含少数民族预科班计划50人：贵州预科6人、内蒙古预科6人、云南预科6人、广西预科6人、青海预科6人、新疆预科20人）。

2015年学校面向全国27个省市及自治区招生，目前共实现了25个省市及自治区的一批次招生，其中：在天津、河北、内蒙古、辽宁、吉林、黑龙江、安徽、福建、江西、河南、海南、重庆、四川、贵州、云南、西藏、陕西、青海、宁夏共计19个省市完全实行本科一批次招生；在北京、山西、山东、广西、甘肃、新疆6个省市按专业分别参加本科一、二批次招生；其余上海、浙江2个省市为本科二批次招生。

（四）录取情况（录取分数、录取新生、新生奖学金等）

【录取分数】 2015年学校在北京地区本科一批次理科录取最高分652分（一批线为548），文科一批次录取最高分为641分（一批线为579分），本科二批次理科录取最高分607分（二批线为495分），文科最高分579分（二批线为527分）。2015年学校建筑学（大师实验班）录取最低分630分，平均分达到640分，高出一批线92分；建筑学（城市设计）录取最低分611分，平均分为617分，高出一批线69分；建筑学专业录取最低分605分，平均分为611分，高出一批线63分；土木工程（土木英才实验班）录取最低分601分，平均分为606分，高出一批线58分；环境科学与工程类（环境类创新人才实验班）录取最低分574分，平均分为586分，高出一批线38分；建筑类（工程创新实验班）录取最低分548分，平均分为555分，高出二批线60分。四个实验班的推行，充分发挥了吸引

优质生源的"龙头"作用。

京外地区在除上海、浙江以外的25个省市自治区均实现本科一批次招生,生源情况良好。其中,在7个省市超过当地一本线50分,13个省市超过当地一本线40分,18个省市超过当地一本线30分。

2015年全国各省市录取分数统计

地区	批次	2015年全国各省市高考分数线				2015年学校录取分数线			
		理工		文史		理工		文史	
		一批线	二批线	一批线	二批线	最高分	最低分	最高分	最低分
北京	一批	548	495	579	527	652	570	647	595
	二批					607	540	579	560
天津	一批	538	459	547	486	610	581	563	563
河北	一批	544	474	548	496	614	589	582	570
山西	一批	515	442	513	462	572	540	—	—
	二批					—	—	512	511
内蒙古	一批	464	336	487	385	570	525	534	507
辽宁	一批	500	419	530	460	582	547	558	555
吉林	一批	525	405	543	433	594	549	568	557
黑龙江	一批	483	371	495	410	575	554	551	541
上海	二批	414	348	434	372	415	402	397	397
浙江	二批	605	428	626	472	587	564	571	569
安徽	一批	555	511	597	558	640	587	605	602
福建	一批	525	410	549	462	625	580	574	568
江西	一批	540	490	528	487	589	577	537	536
山东	一批	562	490	568	510	651	611	—	—
	二批					—	—	587	573
河南	一批	529	458	513	455	594	571	534	533
广西	一批	480	320	530	380	559	501	—	—
	二批					—	—	522	513
海南	一批	608	546	662	588	739	608	692	692
重庆	一批	573	527	572	532	647	606	594	585
四川	一批	528	445	543	473	593	566	555	550
贵州	一批	453	372	543	472	572	506	586	575
云南	一批	500	425	540	470	637	543	561	551
西藏	一批	420	315	440	355	555	555	484	484
陕西	一批	480	440	510	467	578	534	535	531
甘肃	一批	475	417	517	465	546	509	—	—
	二批					—	—	515	502
青海	一批	400	363	466	420	527	402	510	477

续表

地区	批次	2015年全国各省市高考分数线				2015年学校录取分数线			
		理工		文史		理工		文史	
		一批线	二批线	一批线	二批线	最高分	最低分	最高分	最低分
宁夏	一批	445	416	507	478	517	469	532	529
新疆	一批	446	381	486	414	551	499	—	—
	二批					—	—	—	—

2015年北京市各专业录取分数统计

批次	科类	学院	专业名称	最高分	全市排名	最低分	全市排名	平均分	全市排名
一批	理工	建筑学院	建筑学（大师实验班）	652	3432	630	6010	640	4806
			建筑学（城市设计）	623	6869	611	8422	617	7634
			建筑学	641	4680	605	9210	611	8422
			城乡规划	604	9338	595	10564	601	9730
			风景园林	609	8662	602	9592	605	9210
			历史建筑保护工程	604	9338	592	10951	597	10300
			环境设计	601	9730	593	10817	597	10300
		土木学院	土木工程（土木英才实验班）	611	8422	601	9730	606	9089
			土木工程（建筑工程）	607	8952	583	12175	592	10951
			土木工程（城市道路与桥梁工程）	608	8793	581	12461	589	11376
			土木工程（城市地下工程）	607	8952	576	13139	581	12461
			交通工程	599	10023	570	13979	577	13006
			无机非金属材料工程（建筑材料）	599	10023	570	13979	577	13006
		测绘学院	测绘工程	603	9466	570	13979	579	12731
			地理信息科学	593	10817	570	13979	574	13402
			遥感科学与技术	604	9338	570	13979	577	13006
		环能学院	建筑环境与能源应用工程	615	7913	577	13006	587	11677
			给排水科学与工程	601	9730	572	13681	583	12175
			土木类（中外合作办学）（给排水科学与工程）（中美合作2+2）	608	8793	559	15581	574	13402
			环境科学与工程类（环境类创新人才实验班）	601	9730	574	13402	586	11796
			能源与动力工程	601	9730	572	13681	578	12873
		经管学院	工程管理	601	9730	573	13546	580	12609
			工程造价	637	5131	581	12461	593	10817
	文史	建筑学院	城乡规划	641	798	599	2903	611	2176
			风景园林	630	1213	601	2794	611	2176
			历史建筑保护工程	633	1107	597	3025	610	2239
			环境设计	608	2347	595	3150	599	2903

续表

批次	科类	学院	专业名称	最高分	全市排名	最低分	全市排名	平均分	全市排名
二批	理工	电信学院	建筑类（工程创新实验班）	607	8952	548	17217	555	16197
			电气类（建筑电气与信息类）	558	15725	540	18396	544	17816
		机电学院	机械类（机电类）	549	17088	540	18396	544	17816
			车辆工程	549	17088	540	18396	544	17816
		经管学院	工商管理类	550	16939	546	17516	548	17217
			公共事业管理	548	17217	544	17816	546	17516
		理学院	信息与计算科学	549	17088	542	18090	545	17673
			电子信息科学与技术	550	16939	541	18242	544	17816
		文法学院	法学	545	17673	540	18396	542	18090
	文史	经管学院	工商管理类	579	4273	567	5158	571	4843
			公共事业管理	578	4339	566	5223	571	4843
		文法学院	法学	575	4551	561	5589	564	5350
			社会工作	567	5158	560	5675	562	5501

注：以上数据仅供参考，最终数据请以北京考试院公布数据为准。

【录取新生】2015年学校实际录取新生为1863人；高职升本科计划183人（含推优士兵21人）。其中，北京地区录取新生1206人，外省市录取新生657人。

【新生奖学金】2015年，北京建筑大学共有18名新生获得新生奖学金12.3万元整。其中，北京地区6名新生获得新生奖学金4.2万元，京外地区12名新生奖学金8.1万元。

2015年北京地区新生奖学金

类别	金额（万元）	人数	合计（万元）
一批理科前三名且高分数线100分	0.8	2	1.6
一批文科前三名且高分数线100分	0.8	0	0
二批理科前三名且高分数线100分	0.8	2	1.6
二批文科前三名且高分数线100分	0.8	0	0
一批理科各专业第一名高分数线80分	0.5	2	1.0
一批文科各专业第一名高分数线80分	0.5	0	0
二批理科各专业第一名高分数线80分	0.5	0	0
二批文科各专业第一名高分数线80分	0.5	0	0
总计		6	4.2

2015年外省市新生奖学金

类别	金额（万元）	人数	合计（万元）
理科高于当地一本线100分	0.80	7	5.6
文科高于当地一本线100分	0.80	0	0
理科高于当地一本线80分	0.50	5	2.5
文科高于当地一本线80分	0.50	0	0
总计		12	8.1

（五）招生宣传

为进一步扩大学校的社会影响力，提升学校的社会认知度，提高学校的生源质量，招生办公室在全校教职工的大力支持下，开展了一系列招生宣传活动。

【举办北京市高招联合咨询会】 成功举办北京市第三届高招联合咨询会，共邀请到52所高校，教育部阳光高考和《北京考试报》两家媒体的参加；中央电视台、北京电视台、《北京青年报》、《北京日报》等多家媒体对咨询会进行报道，近五万多名考生及家长参加了咨询活动。

【积极参加北京市高招咨询会和校园开放日】 2015年学校共参加北京地区高招咨询活动36场。其中高校举办10场，中学举办25场，其他机构举办1场。各学院领导、专业负责人、学科带头人等积极参与，为广大考生和家长提供详细、耐心、细致、周到的咨询服务。

2015年北京建筑大学参加京内招生咨询会汇总表

序号	区县	举办方	序号	区县	举办方
1	西城	北京四中	19	丰台	首都经济贸易大学
2	西城	北师大附中	20	丰台	北京晨报
3	西城	北师大二附中	21	朝阳	北京陈经纶中学
4	东城	北京二中	22	朝阳	北京八十中
5	东城	北京五中	23	石景山	北京九中
6	东城	北京一六六中学	24	石景山	北方工业大学
7	东城	北京五十五中学	25	房山	房山实验中学
8	东城	景山学校	26	房山	良乡中学
9	海淀	人大附中	27	昌平	北京吉利学院
10	海淀	清华附中	28	昌平	北京农学院
11	海淀	北大附中	29	昌平	首师大附属育新学校
12	海淀	首师大附中	30	门头沟	大峪中学
13	海淀	八一中学	31	通州	北京二中通州分校
14	海淀	育英中学	32	延庆	北京科技大学延庆分校
15	海淀	城市学院	33	大兴	中瑞酒店管理学院
16	丰台	北京十八中	34	大兴	印刷学院
17	丰台	丰台区十二中	35	大兴	石油化工管理学院
18	丰台	北京十二中	36	顺义	北京工业大学耿丹学院

【大规模参加京外高招咨询】 2015年学校共参加京外地区19个省市举办高招咨询活动32场。其中当地招生主管部门举办9场，高校举办13场，中学举办6场，其他机构举办4场。

2015北京建筑大学参加京外地区招生咨询会汇总表

序号	省市	举办方	地点
1	辽宁	沈阳城市建设学院	沈阳城市建设学院
2	辽宁	沈阳市招生考试委员会	沈阳市国际展览中心

续表

序号	省市	举办方	地点
3	辽宁	东北大学	东北大学
4	辽宁	沈阳大学	沈阳大学
5	辽宁	大连市招生工作办公室	大连东软信息学院
6	吉林	长春理工大学	长春理工大学
7	内蒙古	内蒙古大学	内蒙古大学
8	黑龙江	哈尔滨工业大学	哈尔滨工业大学
9	黑龙江	黑龙江省北安市教育局	北安一中体育馆
10	甘肃	兰州理工大学	兰州理工大学
11	甘肃	兰州大学	兰州大学
12	甘肃	西北师范大学	西北师范大学
13	四川	绵阳东辰国际学校	绵阳东辰国际学校
14	宁夏	宁夏日报报业集团	银川市湖滨体育场
15	天津	天津城建大学	天津城建大学
16	山东	威海市招生考试办公室	威海二中南校区
17	山东	山东省教育招生考试院	济南舜耕国际会展中心
18	山东	半岛都市报	青岛市国际会展中心
19	山东	济南大学	济南大学
20	山东	济宁市招生办公室	济宁市妇女儿童活动中心
21	安徽	安徽省教育考试院	安徽农业大学
22	广西	广西壮族自治区招生考试院	广西南宁国际会展中心
23	河南	河南省招生办公室	河南农业大学龙子湖校区
24	河南	河南新乡一中	河南新乡一中
25	陕西	西安建筑科技大学	西安建筑科技大学
26	陕西	西安中学	西安中学
27	福建	福建省教育考试院	福州海峡国际会展中心
28	贵州	贵州省招生考试院	贵阳国际会议展览中心
29	江西	江西省教育考试院	南昌国际展览中心
30	海南	海南广播电视总台	海南国际会议展览中心
31	河北	正定中学	正定中学
32	重庆	昭信教育	成都国际展览中心

【开展多种形式的招生宣传活动】建立"请进来"和"走出去"同步推进的工作机制。依托"请进来"继续承办北京市规模最大、参与高校及考生、家长最多的公益性北京市第三届高招联合咨询会；通过"走出去"组织教职工参加了京内举办的41场高招咨询活动，并对部分重点生源中学（2014年学校录取人数超过20人的中学）进行了专门走访和咨询；参与了京外19个省市自治区举办的32场高招咨询活动，有力地扩大了学校的社会影响力，提高了社会知名度。

积极参加人民网、新华网、腾讯教育、中国网、《中国教育报》、《北京考试报》、《高校招生》杂志、北京城市广播、教育部阳光高考平台等多种类型主流媒体的宣传活动，拍摄了学校招生宣传微电影《梦想筑就未来》和专业介绍 flash，制作了校园建筑风景明信片、书签，同时注意新媒体应用，开通了微博、微信、QQ、贴吧等，加强和考生的互动和交流，吸引了更多的优质生源报考。

成立市属高校首家"缘聚北建大"学生招生协会，吸引学生志愿者投身宣传和推广母校活动，开展了《我在北京建筑大学读大一》征文，完成了《北京建筑大学 2014 级新生生源情况统计》，举办了寒假期间回母校高中宣传北建大的招生宣传社会实践活动，编辑了《北京建筑大学寒假招生宣传社会实践总结》。

努力推进优质生源基地建设，选取在当地省份排名前十名的京外中学作为学校优质生源基地的重点发展对象；安徽省合肥八中、合肥十中挂牌成为学校"优质生源基地"。

（徐敬明　李雪华）

二、就业工作

（一）概况

北京建筑大学按照就业工作"一把手工程"的要求，严格贯彻落实就业工作目标责任制。积极推动就业工作的科学化、规范化建设，建立"领导主抓、部门统筹、学院为主、全员参与"的四级联动工作机制，形成了"上下联动、齐抓共管、专兼结合、全员参与"的毕业生就业工作格局。

2015 年坚持以"高质量就业，高平台发展"的理念，扎实开展就业教育和就业服务工作，2015 年全员就业率为 97.88％，全员签约率为 98.99％。获批教育部全国就业中心职业信息库课题 1 项。

（二）毕业生就业情况

【毕业生就业基本数据】

2015 年本科生分专业签约率、就业率一览

序号	学院	专业	总人数	签约率	就业率
1	环能	给水排水工程	63	100.00%	100.00%
		环境科学	82	97.56%	98.78%
		建筑环境与设备工程	73	97.26%	98.63%
		热能与动力工程	28	100.00%	100.00%
		合计	246	98.37%	99.19%
2	土木	交通工程	30	100.00%	100.00%
		土木工程	294	99.66%	99.66%
		无机非金属材料工程	31	100.00%	100.00%
		合计	355	99.72%	99.72%

续表

序号	学院	专业	总人数	签约率	就业率
3	测绘	测绘工程	23	95.65%	95.65%
		地理信息系统	108	96.30%	98.15%
		合计	131	96.18%	97.71%
4	文法	法学	62	98.39%	100.00%
		社会工作	46	95.65%	100.00%
		合计	108	97.22%	100.00%
5	建筑	城市规划	28	100.00%	100.00%
		工业设计	17	100.00%	100.00%
		建筑学	43	97.67%	100.00%
		合计	88	98.86%	100.00%
6	电信	电气工程及其自动化	66	100.00%	100.00%
		建筑电气与智能化	31	96.77%	96.77%
		计算机科学与技术	68	94.12%	97.06%
		自动化	53	96.23%	96.23%
		合计	218	96.79%	97.71%
7	机电	工业工程	37	91.89%	97.30%
		机械工程及自动化	103	95.15%	98.06%
		合计	140	94.29%	97.86%
8	经管	工程管理	136	98.53%	99.26%
		工商管理	69	89.86%	95.65%
		公共事业管理	58	91.38%	96.55%
		市场营销	38	97.37%	97.37%
		合计	301	95.02%	97.67%
9	理学	电子信息科学与技术	40	100.00%	100.00%
		信息与计算科学	38	100.00%	100.00%
	全校	本科生合计	1665	97.36%	98.74%

2015 年研究生分专业签约率、就业率一览

序号	学院	专业	人数	就业率	签约率
1	建筑	建筑学硕士	65	100%	100%
		设计学	20	100%	100%
		城乡规划学	17	100%	100%
		风景园林学	6	83.33%	100%
		设计艺术学	2	100%	100%
		建筑设计及其理论	2	100%	100%
		城市规划与设计	1	100%	100%
		合计	113	99.12%	100%

续表

序号	学院	专业	人数	就业率	签约率
2	土木	建筑与土木工程	44	100%	100%
		结构工程	21	100%	100%
		道路与铁道工程	6	100%	100%
		交通运输规划与管理	6	100%	100%
		桥梁与隧道工程	5	100%	100%
		岩土工程	4	100%	100%
		防震减灾工程及防护工程	3	100%	100%
		合计	89	100%	100%
3	环能	供热、供燃气、通风及空调工程	25	100%	100%
		环境工程	24	100%	100%
		建筑与土木工程（供热、供燃气、通风及空调工程方向）	18	100%	100%
		市政工程	14	100%	100%
		建筑与土木工程（市政工程方向）	12	100%	100%
		环境科学	3	100%	100%
		合计	96	100%	100%
4	电信	建筑与土木工程	12	100%	100%
		控制理论与控制工程	10	100%	100%
		检测技术与自动化装置	2	100%	100%
		模式识别与智能系统	1	100%	100%
		交通信息工程及控制	1	100%	100%
		合计	26	100%	100%
5	经管	工商管理	17	100%	100%
		技术经济与管理	4	100%	100%
		物流工程	3	100%	100%
		管理科学与工程	3	100%	100%
		项目管理	2	100%	100%
		企业管理	2	100%	100%
		工商管理硕士	1	100%	100%
		合计	32	100%	100%
6	测绘	测绘工程	13	100%	100%
		地图制图学与地理信息工程	6	100%	100%
		大地测量学与测量工程	6	100%	100%
		摄影测量与遥感	5	100%	100%
		合计	30	100%	100%
7	机电	工业工程	6	100%	100%
		物流工程	5	100%	100%
		载运工具运用工程	3	100%	100%
		检测技术与自动化装置	2	100%	100%
		合计	16	100%	100%

续表

序号	学院	专业	人数	就业率	签约率
8	文法	设计学	2	100%	100%
		合计	2	100%	100%
9	理学院	运筹学与控制论	2	100%	100%
		应用数学	6	100%	100%
		合计	8	100%	100%
		研究生合计	412	99.76%	100%

（三）就业指导与服务

【职业类课程建设】

1. 整合优化课程设置：2015年，招生与就业处职业生涯教研室对职业类课程门类进行了优化与整合，旨在集中优势资源，强化课程效果。选修课由3门优化为2门，分别是《大学生KAB创业基础》、《大学生职业发展与就业指导》。基于学生需求，保留并增加了就业实践课《大学生就业实训小课堂》的班次数。全年开课达到78班次，较好地满足了学生对职业类课程的需求。

2. 深入加强师资培训：2015年，招就处先后组织选派24人次参与职涯教育类专业化培训：其中就业工作岗前培训2人；生涯规划师3人；就业心理调适培训1人；行业生涯教育发展论坛及会议13人；就业指导课程师资授课培训5人。同年11月，组织召开校内外师资30余人参加的"北建大职业生涯教学研讨会"，与会师资就我校职业生涯与就业指导课程现状及问题，提出了完善的建议与措施；企业师资还就当前招聘一线通用的测评工具进行了使用分享。同年12月，经学校教务处批准，教研室自行组织了必修课《大学生职业生涯与发展规划》课程的师资试讲，提前对10名年轻教师进行辅导，8名教师顺利通过试讲。

3. 扎实开展教学研究：2015年11-12月，顺利完成了教育部高校职业生涯教育类课题2项，鼓励和支持就业辅导员发表相关主题文章3篇。

4. 加强就业动员和分类指导：2015年，为满足毕业生不同阶段需求，招就处除了协助各学院大力开展就业动员分类指导，还组织开展面向全校大3（下学期）-大4年级学生的"简历大巡诊"活动4次，受惠学生800余人次。2015年9-12月，针对毕业生开展"职点未来"系列主题讲座活动27场。

2015年"职点未来"活动一览表

会议时间	会议	主要议题
6月8日	讲座	简历大巡诊
9月17日	讲座	简历大巡诊
9月23日	讲座	简历大巡诊
10月21日	讲座	简历大巡诊
10月23日	讲座	简历制作指导工作坊
10月23日	讲座	简历制作指导工作坊
10月26日	讲座	简历制作指导工作坊

续表

会议时间	会议	主要议题
10月25日	讲座	简历制作指导工作坊
10月11日	讲座	考研学生总动员
10月12日	讲座	出国学生分享会
11月5日	讲座	京外生源毕业生就业政策
10月12日	讲座	女生群体的就业与求职
10月19日	讲座	公务员招录政策与策略
9月1-25日	讲座	各学院就业动员阶段
10月26日-11月15日	讲座	各学院分类指导阶段

【就业市场建设】2015年，通过积极维护和开拓优质用人单位，开展毕业生校园招聘月活动，联合学院及校友会，采取实地回访、座谈会、企业招聘、就业信息推送等方式保障我校毕业生岗位供需比稳定在1∶4左右。其中，招生就业处共举办毕业生双选洽谈会6场，吸引595家用人单位参加，校园专场宣讲会32场，为在校毕业生提供有效职位2000余个，覆盖我校所有专业。并且，为了更好地服务于京外毕业生就业，促进京外生源毕业生高质量就业，进一步提高我校就业工作水平，招生就业处组织学校相关学院赴山西、天津、安徽、四川、山东、河南、湖北、陕西、深圳、江苏开拓京外就业市场，先后走访调研用人单位20家。

2015年毕业生双选洽谈会一览表

序号	时间	地点	服务对象	参会单位
1	3月24日 13：30-17：00	西城校区 大学生活动中心	2014届毕业生	北京住总集团下设单位、北京建工集团下设单位、北京市政路桥集团下设单位、中铁六局等126家
2	6月17日 13：30-17：00	大兴校区 大学生活动中心	2015届毕业生	热力集团、建工集团、住总集团等80家用人单位
3	10月20日 13：30-17：00	西城校区 大学生活动中心	2015届毕业生	北京建工集团、北京城建集团、中建三局共计105家
4	11月2日 13：30-17：00	西城校区 大学生活动中心	2015届毕业生	北京北国建筑工程有限责任公司、中铁国际集团有限公司、北京中交路通科技发展有限公司等60家
5	11月17日 13：30-17：00	西城校区 大学生活动中心	2015届毕业生	北京房地置业发展有限公司、北京新城热力有限公司、北京房修一建筑工程有限公司等116家
6	12月15日 13：30-17：00	西城校区 大学生活动中心	2015届毕业生	北京金隅加气混凝土有限责任公司、北京市液化石油气公司、北京首钢房地产开发有限公司等共计108家

2015年专场招聘会一览表

序号	时间	单位名称	招聘专业
1	9月28日 14：00-16：00	中交第三公路局	建筑、土木、工程管理等相关专业
2	10月9日 16：00-18：00	市政路桥集团	建筑、土木、工程管理等相关专业
3	10月9日 14：00-16：00	北京住总海外部	工民建、工程造价、给排水、暖通、电气工程自动化
4	10月12日 15：00-17：00	中铁六局	土木工程类（铁道工程、桥梁工程、隧道工程、交通土建、地下工程等）、道桥工程、建筑学、爆破工程、材料工程、工程机械、自动控制、自动化、电力工程、安全工程、财务会计、物资管理、人力资源管理等
5	10月13日 14：30-16：30	中原地产	建筑、土木、工程管理、市场营销等相关专业
6	10月14日 15：00-17：00	电建地产	建筑、土木、电气、工程管理等相关专业
7	10月15日 18：00-20：30	多维联合集团	建筑、土木、工程管理等相关专业
8	10月15日 14：30-17：00	中航三鑫股份有限公司	土木工程、工民建、工程管理、市场营销、电气工程（强电方向）、工程造价、机械设计制造及其自动化
9	10月19日 18：30-20：30	华夏幸福基业	建筑、土木、工程管理等相关专业
10	10月21日 14：00-16：00	北京万兴建筑集团有限公司	土木工程、电气工程及自动化、工程管理、道路桥梁工程、环境工程及排水工程、岩土工程、市政工程
11	10月22日 18：00-20：00	北京市建筑设计研究院有限公司	建筑、土木、工程管理等相关专业
12	10月23日 14：00-16：00	中国建筑第六工程局有限公司	土木工程，工程管理，道路桥梁工程，环境工程及排水工程，岩土工程，市政工程、法学
13	10月27日 10：00-12：00	中国建筑第七工程局有限公司	土木工程、工程造价、工程管理、建筑装饰、安全工程、工业工程、建筑电气与自动化、电气工程及自动化、给水排水工程、建筑环境与设备工程、道路桥梁工程、岩土工程、交通工程、市政工程、测绘工程、测绘工程、无机非金属、材料、建筑学、城市规划、结构工程、环境艺术设计、法学、计算机科学与技术、市场营销等专业
14	10月27日 9：00-11：00	中建路桥集团有限公司	建筑、土木、工程管理等相关专业

续表

序号	时间	单位名称	招聘专业
15	10月27日 13：30-15：30	京港地铁	电气（电力系统）及自动化、交通运输、车辆工程、交通工程等轨道交通相关专业、道路与铁道工程、自动化控制、通信、电子信息
16	10月27日 14：00-16：00	龙湖物业	建筑、土木、工程管理、市场营销等相关专业
17	10月28日 19：00-21：00	鲁能集团	建筑、土木、工程管理、市场营销等相关专业
18	10月30日 14：00-16：00	中建一局集团建设发展有限公司	建筑、土木、工程管理等相关专业
19	11月4日 13：30-15：30	中国建筑标准设计研究院	研究生及以上学历，建筑、城市规划、结构、给排水、暖通、电气、风景园林、环境艺术、项目管理及市场营销等相关专业（含建筑技术科学、建筑节能、地下建筑工程、人防工程等
20	11月5日 14：00-15：30	中国新兴保信建设总公司	土木、建筑、暖通、给排水、工程管理
21	11月5日 19：00-20：00	世源科技工程有限公司	建筑、土木、工程管理等相关专业
22	11月6日 14：00-16：00	黑龙江电信国脉工程股份有限公司	电子、通信或计算机专业；市场营销及招投标专业
23	11月6日 14：00-16：00	深圳市斯维尔科技股份有限公司	计算机、工民建、营销
24	11月6日 14：00-16：00	华通设计顾问工程有限公司	建筑、规划、结构、给排水、暖通、电气
25	11月5日 18：30-21：00	中国土木工程集团有限公司	道路工程、铁道工程、桥隧、结构工程、建筑工程、工程造价、测绘工程、给排水工程、建筑学、铁路运输
26	11月6日 18：30-21：01	中铁城建集团北京工程有限公司	土木工程、暖通、给排水城市轨道交通工程、道路、桥梁工程、市政工程、铁道工程、岩土工程、建筑学、测绘工程、建筑电气、电气工程及自动化、机械工程及自动化、工程管理、法律
27	11月11日 15：00-17：00	特纳唐逊公司工程咨询有限公司	建筑、土木工程、工程管理、工程造价等相关专业
28	11月13日 9：00-11：00	香港恒丰集团（北京紫玉山庄）	土建类、市场营销、工商管理等
29	11月18日 14：00-16：00	山水文园．金海湖投资集团	市场营销、工程管理、法律、计算机类、工程类

续表

序号	时间	单位名称	招聘专业
30	11月23日 14：00-16：00	中电建建筑集团有限公司	土木工程、工程管理、工程造价
31	11月25日 14：00-16：00	北京恒凯祥园商贸有限公司	本科生，专业不限
32	12月2日 14：00-16：00	中国中铁诺德地产	房地产经营与管理、工民建、土木工程、建筑学、工程管理、结构力学、工程造价、工程管理（造价）、电气工程及其自动化、暖通空调制冷类、法学

2015年京外就业市场拓展活动一览表

序号	时间	地点	走访单位	参加人员
1	5月18日	山西	山西省设备安装有限公司、中铁十二局	朱俊玲、王秉楠、宋宗耀、左一多
2	6月18日	天津	中建六局集团	朱俊玲、王秉楠、宋宗耀、左一多、杨益东、秦岭
3	10月29日	安徽	中铁十局集团第三建设有限公司	李雪华、朱俊玲、蔡思翔、徐敬明
4	11月13日	四川	中建六局集团西南总部、中国建筑西南设计研究院有限公司、成都地铁运营有限公司	何立新、朱俊玲、黄琇、宋宗耀、李雪华、杨建伟、汪长征、周素霞
5	11月18日	山东	山东省建筑设计研究院、青岛市城市规划设计研究院	李雪华、张群力、朱俊玲、杨益东
6	11月19日	河南	河南省交通规划设计研究院	王震远、何立新、龙佩恒、沈茜、宋宗耀
7	11月19日	湖北	武汉地铁、中国中车集团	杨建伟、张军、蔡思翔
8	12月1日	陕西	中国建筑西北设计研究院有限公司	李雪华、刘临安、马英
9	12月4日	深圳	华阳国际设计集团	蔡思翔、贾海燕
10	12月7日	江苏	江苏华建、扬州青年创业服务中心	汪长征、金涛涛、王传涛

（杨益东　左一多　贾海燕　李雪华　朱俊玲）

（薛东云　李云山）

三、校友工作

（一）2015年1月1日-9月16日（挂靠招就处）

【北京建筑大学举办校友座谈会】 2015年2月7日上午，北建大举办校友座谈会，党委书记王建中、校长朱光、副校长宋国华、副校长汪苏、副校长李维平、党委副书记张启鸿、副校长张大玉、党委常委张素芳以及相关师生代表，与应邀莅校的20余名优秀校友进行了座谈交流，共叙师生情、同学情、校友情，共话学校发展。座谈会由张大玉副校长主持。

座谈会上，与会人员首先观看了学校宣传片。随后，朱光校长代表学校向各位校友介绍了学校近年来发展建设情况。他分"秉承优良传统，学校实现跨越式发展；发挥自身优势，积极服务北京经济社会发展；推进更高层次发展，实现'提质、转型、升级'"三部分，详细介绍了学校近年来完成更名、申博、新校区建设"三大工程"，深入实施"质量立校、人才强校、科技兴校、开放办校"战略，以及服务社会发展取得的一系列成绩，并介绍了学校当前发展面临的瓶颈与难题，希望广大校友积极建言献策，共同推动学校更快更好发展。

与会校友对学校日新月异的快速发展感到倍受鼓舞、骄傲振奋，纷纷表示以学校为荣，愿意为学校贡献一己之力。校友们先后发言，大家满怀感恩情怀，心系学校发展建设，就学校发展方方面面的工作提出建议和意见。大家围绕办好学校80周年校庆、提升学校发展定位、聚焦重大战略需求推动交叉学科发展、加强产学研合作和科研成果转化、调整学校专业设置、统筹两校区发展建设、强化人才培养特色、推进精品课程建设、更好发挥校友的力量等方面，为母校的建设和发展提出了很多很好的意见和建议。

【"老穆说桥"做客北京建筑大学】2015年3月31日，校友穆祥纯——"老穆"回到学校，与土木学院的师生面对面"说桥"，他讲座的题目为"迈向桥梁强国，品味传统文化"。穆祥纯是桥梁专业教授级高级工程师，国家注册咨询工程师，享受国务院政府特殊津贴专家，现任北京市市政工程设计研究总院副总经理。

讲座之前，校党委书记王建中热情会见了穆祥纯，并与穆祥纯进行了深入的交流，对校友取得的骄人成绩给予了充分肯定，并希望校友一如既往地关心学生的成长和学校的发展。

【北京建筑大学成功举办首届青年校友论坛】2015年4月25日，近百名青年校友回到母校，参加学校举办的"汇青年力量，筑建大梦想"北京建筑大学首届"青年校友论坛"。北京建筑大学党委副书记张启鸿出席论坛开幕式并致辞，学工部部长黄尚荣、团委书记朱静、招生就业处副处长朱俊玲以及部分学院领导、团干部、辅导员、百余名在校生代表参加了本次论坛。论坛由团委、招就处、学工部共同主办，北京建筑大学学生委员会承办。

论坛开幕式在学校宣传片中拉开序幕，校党委副书记张启鸿代表学校，热情地欢迎各位青年校友回家。张启鸿在致辞中向青年校友介绍了学校近年来发生的巨大变化，对于校友们取得的成就和为社会做出的贡献感到由衷的自豪，他希望青年校友们能继承老一辈建工人的优良传统，在工作岗位上创造新的价值。他指出，一直以来，学校的发展、建设，离不开校友们的鼎力支持，希望各位青年校友，常回家看看，为学校建设出谋划策，添砖加瓦。在致辞的最后，他向所有的青年校友发出邀请，在明年母校八十周年校庆的时候，请各位青年校友回校再相聚，聊聊新一年的经历和故事，和老师、前辈、同窗们齐聚一堂，共叙情谊。

青年校友代表，北京市住宅建筑设计研究院科研中心副主任、BIM项目负责人、建筑学院07届校友高洋在致辞中说，这是他第一次来到母校的大兴校区，看到母校今非昔比的变化，取得这么多可喜的成绩，体会到了作为一个建大人的欣慰与自豪。作为一名从事建筑工作的校友，他深刻地感受到老北建工、新北建大在行业里的重要作用，他也希望母校能多举办校友论坛这类活动，促进大家交流经验，共同成长。高洋在致辞中，回忆了当年在西城校区的大学生活，深感建大人应当传承建大的历史、品质与精神，用实际行动，再创佳绩，为理想喝彩，为母校增光！

【北京建筑大学召开校庆工作会】2015年7月13日，学校召开建校80周年校庆工作会，听取校庆工作办公室关于校庆工作筹备情况汇报，并对下一阶段的校庆筹备工作作出部署。党委书记王建中、党委副书记张启鸿，党委常委兼校庆办公室主任张素芳，以及校庆工作各重点项目负责人、校庆办公室及校史资料组人员参加会议。会议由党委副书记张启鸿主持。

【积极协助校友分会开展校友返校活动】2015年7-9月，校友工作办公室积极协助组织了55届道三乙班毕业60周年、暖春00毕业10周年、水01级毕业40周年、水307班毕业58周年、水81级毕业30周年等大型校友返校活动。

【校友信息档案、数据库建设】通过各种方式多方搜集信息，及时组织、充实、调整和更新，确保信息准确。注意在工作中加强工作的可操作性，提高工作实效。在学校和各二级学院的支持下，在毕业生登记表的基础上补充了毕业生的相关信息，使相关材料更加完整，对于今后联系校友、组织资料提供方便。

（二）2015年9月17日-12月31日（独立设置校友工作办公室）

1. 概况

为了加强校友工作，建立现代大学校友工作机制，自2015年9月17日起，校友工作办公室独立设置，负责统筹全校校友工作，负责校友会秘书处工作。

【独立设置校友工作办公室】根据《中共北京建筑大学委员会关于独立设置校友工作办公室的通知》（北建大党发〔2015〕42号），经2015年9月17日北京建筑大学党委常委会研究，决定独立设置校友工作办公室。不再挂靠招生就业处，改为独立设置的副处级单位，挂靠学校党政办公室。

校友工作办公室工作职责如下：

（1）策划校友工作，制定年度校友工作计划并组织实施。

（2）组织、协调各院系部处做好校友工作，包括策划、协助各专业、系及学院做好校友返校的组织、接待、联谊与宣传工作。

（3）支持、协助校友会开展工作，承担校友会秘书处日常工作，指导、协助各地校友会，搞好组织建设与联络工作。

（4）策划、协助、组织各有关部门，举办各种类型、不同行业校友的联谊活动，做好与广大校友的感情联络和信息沟通工作。

（5）建立、管理与维护好学校校友网站、微信、手机报等信息平台。

（6）组织、协调校内有关部门为校友提供服务，支持校友的继续学习与事业发展，使学校成为校友成长的助推器。

（7）发挥校友资源优势，寻求校友与学校的合作及对学校办学（如教学、科研、管理、育人、科技成果转化、吸引人才、招生与就业等方面）的支持。

（8）充分依靠各地校友会与师生员工，在广大校友与海内外各界人士中募集学校发展基金，为学校发展助力。

（9）完成党政办相关工作以及学校交办的其他工作。

【校友工作办公室机构组成】校友工作办公室编制3个，其中事业单位编制2人，合同制编制1人。设主任1名（副处级）兼任党政办公室副主任，综合管理科科长1名（正科级），科员1名；经2015年9月30日党委常委会研究决定，沈茜同志任校友工作办公室主任兼党政办公室副主任。10月8日，沈茜到岗。学生助管2名10月20日到岗。合同制工作人员苏瑞华10月31日到岗，合同期一年。

2. 校友会工作

校友会继续建立健全校友会组织，2015年10月18日，召开第三届校友理事会第二次会议。相继成立了9个校友分会。校友办积极调研，谋划校友工作思路，规范校友返校接待流程，多部门协作热情迎接校友回家，进一步优化联络校友的信息化水平，积极广泛联络校友共谋学校发展大计，积极参与迎接八十周年校庆工作。

【召开校友理事会】2015年10月18日，第三届校友会理事会第二次会议顺利召开，来自各地的40余位校友代表齐聚母校，共商学校发展大计、80周年校庆工作与校友会工作。会议审议通过了第三届校友理事会组成人员调整建议名单，校长张爱林当选为新一任会长。与会校友和理事围绕如何办好80周年校庆工作，如何发挥校友会联系服务校友的桥梁纽带作用，如何建立校友向学校建言献策机制以及对学校发展特别是人才培养方面的意见建议等问题畅所欲言，建言献策，为学校发展建设、人才培养、校友会下一阶段的工作和80周年校庆相关活动提出了宝贵建议，并表达了对学校80周年校庆的期待之情。

【集中成立校友分会】校友理事会后，相继成立了9个校友分会。包括6个学院校友分会，1个专业建设指导委员会，1个地方校友分会，1个青年校友分会。分别是：文法学院校友分会，理学院学院校友分会，机电学院校友分会，电信学院校友分会，土木学院校友分会，测绘学院分会；环能学院建筑环境与能源应用工程专业建设指导委员会；安徽校友分会，青年校友分会。

2015年10月17日，文法学院举行了校友会分会成立仪式，12位校友成为第一届校友理事会成员。

2015年10月18日，北京建筑大学青年校友会成立大会在西城校区第三会议室举行。

2015年10月18日，环能学院召开杰出校友座谈会暨建筑环境与能源应用工程专业建设指导委员会成立大会。

2015年10月18日，经管学院校友代表座谈会暨校友分会理事会在西城校区第六会议室召开。

2015年10月18日上午，电信学院分会成立暨第一届理事会第一次会议在西城校区实验3号楼208会议室召开。

2015年10月19日，校友会机电与车辆工程学院分会成立仪式在西城校区召开。

2015年10月30日，土木学院校友分会成立大会在北京建筑大学第一会议室举行。

2015年11月27日，测绘学院校友分会召开成立大会。校友代表我校原校长朱光、辽宁省丹东市国土资源局局长朴明哲、测绘学院副院长杜明义、国家测绘地理信息局法规与行业管理司处长孙超、北京建工集团三建公司测量中心总工程师刘昌武及退休老师顾祖丽和曾启雄等发言。

【调研校友工作】2015年10月中下旬开始，在分管校友工作的张启鸿书记带领下，校友会秘书长与校友办主任先后调研了京内外4所高校。校友办撰写了《北京部分高校校友工作开展情况调研报告》，形成了四个基本认识：高校校友工作理念与工作手段发生了改变；高校越来越重视校友工作；加强校友工作组织与领导；充分利用新媒体搭建校友交流平台。并提出了今后校友办公室工作规划建议。12月初，完成《北京建筑大学加强校友工作的若干意见（征求意见稿）》。

【规范校友返校接待流程】2015年11月，校友办会同大兴校区管委会、保卫处、各学院共同规范校友返校接待流程，制定了《校友返校接待工作任务单》，明确接待方、接待责任、接待内容、参观校园流程与协作方的责任，提高工作效率。

【校友返校庆毕业周年】2015年10月24日，财6409班、道81班、土013班校友返校共庆毕业五十周年、三十周年和十周年。10月31日，土木014班的校友返校庆祝毕业十周年。

2015年11月14日，测绘学院2005届校友毕业十周年聚会。

【环能学院举办校友体验日】2015年11月29日，环能学院在兴校区成功举办"爱·回家"青年校友联盟第二季主题活动——"校友体验日"。学工部副部长冯永龙、环能学院党委副书记黄琇、校团委副书记卫巍、环能学院王文海老师、院团委书记王刚、辅导员韩志鹏、曹宇曦，11名青年校友和40多名在校生参加此活动。活动重现大学生在校生活全过程，一天内青年校友需要完成新生报到、主题班会、课程学习、学生沙龙、图书馆自习和班级活动等全部过程。

【领导带队看望校友】2015年11月12日，看望我校1979级给排水专业优秀校友通州区委书记杨斌。

2015年11月16日，校党委副书记张启鸿带队看望安徽校友代表。并与分会会长张晓明（测绘专业1980级）、秘书长郑之宏（测绘专业2000级）及部分校友代表进行了座谈。

【校友会微信公众号开通】2015年12月8日，与北京神州智联科技有限公司签订了定制开发微信公众号合同，旨在增强利用新媒介凝聚校友、宣传学校的能力。校友会微信公众号年底上线。

【采访老校友】至2015年年底，共录音录像采访老校友2人：邢汉峰、张汝亮。

【校友合作】2015年11月19日，土木与交通工程学院道1991级校友，现郑州市交通规划勘察设计研究院院长惠涛及总规划师、顾问总工程师、副总工程师、市场经营部副部长一行五人来到土木学院，就企业人才需求、加强科研合作和建设就业实习实践基地等相关事宜进行调研。

3. 校友捐赠

【李瑞环再次向母校签字赠书】2015年9月28日，受李瑞环同志的委托，我校工民建1985级校友常卫军及夫人刘兵将我校杰出校友——中共中央政治局原常委、全国政协原主席李瑞环个人著作《谈"少讲空话，多办实事"》、《城市建设随谈》、《为人民办实事随谈》、《木工简易计算法》赠送给母校，李瑞环亲笔在扉页上题字"赠北京建筑大学 李瑞环"。

【MBA毕业生向母校捐赠纪念品】2015年10月25日，2015届MBA毕业生向母校捐赠纪念品。

4. 校友风采

据2015年12月18日北京组工网消息，我校1980级供热与通风专业校友赵金花出任市政务服务管理办公室主任（正局级）。

5. 其他工作

【启动申请教育基金会】 通过调研，2015 年 11 月份启动筹备教育基金会工作。11 月 26 日，经校长办公会审议，同意成立北京建筑大学教育基金会（非公募基金会），并通过了《北京建筑大学教育基金会章程》（建议稿）和第一届理事会、监事会构成建议名单。12 月 31 日上报教委人事处。

（沈　茜）

第九章 管理与服务

一、党政管理

【扎实开展"三严三实"专题教育活动】按照党委部署，配合组织部、宣传部做好党委理论中心组和二级理论中心组的学习的相关准备工作。积极开展党政办公室支部"三严三实"教育活动，组织支部党员通过自学、听取报告等形式提高党员政治觉悟，强化学习的主动性和自觉性。加强调查研究，了解基层单位发展思路和存在困难。密切联系群众，切实做到为群众办实事，一年来，推进办成实事8件。

【制度建设】主动参与、推动学校综合改革，制定并实施《卓越管理行动计划》，以科学构建学校组织管理机构为基础，以学校业务流程再造工程为关键，系统梳理学校管理体制机制，全面理顺各方面关系，大力提升管理服务水平，推动学校治理体系和治理能力现代化；不断推进现代大学制度建设，落实依法治校、依法治教，完成学校章程制定和报备工作；聘请法律顾问，强化学校法律咨询审核职能等方面内容开展；积极加强内部治理体系建设，牵头学校各职能部门，梳理修订各项规章制度共221个。

【文秘工作】积极推进文稿创新，探索建立重大文稿集体讨论、会商、研究机制，切实提高文稿质量。深入贯彻上级精神，着力加强对党中央各类理论、政策、文件、会议精神和习近平总书记系列重要讲话的学习研究，认真研讨分析落实北京市委、市委教育工委、市教委的工作部署安排，密切关注高等教育领域热点和兄弟高校先进经验做法，紧密结合学校实际，主动破解发展难题，将上级理论、政策、文件、精神与学校发展实际紧密结合，不断加强对学校发展形势和发展需求的分析研判，准确把握问题症结，出实招，解难题，切实做好校领导的参谋和助手。高质高效完成市部共建北京建筑大学及京津冀协同创新战略合作协议、领导讲话、党建工作会、人才工作会、本科人才培养工作会、学科与科技工作会部分会议报告、上级单位领导讲话、校领导讲话、学校各项事业发展谋划、党政工作要点、党委工作报告、学校年度综合性工作报告、总结、规划等文稿资料以及开学典礼、毕业典礼、中层干部会、干部研讨班、干部培训班等会议的部分材料、领导讲话等起草撰写工作。

【党委常委会、党委全委会、校长办公会、党群部门工作会等会务工作】严格按照《关于规范党委常委会、校长办公会议题申报程序和学校会议审批等有关事项的通知》、《党委常委会议事规则》、《党委全委会议事规则》、《校长办公会议事规则》要求，进一步转变会风、文风。会前和相关领导做好沟通，议题经沟通酝酿且无重大分歧后提交会议讨论，做好议题的收集与印发、材料的汇总与整理、部门协调、会议记录、纪要整理和印发、决议执行单下发，认真贯彻落实会议决议和督办查办等各环节工作，切实提高会议质量。2015年共召开校长办公会21次，党委常委会25次，党委全委会2次，务虚会2次，党群部门工作会10次。

【公文管理】认真贯彻落实中共中央办公厅、国务院办公厅下发的《党政机关公文处理工作条例》和《党政机关公文格式》，根据《北京建筑大学党政公文处理办法》，严守工作程序，充分利用办公自动化系统办理校内各级各类发文，提高公文管理工作效率和质量，深入推进学校公文处理规范化、标准化。一年来，校内发文共363份。以严谨的态度完成上级来文和校内发文的处理工作。做好中央、市委、市政府、市委教育工委、市教委等有关部门文件、函电的公文处理程序，共办结、落实上级来电来文702份。在公文处理过程中，始终以高度的政治责任感、组织纪律性和负责任的精神，做好秘密文件、资料的管理工作，严格执行学校《密级文件阅文注意事项》，坚决做到上网不涉密，涉密不上网。

【信息化工作】快速提升办公室信息化工作水平。积极筹划、精心组织，梳理优化业务流程，就学校办公自动化系统（OA系统）运行流程与开发商进行反复推敲，在时间紧、任务重的情况下推动OA系统开发上线；及时组织骨干人员进行多次系统培训，强化业务指导，保证OA系统顺利投入使用。制定《北京建筑大学办公自动化系统使用管理办法（试行）》，利用OA系统办理公文处理、会议管理、印信管理、信访工作等日常办公业务，适时对OA系统的阅文情况进行统计，查找问题，分析原因，提升OA系统的使用效率和为学校各项工作服务的水平。

【信息公开】2015年，在建设有特色、高水平、创新型建筑大学的目标指引下，坚持以学校改革发展的重大事项、师生员工普遍关注的热点问题为重点，积极规范地开展校务和信息公开工作。根据便利、实用、有效的原则，积极创新校务和信息公开的载体和形式，通过校园网、宣传橱窗、教代会、情况通报会会议、办公自动化系统（OA系统）、iStudent网络社区、新浪官方微博、微信公众平台等多种形式推进校务和信息公开工作，让全校师生员工知校情、参校事、议校政，进一步调动了广大师生员工主动参与、关心学校改革与发展的积极性，促进了学校重大决策的科学化、民主化。

【信访工作】坚持以人为本，把切实解决师生员工的困难作为信访工作的出发点，对师生员工反映的问题都认真接待，以事实为依据，按照法律、政策的相关规定，针对每一个信访事项坚持做到件件有回音，事事有结果，切实解决信访反映的实际困难和问题，进一步改进学校工作。为强化信访工作的服务理念，根据工作需要，学校还设立并开通了校级领导和各部门（单位）党政负责人校内工作邮箱，更加畅通了全校师生员工积极反映情况、提出意见和建议、表达心声、交流思想的渠道。在日常的信访工作中，做到热情耐心地接待群众来访，做好群众来电、来信记录，并积极联系主管部门解决问题，安排相关校领导予以接待，将校领导和相关部门的处理意见及时反馈给来访人、来信人。2015年先后接待处理家属因小卖部改造信访、土木学院学生信访、原后勤集团退休员工信访等案件，维护了学校的团结稳定。

【保密工作】突出重点，严格管理，确保保密工作实效。按照"谁主管、谁负责"的原则，认真落实各项保密工作。2015年，在学校保密委员会的领导下，信息科根据高校保密工作的特点，把试卷保密、文件保密、网络保密、会议保密作为保密的重点，重点防控，加强管理。加强对涉密人员的保密教育和培训，涉密人员签署保密承诺书，协同相关部门完成涉密人员离岗或离校前的涉密清查；切实加强对国家各类统一考试的保密管理；规范涉密文件的管理，建立了文件资料的收、发、传阅制度，健全了国家秘密载体和其他内部文件资料保密、借阅、归档、清退、销毁制度。2015年，党政办公室还开展了保密工作自查、"六五"保密法制宣传教育总结、新保密法实施五周年宣传教育活动及保密工作宣传网站建设等工作。

【公务接待与综合事务管理】 积极做好学校大型活动和重要会议的综合协调与保障服务工作。圆满完成了京津冀协同创新战略合作协议签约仪式、市部共建协议签字仪式等总体协调、筹备任务。积极配合人事、组织、教务、科技、研究生等部门组织召开学校人才工作会、党建工作会、人才培养工作会、学科与科技工作会等具有改革引领意义的重要会议。按照学校80周年校庆工作总体部署，负责完成了校庆倒计时1周年的策划、组织协调工作。与宣传部协同推进了校园VI建设，统一学校标识。

【督察督办】 建立督察督办工作机制，强化学校重要部署的督办落实。为确保党委和行政各项工作任务有序推进，实现预期目标，党政办公室出台了《北京建筑大学督查督办工作实施办法（试行）》，明确了督查督办的责任分工、工作程序以及结果运用等有关事项。上半年对《党政工作要点》情况进行了全面督查，年底对"十二五"规划完成情况进行了督促，有利推进了学校各项工作的开展。依托 iStudent 社区建立 1-3-5 反馈机制，与网络信息管理服务中心配合，在研发学生网络社区的过程中，根据学校党委要求，及时制定《建立网络 iStudent 社区用户诉求反馈服务工作督查机制》，形成师生服务反馈倒逼管理服务水平提升的环境。

【用印管理】 坚持原则，规范管理，进一步完善印章刻制和使用。一是加强印章刻制的必要性核查，及时与主管部门沟通，对却无必要刻制的印章不予办理；二是严格使用OA系统开展印信管理及审批，对授权使用的合同专用章要求相关单位制定具体的使用办法并备案，并建立定时与不定时的抽查制度，确保学校用印安全；三是加强重点部位和关键环节的用印管控，规范党政办公室工作人员对重要用印文本的审查行为，提高用印安全防范意识。

【档案管理】 拓展功能，稳步推进档案数字化建设。落实纸质档案与电子档案同步归档。2015年完成了1996~2004年案卷，新生录取登记表，科研档案专利证书等共计683卷的扫描、录入工作。

（谷天硕　白　莽）

二、财务工作

（一）概况

2015年财务处在学校党委和行政的正确领导下，紧紧围绕学校"十二五"发展规划和2015年的工作重点，积极筹措办学经费，科学运筹资金，统筹兼顾，突出重点，开源节流，将资金用在刀刃上，提高资金使用效益，强化服务意识，做到财务服务于教学、科研，服务于师生，为全面提升学校的办学水平和办学层次，提供雄厚的资金保障。

财务处办公人员25人，按照职能岗位设有会计科、预算管理科、财务管理科、项目管理科和综合核算科。会计科负责基本经费、专项经费及公费医疗等学校大帐各种经费的报销。预算管理科负责整体经费预算，增收节支工作，内部控制建设，综合管理，统计工作。财务管理科负责工资、税务、收费、一卡通、公费医疗；承担经营性资产管理委员会办公室的职责，负责校办企业财务监管。项目管理科负责财政专项专费申报、评审、绩效评价管理，科研项目财务管理，基建财务；负责财务信息化工作和流程优化与再造。综合核算科负责后勤（食堂）财务、校友会、教育基金会、工会财务、培训中心财务等独立核算的财务管理。

财务处行为规范：财务人员行为规范爱岗敬业，遵纪守法，待人热情，服务优质，语言文明，答问耐心，举止适当，环境整洁。

（二）年度收支及各项经费使用情况

2015年我校总收入为1134995148.91元，比2014年的1615071959.74元减少了480076810.83元，减少29.72%，主要是由于上年财政拨付我校土储归垫款，今年没有此收入造成收入减少。其中，财政拨款收入982200720.04元，占学校收入的比例为86.54%，事业收入为125299661.75元，占学校收入比例为11.04%，经营收入为11775525.54元，占学校收入比例为1.04%，其他收入15719241.58元，占学校收入比例为1.38%。2015年收入构成情况见下图：

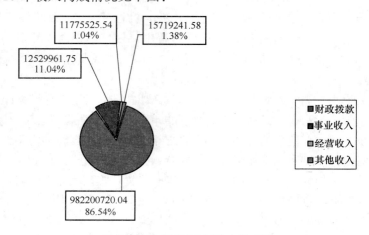

北京建筑大学2015年收入构成图

2015年总支出1539490780.09元，其中：基本支出471997998.58元，占总支出的30.66%；项目支出1062819548.65元，占总支出69.04%；经营支出4673232.86元，占总支出的0.3%。2015支出构成情况见下图：

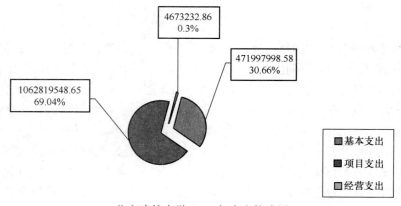

北京建筑大学2015年支出构成图

（三）财务状况

2015年末我校资产总额4160248822.43元，比2014年增加了505633891.62元，增加了13.84%。2015年末我校负债总额为315116319.09元，比2014年减少了49154900.19元，减少了13.49%。

2015年末我校净资产总额为3845132503.34元，比2014年增加了554788791.81元，增幅为16.86%。其中：事业基金年末余额为468604088.09元，比2014年增加95185371.72元，增加25.49%。非流动资产基金3028991366.94元，比2014年增加了885512709.36元，增幅为41.31%。专用基金49629803.12元，比2014年增加14651169.13元，增幅为41.89%；财政补助结转和结余155083934.8元，比2014年减少465513842.5元，减少75.01%。非财政补助结转142823310.39元，比2014年增加24953384.1元，增幅为21.17%。资产负债变动情况见下表：

北京建筑大学2014-2015年资产负债情况表 （单位：元）

项目	2014年末	2015年末
一、资产合计	3654614930.81	4160248822.43
二、负债合计	364271219.28	315116319.09
三、净资产合计	3290343711.53	3845132503.34
事业基金	373418716.37	468604088.09
非流动资产基金	2143478657.58	3028991366.94
专用基金	34978633.99	49629803.12
财政补助结转	620597777.3	155083934.80
非财政补助结转	117869926.29	142823310.39

（四）财务管理工作

在学校党委和行政的领导下，财务处坚持围绕中心、服务大局，紧紧围绕学校"提质、转型、升级"的发展需要，按照推进积极争取资源保障学校快速发展，大力推进财务改革实现财务转型，全面提速财务信息化初步实现财务服务网络化，不断优化财务管理服务流程提高师生满意度，为学校事业跨越发展和教职工待遇大幅提升提供了资金保障。

1. 全力筹集经费，保障学校建设发展和教职工待遇。获得的财政拨款快速增长，2015年获得的财政拨款在2014首次突破10亿大关后再次突破10亿元，位居市属高校第三。为做好学校疏解非首都核心功能工作，在校领导的指导和支持下，成功申请2015疏解追加专项资金1亿多元，成功申请2016年新校区建设资金2亿元和科贸楼疏解建设经费1亿元，为新校区的建设和功能完善，为学校推进疏解工作提供了资金保障。

2. 全面改革财务管理体制，提高资金使用效益。系统推进预算改革，建立预算与学费收缴、绩效评价、支出进度、审计结果等业绩挂钩的预算管理激励约束机制，增强预算执行的动力和责任。全面导入绩效理念，通过设立竞争性项目、开展绩效评价等方式，努力构建突出费效比的"绩效财务"管理体系。2015年获得市教委绩效奖励拨款400万元；获得2014年度结算工作二等奖。

3. 全面推进财务信息化，提高财务管理服务水平。以信息化为牵引，逐步构建关注用户体验、响应及时、方便快捷、师生满意、流程可控的"智慧财务"信息化系统，显著提升财务报销的效率，彻底消除了排长队报销的老大难问题，赢得了广大师生的高度赞扬。一是建立了网络预约报销系统，采取非现场报账模式，在具有自动计算等功能的预算报销系统上远程网上预约并填写报销信息后，直接投递报销凭证，提高了效率，确保了准确性，消除了报销排队等候时间。二是建立了无现金报销系统，从排队等候现金报销改为直接打卡报销，彻底消除现金报销的等候时间。三是建立了薪金并税系统，实现网络自动进行并税计算并准确纳税，消除传统人工计算并税的排队等候时间。四是建立了财务报销物流系统，让老师实时了解报销进度，提高财务业务办理过程的透明度。五是建立了财务报销短信通知系统，让老师及时了解报销结果，避免不知何时完成报销的弊端及专家费对方何时收到的尴尬。六是建立了网络缴费系统、收费管理系统，实现网络远程缴纳学费、住宿费，方便学生和家长及时缴费，并为数字迎新、学生注册管理提供共享数据。

4. 全面优化财务管理服务流程，提高师生满意度。出台《关于规范和优化财务报销流程的通知》，以"严格管理、规范程序、优化服务、提高效率、明确要求、强化责任"为原则，结合财务信息化的推进，以强化项目（经费）负责人责任和预算约束为重点，进一步规范优化财务报销流程，很多老师通过微信、邮件等方式为财务处改进服务点赞。实施形象提升工程，加强文化建设，建窗口型组织。实施服务创优工程，加强服务工作，建服务型组织。实施立牌办公制度，设立党员服务岗。开展"微笑服务"活动，改进服务态度。坚持并不断完善收单与报销分离的快捷报销方式，消除排队报销现象。与经管学院党委开展党组织共建活动，发挥经管学院的专业优势和财务处的实践优势，促进财务管理服务水平提升，促进经管学院教学实践工作开展。

5. 全面加强内部团队建设，提高团队服务能力。以党支部为组织依托，实施能力提升工程，加强团队建设，建学习型组织。坚持每周二下午集体学习会制度，采取主讲主问制模式，每次聚焦一个主题，集体开展业务学习和工作研讨。注重综合能力培养，通过实施 AB 角工作法、轮岗、轮流负责咨询、培训等工作的方式，提升财务员工胜任多岗位的能力。

6. 全面规范财务管理，提升风险防控水平。与时俱进地修订和制定有关财务制度，积极推进财务制度的"废改立"工作，规范财务管理，防范廉政风险。制定或修订了《预算管理办法》、《预算执行工作管理办法（试行）》、《人才培养质量提高定额经费管理办法》、《基础设施改革定额管理经费管理办法》等管理制度。注重制度落实，在日常财务管理自觉落实有关制度，同时监督各单位、各部门落实这些制度。积极贯彻《行政事业单位内部控制规范（试行）》，结合流程再造与优化工作，加强财经风险防控，保障资金安全。积极开展财经纪律宣讲活动，主动深入到二级学院，面对面宣讲财经纪律。

7. 全面加强校产财务监管，提升校产财务管理水平。适应学校校产改革的需要，财务处承担国有经营性资产管理委员会办公室的职责，并派出一名同志兼任资产公司财务总监，从学校角度全面系统加强对校办企业的财务监管，指导校办企业的财务工作。举办学校财务系统和校办产业财务系统的联合业务培训会，利用一整天的时间，邀请税务管理官员、财务管理专家对全体财务人员和经理层进行了税务风险控制、内部控制制度建设、新常态下财务管理等内容的培训。

8. 适应后勤管理改革的要求，全面梳理和改进后勤财务管理。根据学校大后勤改革的需要，学校财务处接手原后勤集团财务管理工作。上半年，财务处根据后勤财务移交时的审计结果，积极进行整改，以高标准规范财务管理，完善后勤财务管理制度。下半年，财务处根据学校进一步推进后勤改革的新要求，针对后勤集团分立为物业公司和餐饮服务中心的新情况，加快进行账务梳理、清理工作，积极开展餐饮服务中心银行账户开户和核算体系建设等工作，完成了财务分立工作。

（韩　敏　贝裕文）

三、审计工作

2015年学校审计部门按照市教委《关于做好2015年教育审计工作的意见》（京教审〔2015〕1号）中提出的任务和要求，以党的十八大和十八届三中、四中、五中全会精神为指导，紧紧围绕学校2015年中心工作及市教委和市审计局的业务工作要求，坚持"依法审计、服务大局、求真务实"的工作原则，认真贯彻执行上级法规规定及学校内部审计规定，充分发挥内部审计的"免疫系统"功能，依法认真履行审计监督职能，履行审计职责，较好地完成了各项工作任务。

（一）基础设施定额项目首次实行全过程跟踪审计

【首次实现基础设施定额项目全过程跟踪审计】将审计关口前移，对2015年基础设施定额项目实行全工程跟踪审计，将审计的关口前移，强化审计对项目执行的过程监督。

通过公开招标，选择了三家中介机构全程参与项目的实施，将审计服务工作贯穿到项目实施的过程管理，工作中从源头把关，从项目招标控制价、招标环节、工程变更洽商、工程款支付、合同执行及工程结算进行等进行全过程跟踪，提高审计服务的质量和财政性资金的使用效果，也改变了修缮项目事后结算审计监督相对滞后现象，发挥了审计监督的过程效应。2015年完成定额项目全过程跟踪审计资金8647.97万元，全过程跟踪审计项目29个，完成审计报告136项，当年对完成按合同已完成验收的20个项目进行了结算审计，审定金额4057.04万元，审减334.93万元，审减率7.63％。

（二）新增大兴校区体育馆和行管楼跟踪审计工作

【对大兴校区新开工建设项目的跟踪审计进行公开招标】2015年我校大兴校区体育馆及教学科研行管楼相继开工，学校高度重视对上述两个项目的跟踪审计工作，为强化监督，提高项目跟踪审计的效果，从2015年起，学校对新开工单体的全过程跟踪审计机构进行重新公开招标，选择了2家具有高校全过程跟踪审计经验的中介机构对体育馆和教学科研行管楼进行跟踪审计，同时加强对跟踪审计机构的管理，审计过程中，从招投标控制价、招标文件、合同、工程量清单、材料设备的认价、综合单价等每一个审计环节，必须出具书面的意见和建议，所有的意见和建议审计部门代表学校进行审核确认后方可执行，同时在资金支付环节强化了学校审计部门审签环节，并严格对监理、施工等单位提供资料进行审核，确保了学校项目资金支付的规范。

（三）预算执行与决算审计整改工作

【强化审计整改，将2013年度、2014年度预算执行与决算审计中发现的问题进行全面整改】按照市教委的要求，学校审计部门将预算执行与决算审计作为年度的重点工作，2015年完成了2014年度预算执行与决算审计、2008-2014年8月份原后勤集团预算执行与决算审计问题整改及学校 2013 年度预算执行与决算审计整改方案的制定及整改工作。根据审计报告中发现的问题，学校一一落实整改，确保整改零死角。在整改过程中，学校审计部门提出了 71 条审计建议，并注重从体制机制上提出合理化建议，学校领导高度重视审计部门的意见和建议，在学校经济管理中将审计部门提出的制度建设建议列入了学校"三严三实"整改工作中，并注重发挥二级单位党委班子在整改中的主体责任，充分发挥了审计部门在学校经济管理活动中的监督和免疫作用，降低了财务风险，规范和强化了学校经济活动中的科学管理。

（四）跟踪审计中介机构遴选工作

【通过公开遴选，引进多家中介机构参与审计咨询服务】2015 年学校组织完成了 2015 年基础设施定额项目的邀请招标和大兴校区体育馆及教学科研行管楼的公开招标工作，选择了三家中介机构参与审计工作。多家中介机构的引进，一方面降低了跟踪审计费用，同时强化中介机构工作的竞争机制及对其业务能力及服务质量的评价，提高了跟踪审计工作的质量。

（五）审计制度建设工作

【强化审计制度建设，对审计制度进行了全面梳理】学校审计部门从制度建设入手，加强对大兴校区的全过程跟踪审计的管理，进一步完善了建设项目跟踪审计工作制度，调整了跟踪审计业务流程，在付款环节增加了审计部门的审批环节，并强化对跟踪审计中介机构审计报告的确认和复核。同时针对中央出台加强审计工作的意见及审计工作全覆盖的要求，结合上级精神及对干部监督的加强，审计部门及时调整学校现行的处级领导干部经济责任审计管理办法及联席会工作制度，明确了经济责任审计的范围、经济责任审计的内容、经济责任认定及追究等，从审计角度加强并规范了对干部的经济责任监督，学校现行的各项审计制度也正在按照上级对审计工作的新的要求进行全面修改和修订。

（六）审计培训工作

【注重审计培训，提升审计服务质量】学校注重发挥审计部门在经济活动中的服务作用，随着当前形势及上级对审计工作要求的提高，学校将审计培训作为职工培训教育的重点，2015 年 9 月 25 日学校审计部门对项目负责人、二级学院的党政领导进行了收支业务、审计案例的专题培训，并多次对二级学院教职工、学校资产经营管理公司进行专题培训，通过培训发挥了审计部门在执行、宣传财经制度、财经纪律方面的作用。

（孙文贤　冯宏岳）

四、资产管理工作

（一）概况

按照学校深化管理体制机制改革总要求，努力构建"大资产、大后勤"管理服务体系，在"大资产、大后勤"改革过程中，2015 年 6 月北建大物业管理有限公司成立挂牌，2015 年 7 月北建大餐饮服务中心成立挂牌。

（二）设备管理

【学校仪器设备类固定资产情况】截至 2015 年 12 月 31 日，学校仪器设备类固定资产总值

9.6648 亿元，基本情况如下：

2015 年学校仪器设备类固定资产汇总表

	教学使用	科研使用	行政办公使用	生活后勤使用	其他	合计
台套数	200857	57050	14513	45830	1614	319864
价值（万元）	51510	31925	6966	6135	112	96648

2015 年新增仪器设备资产 46719 件，资产总值 23125 万元，较 2014 年增长 31.45%。学校充分利用各种资源，及时报废处置废旧仪器设备，2015 年共交给华星环保集团处置废旧仪器设备共 2430 件，处置原值 442.4264 万元；2015 年全年共调拨仪器设备类资产 4339 台（件），金额 4971.0869 万元。

【设备管理工作】

1. 截至 2015 年 12 月 13 日，我校共有固定资产 154648.4356 万元（约 15.46 亿），随着近几年我校新校区一期二期建设的不断完成，随之新增配套的教学、生活配套设施也不断完善，使近几年我校资产量逐年增加，尤其近五年我校资产增长迅速。

2. 本年度进行了常态化、不定期的资产盘点工作，针对重点单位、重点项目进行了重点检查，今年主要对理学院、建筑学院、测绘学院、文法学院、环能学院、工程中心、体育部等单位仪器设备家具进行盘点，同时配合审计工作对部分单位资产进行了盘点，盘点过程中解决了实际问题，取得较好的实效。

（三）房地产管理

【学校占地及校舍基本情况】截至 2015 年 12 月 31 日，我校占地面积共计 624005.04 平方米，其中，西城校区（含展览馆路 1 号 118070.14 平方米，大柳树路 5 号院 4615 平方米）占地面积 122685.14 平方米；大兴校区（永源路 15 号）占地面积 501319.90 平方米。

截至 2015 年 12 月 31 日，我校校舍建筑面积共计平方米 498901.69（西城校区 201679.07 平方米，大兴校区 297222.62），其中，教学科研行政用房面积 238619.36 平方米（西城校区 91429.83 平方米，大兴校区 147189.53 平方米）

【房产管理工作】2015 年稳步推进房产资源的"分类管理，定额配置，绩效导向，动态调整，相对集中，共享开放"的管理模式，制定《北京建筑大学公用房定额管理办法（讨论稿）》，为定额管理办法的实施奠定坚实基础。

完成房产精细化管理信息核准及制图工作。对两校区教学、行政、科研、产业及附属用房房屋数据进行核准，涉及面积 20.07 万平方米（西城校区 8.42 万平方米，38 栋建筑，大兴校区 11.65 万平方米，17 栋建筑）。制作两校区建筑物使用功能三维展示图，绘制两校区房间使用现状 CAD 图、重点实验室布局图，为开展精细化管理提供有力支撑。

为充分利用硕博公寓周转房，2015 年 7 月开展了后续房源的申请审核入住工作，缓解教职工住房困难。

按照北京市相关文件精神开展学校职工采暖费、物业服务补贴改革工作，为符合发放条件的 1697 位教职工核发了采暖费 414.63 万元，物业服务费 418.02 万元，并通过书面形式告知住学校家属楼职工，扣回代缴采暖费 91.27 万元，物业服务费 55.98 万元。

完成新调入我校 33 位无房教职工，3 位住房不达标职工住房补贴调查及信息公示、上报工作。

（四）招投标管理

【招投标管理工作】2015年年初专项在9月份全部执行完毕，2015年追加项目在12月全部执行完毕。2015年全年共完成年初专项、校内专项、追加专项等共计125个项目的采购任务，共计2.4亿元，其中招标采购项目2.14亿，协议采购项目2885万元。截至12月18日，已完成所有招标项目共198个分包的开标及合同签订工作。

2015年全年共完成了837份合同签订，价值21850万元（2.185亿元），其中公开招标合同220份，合同金额17803万元（1.78亿元），协议采购267份，合同金额2080万元，自行采购350份，合同金额1967万元。

（五）校医院工作

【概述】医务室工作重点在于日常医务服务及医疗保障，严防传染病等突发公共卫生事件，满足广大师生员工的基本医务需求，并加强健康宣教、医务室自身建设及医技护全面业务的提升等工作。作为整个学校后勤服务的一分子，医务室18位（编制内11人，编制外7人）全体同仁充分发挥共产党员、民主党派及知识分子的作用，服务于学院医疗、健康管理服务工作。

【校医院工作】

1. 两校区同时组织无偿献血。经细心筹划与准备，献血过程顺利，两校区共献血460人，使我校在高校公益事业中一直表现出色。

2. 总门诊量：大兴10911人次，较去年增加1860人次，西城10310人次，较去年减少7141人次，2015年两校区门诊量共20046人次。大兴门诊量首次超越西城。

3. 两校区同时为本科生开设校级选修课40学时；并为附属小学讲授《健康大课堂》。

4. 体检从招标到结束历时半年，接近尾声时组织专车接送服务专场体检一次，在这期间对体检中遇到的问题及时处理，尽力做好服务工作。总体检结账1165人，慈铭966人（394845元），爱康199人（78995元），总计473840元。

（王　梦　肖　冰　李　莹　韩京京　刘　蔚）

五、校园建设

（一）概况

2015年是学校"十二五"规划收官之年，是规划与基建处全面贯彻落实学校2015年党政工作要点，科学谋划"十三五"基本建设事业的起步之年，是深入贯彻"提质、转型、升级"工作和部署，优化两校区的功能布局，进一步完善大兴校区功能，全面启动三期工程建设之年。规划与基建处在完成校区已批复面积指标的建设任务后，又努力扩大战果，顺利进行了体育馆报规、报建任务以及教学科研行管楼的立项报规和施工等工作，为学校的发展努力创造硬件条件。

（二）工程建设资金情况

【积极利用专项资金】按照满足合理功能需求、严格控制建设成本、统筹提高使用效率原则，积极申报有序完成了教委批复的维修改造专项定额资金7800万元使用工作。

【多渠道筹集建设资金】2015年积极申请大兴校区建设资金，当年完成支付1.38亿元。

（三）工程建设进展情况

【大兴校区学院楼D座和E座竣工并获双"金"奖】1月13日组织进行了学院楼D座和E座竣工验收工作，4月23日，专家组对学院楼D座和E座进行建筑"长城杯"验收，此项目施工质量得到了专家一致认可，验收顺利通过并获"金奖"，加上之前已经获评的"结构长城杯金奖"，本项目成为校区建设以来第一个双金奖项目，彰显校区建设工程高质量高品质的特点。

【大兴校区教工学生、食堂（臻园）竣工投入使用】年初全面启动臻园建筑功能的调整和装修的设计工作，8月21日竣工验收并交付使用。

【大兴校区体育馆项目开工建设】年初全面启动体育馆施工图设计工作，准备各项施工前期手续，8月1日体育馆项目举行了奠基仪式，8月21日取得固定资产投资计划，9月8日取得建筑工程施工许可证，工程建设全面启动。项目建筑规模为19152.38平方米，建成后将成为学校第一座真正意义上的室内体育馆。

【西城校区教工自助餐厅改造竣工投入使用】为改善西城校区教职工就餐环境，基建处根据学校布署利用暑期对西城校区食堂二层进行了装修改造，开学前完成竣工验收，交付使用。

【大兴校区教学科研行管楼取得建筑工程规划许可证】按照相关新建筑核准报审流程启动，同时行政办公楼更名为教学科研行管楼。9月18日获发改委并联核准程序通知单，11月8日取得规划条件，11月10日取得土地预审文件，11月11日取得环境影响评价报告，11月27日获得水土环境影响评价批复（实际报告12月8日拿到），12月1日取得园林批复函和人防工程设计审批意见，12月11日获得教学科研行管楼核准函，12月17日取得建筑工程规划许可证。

【大兴校区8号、10号学生宿舍楼竣工投入使用】1月11日，专家组对8号、10号学生宿舍楼项目进行了结构"长城杯"验收工作，顺利通过获"银质奖"。1月26日，项目举行了结构封顶仪式，圆满完成主体结构的施工作业。8月，大兴消防支队对学生宿舍8号、10号楼工程进行了消防验收，学生宿舍8号、10号楼顺利通过了大兴规划局执法队的规划验收，8月21日，8号、10号学生宿舍楼项目完成竣工验收。

【大兴校区一食堂功能性改造完成】9月17日大兴校区一食堂改造项目进行了竣工验收，此次改造新增加了建苑餐厅、教育超市、洗衣店、眼镜店、打印社等商铺，为全校教职工、学生的饮食起居提供了更好的条件，尤其饮食方面得到更好的改善。

【确保安全】为贯彻执行学校党政工作要点和学校安全生产的措施要求，确保校区建设工作的顺利开展，防患于未然，学校领导带领规划与基建处在日常管理的基础上先后十余次全面展开工地安全生产的检查和监督工作，积极落实"安全工作首问制"，强化施工安全工作管理，为大兴校区建设打下良好的基础。

【大兴校区第二总配电室竣工】7月31日，校区第二总配电室顺利竣工，为学校相关楼宇的用电提供了保障。

【建筑文化柱鲁班造像金箔工程竣工】8月28日，由我校80级、90级部分校友捐资、规划与基建处利用暑期组织实施的鲁班造像金箔工程于日前正式完成。阳光下的鲁班造像熠熠生辉，寄托了广大校友对母校的深厚感情和良好祝愿，也代表着学校莘莘学子在建筑文化领域博采众长、勇攀高峰的理想信念，为新学期的校园文化景观添上浓墨重彩的一笔。

21米高的花岗岩建筑文化柱耸立在大兴校区中心的"日月同辉"建筑文化广场中央,柱头为象征中国辉煌建筑文化成就的鲁班造像,彰显出学校的专业特色和建筑文化。

(申桂英　杨倩　何伟良　董新华　周春)

六、安全稳定工作

2015年,保卫部(处)认真贯彻党的十八大、十八届三中、四中、五中全会精神和习近平总书记系列重要讲话精神,全面落实中共北京市委教育工作委员会、北京市教育委员会《2015年首都高校维护校园安全稳定工作要点》的各项要求,按照《北京建筑大学2015年党政工作要点》的相关部署,在北京建筑大学党委和行政的正确领导下,坚持预防为主、惩防并举的原则,继续巩固"平安校园"创建工作成果,进一步提高校园安全管理能力和服务水平,建立健全校园安全保卫工作制度,夯实维护校园安全稳定的工作基础,继续加强校园安全文化建设,加强法制教育,提升师生法制观念和安全防范能力,努力化解校园矛盾,确保校园安全稳定,进一步提升师生员工的安全感和满意度,实现了"大事不出、小事减少、管理有效、秩序良好"的目标,为师生员工创建更加安全、稳定、和谐的校园环境,为北京建筑大学"提质、转型、升级"提供了强有力的保障。

(一)"平安校园"创建工作

【概述】自2014年2月28日北京建筑大学获得"平安校园创建示范校"荣誉称号以来,保卫部(处)以"平安校园"创建工作为抓手,理顺体制机制,夯实工作基础,完善工作体系,形成整体合力,巩固学校党委统一领导、党政齐抓共管、职能部门组织协调、基层单位分工负责、师生员工共同参与的安全稳定工作格局,完善机构人员齐备、责任措施落实、管理服务到位、组织保障有力的安全稳定工作体系,进一步提升安全稳定工作实效和水平。

【完善"平安校园"规章制度体系】进一步健全校园安全稳定工作制度,建立"平安校园"创建工作长效机制,梳理并完善北京建筑大学校园安全稳定各项制度,梳理了"平安校园"创建成果文件几十篇,修改完善了多项安全管理办法,重新进行了班子分工和责任制落实,形成了新的职责分工流程图和政务公开栏,使保卫部(处)的各项工作得到进一步落实,加强了工作协同与配合。同时加强内部建设,提高了保卫工作的管理水平和服务意识,形成了两方面成果:一是实施"文化创安"工程,维护校园安全稳定;二是建立常态化管理机制,形成了常态化工作目录。

北京建筑大学领导高度重视平安校园创建工作,在多次会议与活动中强调安全保卫工作,并做出重要指示。

2015年1月24日下午,北京建筑大学党委书记王建中等领导带队开展寒假春节前安全检查,通过视频会议系统召开安全检查总结会。王建中书记指出,一是完善制度。通过检查,显示出各单位各部门都能够按照学校要求,建立安全生产责任体系,加强安全生产的管理、隐患排查及整改工作。为把安全生产责任体系进一步落实、落细,由保卫部(处)和资产与后勤管理处牵头,建立北京建筑大学安全责任体系台账,将全校每处房产的安全责任落实到人,保证安全生产责任有制度,有措施;二是依法治校,依法对安全生产进行管理。制定相应的管理规范和安全生产规范,形成长效机制和常态机制,以此提高北京建筑大学安全管理的规范化、标准化和科学化水平;三是加强重点部位隐患的整改,对安全生产的基础设施建设要舍得投入,特别是电、气及实验试剂、化学药品的管理,一定要把条件建设做好,有问题的要尽快落实整改。通过责任体系的建设、管理规范的制定和重点部位的基础设施建设,夯实北京建筑大学安全生产的基础,保证广大师生的生命财产安全。

【开展校园安全责任制的督察督办工作】配合北京建筑大学党政督促各单位、各部门认真落实《北京建筑大学关于重大安全责任事故行政责任追究和一票否决制的若干规定》和《北京建筑大学关于落实〈北京市安全生产"党政同责"规定〉实施办法》等规定,坚持以下发"安全隐患整改通知单"形式,保障安全责任制的落实。

【安全保卫工作队伍的能力提升工作】贯彻实施《北京建筑大学卓越管理行动计划》的各项要求,进一步加强专兼职队伍的培训、考核力度,开展了思想道德建设、业务技能培训、完善考核制度等活动,使安全保卫工作人员自觉投入到学校"提质、转型、升级"的工作中去。

【深入推进科技创安工作】建立与完善了视频监控、防盗报警、安全门禁、电子巡更、消防中控管理、机动车管理、贵重资产、封闭自行车棚、学生公寓防攀爬等技术防范设施,北京建筑大学技防工作水平和技防设施得到明显提升。

【开展综合服务能力提升工作】紧密围绕《北京建筑大学卓越管理行动计划》和《业务流程优化与再造工程》的要求,加强内功建设,完善服务制度,提升服务水平,得到了师生的广泛认可。全年共处理师生求助或外宾来访用车100余次,调查录像监控70余次、800多小时,办理户口迁移800余人次,办理户口借用1200余人次,一卡通门禁授权2000余人次,校内公共设施报警处置30余次。

(二)文化创安工作

【概述】在维护高校安全稳定工作中,充分挖掘高校的育人手段和文化传承的职能,不断加强安全知识和防范技能的教育和普及,调动师生员工的积极性,主动参与到维护学校安全稳定工作中来,共同预防、打击和控制危害社会的违法活动,是构筑高校安全防范体系的一项系统工程。

【继续完善以安全教育课为核心的安全教育体系】继续坚持2006年以来开设的大一新生《大学生安全防范知识与技能》,并将中央、北京市及中共北京市委教育工作委员会、北京市教育委员会对于安全稳定工作的新要求融合到课件中,结合治安、交通、电信诈骗等新案件丰富课程内容,完成了1900余名2015级学生安全教育课的授课任务。同时通过主题宣传、网络、手机短信、职能部门负责人微信群及辅导员微信群等开展形式多样的安全教育活动,确保师生员工全覆盖。

【构筑以预防为先的安全文化宣传体系】先后开展有"全国防灾减灾日"、"119消防日"、"全国安全月"等安全宣传活动,同时播放安全专题片、发放宣传材料、张贴安全案例。在宣传手段方面,提升校园广播站、校园电视台、宣传橱窗、宣传条幅、《安保资讯》、《平安建大》等传统平台的作用,同时开拓人人网、百度贴吧、博客、微博、微信等新"战场",及时发布安全提示信息,加强与师生员工的网络沟通与互动。共组织大型宣传活动9场次。

【校园安全文化队伍建设】按照全员参与、多方联动、专兼职相结合的原则,组建了包括保卫专职干部、保安队员、学生志愿者及后勤水暖电气热专业工人及食堂管理员、宿舍管理员在内的群防群治队伍。发挥专职保卫干部在校园综合防控的主导作用，发挥保安队员在校园巡逻、出入口管控、公共区域管理、重点部位看护、突发事件处置等工作中的骨干作用，发挥后勤管理人员在水暖电气热等设施的运转、食品安全管理等专业技术方面的作用，发挥学生治安服务队在校园综合防控工作中的组织优势、群众优势和信息优势。

（三）治安管理工作

【概述】 开展精细管理工作，从管理中要安全，从精细中保稳定，从预防中要安全，确保治安管理工作取得实效，切实保障师生生命财产安全，为学校发展保驾护航。

【加强反恐、防恐工作】 一是制定了防控预案，明确了具体工作内容，形成了贯穿到底、横向到边的防控体系；二是组建了防恐反恐队伍并开展相关培训；三是配备了防恐器材。针对国内暴恐案件频发，保卫部（处）增强了重点学生群体的关注力度，在学生工作部（处）的配合下，建立了人员明、情况明、落实责任明的"三明"工作机制。

共完成了30余项校内大型活动的安保工作。2015年5月9日，北京建筑大学举办2015年校园开放日暨北京市第三届高校高招联合咨询会，参会高校包括清华大学、北京航空航天大学等53所在京本科高校。截止到当日中午12时，前来咨询的家长累计35000余人次，进校车辆5000余辆，圆满完成此次活动的安保工作。

完成了社会面敏感期防控十余期、共50余天的工作。圆满完成了北京市"2015年国际田联世界田径锦标赛"、"纪念中国人民抗日战争暨世界反法西斯战争胜利70周年大会"两项重大活动期间的校园安全保卫工作。

2015年1月保卫部（处）获得由北京市国家安全局颁发的2014年度"国家安全人民防线建设工作先进集体"，毛发虎同志获得"国家安全人民防线建设工作先进个人"称号。

北京建筑大学建筑设计研究院赵晖同志在百荣世贸商城火灾现场协助救灾，负责楼体结构的勘查工作，做出突出贡献，获得政府领导的表彰与消防官兵的一致好评。

【完成安全管理工作】 第一，加强管理队伍和保安队伍的建设，同时进一步完善群防群治队伍建设，提升了预防和处置能力。第二，加强培训，全年进行各类培训十多场次，提高安全管理人员的素质。第三，加强责任制的落实。保卫部班子成员认真梳理了各类安全稳定工作，从每一点、每一个人、每一个部位入手，精细分工，无缝对接，使岗位责任制得到全面落实。第四，提升技防工作科技化水准。配合基建处完成了新建楼宇的技防建设，还利用专项资金对大兴校区新建学生公寓楼配备了防攀爬设施，保证学生宿舍的安全；同时对西城校区医务室、监理公司、停车场周边的技防设施进行了调整升级，实现了重点部位视频监控的全覆盖。两校区接报案件245起，结案244起，结案率达99%。

12月11日，北京建筑大学党委书记王建中带队赴大兴校区检查指导工作，对保卫部（处）监控中心承担的视频监控、校园周界防范、消防报警、值班和应急处置等工作给予充分肯定，他指出，保卫部（处）要发挥好学校监控中心的监视和控制作用，在利用监控数据维护校园平安运行上狠下功夫，深入推进校园安全稳定工作的精细化管理，切实维护校园安全稳定。

（四）消防安全管理工作

【概述】 加强和规范高等学校的消防安全管理，预防和减少火灾危害，保障师生员工生命财产和学校财产安全，加大消防安全的管理力度，严控消防隐患，杜绝消防事故。

【加强消防安全培训工作】坚持持续性、全方位、多样式的工作原则，加强消防安全培训工作，通过消防演习与培训、消防安全知识讲座、安全教育课、参观交流等形式，针对重点部位进行重点检查，对重点人员进行专项培训，提升师生防范意识和自救能力。通过消防安全培训，一方面提升了保卫部（处）工作人员的消防安全工作能力，一方面提升了广大师生的消防安全意识与技能。全年培训11场次，参加人员1600余人次。

【完成消防安全设施改造和检修工作】加强消防安全设施投入，不断提升消防安全设施的科技化水平与使用性能。完成了大兴校区新建楼宇消防器材的补充，完成了两校区6000多个灭火器的维修工作，新购置了900个灭火器，为大兴校区臻园食堂、机房、配电室提供了充足的高性能的灭火器材。尤其是组织开展并完成两校区50余栋楼宇的电消检工作，对存在的消防安全隐患及时排查，及时检修，及时维护。

【完成消防安全检查监督工作】定期对消防设施和消防工作进行检查和督办，组织学校大型安全检查11次。校领导亲自参加、亲自督导，收到了良好的效果。

【完成消防安全宣传工作】利用"119消防日"等契机组织大型宣传活动，通过发放消防安全手册、播放消防安全视频等形式，利用网络宣传安全知识和季节性防火警示，提高了师生员工的消防安全意识和技能。

（五）交通安全管理工作

【概述】因地制宜，多措并举，以师生满意为目标，加强校园交通安全管理工作，提升广大师生满意度，确保校园交通安全。

【开展扩充停车位工作】扩充西城校区的停车资源，在基建处的配合下，重新启用西城校区停车位30余个。

【开展交通安全设施完善工作】按照国家法律法规完善大兴校区交通安全管理设施，为大兴校区气膜体育馆等新建楼宇周边划设交通线，为人员密集的硕博公寓周边增设减速带、安全提示牌等交通安全设施。

【举办校园交通安全师生座谈会】依据问题意识，针对校园交通安全隐患，瞄准师生满意的目标，举办多场校园交通安全师生座谈会，了解师生需求，有针对性地提升服务师生水平和能力。

【开展提升服务质量工作】强化服务意识，开展服务质量提升工程，党员带头，全员互动，提升服务工作质量。全年办理停车证近1200张，妥善协调处理校内剐蹭等交通事故8起。

（六）安全应急处置体系制定工作

【概述】按照中共北京市委教育工作委员会、北京市教育委员会的要求和北京建筑大学党政的指示，以修订校园防恐反恐工作预案为契机，进一步完善了应急处置体系，提升了应对突发事件的处置能力和水平，确保了广大师生的生命财产安全，维护了校园的和谐与稳定。

【开展应急预案完善工作】修改完善了《北京建筑大学影响校园安全稳定事件应急预案》，依据当前安全稳定形势和任务要求，结合学校"两高布局"特点，补充了相关内容，细化了操作环节，确保有案可依，处置合规，方案有效。

【开展应急预案责任体系建设工作】进一步完善责任体系，按照"谁主管，谁负责"、"谁使用，谁负责"的原则，进一步健全了从主管校领导到具体使用人的安全责任体系。

【开展应急处置队伍培训工作】加强应急处置队伍的建设，充分利用校园大型活动的契机，提升群防群治队伍应急处置的工作水平。

（七）管理服务水平提升工作

【概述】在"三严三实"专题教育中，保卫部（处）人员严格按照北京建筑大学党委的要求，加强自身的学习和建设，不断提高安全管理能力和服务水平。

【开展人员情况公示工作】制定了保卫部（处）行政服务公示栏，向全校师生公开保卫部（处）工作人员的情况。

【制定工作责任体系】制定并完善保卫部（处）工作职责分解图，进一步明确各科室及各岗位职责、任务和要求。

【学校安全员制度建设工作】重新调整并明确了《北京建筑大学学生宿舍安全员章程》，特别是重新明确各学院及各部处的安全员名单，进一步明确安全员的工作职责。

【印制《北京建筑大学校园安全稳定文件汇编》】印制《北京建筑大学校园安全稳定文件汇编》等材料，结合新时期学校师生员工的安全需求，公开、公示学校安全管理与服务的有关规定及办事程序。

【加强干部业务能力培训工作】加强保卫专职干部的教育培训，鼓励干部参与各类课题的申报和研究。

【加强党风廉政建设工作】确立了在每周例会上通报财政专项、保卫经费使用情况的制度，并及时传达学校有关精神，确保工作人员的廉洁与自律。

【加强技防工作】利用学校的专业优势推进技防创新工作，建立了技防监控统一管理，相互切换系统，建立多校区统一指挥系统，被中共北京市委教育工作委员会作为典型经验进行推广。

（李长浩　牛　磊）

七、大兴校区管委会工作

（一）概况

2015年，大兴校区管委会全面贯彻落实校党委"提质、转型、升级"的工作思路和部署，坚持以"统一领导、职能延伸、以条为主、条块结合、科学管理、精简高效"和"条条负责、块块协调"的工作原则，顺应"大资产大后勤"管理体制调整，构建管委会抓总、各职能处室协同管理的机制。

（二）校区运行

【梳理文件，规范流程，做到各项工作有序进行】保安全，增品质，降成本，全面提质、转型、升级，是校区的核心工作，强化规范意识、程序意识和服务意识是依法、依规办事的原则，也是新常态下各项工作扎实推进的基本保障。管委会进一步发挥统领作用，协同学工部、团委就各项活动审核程序进行改进完善，针对校区学生活动参与人数多、涉及部门广、细节要求高的特点，主动完善大型活动审核流程，从安全保障、后勤服务、活动安排等多方面为各单位举办活动做好协调保障服务。据不完全统计，校区重大活动达到119次，管委会有效地保障了各项活动的顺利举行，促进了校区相关工作的积极开展。

为进一步提升校区运转的物质保障，管委会协同人事、财务、网络中心改进和完善了《大兴校区补贴发放实施细则》，通过打卡＋照相形式统计和计算补贴，提高了校区补贴统计的准确度，提升校区补贴发放速度，并在一定程度上减轻了各部门的工作量，得到了有关部门和老师的认可。

【加强协调，信息共享，做到校区工作"可控"进行】 积极运用信息化手段，扎实推进校区工作，是大兴校区管委会工作开展的重要抓手。对校区工作建立微信群（89人），校区工作信息共享，辅之校区工作巡查巡视、督查督办，确保校区工作的协同有序平稳进行。一年来，配合组织了2015年北京市高校联合招生咨询会暨校园开放日活动，配合做好了环能学院两个专业评估工作、土木学院第四届北京市大学生建筑结构设计竞赛、经管学院MBA专业汇报及测绘学院北京市国情普查竞赛等工作。

日常工作中与保卫处协调做好校区安全保卫工作，与学工部协调对学生反映的各类问题进行反馈，与后勤部门协调对师生反映的后勤保障问题进行改进和提高，与基建部门协调确保校区建设项目的有序进行等。

以校区值班为抓手，做好校区突发事件的应急处置工作，制定防汛工作应急预案。校区实施管委会统筹值班、驻区二级单位处级干部值班、保卫部门值班、学工部门、医务室、物业等分别24小时值班制度，做到校区应急事件处置的"四有"：有人员、有队伍、有机制、有保障。

管委会在工作中，坚持以服务推进管理，从广大师生需求出发，建立首问负责制，与各二级单位和学生组织保持密切联系，尤其是事务交叉、职责不清的事项，及时沟通协调，工作不推诿求效率，确保了各项工作的开展。

（三）对外交流

管委会协同校工会就教师子女入托入园的问题，主动联系黄村镇第二幼儿园，两年来有10多个子女顺利入园，协助幼儿园举办六一联欢活动、家长培训活动等；与驻区的首都师范大学附属中学大兴北校区开展"走进建筑大学，共谱美好未来"学生交流实践活动；与团委一起，同大兴团区委联系大兴法院，接受我校文法学院法学专业学生实习；协调机电学院引进人才的子女入学等。

（四）第三方监管

积极进行校区后勤保障工作第三方监管，努力探索适合校区运行规律的监管机制，以点控面，开展监管工作。在做好日常工作的同时，进行了《大兴校区后勤管理服务监督管理办法》草稿（含10个附件）。

坚持每周与学生权益部门取得一次联系，对学生普遍反映的问题进行汇总，及时反映。如统筹了《关于摆渡车部分问题的反馈与建议》、《权益报告——关于国际食堂价格的调查结果》、《关于宿舍早间供应澡水的调查情况》等各项工作。

（黄　静　邵宗义　冯宏岳）

八、后勤服务工作

（一）概况

2015年5月6日成立后勤系统党总支。

2015年6月完成下设4个党支部换届选举工作。

配合学校深化后勤保障服务体制机制改革，努力构建"大后勤、大保障"新型后勤服务保障体系，在"大资产、大后勤"改革过程中党总支做好员工思想工作、努力解决员工各种诉求问题，营造和谐、积极的改革氛围，协助配合圆满完成2015年6月北建大物业管理有限公司成立挂牌、2015年7月北建大餐饮服务中心成立挂牌。

（二）党建工作

1. 2015年在校党委的领导下，党总支深入开展"三严三实"教育实践活动，结合资后处实际工作，将"三严三实"落实在岗位工作中，指导党支部开展工作，制定了服务型党组织工作计划，明确了"服务改革、服务发展、服务民生、服务群众、服务党员"的工作要求，以各支部、各科室为服务载体，开展系列服务，加强服务型党组织建设。

2. 强化制度建设，制定资后处党政联席会、三重一大等制度并落实执行。建立了党群协同工作机制，构建了党员干部联系党支部、党员联系群众、党员联系入党积极分子等联系点机制；党员领导干部带头深入基层调查研究、指导工作、党员带头开展暑期文化，确保党组织战斗堡垒作用充分发挥。党总支坚持"围绕中心抓党建，抓好党建促发展"工作原则，使党建工作与部门行政工作同谋划、同部署、同落实、同推进，有效推动部门工作稳步发展，为学校深化综合改革、"提质、转型、升级"提供坚强的组织保证。

3. 党总支履行岗位职责，一是做好全面党务工作，做好班子干部和党员的教育和管理工作，组织党群实践活动，参观焦庄户地道战遗址、购买书籍、观看《方志敏》歌剧等。二是组织分工会活动，通过秋游古北口水镇、参加运动会、参观电影博物馆等活动凝心聚力，使大家快乐工作健康生活。

4. 积极落实党风廉政建设主体责任，廉政教育常抓不懈，组织团队学习文件、条例、法规，做到警钟长鸣，实施领导班子分管行政工作负责制和联系党支部制度建立健全从严治党领导体制，认真贯彻中央八项规定精神，持之以恒纠正"四风"。带领班子努力实现"六有"目标：有坚强有力的领导班子、有本领过硬的骨干队伍、有形式多样的服务载体、有健全完善的制度机制、有持续充足的条件保障、有群众满意的服务业绩。

（三）自身建设

1. 不断改进工作模式，党总支指导党支部组织学习和交流活动，不断加强党员同志的责任意识和模范带头作用，全年组织党员同志召开3次民主生活会，开展党内批评与自我批评，查找不足，认真整改。党总支与支部一起组织党员和群众参观鹫峰、大觉寺、抗日战争纪念馆、卢沟桥等丰富多彩的教育活动，开拓视野、提高认识、增加团队凝聚力和活力。

2. 加强党员队伍建设，发展新党员为组织增添新鲜血液。2014年发展教职工党员3名，2015年发展教职工党员1名。2015新递交入党申请书2人。

（四）业务工作

【能源管理】2015年2月完成上年度全年能耗上报工作，3月完成上年度二氧化碳排放核查工作，5月完成碳排放网上履约工作，5月我校荣获"北京市2015年能效领跑者"的先进称号。2015年11月完成大兴校区能源平台建设二期项目的验收工作，至此大兴新建楼宇已完成全部楼宇总表计和二级检测表计80％的安装量，12月完成本年度全年能耗统计工作，全年二氧化碳排放总计16101吨。2015年11月16日我校荣获北京市"创建节水型单位"先进单位称号。

【防汛工作】2015年7月16日，北京建筑大学党政办公室发布关于印发《北京建筑大学防汛应急预案》的通知，建立了防汛工作应急指挥体系，明确了各部门职责。在2015年6月1日-2015年9月15日防汛期间，北京建筑大学启动了汛情预警和应急响应机制，确保了学校师生员工的人身安全和国有资产的安全。

【控烟检查工作】2015年7月19日，北京建筑大学爱国卫生运动委员会制定《北京建筑大学控烟工作方案》（建大爱字〔2015〕1号）。2013年10月14日，校园内设立四个固定吸烟区，资产与后勤管理处发布《关于明确校园吸烟区的通知》（资后字〔2013〕52号）。2015年7月19日，北京建筑大学党政办公室发布《关于调整爱国卫生运动委员会及控烟领导小组成员的通知》（北建大办发〔2015〕9号）。2015年11月19日，北京市疾病预防控制中心、北京市爱国卫生运动委员会、高校专家组对北京建筑大学的控烟工作进行效果评估检查。通过听取汇报、查阅资料、询问学生和教职工及现场检查，检查小组认为我校整体禁烟、控烟情况良好，整个校园控烟气氛浓烈，达到无烟学校评估标准。

【餐饮保障工作】2015全年两校区营业额2836.64万元。投入专项资金934.88万元用于新建大兴校区臻园食堂，为师生员工提供更加舒适的就餐环境。6月，学校实行大资产、大后勤改革，成立餐饮服务中心。9月，大兴校区第二学生食堂（臻园）建成投入使用。

【公寓管理工作】强化队伍管理、安全方面培训，加强管理人员责任心、爱心、热心、耐心、细心教育，严格学生住宿管理，完成了8965人的住宿任务，其中2015年西城校区3093人，大兴校区5872人。暑假前，西城短时间内高效率完成2020名毕业生离校、360余间宿舍清扫收拾工作，为大兴893名学生回迁做好准备工作。暑假西城校区接待30余新生住宿，大兴校区接待1649新生住宿。寒暑假期接待外国留学生住宿1批。完成了400余名学生宿舍调配工作。全年为学生发放信件、包裹、快递5856余件。

【物业管理工作】教室管理工作，除完成正常教学保障任务之外，还承担了大学英语四、六级考试、继续教育学院英语三级考试、研究生入学考试等各项任务。各项保障有力，未出现任何差错。全年接收零件保修6450件，回收维修费用37526.78元。完成教2装修改造，总造价1818万元。水电气暖各项动力运行保障工作平稳运行。回收供暖费338577.00元、全校家属水电费517418.53元（不含工资扣除部分）、房租10131.36元、经营性水电费217144.88元，累计金额1083271.77元。

【车辆运输工作】克服班次多、司务人员少等困难，合理安排车辆，圆满完成各类活动的用车需求。两校区班车运营1232趟次，公务用车1022趟。

【专项工程】物业管理用房改造91万元，男女浴室改造160万元，大柳树锅炉房、茶浴炉改造90万元，1、2号热力站换热器改造48万元，实验1、2号楼、24号院1号楼无负压水泵设备改造工程91万元，教2、教3、学宿6号楼改造工程800万元，教学楼、实验楼、停车场改造工程70万元，青年公寓、实验5消防设备、设施改造工程105万元，食堂排风设备更新110万元，节能监管平台建设150万元，食堂监控系统改造13万元，学宿2、3、6号楼空调线路改造90万元，为师生员工的学习、生活提供了舒适与方便。

（五）培训总结

党总支与支部一起组织党员和群众参观鹫峰、大觉寺、抗日战争纪念馆、卢沟桥等丰富多彩的教育活动，开拓视野、提高认识、增加团队凝聚力和活力。

（李　鹏　聂跃梅　刘　蔚）

九、网络信息工作

（一）概况

2015年3月17日，为大力推进信息化建设，加强学校信息化建设与管理，学校进行机构调整，正式成立了网络信息管理服务中心（网信中心），挂靠党政办公室。网络信息管理服务中心下设综合管理办公室、网络技术部、信息系统研发部、一卡通管理部，负责全校校园网、信息平台、一卡通系统的建设、管理、运维和服务。

网络信息管理服务中心在学校党委和行政的领导下，在学校党政办公室的指导下，深入贯彻落实《北京建筑大学2015年党政工作要点》和《北京建筑大学卓越管理行动计划（2015-2016年）》，切实领会学校党委和行政提出的"提质、转型、升级"的发展思路，"以管理信息化建设为抓手，着力推进学校治理体系和治理能力现代化"的IT治理规划。认清形势、找准差距、瞄准一流，小步快跑，以快速提升学校信息化水平、缩小与重点大学信息化建设差距为第一步目标，努力提高学校信息化管理服务水平，全面推动全校信息化建设上层次、上水平，向着既定的目标迈出了坚实的一步。

（二）信息化基础设施建设工作

【概述】全校校园网用户1.2万人，全年保障网络基本稳定运行，未出现大规模网络故障。教职工邮箱容量由2G扩大到8G，为学生全面提供了个人电子邮箱。

【带宽增速】2015年增加出口防火墙性能办卡，实施负载均衡，校园网出口带宽不断扩大，由2.6G扩充至3.3G，校园网速率得到大幅提升。升级了计费认证网关系统，调整了校园网收费资费，全年校园网收费合计200万元上交学校。

【打开校外访问通道】新购置VPN设备，为全校教职工开通了VPN服务，实现了从校外更加安全便捷的访问校内资源。

【新建楼宇有线网与无线网同步建成保障】为保障大兴校区新建楼宇即时提供网络服务，完成一批新建楼宇如土木学院楼、测绘学院楼、8号学生宿舍楼、10号学生宿舍楼、臻园新食堂的有线网建设和无线网络建设，即时保障了师生使用。

【一卡通系统平稳运行】配合学校资后处、基建处、大兴管委会等单位，完成了大兴校区新建8号宿舍楼、10号宿舍楼的开水、淋浴、洗衣系统和新食堂售饭系统的调试运行工作。确保了新宿舍、新食堂在新学期正常投入使用。

（三）信息平台建设

【概述】2015年重点建设了OA办公系统，实现了办文、办会、印信等无纸化办公，极大提升了办公效率；搭建了爱生网络社区信息平台，方便师生互动交流，全面实施"1-3-5"诉求工程，促进了管理服务水平的提升。以信息化推动财务管理与服务流程的优化，实现了无现金网上报销系统，赢得了师生好评；基于互联网理念打造了数字迎新系统，首次实现了迎新方式的转变；初步建成了人事管理信息系统，实现了人事数据信息化管理。做好《北京建筑大学"十三五"信息化发展规划》的编制工作，为推动信息化建设做好了顶层设计。

【办公自动化系统上线运行】2015年9月9日上午，学校在西城校区举行了办公自动化系统（OA系统）启动仪式，党委书记王建中和校长张爱林共同启动了OA系统，开启了北京建筑大学协同办公自动化的新模式。OA系统涵盖了电子公文、党委常委会及校长办公会议题申请、会议室申请、印信、信访等重要办公功能，基本实现了公文、通知、请示等的上传下达，学校历史上首次基本实现无纸化办公。

【爱生网络社区运行】2015年10月30日，北京建筑大学iStudent网络社区启动仪式在大兴校区臻园三层教授沙龙举行，标志着北建大师生和校友自己的网络社区正式上线运营。iStudent网络社区的上线运营是学校办学历史上的里程碑事件，是学校建设"最爱学生的大学"的生动体现和重要举措，是学校"卓越管理行动计划"的重要成果，是学校信息化建设的一项重要工程，关系到广大师生的学习、生活，涉及广大师生的切实利益，具有重要的意义。通过"1-3-5"诉求机制提高学校的管理服务品质，要利用网络社区，实施学校互联网＋系列行动计划，打造基于O2O的线上线下服务平台，切实提升学校管理服务水平。

【实施业务流程优化与再造工程】2015年5月14日上午学校业务流程优化与再造工作启动会在学校第六会议室召开。启动业务流程优化与再造工程，是学校实行综合改革和卓越管理的重要抓手，目标是进一步提高学校管理水平、提升服务品质。以业务流程优化与再造工作带动管理上的改革，以信息化作为支撑手段，进一步打造面向师生服务的便捷式信息平台，从而推动学校管理与服务水平的提升。

【召开"十三五"信息化发展规划专题研讨会】2015年12月29日，学校"十三五"信息化发展规划专题研讨会在西城校区第一会议室召开。全体校领导和各职能部处负责人参加了会议。会议讨论了"十三五"信息化发展规划的指导思想、目标和任务，为"十三五"信息化建设指引了方向。

（四）网络信息安全工作

【概述】坚持在线运行系统的日常监测与管理，及时提醒各单位进行信息系统的监测、自查，执行按季度进行木马病毒监测服务。完成了2015年全年网络信息安全保障工作，全年未发生网络信息安全事故。

（五）信息化对外交流工作

【概述】网信中心坚持"走出去，引进来"思路，积极扩大对外交流。2015年参加在西安交通大学举办的高等教育信息化创新大会，网信中心主任魏楚元同志在主任论坛上作主题发言。2015年接待工信部七所高校信息化联盟成员、北京工业大学信息处、北京教育科学研究院等单位来访交流，对外扩大了学校的知名度。

（魏楚元）

十、工程实践创新中心工作

（一）概况

【工程实践创新中心简介】根据2015年10月16日北建大党发〔2015〕46号中共北京建筑大学委员会《关于调整学校部分内设机构的通知》，独立设置工程实践创新中心（以下简称中心）为正处级单位，业务受教务处指导。

工程实践创新中心位于北京建筑大学大兴校区东侧，占地面积1250平方米，建筑面积5000余平方米，截至2015年底，中心设备总资产3000余万元。

中心现有教师21人，在编9人，临聘12人，其中教授2人，副高级职称4人，技师及以上技术人员8人。

【中心主要工作职责】

1. 负责面向全校学生开设实践类教学课程，包括金工实习、电子工艺实习、校级实践类选修课以及教务处下达的其他实践教学任务。

2. 负责校内大学生创新创业实践基地（北京市级示范性校内创新实践基地）的建设，协助创新创业学院、校团委共同开展大学生创新创业活动并提供场地和平台。

3. 负责北京市开放性实验室的建设，实验项目和相关课程的开设和管理；组织开展相关设备的申请、采购以及设备的管理和维修。

【中心的建设目标】 以科学发展观为指导，秉承"知行合一"、"做中学"的工程教育理念，通过"基础训练—加强理论—综合创新训练"三层次三阶段的递进式教学体系，激发学生自主学习意识，为培养动手能力强、理论基础深、有一定的思维创新能力的高素质复合型人才提供平台。

【中心发展简介】

2012年，工程实践创新中心正式创立，主要面向全校提供金工实训、电工电子实训和学生创新服务，确定为校级学生创新基地。2013年12月，被北京市教委评为"北京高等学校示范性校内创新实践基地"。

2013年，北京建筑大学获教育部"国家级建筑行业应用型人才培养模式创新实验区"，在中心挂牌。

2014年，中心受北京建筑大学委托开始筹建面向全市的"力学＋结构"开放实验室。

2015年10月，北京建筑大学成立了北京建筑大学创新创业教育学院，中心在其中承担了"创新创业教育培育基地"的职能，学生创新协会参与中心开放管理，组织各类学生参加创新讲座、展示学生创新的各类成果。

（二）大事记

【北京市第四届大学生工程训练综合能力竞赛荣获佳绩】 北京市第四届大学生工程训练综合能力竞赛于2015年12月26日、27日在北方工业大学举行。共有来自清华大学、华北电力大学、北方工业大学、北京理工大学等16所北京市的高校62支队伍参赛。比赛内容丰富、形式多样，有小车竞赛、知识文化竞赛、工程美展示以及知识竞答等多个环节，不仅锻炼了学生的创新能力，更体现了学生的综合能力。工程实践创新中心教师率领四个队首次参加该项比赛，获得两个二等奖、两个三等奖的好成绩。此次参加比赛共4位教师、24名队员分别来自电信学院、机电学院、经管学校和土木学院。

（王鲜云　吴海燕）

第十章　党建与群团工作

一、组织工作

（一）概况

2015年，党委组织部认真贯彻党的十八大和十八届三中、四中、五中全会精神，贯彻落实中央"四个全面"战略布局要求，坚持全面从严治党，以深入开展"三严三实"专题教育为契机，全面加强新时期学校党建工作，落实党建责任制，进一步严明政治纪律和政治规矩，严肃党内政治生活，持续改进作风，坚定不移推进党风廉政建设，为"十三五"期间进一步提升学校党建工作科学化水平奠定了坚实的基础。

（二）基层党组织与党员队伍建设

【启动"三严三实"专题教育】2015年5月25日，召开党群部门、二级单位党组织负责人工作会，传达学习市委书记郭金龙"三严三实"专题教育党课精神，部署学校"三严三实"专题教育工作。

【举办"三严三实"专题教育党课】2015年5月25日，党委书记王建中在西城校区第二阶梯教室为全校处级以上干部讲授题为"深入学习践行'三严三实'，以优良作风推动有特色、高水平建筑大学建设"的专题党课。此次专题党课，标志着我校"三严三实"专题教育正式启动。

【召开党建工作会暨建党94周年纪念大会】2015年6月30日-7月7日，召开党建工作会暨建党94周年纪念大会，以"落实全面从严治党要求，履行党建主体责任，推动学校科学发展"为主题，完成了动员部署、交流研讨、凝聚共识等各项任务，制定了《贯彻落实全面从严治党要求　建立健全党建工作责任制实施意见》、《关于落实党风廉政建设党委主体责任纪委监督责任的实施办法》等文件制度，为"十三五"期间进一步提升学校党建工作科学化水平奠定了坚实的基础。

【调研走访二级单位党组织】2015年9月，党委副书记吕晨飞带领组织部相关人员，走访调研了14个二级单位党组织，对各单位"三严三实"专题教育进展情况和党建工作亮点等进行了解，总结经验，凝练特色，查找并解决存在的突出问题，进一步提高二级单位党组织党建工作的科学化水平。

【召开"三严三实"专题教育工作推进会】2015年10月27日，党委书记王建中主持召开"三严三实"专题教育工作推进会，深入学习贯彻习近平总书记在中央政治局第26次集体学习时的重要讲话精神以及市委书记郭金龙在市委常委会"三严三实"专题教育第二专题交流研讨会上的讲话精神，交流"三严三实"专题教育工作经验，总结学校"三严三实"专题教育工作开展情况，部署学校下一阶段"三严三实"专题教育工作安排。

【召开"三严三实"专题教育整改落实工作会】2015年12月22日，召开"三严三实"专题教育整改落实工作会，传达学习中央和市委的最新精神和要求，从严从实落实了全面从严治党的主体责任和深入推进党风廉政建设和反腐败斗争工作，对学校"三严三实"专题教育整改落实工作进行了再动员、再部署、再推进。全体校领导、处级干部、科级干部，教工党支部书记，学科带头人、系主任，校办企业领导班子成员和财务负责人共计240人参加了会议。

【召开"三严三实"专题教育征求意见座谈会】2015年12月11-23日，党委书记王建中分别主持召开"三严三实"专题教育征求意见学生座谈会、教授座谈会、党外人士座谈会、青年教师座谈会，就学校领导班子和班子成员作风建设、学校各方面存在的"不严不实"问题、"十三五"规划制定等方面进一步征求意见和建议。副校长李爱群、党委副书记吕晨飞、相关职能部门负责人及各类人员代表近50人参加了座谈。

【加强基层组织建设，提高负责人履职能力】2015年，学校党委调整个别二级党组织的设置，撤销了3个本科生党支部。加强对党支部书记进行综合素质和业务水平的培养，采取模块教学方式，针对党史党情、时政要点、工作实务、个人成长等4个内容，通过专题辅导、事迹介绍、经验交流、参观调研等方式，对党支部书记开展了累计4天的教育培训。

【发展党员工作】2015年，规范发展程序，提高发展质量，完成发展计划，截至2015年12月31日，共发展党员412名。

【党建研究工作】2015年，党委书记王建中牵头完成北京高校党建课题"'全面从严治党'新常态下高校党委建立健全党建工作责任制研究"的申报及研究工作。梳理完善了北京建筑大学党建研究会管理制度，高质量做好2013-2015年党建课题结题工作，取得了一批研究成果。

（三）领导班子和干部队伍建设

【干部任免】2015年4月20日，市政府决定，任命李爱群同志为北京建筑大学副校长，宋国华同志因年龄原因，不再担任北京建筑大学副校长职务。

【干部任免】2015年5月13日，市委决定，吕晨飞同志任中共北京建筑大学委员会副书记。

【干部任免】2015年7月9日，市政府决定，任命张爱林同志为北京建筑大学校长，朱光同志因年龄原因，不再担任北京建筑大学校长职务。

【召开2014年度领导班子民主生活会】2015年1月27日，学校领导班子集中一天时间召开2014年度民主生活会。市委第31指导组组长许祥源、市委组织部宣教政法干部处副处长郭胜亚、市委教育工委干部处副处长李德煌和指导组全体成员到会指导。全体校级领导班子成员和党委常委参加了民主生活会，党委组织部部长、纪委副书记列席会议。

【召开校级领导班子2014年度专题民主生活会情况通报会】2015年3月17日下午，学校党委召开校级领导班子2014年度专题民主生活会情况通报会。学校领导班子成员，全体处级干部，教授代表，工会、教代会、团委代表，民主党派和无党派人士代表，党代会代表、市区人大代表，政协委员等120余人参加会议。

【举办2015年科级干部能力提升培训班】2015年4月8日，为加强学校科级干部队伍建设，提高科级干部的理论水平、业务能力和履职尽责、干事创业的本领，进一步推动学校的改革与发展，举办了2015年科级干部能力提升培训班。全校科级干部、专职辅导员等近百人参加了培训。

【举办"慕课与人才培养"专题报告】2015年4月9日,"建大讲堂"2015年第一期在西城校区第三阶梯教室与大兴校区基础教学楼A座412同时开讲,这是两校区首次使用远程视频进行互动。清华大学博士生导师于歆杰和清华大学信息化技术中心教学资源研发部主任李绯在西城校区(主会场)为大家做了"慕课与人才培养"的专题报告。

【举办"提升互联网时代的舆论引导力"专题辅导报告会】2015年4月22日,学校邀请中央党校政法部公共管理教研室主任黄小勇教授为干部专题培训班做题为"提升互联网时代的舆论引导力"的首场报告。参加报告会的有校领导、机关职能部门处级干部、二级党组织书记和副书记、党支部书记、各单位(部门)网络宣传员、新闻通讯员、网络舆情监控员等150余人。

【举办"当前意识形态领域的突出问题及其对策"专题辅导报告会】2015年5月5日,学校举办加强宣传思想工作干部专题培训班第二次辅导报告会,邀请教育部社科中心综合信息研究处处长祝念峰研究员做题为"当前意识形态领域的突出问题及其对策"的报告。

【举办新闻宣传工作实务培训班】2015年5月28日,学校新闻宣传工作实务培训班在西城校区举行。党委书记王建中出席培训会,并在开班动员中指出,宣传思想工作和新闻宣传工作是提升学校核心竞争力的重要手段之一,要把它作为一项重要的本职工作抓实抓好。北京林业大学党委宣传部部长、北京高校新闻与文化传播研究会理事长、中国高校校报协会副理事长李铁铮教授做了题为"新闻宣传意识与校园新闻采写技巧"的培训。《中国教育报》摄影部资深记者修伯明进行了新闻摄影实务培训,为大家介绍了拍摄新闻照片的基本方法,新闻选择和编辑的标准以及会议和活动新闻摄影的实操技巧。部分处级干部、专职团干部、辅导员、各部门(单位)新闻通讯员和网络宣传员、学生新闻宣传骨干等80余人参加了培训会。

【举行"中国区域发展新战略"专题报告】2015年6月9日,学校邀请国家发改委国土开发与地区经济研究所所长肖金成做"中国区域发展新战略"专题报告。

【举行"深化全面创新改革,营造大众创业、万众创新生态环境"专题报告】2015年6月25日,"建大讲堂"第五期在第二阶梯教室开讲,邀请北京市科委政策法规处杨仁全处长做了题为"深化全面创新改革,营造大众创业、万众创新生态环境"的专题报告。校领导朱光、何志洪、李维平、张启鸿、张大玉、李爱群、吕晨飞出席了报告会。

【举办"国际形势与国家安全"辅导报告】8月31日,北京建筑大学"建大讲堂"第七期在西城校区第三阶梯教室开讲。国防大学战役教研部孟庆全教授应邀做了题为"国际形势与国家安全"的辅导报告。学工部、研工部、各学院党委副书记、学生党支部书记以及全体学生党员参加了活动。

【中央党校秦刚教授做专题辅导报告】2015年8月30日,北京建筑大学"建大讲堂"第六讲在大兴校区基A报告厅开讲。中央党校马克思主义理论教研部常务副主任、教授、博士生导师秦刚应邀做了题为"中国特色社会主义道路的开创和拓展"的辅导报告。校党委副书记吕晨飞、组织部、宣传部、学工部、研工部负责人、各学院党委副书记、学生党支部书记、全体思政教师以及全体学生党员参加活动。

【市教委黄侃委员莅临我校做专题报告】2015年9月15日,北京市教委委员黄侃来我校指导工作并就北京高等学校发展新趋势做了专题报告。党委书记王建中、纪委书记何志洪、党委副书记张启鸿、副校长汪苏、李维平、李爱群,全体党代表、学院领导、系(教研室）主任、专业负责人、高级职称教师参加了本次报告。

【举办党风廉政建设专题报告会】 2015年11月24日，学校举办党风廉政建设专题报告会，邀请北京市委教育工委委员、北京市教委委员、北京市教育纪工委书记王文生做了题为"加强高校党风廉政建设"的专题报告。学校领导、处级干部、科级干部、教工党支部书记、资产公司和后勤系统中层以上管理人员200余人参加了报告会。

【部分处级领导职位竞争上岗工作有序进行】 2015年11月27-28日，学校部分处级领导职位竞争上岗答辩会在学宜宾馆多功能报告厅举行。全体校领导、党委常委、党委委员、纪委委员、相关党政职能部门负责人、院部负责人、教授代表等36人出席答辩会并担任面试考官。自11月6日，学校启动在全校范围内开展研究生院副院长、统战部副部长兼宣传部副部长、学生工作部（处）副部（处）长、科技处副处长等10个处级领导职位的竞争上岗工作以来，党委高度重视，认真筹划，精心部署。11月6日当天，通过校园网、学校公告栏、校内邮箱、OA公文系统、短信群发等多种途径告知全校教职工竞争上岗的有关事宜。11月9日，召开机关职能部门、二级单位党组织负责人工作会，动员部署竞争上岗工作。截至11月13日，党委组织部收到44位同志的报名材料，经会同纪委办（监察处）、人事处进行资格审查，有4位申报者因不符合竞聘条件，1个职位未形成竞争，最终有39位同志参加此次9个职位竞争。11月9日至18日，党委组织部在全校处级以上领导、人大代表、政协委员、教授代表、党代会代表、教代会代表等150余人中进行民主推荐，并将民主推荐结果作为干部选拔任用的重要参考。11月22日，党委组织部协助北京双高人才发展中心对竞争上岗人员进行笔试测试。根据笔试、面试测试测评结果，参考民主推荐意见，结合工作需要，学校党委依据干部任用相关规定确定考察人选。

【举办"直面'钱学森之问'——高校培养高水平人才之思考"院士报告会】 2015年12月22日，学校在西城校区第二阶梯教室举行院士报告会，邀请中国工程院院士谢礼立做"直面'钱学森之问'——高校培养高水平人才之思考"专题报告。

　　（四）党校工作

【开展入党积极分子和发展对象培训】 2015年，继续开设党的基础知识培训班，近2000名大学生参加党的基础知识培训；做好入党积极分子培训工作，举办2期培训班，培训学员756人；举办党员发展对象培训班2期，培训学员506人。

【加强党课师资队伍建设】 2015年，学校继续加强教学和师资队伍建设，坚持以老带新、实行试讲准入制度，通过分组开展集体备课，组织教学观摩活动，规范教学工作环节，提高党课教学质量。

　　（五）人才工作

【组织青年骨干教师参加志愿服务工作】 2015年，学校参与山东省西部扶贫开发重点区域人才支持项目，推荐环能学院教师袁东海挂职山东省鱼台县科技副县长，提高了青年骨干教师服务社会的能力，促进了对口单位与学校的长期合作。

【组织开展政工职评资格审查、申报】 2015年，3名同志被评为高级政工师。

（赵海云　张　岩　孙景仙）

二、宣传思想工作

（一）概况

2015年北京建筑大学宣传思想文化工作以围绕中心、服务大局为基本职责，找准工作切入点和着力点，以点带面、全面推进、突出重点，主动策划主题实践活动，积极探索社会主义核心价值观融入学校精神的长效机制，继续完善宣传思想工作机制，全面提升新闻宣传工作的整体水平，为推动北建大科学发展提供坚实的思想保障和有力的舆论支持。学校被授予"首都文明单位标兵"荣誉称号。

【理论教育工作】一是强化思想引领，凝聚思想共识。依托"建大讲堂"、校院两级理论中心组、网上理论学习栏目等持续深入地学习宣传中央精神，开展中国特色社会主义和"中国梦"宣传教育活动。本年度邀请知名学者专家举办高水平辅导报告会13场，选送7名教师参加2015年北京市哲学社会科学教学科研骨干研修班。结合学校发展实际，围绕十八届五中全会、市委十一届七次全会、高等教育发展趋势、反腐倡廉等内容组织中心组开展学习活动26次。

二是拓宽青年教师思想政治工作的途径。依托北京高校青年教师社会调研优秀成果申报项目、北京高校青年骨干教师理论培训项目，持续推动青年教师结合专业参加社会实践活动。共选送10名青年教师参加北京高校青年骨干教师理论培训班。在2015年北京高校青年教师社会调研优秀成果评审中，青年教师1人获一等奖，7人获二等奖，学校获优秀组织单位。

三是开展建大人物访谈活动，在重温历史故事中挖掘凝练学校精神内涵。组织开展"寻访建大名师 讲述师生故事 凝炼建大精神"和"探寻校友足迹 讲述成长故事 凝练学校精神"两个主题社会实践活动，各学院发动近500余名学生，寻访了80余名建大名师、优秀校友和在校优秀学生，在讲述者和聆听者的互动中凝练、传承与传播了学校精神。

四是在新闻网和校报开办专题栏目，在讲述故事中传播正能量。开设"建大故事"专栏，刊登名师和校友访谈故事，编辑《北建大人物故事》册子在校内发放；与创新创业教育学院共同策划推出"建梦想·筑未来·创青春——北京建筑大学创业青年系列访谈实录"版块，树立"艺术榜样"、"科技榜样"、"创新创业榜样"；与学工部围绕构建"最爱学生"工作体系，开设"情系建大 爱满校园"专栏，讲述老师爱生、学生尊师的真情故事；与国际教育学院开设"闪耀在海外的建大星光"专栏，讲述参加海（境）外交流项目学生以自己卓越的学业表现、优异的跨文化交流能力为北建大代言的故事。

五是开展国家级纪念设施、遗址调研实践活动，让爱国主义教育与专业教育无缝对接。以纪念中国人民抗日战争暨世界反法西斯战争胜利70周年为契机，2015年1-5月与遗产研究院、团委及各学院共同策划组织近百名师生、形成20余支调研团队奔赴17各省30余处国家级抗战纪念设施、遗址开展实地调查活动；5月制作"纪念中国人民抗日战争胜利暨世界反法西斯战争胜利70周年主题活动"专题网站上线，并在中国大学生在线同步推介；同期在校报开设专栏对调研活动和成果进行跟踪报道；7-10月举办了"中国人民抗日战争纪念设施及遗址"调研成果展，期间接待了中国宋庆龄基金会组织的近百名赴大陆参访的台湾青年学生，并分别走进大兴区瀛海镇南海家园社区和西城区展览路街道进行巡展。此次调研实践活动，结合国家重要纪念日和学校专业特色，通过对国家级抗战纪念设施、遗址进行专业调研、专题研究、模型制作和展示宣传等一系列教学实践活动，实现专业教育和爱国主义教育无缝对接，取得了思想融入和专业提升的良好效果。宣传展示活动引起了校内外媒体的广泛关注，人民日报、教育部网站首页、中国教育报、中国教育电视台、中国大学生在线、北京电视台、中国建设报、科技日报、新京报、北京考试报、法制晚报等十几家媒体进行了深入报道，产生了广泛的社会影响。

【新闻宣传和舆论引导工作】从制度建设、阵地建设、队伍建设、外宣能力建设等方面全面加强新闻宣传和舆论引导工作。一是加强制度建设。制定《中共北京建筑大学委员会关于进一步加强和改进新形势下宣传思想工作的实施方案》（北建大党发〔2015〕25号），进一步落实校院两级党委意识形态工作责任制。成立学校新闻中心，完成了校园网站管理平台"通元CMS系统"的功能升级工作，健全网络发布机制，规范校园网信息发布流程，实行信息发布的分级审核和实名化管理；成立校报编辑部，初步建立起选题、策划、编辑、出版、发行的工作机制；规范了官方微信、微博和手机报的编审管理流程；完善了校外媒体来校采访的工作机制以及校外机构在校园内进行影视拍摄活动的管理工作流程。

二是加强阵地建设。改版校报，由原来的四开四版改成对开四版，重新设计了报头和版式。全年共编辑出版校报20期。紧密围绕学校重点工作，策划专栏和专题报道10余个，刊登深度报道30余篇。优化官网功能，增设了"全景校园"、"英文网站"、"纪念抗日战争暨世界反法西斯战争胜利70周年"专题、"80周年校庆网"等专题网站、"基层动态"栏目。改进头图设计质量，全年共发布头图新闻信息60余条，编辑、审核校园网络新闻信息2500余条，图片6000余张。共制作橱窗28期168版。开通西城校区食堂电子屏"电视直播"功能，增加了师生了解校情、社情的信息渠道，发布文字类信息100余条，图片信息200余张，发布专题视频30余部。全年累计发表原创微博197条，官方微博粉丝数量从8711增长到10440；全年共推送微信348期，官方微信粉丝数为4885，其中《热爱运动 受益一生——记我校退休教师孙惠镐六十年如一日的运动经历》点击量6583排名第一，《新食堂"臻园"喜迎师生》点击量5692排名第二。7月6日开通学校手机报，目前已经发送19期。在以上工作的基础上统筹推进校园媒体融合发展；借助iStudent网络社区以培育校园文化为抓手进行舆论引导，在宣传主旋律的同时，主动回应师生关切的重点问题；购买网络舆情监控系统服务，加强舆情监控。此外，还完成北建大相关摄影任务360余次，学校大型活动的新闻摄像102次，重大活动的全程摄影29次，制作专题新闻和视频13次，完成历史视频素材从磁带转换成数字视频共计万余条。设计并制作学校画册2版及学校宣传折页1版。完成了北建大宣传片的修改调整工作。组织了2015年度十大新闻评选。

三是加强队伍建设。根据专兼职师生宣传队伍的不同需求，举办了三期新闻宣传工作实务培训班，内容包括邀请北京林业大学党委宣传部部长、北京高校新闻与文化传播研究会理事长李铁铮教授做"新闻宣传意识与校园新闻采写技巧"培训，中国教育报摄影部资深记者修伯明做"教育新闻摄影实务"的培训，中国青年报社资深评论员曹林做"舆论引导力"培训。宣传部人员针对新闻宣传中存在的问题为兼职宣传员购买了学习用书，并举办了新闻写作、摄影技巧、新闻网上传发布具体方法及要求的培训；结合80周年校友访谈活动举办"如何讲好建大故事"专题讲座，结合网络舆情监控系统使用举办了两次舆情监控员专题培训。将原有的记者团、电视台、广播台进行整合，成立"学生媒体中心"，并加入首都大学生媒体联盟。学生媒体中心设专人管理，在新闻采访、摄影、摄像实践方面对学生记者进行实操技能培训等，全年指导学生完成新闻采写稿件20余篇，图片拍摄20余次，制作视频节目5档共6期，学生媒体队伍建设得到加强。

四是对外宣传能力建设。继续坚持"外树形象、内聚人心"的目标，围绕学校中心工作和重要事件开展外宣策划，发表外宣稿件120余篇，其中大部分被人民网、中国日报网、北青网、凤凰网、千龙网、网易、光明网、中青网、搜狐网、新浪网等网络媒体多次转载。全年接待安排媒体来校采访30余次。从容应对突发事件，针对疏解非首都功能、两校区建设等社会关注的话题，与媒体进行积极地沟通，较好地维护了学校的公众形象。

【校园文化工作】坚持整体推进、重点突出、点面线结合的原则，传承北建大历史，讲述北建大故事，弘扬北建大精神，大力加强校园文化建设工作。开展新校风的凝练和征集工作。在开展名师、校友和优秀学生访谈活动中，不断挖掘凝练学校精神，在此基础上启动校风征集工作，结合专家、校友和教师意见，在征集的46个方案基础上形成了7个校风推荐方案。完成学校形象识别系统设计。组织师生共同创作学校视觉形象识别系统和校庆80周年标识，发布《北京建筑大学视觉形象识别系统管理手册》及学校80周年校庆标识，策划校庆专题网站栏目。推进校园文化建设。开展校园文化建设调研，召开校园文化研讨会，启动艺术馆、中国当代建筑师作品展示馆、校园主题雕塑等文化景观设计工作以及学院文化建设方案展示评比活动。创建师生艺术品展示网络平台"筑实艺术厅"，展出师生反映核心价值观和廉政文化的各类艺术作品120余幅。制作了全景校园，借助iStudent网络社区开展为臻园沙龙室命名、"建大之秋"摄影作品展示等活动，营造了良好的网络文化舆论氛围。统筹推进"臻园沙龙"活动，制定臻园沙龙文化活动方案，本学期共有10个部门参与策划组织臻园沙龙31场，为师生搭建起文化交流平台。完成了"十二五"党建与思想政治工作规划相关内容总结和"十二五"校园文化建设规划总结，在调研基础上形成了《北京建筑大学"十三五"校园文化建设规划》（征求意见稿）。结合工作开展了北京建筑大学党建和思想政治工作研究课题《凝炼、培育与传承北京建筑大学学校精神实证研究》和北京市教工委2014年度宣传思想专项课题《社会主义核心价值观融入学校精神培育实证研究——以北京建筑大学为例》研究工作，理论研究与工作实务相互促进，促进了宣传工作整体水平的提升。2015年获中国高校校报好新闻奖、北京高校校报好新闻奖各3项。北建大被授予"首都文明单位标兵"荣誉称号。

（二）大事记

【揭晓2014年十大新闻】2014年是北建大各项事业承前启后、继往开来的一年，是全面落实学校"十二五"规划各项任务的关键年，是谋划学校未来发展规划，推进学校"提质、转型、升级"的开局之年。在这一年里，学校各项事业扎实推进，第五次党代会提出的更名大学、申博、国家级教学成果奖、国家级科技奖、新校区建设和党建先进校等"六大突破"任务全部完成，办学实力和社会影响力进一步增强。为了更好地总结经验，激励广大师生坚定理想信念，增强内生动力，激发发展活力，团结奋进、改革创新、锐意进取，推动学校各项工作再上新台阶，经广大师生推选和征询各单位各部门，学校汇总研究，特推出2014年学校十大新闻。

1. 荣获"北京市党的建设和思想政治工作先进普通高等学校"，党建工作迈上新台阶北建大认真学习贯彻党的十八大、十八届三中、四中全会精神，贯彻落实习近平同志系列重要讲话精神，认真落实党的群众路线教育实践活动整改措施，坚持党要管党、从严治党，加强党风廉政建设，全面落实党委主体责任和纪委监督责任，持续推进作风建设，以改革创新的精神全面加强学校党的建设。2014年4月18日，经市委教育工委、市教委、市委组织部、市教育工会以及有关高校领导和专家组成的北京市第七次党建和思想政治工作先进校评审委员会评审，北建大与北京大学、清华大学、北京航空航天大学、北京工业大学共同荣获"北京市党的建设和思想政治工作先进普通高等学校"。这是学校顺利完成新校区建设工程、申博工程和更名工程等三大工程之后，学校事业发展中的又一重大突破，标志着学校党建工作迈上新台阶。

北建大培育和践行社会主义核心价值观教育活动蓬勃开展，学生党员主题实践活动"弘扬焦裕禄精神，培育和践行社会主义核心价值观"入选教育部社会主义核心价值观教育典型案例，并在北京高校辅导员论坛上做交流发言，学校荣获北京高校社会主义核心价值观宣传教育优秀案例1项和优秀项目1项，以及北京高校青年教师社会调研评比一等奖、二等奖各4项。学校与中国大学生在线和光明网合作开展以"弘扬·融入·传播"为主题的"高校培育和践行社会主义核心价值观艺术作品展"，得到全校师生和社会的广泛关注，相关工作经验在《中国高等教育》2015年第一期发表。

2. 荣获国家教学成果一等奖，教学质量工程取得新成果

2014年9月9日，在庆祝第三十个教师节暨全国教育系统先进集体和先进个人表彰大会上，汤羽扬等老师共同完成的教学成果《注重中国优秀文化传承的建筑学专业人才培养体系研究与实践》，获得2014年第七届国家级教学成果奖一等奖，实现了"国字号"教学成果奖零的突破，这是全国高等学校建筑学领域近20年来唯一获得国家级教学成果一等奖的项目，体现了学校人才培养质量稳步提升，为实现学校"六大突破"做出了实质性贡献。

3. 荣获一项国家技术发明二等奖，科技创新能力显著提升

2014年，王随林教授主持的"防腐高效低温烟气冷凝余热深度利用技术"项目荣获国家技术发明奖二等奖，这是北建大首次主持获得国家技术发明奖，也是近五年来北京市属高校作为主持单位获得的唯一一项国家技术发明奖。此外，北建大作为主要完成单位，土木学院刘栋栋教授作为主要合作完成人的"混凝土结构耐火关键技术及应用"项目荣获国家科技进步二等奖。五年来，北建大获国家科技奖达到10项，居于北京市属高校前列，学校科技创新能力显著提升。

4. 获评一名全国优秀教师，师资队伍建设取得显著进步

2014年9月9日，在庆祝第三十个教师节暨全国教育系统先进集体和先进个人表彰大会上，秦红岭教授获得"全国优秀教师"荣誉称号，实现了我校国家级优秀教师零的突破。2014年，入选"教育部新世纪优秀人才支持计划"1名，入选北京市"长城学者"资助计划1名，入选"新世纪百千万人才工程市级人选"1名，荣获北京市科技新星1名，学校师资队伍建设取得了显著进步。

5. 获批设立博士后科研流动站，实现了博士后工作零的突破

2014年9月，人力资源社会保障部全国博士后管委会正式批准我校设立建筑学博士后科研流动站，北建大成为可以招收博士后研究人员的单位，实现了博士后工作零的突

破。设立博士后科研流动站,为北建大进一步实施人才强校战略,加强高层次人才队伍建设,提升办学水平、科研实力和影响力提供了重要支撑,进一步强化了北建大作为国内唯一具备"建筑遗产保护"交叉学科及相关领域学士、硕士、博士、博士后一体化人才培养体系的办学特色。

6. 获得"创青春"全国大学生创业大赛银奖,大学生创新创业能力和文化体育活动水平显著提高

2014年11月,北建大首次获得"创青春"全国大学生创业大赛银奖,并首次获得"创青春"首都大学生创业大赛"优胜杯",实现了北建大在全国大学生创业大赛奖项上的历史性突破。2014年,还获得中国机器人大赛特等奖3项、第六届北京市大学生模拟法庭竞赛一等奖、北京市大学生交通科技大赛一等奖、北京市大学生化学竞赛一等奖、"第八届同济大学建造节暨纸板建筑设计建造竞赛"一等奖和第四届全国大学生计算机应用能力与信息素养大赛海峡两岸赛二等奖,学生创新创业能力进一步提升。邢正同学获中国成语大会亚军,学生篮球队勇夺全国大学生"三对三"篮球赛冠军,大学生艺术节大戏连台,俞敏洪、六小龄童、朱迅、王宏伟等名家走进校园,学生文化体育活动水平显著提高。

7. 荣获"2014年度全国毕业生就业典型经验高校",就业工作迈入全国高校先进行列

2014年7月18日,教育部在北京召开2014年度全国毕业生就业典型经验高校(全国就业50强)经验交流会,北建大获评"2014年度全国毕业生就业典型经验高校"。近年来,北建大就业工作扎实开展、稳步推进,毕业生就业率连续三年保持在97%以上、平均签约率保持在92%以上,在北京地区高校中名列前茅。2014年承办第二届全国建筑类高校就业联盟年会,进一步扩大了行业影响力。2014届毕业生签约率96.69%,列居北京市属高校第一名。

8. 新增5个省部级科研基地,实验室建设和协同创新成果显著

2014年,北建大获批5个省部级科研基地,包括:北京市电子废物资源化技术、标准与产业政策研究基地,北京市城市交通基础设施建设国际科技合作基地,北京市可持续城市排水系统构建与风险控制工程技术研究中心,北京市建筑能源高效综合利用工程技术研究中心和住房城乡建设部乡村规划(北方)研究中心。北建大省部级科研平台累计达到20个,实验室建设成果显著,为学校面向首都和行业需求开展重大关键技术和重大科技成果转化,提供了重要载体。北建大大力加强校企合作,与安邦集团合作创办"建大安邦城市研究院",促进协同创新。

9. 大兴校区图书馆隆重开馆,大兴校区二期建设工程圆满完成

2014年12月27日,大兴校区图书馆隆重开馆。2014年,大兴校区二期建设工程的学生宿舍7、9号楼,机电与车辆工程学院、电气与信息工程学院、土木与交通工程学院和测绘与城市空间信息学院等学院楼,气膜体育馆、地下工程实验室和大兴校区南大门等工程陆续交工并投入使用,大兴校区的基本建设任务在"十二五"期间提前完成。一座功能完善、环境优美的新校区基本建成,北建大办学条件得到进一步改善。

10. 认真谋划学校发展蓝图,推进"提质、转型、升级"

北建大扎实推进党的群众路线教育实践活动整改工作,深入开展建设有特色高水平建筑大学大讨论,广泛深入开展校内外调研,逐个调研29个机关部门和教辅单位,逐个征求9个二级学院的意见,赴同济大学、北京航空航天大学、北京工业大学、西安建筑科技

大学调研，请教育部高教司、住建部人事司领导和中央党校专家来校咨询。组建北建大发展规划研究中心，全面启动了北建大"十三五"发展规划编制和综合改革方案的制定。北建大本着"放飞思想、大胆创新、勇于改革、追求卓越"的精神，举办发展规划研讨班和干部培训班，邀请信息化专家和学校管理专家来校做专题辅导报告，组织了两次处级干部专题论坛，分别由二级学院院长和相关职能部门负责人围绕"十三五"发展目标和未来发展思路进行深入交流、讨论，形成了"弘扬务实作风，激发亮剑精神，敢于重点突破，勇于改革创新，奋力推进'提质、转型、升级'"的发展共识，为推进北建大办学上层次上水平奠定了坚实基础。

【召开"赵希岗新剪纸艺术——文化创意及校园文化专题研讨会"】1月20日，赵希岗新剪纸艺术——文化创意及校园文化专题研讨会在北建大大兴校区图书馆会议室召开。党委副书记张启鸿，市委教育工委统群处处长张健，兄弟高校代表、清华大学美术学院原院长、著名艺术家刘巨德先生，中华文化促进会剪纸艺术委员会会长张树贤先生及其他社会艺术家和学校师生代表出席研讨会。党委宣传部长、统战部长孙冬梅主持研讨会。张启鸿在致辞中指出，以赵希岗为代表的专业教师在校园文化建设上发挥了重要的推动作用。赵希岗的新剪纸艺术创作是现代视觉艺术与中华优秀传统文化的良好结合，发挥了北建大设计艺术专业的优势，为营造良好的校园文化、提升学校社会影响力、弘扬中华优秀传统文化贡献了力量。北京师范大学艺术与传媒学院副教授李江代读了清华大学美术学院教授、著名视觉艺术家吕敬人先生的致辞。北京市委教育工委统群处处长张健在总结讲话中认为，民盟盟员赵希岗的新剪纸艺术是传统与现代、写意与写实、古朴与时尚结合，不仅是对中华优秀传统文化的传承与弘扬，更重要的是在传承的基础上进行突破和创新，展现出艺术作品的时代精神。他带领学生以新剪纸艺术元素为核心创作的社会主义核心价值观招贴画，是结合专业优势，培育和践行社会主义核心价值观的一次有益尝试。希望以赵希岗为代表的专业教师，继续发挥专业优势，用艺术手法讲述同心思想，创作出更多更好的作品，为校园文化建设贡献力量。

【党委理论中心组组织专题学习】2月4日，党委理论中心组组织专题学习，重点传达学习了2015年北京高校党建工作会议和北京高校领导干部会议精神，研究部署学校相关落实工作。全体校领导、党委常委，以及相关人员参加了学习会。会议由党委书记王建中主持。王建中书记、朱光校长传达了2015年北京高校党建工作会议和北京高校领导干部会议精神，重点就教育部、市委、市委教育工委关于进一步做好新时期高校党建工作、意识形态工作、综合改革工作、地方高校转型发展的相关文件及重要讲话精神作了解读，并结合学校实际工作以及各自的学习体会，对下一步贯彻落实工作作了部署。

【举行2015年新春团拜会】1月23日，北建大2015年新春团拜会在西城校区大学生活动中心举行。北京市住房和城乡建设委员会副主任李荣庆，西城区副区长孙硕，北京市市政工程设计研究总院总工程师包琦玮，北京热力集团副总经理赵峰，济南城建集团有限公司总经理牟晓岩，展览路街道办事处副主任吴立军，北建大部分老领导、现任领导，长江学者、全国优秀教师、科技北京百名领军人才、教育部新世纪优秀人才、北京市教学名师，2014年获得省部级以上各项奖励的教师代表，各级人大代表、政协委员，民主党派、侨联负责人，教职员工及学生代表欢聚一堂、共庆新春。学校对获得2014年度国家科学技术奖的教师进行了表彰。党委书记王建中宣读了表彰决定，并为获得表彰的国家科技奖获得者王随林教授和刘栋栋教授颁奖。校长朱光代表学校向全校师生员工、广大校友和各位嘉宾致以新春的祝福,并向关心和支持北建大建设和发展的各界朋友致以崇高的敬意和衷心的感谢。朱光在致辞中指出,一年来在市委、市政府,市委教育工委、市教委的领导下,学校紧扣内涵发展的主题,坚持深化改革,强化办学特色,各项事业取得丰硕成果。新的一年,学校将继续坚持立德树人导向,凝心聚力,抢抓机遇,注重核心竞争力提升,全面深化改革,科学谋划未来,以创新驱动和国际化视野推动"提质、转型、升级",共同推动学校各项事业再上台阶。西城区副区长孙硕代表西城区委、区政府,向北京建筑大学全体师生员工和广大校友致以新春的问候。他说北建大与西城区具有深厚的历史渊源,保持着良好的合作共建关系。自2013年双方签署合作框架协议以来,在人才培养、生态环境保护、产业结构优化、区域经济协调发展、科学研究等方面开展了持久全面的合作,为西城区经济社会发展注入了新的活力。我们相信,通过双方的共同努力,西城区与北建大的合作一定会结出更加丰硕的成果。北建大优秀校友代表、全国工程勘察设计大师、北京市政工程设计研究总院总工程师、道桥77级包琦玮在发言中说,母校在近80年的发展历程中,始终和国家、民族命运紧密相连,始终坚持服务国家战略,为北京城市规划、建设、管理领域培养了一大批优秀人才。看到母校近几年来取得的跨越式发展,广大校友由衷地感到荣耀与自豪。我们将一如既往地关注和支持母校的发展,祝愿母校各项事业蒸蒸日上,再创辉煌。教师代表、2014年国家技术发明奖获得者王随林教授在发言中感谢学校对科技工作的高度重视、对师生的亲切关怀和全力支持。学生代表、北京市三好学生、规11—1班范文铮同学代表北建大全体学生对老师们的辛勤培育表示衷心的感谢,作为建大学子将志存高远,脚踏实地,把自己锻造成为社会需要的高素质创新人才。

【举办高校培育和践行社会主义核心价值观艺术作品展】1月20日,由北京建筑大学、中国大学生在线、光明网共同主办的"弘扬 融入 传播——高校培育和践行社会主义核心价值观艺术作品展"在大兴校区图书馆正式开展。教育部办公厅副主任、新闻办主任、新闻发言人续梅,北京市教工委副书记郑萼,中国大学生在线发展中心副主任于健航,光明网总裁、总编辑杨谷,党委书记王建中,清华大学美术学院原院长、著名艺术家刘巨德先生和中华文化促进会剪纸艺术委员会会长张树贤先生出席。开展仪式由校长朱光主持。此次展览内容丰富,采用新剪纸、古建彩画、漫画、油画、国画、速写、雕塑、篆刻、书法、摄影作品等多种形式,弘扬中国优秀文化,融入人才培养全过程,多形式传播建大正能量,受到教育部和北京市教工委领导的充分肯定,得到社会的广泛关注。

本次展览以中国梦、中国精神、社会主义核心价值观为主题,面向北京建筑大学在校师生和离退休教职工共征集作品278件,经遴选,共展出精品118件。其中包括将中华优秀传统文化与现代艺术有机融合的新剪纸,在方寸之间传递人文精神的篆刻,以老北京建筑元素再现"邻里和睦"、"诚信经商"等传统美德的白描,讲述"我的大学生活"传播正能量的漫画,弘扬和传承焦裕禄精神的"焦裕禄纪念馆"3D影像,以及其他反映真善美、传播正能量的书法、绘画、摄影、雕塑等作品。

【召开党外人士校情通报会】3月25日,北建大党委召开了党外人士校情通报会。党委统战部负责人,各级人大代表、政协委员,民主党派、侨联负责人,无党派人士参加了会议。党委书记王建中向统一战线各界人士通报了学校2014年的主要工作以及2015年度的工作思路和重点工作。会议由党委副书记张启鸿主持。

【举行宣传思想工作调研会暨新闻中心成立揭牌仪式】4月1日，北建大宣传思想工作调研会暨新闻中心成立揭牌仪式在学宜宾馆报告厅举行。党委书记王建中、党委副书记张启鸿、二级单位党委（党总支、直属党支部）及相关部门负责人、教师代表、学生代表、宣传部（新闻中心）工作人员参加会议。会议由党委副书记张启鸿主持。在宣传思想工作调研会上，电信学院党委书记杨光、土木学院教师季节、机电学院教师秦建军、教务处处长邹积亭、思政部主任高春花、团委书记朱静、学生代表秦全城、国际教育学院院长吴海燕、校报编辑部主任兼校报执行主编牛志霖，分别就宣传思想工作对学校中心工作的推动作用、对教师成长发展的帮助、对学生思想政治教育的积极作用等方面先后进行了交流发言。张启鸿代表学校党委宣读了关于成立北京建筑大学新闻中心的决定。党委书记王建中、党委副书记张启鸿及师生代表共同为"北京建筑大学新闻中心"揭牌。

王建中在总结讲话中指出，北建大举行宣传思想工作调研会暨新闻中心成立揭牌仪式是学校落实中央《关于进一步加强和改进新形势下高校宣传思想工作的意见》和市委教育工委一系列要求的重要举措，也是推进北建大新闻工作上层次上水平的重要举措。意识形态工作是党和国家一项极端重要的工作，高校是意识形态工作的前沿阵地。北建大新闻宣传工作作为学校的喉舌和思想工作的重要阵地，要在党委的领导下发挥两方面的作用，一是统一思想、凝聚共识、引领发展；二是树立学校形象，搭建学校和师生之间、学校和社会之间的信息桥梁和沟通渠道。

针对如何做好北建大的新闻宣传工作，王建中明确提出了六点意见，一是"讲政治"，强调政治敏锐性、敏感性，强调思想引领、凝聚共识，用马克思主义、中国特色社会主义理论和社会主义核心价值观主导新闻宣传工作，坚持正确方向和立德树人根本任务。二是"讲中心"，新闻宣传工作要全面面向教学科研一线工作，紧扣学校的中心工作进行报道和推进。三是"讲基层"，新闻报道工作要强调"接地气"，更多的面向师生，聚焦正能量，发挥榜样引领作用。四是"讲本领"，新闻报道工作要强调专业性和规范性，注重品质和效果。新闻宣传工作者要提高理论水平，学习掌握宣传思想工作的规律、新闻传播的规律和文化建设的规律；提高思维水平，增强政治上和新闻上的识别力和鉴别力；提高新闻策划水平和专业技能水平。五是"讲协同"，要强调大宣传大新闻格局、大体系作战，以及部门协同、校院协同、校内外协同、师生协同，进一步理顺体制机制，明晰各部门、各单位职责，建立全校的新闻宣传工作体系和大宣传格局。六是"讲纪律"，要讲政治纪律和工作纪律，做到"守土有责、守土负责、守土尽责"。要按照"严正立场、严守阵地、严格把关、严明责任、严肃问责"的要求做好宣传思想和意识形态各项工作。王建中希望各单位、各部门与党委宣传部加强合作、加强协同，切实把北建大宣传思想工作和新闻宣传工作提高到一个新的水平。

【市侨办副主任李纲来我校调研侨务工作】4月15日，北京市人民政府侨务办公室党组成员、副主任李纲，主任助理沈小红，侨政处处长刘云艳及侨务干部王严一行来北建大调研侨务工作。副校长张大玉、人事处处长孙景仙，侨联副主席詹淑慧及侨联委员、侨眷代表参加调研。调研会由党委统战部部长孙冬梅主持。张大玉介绍了北建大近年来在人才培养、学科建设、科研成果等方面取得的显著成绩，并充分肯定了侨联在学校发展中做出的贡献。在调研中，詹淑慧简要介绍了侨联情况及近年来所做的工作。与会侨联成员就侨务政策的宣传、归侨侨眷身份的认定、留学人员国家安全意识及法律教育的缺失、归侨侨眷空巢老人的养老问题及搭建为侨服务的平台等问题进行了充分探讨。李纲充分肯定了北建大侨联工作，并表示市侨办侨务工作要进一步深入到高校中，要与相关部门配合更好地为侨服务、为侨办实事。调研会后，双方还就具体侨务问题进行了沟通。

【举办"当前意识形态领域的突出问题及其对策"专题辅导报告会】5月5日，北建大举办加强宣传思想工作干部专题培训班第二次辅导报告会，邀请教育部社科中心综合信息研究处处长祝念峰研究员做题为《当前意识形态领域的突出问题及其对策》的报告。报告会由党委组织部部长高春花主持。祝念峰从意识形态的概念入手，分析了当前意识形态工作面临的机遇和挑战，剖析了当前意识形态领域值得注意的一些突出问题，分析了历史虚无主义、宪政民主、普世价值等错误思潮对我国意识形态安全的影响，指出在错综复杂的国际国内形势下，要始终保持理论上的清醒和政治上的坚定，牢牢把握意识形态工作的领导权、管理权、话语权。祝念峰对当前社会意识形态领域热点难点及对策的分析，站位高、视野宽、分析深刻，指导性强，对做好新形势下学校意识形态工作具有很好的借鉴作用。参加报告会的有校领导、机关职能部门处级干部、二级党组织书记和副书记、党支部书记，各单位（部门）网络宣传员、新闻通讯员、网络舆情监控员、机关全体党员等近200人。

【获"首都文明单位标兵"称号】3月，首都精神文明建设委员会下发了《关于表彰2012-2014年度首都精神文明创建工作先进单位的决定》，北建大被授予"首都文明单位标兵"荣誉称号。经首都精神文明建设委员会办公室与北京市人力资源和社会保障局联合组织考评，首都精神文明建设委员会审议，全市评出首都文明示范区县、文明乡镇、文明村、文明单位标兵、文明单位、文明社区、文明风景区旅游区若干，其中681个单位被授予首都文明单位标兵称号，与北建大同获此殊荣的高校还有北京化工大学、北京交通大学、北京工商大学和北京农学院。

【举办新闻宣传工作实务培训班】5月28日，北建大新闻宣传工作实务培训班在西城校区举行。党委书记王建中出席培训会，并在开班动员中指出，宣传思想工作和新闻宣传工作是提升学校核心竞争力的重要手段之一，要把它作为一项重要的本职工作抓实抓好。北京林业大学党委宣传部部长、北京高校新闻与文化传播研究会理事长、中国高校校报协会副理事长李铁铮教授做了题为"新闻宣传意识与校园新闻采写技巧"的培训。中国教育报摄影部资深记者修伯明进行了新闻摄影实务培训，为大家介绍了拍摄新闻照片的基本方法，新闻选择和编辑的标准以及会议和活动新闻摄影的实操技巧。6月1日，学校宣传部（新闻中心）举办的新闻宣传工作实务培训班第二讲在西城校区开讲。培训班结合校园新闻宣传实际，重点介绍了"网络新闻要素及新闻网发布标准"、"校内新闻摄影摄像和编辑的常见问题"、"校内新闻写作技巧"等有关内容。

【举行"中国区域发展新战略"专题报告】6月9日，北建大邀请国家发改委国土开发与地区经济研究所所长肖金成做"中国区域发展新战略"专题报告。肖金成以翔实的数据与丰富的资料从轴带引领战略、群区耦合战略、开放合作战略三个方面详细解读了国家区域发展新战略，为我们更加深入地理解国家政策，了解国家经济发展布局，发挥专业优势服务社会开阔了眼界、提供了思路。此次报告会为2015年第四期建大讲堂。参加报告会的有校领导、处级干部、科级干部、党支部书记及师生代表共300余人。

【住房城乡建设部、北京市人民政府批准共建北京建筑大学】住房城乡建设部、北京市人民政府批准共建北京建筑大学。北京市将在政策、经费等方面加大对北京建筑大学的支持力度，住房城乡建设部将在北京建筑大学改革、发展、建设等方面给予更多指导与扶持。

北京市将继续把北京建筑大学作为北京市高等教育建设的重点，并将支持北京建筑大学"大学科技园"的建设，将科技园建成面向首都城乡建设，集聚创新创业人才，扩散高新技术，实现知识创新和科研成果及产业化的基地；同时还将支持北京建筑大学积极参与"高等学校创新能力提升计划"，加大对北京建筑大学"北京节能减排关键技术协同创新中心"、"首都世界城市顺畅交通协同创新中心"、"中国传统村落与建筑遗产保护协同创新中心"等协同创新中心建设的支持力度。

住建部将支持北京建筑大学实施卓越工程师教育培养计划，发挥"建设领域卓越工程师教育联盟"的平台优势，积极探索校企联合培养人才的新体制与新机制；发挥学科专业优势，为国家城乡建设及京津冀地区城乡建设提供技术保障。

双方表示，将进一步支持北京建筑大学作为"北京城市规划、建设、管理的人才培养基地和科技服务基地"和"国家建筑遗产保护研究和人才培养基地"的建设，强化北京建筑大学在提升北京高等教育整体水平和办学效益，以及在建筑遗产保护与优秀文化传承领域发挥引领和示范作用。同时，住房城乡建设部和北京市人民政府希望北京建筑大学应坚持科学发展第一要务，不断强化学校办学特色，主动适应国家新型城镇化、京津冀协同发展战略、北京"四个中心"建设等一系列改革发展的新常态，主动服务国家、北京发展战略需求，主动对接行业发展需求，着力提升学校服务经济社会发展和行业发展能力，为推动北京和建筑行业的更大发展提供技术、人才支撑和智力支持。

【侨联课题获北京市侨联 2014 年理论研究和调查研究优秀成果一等奖】3 月，由北建大侨联委员邹越、詹淑慧、武才娃等人完成的《北京古都风貌数字化保护与再现策略研究》获得"2014 年度北京市侨联理论研究和调查研究（建言献策类）优秀成果一等奖"。去年 3 月，侨联委员结合专业特点，由邹越老师作为课题负责人，申报了北京市侨联研究课题。经初步评审，课题被北京市侨联列为当年的调研重点课题。随后，课题组成员用半年多的时间，对北京古都风貌如何进行科学、有效的数字化保护与再现开展了调查、研究，并带领研究生共同完成了研究报告。

【举行遗迹·足迹 使命·责任——国家级抗战纪念设施、遗址社会实践调研成果展暨 2015 年大学生暑期社会实践启动仪式】7 月 10 日，北建大"遗迹·足迹 使命·责任——国家级抗战纪念设施、遗址社会实践调研成果展"在大兴校区图书馆开展。"践行'八字真经'投身'四个全面'"2015 年大学生暑期社会实践也同时拉开了序幕。党委书记王建中、党委副书记张启鸿和吕晨飞出席启动仪式。人民日报、科技日报、中国建设报、中国教育教育电视台、北京日报、北京电视台、北京青年报等十几家中央及北京市级媒体到会采访报道。

"遗迹·足迹 使命·责任——国家级抗战纪念设施、遗址社会实践调研成果展"展出了北建大师生结合专业学习，对第一批国家级抗战纪念设施、遗址中的 30 余处全国重点文物保护单位进行价值发掘、修缮整治、展示利用等研究的成果。

王建中在讲话中对国家级抗战纪念设施、遗址社会实践活动给予充分肯定，他指出，本次活动是学校师生将专业知识融入对历史和现实的思考，是实现专业教育和爱国主义教育无缝对接，将社会主义核心价值观融入专业教学、融入社会实践的又一次探索，是"中国梦"教育与人才培养的有机结合，是落实立德树人、全员育人、文化育人的具体实践，对于真实记录抗日战争历史、加强抗战遗址保护与利用，具有重大的意义。他希望，参加2015年暑期社会实践的同学们积极投身社会实践，通过社会实践受教育、长才干、做贡献，用专业的素养和爱国的热情，点燃青春的理想，收获更多更好的成绩。

建筑遗产研究院常务副院长汤羽扬、教师代表、土木学院常宏达、学生代表、建筑学院王哲分别对带领学生进行抗战纪念馆建筑模型制作和参与调研过程中的收获和感悟进行了分享。最后，参加启动仪式的校领导和老师分别为我校各学院社会实践代表团、志愿者服务团授旗。

【与天津城建大学、河北建筑工程学院签署协同创新战略合作协议携手成立"京津冀建筑类高校协同创新联盟"】7月21日，北建大与天津城建大学、河北建筑工程学院共同签署协同创新战略合作协议，携手成立"京津冀建筑类高校协同创新联盟"。北京市教委主任线联平、天津市教委副主任韩金玉、河北省教育厅副厅长张益禄以及三所高校的校领导出席签约仪式。签约仪式由北建大党委书记王建中主持。三地教育主管部门领导分别作重要讲话。北京市教委主任线联平在讲话中指出，协议的签署和联盟的成立是三所高校落实京津冀协同发展战略部署、努力提升高等教育服务区域经济社会发展参与度和贡献度的积极探索，也是深化教育领域综合改革、促进教育资源在区域范围共建共享、推进高等教育内涵集约发展的有益尝试。他希望各参与高校能够充分利用这一平台，整合资源，优势互补，积极开展产学研协同创新，把创新联盟打造成为一个互惠合作、协同发展的良好平台。希望京津冀教育部门从更高位的发展目标、顶层设计上去谋划一体化协同发展的战略规划，把握京津冀不仅是利益共同体，更是命运共同体的思想认识，探索京津冀教育合作的战略契合点。

天津市教委副主任韩金玉、河北省教育厅副厅长张益禄在会上讲话。北建大校长张爱林、天津城建大学校长李忠献、河北建筑工程学院校长刘丛分别作了致辞。北建大党委书记王建中主持签约仪式

三校通过签署合作框架协议，将在人才培养、科技研发与成果转化、学科发展与人才队伍建设以及智库建设等方面进行深度合作。开展高等教育理论与创新人才培养实践研究，探索建立学分互认机制，联合建立创新人才培养基地，开展课程共建、教材编写等工作，实现优质教学资源的协同开发与共享；以优势科研领域为支撑，三校牵头共建若干"京津冀协同创新中心"，组建研究团队，围绕京津冀协同发展中的重大需求，联合科技攻关；通过资源共享和优化配置，在凝练学科方向、组建学科队伍、加强学术交流、共享智力资源等方面开展全方位合作；联合建立多学科组成的高端智库和开放式研究机构、联合组建研发创新基地、联合开展核心理论研究和关键技术开发，聚焦国家及京津冀改革与发展中的重大战略主题，助推京津冀协同发展。

签约仪式结束后，与会嘉宾在北建大领导的陪同下参观了"遗迹·足迹 使命·责任——国家级抗战纪念设施、遗址社会实践调研成果展"以及机器人仿生与功能研究北京市重点实验室、3D视觉表现实验室、工程实践创新中心等教学科研设施。

人民日报、科技日报、中国建设报、北京日报、北京晚报、中国教育电视台、北京新闻广播等多家媒体到会进行报道。我校相关职能部处负责人和师生代表近200人参加了签约仪式。

【两岸青年学生交流团走进北建大】7月29日，2015年暑假两岸青年学生交流团走进校园活动在北建大大兴校区图书馆举行。宋庆龄基金会联络部部长陈爱民、校党委副书记张启鸿、宣传部部长孙冬梅、团委书记朱静、机电学院党委副书记汪长征出席活动。

来自台湾的近百名大学生参观了我校"遗迹·足迹 使命·责任——国家级抗战纪念设施、遗址社会实践调研成果展"，并聆听了参加调研的同学代表进行的经验分享。建筑学院王哲参加了庐山抗战纪念馆的调研。他认为空间是有情的，通过调研学习，从人对空间的真实感受出发进行设计实践，同学们学会了真正的"以人为本"的设计思想，并认识到加强抗战纪念设施、遗址的保护管理，可以更好地教育引导国人铭记历史，勿忘国耻，牢记使命，勇担责任。土木学院金鹤俣分享了制作平型关大捷纪念馆模型的收获。她认为在这次实践活动中，同学们不仅了解了很多抗日战争的历史故事，加深对抗战精神的理解，也深深体会了团队合作的重要性。环能学院房键旭介绍了所在团队在左权县麻田八路军总部纪念馆的调研情况。结合红色教育和绿色环保，同学们运用专业知识，对纪念馆的能耗、室内空气成分、风速、温湿度等进行了勘察和测量，通过发挥专业所长服务社会的实践活动，强化同学们科技报国的意识。机电学院秦鑫介绍了所在团队通过传统工艺与3D打印技术完成中山舰模型的制作过程。他认为在实践中感悟历史，激发学习科学技术的动力，增强勇挑时代重任的使命感，是实践团最大的收获。围绕校训、专业学习、社会实践等问题，两岸同学进行了互动交流。在学生志愿者的引导下，交流团还参观了校园。

【北京建筑大学视觉形象识别系统正式启用】10月15日，在北建大80周年校庆倒计时一周年启动仪式上，正式发布了北建大视觉形象识别系统。今年3月党委宣传部牵头启动了学校视觉形象识别系统设计工作。在前期调研基础上，7月正式组成由建筑学院设计艺术学系和相关教授工作室联合设计团队。几个月来，陈静勇、赵希岗、李沙、朱宁克、王飞、赵方舟、王一森等为主创人员的团队师生通过多次研讨、反复论证、数易其稿，最终编制形成《北京建筑大学视觉形象识别系统管理手册（2015版）》（简称《手册》）。《手册》融合了师生对学校历史、精神的理解，是师生知校爱校的智慧结晶，其意义深刻，更具亲和力。《手册》对北建大校徽做了局部微调，明确了北建大校名中英文字体及其与校徽的标准组合，设计了标准色、辅助图形等基础系统，明确了事务用品、办公用品、会务用品、公关用品、车辆外观、服饰、环境引导等系统应用规范。视觉形象识别系统是对学校主要形象要素进行的符号化凝练、设计和规范，是学校校园文化建设的一项重要成果。《手册》的发布执行，对规范视觉形象识别元素，强化和传播学校的视觉识别形象，充分展示学校的办学理念和大学精神，塑造学校的整体品牌形象具有重要意义。

【启用80周年校庆标识】10月15日，在北建大80周年校庆倒计时一周年启动仪式上，学校正式发布了北建大建校80周年校庆标识。标识自今年7月面向广大师生、校友征集至今，经过多次专家研讨、听取师生代表意见、再创作等环节，不断优化。最终，在校领导的重视和师生的共同努力下，以简洁、专业、共识的风格呈现出来。

北建大80周年校庆标识以老校徽为原型进行再次设计应用，设计保留了原有校徽的简化屋顶、翻开的书、秧苗、环形英文文字等元素，融入了大兴校区图书馆的建筑元素，其中"0"字造型，既体现了大兴校区图书馆与水中倒影的虚实关系，又恰似一只眼睛，寓意我校放眼世界，继往开来，将借80周年校庆之机，使各项事业乘势而起、再次腾飞。标识清晰呈现了学校在众校友和师生心目中的记忆符号，体现了北建大精神的传承。作为学校80周年校庆活动的专用标识，它将被广泛应用到北京建筑大学80周年校庆相关活动中。

附：北京建筑大学建校80周年校庆标识设计及说明

1. 该标志以老校徽为原型进行设计，老校徽伴随着学校的成长和校友的记忆走过了漫长的岁月，在这个特殊的日子里再次设计应用，体现了北建大精神的传承。

2. 保留了原有校徽的简化屋顶、翻开的书、秧苗、环形英文文字等元素，将翻开的书设计成"80"字样；将原有1936替换成1936－2016字样，体现了北建大80周年校庆的主题；将秧苗进行了微调，代表勃勃生机的建大学子，寓意学校"桃李满天下"，昭示着学校美好的未来。

3. 右侧数字"0"内，由大兴校区图书馆及水中倒影组成的眼睛造型，寓意我校放眼世界，继往开来。

4. 主色调选用红色图形、黑色文字搭配组合，体现出北建大校园的清新、年轻、充满活力；灰色的应用，直观再现了大兴校区图书馆与水中倒影的虚实关系。

5. 配合不同场景和背景色需要，标志可选用学校标准色主色及辅色。

【侨联参观中国华侨历史博物馆】10月21日，北建大侨联组织归侨侨眷参观了中国华侨历史博物馆。这天正值我国传统节日——重阳节，部分退休归侨侨眷也参加了活动。此次活动得到了中国华侨历史博物馆的大力支持，博物馆馆长黄纪凯热情迎接大家并介绍了该馆的情况。

博物馆共分四个厅，第一展厅以时间为脉络讲述了中国人移民海外的历史，第二展厅结合实物、图片、多媒体等多种形式展示了华侨华人在海外的生活图景，第三展厅集中归纳和展示了华侨华人为所在国的经济、社会、文化发展等方面作出的贡献，第四展厅展示了华侨华人与中国发展的密切联系，并介绍了中国侨务机构和侨务政策。今年是中国抗日战争胜利暨世界反法西斯战争胜利70周年，大家在参观规模最大的"华侨的奉献"这一展馆时，激动不已。"华侨这一群体是我们最敬佩的思想践行者，时代的弄潮人。"一位侨联成员参观完展览后，无比振奋和激动，非常感慨地说。无论在战火纷飞的抗日年代，还是在祖国建设的改革时代，华侨都做出了巨大贡献，甚至牺牲了生命。中国华侨历史让我们懂得了华人华侨对祖国的爱之深、责之切，出于公心、团结奋进，体现出对报效国家的赤子之心和知识分子的良知。

【北京市学习宣传贯彻党的十八届五中全会精神宣讲活动走进北建大】11月20日下午，由北京市委宣传部、北京市委教育工委、北京市委讲师团和北建大共同举办的学习宣传贯彻党的十八届五中全会精神专题报告会在西城校区第二阶梯教室举行。教育部教育发展研究中心主任张力做了题为《"十三五"时期高等教育改革发展的总体走向》的报告，报告会由党委书记王建中主持。

张力教授围绕"四个全面"战略布局对教育改革发展的总体要求和2020年前我国高等教育改革发展的形势和政策要点进行了分析和讲解。他认为，党的十八届五中全会通过的《中共中央关于制定国民经济和社会发展第十三个五年规划的建议》围绕提高教育质量作出了总体部署，发出了教育改革发展新的动员令，为此"十三五"时期教育系统的重要使命是：提高教育质量，促进教育公平；深化教育领域综合改革；全面推进依法治教；促进教育治理体系和治理能力现代化。在报告中他提出"兼顾国际视野的国家层面新的顶层设计"，"需求供给模式的改进"，"公平与质量主要价值取向"，"改革深水区选择突破口"，"制度建设与体制机制创新"是教育事业"十三五"规划的预计着力点。

王建中在主持中指出，张力教授结合十八届五中全会精神以及《统筹推进世界一流大学和世界一流学科建设总体方案》，对"十三五"时期高等教育改革的总体走向进行了深刻的分析，使我们紧密联系高等教育发展的实际，进一步深刻领会了十八届五中全会的精神实质和丰富内涵，对建设世界一流大学和一流学科的目标要求有了进一步认识，对于准确分析和把握我们学校面临的机遇和挑战、科学制定"十三五"规划具有重要的指导意义。他要求广大党员干部和全体师生员工要结合这次学习进一步深化认识，全面理解贯彻好党的十八届五中全会精神，切实把思想和行动统一到中央的部署上来，把智慧和力量凝聚到落实学校发展的各项任务上来，全力推动学校各项工作迈上新的台阶。

报告会上，北建大教师就人才培养、学科建设、学校发展、扩大高校办学自主权以及建设中国特色一流大学等问题与张力教授进行了现场互动。北京电视台、北京日报等新闻媒体到会进行报道。全体校领导、处级干部、学科负责人、系主任、党支部书记、科级干部、师生代表300余人参加了报告会。

（孙　强　孙冬梅）

三、统战工作

【概况】 按照2015年党委统战部工作计划要求，统战工作全面贯彻落实党的十八大、十八届三中、四中、五中全会精神、习近平总书记系列重要讲话精神，认真学习贯彻中央统战工作会议精神、《中国共产党统一战线工作条例（试行）》及第二届全国高校统战工作会议精神，围绕北建大中心工作，切实发挥统战成员在学校民主管理、科学决策和推动事业发展中的重要作用。

【党外代表人士工作】 依托"高校统战大讲堂"、"建大讲堂"以及校内媒体，围绕"一带一路"、"协同创新"、"当前意识形态领域的突出问题及其对策"、"中央统战工作会议精神"及学习贯彻《中国共产党统一战线工作条例（试行）》等主题，举办专题报告会、座谈会，利用多种途径和方式进行广泛宣传，加强思想引领，进一步增进政治共识，巩固共同思想基础。利用北建大开展纪念中国人民抗日战争胜利暨世界反法西斯战争胜利70周年主题教育活动的契机，积极鼓励统战人士参与学校举办的"遗迹·足迹　使命·责任——国家级抗战纪念设施、遗址社会实践调研成果展"，通过与专业教学结合，指导学生对十几个抗战纪念场馆建筑的资料收集、学习、调研并最终制作抗战遗址模型的过程,进一步坚定了为实现中华民族伟大复兴的中国梦而努力奋斗的决心。根据校领导的分工,重新调整了校领导联系党外人士名单;推荐党外代表人士高岩担任西城区知联会理事,陈靖远和贾荣香担任中央统战部六局信息联络员;推荐欧阳文、杜明义、崔景安作为全国无党派人士重点人物推荐人选。秦红岭与赵希岗获得北京高校"心桥工程"先进党外代表人士称号。戴冀峰荣获九三学社"全国优秀社员"称号。

【民主党派基层组织工作】协助九三学社支社做好入社社员的考察工作;协助民盟支部开展增补委员的工作;支持民主党派基层组织结合其成员的专业,开展文化建设调研活动。由北建大民盟支部主委陆翔执笔的《北京宣南地区会馆建筑调研报告》获2014年度西城区民主党派调研评比中获一等奖。

【民族宗教、港澳台侨工作】调整了民族宗教工作领导小组;接待市人民政府侨务办公室来校开展调研,邀请侨政处副处级调研员郝强来校举办侨务政策解读专题讲座;组织归侨侨眷参观中国华侨历史博物馆;与学工部等部门开展少数民族学生成长发展沙龙活动,推进建设最爱学生的大学;由北建大侨联委员邹越、詹淑慧等人完成的《北京古都风貌数字化保护与再现策略研究》获得"2014年度北京市侨联理论研究和调查研究(建言献策类)优秀成果一等奖",这是侨联连续第三年荣获一等奖;在北京市侨联举办的第七届首都新侨乡文化节桥牌邀请赛(团体)中荣获第三名。

【开展"心桥工程"主题活动】邀请统战人士参与学校视觉形象识别系统设计、举办"赵希岗新剪纸艺术——文化创意及校园文化专题研讨会"、组织统战人士赴中华剪纸文化博览园开展专题调研、举办"诗歌与建筑"主题沙龙等活动,调动了统战人士发挥专业优势参与校园文化建设的积极性,在弘扬中华优秀传统文化、服务社会发展、活跃校园文化氛围、提升学校社会影响力等方面发挥了积极作用。

(孙 强 孙冬梅)

四、纪检监察工作

(一)概况

2015年纪检监察工作认真学习贯彻党的十八大、十八届三中、四中、五中全会精神以及习近平同志系列重要讲话精神,全面落实中央、北京市纪委和市教育纪工委党风廉政建设和反腐败斗争各项工作部署,在学校党委和纪委的领导下,以全面落实党风廉政建设责任制为抓手,不断夯实基础,丰富载体,深化教育,强化监督,扎实推进党风廉政建设和反腐败工作,为建设有特色、高水平、创新型建筑大学提供了坚强有力的政治保证。北京教育纪检监察简报先后3次,就学校落实党风廉政建设"两个责任"、学习贯彻《中国共产党廉洁自律准则》和《中国共产党纪律处分条例》、廉政宣传教育等方面进行了刊载。

(二)党风廉政建设责任制

【概述】认真落实党风廉政建设责任制,逐层化解责任,严格督促检查。

【召开第一次纪委全委会】2015年3月3日,中共北京建筑大学纪律检查委员会在第六会议室召开了2015年第一次纪委全委会,学校纪委委员出席会议。会议认真审议了《中共北京建筑大学委员会2015年党风廉政建设及反腐败工作计划及分工》、《中共北京建筑大学委员会深入推进惩治和预防腐败体系建设的实施方案》和《中共北京建筑大学委员会关于落实党风廉政建设党委主体责任、纪委监督责任的实施办法》。

【召开党风廉政建设工作大会】2015年3月6日，北京建筑大学召开2015年年度工作会暨党风廉政建设工作会，纪委书记何志洪代表学校党委对2015年党风廉政建设与反腐败工作计划与分工进行了部署。全体校领导、处级干部参加了会议。

【学校领导班子成员签订党风廉政建设责任书】2015年6月24日，北京建筑大学召开党委常委会，党委书记王建中、校长朱光作为党风廉政建设第一责任人与校领导班子其他成员何志洪、汪苏、李维平、张启鸿、张大玉、李爱群、吕晨飞签订了《党风廉政建设责任书》。责任书从落实党风廉政建设任务分工、廉政教育、抓好分管单位廉政风险防控"三个体系"建设、支持纪检监察部门查办案件以及廉洁自律等七个方面明确了学校领导班子副职领导的党风廉政建设责任。

【召开第二次纪委全委会】2015年10月15日，中共北京建筑大学纪律检查委员会召开2015年第二次纪委全委会，讨论研究信访相关问题。

【检查各部门落实党风廉政建设责任制落实情况】2015年12月4日到31日，北京建筑大学成立了由校领导为组长，纪委委员、部分职能部门负责人及相关人员为成员的9个党风廉政建设责任制检查工作组，对全校共40个部门、单位落实党风廉政建设责任制情况进行了现场检查。各职能部门处级干部、科长参加了本部门检查汇报会；各单位班子成员、二级单位党委（党总支、直属党支部）委员、教工党支部书记、教代会代表参加了本单位检查汇报会。在各单位前期全面自查的基础上，检查组通过听取汇报、查阅有关文件资料等方式，重点检查了贯彻落实上级及学校党委关于党风廉政建设部署要求；坚持、巩固和深化中央八项规定精神和市委十五条实施意见；开展廉政风险防控管理，深化廉政风险防控"三个体系"建设；对科研项目、科研经费、科研行为加强管理和规范等方面的情况。座谈会上，与会人员围绕学校领导班子及其成员践行"三严三实"和党风廉政建设工作提出了意见和建议。

【召开第三次纪委全委会】2015年12月30日，中共北京建筑大学纪律检查委员会召开2015年第三次纪委全委会，讨论研究案件相关问题。

【践行监督执纪"四种形态"】中共北京建筑大学纪律检查委员会把践行监督执纪"四种形态"作为检验工作的标准，切实履行监督责任，聚焦"六大纪律"严肃监督执纪问责。2015年纪委负责人同下级党政主要负责人谈话33人次，领导干部任前廉政谈话17人次，领导干部述职述廉8人次。

（三）宣传教育

【概述】党委将反腐倡廉宣传教育纳入学校宣传教育工作的整体部署，坚持分层次、有重点地开展党性党风党纪和廉洁从政教育，实现教育的全覆盖。

【纪委委员篆刻作品获奖】2015年3月，纪委委员、经管学院党委书记、校艺术教育中心教师张庆春的篆刻作品《廉明赞》，在教育部主办的以"崇德向善·勤廉笃实"为主题的第三届全国高校廉政文化大赛中，荣获艺术设计类作品三等奖。本届全国高校廉政文化大赛从2014年7月开始征稿，经过了初评、复评、终评与网上投票等环节，历时五个多月，共有百余所高校参与。张庆春老师的篆刻作品朱文优雅别致、白文苍劲古朴，最终凭借扎实的功底和出众的艺术表现力获得了三等奖的好成绩。

【举办廉政党课】 2015年6月25日下午，纪委书记何志洪以"把握'三严三实'精神实质，做忠诚、干净、担当的好干部"为题，为新任处级干部讲"三严三实"党课，同时也对新任处级干部进行了集体廉政谈话。

【参观海淀区反腐倡廉警示教育基地】 2015年10月29日、11月10日，北京建筑大学宣传部、纪委办共同组织校领导、部分处级干部、校产系统人员近120人分三批参观海淀区反腐倡廉警示教育基地，接受了一次深刻的体验式警示教育。党委书记王建中、纪委书记何志洪、副校长李维平、党委副书记张启鸿、副校长李爱群一同参加。

【举办党风廉政建设专题报告会】 2015年11月24日，北京建筑大学举办党风廉政建设专题报告会，邀请北京市委教育工委委员、北京市教委委员、北京市教育纪工委书记王文生作了题为"加强高校党风廉政建设"的专题报告。学校领导、处级干部、科级干部、教工党支部书记、资产公司和后勤系统中层以上管理人员200余人参加了报告会。王文生书记的报告深入浅出、条分缕析、以案说纪，为我校进一步做好党风廉政建设和反腐败工作提供了很好的工作思路，对全校党员领导干部更好地理解贯彻落实《中国共产党廉洁自律准则》和《中国共产党纪律处分条例》具有重要的指导作用。

（四）制度建设

【概述】 为深入贯彻落实党的十八届三中全会精神，进一步落实党风廉政建设责任制，强化党委主体责任、纪委监督责任，学校制定了有关"两个责任"的制度。

【制定落实党委主体责任 纪委监督责任实施办法】 2015年3月23日，北京建筑大学发布了《关于落实党风廉政建设党委主体责任 纪委监督责任的实施办法》（以下简称《办法》）。《办法》进一步明确了校党委是全校党风廉政建设和反腐败工作的责任主体，要求从加强组织领导、健全体制机制、选好用好干部、抓好作风建设、领导和支持查办案件、深入推进源头治理、强化权力制约和监督等7个方面履行主体责任。学校党委书记、校长要履行"第一责任人"责任，领导班子其他成员要履行"一岗双责"责任，同时要当好廉洁从政的表率。各二级单位领导班子要认真落实学校党风廉政建设工作要求，领导班子成员个人既要抓好本单位或分管范围内的党风廉政建设工作，又要严格遵守党纪国法，做到廉洁自律。《办法》根据中央纪委落实"三转"、聚焦主业的要求，明确了校纪委要发挥党内监督机关的作用，担负起组织协调、维护党纪、督查监督、惩治腐败、问责追究等5个方面的责任。《办法》还从组织领导制度、"两个责任"报告制度、廉政谈话制度和述职述廉和民主评议制度和考核检查制度等5个方面，健全了落实"两个责任"的保障机制，并制定了具体措施。该《办法》的出台，明确了党委当好党风廉政建设的领导者、组织者、执行者的职责和纪委作为党内专门监督机关的职责，为落实"两个责任"提供了制度保障和执行依据。

（五）监督工作

【概述】 学校将招生、教育收费等纳入预防腐败体系重要内容，找准容易滋生腐败的关键环节，切实把好源头关，最大限度将腐败现象消灭在萌芽状态。

【招生监察】 2015年7月1日，北京建筑大学成立招生监察办公室，成员由学校纪检监察干部、特邀监察员等相关人员组成。招生监察办公室为非常设机构，在学校招生领导小组的领导下，具体实施对本校招生录取的监督工作。坚持从预防入手，完善监督制度，要求招生工作人员在履行公共权力的过程中执行纪律，并签订《招生工作廉政责任承诺书》。

【教育收费检查】2015年10月19日，由纪委书记何志洪带队，学校治理教育乱收费领导小组对图书馆、体育部等单位进行抽查，听取了被抽查单位开展教育收费工作的情况介绍，查阅了相关收费凭证，就教育收费工作中容易出现的问题、薄弱环节等与被检查单位进行了深入的沟通和交流，并对下一步如何更好地开展教育收费工作进行了指导。

（六）案件信访工作

【信访工作】2015年，北京建筑大学纪委接到（转来）来信来访2件，没有出现越级上访和重访。纪委就来信来访反映的问题进行了认真的调查与核实；同时，对内容不属实的信访件做出实事求是的调查结论，保护了当事人的合法权益。

【案件工作】2015年，北京建筑大学纪委调查审理的案件1件，已办结。学校给予违纪当事人党内严重警告处分，并收缴其违纪所得。在查办案件中，纪委严格按照案件检查和案件审理的有关规定，坚持做到事实清楚、证据确凿、定性准确、处理恰当、手续完备，并做好协审工作，确保办案质量。

（关海琳　高春花）

五、工会、教代会工作

（一）概况

2015年，校工会坚持促进学校发展与维护教职工合法权益相统一的原则，加强工会、教代会制度建设和能力建设，深入实施"员工帮助计划"，全面落实工会参与、维护、建设、教育四项基本职能，在团结动员广大教职工积极投身学校的改革发展实践，推进学校"提质、转型、升级"中发挥了不可替代的作用，为促进校园和谐做出了积极贡献。

（二）民主管理工作

【召开第七届教代会（工代会）第三次会议暨2015年工会工作会议】2015年5月26日，北京建筑大学第七届教代会（工代会）第三次会议暨2015年工会工作会议在大兴校区图书馆地下报告厅隆重召开。会议指出，要坚持以人为本，全心全意依靠广大教职工建设有特色、高水平建筑大学；推进依法治校，着力提升学校治理体系和治理能力现代化水平；加强教代会、工会建设，切实维护广大教职工利益和发挥好桥梁纽带作用。第七届教代会（工代会）代表143人出席大会。校领导王建中、何志洪、汪苏、李维平、张启鸿、张大玉出席大会并分别参加所在代表团讨论。纪委书记、工会、教代会主席何志洪，副校长、教代会执委会委员张大玉分别主持了会议开幕式和闭幕式。副处以上干部、民主党派负责人列席会议。

【开展二级单位民主管理测评】2015年12月，组织二级单位教职工对本单位2014/2015学年民主管理工作进行测评，内容包括二级教职工（代表）大会发挥作用情况、党政领导支持分工会工作情况以及院务公开执行情况。

（三）教师发展工作

【举办青年教师暑期实训活动】2015年7月22-24日由人事处、校工会、教务处、学工部联合组织 26 位青年教职工赴我校人才培养基地——山西云冈石窟开展暑期实训活动，活动内容包括云冈石窟实地参观调研、特邀专家讲座等。

【组织教职工参加"北京青教沙龙"】2015 年 9 月 16 日，北京高校第九届青年教师教学基本功比赛表彰大会暨"北京青教沙龙"在北京邮电大学举行。我校土木学院青年教师许鹰老师获得了北京高校第九届青年教师教学基本功比赛理工 B 组一等奖第一名、最佳教案奖和最佳演示奖，土木学院退休教师曲天培老师被评为"优秀指导教师"，测绘学院周命端老师获得论文比赛三等奖，我校获得"优秀组织奖"。

【举办"2015 年青年教师教学与科研能力提升培训班"】2015 年 11 月 21 日，校工会举办"2015 年青年教师教学与科研能力提升培训班"，校长张爱林、纪委书记、工会、教代会主席何志洪、副校长李爱群、党委常委、校工会常务副主席张素芳出席培训活动，70 余名青年教职工参加了培训。

(四) 文化体育工作

【举办做幸福妈妈系列讲座之"跨越人生的栏杆"】2015 年 3 月 17 日，由校工会主办、建大宝贝亲子社团承办的做幸福妈妈系列讲座之"跨越人生的栏杆"在大兴校区四合院举办，20 多位教职工及家属参加了活动。

【举办女工系列活动】为庆祝"三八"国际劳动妇女节，校工会、女工委员会联合举办系列活动。2015 年 3 月 20 日、24 日分别在西城校区和大兴校区教工之家举办了"品质女人 品味生活——教你自制美味甜点"活动，来自各分工会近 40 位女教职工参加了活动。4 月 3 日，后勤集团分工会承办了学校工会的"咱家午茶"主题活动之"品位生活——教您学做四川泡菜"，来自各分工会近 40 余名女教职工参与其中。4 月 30 日，校工会和女工委员会联合举办"俯瞰北京 感受塔文化——参观中央电视塔"活动，来自各分工会近 20 名女教职工参加了活动。

【举办"第二届大兴校区彩色走"活动】2015 年 5 月 19 日，由校工会主办、机关分工会承办的"健康行走 多彩校园"——"第二届大兴校区彩色走（The Color Walk）"在大兴校园举行。党委书记王建中、纪委书记、工会、教代会主席何志洪和来自各二级分工会的近 200 名教职工参加。

【举办"庆六一"建大宝贝亲子跳蚤市场活动】2015 年 6 月 6 日，由校工会主办，建大宝贝亲子社团承办的"庆六一"建大宝贝亲子跳蚤市场在大兴校区举行。

【举办羽毛球友谊赛】2015 年 6 月 16 日，首钢国际一行十人应邀与我校教工羽毛球协会在西城校区大学生活动中心进行了一场羽毛球友谊赛，包括男子双打、女子双打、男子单打和混合双打四项。

【开展暑期休养活动】2015 年 8 月 22-25 日，校工会组织 2015 年 9 月-2016 年 8 月即将退休教职工和部分教职工近 20 人开展了暑期平谷休养活动。

【组织世锦赛观赛活动】按照 2015 田径世锦赛指挥部和北京市总工会的安排，2015 年 8 月 28 日，由校工会常务副主席张素芳带队，组织 100 位教职工及家属赴国家体育场参加了世锦赛观赛活动。

【举办第十四届教职工运动会】2015 年 10 月 27 日、30 日，北京建筑大学第十四届教职工运动会在大兴校区田径场举行，这是大兴校区第一次作为运动会主会场。党委书记王建中、纪委书记、工会、教代会主席何志洪、副校长李爱群出席并参加活动，运动会由党委常委、校工会常务副主席张素芳主持，比赛裁判由体育部分工会主席康钧及体育部教职工担任。全校14个分工会精心组织，领导班子成员亲近现场参赛和指挥，近600名教职工参与其中。

【举办2016年教职工新年联欢会】2015年12月30日，北京建筑大学2016年教职工新年联欢会在西城校区大学生活动中心举行，全体校领导及近七百名教职工欢聚一堂。

【举办主题休养系列活动】2015年，面向全校教职工举办了四期以文化演出、亲子家庭等为主题的休养活动，内容包括35场文化演出，有1775位教职工及家属参加了活动。

（五）送温暖工作

【春节前夕看望慰问劳模和先进工作者】2015年1月，春节前夕校工会慰问省部级劳模和北京市先进工作者。

【三八节慰问】2015年3月8日，向全校464位女教职工进行了"三八节"慰问。

【办理职工互助保障计划参保续保手续】2015年3月，校工会为全校3374人次在编教职工完成了中国职工保险互助会入会手续和职工互助保障计划参保续保手续。

【六一节慰问】2015年6月1日，向431名教职工14岁以下子女进行了"六一节"慰问。

【为属羊教职工举办"吉羊踏青"游园生日会】2015年6月12日，校工会在永定河休闲森林公园为属羊教职工举办了"吉羊踏青"游园生日会。活动由校工会常务副主席刘艳华带队，来自各单位的近40位教职工参加活动。

【三十年教龄慰问】2015年9月10日，向30位从事教育工作满三十年的教职工颁发了北京市教育工会奖章和证书，并发放了慰问金。

【中秋、国庆慰问】2015年9月11日，向全校1062位教职工进行了"中秋节、国庆节"慰问。

【组织单身教职工参观APEC会址】2015年10月10日，由党委常委、校工会常务副主席张素芳带队，校工会组织近20位单身教职工参观了APEC会址及周边特色建筑。

【组织"首都教职工爱心基金"募捐活动】2015年10月，校工会启动了首都教职工爱心基金捐款，全校教职工捐款共计10515元，已交至北京市温暖基金会。

【面向困难教职工开展送温暖活动】2015年，校工会面向患病教职工及家属开展送温暖活动，经过教职工申请，分工会公示上报、校福利工作小组讨论，校务公开栏公示，给予8位教职工送温暖慰问金12900元。

【元旦、春节慰问】2016年1月5日，向1083位教职工进行了"元旦、春节"慰问。

（六）建家工作

【与北京石油化工学院交流工会、教代会工作】2015年1月8日，北京石油化工学院纪委书记、工会教代会主席张肃建、工会常务副主席王红梅及工会专兼职干部一行10人到大兴校区四合院与我校交流工会、教代会工作。我校纪委书记、工会教代会主席何志洪、校工会常务副主席刘艳华及部分分工会主席参加了会议。

【与北京联合大学交流工会、教代会工作】2015年1月9日，北京联合大学工会常务副主席张俊玲及工会专兼职干部一行6人到大兴校区四合院与我校交流工会、教代会工作。我校纪委书记、工会教代会主席何志洪、校工会常务副主席刘艳华及部分分工会主席参加了会议。

【与北京印刷学院交流工会、教代会工作】2015年6月19日，北京印刷学院纪委书记、工会教代会主席雷京、校工会常务副主席刘俊敏及部分分工会主席、工会委员主任一行17人到大兴校区四合院与我校交流工会、教代会工作。我校纪委书记、工会教代会主席何志洪、校工会常务副主席刘艳华及部分分工会主席参加了会议。

【举办"学习贯彻中央党的群团工作会议精神"专题培训班】2015年12月11日，学校在西城校区举办"学习贯彻中央党的群团工作会议精神"专题培训班。党委书记王建中出席培训班并作重要讲话，纪委书记、工会、教代会主席何志洪、党委常委张素芳、党委理论中心组成员、教代会执行委员会委员、校工会委员、分工会委员、工会小组长、部分教代会（工代会）代表、团干部代表80余人参加了培训。

【工会系统获奖情况】2015年，校工会获北京市教育工会"2015年先进单位奖"；土木与交通工程学院被中共北京市委、北京市人民政府评为"北京市模范集体"；理学院分工会被北京市教育工会评为"2015年先进教职工小家"；文法学院分工会郭昊同志被中共北京市委、北京市人民政府评为"北京市先进工作者"。

（张瑶宁　张素芳）

六、学生工作

（一）概况

【概述】2015年，学生工作部（处）坚持以社会主义核心价值体系为引领，以立德树人为根本任务，紧密结合学校"提质、转型、升级"工作理念，着眼于学生的成长成才，不断提高工作的科学性和实效性，扎实开展各项工作。坚持以学习实践社会主义核心价值观，突出思想引领，提高大学生思想道德教育的实效性。将社会主义核心价值体系融入学生思想教育，加强学生思想政治教育。强化学生党建工作，依托红色"1+1"活动和学生党员先锋工程，推动学生党员先锋模范作用发挥。坚持以"最爱学生"大学创建为契机，服务学生成长成才，进一步强化大学生思想政治教育工作效果。强化学风建设实施和落实，着重实现四级率、考研率等的提升。承办北京市心理大会，稳步推进心理素质教育工作。完善学生资助服务体系，助力学生成长。2015年共发放国家助学金共381.17万元，覆盖所有家庭经济困难学生。发放学生临时困难补贴100余人次，9万余元，发放其他补贴30万余元。设立勤工助学岗位和研究生三助岗位500多个，全年支出费用100万元。协助银行完成助学贷款，共发放3笔，7.2万元。办理生源地贷款321笔，209.3万元。深化住宿学生教育管理，加强学生文明养成教育。组织"宿舍文化节"开展文明宿舍建设与评比等活动，共评选出13间校级"文明标兵宿舍"。组织开展公寓文化建设活动，丰富学生住宿生活。结合"最爱学生"工作体系创建，开展如何做"最爱学生"的学生工作队伍研讨活动，组织辅导员参加各类校内外培训。推进辅导员交流与研究工作，举办辅导员深度辅导专题论坛、思德论坛等交流活动10次。不断提高大学生思想政治教育课题研究水平，加强对工作中热点难点问题的研究，加强课题成果交流和转化，以高水平研究成果推动工作科学发展。我校学生工作系统教师共计7项课题中标2015年度首都大学生思想政治教育课题。

（二）学生党建

【概述】 高度重视学生党建工作，开展了"党员双育"培训班，集中对学生党员进行教育培养；召开毕业生党员大会等，鼓励学生党员继续发挥良好作用；开展优秀学生党员标兵评选答辩，选出10名优秀党员标兵；召开学生党员红色"1+1"活动启动仪式暨培育和践行社会主义核心价值观工作推进会，推进学生党建工作提升；红色1+1活动有突破，荣获北京市评比一等奖第一名；开展学生党员先锋工程，落实了理论学习导师制度、"一对一"帮扶困难学生、朋辈辅导员帮扶、党员宿舍挂牌、学生党支部联系班集体等有关制度。

【优秀学生党员标兵评选答辩会】 6月15日北京建筑大学举行了优秀学生党员标兵评选答辩会。校学工部、宣传部、研工部、团委等相关部门负责人以及各学院领导、辅导员老师出席并担任本次答辩评选会的评委。本次评选经过学生党支部推荐、学院初评答辩等环节，最终遴选出30名优秀学生党员进入最终的评选答辩会，共评选出10名优秀党员标兵。答辩会采取候选人现场陈述、评委提问相结合的方式，要求候选人围绕理论与思想政治素质、日常生活表现、学习情况、社会活动情况等基本内容进行全面展示。

【学生党员红色"1+1"活动启动仪式暨培育和践行社会主义核心价值观工作推进会】 6月16日下午，北京建筑大学在大兴校区召开学生党员红色"1+1"活动启动仪式暨培育和践行社会主义核心价值观工作推进会，校党委副书记张启鸿、组织部、宣传部、学工部、研工部、团委等职能部门负责人，各学院党委副书记、团委书记、辅导员、思政课教师代表等出席大会，各学院学生党员代表和55期入党积极分子培训班学员参加会议。发言和表彰环节，测绘学院学生党支部郭晓刚同学介绍了本学院2014年开展的"情系泡桐、助力兰考"红色"1+1"活动，该活动入选了教育部社会主义核心价值观优秀案例。党委副书记张启鸿为2014年社会主义核心价值观优秀项目获奖代表测绘学院党委副书记王震远颁奖。与会领导为各学院2015年学生党员红色"1+1"实践团授旗，2015年学生党员红色"1+1"实践活动正式扬帆起航。主题教育阶段，共邀请了12组嘉宾，涵盖宣传部、思政部、学工部教师、学生辅导员以及学生，他们分别从不同的视角、用不同的方式对核心价值观进行深入解读。

【2015届毕业生党员大会】 7月6日下午，北京建筑大学在西城校区第二阶梯教室召开2015届毕业生党员大会。校党委副书记吕晨飞、组织部部长高春花、研工部副部长李云山、招就处副处长朱俊玲，各二级学院的领导、老师、学生党支部书记、学生辅导员代表和2015届毕业生党员参加会议。大会由学工部部长黄尚荣主持。会上，由高春花领誓，新党员进行入党宣誓，老党员重温入党誓词，使全体毕业生党员的思想再一次得到了升华。土木学院土115班张成媛同学代表毕业生党员发言。党委副书记吕晨飞以"深入学习践行'三严三实'，以优良作风投入到新的人生航程"为题讲授"三严三实"专题党课。

【学生党员"双育"培训班】 8月30日至9月1日，北京建筑大学组织部、学工部、研工部联合举办2015年学生党员"双育"培训班，各学院党委副书记、学生党支部书记及600余名学生党员参加此次集中培训。8月30日下午2:30，北京建筑大学举行学生党员培训班开班式，校党委副书记吕晨飞做培训动员和党课报告，与会领导向学生党员代表赠送了《烽火连天的京西抗日岁月》等图书资料。8月30日下午，中央党校秦刚教授为广大学员做了主题为"中国特色社会主义道路的开创与拓展"的专题辅导报告。8月31日上午，国防大学孟庆全教授为广大学员带来了主题为"国际形势与国家安全"的第二场辅导报告。8月31日下午，校学工部部长黄尚荣为学生党员作了"如何创新做好学生党建工作"的专题辅导报告。

【学生党员代表座谈会】8月31日，北京建筑大学2015年学生党员代表座谈会在大兴校区四合院会议室举行。校党委书记王建中、党委组织部部长孙景仙、学工部部长黄尚荣与副部长李红、研工部副部长李云山以及各学院学生党员代表参加了座谈会。来自各个学院的18名学生代表在座谈会上逐一作了发言。王书记对广大学生党员提出三点希望：一是希望大家积极参加党内组织生活，在做好专业学习的同时，要积极参加学生党员的各类培训、实践活动等，认真学习党的理论知识，不断提升思想素养；二是希望大家积极为党工作，要利用各种机会为学校的发展和建设贡献青春力量；三是希望大家积极当好学校和学生之间的桥梁，畅通信息渠道，及时沟通有关问题、建议和意见，促进改进各项工作，共同努力，更好地服务于同学们成长成才。

【学生党员"双育培训班"结业仪式】9月1日下午，2015年学生党员"双育"培训班结业仪式在大兴校区举行，校党委副书记张启鸿、相关职能部门、各学院领导老师和全体培训班学员参会。结业式上，学工部部长黄尚荣总结了本次学生党员"双育"培训班相关工作情况，组织部部长孙景仙宣读了《关于成立北京建筑大学学生党支部书记联席会的通知》，来自土木学院和经管学院的两名学生党员代表作了交流发言。张书记发表总结讲话。

【2015年学生党支部红色"1+1"活动答辩评审会】10月27日下午，北京建筑大学召开2015年学生党支部红色"1+1"活动答辩评审会。学工部、研工部、团委、招就处以及各学院负责老师参加了本次活动并担任此次活动的评委。来自各学院12个党支部活动项目参加答辩评审。在评审会上，各支部通过PPT和视频等方式展示了各自的共建成果并回答了评委提问。本次评审会将评选表彰优秀共建项目，充分发挥优秀共建项目的引导示范作用，促进各学院各支部间的交流学习。学校下一阶段将继续加强对各共建项目的支持与指导，促进共建项目取得更好发展，力争在本年度北京市红色"1+1"示范项目评选中再创佳绩。

【荣获北京市高校红色"1+1"示范活动一等奖】12月8日下午，2015年北京高校红色"1+1"示范活动展示评选会在北京林业大学举行。北京建筑大学测绘学院学生党支部从北京各高校参加评选的1100多个学生党支部中脱颖而出，进入25强，最后总决赛以总分第一名的成绩荣获北京市高校红色"1+1"示范活动一等奖。

（三）思想政治教育工作

【概述】学校高度重视大学生思想政治教育工作，2015年着力提升大学生思想政治教育的有效性。专门成立学生思想政治教育研究中心，研究解决重点难点问题；召开多场学生座谈会，在与学生交流中加强"爱生"工作体系建设，在爱生中推动思想政治教育；继续开展社会主义核心价值观教育活动，参加北京高校培育和践行社会主义核心价值观辅导员论坛，召开推进大会；举办第二届"我的大学我做主"职业生涯规划大赛，引导学生合理规划大学生活；继续加强新生引航工作。

【参加北京高校培育和践行社会主义核心价值观辅导员论坛】1月15日，北京高校培育和践行社会主义核心价值观辅导员论坛在北京师范大学举行。教育部思政司司长冯刚、北京市委教育工委副书记郑萼、北京市委教育工委宣教处处长王达品等相关领导以及各高校学工部领导、辅导员参会。北京建筑大学党委常委张素芳、学工部部长黄尚荣、测绘学院党委副书记王震远及有关辅导员老师和部分学生代表到会观摩。

【寒假留校学生新春团拜活动】2月11日（腊月二十三），北京建筑大学举办2015年"情暖建大·喜迎新春"寒假留校学生新春团拜活动，北京建筑大学党委常委张素芳、学工部部长黄尚荣、研工部部长陈静勇、文法学院院长孙希磊、团委书记朱静、学工部副部长冯永龙、研工部副部长李云山、机电学院党委副书记汪长征及各二级学院的辅导员老师与120余名留校学生欢聚一堂，辞旧迎新，共贺农历乙未新年。

【新学期学生工作部署会】3月12日下午，北京建筑大学召开2015年新学期学生工作部署会。副校长张大玉、校党委常委张素芳出席会议。学工部、研工部、招就处、团委等职能部门负责人、各学院党委副书记参加了会议。会议由校党委常委张素芳主持。副校长张大玉首先作了讲话，学工部部长黄尚荣、招就处李雪华处长和朱俊玲副处长、团委书记朱静、研工部副部长李云山对各自所属工作进行了布置。

【学生代表座谈会】4月7日晚，北京建筑大学在大兴校区召开学生代表座谈会。党委书记王建中、党委常委张素芳，以及党政办公室、学工部、团委、大兴校区管委会、教务处、资后处、后勤集团、网络信息管理服务中心等有关职能部门和单位负责人出席座谈会，座谈会由党委常委张素芳主持。王建中书记首先向同学们通报了学校去年取得的重要发展成果。来自各个学院的20名学生代表，结合自己的学习、工作和生活实际、围绕提高教育管理服务质量积极发言，纷纷提出了各类具体的意见和建议。

【举办第二届"我的大学我做主"职业生涯规划大赛】6月2日下午，北建大举办第二届"我的大学我做主"职业生涯规划大赛，学生工作部副部长冯永龙、招生就业处职业生涯规划教研室主任贾海燕及学工教师代表出席比赛。决赛分为个人职业规划ppt现场演示、职业情景现场模拟、抽题问答和评委提问四个环节，在ppt演示环节，选手们通过细致的自我分析和环境分析，明确了自己将来的职业方向；情景演示中，选手邀请助演同学一起对职业片段进行了精彩的演示，特点清晰，尽显同学丰富的想象力和敏锐的观察力；在抽题和评委提问环节，选手们回答机智、清晰，展现了良好的精神风貌。学工部副部长冯永龙、招就处贾海燕老师分别对比赛进行了点评。

【完成学生回迁】7月19日上午，北京建筑大学2015年最后一批学生回迁西城校区完成。本次回迁分为两天、四个批次。7月17日，首批回迁的环能学院和电信学院共12辆大车，陆续抵达西城校区。7月19日，土木学院回迁，共10车次，分两个批次顺利抵达西城校区。

【少数民族学生爱祖国爱首都爱学校主题教育参观活动】10月2日，北京建筑大学组织进行了2015级少数民族学生爱祖国爱首都爱学校主题教育参观活动。本次活动是北京建筑大学"新生引航"工程的组成部分，共有来自维吾尔族、藏族、塔吉克族等少数民族的20余名学生代表参加，辅导员曹宇曦老师担任带队教师。本次活动组织学生参观了北京的标志性建筑与景观天安门、天坛、颐和园、鸟巢、水立方等，带领学生走进首都北京的人文历史，直接体验传统建筑、现代建筑的各自魅力和相映成趣，加深了对自身专业的认知。

【学生思想政治教育研究中心成立】11月3日上午，北京建筑大学在大兴校区后勤楼一层会议室举行学生思想政治教育研究中心成立大会。北京市委教育工委宣教处副处长、首都大学生思想政治教育研究中心办公室常务副主任寇红江，校党委副书记吕晨飞，学工部、研工部、团委、文法学院、马克思主义学院负责人，各学院党委副书记，思政课教师与辅导员代表，学生思政教育指导教师代表，学生党员代表等参加了大会。校纪委副书记、马克思主义学科负责人高春花宣读了《关于成立北京建筑大学学生思想政治教育研究中心的通知》。吕晨飞与寇红江一起为中心成立揭牌，并为中心聘请的顾问委员颁发了聘书。会上，测绘学院党委副书记王震远、文法学院教师张溢木代表思政课老师作了发言。与会的各学院负责人以及思政课教师纷纷作了发言，就中心成立的意义、工作机制的构建、平台的建设、队伍的培训管理等方面进行了深入交流和沟通，积极建言献策，并表示全力支持中心的建设和发展。

【举办爱生沙龙】11月25日下午，北京建筑大学在大兴校区臻园三层举办爱生沙龙。本次沙龙聚焦"少数民族学生成长发展"。校党委副书记吕晨飞，学工部、教务处、资后处、大兴校区管委会、保卫部、统战部、文法学院负责人，辅导员代表，以及18名来自维吾尔族、藏族、哈萨克族、回族、蒙古族、壮族、仡佬族等民族的少数民族学生代表参加沙龙。与会的少数民族同学逐一发言，他们来自不同年级、不同学院、不同民族，分别就入学以来的学习、生活和个人发展、愿景等同老师进行热烈交流。党委副书记吕晨飞讲话。

【召开"三严三实"专题教育征求意见学生座谈会】12月11日，党委书记王建中主持召开"三严三实"专题教育征求意见学生座谈会，重点围绕学校人才培养中心工作、学校领导班子履职情况、学生在校学习生活等方面广泛征求同学的意见和建议。党委副书记吕晨飞，学工部部长黄尚荣及来自9学院4个年级的16名学生骨干、学生党员和学生代表参加座谈会。学生代表发言踊跃，积极建言献策，分别就人才培养质量提高、教育教学改革、党员理论学习、学生活动开展、校园文化提升、学生创新创业、学习生活保障等方面提出了自己的意见和建议。党委书记王建中认真听取各位同学的发言，并不时就相关话题与同学们探讨。吕晨飞也就相关工作与学生代表进行了交流。

(四) 队伍建设（辅导员、班级导师）

【概述】重视队伍建设，继续组织辅导员参加了多场校内外培训；强化"最爱学生"学生工作队伍创建工作，以"思德论坛"为载体举办多场辅导员工作研讨会和深度辅导专题论坛，深入研讨如何做"最爱学生"学工人员；组织开展辅导员岗位绩效考评工作，共评出6名校级优秀辅导员；开展第二届校内辅导员技能大赛，提升辅导员工作能力；2015年，学生工作系统教师共计7项课题中标2014年度首都大学生思想政治教育课题；在2015年全国高校学生工作优秀学术成果评选中，学校辅导员申报的论文、研究报告共有十二项成果获得奖励。

【召开2014年度学生工作总结交流会】1月16日，北京建筑大学召开2014年度学生工作总结交流会。校党委书记王建中、校党委副书记张启鸿、校党委常委张素芳出席会议。党委组织部、党委宣传部负责人、学工部、研工部、招就处、团委等职能部门全体干部、各学院党委副书记、团总支书记、全体学生辅导员参加了会议。会上，学工部、团委负责人和各学院党委副书记，分别围绕2014年学生工作开展情况、工作特色、取得的成效及2015年工作设想等方面进行了交流汇报。会议表彰了北京建筑大学2014年度优秀辅导员和学生工作先进个人。校党委副书记张启鸿发表讲话。校党委书记王建中对学工系统同志们的艰辛努力和取得的工作成绩表示衷心的感谢，并对受表彰的优秀辅导员和学生工作先进个人表示祝贺。王书记以"如何做一名优秀的高水平的学生工作干部"为题，为与会人员上了一堂生动的党课。

【召开2015年新学期辅导员培训会】3月18日上午，北京建筑大学召开2015年新学期辅导员培训会。校党委常委张素芳出席会议，学工部、研工部、招就处、团委等职能部门负责人、全体辅导员参加了会议。培训会上，学工部、研工部、招就处、团委等职能部门负责人结合辅导员工作特点分别部署了今年的主要工作。

【召开大兴校区辅导员工作推进会】3月25日上午，北京建筑大学在大兴校区图书馆会议室召开大兴校区辅导员工作推进会。校党委常委张素芳出席会议。学工部、保卫部、大兴校区管委会等职能部门负责人及各学院辅导员参加了会议。会上，土木学院辅导员刘猛、学生工作部副部长冯永龙、保卫部副部长毛发虎、大兴校区管委会常务副主任冯宏岳、学工部部长黄尚荣从各自工作角度进行了解读。党委常委张素芳老师讲话。

【召开专题学习研讨会】4月2日下午，学工部党支部召开专题学习研讨会，聚焦于学生工作如何深入贯彻落实学校"提质 转型 升级"发展战略，开展了思想大讨论。张素芳老师传达了2015年北京高校宣传思想工作会议的主要精神，介绍了北大、北林、二外、联大四所高校分别在新生引航、立德树人、社会主义核心价值观落细落小落实和加强思想政治理论课建设方面的做法和经验，解读了市委教育工委常务副书记张雪的讲话精神，给大家很大启迪。支部书记黄尚荣对学校2015年党政工作要点进行了深入解读，重点对由学生工作部负主责的相关任务做了具体说明，对围绕学校中心工作促进"两提升 两协同 两改进"，增强学生工作整体合力做了全面分析。支部成员按照会前支部部署的学习主题和任务，结合本职工作，对如何深入贯彻落实学校"提质 转型 升级"发展战略、推动2015年学生工作创新发展展开了热烈讨论。

【召开"最爱学生"专题研讨会】4月29日上午学工部召开"最爱学生"专题研讨会，党委常委张素芳和学工部全体人员参加研讨。会议首先听取了学工部副部长冯永龙就前期调研情况和"最爱学生"工作体系初步设计的汇报。学工部部长黄尚荣进行了阐述和强调。与会人员紧密结合构建"最爱学生"工作体系的整体思路、具体举措、任务分工、重点突破等展开了热烈深入的讨论。党委常委张素芳讲话。

【召开辅导员思德论坛】5月14日下午，学工部召开辅导员思德论坛，专题研讨"最爱学生"工作体系。党委常委张素芳、学工部有关人员、大兴校区全体辅导员参加，文法学院思政系主任张守连应邀出席。论坛由学工部部长黄尚荣主持。学工部副部长冯永龙就建设"最爱学生"工作体系的前期有关调研工作和目前体系构建的主要思路和框架做了简要介绍。来自一线的辅导员纷纷结合自身思考和学生的意见、诉求，畅谈了对于促进学生思想提升、学业有成、人生发展和身心健康，促进专业教师、管理干部、后勤系统等战线育人合力，促进爱的传递、爱的反馈、爱的内化等方面的建议、措施。党委常委张素芳做总结讲话。

【12项成果在2014年全国高校学生工作优秀学术成果评选中获奖】9月23日，2014年全国高校学生工作优秀学术成果评选结果揭晓，北京建筑大学共有12项成果获奖，其中荣获一等奖2项，二等奖10项。

序号	负责人	项目名称	成果形式	获奖级别
1	李守玉	基于课外科技活动的大学生创新能力培养模式研究	研究报告	一等奖
2	王秉楠	在大学生社会实践中三层次推进社会主义核心价值观教育的思考	研究报告	一等奖
3	黄尚荣	完善科技活动机制 注重结合培养学生实践创新能力	论文	二等奖
4	李红	新时期少数民族大学生思想政治教育研究	论文	二等奖
5	牛磊	建筑类高校校园建筑文化育人的认识与思考	论文	二等奖
6	王秉楠	构建"五维"育人机制，激发学生学习动力	研究报告	二等奖
7	齐勇	建筑类院校低年级大学生学习动力的调查和对策研究	论文	二等奖
8	齐勇	"北京精神"融入首都大学生思想政治教育的实践探索	论文	二等奖
9	宋宗耀	土木工程专业高效毕业生参加就业见习活动必要性研究	研究报告	二等奖
10	谷天硕	学生讲堂在大学一年级学风建设中的促进作用研究	研究报告	二等奖
11	冯永龙	紧密围绕"一体两翼"，加强新生教育管理	论文	二等奖
12	卫巍	朋辈辅导在大一新生适应性教育中的应用	论文	二等奖

【"三严三实"专题党课】6月11日，党委常委张素芳在大兴校区为学工部、团委党支部讲授"三严三实"专题党课，主题为："践行'三严三实'，做'最爱学生'的学工干部"。学工部、团委党支部全体成员参加了学习。

【辅导员思德论坛】10月30日下午，辅导员思德论坛在大兴校区四合院活动室召开。本次论坛的主题是"提升学生工作有效性，做最爱学生的辅导员"。学工系统教师、辅导员"理论导师"代表参加论坛。本次聘请文法学院院长孙希磊老师、马克思主义学院院长肖建杰老师、军事教研室主任张庆春老师担任首批辅导员"理论导师"。

【举办第二届辅导员职业技能大赛复赛】12月31日，北京建筑大学在大兴校区举办第二届辅导员职业技能大赛复赛。共有19名辅导员参加了复赛笔试环节。笔试采用闭卷的方式进行，主观题和客观题相结合，包括单选题、多选题、简答题、论述题等，主要考察辅导员对国家时政热点、思政工作相关知识的掌握程度以及理解、分析和解决能力，以及开展大学生思政教育工作的能力、技巧和文字表达水平。根据赛事安排，北京建筑大学将于2016年1月中旬举行辅导员职业技能大赛决赛。

（五）基层组织建设

【概述】加强班级、宿舍等基层组织和建设，将其作为开展学风建设、思政教育的和重要载体和平台，2015年三个班级荣获北京市示范班级，11人获北京市三好学生，三人获优秀学生干部；共评选校级文明标兵宿舍10间。

【获评北京市三好学生、先进班集体】4月27日，北京建筑大学在刚刚结束的2013/2014年度北京市三好学生、先进班集体等先进评比表彰活动中喜获佳绩。

北京市先进班集体名单

建筑学院　　　　规111班
环能学院　　　　水131班
测绘学院　　　　地131班

北京市三好学生名单

建筑学院　　　规111班　　　范文铮

机电学院	机 112 班	张俊玲
经管学院	公管 121 班	杜婉杰
土木学院	土 115 班	周思昂
土木学院	土 126 班	李思童
文法学院	法 111 班	王婷婷
测绘学院	地 122 班	谢泠涛
电信学院	计 131 班	马 楠
环能学院	暖 121 班	松 柏
理学院	信 121 班	郭 盛

北京市优秀学生干部名单

经管学院	商 112 班	郭 昊
土木学院	土 128 班	李 阔
土木学院	土 123 班	燕 兆

【宿舍文化节开幕】5月7日中午，2014/2015学年宿舍文化节在大兴校区宿舍区南侧广场闪亮开幕。党委常委张素芳、学工部、研工部、大兴校区管委会、团委负责人、有关学院党委副书记、团委书记、辅导员、学生公寓中心人员和大兴校区各班生活委员等150余名学生代表参加开幕式。开幕式由学工部副部长冯永龙主持。本次宿舍文化节以"文明 和谐 乐学"为主题。开幕式上，宣读了《关于表彰2013/2014学年宿舍文化建设品牌活动的决定》、《关于表彰2014/2015学年"优良学风宿舍"的决定》、《2015年"老兵宿舍"挂牌决定》。学生公寓自管会代表文法学院方玮蓉同学宣读了文明住宿倡议书。出席开幕式的领导为2014/2015学年"优良学风宿舍"代表亲切颁奖，为2015年新挂牌的"老兵宿舍"代表隆重授牌。最后，党委常委张素芳讲话。

【校级文明标兵宿舍现场展示及答辩评比活动】6月9日，2014/2015学年校级文明标兵宿舍现场展示及答辩评比活动在大兴校区举行。学工部、学生公寓中心、有关学院学生工作教师担任评委。2014级各班生活委员、学生公寓自管会成员、各公寓楼宿管阿姨参与活动，共同见证了校级文明标兵宿舍的产生。

校级文明标兵宿舍入围奖（2个宿舍）：

7号楼712宿舍（电信学院电气141班）、1号楼404宿舍（理学院电子141班）

校级文明标兵宿舍（10个宿舍）：

2号楼136宿舍（土木学院材131班）、2号楼218宿舍（环能学院水131班）

7号楼506宿舍（环能学院水141班）、2号楼415宿舍（电信学院建电132班）

7号楼823宿舍（经管学院造价142班）、9号楼210宿舍（经管学院管132班）

2号楼633宿舍（测绘学院地13班）、7号楼327宿舍（机电学院车142班）

9号楼418宿舍（机电学院车131班）、4号楼133宿舍（文法学院法132班）

【举办2014/2015学年宿舍文化节闭幕式暨回迁主题晚会】7月15日晚，北京建筑大学举办2014/2015学年宿舍文化节闭幕式暨回迁主题晚会。重点展示了宿舍文化节的建设成果，本次活动的举办是对北京建筑大学本学年宿舍文化节的总结和回顾，也是回迁学生对大兴校区深厚感情的表达，推动了北京建筑大学宿舍文化和校园文化建设。根据有关安排，学生回迁工作将于7月17日（环能、电信学院）和7月19日（土木学院）上午分别进行，共905名学生将回迁至西城校区开始大学最后一年的学习生活。

(六) 学风建设

【概述】 大力加强学风建设，专门成立学业指导与发展辅导中心，作为学风建设重要载体，召开多次学风建设推进会，整体布局；继续在学生公寓实行限时上网，引导学生形成良好的学习、生活习惯；开展早晚自习活动并组织日常检查；开展学生党员与学习困难学生帮扶活动，帮助学困学生跟上班级；举行奖学金颁奖大会暨2015年学生发展论坛；进行优良学风班、优良学风宿舍评比活动的动员与宣传，用集体目标带动个人；开展考风专题教育，组织全体新生签署考试诚信承诺书；用"爱生"推进学风建设，举办多场"爱生"沙龙，分层分类帮扶学生学业发展。

【召开学生学业指导与发展辅导工作座谈会】 4月14日上午召开学生学业指导与发展辅导工作座谈会。党委常委张素芳、教务处、学工部、招生就业处、文法学院、理学院相关负责人，以及大兴校区全体辅导员参加座谈。会议由学工部部长黄尚荣主持。学工部部长黄尚荣阐述了高等教育新常态下全面加强学生学业指导与发展辅导工作的重要性、必要性，对上级的有关要求与精神做了传达。教务处副处长张艳对教学改革的总体安排和教务工作的有关情况做了介绍，对促进教学相长提出了建议。文法学院副院长刘国朝、理学院副院长宫瑞婷分别对大学英语教学、高等数学教学改革的总体情况、本学期教学环节的整体安排和重点任务进行了通报，对进一步强化教学互动提出了建议。招就处蔡思翔老师对加强低年级学生职业生涯规划指导提出了有关考虑和设想。土木学院、环能学院、电信学院团总支书记分别结合本学院的学业指导与发展辅导工作做了汇报。在交流环节，与会老师就如何整合各方资源，实现教与学充分联动，强化学生分类指导，有效推进学业指导与发展辅导"提质 转型 升级"进行了充分而热烈的讨论。有关职能部门负责人和学院领导对辅导员提出的建议和学生所关注的有关热点、难点问题一一给予回应和解答，促进了沟通，凝聚了共识。张素芳以"如何做最爱学生的辅导员"为题做总结讲话。

【召开学风建设暨学生工作推进会】 4月16日，北京建筑大学召开学风建设暨学生工作推进会，学工部、研工部、招就处负责人以及各学院党委副书记参加会议。会上，黄尚荣强调了建立学生学业指导与发展辅导中心的重要意义、工作机制和工作要求，同时，介绍了新的"学生综合素质测评"指标内容和方法，阐述了修订测评指标的意义和主要修订依据。二级学院党委副书记围绕做好学生学业指导和发展辅导，以及新的测评指标内容，展开了热烈的讨论，对各项机制的建立与完善提出了意见与建议。最后，党委常委张素芳以"如何构建最爱学生工作体系"为题做了讲话。

【召开2014年学风建设表彰大会暨2015年学生发展论坛】 4月21日下午，学校在大兴校区召开2014年学风建设表彰大会暨2015年学生发展论坛。校长朱光、副校长张大玉、党委常委张素芳，学工部、教务处、招就处、大兴校区管委会、团委等职能部门负责人，以及各二级学院党委副书记、团委书记、辅导员出席会议，近400名学生代表参加会议。大会共分两个阶段，第一阶段是总结表彰。首先，学工部部长黄尚荣做2014年学风建设工作总结暨2015年学生工作计划汇报。之后，对2013/2014学年学风建设实效奖、创新奖、2014年北京市"我的班级我的家"、校先进班集体、2013/2014学年国家奖学金、励志奖学金、校优秀学生、2014/2015学年优良学风宿舍、2014/2015学年学风建设中期检查示范班、2014/2015学年第一学期早晚自习优秀班级、2014/2015学年优秀朋辈辅导员、学习小帮手、考研小导师进行了表彰。校长朱光作重要讲话。大会第二阶段是发展论坛。国家奖学金获得者建筑学院建111班刘天舒、北京市优秀示范班集体经管学院营132班赵琪、优良学风中期检查示范班级代表土木学院土145班刘强、优良学风宿舍文法学院法122班4-209宿舍黄凌梅、2011级考研学生环能学院暖112班薛钦枥、校友代表——中成进出口股份有限公司总经理助理付强进行了交流。最后，副校长张大玉讲话。

【学业指导与发展辅导中心成立】7月2日下午，学业指导与发展辅导中心成立仪式暨2016届毕业生考研工作动员会在大兴校区召开。会上，土木学院党委副书记王秉楠做学业指导工作专题发言；环能学院党委副书记黄琇做学生考研工作专题发言；文法学院副院长刘国朝说明了英语教学改革的情况和开展学生英语能力辅导的有关举措；理学院副院长宫瑞婷交流了高数教学改革的情况；招就处处长李雪华围绕招生就业与学生发展辅导工作做专题发言；学工部部长黄尚荣做2015届毕业生考研工作总结暨2016届毕业生考研工作动员；研工部副部长李云山对北京建筑大学考研政策及研究生就读期间相关资助和激励、保障措施做了说明。校党委副书记吕晨飞讲话。副校长李爱群讲话。副校长李爱群、校党委副书记吕晨飞为优秀学业指导教师代表颁奖，文法学院英语系教师许辉、理学院数学系教师张鸿鹰、牟唯嫣作为优秀学业指导教师代表领奖。与会领导为学业指导与发展辅导中心隆重揭牌。

【"爱生沙龙"之名师恳谈会】11月6日上午，"爱生沙龙"之名师恳谈会（考研出国学生与名师交流专题）在西城校区第一会议室举行。副校长李爱群、学工部、研工部、教务处、招就处、国教学院负责人、各学院名师代表和考研出国学生代表参加沙龙。考研出国学生代表一一发言。本次聘请研究生院院长戚承志、电信学院副院长魏东、建筑学院欧阳文、环能学院王文海、经管学院丁锐、测绘学院石若明、机电学院刘敬远等七名老师为学生"学业指导与发展辅导"导师。副校长李爱群为导师代表颁发聘书。"学业指导与发展辅导"导师纷纷发言，他们结合自己的求学、留学经历和教育教学工作为同学们考研出国提出鲜活实用的建议和个性化的指导。研工部部长戚承志、副部长李云山、教务处处长邹积亭、招就处副处长朱俊玲、国教学院副院长丁帅等职能部门和单位负责人分别对北京建筑大学研究生招生培养、考研引导服务、双培外培、国际交流与合作等工作做了简明介绍，并现场回答了学生的有关问题，与学生开展互动交流。副校长李爱群总结讲话。

（七）学生资助与勤工助学

【概述】在学生资助与勤工俭学工作中，注重物质支撑和精神引导"两个层面"，给学生成长提供有力支持。一方面，把国家和学校的五项主要资助政策——"奖、贷、助、减、免"进行整合，优化配置资助资源；另一方面，针对家庭经济困难学生的思想发展状况，分别进行"感恩"、"诚信"、"成才"等主题指导，帮助他们在不同的发展阶段接受不同的成长教育。

【学生资助】学生工作部严格按照教委关于家庭经济困难学生的认定标准，对全校家庭经济困难生进行了登记、审核和认定，确定1135名同学为2015/2016学年家庭经济困难学生。2015年共发放国家助学金共381.17万元，覆盖所有家庭经济困难学生。发放学生临时困难补贴100余人次，9万余元，发放其他补贴30万余元。协助银行完成助学贷款，共发放3笔，7.2万元。办理生源地贷款321笔，209.3万元。

【勤工俭学】学生工作部坚持资助与能力提升双向发展，全校共设置勤工助学岗位500多个，全年支出费用100万元。

【少数民族】认真落实对少数民族学生的各项资助政策，关心他们的学习生活，切实解决实际问题。组织开展少数民族学生传统节日联欢和集体参观、座谈交流会等活动，帮助少数民族学生更好地适应与融入大学生活，关注心理、经济、学业等方面困难学生群体，开展有针对性的帮扶活动。

（八）国防教育

【概述】圆满完成2015级本科新生校内军训工作和军事理论课教学工作，加大征兵宣传力度，2015年应征入伍学生27人，完成退伍学生安置工作。荣获"北京高校国防教育工作突出贡献奖"、西城区征兵先进单位、北京市征兵工作先进单位等称号。

【荣获"北京高校国防教育工作突出贡献奖"】4月12日，北京高校国防教育协会2015年会员代表大会在清华大学召开，首都60多所高校参加。本次大会上，清华大学、北京化工大学、北京建筑大学等8所高校荣获"北京高校国防教育工作突出贡献奖"殊荣，同时，北京建筑大学还荣获"北京高校国防教育先进会员单位"荣誉称号。

【召开2015年入伍新兵欢送会】9月10日上午，北京建筑大学2015年入伍新兵欢送会在大兴校区后勤楼114会议室举行。学工部部长兼武装部部长黄尚荣、军事理论课教研室主任张庆春、相关学院党委副书记、辅导员及2015年入伍新兵、部分入伍学生家长参加了会议。会上，入伍同学代表纷纷发言，表达光荣入伍的激动心情和到部队后努力拼搏的决心。机电学院副书记汪长征、环能学院辅导员卫巍、校原武装部部长现军事理论课教研室主任张庆春作了发言。

【学生军训结业仪式】9月25日上午8：30，北京建筑大学2015级学生军训结业仪式在大兴校区隆重举行，校长张爱林、纪委书记何志洪、副校长汪苏、副校长李维平、党委副书记张启鸿、副校长张大玉、党委副书记吕晨飞，全军学生军训教学协调中心主任、国防大学学生军训办公室主任程军大校、空军指挥学院军训办公室参谋吕民文上校、军训团团长赵欣少校、军训团政委，校学工部部长兼武装部部长黄尚荣以及来自学校有关职能部门、各学院的领导出席了本次活动。结业仪式在庄严的国歌声中拉开帷幕，整个汇报表演气势宏伟。军训团团长赵欣少校作军训工作总结。副校长张大玉宣布军训团嘉奖令，授予311名学生"军训先进个人"称号，授予87间宿舍"内务标兵宿舍"称号，并对拔河比赛、歌咏比赛、定向越野、宣传工作、训练会操的优胜连队进行了表彰。主席台前排就座领导为获得荣誉的先进集体和个人代表颁发了证书，校长张爱林代表学校向承训部队赠送锦旗。

【2015年退伍学生欢迎会】10月21日，2015年退伍学生欢迎会在大兴校区后勤楼114会议室举行。校党委副书记吕晨飞、学工部、武装部、保卫部、教务处、财务处相关负责人、相关二级学院党委副书记、2015年退伍学生参加会议。2015年退伍学生分享了参军入伍的感受体会和经历。相关学院党委副书记向退伍学生返校表示欢迎并热情寄语，学工部、武装部、保卫部、教务处、财务处等相关职能部门负责老师详细解答了退伍同学们关于复学手续、转专业、学籍、资助优待等方面的问题。学校退伍学生社团国防社代表作了热情洋溢的发言。党委副书记吕晨飞作总结讲话。

（九）大学生心理健康教育

【概述】2015年，心理素质教育中心坚持以教育部、北京市教委下发有关心理素质教育工作文件为指导思想，并以北京建筑大学心理素质教育中心工作章程等文件为依据，在校党委、学工部的领导下开展工作。在学校各级领导的关心爱护下，在各兄弟部门、院系的鼎力支持下，完成了新生护航、"5.25"心理健康节、学生心理社团管理、日常心理咨询、心理危机预警和干预、心理素质课程、中心建设、队伍建设和人员培训、科学研究等各项工作目标。

【新生护航工作】2015年，结合学工部开展的新生引航工程，中心开展实施了新生护航计划，主要通过新生交友与新生心理普查两项工作来实施：9月13日晚18：30-20：30，全校范围内开展了新生交友活动，2015级56个班级的1700余名新生参与了本次活动；2015年10月13日启动2015级新生心理健康普查工作，历时半个月，完成了1700余名大一新生的普查工作，此后依次完成了数据的分析、筛查，以及重点人群的访谈工作。

【"5.25"心理健康节】2015年4-6月期间，心理素质教育中心组织召开了本校的第十四届大学生心理健康节。本届心理健康节以"为爱点赞，为青春担当"为主题，开展内容丰富，形式多样的各项活动，在广大学生中间传递了在爱的行为中体现自己的价值，让青春绽放得更加亮丽的正能量。

【深化学生心理组织抓手作用】心理委员联合会一方面继续加强自身素质的培训，坚持例会制度——制定计划并发现问题总结经验，坚持为心理委员有针对性地开展培训课程提升专业素养，聘请专业老师通过舞动治疗的方式熔炼团队，促进骨干成员的自我成长；另一方面积极开展各项心理健康宣教活动，包括"密室逃脱"、"SEA思引自由式演讲"、"爱自然、爱环保"人人争当带"种"人、"拥抱大白 拥抱爱"你的愿望我买单、"双十一单身交友"等暖心的活动。同时紧跟"互联网＋"的时代潮流，进一步拓展"北建大心联会"微信平台网络宣传阵地，有针对性的开设相关专栏，使心理宣传得到提质增效。

【日常心理咨询】2015年我中心心理咨询制度运行良好。预约方式沿用以往模式：当面预约、电话预约和短信预约。截至12月30日，累计接待学生咨询311人次。

【心理危机预警和干预】2015年我校的层级上报、快速反应的危机预警、干预制度运行良好，咨询中心与二级学院密切合作，共危机干预17人，共计30人次。在做好危机排查工作的基础上，咨询老师和学院老师陪同就诊6人，接待、帮助和指导学生家长13人。

【心理素质课程】2015年，中心开设了大学生心理健康、大学生心理健康与自我成长、大学生心理适应与发展等选修课共27门次，共外聘3位教师。约2770名学生成绩合格，完成选修，有效普及了心理健康知识。

【中心建设】2015年，在学工部领导的大力支持下，中心根据我校两校区办学的新形势，进一步加强了中心的建设工作。中心的建设和发展为我校心理健康教育工作的开展提供了有力的保障。目前，我校心理素质教育中心人员配备完整，设施齐全，各项工作运转有序，平稳运行。人员配备方面，目前有3位在岗的心理专职教师，7名兼职教师，基本满足我校开设心理健康课程、日常心理咨询等各项工作的需要。硬件设施方面，与我校党建评估、更名、平安校园建设工作相结合，装修西城校区咨询室，为来访者提供更加适宜的咨询环境。

【队伍建设和人员培训】2015年心理素质教育中心共安排3人次参加了13次学术、工作交流会议，包括第十二届全国大学生心理健康教育与咨询学术交流会、欧文亚龙人际团体培训、中挪精神分析心理治疗师与督导师连续培训项目等。此外，中心继续隔周的案例督导和专业学习活动，并将其制度化，督导邀请安定医院主治医师刘军大夫作为督导师，专业学习则由中心的各位教师轮流分享学习或培训心得。中心的一系列措施有效提高了我校心理健康教育工作人员及危机干预系统人员的专业化水平，提高了业务能力。

【科研及获奖情况】科研是工作创新发展的重要途径，2015年，中心继续多角度开展相关研究工作，现结题2项，在研2项。中心主任李梅老师在第二届北京高校心理素质教育教师教学技能比赛中荣获一等奖。

【承办2015年北京高校心理素质教育工作会暨第九届首都大学生心理健康节开幕式】4月24日上午，2015年北京高校心理素质教育工作会暨第九届首都大学生心理健康节开幕式在北京建筑大学大兴校区图书馆报告厅隆重举行。市委教育工委常务副书记张雪、北京建筑大学党委书记、北京高校心理素质教育专家咨询委员会主任委员王建中、各高校主管领导、学工部长、心理咨询中心负责人及学生代表共240人出席开幕式。北京建筑大学党委书记王建中致辞。北京交通大学、北京工商大学、北京建筑大学做了主题发言。学生代表北京建筑大学高晓媛同学宣读第九届首都大学生心理健康节倡议书。市委教育工委常务副书记张雪同志讲话。

【参加第十二届全国大学生心理健康教育与咨询学术交流会】5月28-30日，第十二届全国大学生心理健康教育与咨询学术交流会在北京航空航天大学召开。北京建筑大学党委书记、大学生心理咨询专业委员会主任委员王建中出席大会并做了专委会工作报告。文法学院社工系孟莉副教授当选大学生心理咨询专业委员会委员。王建中在工作报告中对大学生心理咨询专业委员会五年来的工作进行了简要回顾。

【心理健康节闭幕式】6月25日下午，北京建筑大学第十四届主题为"为爱点赞，为青春担当"的心理健康节闭幕式在大兴校区圆满落幕。校党委副书记吕晨飞，学工部、研工部、团委等职能部门负责人，以及各二级学院党委副书记、辅导员、各学院班级心理委员及心理社团学生代表参加了活动。学工部部长黄尚荣宣读了《关于表彰2015年度北京建筑大学优秀心理委员、优秀心联会干部、优秀心理社团干部的决定》以及《关于表彰2015年度北京建筑大学"优秀心灵导师"的决定》。环能学院的孙楠同学及电信学院的翟玮老师分别代表获奖师生发表了感言。聘请北京交通大学心理素质教育中心牛勇老师为北京建筑大学心理素质教育中心顾问。最后，校党委副书记吕晨飞亲切地和在座师生进行了交流。

（十）专题教育（入学、毕业）

【概述】学生工作部紧抓入学和毕业两个重要教育节点，入学教育以校史、安全、大学规划为主，以校院两级模式开展各类活动，帮助新生尽快适应大学生活，合理规划大学学习。毕业教育以文明离校、保持本色为主，号召毕业生文明离开校园，文明坚守大学最后时光。在教育中实行分类分层教育，针对不同专业、不同群体采取有针对性的教育。

【举行2015届毕业生座谈会】7月6日，北京建筑大学在西城校区第一会议室举行2015届毕业生座谈会。校党委书记王建中、副校长李爱群、党委副书记吕晨飞，学工部、研工部、教务处、招就处、团委有关部门负责人和二级学院老师代表、来自各学院毕业生代表参加了座谈。王建中书记为经管学院曹一、机电学院董铁林两位自愿赴南疆地区工作的同学颁发了荣誉证书，李爱群副校长和吕晨飞副书记分别为他们颁发了精神文明奖。各位毕业生代表畅所欲言，向学校表示感激，并提出建议。王建中讲话寄语广大毕业生。李爱群副校长和吕晨飞副书记分别为毕业生送上祝福。

【2015届优秀毕业生代表事迹报告暨经验交流会】7月7日下午四时，北京建筑大学举办2015届优秀毕业生代表事迹报告暨经验交流会。学工部有关老师，各学院团委书记、辅导员及来自各学院的200多名低年级学生参加了此次报告交流会。本次报告交流会以"建大最亮的星"为主题，会议邀请来自不同学院的8名优秀毕业生代表，他们大学四年期间表现卓越，在各自的梦想舞台上演绎了自己的精彩，成为"建大最亮的星"。

【2015届本科生毕业典礼隆重举行】7月10日上午，北京建筑大学2015届本科生毕业典礼在西城校区运动场隆重举行。校党委书记王建中、校长朱光、副校长汪苏、副校长李维平、校党委副书记张启鸿、副校长张大玉、副校长李爱群、校党委副书记吕晨飞，各院部、职能处室负责人和老师，2015届全体毕业生，以及部分毕业生家长一同出席了毕业典礼。校党委书记王建中宣读《关于表彰2015届北京市优秀毕业生的决定》。校党委副书记张启鸿宣读《关于表彰2015届校级优秀毕业设计（论文）的决定》。副校长李爱群宣读《准予2015届毕业生毕业的决定及授予2015届毕业生学士学位的决定》。土木学院侯丞同学作为毕业生代表发言。学工部部长黄尚荣向校友工作办公室主任李雪华移交了2015届毕业生名册，校领导为毕业生颁发了校友卡。校长朱光在毕业典礼上发表了热情洋溢的讲话。

【召开迎新工作协调会】9月8日，北京建筑大学召开迎新工作协调会，党委副书记张启鸿出席，各有关职能部门负责人、各二级学院党委副书记参加。学工部部长黄尚荣对迎新工作中各部门、单位任务分工做了说明。党委副书记张启鸿讲话。

【召开新生家长代表座谈会】9月12日下午，在2015级本科新生报到之日召开新生家长代表座谈会。校领导王建中、张爱林、张启鸿、李爱群、吕晨飞，党政办、大兴校区管委会、学工部、教务处、招就处、团委等部门负责人以及2015级本科新生家长代表参加了座谈会。党委书记王建中讲话，在会上成立了北京建筑大学2015级新生家长委员会，校党委书记王建中、校长张爱林向家长委员会的各位委员颁发了聘书。

（十一）大事记

1月15日，北京高校培育和践行社会主义核心价值观辅导员论坛在北京师范大学举行。教育部思政司司长冯刚、北京市委教育工委副书记郑萼、北京市委教育工委宣教处处长王达品等相关领导以及各高校学工部领导、辅导员参会。我校党委常委张素芳、学工部部长黄尚荣、测绘学院党委副书记王震远及有关辅导员老师和部分学生代表到会观摩。

1月16日，我校召开2014年度学生工作总结交流会。学工部、团委负责人和各学院党委副书记，分别围绕2014年学生工作开展情况、工作特色、取得的成效及2015年工作设想等方面进行了交流汇报。会议表彰了北京建筑大学2014年度优秀辅导员和学生工作先进个人。校党委副书记张启鸿发表讲话。校党委书记王建中以"如何做一名优秀的高水平的学生工作干部"为题，为与会人员上了一堂生动的党课。

2月11日（腊月二十三），我校举办2015年"情暖建大·喜迎新春"寒假留校学生新春团拜活动，老师与120余名留校学生欢聚一堂，辞旧迎新，共贺农历乙未新年。

3月12日下午，我校召开2015年新学期学生工作部署会。副校长张大玉、校党委常委张素芳出席会议。学工部、研工部、招就处、团委等职能部门负责人、各学院党委副书记参加了会议。

3月18日上午，我校召开2015年新学期辅导员培训会。培训会上，学工部、研工部、招就处、团委职能部门负责人结合辅导员工作特点分别部署了今年的主要工作。

3月25日上午，学校在大兴校区图书馆会议室召开了大兴校区辅导员工作推进会。土木学院辅导员刘猛、学生工作部副部长冯永龙、保卫部副部长毛发虎、大兴校区管委会常务副主任冯宏岳、学工部部长黄尚荣从各自工作角度进行了解读。党委常委张素芳老师讲话。

4月2日下午，学工部党支部召开专题学习研讨会，聚焦于学生工作如何深入贯彻落实学校"提质 转型 升级"发展战略，开展了思想大讨论。

4月7日晚，学校在大兴校区召开学生代表座谈会。党委书记王建中、党委常委张素芳，以及党政办公室、学工部、团委、大兴校区管委会、教务处、资后处、后勤集团、网络信息管理服务中心等有关职能部门和单位负责人出席座谈会，来自各个学院的20名学生代表，纷纷提出了各类具体的意见和建议。

4月12日，北京高校国防教育协会2015年会员代表大会在清华大学召开，我校荣获"北京高校国防教育先进会员单位"荣誉称号。

4月14日上午召开学生学业指导与发展辅导工作座谈会。与会老师就如何整合各方资源，实现教与学充分联动，强化学生分类指导，有效推进学业指导与发展辅导"提质 转型 升级"进行了充分而热烈的讨论。

4月16日，学校召开学风建设暨学生工作推进会，学工部、研工部、招就处负责人以及各学院党委副书记参加会议。

4月21日下午，学校在大兴校区召开2014年学风建设表彰大会暨2015年学生发展论坛。对2013/2014学年学风建设实效奖、创新奖、2014年北京市"我的班级我的家"、校先进班集体、2013/2014学年国家奖学金、励志奖学金、校优秀学生、2014/2015学年优良学风宿舍、2014/2015学年学风建设中期检查示范班级、2014/2015学年第一学期早晚自习优秀班级、2014/2015学年优秀朋辈辅导员、学习小帮手、考研小导师进行了表彰。同学代表和校友代表——中成进出口股份有限公司总经理助理付强进行了交流。最后，副校长张大玉讲话。

4月24日上午，2015年北京高校心理素质教育工作会暨第九届首都大学生心理健康节开幕式在我校大兴校区图书馆报告厅隆重举行。市委教育工委常务副书记张雪、北京建筑大学党委书记、北京高校心理素质教育专家咨询委员会主任委员王建中、各高校主管领导、学工部长、心理咨询中心负责人及学生代表共240人出席开幕式。北京建筑大学党委书记王建中致辞。北京交通大学、北京工商大学、北京建筑大学做了主题发言。学生代表北京建筑大学高晓媛同学宣读第九届首都大学生心理健康节倡议书。市委教育工委常务副书记张雪同志讲话。

4月27日，我校在刚刚结束的2013/2014年度北京市三好学生、先进班集体等先进评比表彰活动中喜获佳绩，3个班级、13名学生获奖。

4月29日上午学工部召开"最爱学生"专题研讨会，党委常委张素芳和学工部全体人员参加研讨。与会人员紧密结合构建"最爱学生"工作体系的整体思路、具体举措、任务分工、重点突破等展开了热烈深入的讨论。党委常委张素芳讲话。

5月7日中午，2014/2015年宿舍文化节在大兴校区宿舍区南侧广场闪亮开幕。本次宿舍文化节以"文明 和 谐乐学"为主题。开幕式上,为2014/2015学年"优良学风宿舍"代表亲切颁奖,为2015年新挂牌的"老兵宿舍"代表隆重授牌。

5月14日下午,学工部召开辅导员思德论坛,专题研讨"最爱学生"工作体系。

5月28日至30日,第十二届全国大学生心理健康教育与咨询学术交流会在北京航空航天大学召开。我校党委书记、大学生心理咨询专业委员会主任委员王建中出席大会并做了专委会工作报告。文法学院社工系孟莉副教授当选大学生心理咨询专业委员会委员。

6月2日下午,北建大举办第二届"我的大学我做主"职业生涯规划大赛,决赛分为个人职业规划ppt现场演示、职业情景现场模拟、抽题问答和评委提问四个环节,学工部副部长冯永龙、招就处贾海燕老师分别对比赛进行了点评。

6月9日,2014/2015学年校级文明标兵宿舍现场展示及答辩评比活动在大兴校区举行。学工部、学生公寓中心、有关学院学生工作教师担任评委。2014级各班生活委员、学生公寓自管会成员、各公寓楼宿管阿姨参与活动,共同见证了校级文明标兵宿舍的产生。

6月11日,党委常委张素芳在大兴校区为学工部、团委党支部讲授"三严三实"专题党课,主题为:"践行'三严三实',做'最爱学生'的学工干部"。学工部、团委党支部全体成员参加了学习。

6月15日,我校举行了优秀学生党员标兵评选答辩会。校学工部、宣传部、研工部、团委等相关部门负责人以及各学院领导、辅导员老师出席并担任本次答辩评选会的评委。

6月16日下午,我校在大兴校区召开学生党员红色"1+1"活动启动仪式暨培育和践行社会主义核心价值观工作推进会,校党委副书记张启鸿、组织部、宣传部、学工部、研工部、团委等职能部门负责人、各学院党委副书记、团委书记、辅导员、思政课教师代表等出席大会,各学院学生党员代表和55期入党积极分子培训班学员参加会议。

6月25日下午,我校第十四届主题为"为爱点赞,为青春担当"的心理健康节闭幕式在大兴校区圆满落幕。校党委副书记吕晨飞,学工部、研工部、团委等职能部门负责人,以及各二级学院党委副书记、辅导员、各学院班级心理委员及心理社团学生代表参加了活动。

7月2日下午,学业指导与发展辅导中心成立仪式暨2016届毕业生考研工作动员会在大兴校区召开。与会领导为学业指导与发展辅导中心隆重揭牌。

7月6日下午,我校在西城校区第二阶梯教室召开2015届毕业生党员大会。新党员进行入党宣誓,老党员重温入党誓词,使全体毕业生党员的思想再一次得到了升华。党委副书记吕晨飞以"深入学习践行'三严三实',以优良作风投入到新的人生航程"为题讲授"三严三实"专题党课。

7月6日,我校在西城校区第一会议室举行2015届毕业生座谈会。各位毕业生代表畅所欲言,向学校表示感激,并提出建议。王建中讲话寄语广大毕业生。李爱群副校长和吕晨飞副书记分别为毕业生送上祝福。

7月7日下午,我校2015届优秀毕业生代表事迹报告暨经验交流会在这里举行。本次报告交流会以"建大最亮的星"为主题,会议邀请的来自不同学院的8名优秀毕业生代表,他们在大学四年表现卓越,在各自的梦想舞台上演绎了自己的精彩,成为"建大最亮的星"。

7月10日上午，北京建筑大学2015届本科生毕业典礼在西城校区运动场隆重举行。校党委书记王建中、校长朱光、副校长汪苏、副校长李维平、校党委副书记张启鸿、副校长张大玉、副校长李爱群、校党委副书记吕晨飞，各院部、职能处室负责人和老师，2015届全体毕业生，以及部分毕业生家长一同出席了毕业典礼。

7月19日上午，我校2015年最后一批学生回迁西城校区完成。

8月30日至9月1日，我校组织部、学工部、研工部联合举办2015年学生党员"双育"培训班，各学院党委副书记、学生党支部书记及600余名学生党员参加此次集中培训。

8月31日，我校2015年学生党员代表座谈会在大兴校区四合院会议室举行。来自各个学院的18名学生代表在座谈会上逐一作了发言。王书记对广大学生党员提出三点希望。

9月1日下午，2015年学生党员双育培训班结业仪式在大兴校区举行，（备注：同上文）对本次学生党员"双育"培训班相关工作情况进行了总结，组织部部长孙景仙宣读了《关于成立北京建筑大学学生党支部书记联席会的通知》，学生党员代表作了交流发言。

9月8日，学校召开迎新工作协调会，党委副书记张启鸿出席，各有关职能部门负责人、各二级学院党委副书记参加。

9月10日上午，我校2015年入伍新兵欢送会在大兴校区后勤楼114会议室举行。会上，入伍同学代表纷纷发言，表达光荣入伍的激动心情和到部队后努力拼搏的决心。

9月12日下午，学校在2015级本科新生报到之日召开新生家长代表座谈会。在会上成立了北京建筑大学2015级新生家长委员会。

9月23日，2014年全国高校学生工作优秀学术成果评选结果揭晓，我校共有12项成果获奖，其中荣获一等奖2项，二等奖10项。

9月25日上午，我校2015级学生军训结业仪式在大兴校区隆重举行，整个汇报表演气势宏伟。主席台前排就座领导为获得荣誉的先进集体和个人代表颁发了证书，校长张爱林代表学校向承训部队赠送锦旗。

10月2日，我校组织进行了2015级少数民族学生爱祖国爱首都爱学校主题教育参观活动。本次活动组织学生参观了北京的标志性建筑与景观天安门、天坛、颐和园、鸟巢、水立方等，带领学生走进首都北京的人文历史，直接体验传统建筑、现代建筑的各自魅力和相映成趣，加深了对自身专业的认知。

10月21日，2015年退伍学生欢迎会在大兴校区后勤楼114会议室举行。2015年退伍学生分享了参军入伍的感受体会和经历。相关学院党委副书记向退伍学生返校表示欢迎并热情寄语，学工部、武装部、保卫部、教务处、财务处等相关职能部门负责老师详细解答了退伍同学们关于复学手续、转专业、学籍、资助优待等方面的问题。

10月27日下午，我校召开2015年学生党支部红色"1+1"活动答辩评审会。在评审会上，各支部通过PPT和视频等方式展示了各自的共建成果并回答了评委提问。

10月30日下午，辅导员思德论坛在大兴校区四合院活动室召开。本次论坛的主题是"提升学生工作有效性，做最爱学生的辅导员"。学工系统教师、辅导员"理论导师"代表参加论坛。

11月3日上午，我校在大兴校区后勤楼一层会议室举行学生思想政治教育研究中心成立大会。宣读了《关于成立北京建筑大学学生思想政治教育研究中心的通知》并为中心成立揭牌。

11月6日上午,"爱生沙龙"之名师恳谈会(考研出国学生与名师交流专题)在西城校区第一会议室举行。分别对我校研究生招生培养、考研引导服务、双培外培、国际交流与合作等工作做了简明介绍,并现场回答了学生的有关问题,与学生开展互动交流。

11月25日下午,我校在大兴校区臻园三层举办爱生沙龙。本次沙龙聚焦"少数民族学生成长发展"。与会的少数民族同学逐一发言,他们来自不同年级、不同学院、不同民族,分别就入学以来的学习、生活和个人发展、愿景等同老师进行热烈交流。

12月8日下午,2015年北京高校红色"1+1"示范活动展示评选会在北京林业大学举行。我校测绘学院学生党支部从北京各高校参加评选的1100多个学生党支部中脱颖而出,进入25强,最后总决赛以总分第一名的成绩荣获北京市高校红色"1+1"示范活动一等奖。

12月11日,党委书记王建中主持召开"三严三实"专题教育征求意见学生座谈会,重点围绕学校人才培养中心工作、学校领导班子履职情况、学生在校学习生活等方面广泛征求同学的意见建议。

12月31日,我校在大兴校区举办第二届辅导员职业技能大赛复赛。共有19名辅导员参加了复赛笔试环节。笔试采用闭卷的方式进行,主观题和客观题相结合,包括单选题、多选题、简答题、论述题等,主要考察辅导员对国家时政热点、思政工作相关知识的掌握程度以及理解、分析和解决能力,以及开展大学生思政教育工作的能力、技巧和文字表达水平。根据赛事安排,我校将于2016年1月中旬举行辅导员职业技能大赛决赛。

(秦立富 李 红 黄尚荣)

七、离退休工作

【概况】按照离休工作一级管理、退休工作两级管理的原则,离退休工作办公室全面负责学校离退休干部的服务管理工作,落实离休干部政治待遇、生活待遇,配合二级单位党组织做好退休干部的服务管理工作。经6月24日党委常委会研究决定,机关党委书记王德中兼任离退休工作办公室主任。截至2015年12月,共有离休干部30人,离休干部党员27人,党员平均年龄87.17岁。离退休工作办公室共有工作人员3人,下设综合管理科,根据市老干部局、市教工委工作要点,围绕学校中心工作和重点工作,结合学校离退休干部队伍特点,为离退休人员提供服务管理。

【党建和思想政治工作】离休直属党支部作为全国先进离休干部党支部和全校党员平均年龄最大的党支部,坚持每月开展一次组织活动,2015年围绕"四个全面"战略布局、纪念抗战胜利70周年、"我看十八大以来的国家变化"、"当今国际形势的主要特点"、参观大兴校区和社会主义新农村等学习实践活动。退休局职中心组开展了全国"两会"精神、"京津冀规划纲要与我校改革发展"、参观APEC会议会址和雁栖湖生态发展示范区等学习实践活动。现有13个退休党支部结合支部特点,开展了纪念抗战胜利70周年、"入党逢十"主题党日、形势政策专题学习、参观北大红楼、焦庄户地道战遗址纪念馆等学习实践活动。离休干部、原党委书记许秀担任望京社区党课课堂顾问、党课主讲人,为社区党员作辅导报告；在 9 月 22 日第 9 期高校局级退休干部读书班上，作了"发挥优势当好群众宣讲员"的专题报告。退休干部吴家钰被评为北京市离退休干部先进个人。

【落实政治待遇】2015 年订阅报纸杂志近 30 种。学校主要领导分别看望离退休老同志 30 余人次。校长张爱林 8 月上任后专程看望了许京骐、许秀、叶书明、王保东、裴立德等学校老领导，就学校八十周年校庆、"十三五"规划编制以及学校发展建设等征求意见。在纪念中国人民抗战胜利 70 周年之际，党委书记王建中、校长张爱林等校领导专程看望了樊振武、贾立铭、张治华、尚镭、王慧等 5 位抗战老战士、老同志。

【落实生活待遇】根据市委、市政府"要为离退休人员办实事"精神，2015 年为离休职工 30 人、退休职工 579 人增长退休工资，共计补发退休费 324 万元。学校自筹资金离休 5 万元、退休 10 万元，用于离退休职工的大病特困专项补助，2015 年为离退休职工 33 人发放大病特困专项经费补贴 15 万元。为退休职工 68 人发放困难补助 5.44 万元；为离休职工 4 人发放困难补助 5 千元。分别组织了离休干部、退休局职、90 多位退休教职工赴平谷教工休养院的休养活动。300 多人次参观了春游怀柔濂泉响谷、神堂峪自然风景区和秋游丰台区花卉大观园活动。

【"涉老组织"建设】2015 年学校拨款 1 万元支持关工委的建设。关工委、机关退休第二党支部与机电学院学生党支部开展"两代齐携手"共建活动，2015 年围绕纪念抗战胜利 70 周年，以"铭记历史 缅怀先烈 珍视和平 开创未来"为主题，参观焦庄户地道战遗址纪念馆；邀请当地老党员、老民兵队长讲当地抗日斗争史；师生一起座谈并撰写心得体会、纪念文章，编印活动成果汇编，持续为党的事业增添正能量。12 月 8 日关工委常务副主任彭正林和支部书记吴家钰，在北京高校关工委片组会上进行了工作汇报交流。充分发挥老科协的正能量作用，2015 年组织了"高血压防治社区健康大讲堂"专题讲座、如何远离"焦虑抑郁"健康讲座、参观北京第三届农业嘉年华、纪念老科教协会成立 25 周年等活动，为教育改革、科技创新和科学普及发挥余热、增添光彩。评选出"先进三型分会" 2 个、"优秀三型个人" 6 人、"老有所为先进个人" 16 人并进行了表彰。

【文体活动】以"铭记历史，爱我中华"为主题，组织了离退休老同志参加纪念抗战胜利 70 周年、喜迎国庆 66 周年书画摄影展。学校老年书画协会、老年太极拳协会等社团一直纳入文兴街社区文化建设，老年书画协会先后向社区活动站、养老中心赠送多幅绘画、书法作品；应邀参加由西城区教委、展览路街道老年协会、北京百万庄图书大厦联合举办的"庆六一爷爷奶奶孙子书画展"，伊明、王秀桐、黄泽坤、史湘太、于延顺、曲天培、尹麒麟、杨超等教师的作品参加了展出。师华等老同志的"见证历史"、"战友相逢"等 8 幅摄影作品，入选市委教育工委、市教委举办的"弘扬抗战精神 展示美好生活"北京教育系统老同志摄影作品展。在 12 月 30 日学校教职工联欢会上，退休教工合唱团的合唱《祝福祖国》、《红旗颂》，以及吴翔、吴春玲表演的双人舞《老伴》展现了离退休人员的风采。

（王德中）

八、机关党委工作

【概况】截至 2015 年 12 月，机关党委下设 22 个党支部，党员总人数 239 人。其中在职教工党支部 19 个，党员 159 人；退休教工党支部 3 个，党员 80 人。机关分工会下设 21 个工会小组，工会会员 271 人。2015 年，机关党委以党的十八大和十八届三中、四中全会精神为指导，坚持党要管党、全面从严治党，以学习型、服务型、创新型党组织建设为抓手，以文化建设为引领，以改进管理、改进作风为重点，不断加强机关党的思想、组织、作风、反腐倡廉和制度建设，为学校"提质、转型、升级"的发展需要和创建特色鲜明的高水平建筑大学，提供了坚强的思想和组织保证。

【强化理论武装】搭建学习交流平台，新建了"机关处长"、"机关党建"等微信群，形成了二级中心组片组学习、党支部主讲主问学习、干部和党员利用在线学习、机关微信平台、机关网站理论园地等载体自主学习的格局。丰富学习内容和形式，结合机关特点开展了机关 19 个在职党支部的"五个一"学习活动，即在个人自学的基础上参加一次全校性集中学习、开展一次党支部主讲主问学习、开展一次支部党员集中学习研讨、参加一次"党员论坛"交流和"身边榜样"评选活动、每个党员撰写一篇 2000 字左右的学习体会；组织党员参观了卢沟桥抗日战争纪念馆、在人民大会堂观看纪念毛泽东诞辰 122 周年红色经典音乐会、观看电影《百团大战》等学习实践活动；邀请教育部专家祝念峰作"当前意识形态领域突出问题"辅导报告。

【为全校师生作辅导报告和讲座】机关处级干部张素芳、高春花、王德中、周春、黄尚荣、赵海云等指导学生党支部开展理论学习；人事处处长孙景仙为师生作十八届四中全会辅导报告多场；机关党委书记王德中为师生作十八届四中全会精神、"中国梦 建大梦"、"四个全面"战略布局、践行"三严三实"等辅导报告 10 多场；在退休局职中心组学习中，与老同志一起分享关于全国"两会"精神的学习体会。

【基层党建工作】以学校党建工作会的召开为契机，机关党员、处级干部分为 4 组开展大讨论，进一步明确了机关党建工作"为中心工作服务，以党建成效促进学校事业发展"的工作目标和"抓干部能力和作风建设、抓党性修养、抓党支部活力、抓机关党委自身建设，全面提高机关党建工作水平"的具体举措。制订了《党支部"三会一课"制度的实施办法》，提高党支部工作的规范性。对《党支部工作手册》进行了 3 次检查、抽查，促进支部工作正常化、规范化、制度化。以"一支部一品牌 一支部一特色"为目标，发掘支部自身特色，凝练党建品牌，2015 年开展了党支部书记论坛交流活动、党支部党员论坛暨"身边榜样"评选活动、党支部工作创新案例评选等活动，推动基层党建工作上层次上水平。召开机关各党支部工作推进会，党委副书记张启鸿参加会议并就如何开展好机关党建工作提出明确要求，年末对 19 个在职党支部进行了调研检查，确保党建工作任务落到实处。

【基层党支部设置调整】根据党委组织部《关于调整部分党支部设置的通知》（北建大党组发〔2015〕12 号），由于我校机构调整和人事变动，根据《党章》等党内法规文件规定，决定撤销机关党委资产与后勤管理处党支部，其党员的组织关系转入后勤系统党总支；成立机关党委网络信息管理服务中心党支部、机关党委计算机教学部党支部；原机关党委退休第三党支部的党员组织关系转入后勤系统党总支退休党支部。原计算机教学与网络信息部直属党支部的退休党员组织关系转入机关党委退休第三党支部。根据党支部设置调整情况，机关党委开展了计算机教学部党支部、网络信息中心党支部、机关退休第三党支部的换届选举工作，郝莹、魏楚元、班成分别当选为 3 个党支部的支部书记。

【处级干部"三严三实"专题教育】按照学校党委部署,针对机关特点,深入查找"不严不实"问题并进行整改落实。以"改进管理、改进作风、提高机关党建工作水平"为主题,开展了二级党组织书记讲党课活动。40多位处级干部以二级中心组片组为单位,分别开展了集中学习和10分钟论坛交流,并撰写每人约2000字的学习体会。

【改进管理、改进服务】从2015年上半年起,机关处级干部开学第一周深入课堂听课,全年听课100多人次。机关人员坚持参加期末监考,在大兴校区、西城校区监考200多人次。教工党支部开展党性实践活动,帮扶36名学生就业。开展"管理·服务·育人"党员论坛和"身边榜样"评选活动,主管校领导、机关党委委员、党支部书记作为评委,根据论坛发言代表的现场演讲和工作成效,评选出6名"身边榜样",进一步推动和深化了机关作风建设。

【机关工会工作】将文化建设融入机关工作之中,组织了健步走、撕名牌、跳绳比赛、参观莽山森林公园、参加"走进大戏台"戏曲节目录制等丰富多彩的文体活动,营造了文明健康、充满活力的机关文化氛围。

(王德中)

九、共青团工作

(一)概况

2015年,我校共青团按照团市委和学校党委的整体工作部署,紧密结合共青团实际特点,创新工作方式,发挥团学组织力量,以思想引领为基础、以创新教育为龙头、以成长服务为重点、以素质提升为关键、以组织建设为依托,努力提升共青团的吸引力和凝聚力,不断扩大团的工作有效覆盖面,切实提高共青团工作的科学化水平。在2015年度北京共青团"达标创优"竞赛活动中,北京建筑大学团委荣获"2015年度北京市五四红旗团委"荣誉称号。全市共有涵盖高校、企业、青农、区县等各系统的100家单位团委荣获"2015年度北京市五四红旗团委"称号。

(二)思想引领

【概述】校团委坚持以党建带团建、以党风促团风,积极组织专职团干部、广大团员青年深入学习宣传,深刻领悟,围绕党的十八大、团的十七大会议精神,深入开展"四进四信"、"八字真经"、"三严三实"等理论专题学习活动,切实引领青年学生思想潮流。

【因势利导加强理想信念教育】2015年,校团委抓住重大时点及事件,以社会主义核心价值观为统领,牢牢把握青年团员思想引导主动权。围绕学习贯彻党的十八大、十八届三中、四中、五中全会精神、习近平总书记系列讲话精神和团的十七大精神,深入开展"四进四信"、"八字真经"、"三严三实"等理论专题学习活动,通过校团委、二级学院团委、团支部,分层分类开展学习宣传活动,在团校学习、骨干培训、实践锻炼等各环节中引导广大团员把握核心要义、领会思想精髓,将理想信念教育工作做细做实。

【培育践行社会主义核心价值观】我校共青团组织在全年的工作中贯穿开展学习宣传贯彻习近平总书记系列重要讲话精神"四进四信"活动,广泛深入开展社会主义核心价值观学习教育。在习近平总书记与北京大学师生座谈会上的讲话发表一周年之际,为践行总书记提出的"勤学、修德、明辨、笃实"的重要要求，全校各支部开展"如何练好习大大传授的'八字真经'"主题团日活动。同时，共青团组织通过"进支部、进社团、进网络、进团课"等形式，进一步引导广大团员青年争做"可爱、可信、可贵、可为"的"四可青年"，引导广大青年学生坚定走中国特色社会主义道路实现"中国梦"的信念。

【布局新媒体，着力打造全媒体引导方式】2015年，团委完成期刊、广播、微信、微博、网站等多类媒体工作布局，初步形成学校共青团的全媒体引导格局，形成整体联动的工作声势。继续用好传统媒体平台，把握新闻宣传的主动权，打造青年爱看、愿说的宣传品，如建筑学院院刊《建䂮》，环能学院期刊《环能之声》、《环能新视野》，测绘学院期刊《潮汐》以及文法学院月报等。开通"北京建筑大学团委"微信、微博、各学生组织微信，利用好iStudent网络社区，积极开展舆论引导工作。微信公众号"北京建筑大学学生会"、"北京建筑大学社团联合会"在北京学联影响力排名前十，"建大筑绿"在全国高校绿色公众号排名第十。组建了我校网络宣传员队伍，培养245名网络宣传员骨干和1592名青年网络文明志愿者，组织宣传员和志愿者关注北京共青团"青年说"、"北京学联"、"北京青年"、"靠谱青年"四个微信平台和"青年说"、"北京学联"微博平台，加强网络思想引领，增强网络文明素养，营造清朗的网络环境。

【主题教育活动】校团委注重在重大事件及敏感期开展主题教育活动。

寒暑假后，校、院两级团组织通过座谈会、主题班会、个别访谈等形式，对全校学生开展思想状况调查，摸清摸透团学青年的思想状况，找准关键点，以开展行之有效的思想引导工作。

5月，根据全团开展中国梦学习宣传教育及培育和践行社会主义核心价值观活动有关安排，在习近平总书记与北京大学师生座谈会上的讲话发表一周年之际，在学校开展了"如何练好习大大传授的'八字真经'"主题团日活动。通过研讨沙龙、故事分享、演讲赛、明辨会、主旨实践等多种形式，组织团员分享、讨论学习总书记讲话的感受和思考，努力将"勤学、修德、明辨、笃实"重要要求内化于心、外化于行。

6月，结合毕业季，开展"建大育我、我爱建大"毕业生主题团日活动，回望大学生活，畅想美好未来，以实际行动报答母校的培育之情。

7月，为隆重纪念中国人民抗日战争暨世界反法西斯战争胜利70周年，继承和发扬爱国主义光荣传统，振奋民族精神，凝聚民族力量，开展"五个一"主题团日活动，即阅读一本优秀抗战历史图书、观看一部抗战题材优秀影视剧、参加一次缅怀纪念活动、分享一次个人体会、参加一次网络传播，广泛讲述、传播抗战历史故事和抗战英雄人物故事，大力弘扬抗战精神。

（三）组织建设

【专职团干部队伍建设】2015年，我校专职团干部15名，期间，挂职锻炼2人。其中，土木学院辅导员谷天硕通过区域化团建项目赴大兴瀛海镇挂职锻炼一年；测绘学院团委书记赵亮赴北京市教委办公室挂职锻炼半年。加强共青团干部队伍建设，尤其是专职团干部队伍建设，是做好共青团工作的有力保障。2015年，校团组织抓住有利契机，通过三条途径大力推进团干部队伍建设：校内研讨会和总结会、兄弟院校调研交流以及换岗借调锻炼。

3月19日，召开2015年学生工作推进会，学校领导对共青团工作提出了明确要求。

6月29日，召开共青团工作推进会，会议围绕"使命"和"责任"解析了共青团工作的发展方向。

9月14日，召开共青团工作研讨会，凝练总结特色工作，强调六个要点，即思想教育工作、校园文化活动、课外科技活动、社会实践、骨干队伍培养、学风建设。

一系列的研讨交流、换岗锻炼，有效推进了北建大共青团干部的队伍建设，为打造一支让党组织放心、让学生满意的高素质团干部队伍打下了坚实的基础，保证了学校共青团工作的有序开展。

【大学生骨干培养】校团委依托校、院两级团校分层分类围绕理想信念教育、健康成长教育等主题开展骨干培训。3-5月，举办北京建筑大学骨干培训精品班，培训内容主要有北京团市委大学中专工作部部长张秀峰主题报告、共青团中央城市青年部就业创业工作处处长洪亮报告、"五四"升旗仪式宣誓及相关研讨交流等环节。11月，举办北京建筑大学团校暨骨干培训班，培训内容有大兴团区委书记徐振涛报告、人际沟通专家鞠远华教授讲座及相关研讨交流，全年培训学生骨干近400人。各二级学院分别举办了形式多样的院级团校，全校全年共计培训近千人次。

【共青团基础建设】校团委始终坚持固本强基，把团建工作和评优表彰等工作相结合，让团建成果体现在基层，不断加强组织建设，切实为学校共青团事业发展提供坚实保障。截至2015年底，我校共有共青团员8017人，其中保留团籍的党员为955人，共有267个团支部。2015年开展全校范围内的"五四达标创优"竞赛活动，共评选出校级"十佳"团支部、校级"十佳"学生干部、"十佳"团员；优秀团支部39个、最佳团日活动24个、优秀共青团员404人、优秀团员标兵43人、优秀学生干部123人。5月5日，学校举行隆重的达标创优评比表彰大会。市级评优中，我校获得北京市"先锋杯"优秀团支部10个，"先锋杯"优秀基层团干部10名，"先锋杯"优秀团员10名。

在深入开展"创先争优"活动中，我校团组织充分做好推优入党工作，不断为党组织输送人才，把党建带团建工作与创先争优活动同步谋划、同步开展、同步考评，团的思想建设、组织建设和制度建设稳步推进。

北京建筑大学2015年度共青团情况统计汇总表

团员数据信息											下辖团组织信息		
现有团员			团员入党情况				发展新团员	超龄离团数	受纪律处分	流动团员		团委数	团总支数	团支部数
总数	14-28周岁青年数	团员年度团籍注册数	申请入党团员数	团员入党数	经"推优"入党的团员数	保留团籍的党员数	总数	总数	总数	流入数	流出数	总数	总数	总数
8017	8498	8017	3819	317	230	955	60	3	0	0	1	9	267

（四）宣传工作

【概述】2015年校团委在宣传工作上主要就宣传阵地建设工作展开，完成期刊、广播、微信、微博、网站等多类媒体工作布局，初步形成学校共青团的全媒体引导格局，形成整体联动的工作声势。在纸制媒体《团学导讯》、广播等传统宣传媒体巩固创新的基础上，大力发展微博、iStudent 等新媒体平台建设，同时积极开展宣传基础工作培训，对校团委各级学生组织进行新闻宣传工作的培训。

【宣传阵地建设】2015 年为贯彻落实《共青团中央办公厅关于贯彻落实全国宣传思想工作会议精神深入推进青年思想引导工作的通知》的工作要求，校团委决定扩大团委宣传部的宣传工作范围，改变团委宣传部的单一的纸质媒体工作局面。2015 年 12 月 1 日，党委宣传部对团委宣传部、校记者团、电视台、广播台、各学院宣传部的学生干部进行宣传基础工作培训。

【新媒体平台建设】充分发挥新媒体的正面作用，和声共振传播主流价值，开通"北京建筑大学团委"微信、微博、各学生组织微信，利用好 iStudent 网络社区，积极开展舆论引导工作。微信公众号"北京建筑大学学生会"、"北京建筑大学社团联合会"在北京学联影响力排名前十、"建大筑绿"在全国高校绿色公众号排名第十。

【传统宣传媒体的巩固创新】继续用好传统媒体平台，把握新闻宣传的主动权，打造青年爱看、愿说的宣传品，如建筑学院院刊《建磬》，环能学院期刊《环能之声》、《环能新视野》，测绘学院期刊《潮汐》以及文法学院月报等。

（五）社会实践

【概述】2015 年，校团委响应共青团中央、北京团市委号召，结合学校专业特点和学科优势，组织暑期社会实践和寒假社会实践，发扬实践育人的宗旨，不断创新实践载体，丰富项目内容，在服务社会中奉献自我。

【寒假社会实践】2015 年寒假，青年志愿者协会向各二级学院下发关于寒假社会实践的通知，具体安排为 2013 级直击人才市场、2014 级专业校友访谈，以此为契机让同学们了解毕业后的成长经历，了解学长学姐们走上工作岗位后的体会、感悟、社会的认识及自身职业生涯规划的情况，了解所从事行业领域对于知识结构、专业技能等需求情况的信息，了解本专业未来的发展前景和毕业生就业情况，以及我校毕业生在职场的竞争优势和劣势。活动结束后，青年志愿者协会对全校的社会实践成果材料进行汇总、整理、考核和评优并将优秀成果汇编成册。

【暑期社会实践】2015 年暑期，我校近千名师生组成 82 支社会实践示范小分队，以"践行'八字真经' 投身'四个全面'"为主题，脚踏祖国大地，用汗水、爱心和智慧诠释着青春的最美含义。同学们围绕抗战历史调研、传统村落保护、志愿关爱服务、理论政策宣讲、深化改革观察、美丽中国实践、科技支农帮扶等主题，走进乡镇、走进企业、走向社会，践行"八字真经"，投身"四个全面"，在学习与思考中理解社会主义核心价值观的精髓与内涵。82 支团队奔赴京内各区县，山东、河北、河南、江苏、江西、浙江、上海、湖北、四川、宁夏、广东、台湾等省市，以及美国等境外地区，开展各类实践调研、志愿服务、科学研究、创新创业等活动。活动结束后，青年志愿者协会对全校的社会实践成果材料进行汇总、整理、考核和评优，对优秀团队、优秀个人以及优秀成果予以表彰并汇编成册。

10 月 29 日，召开 2014 年暑期社会实践表彰大会。

11 月，由中宣部、中央文明办、教育部、团中央、全国学联等联合主办的全国大中专学生"三下乡"暑期社会实践活动，经过各省级团委学校部遴选推荐、网络公开投票、差额评审确定等环节，评选结果揭晓。北京建筑大学团委被评为"三下乡"活动全国优秀单位（北京市 11 个，全国 300 个）；"美丽兰考三彩青春"——北京建筑大学"美丽中国"实践团被评为全国优秀团队（北京 15 支，全国 400 支）。这是我校大学生社会实践工作十几年来再次获得的全国表彰。

同时，由环能学院 13 名师生组建的北京建筑大学"井冈情"筑绿环保团荣获"2015 年'井冈情·中国梦'全国大学生暑期实践季专项行动优秀实践团队"荣誉称号、带队教师韩志鹏获得"优秀指导教师"称号，团队成员获得"优秀学生负责人"和"优秀学员"称号。

2015 年暑期社会实践重点团队一览表

学院	京内/京外	项目类别	活动名称	实践人数	实践地区	实践项目简介
测绘学院	京外	美丽中国实践团	美丽兰考 三彩青春	15	河南兰考	1. 对东坝头乡进行 10 平方公里的无人机测量 2. 对焦裕禄纪念馆三维模型进行精细化处理的数据修补 3. 对接当地企业，找到学生创新创业结合点，校企联合发起关于东坝头乡规划方案的征集 4. 继续完善人物访谈录，拟访谈焦裕禄之女焦守云等有关人物
	京外	美丽中国实践团	记住美丽乡愁 弘扬传统文化	50	学生家乡	"永远铭记的是回忆，道不尽的是乡愁"。随着时间的流逝，记忆中的人儿走远，我们也已经长大。漂泊在外，隐隐约约将我们与故乡紧紧联系的是那情深意切的剪不断的乡愁。本作品以记录青春、抒发乡愁为主要情感路线，记录游子的成长故事。通过美食、乡音、乡情等打造舌尖上的乡愁、心尖上的乡愁、笔尖上的乡愁和指尖上的乡愁，展现美丽故乡
	京内	"抗战胜利"纪念团	互联网＋红色教育	10	京内	利用三维扫描技术打造 3D 网上纪念馆，打造"互联网＋红色教育"
建筑学院	京外	美丽中国实践团	美丽乡村梦，青春实践行——河北怀安北庄堡村规划调研	7	河北怀安北庄堡	本次调研前往河北张家口市西沙城乡的北庄堡村，深入调查和研究其产业发展、村落格局与风貌、建筑特色和自然与传统文化资源现状，深入挖掘传统文化村落衰败甚至消失的原因，试图通过村庄整治规划与产业规划等具体实施措施与策略，探索在保护传统村落的同时，发展乡村产业的可能与路径，从而不仅对传统进行了继承和发展，还将有利于提升全村经济水平与农民收入

续表

学院	京内/京外	项目类别	活动名称	实践人数	实践地区	实践项目简介
建筑学院	京外	美丽中国实践团	徒步乡村，筑梦同行——河南信阳郝堂村乡村规划调研	7	河南省信阳市平桥区镇平县晃陵镇郝堂村	我们将在郝堂村进行深入调研与参观，了解郝堂村的居民生活状况，产业优势，民俗文化，学习郝堂村先进的规划理念，探索建设可持续发展的生态乡村先模式，用最自然最环保的方式来建设美丽中国新农村
土木学院	京内	"抗战胜利"纪念团	宛平城交通状况调研	6	宛平城	为纪念抗日战争胜利70周年，我支部开展关于宛平城的实践活动，参观中国人民抗日战争纪念馆的同时，对宛平城及其周边的交通现状进行分析，找出现有问题，并根据所学专业知识提出可能的改进意见。利用 Virtual Reality 模型对宛平城情况进行描述
土木学院	京外	美丽中国实践团	寻找清凉沥青路面材料	5	北京、青岛、云南	寻找控温路面，消减城市热岛
土木学院	京外	美丽中国实践团	自愈性路面研究	7	四川省都江堰市虹口乡	实地调研山区公路，特别是以暴雨、地震灾害为诱因的山区公路沥青层的开裂及破坏，进而验证我们的科技立项课题《自愈性路面研究》在实地的应用情况，对我们的项目做出客观的评估进而得到对公路设计、施工、沥青添加剂及道路水混层改良的更好途径
环能学院	京外	"抗战胜利"纪念团	"左权行·红色情·中国梦"暑期社会实践团	15	山西	本次暑期社会实践主题教育活动将"红色文化"与"绿色环保"进行结合，我们将组织同学参观左权县麻田八路军总部纪念馆，了解八路军生活，学习八路军精神，使同学们真正感悟到当今生活来之不易，进而培育同学们的爱国精神和爱党精神。与此同时，此次调研将充分发挥专业学科优势和服务社会的积极性，围绕当地节能建设与乡村旅游开发进行深入调研，调研并指导当地新农村太阳能亮化工程

续表

学院	京内/京外	项目类别	活动名称	实践人数	实践地区	实践项目简介
环能学院	京外	美丽中国实践团	"点赞海绵城市·促进生态建设"	15	山东	海绵城市建设"是国家打造的重点战略。它是指城市能够像海绵一样，在适应环境变化和应对自然灾害等方面具有良好的"弹性"。目前，北京建筑大学"城市雨水系统与水环境"科研团队是参与全国"海绵城市"建设的唯一高校。实践团队以给水排水工程、环境工程、环境科学的专业学生为主。通过社区宣传、实地勘探、现场观摩等方式，宣传"海绵城市建设"理念、参与设计施工、数据采集，并最终形成《济南部分小区海绵城市改造现状调研与方案设计》等成果。 总体来说，实践团任务目标明确，人员齐整，专业指导教师团队阵容强大，活动内容丰富，保障充分，进度分工合理，相信有较好的预期效果
电信学院	京内	"四个全面"观察团	电信创行"四个全面"观察团	10	海淀区中关村创业大街	实地走访创业大街内小企业，采访创业精英，从企业的发展之路看国家的治国理政的新布局，体会"四个全面"对企业的影响、对百姓的影响。以问卷调查和实地采访两种形式为主，结合文字、图像、视频的记录，总结凝练出成果
电信学院	京外	教育关爱服务团	"大手拉小手，我们共成长"爱心支教团	10	山东省烟台市海阳县海阳四中	开展主题为"大手拉小手，我们共成长"的爱心支教活动，向当地学生开展一周的教学，把文化、科技、语言、体育等方面的先进知识带给学生们，开阔视野，锻炼能力。支教结束后，根据海阳县文物古迹繁多的特点，广泛参观文物古迹，学习历史文化，在学习的同时与海阳四中党支部进行交流学习，开展核心价值观的系列宣讲活动，做思想交流充分提升学生党员与积极分子的思想观念水平与综合素质，使其在思想上与行动上向党组织更加紧密的靠拢
经管学院	京外	"青春风貌·献礼华诞"大学生全面参与国庆实践行动	北京建筑大学经管学院抗战胜利纪念团	8	黑龙江省哈尔滨市、辽宁省沈阳市	1. 对"东北烈士纪念馆"等地进行参观学习 2. 针对当地"红色旅游市场定位及营销策略"进行调研 3. 对陈列馆馆长，老红军开展采访活动

续表

学院	京内/京外	项目类别	活动名称	实践人数	实践地区	实践项目简介
机电学院	京外	美丽中国实践团	"圆梦中国丝路新世界"专项社会实践行动	6	滇藏茶马古道	大理是云南重镇，滇西通衢，"南方古丝绸之路"和"茶马古道"的必经之地
文法学院	京外	"青春风貌·献礼华诞"大学生全面参与国庆实践行动	服务农村留守老人儿童，献礼祖国华诞	12	山东济宁	服务当地留守儿童及老人，法制宣传和社工服务，结合抗战胜利70周年进行宣传和展出
文法学院	京外	"时代责任·科技强国"大学生科技志愿服务行动	发扬社工精神，肩负时代责任	10	美国纽黑文州	学习青少年社会工作课程并进行实践
理学院	京外	教育关爱服务团	"助学·圆梦"志愿服务活动	8	武汉市江夏区胜利村	调查留守儿童大体情况，推出介绍平台

（六）志愿服务

【概述】2015年，我校青年志愿者协会通过学校的新生入学季、第三届高校高招联合咨询会等大型活动历练成长，同时注重志愿服务外延发展，此外，重视网络化管理。截至2015年底，加入北京建筑大学志愿服务队并注册成为校级实名志愿者的学生共计924人。

【校青协温暖衣冬衣物转赠志愿服务】2014年12月-2015年4月，北京建筑大学的同学们用一腔热情，践行志愿，传递温暖，收获成长。此次活动共有200名志愿者参与其中，为200名受赠者带去了温暖。志愿者们将冬衣累计送到了全国25个省、直辖市和自治区。赠人玫瑰，手留余香，每一个志愿者都充满了爱心和正能量，他们让这个冬天少了一份寒冷，多了一份温暖。

【"绿爱童年"环保公益项目】2015年4月22日中午，由我校青年志愿者协会举办的"随手献爱心，旧物绘童年"暨"绿爱童年"项目北京建筑大学站活动在学校大兴校区成功举办。校青协在活动现场共收到来自全校学生自愿捐助的废弃塑料瓶1013个，废弃旧书72公斤。按照每个废弃塑料瓶4分钱，每公斤旧书6角钱的价格，本次活动共得到善款83.72元，均已于4月23日前全数发到中国社会福利基金会劝募中心，这笔资金将用于帮助贫困山区的孩子。至此"绿爱童年"活动圆满结束。

【第三届高校高招联合咨询会志愿活动】2015年5月9日，校园开放日暨全国高校高招联合咨询会在北京建筑大学大兴校区顺利拉开帷幕。开放日当天，校区人流涌动、热闹非凡，但秩序井然、有条不紊。在人流里，统一着装的志愿者们以饱满的服务热情、强烈的工作责任心、熟练的服务技能和克服困难的坚韧毅力，圆满出色地完成了志愿服务工作，给前来参加高招会的考生、家长以及参会单位留下了非常深刻的印象。

【旧宫清欣园小区、瀛海家园五里小区的宣讲服务活动】暑假期间，我校青年志愿者协会学生干部组建的"北京建筑大学学'习'宣讲团"走进了大兴区旧宫、大兴瀛海镇社区开展宣讲及调研社会实践活动，这是校团委学生干部连续第四年进社区暑期宣讲调研活动。

宣讲团围绕习近平总书记系列重要讲话精神和社会主义核心价值观开展普及宣讲活动。宣讲团精心制作的"社会主义核心价值观"、"八字真经"、"三严三实"、"四个全面"、"习近平总书记五四讲话"、"抗战背景知识"、"建大风采"、"科普知识"等图文并茂的宣讲内容展示吸引了很多社区居民驻足观看，成员们的讲解得到了社区居民的认可。

【孝心工程"青春伴夕阳——陪爷爷奶奶唱老歌"志愿活动】2015年10月31日，北京建筑大学青年志愿者协会带领学校十余名青年志愿者来到福提园养老院，展开了以"青春伴夕阳——陪爷爷奶奶唱老歌"为主题的志愿慰问活动。活动旨在通过唱老歌的形式为老人们送去关爱、传递祝福，并希望以此为契机引导发扬在校大学生孝亲敬老的思想。此次活动不仅充分展现了我校学生良好的综合素质和精神风貌，也发扬了中华民族尊老爱幼的传统美德。德乃人之本，孝为德之先。尊老敬老作为中华民族的传统美德，将会源远流长。

【"爱在身边"公益项目启动仪式志愿活动】2015年11月6日上午，北京建筑大学青年志愿者协会带领我校青年志愿者前往大兴影剧院，参加了"爱在身边"公益项目启动仪式志愿活动。本次活动的志愿者们主要来自土木学院与文法学院，共计26人。本次"爱在身边"公益项目旨在通过组织志愿者为老人提供卫生、健康等方面的服务来提高老人们的生活质量，除此之外，该公益项目还将为有认知障碍的老人们提供GPS定位器，以此来保障老人生活的安全与便利。

【"咱们相爱吧"群演志愿活动】2015年11月15日13：00，北京建筑大学青年志愿者协会招募的群演同学到达学院楼A座101教室，在签到之后按现场导演安排就座。在这次群演活动中，同学们不仅满足了好奇心、圆了拍戏梦、拿到了红钞票，还体会到了拍戏的繁琐与不易，也更了解到了"演员"这个表面光鲜的职业背后的滋味。

（七）学生会和研究生会

【概述】北京建筑大学学生会和研究生会是校团委指导下的学生机构，校团委学生会包括青年志愿者协会、大学生科学技术协会、社团联合会、红十字会学生分会四大协会以及学生会。学生会有七个部门包括办公室、外联部、宣传部、文艺部、体育部、学习部和生活部，共200余人。学生会与研究生会换届工作于每年6月份完成，干部任免公示于每年9月开学初进行。

【校学生会品牌活动】

4月风筝节：学生会生活部联合文艺部共同开展了第一届风筝节。鼓励学生们用自己的画笔创作，走出宿舍，走进自然，放飞自己与伙伴们共同创作的风筝，重拾童年的回忆。

5月北京建筑大学第一届"舌战群雄"辩论赛为一档校园活动。其目的在于开拓学生思维，提高学生的逻辑能力，在备战辩论赛的同时多角度看问题，增加学识；增强独立思考、分析问题的能力，为以后的学习打下良好的基础；并培养学生的团队意识，营造良好的校园学习气氛。

5月11日第三届厨艺大赛：活动为同学提供展示自我的平台也传承了传统文化。

5月17日，北建大第一届"心潮澎湃"搭配大赛开幕。不仅给同学们一个展示个人审美的机会，还开阔了同学们的眼界，受到广大同学们的喜爱。

10月13、15日"建·证——北京建筑大学艺术节开幕式暨80华诞倒计时周年文艺晚会"在大学生活动中心隆重举办。

11月宿舍服设计大赛：学生发挥自己的想象，加上与室友配合的默契，来手绘出具有本宿舍风格的宿舍服。活动培养了学生的动手创造能力，也培养了与室友之间感情，为营造和谐的大学生活而努力。

11月5日"建大之星"校园歌手大赛：是北京建筑大学最受欢迎、集全校师生关注的活动之一。

11月16日"最美手写体"活动：由北京建筑大学学生会宣传部举办。在全校范围征集手写语录，并进行投票评选。旨在增添建大文学气息，发掘内在书法特长。

12月8日，艺术团专场演出在大学生活动中心圆满结束。我校大学生艺术团始终刻苦努力，勤奋创新，旨在为建大学子献上无与伦比的艺术享受，让大家再次欣赏到一次精彩纷呈的展示。

新生杯篮球赛：由校学生会体育部组织举办的围绕新生展开的体育活动，激发新生们的运动兴趣，为新生篮球爱好者提供平台。

新生杯足球赛：由校学生会体育部组织举办的活动，参赛者为各大学院的新生足球爱好者。

"学院杯"篮球赛：由北京建筑大学校学生会体育部主办，以学院为单位报名参赛，是学校学生体育比赛中的重要赛事。

"学院杯"足球赛：由校学生会体育部组织举办的关于足球的活动，以学院为单位，一群热爱足球的学生在赛场上挥洒汗水，为我们展示了一场场激动人心的比赛，一场场视觉的盛宴。

彩跑：由校学生会组织举办的一个趣味体育活动，参赛者为在校学生，在规定路线上跑动，其间可用提供的彩粉互相挥洒，充满了乐趣，让学生在愉快的游戏中运动，体会运动的乐趣，是校学生会体育部最受欢迎的活动之一。

乒乓球比赛：由校学生会体育部组织举办的有关于乒乓球的体育活动，为各大学院的乒乓球爱好者提供了一个展示自我的平台，层层选拔奋战后终有一人登上顶点，比赛激烈，营造了一种激动的氛围，是体育部非常受欢迎的活动之一。

【校研究生会品牌活动介绍】

举办北京建筑大学第一届趣味运动会：为响应国家发改委、教育部的号召，落实"三走"活动，积极响应"全国亿万学生阳光体育运动"的号召，2015年6月校研究生会举办了北京建筑大学第一届趣味运动会。来自全校各学院的研究生运动员代表积极踊跃报名，并在大会中发挥出了较高的竞技水平。本次大会充分调动了同学们的积极性，增强了同学之间的团队合作意识，丰富了课余生活。

举办校研会会标设计大赛：为促进校研会工作的规范化开展，展现北建大学子的创新精神，2015年11月校研会举办了会标设计大赛。此次大赛获得了全校师生的广泛关注和支持，在半个多月的征集期内收到了大量的优秀参赛作品，除本校学生踊跃投稿以外，离校校友也对本次大赛表现出极大的热情。最终定稿研会会标与校徽一脉相承，此次大赛充分体现了建大学子勇于创新、热爱母校的精神，极大地丰富了校园文化。

（八）学生社团

【概述】2015年，6大类注册学生社团共72支，学生社团在校团委、各院团委的指导下，在大学生社团联合会的管理下,按照《北京建筑工程学院社团管理条例》(2008年6月18日校长办公会讨论通过)的要求举办了形式多样、具有思想性、艺术性、知识性、趣味性的社团活动,吸引了广大学生积极参与其中,成为校园文化的一个主要阵地,对校园文化建设有着重要作用。

【**注册社团规模化发展**】2015年共有学生社团6大类72支,其中科技类2支、艺术类12支、文化类20支、体育类21支、理论类7支、实践公益类10支。从学生社团的数量来看,学生社团以较快的速度实现规模化发展。从社团类别的角度看,文体类的社团依然是学生关注的重点,而学术科技类社团和爱心志愿服务类社团正在受到越来越多同学的瞩目。

北京建筑大学2015年学生社团一览表

社团类别	序号	社团名称	负责人	级别
科技类社团	1	北京建筑大学汽车协会	李超	校级
	2	环能绿炫环保社	赵祎	院级
艺术类社团	3	肚皮舞社	王一然	校级
	4	建大觅音	盛翰林	校级
	5	书法协会	付小瑞	校级
	6	幻萌ACG社团	高山	校级
	7	喂森vision摄影社	李新元	校级
	8	瑜伽社	陈佑琳	校级
	9	BDR街舞社	刘晓艺	校级
	10	娱乐家Beat-Box社	王欢瑞	校级
	11	BTD街舞社	孟宪国	院级
	12	裳品社	周楷程	校级
	13	排舞社	王玉荣	校级
	14	心灵美术社	李新	校级
文化类社团	15	粤语社	方佳铭	校级
	16	diy创意环保社	潘贝	校级
	17	魔术社	刘凯懿	校级
	18	考研社	肖清兰	校级
	19	M.W.漫研社	罗杰	校级
	20	出国留学社	刘腾超	校级
	21	这是ENJOY桌游社	刘欣悦	校级
	22	桥牌社	郑晋鹏	校级
	23	莫道文学社	吴霞	校级
	24	心扉社	王朝阳	校级
	25	机电文玩社	谢春颖	院级
	26	非物质文化遗产社	董旭	校级
	27	柒方梦烛古风爱好社团	于梦忱	校级

续表

社团类别	序号	社团名称	负责人	级别
文化类社团	28	土建人文社	祝曼格	校级
	29	灵动live手工社	杨茗宇	院级
	30	建大筑笑相声社	刘峥	院级
	31	新疆民族文化社团	努尔艾力	校级
	32	清唱社	符玉鹏	校级
	33	running man	赵佳怡	校级
	34	藏族文化社	四朗次仁	校级
体育类社团	35	武术协会	严旭颖	校级
	36	骑炙协会	邱天阳	校级
	37	国安社	张文鑫	校级
	38	速赢台球社	周天翼	校级
	39	绿茵闪电足球社	潘伟琦	校级
	40	校体育舞蹈社团	杜紫玮	校级
	41	啦啦操	王可欣	校级
	42	京飘儿社团	赵志伦	校级
	43	乒乓乓乓乒乓球社	杨梓岩	校级
	44	跆拳道社	曹鹏辉	校级
	45	乐享羽毛球社	杨初	校级
	46	滑板社	高陆	校级
	47	钢筋工橄榄球社	厚贵彬	校级
	48	网球社	靳丰	校级
	49	BJ金隅社	杜浩然	校级
	50	健身社	吕宋	校级
	51	极越体验社	李贻	校级
	52	测绘定向运动协会	邢晨	院级
	53	游泳社	刘文可	校级
	54	北建大篮球裁判联盟	朱玉鹭	校级
	55	北建大足球裁判联盟	孙晓博	校级
理论类社团	56	逻辑思维社	刘悦	校级
	57	玩转数学社	伍校材	校级
	58	赋语辩论社	黄悦	校级
	59	环能觉新社	曾琳	院级
	60	测绘求是社	赵琦	院级
	61	经管理论先锋社团	林晓荻	院级
	62	理学院齐飞社	王洋	院级

续表

社团类别	序号	社团名称	负责人	级别
实践公益类社团	63	勤工俭学社	丁瑞	校级
	64	红十字会社团	袁星	校级
	65	经管青协礼仪社	李康华	院级
	66	经管青协志愿者社	雷鹏	院级
	67	经管团校社团	李若瑶	院级
	68	测绘就业促进社	靳婷婷	院级
	69	土木阳光互助社	张蕊	院级
	70	建大合伙人创业协会	邵鹏楠	校级
	71	聚成考研社	李宇婷	校级
	72	招生协会	马逸飞	校级

【我校社团在各类比赛中取得成绩】北京市高校千团大战第一阶段评选中，北京建筑大学社团联合会在北京市高校社团组织评选中获得北京市第四名。

1. 古风社获得北京市最具影响力社团第二名，前二十名中有我校三支社团入选。
2. 定向协会获北京市体育大会男子团体第一，女子团体第三，高校联盟邀请赛第三站团体第三。
3. 网球社获北京市大学生网球联赛乙组男子团体赛第二，女子团体赛第一。
4. 橄榄球社获2015首都高等学院触式橄榄球比赛碗级第三名，2015全国大学生美式腰旗5人制北京赛区8强。
5. 羽毛球社获2015北京高校春季羽毛球锦标赛女团第五。
6. 影视社获北京市人文知识竞赛微电影第二名。
7. 棒垒社获首都高等学校第三届慢投垒球锦标赛高校快乐组亚军。
8. 极限越野社获第五届首都高校拓展运动会第四名；团队五项第二名；勇攀天梯第二名；智勇闯关女子第一名。
9. 桥牌社获首届高校校长师生杯桥牌团体赛亚军。
10. 武术社获首都高校第十六届传统养生体育比赛"集体8式太极"第三名。

（九）大学生艺术教育

【概述】2015年是校园文化建设的蓬勃发展之年，校团委紧紧围绕先进青年文化建设的需要，对内动员学生广泛参与、对外组织团队积极交流，在艺术节设计规划、文化名人、艺术团体的维护和建设上也积累了一定的经验，在培养校园文化和深化艺术内涵方面都取得了突破，为今后的校园文化建设提供了宝贵经验。

【开设艺术教育课程】14/15学年第二学期和2015/2016学年第一学期，艺术教育室在本部和大兴校区共开设艺术选修课程28门次，选课人数2940人次；新增开艺术类课程1门次，学分1.5，容纳选课学生120人。艺术教育课程涉及艺术理论、艺术赏析与艺术实践三类课程方向，基本能够满足两校区学生选课需求，艺术教育中心定期开展教师调研与课程分析，在课程内容语授课形式方面不断改进，基本能够满足学生学习需求。全年课程进行顺利，未发生一例教学事故。

北京建筑大学 14/15 学年第二学期和 15/16 学年第一学期艺术选修课程一览表

序号	课程名称	学时	学分	周学时	任课教师	教室要求	时间要求	是否限制人数	开课校区
1	中国舞蹈赏析1班	24	1.5	3	黄兴	多媒体	周一	120人	大兴
2	中国舞蹈赏析2班	24	1.5	3	磨琪卉	多媒体	周四	120人	大兴
3	收藏与鉴赏	24	1.5	3	李广居	多媒体	周一	120人	
4	收藏与鉴赏	24	1.5	3	李广居	多媒体	周日	120人	本部
5	篆刻艺术赏析	24	1.5	3	张庆春	多媒体	周四	120人	大兴
6	篆刻艺术赏析	24	1.5	3	张庆春	多媒体	周日	120人	本部
7	艺术排练课（器乐合奏-交响）	33	1	3	李阳 张永祥	乐团排练室	周二、日	55人	大兴
8	艺术排练课（器乐合奏-民乐）	33	1	3	李阳 张永祥	乐团排练室	周二、日	55人	大兴
9	艺术排练课（合唱）	33	1	3	李阳	乐团排练室	周二、日	70人	大兴
10	艺术排练课（舞蹈）	33	1	3	磨琪卉	舞蹈排练室	周二、日	50人	大兴
11	美术作品赏析	24	1.5	3	王百兴	多媒体	周一	120人	大兴

【开展文化艺术活动】学校共青团注重校园文化对青年成长成才的意义，在持续扩大已有的"大学生艺术节"等品牌活动影响的同时，积极探索推出了新的校园文化活动品牌。2015年，共青团组织共开展大型文化艺术活动二十余项，覆盖学生近2万人次。

2015年北京建筑大学校级文化艺术活动汇总

序号	活动时间	活动名称
1	3.19	"蝉塑艺术"非遗公开课
2	4.2	民族艺术进校园——"心灵之声"艺术团北京建筑大学专场演出
3	4.15	满天星业余交响乐团音乐沙龙在我校成功举办
4	4.20	"民间风筝制作"公开课
5	5.5	"戴"你歌唱——声乐大师戴玉强走进北建大
6	5.7	高雅艺术进校园——北京交响乐团北建大专场音乐会
7	5.12	寻找建大民间厨艺高手——北京建筑大学第三届校园厨艺大赛精彩纷呈
8	5.26	"凌盛蓝天白云杯"节能环保绿色校园演讲大赛
9	5.26	第二届社团文化节暨2014-2015年度十佳社团颁奖典礼
10	5.28	北京建筑大学大学生交响乐团专场音乐会
11	6.1	北京建筑大学研究生阳光体育运动会
12	6.2	北京建筑大学大学生民乐团专场演出
13	9.12	大学生艺术团迎新公开课
14	10.14-15	北京建筑大学2015年大学生艺术节开幕式暨八十周年校庆倒计时周年文艺晚会
15	11.2	新青年·享文化——"建大青年说"文化沙龙
16	11.4	北京建筑大学第二届"Color Run"彩跑活动
17	11.24	第四届"建大之星"校园歌手大赛
18	12.1	北京孔庙《中国礼乐文化活动展演》进校园文化展演
19	12.7	"防艾，不防爱"防艾宣讲晚会
20	12.8	北京建筑大学第三届大学生艺术节闭幕式暨艺术团专场

【参加 2015 年北京大学生舞蹈节并斩获一等奖】我校学生舞蹈团原创舞蹈《闹羌寨》凭借精心的编排和精彩的演绎从同组 34 个节目中脱颖而出,斩获普通高校 B 组(非特长生组)大群舞一等奖,另一原创舞蹈《筑魂》获得 B 组大群舞二等奖,三人舞《月狐吟》获得 B 组小群舞二等奖,创造了我校参加北京市大学生艺术展演活动艺术表演类的历史最好成绩,为学校争得了荣誉。

(十)大学生创新创业活动

【概述】2015 年,校团委牵头组织申报北京市教委的教育教学专项经费,其中大学生科研训练项目 2015 年申报 173 项,获批 140 万元。近五年,学校累计获批大学生科研训练项目 468 项,获批 398.7 万元。2011 年我校申报承办"北京市大学生建筑结构设计竞赛",至 2015 年的四届大赛共获批北京市教委专项经费 100 万元。

校院两级团组织多次承办国家级、市级竞赛,建立了面向不同专业不同年级的竞赛体系,实现全员化、全过程、全方位的科技创新育人环境。2015 年,我校学生在科技竞赛中屡屡获奖,在日本举行的国际"Virtual Design World Cup"设计竞赛中荣获评委特别奖、北京市大学生创业设计竞赛一等奖、北京市大学生交通科技大赛一等奖 2 项,在"第六届全国高等院校斯维尔杯 BIM 软件建模大赛总决赛"中荣获全能二等奖 1 项、全能三等奖 3 项、单项二等奖 3 项、单项三等奖 15 项。2015 年 4 月,我校荣获北京市教委"2014 年北京市大学生学科竞赛优秀组织校"称号。2015 年共获得市级以上奖项 287 项,其中国际级奖项 5 项,国家级奖项 177 项,获市级以上奖项 658 人,学生取得专利 19 项,国内外核心期刊上发表论文 13 篇。团委联合各二级学院发挥行业和学科优势,搭建平台,精心打造学校创新创业特色活动,积极组织申报学生优秀创业团队,组织创新成果参加第十八届科博会、全国首届"互联网+"大学生创新创业大赛,推进团中央"中国青年创业社区"与北京建筑大学深入合作。2015 年我校大学生科技节以"创新•筑梦"、"创业•筑梦"为主题,成功举办北建大大学生创新创业成果展、第四届北京市大学生建筑结构设计竞赛、北京市测绘实操技能大赛、建筑电气节能技术论坛、建筑经济高峰论坛、建造节、数理文化节、社工文化节、节能环保节、汽车科技文化节等多项校级、市级、国家级科技竞赛、论坛和展览近百项。我校作品也获得首都大学生创意之星、中华老字号创意创新创业大赛等奖项,学校作品"移动式机器人座椅"作为青年创新创业项目参加 2015 年 5 月第十八届中国北京国际科技产业博览会,得到中央政治局委员、北京市委书记郭金龙,北京市委副书记、市长王安顺,中国证监会主席肖钢,北京市委常委、市委教育工委书记苟仲文,全国工商联副主席、北京市副市长程红等领导同志的关注,相关报道在中央电视台新闻频道和北京卫视等媒体播出。2015 年第四届首都大学生科技创新作品与专利成果展示推介会,征集入选 35 项作品,6 项作品入围创新奖,我校荣获最佳组织奖。

【创新创业教育学院揭牌】2015 年 10 月 22 日,我校创新创业教育学院揭牌,预示着我校创新创业教育将开始新篇章。学院下设创新创业指导中心(主责单位:校团委)、就业指导中心(主责单位:招就处)、工程实践创新中心(主责单位:教务处和工程实践创新中心)、创新创业教学研究中心(主责单位:经管学院)、创新创业孵化中心(主责单位:资产经营管理公司)。学院由学校主管学生工作的党委副书记任院长,教务处处长、招就处处长、经济与管理工程学院院长、工程实践创新中心主任、校团委书记任副院长。学校共青团组织深入调研京内外 35 所高校的创新创业教育工作开展情况,牵头申报我校的北京地区高校示范性创业中心，制定了《北京建筑大学关于深化大学生创新创业教育改革的实施方案》（北建大校发〔2015〕9号），具体指导学校创新创业教育的开展。

在创新创业教育学院中，校团委积极履行好创新创业指导中心的职能，做好创新创业教育学院办公室的各项工作。通过与学校同级部门的协同和整合，开展了首届"鲁班杯"大学生创新创业竞赛，共有近百组学生参赛，覆盖学生近千人；开展双创导航活动8次；组织87人次参加创新创业活动周等创新创业活动；开展7期创业沙龙；聘请8名国内知名教育家和企业家担任创新创业导师；面向全体学生每天发布《创业晚报》资讯；开始建设创新创业网站。

【参加第十四届"挑战杯"全国大学生课外学术科技作品竞赛】在第十四届"挑战杯"全国大学生课外学术科技作品竞赛中，我校自然科学类学术论文《沸石咪唑酯骨架结构材料ZIF-8的电化学法批量制备及其光催化性能研究》（环能学院王崇臣、王鹏教师指导，学生李金、陈希、杜雪冬等完成）荣获全国三等奖。决赛期间，作品受到了北京团市委副书记黄克瀛及团市委大学与中专工作部部长张秀峰等领导和其他高校的关注，校党委副书记吕晨飞亲临现场指导参赛。此外，作品《留住APEC蓝——生态主动抑尘智能路面铺装材料》（土木学院索智、金珊珊教师指导，学生章艺玲、李思童、韩松完成）在较早前举办的第十四届"挑战杯"全国大学生课外学术科技作品竞赛"智慧城市"专项赛中荣获二等奖。

【第八届"挑战杯"首都大学生课外学术科技作品竞赛中获突破】在第八届"挑战杯"首都大学生课外学术科技作品竞赛中，我校15项学生作品参赛，荣获特等奖1项、一等奖1项、二等奖6项、三等奖5项，创历届最好成绩，荣获竞赛优秀组织奖。

第八届"挑战杯"首都大学生课外学术科技作品竞赛获奖名单

序号	作品名称	项目负责人	获奖情况	指导老师
1	沸石型咪唑酯骨架结构材料ZIF-8的电化学法批量制备及其光催化性能研究	李金	特等奖	王崇臣
2	"灵·睿"自主跟随机器人	宋世丰	一等奖	秦建军
3	留住APEC蓝——抑尘减霾路面	李思童	二等奖	索智
4	应力自感知水泥基复合材料的制备及压敏性能研究	张昆	二等奖	王琴
5	基于移动互联的家居服务型机器人系统	张疆辉	二等奖	张雷
6	产生于双金字塔光波导网络的巨大光子带隙和强光子衰减	杨婉鑫	二等奖	王晏民
7	一种新颖的氨基修饰钼多酸化合物：合成、表征及高效吸附分离有机染料性能研究	朱钿	二等奖	王崇臣
8	"ACE"空气净化呼吸窗	贾一凡	二等奖	秦建军
9	百变魔桌	季旭武	三等奖	朱爱华
10	人群密集场所防止踩踏预警和疏散技术研究——以2015年北京地坛庙会为例	毕砚	三等奖	马晓轩、李之红、刘栋栋
11	基于ATmel微控制器的太阳能直接辐射强度测量仪——自动循迹云台系统	黄山石	三等奖	熊亚选、杨宏
12	基于无线传感器网络的燃气抢修现场监测系统	魏旭峰	三等奖	王亚慧
13	针对休闲场所的手机无线充电	蒋蒙巍	三等奖	岳云涛

(十一) 共青团文件汇编

北建大团发〔2015〕1号——关于举办2015年"鲁班杯"大学生学术科技作品竞赛的通知

北建大团发〔2015〕2号——关于做好2014/2015学年第二学期团费收缴及团员情况统计工作的通知

北建大团发〔2015〕3号——关于开展学习宣传贯彻习近平总书记系列重要讲话精神"四进四信"活动的通知

北建大团发〔2015〕4号——关于印发《共青团北京建筑大学委员会2015年工作要点》和《2015年团学工作月重点》的通知

北建大团发〔2015〕5号——关于进行2014/2015学年学生社团申报和注册的通知

北建大团发〔2015〕6号——关于研究生会学生干部任免的公示

北建大团发〔2015〕7号——关于校团委、学生会学生干部拟任免的公示

北建大团发〔2015〕8号——关于开展2015年度"五四达标创优"竞赛活动的通知

北建大团发〔2015〕9号——关于校团委、学生会学生干部任免的决定

北建大团发〔2015〕10号——关于校团委、学生会学生干部任免的决定

北建大团发〔2015〕11号——关于组织高校网络宣传员、青年网络文明志愿者利用新媒体开展思想引领工作的通知

北建大团发〔2015〕12号——关于在二级单位中成立团委的通知

北建大团发〔2015〕13号——关于举办北京建筑大学第七届服装服饰大赛的通知

北建大团发〔2015〕14号——关于开展第34届田径运动会精神文明奖评选活动的通知

北建大团发〔2015〕15号——关于表彰2015年度"五四达标创优"竞赛活动先进集体和先进个人的公示

北建大团发〔2015〕16号——关于表彰2015年度"五四达标创优"竞赛活动先进集体和先进个人的决定

北建大团发〔2015〕17号——关于在高校学生团支部中开展"如何练好习大大传授的'八字真经'"主题团日活动的通知

北建大团发〔2015〕18号——关于做好2015年校园开放日志愿服务保障工作的通知

北建大团发〔2015〕19号——关于举办北京建筑大学第七届节能减排社会实践与科技创新大赛的通知

北建大团发〔2015〕20号——关于举办2015年北京建筑大学首届CAD工程制图竞赛的通知

北建大团发〔2015〕21号——关于做好2015年大学生志愿服务西部计划工作的通知

北建大团发〔2015〕22号——关于在全校开展纪念中国人民抗日战争暨世界反法西斯战争胜利70周年参观学习和主题团日活动的通知

北建大团发〔2015〕23号——关于举办北京建筑大学节能环保绿色校园大学生演讲大赛的通知

北建大团发〔2015〕24号——关于组织2015年全国大学生电子设计竞赛报名的通知

北建大团发〔2015〕25号——关于举办2015年北京建筑大学数学建模竞赛的通知

北建大团发〔2015〕26号——关于开展"文明考风,诚信考试"主题团日活动的通知

北建大团发〔2015〕27 号——共青团北京建筑大学委员会关于征集大学生科技创新作品与专利成果的通知

北建大团发〔2015〕28 号——共青团北京建筑大学委员会关于评选我校大学生创业优秀团队的通知

北建大团发〔2015〕29 号——关于开展 2015 年首都大学生暑期社会实践工作的通知

北建大团发〔2015〕30 号——关于举办 2015 年北京建筑大学第十一届数学竞赛的通知

北建大团发〔2015〕31 号——关于在毕业生中开展"建大育我_我爱建大"主题团日活动的通知

北建大团发〔2015〕32 号——关于做好 2015/2016 学年第一学期团费收缴及团员情况统计工作的通知

北建大团发〔2015〕33 号——关于在秋季开学后开展大中学生培育和践行社会核心价值观主题宣传月的通知

北建大团发〔2015〕34 号——关于做好 2015 年暑期社会实践表彰工作的通知

北建大团发〔2015〕35 号——关于校级寻访"中国大学生自强之星"活动的通知及推荐汇总表

北建大团发〔2015〕36 号——关于实施高校基层团支部活力提升工程的通知

北建大团发〔2015〕37 号——关于 2015 年暑期社会实践活动拟表彰先进集体和个人的公示

北建大团发〔2015〕38 号——关于举办北京建筑大学首届"鲁班杯"大学生创新创业竞赛的通知

北建大团发〔2015〕39 号——关于 2015 年暑期社会实践活动表彰先进集体和个人的决定

北建大团发〔2015〕40 号——关于共青团系统科级干部的认定

北建大团发〔2015〕41 号——关于开展 2015 年度寻访"中国大学生百炼之星"活动的通知

北建大团发〔2015〕42 号——关于共青团系统科级干部的认定

北建大团发〔2015〕43 号——关于校团委、学生会学生干部拟任免的决定

北建大团发〔2015〕44 号——关于研究生会学生干部任免的决定

北建大团发〔2015〕45 号——关于组织开展第十五届全国大学生机器人大赛的通知

北建大团发〔2015〕46 号——关于组织开展 2016 年全国大学生智能设备 App 创新大赛的通知

北建大团发〔2015〕47 号——关于 2015 年度寻访"中国大学生百炼之星"评审结果的公示

北建大团发〔2015〕48 号——关于共青团干部职务任免的通知

(陈笑彤　朱　静)

第十一章 院 系 工 作

一、建筑与城市规划学院

(一)概况

北京建筑大学建筑与城市规划学院具有深厚的基础和完整的本科生教育和研究生教育体系。学院位于北京建筑大学西城校区(北京市西城区展览馆路1号)。建筑学专业做为国家级特色专业,1996年建筑学专业通过国家专业评估,2012年建筑学专业通过国家专业评估复评(7年);城乡规划设计专业2011年通过国家专业评估;历史建筑保护工程专业为全国同类高校中第二个设置的高校(2012年);2012年获得历史建筑保护博士项目授权,建立了建筑学专业的博士后流动站。

学院设置有建筑学、建筑学(专业学位)、城乡规划学、城市规划(专业学位)、风景园林学、设计学、工业设计工程和建筑遗产保护交叉学科。同时设置建筑学(含城市设计方向)、城乡规划、风景园林、历史建筑保护工程、工业设计、环境设计6个专业。在校本科生826人(留学生21人);在校硕士研究生437人,博士生3人(留学生2人)。多年来,建筑学院构建了以建筑学学科专业为核心的"城市规划与设计—建筑设计—空间环境设施与产品设计—公共艺术设计"领域交叉链接的系统性教学与科研平台,强调理论与设计教学和实践教学密切协同。与北京的城市规划与设计、建筑设计、景观规划设计、室内设计、产品设计、文化创意、文物保护、博物馆等多家企事业单位建立良好的合作关系,依托中国建筑设计集团、中国城市规划设计研究院和中国城市建设研究院分别建立了建筑学专业、城乡规划学专业和风景园林专业的北京市级高等学校校外人才培养基地。

近年来学院以建筑全过程虚拟仿真国家级实验中心、绿色建筑与节能技术北京市重点实验室、北京市创新实践教学中心、国家文物局人才培养基地、住房和城乡建设部村镇司乡村规划研究中心为平台,以"未来城市设计"、"绿色节能建筑"、"文化遗产保护"和"数字模拟设计"为发展重点。学院借助地利和广泛的社会办学资源优势,积极依托城乡建设行业开放办学,形成了突出的办学特色。建筑学院与国内名校如清华大学、同济大学、东南大学等交流合作紧密,与美国、英国、德国、日本、意大利、澳大利亚等国家,以及中国香港、台湾地区的建筑院校建立了良好的合作关系。学院有浓郁的治学氛围、专业素养领先的教师团队,专任教师74人,兼职硕士导师66人。秉承"厚基础、宽口径、强能力、高素质"专业培养主旨,围绕"立足首都,面向全国,依托建筑行业,服务城乡建设"办学目标,培养服务城乡建设领域需求的高层次人才。

(二)师资队伍建设

【概述】建筑学院拥有一支结构合理、兼具学术研究、应用研究和实践经验的师资队伍。2015年,学院有教职工87人,其中教授12人,副教授32人;具有博士学位46人。

【文化部考察我校"中国非物质文化遗产传承人群研修研习培训计划"】12月16日由文化部非物质文化遗产司管理处处长荣淑琴、北京市文化局非物质文化遗产处处长、北京非物质文化遗产保护中心主任千容组成的"研修研习培训计划"申报考察组，就我校申报的"中国传统建筑营造技艺"、"中国传统家具制作技艺"研修研习培训计划莅临我校西城校区进行现场考察，指导工作，听取了学校申报"研修研习培训计划"、建设"中国非物质文化遗产传承人群培训基地"、"中国非物质文化遗产传承与研究中心"情况汇报，并对相关培训条件进行考察。学校副校长李维平、建筑与城市规划学院、建筑设计艺术（ADA）研究中心、北京建工建筑设计研究院等的领导和相关人员参加汇报会和考察活动。考察汇报由建筑学院设计学系主任杨琳主持。

汇报会上，李维平首先代表学校感谢文化部、北京市文化局长期以来对学校建设发展给予的指导和大力支持，简要介绍了学校的发展成就，表示学校将以开展"中国非物质文化遗产传承人群研修研习培训计划"、建设"中国非物质文化遗产传承人群培训基地"和"中国非物质文化遗产传承与研究中心"等为契机，不断强化特色，加快本校着眼"国内一流、国际知名、具有鲜明建筑特色的高水平、开放式、创新型大学"的目标建设，服务国家文化建设战略和首都文化中心定位，积极开展非物质文化遗产传承与研究工作；我校申报的"中国传统建筑营造技艺"、"中国传统家具制作技艺"研修研习培训计划如能获得批准，学校将建设好"中国非物质文化遗产传承人群培训基地"，认真落实相关培训工作，服务国家和北京市非物质文化遗产传承与保护人才培养需求。

我校设计学学科负责人陈静勇教授向与会领导、专家汇报了我校建筑学院牵头申报的"研修研习培训计划"，以及我校多年来基于多学科交叉、产学研联合研究生培养基地建设而持续开展的"中国传统建筑营造技艺"、"中国传统家具制作技艺"中国非物质文化遗产传承与研究工作情况。我校与会人员现场回答了考察组领导专家的询问。

荣淑琴代表考察组高度肯定学校发展成就，高度评价学校的办学特色和在非物质文化遗产传承与研究方面的特色与成果，对学校申报"研修研习培训计划"和开展"中国非物质文化遗产传承人群培训基地"建设提出了指导意见。她指出，研修研习培训计划着眼于"强基础、拓眼界"，旨在通过组织非遗传承人群的研修、研习、培训，帮助非遗传承人群提高文化艺术素养、审美能力、创新能力，在秉承传统、不失其本的基础上，提高中国传统工艺的设计、制作水平，促进传统工艺走进现代生活，促进现代设计走进传统工艺，促进就业增收。该计划对于推动相关高校加强中华优秀传统文化教育、更好发挥文化传承创新功能、服务地方经济社会发展具有积极作用。市属高校要紧密围绕国家文化建设战略和服务首都文化中心建设需求，做好非物质文化遗产传承与研究工作。她表示，文化部非物质文化遗产司管理处将一如既往地大力支持学校的建设发展，不断提升办学水平，办出特色，努力帮助学校借助国家非物质文化遗产传承人体系，解决基地建设和未来培训工作中的专家队伍建设问题。

【建筑学院召开2015届建筑学专业毕业设计校外指导教师聘任仪式】1月6日建筑学院召开了建筑学专业2015届毕业设计校外指导教师聘任仪式。不仅进一步深化了卓越工程师计划的实施，而且发挥了建筑学专业校外人才基地的平台作用。

聘任仪式由建筑学院教学院长马英教授主持，建筑学院院长刘临安教授、党总支书记牛磊老师及其他校内毕设指导教师一起参与此次聘任仪式与交流。此次出席聘任仪式的校外指导教师有：中国建筑设计研究院有限公司建筑院副院长叶铮，中国建筑设计研究院有限公司建筑师孙昊与李静，北京泽碧克格鲁建筑设计咨询有限公司董事兼总经理郭枫，北京泽碧克格鲁建筑设计咨询有限公司副董事董晖及旗下设计师。

聘任仪式上，马英老师首先对到场人员表示了感谢，并简短地介绍了学校目前的建筑学专业毕业设计情况。随后刘临安院长代表建筑学院欢迎企业参与到教学中，提出此次合作是教学和实践的合作，是师资力量的优化整合，不仅有助于培养优秀的学生，而且还将进一步提高我院教师的专业水平。作为此次受邀的校外导师，中国建筑设计研究院有限公司建筑院副院长叶铮认为，学校与企业联合的概念对于双方都责任重大，并感谢我校给一线建筑师参与教学与学术活动的机会，作为一名职业建筑师也有责任把实际工程经验带给学生；郭枫总经理对往年我校聘请企业建筑师为校外导师的做法表示赞扬，并特别指出北京泽碧克格鲁建筑设计咨询有限公司对此十分重视，在人力和物力上都投入了许多。牛磊书记为此次聘任仪式做结语，认为这样的指导过程是教学与实践相结合的过程，不仅对学生今后的工作学习有极大的帮助，而且对各建筑企业而言，也是培养人才、发现人才的好机会。牛书记希望此次联合指导能延续往届的优良成果，并能再创佳绩。

最后，由刘临安院长代表建筑学院为校外指导教师颁发了聘任证书，聘任仪式在和谐友好的气氛中落幕。

（三）学科建设

【北京建筑大学荣获首批"国家文物局文博人才培训示范基地"】 9月18日，"国家文物局文博人才培训示范基地暨文物保护职业教育教学指导委员会工作会议"在北京召开，文化部励小捷副部长、国家文物局顾玉才副局长、教育部职业教育与成人教育司教学与教材处高阳处长，以及国家文物局和各省市文物局相关负责同志、各培训基地负责人及文物保护职业教育指导委员会委员出席了会议。会议举行了国家文物局文博人才培训示范基地授牌仪式，北京建筑大学与故宫博物院、中国文化遗产研究院、中国文物局信息中心等九家单位荣获首批"国家文物局文博人才培训示范基地"。建筑与城市规划学院刘临安院长代表北京建筑大学接收基地匾牌。

"国家文物局文博人才培训示范基地"的取得，是国家文物局对我校长期以来致力于国家建筑遗产保护事业人才培养的认可，也是对我校近年来加大服务文化遗产保护行业特殊需求的首肯；国家培训基地平台的搭建，为我校建筑遗产保护专业体系的建设、创新与发展提供了新的历史机遇。

【全国文物保护工程勘察与方案设计培训班开班仪式】 10月23日，国家文物局—北京建筑大学"全国文物保护工程勘察与方案设计培训班"开班仪式在学宜宾馆报告厅隆重举行。这是北京建筑大学与国家文物局第四次合作开班，是学校发挥学科专业优势，积极服务国家建筑遗产保护领域特殊需求，培养建筑遗产保护专业人才的重要举措。国家文物局人事司司长解冰、专家培训处主任闫石，北京建筑大学校长张爱林、副校长张大玉、建筑学院院长刘临安、建筑学院党委书记牛磊及部分授课教师代表和全体学员出席了开班仪式。开班仪式由副校长张大玉主持。

解冰司长在讲话中指出，开展文物保护工程勘察与方案设计人才培训是国家文物局人才培养工作的重要内容之一，也是实施国家文物局文博人才培养"金鼎工程"、落实《全国文博人才发展中长期规划纲要（2014-2020年）》的现实要求，是国家文物局近年来高度重视专业技术人才培养、提高工程勘察与方案设计人才队伍专业技术水平的重要举措。他希望全体学员珍惜这次宝贵的学习机会，潜心学习，充分发挥北京建筑大学师资优势与专业沉淀，学有所成。要学以致用，借助培训班这个平台多交流、多思考，将所学知识应用到实际工作中，切实提高工作水平，圆满完成进修培训任务。

校长张爱林中在讲话中指出，党的十八大以来，习近平总书记就保护历史文化遗产、发挥文物资源作用和弘扬中华优秀传统文化做出了系列重要论述，为指导我国文化文物事业发展提供了崭新的思想武器和行动指南，积极推动历史文化遗产保护工作已成各级政府和社会各界最为关注的热点之一。北京建筑大学多年来在建筑遗产保护人才培养、科学研究、社会服务等方面学科专业建设特色鲜明、师资力量雄厚，尤其在国家文物局关心指导下，北京建筑大学为国家的建筑遗产保护事业做出了可喜成绩。面对国家建筑遗产保护事业发展新需求，张爱林校长指出，依托学校的师资力量，充分发挥在建筑遗产保护方面的学科专业及科研优势服务社会，培养建筑遗产保护方面的专业人才，是我校的重要办学战略，是响应国家建筑遗产保护领域特殊需求的重要举措。学校将紧密围绕"提质、转型、升级"发展目标，结合将大兴校区建成高质量本科人才培养基地，将西城校区建成高水平研究生培养、科技协同创新成果转化基地的两校区办学新格局，紧紧依托国家文物局资源平台，进一步发挥学科专业优势，培养更多的建筑遗产保护高级专业人才，为国家的建筑遗产保护事业做出新的更多的贡献。

开班仪式上，建筑学院刘临安院长和学员代表分别代表建筑学院和全体学员进行了发言。本期培训班是我校继 2013-2015 年开办三期培训班后，第四期开办全国文物保护工程勘察与方案设计培训班，培训将以文物保护工程勘察和方案设计编制为核心教学内容，为期一个月，共有来自全国 16 个省市的 44 名学员参加培训。

【建筑学院举行 2015 年学科与科技工作研讨会】11 月 12 日，建筑学院 2015 年学科与科技工作研讨会在学院会议室举行。本次会议是学校 2015 年学科与科技工作大会的重要组成部分，是研讨学校和建筑学院学科与科技工作发展的重要契机。学校副校长李维平、副校长兼建筑学院院长张大玉、建筑学院党委书记牛磊、科技处副处长陈韬、建筑学院副院长马英、建筑学院副院长丁奇及建筑学院部分教授、副教授、系部主任参加了会议。本次会议由牛磊主持。

丁奇介绍了学校学科与科研工作的总体情况。张大玉从当前学科形势分析，依托博士人才培养政策发展好一级学科，提升纵向与横向科研的数量与质量，设置独立科研平台等方面进行了部署。刘临安教授就博士点建设中的招生策略、培养机制、导师队伍建设和科研成果申报等四个方面谈了自己的建议。随后，与会教师争相发言，从学科规划、科研平台打造、青年教师培养、专业领域建设、人事联动机制构建等多方面进行了讨论。李维平校长从学校战略发展的高度进行了总结，指出此次研讨是制定行动指南的研讨，鼓励学院调整发展策略，积极迎合发展要求，并以自己的亲身经历激发学院与学院教师的发展热情。

（四）教学工作

【我校举行城乡规划专业本科教育评估工作】5 月 5-8 日，住建部城乡规划专业评估委员会主任、同济大学建筑与城市规划学院党委书记彭震伟教授，江苏省城市规划设计研究院副院长、教授级高级城市规划师陈沧杰教授，北京市城市规划设计研究院院长、教授级高工施卫良教授，重庆大学建筑规划学院院长赵万民教授，进驻我校进行为期三天的评估视察工作。

评估专家以听取汇报、参观教学设施及展览、听课、检查毕业设计、检查教学资源、参观学生课外科技活动展等方式考察我校城市规划专业建设、教育教学与学生精神面貌。专家组一致认为，北京建筑大学的城乡规划专业本科教育自评报告及补充材料比较完整，客观反映了城乡规划专业本科教育现状，符合评估文件的要求。评估专家也提出了对学校和学院工作的建议。一是针对城乡规划学作为一级学科的特点，面向国家新型城镇化战略和首都地区发展的需求，加大对城乡规划专业办学的投入，夯实学科发展条件。二是切实完善课程体系，加大教学改革力度，加强课程建设与教材建设，进一步提高城乡规划专业的教学科研水平和社会影响力，并不断完善教学管理制度。三是进一步加强和提升师资队伍建设水平，持续引进高层次专业人才，进一步优化生师比结构，加强以中青年教师为主体的师资能力建设。重视学科团队建设，充分发挥学科团队在教学、科研与社会实践中的作用。四是进一步加快学院自身的城乡规划实践平台建设，为师生在教学实习、科研和生产实践等方面提供更有力的支撑。

（五）科研工作

2015年建筑学院教师发表的学术论文一览表

序号	成果名称	第一作者	发表时间	发表刊物	刊物类别
1	A Research Review of flexible Pavement Temperature Profile	Pan, Fajing（外）	2015	PROCEEDINGS OF THE 2015 INTERNATIONAL FORUM ON ENERGY, ENVIRONMENT SCIENCE AND MATERIALS	CJ
2	Performance Evaluation of the Hot and Warm Stone Mastic Asphalt Mixture	Wu, Yu（外）	2015	PROCEEDINGS OF THE 2015 INTERNATIONAL FORUM ON ENERGY, ENVIRONMENT SCIENCE AND MATERIALS	CJ
3	核心价值观设计作品"公正法治"	赵希岗	2015.01.32	中国高等教育	CSSCI,核心期刊
4	核心价值观设计作品"富强民主"	赵希岗	2015.01.33	中国高等教育	CSSCI,核心期刊
5	西藏然乌湖畔石木民居的田野调查	范霄鹏	2015.12.30	古建园林技术	核心期刊
6	住居学视角下的中国传统文人居住理念中的意与境	杨振	2015.12.28	北京建筑大学学报	核心期刊
7	甘孜地区道孚县乡土民居田野调查	范霄鹏	2015.12.25	古建园林技术	核心期刊
8	西藏鲁朗地区乡土聚落田野调查	范霄鹏	2015.12.01	中国建筑文化遗产	核心期刊

续表

序号	成果名称	第一作者	发表时间	发表刊物	刊物类别
9	园林与建筑空间营建的几个维度	李利	2015.12.01	风景园林	核心期刊
10	大型综合医院门诊大厅建筑声环境现状研究	李英	2015.09.30	建筑技术	核心期刊
11	河北蔚县暖泉镇生土聚落田野调查	范霄鹏	2015.09.26	古建园林技术	核心期刊
12	西藏工布地区石木建构的田野调查	范霄鹏	2015.09.25	古建园林技术	核心期刊
13	城市客运交通枢纽与周边用地一体化建设研究	王晶	2015.09.12	城市交通	核心期刊
14	晋西北山区村落建构类型田野调查	范霄鹏	2015.06.30	古建园林技术	核心期刊
15	米脂地区窑房组合民居田野调查	范霄鹏	2015.06.30	古建园林技术	核心期刊
16	北京故宫毓庆宫碧纱橱调查研究	陈静勇	2015.06.30	古建园林技术	核心期刊
17	传统民居：建筑文化的基础载体	范霄鹏	2015.04.15	中国勘察设计	权威期刊
18	乡土民居与聚落更新	范霄鹏	2015.04.05	中国名城	权威期刊
19	曼荼罗与明代官式宗教建筑彩画——以智化寺为例	侯启月（学）	2015.03.01	装饰	CSSCI、核心期刊
20	毓庆宫内檐装修初探	陈静勇	2015.03.01	古建园林技术	核心期刊
21	毓庆宫炕的构造探析	陈静勇	2015.03.01	古建园林技术	核心期刊
22	剪爱	赵希岗	2015.02.02	北京日报	核心期刊

建筑学院教师郝晓赛凭借"北京大学人民医院白塔寺院区房屋结构加固装修工程"学术成果荣获省部级"精瑞科学技术奖"，最佳人居城市更新范例，由北京精瑞人居发展基金会颁发奖励。

2015年绿色建筑实验室承担的各类科研项目一览表

序号	项目名称	负责人	项目来源	项目级别	合同经费（万元）	起止时间	项目类别
1	公共机构绿色节能关键技术研究与示范	郭晋生	国家"十二五"科技专项	省部级	52.00	2013.06.01-2016.12.31	重点
2	水热作用下土壤蓄/释能时变规律与控制及建筑空调供能系统应用	高岩	教育部	教育部	50.00	2012.01.01-2015.12.31	重点

续表

序号	项目名称	负责人	项目来源	项目级别	合同经费（万元）	起止时间	项目类别
3	土壤热湿特性及对太阳能土壤源热泵供能影响研究	高岩	国家自然科学基金	国家自然科学基金	62.00	2012.01.01-2015.12.31	重点
4	节能高效土壤源吸收式热泵供能应用基础研究	高岩		其他研究项目	50.00	2012.01.01-2015.12.30	一般
5	处理后污水淋激式换热器强化换热和抑垢特性研究	那威	主管部门科技项目	主管部门科技项目	15.00	2013.01.01-2015.12.31	一般
6	基于参数化方法的建筑表皮气候适应性设计研究	俞天琦	北京市自然科学基金	北京市自然科学基金	8.00	2013.01.01-2016.12.31	一般
7	活性粉末混凝土的抗火性及其改善机理的研究	宋少民	国家自然科学基金	国家自然科学基金	80.00	2013.07-2016.12	一般
8	高层建筑室外风致气动噪声特性及影响因子研究	刘博	国家自然科学基金	国家自然科学基金	25.00	2014.01.01-2016.12.31	重点
9	光伏技术应用与建筑表皮设计研究	俞天琦	主管部门科技项目	主管部门科技项目	15.00	2014.01.01-2016.12.31	一般
10	基于单轴约束温度-应力试验方法的再生骨料混凝土早期抗裂性能研究	李飞	国家自然科学基金	国家自然科学基金	10.00	2015.01.01-2015.12.31	重点
11	寒冷气候区低能耗公共建筑空间设计理论和方法	高岩	国家自然科学基金	国家自然科学基金	20.00	2015.01.01-2018.12.31	重点

2015年"绿色建筑与节能技术北京市重点实验室"发表的学术论文一览表

序号	成果名称	第一作者	发表时间	发表刊物	刊物类别
1	Solar Thermal System Evaluation in China	Xinyu Zhang	2015.09	International Journal of Photoenergy	SCI
2	氧化石墨烯对水泥基复合材料微观结构和力学性能的影响（英文）	王琴	2015.08	新型炭材料 NEW CARBON MATERIALS	SCI
3	新型饰面无砂大孔无机外墙保温系统研究综述	张方财	2015.01	江西建材	普通期刊
4	医疗建筑设计过程中影响声环境的因素及声环境设计策略——以安徽某三甲医院为例	杨靖一	2015.01	中国医院建筑与装备	普通期刊
5	发现蚕种场 走向一个"原生"的范式	鲁安东	2015.03	时代建筑	普通期刊
6	基于风环境的参数化建筑表皮设计方法——以哈尔滨地块项目概念设计方案为例	徐松月	2015.02	建筑技艺	普通期刊

续表

序号	成果名称	第一作者	发表时间	发表刊物	刊物类别
7	当代建筑学语境下的蚕种场的讨论	窦平平	2015.03	时代建筑	普通期刊
8	对原生现代建筑的四个溯源式观察 为什么研究蚕种场	窦平平	2015.03	时代建筑	普通期刊
9	地下商业建筑的自然采光——以北京CBD核心区为例＊ Natural Lighting of Underground	亓琳	2015.05	建筑技艺	普通期刊
10	抗震加固改造工程的实施与研究——以西城区榆树馆社区改造为例	臧奥奇	2015.05	建筑技艺	普通期刊
11	基于响应曲面法的无砂大孔无机外墙保温板优化研究	张方财	2015.06	建筑节能	普通期刊
12	城市设计中的记忆追寻——2014郑州滨水新区国际联合设计工作营后的思考	徐松月	2015.09	北京建筑大学学报	普通期刊
13	建筑垃圾砖粉复合矿物掺和料试验研究	杨欣美	2015.12	江西建材	普通期刊
14	浅谈建筑科学类实验室的建设与管理	刘琮	2015.12	教育教学论坛	普通期刊
15	预制墙体外墙主断面传热系数计算	王国建	2015.03	第十一届国际绿色建筑与建筑节能大会论文集	正式论文
16	北京某办公建筑空调系统能耗统计及节能改造分析	李庆平	2015.03	第十一届国际绿色建筑与建筑节能大会论文集	正式论文
17	北京地区住宅建筑太阳能生活热水系统的对比分析研究	李庆平	2015.03	第十一届国际绿色建筑与建筑节能大会论文集	正式论文
18	天津市某办公楼绿色建筑技术及节能分析	李庆平	2015.03	第十一届国际绿色建筑与建筑节能大会论文集	正式论文
19	编织状参数化建筑表皮生态节能潜力的探索性模拟研究	刘博	2015.07	数字建筑国际学术会议	正式论文

【科研工作会议】2015年，"绿色建筑与节能技术北京市重点实验室"召开重要会议12次，主要议题是实验室建设及课题会议。

2015 年"绿色建筑与节能技术北京市重点实验室"主要议题一览表

会议时间	会议	主要议题
2015 年 3 月 10 日	校科研楼 302 室	纵向课题：《高等院校低碳校园评价技术导则》课题组会议
2015 年 3 月 31 日	校科研楼 302 室	纵向课题：十二五科技支撑计划课题"公共机构环境能源效率综合提升适宜技术研究与应用示范"工作会议
2015 年 4 月 15 日	清华大学建筑学院院长办公室	纵向课题：十二五科技支撑计划课题"公共机构环境能源效率综合提升适宜技术研究与应用示范"工作会议
2015 年 5 月 6 日	清华大学建筑学院院长办公室	纵向课题：十二五科技支撑计划课题"公共机构环境能源效率综合提升适宜技术研究与应用示范"工作会议
2015 年 6 月 4 日	银龙苑第二会议室	建筑大学科研管理会议
2015 年 6 月 5 日	清华大学建筑学院院长办公室	纵向课题：十二五科技支撑计划课题"公共机构环境能源效率综合提升适宜技术 研究与应用示范"工作会议

（六）学生工作

【概述】2015 年，建筑学院学生工作领导小组紧密结合学院专业特色，根据年级和专业的差别，制定了学风建设与校园文化建设计划，有计划、有步骤、有重点地推进各项工作。

【学生党建工作】城乡规划学系教工党支部获评校级优秀基层党组织，金秋野获评校级优秀党务工作者，梁延峰获评校级优秀党支部书记，李鹏鹏、成慧祯获评校级优秀共产党员。为了全面响应国家保护文物的相关政策，积极开展有关古都风貌保护的社会实践活动，通过此活动，全面加强学生对于古都风貌的保护意识。共调研历史建筑 20 余处，并形成系列报道。

【学生骨干的培养】举办第一届建筑学院学生骨干培训班，以学院学生骨干需求出发，结合专业特色，以社会主义核心价值观为引导，以丰富多彩的活动相贯穿，以营造优良学风为目标，先后举办理论培训 4 次，实践活动 3 次。为学生骨干们提供了一个沟通的机会和平台，让参与者在活动中经历，在经历中感悟，在感悟中成长。

【社会实践活动】组织建筑学院师生先后走进北京延庆南湾村、河北怀安北庄堡村，设立"北京建筑大学社会实践基地"，扎根农村开展社会实践工作，连续多年开展"美丽乡村"社会调研活动，并利用专业优势成立"守望乡土"传统村落保护志愿者服务团，通过开展专业调研、开设文化讲堂、寻访乡土匠人、举办联欢晚会、设计幼儿园等形式利用专业特色开展志愿服务活动，社会实践的大部分成果被当地政府采纳，为当地农村发展做出积极贡献。

【主题团日活动】以践行习总书记提出的"勤学、修德、明辨、笃实"的重要要求为契机，开展"如何练好习大大传授的'八字真经'"主题团日活动。以贯彻中国梦、学习宣传教育及培育和践行社会主义核心价值观为时代背景，真正理解 24 字社会主义核心价值观的深刻内涵，内化于心；同时，聚焦行动，努力践行，将社会主义核心价值观外化于行，为践行习总书记提出的"勤学、修德、明辨、笃实"的重要要求，建筑学院特于 12 级、13 级、14 级各团支部间开展了适合不同年级、主题特色鲜明的主题团日活动，以激励大学生在新学期初认真确立目标，规划梦想，展望未来。

【2015届就业】建筑学院本科签约率和就业率分别为98.86%和100%，其中建筑学签约率和就业率分别为97.67%和100%，城市规划、工业设计签约率和就业率均为100%；研究生签约率和就业率分别为99.16%和100%。综合成绩排名全校第三。学院2015届本科毕业生考取研究生14人，出国深造13人，毕业生升学率为30.68%。

【高年级及研究生的学风建设】在强调研究生导师作为研究生培养主要责任体的基础上，针对在校研究生科研投入不够问题，对研究生参加职业资格考试做了相关规定，制定了研究生助教、助岗、助研岗位责任制，并在学期末根据学生工作情况进行考核，目的是通过过程管理加强学生责任意识和整体素质的培养。在科研成果上，鼓励学生多发高水平学术论文，多拿竞赛奖励，并颁布学院学术学位科研成果要求。同时在奖学金评定上制定学院学业奖学金评定细则，鼓励研究生的全面发展。

【本硕学生交流访学】2015年我院分别选派12名研究生赴台湾大叶大学访学，6名研究生赴意大利马尔凯理工大学访学，访学周期为2个月，其交流成果在学院进行展览，效果良好。

【国际工作营活动】学院共开展3场国际设计工作营，分别邀请密歇根大学、奥本大学、新西兰理工来我校展开相关活动。

（七）对外交流

【建筑学院与中国台湾TEAM20组委会签约会谈并签署了合作意向】4月3日下午，建筑学院领导在建筑学院会议室热情接待了前来访问的中国台湾TEAM20组委会人员。

建筑学院由院长刘临安教授、书记牛磊、副院长马英教授、办公室主任刘志刚及规划系主任荣玥芳教授参与会谈；中国台湾TEAM 20组委会则派出南京大学台湾校友会会长刘以善少将、台湾都市计划学会秘书长白仁德教授、"中华全球建筑人交流协会"理事长陆金雄教授、国际青年商会金门分会陈志斌理事等一行七人组成的代表团。

会谈由马英教授主持，院长刘临安教授致欢迎词，在欢迎TEAM 20代表人员访问建筑学院的同时，也对今后参与TEAM 20举办的活动表示了充分的信心，感谢TEAM 20在培养学生创新交流能力方面做出的贡献；另一方面，刘院长认为校际间交流，乃至两岸青年建筑设计师的交流，都是积极而必要的，能够令学生们在设计中求同存异，产生共鸣，从而有力地推动两岸青年设计师成长进步，形成良性发展。

随后，TEAM 20代表团人员刘以善先生表示，年轻人的思维是活跃的，因此更容易在交流的过程中产生出火花，进而促进各自设计水平的进步与提高。魏孝宇先生表示，从上一年度举办活动的经验上看，活动应该吸纳更多相关专业，进而欢迎更多的青年设计师进行参与。此外双方在交流的过程中认为，今后的活动可以朝着更加多元化的方向进行，即：不仅限于会场的选手间交流，更可以发展当今备受青年人欢迎的线上交流模式，使更多人能够不囿于地区及距离的限制，参与到整个活动中来。在双方达成初步合作意向后，由书记牛磊致总结发言。牛书记指出，青年一代的设计师应有通观全局的战略思想，而不仅限于内地现有的校际交流格局。年轻人应当更多地走出去发表自己的意见。作为设计师，更应有兼容并蓄的学习理念，如此才能更加迅速地成长起来。

会议最后，由院长刘临安教授接受魏孝宇先生赠送的TEAM 20感谢奖杯，并与刘以善先生互赠具有两岸特色的礼物，书记牛磊与魏孝宇先生互赠书籍。在双方签署了下一阶段的合作意向后，会谈在热烈的合影中落下帷幕。

TEAM20两岸建筑新人奖暨城市发展策略与方法研讨会，是由台湾都市计划学会、"中华工商业联合会"房地产研究中心及台湾皇延创新股份有限公司于2013年共同发起的年度活动。TEAM20两岸建筑新人奖，旨在透过广邀两岸建筑重点校系之菁英学子，以毕业设计作品相互切磋竞技，促进彼此的对话，为未来的互动扎下理解与互信的根基。

【美国密歇根大学教授Roy Strickland受聘建筑学院客座教授】建筑学院积极探索利用各种渠道吸引国际知名专家学者、优秀海外教授来我校讲学、合作科研及学术交流，聘请他们担任学校的讲座教授、客座教授。4月美国密歇根大学教授Roy Strickland受聘成为我校建筑学院客座教授。

【美国哈佛大学终身教授Niall Kirkwood受聘建筑学院客座教授】5月15日哈佛大学终身教授Niall Kirkwood受聘为我校风景园林客座教授，此次合作将是我校建筑学、风景园林迈向国际化的关键一步。

【美国奥本大学David Hill教授学术讲座】5月19日，建筑学院邀请美国奥本大学David Hill教授召开《Excavating Time》讲座。

【美国纽约大学客座教授JED. HOTCHKISS学术讲座】9月15日邀请纽约大学客座教授JED. HOTCHKISS来校讲学，JED. HOTCHKISS先生结合我校王佐副教授精品课程"外部空间概论"设计课进行了题为"城市活化，空间复兴"的专题讲座。

【美国哈佛大学景观系副教授Gareth Doherty学术讲座】11月5日，哈佛大学景观系副教授Gareth Doherty受邀到我校建筑学院为学生做主题为设计人类学讲座。

【2015中国国际空间设计大赛启动仪式】6月23日，北京建筑大学建筑与城市规划学院争取到承办"2015中国国际空间设计大赛"活动启动仪式。"2015中国国际空间设计大赛"是第六届中国国际建筑艺术双年展的重要组成活动，中国国际空间设计大赛（中国尊奖）由隶属于文化部的中国建筑文化研究会（Architecture and Culture Society of China，英文缩写：ACSC）主办。

【李沙教授作品展】12月8日至12月17日在香港两依藏博物馆一楼，"18世纪古典与时尚艺术之美"三山五园文化巡展开幕，展出了建筑学院李沙教授的4幅彩画作品。此次展览由《大公报》、香港两依藏博物馆和北京市海淀区文化发展促进中心共同主办。李沙教授的作品，反映出他多年坚持古建彩画艺术的研究成果，原汁原味地传承了传统建筑彩画工艺和艺术精髓，同时通过教育部和北京市社科研究项目，培养古建筑彩画研究设计人才，让古建彩画这种独特的建筑文化瑰宝得以继承并发展。此次巡展是为促进内地与香港之间的文化交流与合作，展现作为中国传统文化的优秀宝库的三山五园，彰显中华文物资源特色与优势，展览得到了中共北京市委宣传部、故宫博物院、国家图书馆、山东博物馆、保利博物馆、中国人民大学、北京师范大学、清华大学、天津大学、北京建筑大学、圆明园管理处、颐和园管理处、香山公园管理处的大力支持。

（八）党建工作

【党委常委、副校长李维平为资后处、基建处、建筑学院及学校资产公司讲党课】6月23日，党委常委、副校长李维平在建筑学院会议室为资产与后勤管理处、规划与基建处和建筑学院处级干部，及北京建大资产经营管理有限公司负责人，各企业总经理、常务副总经理及党支部书记等党员干部讲授题为"践行'三严三实'要求，为学校事业发展提供保障"的专题党课。

李维平结合学校工作实际，全面解读了"三严三实"的深刻内涵并提出明确要求。他指出，"三严三实"是党的思想政治和作风建设理论的丰富与发展，是党的群众路线教育实践活动的深化，体现了新一届党中央全面从严治党的坚定决心。"三严三实"六个维度对党员领导干部提出要求，"三严"是党的核心价值、独特优势、优良传统，"三实"是党的思想路线，体现了党始终坚持"理论与实践相统一"的马克思主义基本原则。领导干部唯有做到"三严"才能实现"三实"；只有落实"三实"，"三严"才能内化于心。

【建筑学院支部书记专题会】6月29日，建筑学院党委在建筑学院会议室召开党支部书记专题会，听取各党支部上半年工作总结及下半年工作设想，学院党委书记牛磊、党委副书记丁奇及各党支部书记出席了会议。各党支部分别从理论学习、党员发展、党性实践活动等方面汇报了2015年上半年工作开展情况，并结合支部人员构成，针对下一步党支部特色活动开展情况提出工作设想。各党支部汇报完工作后，牛磊进行了总结，并从两方面和与会同志进行了简要讲解，一是党建工作面临的新形势与新要求，二是党建工作与中心工作的关系。他指出，面对新形势、新要求、新挑战，我们要积极适应，善于创新，紧密围绕学校"十三五"规划和校庆等重要契机凝练工作特色，提高工作水平。通过信息化建设、品牌活动开展等提高基层党组织的向心力、凝聚力及服务水平，助推卓越管理。

最后牛磊就今后的党支部工作提出了四点要求，一是要进一步加强组织建设。要完善各项规章制度，规范各项工作流程，严格每月一次的组织生活。二是要进一步凝练支部特色，打造品牌活动。要围绕学科专业特点开展精品活动，将党建工作与学科建设、专业学习更加紧密结合。三是要进一步浓郁学习风气，鼓励各支部党员积极开展科研成果、学术成果、思想政治理论学习成果分享，互相促进科研学术水平、提高党性修养，加强学习型组织建设。四是深入践行"三严三实"要求，要将各项工作落到实处。

会上，学院党委还就关心帮扶困难党员、"共产党员献爱心"捐献活动、毕业生党员组织关系转移等工作进行布置。并强调了建党94周年纪念大会暨2015党建工作会会议、北京高校青年教师社会实践调研立项等相关工作。

【王建中书记到建筑学院调研】7月9日下午，党委书记王建中到建筑学院专题调研，在认真听取报告之后，王建中发表了重要讲话。他指出，面临京津冀协同发展和北京"四个中心"建设的重大机遇，建筑学院要高度统一思想认识，抢抓发展机遇，结合学校和学院"十三五"发展规划谋划，进一步扎实、快速推进建筑学院和建筑学科发展，保持在全国高校建筑学科中的领先地位，切实发挥好龙头学院的作用，在学校全面推进"提质、转型、升级"的发展过程中发挥引领作用。副校长李维平、党委副书记吕晨飞一同调研，组织部、宣传部、研究生处、科技处、资后处、资产公司负责人、建筑学院班子成员参加调研会。会上，建筑学院班子成员分别结合学院"十三五"发展规划，就目前学院学科建设、专业建设、队伍建设、教育教学、平台建设、空间利用等方面存在的问题和未来发展思路做了详细汇报。与会人员围绕如何更好地发展好建筑学院、提升建筑学科的实力展开热烈讨论。

王建中指出，学校始终高度重视建筑学院发展，把建筑学院作为学校发展的基石。办好建筑学院、建设一流的建筑学科是学校坚定不移的方针和现阶段的迫切愿望。建筑学院要在过去发展成绩的基础上进一步坚定信心、开阔思路、创新举措，学院全体师生要统一思想认识，明确任务目标，积极落实各项举措，拿出勇气和决心，着力推进建筑学院及建筑学科快速发展。王建中强调，《京津冀协同发展规划纲要》对如何推动京津冀协同发展，北京如何疏解非首都功能作了全面部署，为学校和建筑学院带来了难得的发展机遇。学校按照规划纲要精神，提出了"把大兴校区建设成高水平本科人才培养基地，把西城校区建设成高层次人才培养基地和高水平科技创新成果转化和产学研协同创新基地"的"两高"发展布局，建筑学院要利用学校两校区功能布局调整的契机，统筹谋划、系统规划学院整体发展和空间布局调整，进一步做大做强建筑学院。针对如何发展好建筑学院，王建中指出，一是要深刻把握建筑学科发展的新趋势、新态势、新特点和新要求，要把建筑学院及建筑学科的发展谋划放在国际和国家发展的大背景下，放在北京发展的战略需求上来考虑，要认清建筑学院发展的新目标、新任务，认真分析面临的新机遇、新挑战，切实采取有效措施，始终保持强劲的发展势头。二是要突出前瞻性和引领性，要按照国际趋势、国际潮流、国际热点、国家战略、国家需求、重大专项，首都的战略需求、首都的重大战略方向，行业发展的重大需求和市场前景，立足未来目标，做好谋篇布局。三是要实事求是地制定发展规划和目标，要立足于建筑学院发展实力和基层，既不能脱离实际提出过高的目标，也不能因为一时的困难和问题而缩手缩脚。

王建中要求，各职能部门要把思想统一到学校的整体战略规划上来，做好资源的整合与聚集，围绕建筑学院及建筑学科提出的目标提供大力支持。一是进一步摸清情况，明确存在的问题和目标。二是要精准布局，用足学校的政策和资源。三是要理清思路，明确责任分工，强化措施落实。四是要突出重点，追求实效和突破。

（九）工会工作

【建筑学院老教师访谈系列活动——业祖润教授访谈录】 1月14日建筑学院对退休教师业祖润进行了专访。业祖润教授，女，1938年出生，1961年毕业于重庆建筑工程学院（现重庆大学）建筑系建筑学专业。曾先后在重庆建筑工程学院、天津大学、北京建筑工程学院任教，1984年到北京建筑工程学院任教，国家一级注册建筑师，中国建筑学会资深会员，中国建筑学会小城镇分会专家委员会委员，中国民族建筑研究会专家委员会委员，曾任中国建筑学会第七届、第八届理事，中国民族学会民居专业委员会副主任等。

业祖润教授长期从事建筑设计及其理论的教学和科学研究以及工程设计创作，主要学术研究方向：中国传统建筑文化、传统民居及聚落环境空间研究、古镇村保护及历史街区与民居保护利用、居住建筑与风景区规划及风景旅游建筑设计等。主持科研项目有：国家自然科学资助项目"中国传统聚落环境空间结构研究"，国家"十五"科技攻关课题"小城镇住区规划设计导则"的子课题——"技术经济指标与综合评价方法研究"，国家"十五"科技攻关课题"住宅室内环境设计研究"的子课题——"住宅室内空间设计研究"等。著有《北京古山村——爨底下》、《魅力前门》、《城市景观》（编译）等。发表论文：《楠溪江古村环境意趣》、《中国传统民居环境空间结构探讨》、《传统民居环境美的创造》、《传统民居建筑文化继承与弘扬》、《现代居住区环境设计探讨》、《北京城市环境与在发展》、《北京前门地区保护、整治与发展规划》等三十余篇。主持"北京前门地区保护、整治与发展规划"、"北京古山村——爨底下保护与利用规划"、"北京焦庄户古村及地道战遗址保护规划"、"河南省赊店历史文化古镇保护规划及中心区城市设计"、"河北省临城县崆山白云洞风景总体规划、景区规划及风景建筑设计"等多个项目工程。

1955年，共青团中央在北京举办首届学生汇演，业老师有幸被选中参加了这次盛会，一路的经历让她大开眼界，体验了北京四合院里的宁静舒适，感受到了北方传统的居住文化，这些激发并坚定了业祖润老师学习建筑的决心。1957年，业老师如愿考上重庆建筑工程学院建筑学专业，毕业后顺利留校任教。1963年，业老师被派到建工部北京工业建筑设计院进修，在此期间参加了新中国成立后的国内影响最大的国际竞赛，这些经历开阔了业老师的视野，业老师还保留着当时的笔记。1976年，业老师告别母校，调到天津大学建筑设计研究院工作，这段经历给业老师从事建筑教育工作打下了基础。1984年业老师调到北京建工学院任教。在这段任教期间，业老师主持了"北京前门地区保护、整治与发展规划"、"北京古山村——爨底下保护与利用规划"、"北京焦庄户古村及地道战遗址保护规划"、"河南省赊店历史文化古镇保护规划及中心区城市设计"、"河北省临城县崆山白云洞风景区总体规划、景区规划及风景建筑设计"等多个项目工程。在民居、风景区规划、风景区建筑方面都有很高的建树。作品如人品，没有过多的装饰，沉着智慧，朴实无华，刚柔并济。在建工学院教学期间，业老师给学生参与实际项目的机会，结合学生自身的特点开发他们的潜力。业老师说："虽然当老师55年，但是这是耕耘的过程，必须不断学习，不断补充。"同时业老师也祝建筑学院取得更大的发展。

（十）实验室建设

【建筑学院召开建筑全过程虚拟仿真实验室讨论会】1月8日，由建筑学院院长刘临安教授、副院长马英教授、党总支书记牛磊老师牵头召开的建筑全过程虚拟仿真实验室讨论会在教4-103召开。土木学院、测绘学院、电信学院和环能学院的各相关院长参加了此次会议。

建筑全过程虚拟仿真实验室名列2014年首批国家级重点实验室之中，也是我校集结全校实力，成功申请的第一个国家级重点实验室。通过这一平台，我校可充分发挥各学院优势项目，逐步建立并完善各类建筑模型，以期将自前期选址至后期运营维护的建筑全生命周期完全模拟复现，用于指导学生在学习过程中进一步了解建筑生命周期内的运作流程，对BIM技术产生直观的理解；另一方面，通过实验室数据模拟指导实际工程，使实际工程实施更加精准。

会议开始，首先由马英教授对参会人员分析了各学院初步提交的信息，将建筑全过程中的各个实施细节由各学院分别承担，并对下学期即将开展的工作及研究成果提出了要求。接着，刘临安教授指出，建筑全过程虚拟仿真实验室作为国家级重点实验室，在近几年的建设中一定要确立其主干研究方向，力求尽快形成一个甚至多个完善的建筑类型体系模型。同时，其他各学院应当继续发挥各自优势，在各学院既有的重点研究方向上结合实验室建设，尽快完善实验室研究分支方向。随后，各学院负责院长们展开了积极的讨论，纷纷就如何更好地建设虚拟仿真实验室建言献策。最后，由牛磊老师对此次会议进行总结，希望各学院能鼎力相助，共同为我校唯一的国家级重点实验室添砖加瓦。

此次会议，是推动我校"十三五"国家级重点实验室发展建设的重要会议。作为未来若干年我校的重点发展项目，建筑学院将遵循学校"立足北京，面向全国，依托建筑业，服务城市化"的办学定位，积极联合各相关学院，共同推进实验室建设，争取出产更多研究成果回馈师生，回馈社会。

（十一）重大事件

1. 2015年5月5日，以住建部城乡规划专业评估委员会主任、同济大学建筑与城市规划学院党委书记彭震伟教授为组长的住建部高等教育城乡规划专业本科教育评估视察组一行四人进驻我校，对北京建筑大学建筑与城市规划学院城乡规划专业进行为期三天的评估检查，并顺利通过。

2. 2015年5月9日，北京建筑大学建筑与城市规划学院胡雪松、冯丽被评为校级第四届教学名师，韩风被评为校级第10届青年教师基本功比赛三等奖。

3. 2015年10月21日上午8:30在建筑学院会议室召开第12次人才培养工作会分组讨论会。按照学校第12次人才培养工作会的会议议程安排，建筑学院组织学院领导班子、系（部、中心）主任和所有正副教授进行了教学研讨，并邀请李维平副校长与会。会议由教学副院长马英教授主持，首先马英教授带领与会人员重温了张爱林校长的人才培养报告和李爱群副校长的人才培养主题报告，与会人员针对校长的报告提出各自的感想和意见。随后，马英教授组织大家重点学习了《北京建筑大学教学管理文件汇编（讨论稿）》，分组对每个文件进行解读和评议。

4. 3月17日，建筑学院牛磊书记"一生只做八件事，让生命怒放"培训讲座。

（刘志刚　张小林　刘　博　何静涵　陈霞妹　丁　奇
王秉楠　黄庭晚　郭晋生　刘　璁）

（田　林）

二、土木与交通工程学院

（一）学院概况

土木与交通工程学院的前身是创建于1907年的北平市立高工，1936年本校开设的土木工程专业一直延续至今，是北京历史最悠久的土木工程学科之一，为首都城市建设行业培养了大批技术骨干和高级管理人才，其中包括原党和国家领导人李瑞环同志，一位中国工程院院士，九位全国工程勘察设计大师，为首都建设做出了巨大的贡献。

学院下设五个系、一部、一个中心、三个研究所和两个工程研究中心（省部级）。即：建筑工程系、道路桥梁工程系、交通工程系、地下工程系和材料工程系；专业基础部；实验教学中心；土木工程应用技术研究所，交通工程研究所，城市地下空间开发研究所；"工程结构与新材料"北京市高校工程研究中心和北京市"城市交通基础设施建设"工程技术研究中心。研究生教育始于1982年，现有土木工程、交通运输工程两个一级学科硕士授予权，六个二级学科硕士点，即：土木工程一级学科下的结构工程，防灾减灾工程及防护工程，岩土工程，桥梁与隧道工程；交通运输工程一级学科下的道路与铁道工程，交通规划与管理。此外，还有建筑与土木工程工程硕士专业学位授予权和中澳合作办学土木工程硕士项目。土木工程专业2006年通过住建部土木工程专业评估和2011年复评，为国家教育部"卓越工程师计划"试点单位。2008年被评为北京市土木工程一级重点学科，并荣获"北京市特色专业"称号。2009年经教育部批准，荣获"国家级特色专业"项目。2011年建筑与土木工程荣获"全国工程硕士研究生教育特色工程领域"荣誉称号。本学院所有专业在北京地区和全国大部分省份均为一本招生，生源质量不断提高。

学院在七十多年的发展过程中,以行业为依托,与北京市各大设计院、建筑公司、市政路桥公司、地铁建设公司、建设监理公司、房地产开发公司等大型土建企业和研究机构保持着密切的合作关系。学院注重工程实践,20世纪80年代以来创建了北京建工建筑设计研究院、京精大房建设监理公司、致用恒力建材检测公司、远大工程施工公司,拥有工程设计国家甲级资质、建设监理甲级资质以及北京市高校唯一的工程结构与建材检测资质。

学院注重国际学术交流,与美国科罗拉多大学、戴维斯加州大学、佛罗里达州立国际大学、北达科他州立大学、纽约布法罗大学、南澳大利亚大学、日本武藏工业大学、德国Wupptal大学、俄罗斯圣彼得堡建筑大学、波兰琴斯托霍瓦科技大学、亚美尼亚国立建筑大学建立了良好的合作关系,并与部分学校建立了教师、学生的交流计划。学院开设用英语讲授的系列基础与专业课程,与发达国家高等教育迅速接轨。学院具有很高的国际声誉,每年都有一批优秀毕业生经学院推荐,荣获世界名校奖学金,赴美国、英国、澳大利亚、加拿大等发达国家继续深造。同时,学院接受一定数量的外国留学生和外国研究生。

伴随着首都北京向着世界城市宏伟目标的迈进,土木与交通工程学院正以崭新姿态,建设世界一流的应用型城市建设人才培养基地,为首都北京乃至全国土建行业继续培养优秀人才,并逐步发展为本学科应用科学技术的研究中心。

(二)师资队伍建设

【概述】截至2015年末,学院现有教职员工83人,其中,长江学者特聘教授1名,国家杰出青年科学基金获得者1名,百千万人才工程国家级人选2人,科技北京百名领军人才1名,中科院"百人计划"人选1名,长城学者1名,教授22名、副教授26名,90%的教师具有硕士以上学位,70%以上教师具有博士学位。近半数的教师毕业于世界著名学府,曾在美国、英国、日本、俄罗斯等国长期工作、学习或讲学。学院充分利用首都北京科研院所集中及行业界强大的校友优势,聘请数十位全国知名专家担任研究生导师。自2011年开始,两年共新资助11位青年教师攻读博士学位。针对学校提出的在建校百年之时学校进入到"两个先进行列"的整体战略目标,学院将加大对于青年教师的培养力度和引进高水平师资力量的力度,要进一步扩大规模,促进专业和学科的可持续发展,提升教学和科研水平。

【加强教师队伍的建设】2015年度引进与培养并举,加强教师队伍的建设。中科院"百人计划"人选齐吉琳教授正式到地下工程系工作;接受北航博士孔令明到地下工程系工作;接受交通方向的北航博士赵传林入博士后流动站。作为应用型大学师资培养的重要组成部分,学院要求新进青年教师要过"三关",即:工程关、教学关和科研关。学院派遣新入职的北航博士孔令明去市政设计研究院接受全面的工程训练。派遣交通工程系的杨静赴美国弗吉尼亚理工大学进修。

(三)学科建设

【学科发展】2015年土木学院在学科建设上取得了较大的进步。学院在学校各级领导的大力支持和协助下,以北京市土木工程一级重点建设学科建设为龙头,加强学术团队的建设。张爱林校长、李爱群副校长、齐吉琳教授的加盟,大大促进了土木工程学科的实力。学院重点支持重要的学科生长点,在人力和资金投入上都做了不少工作。2015年交通工程一级学科硕士点又得到进一步发展,使本学院两个一级学科协调发展。在学校的统一部署下，积极支持参加"古建保护国家特殊需求"博士点的招生工作，2015年招收第三届博士。同时，积极利用学校获得的古建保护博士后流动站积极招收博士后，为人才培养和优秀师资的引进服务。同时学院开始了土木工程一级学科博士点的申报工作，申报书的填写工作已基本完成。

【研究生招生】在总结上年经验的基础上，2015年土木学院继续采取提前面试举措，招揽较高水平的二志愿学生。当年全日制研究生招生人数达到103人，首次突破100大关，其中本校学生考取研究生52人，比2014年翻了一番，研究生招生规模进一步扩大。

【研究生教育管理】为鼓励研究生科研方面的投入，在研究生奖励工作方面，2015年土木学院进一步制定了《关于执行学校硕士研究生指导教师条例的实施细则》、《土木与交通工程学院硕士研究生奖助学金评审细则》、《土木与交通工程学院优秀毕业硕士研究生评审细则》、《土木与交通工程学院硕士研究生学术论文要求》等管理制度文件，其中的评价指标体系突出了研究生科研成果数量及水平所占比例与权重，鼓励研究生将更多的精力投入到科研工作中，为实现学院研究生总体科研水平的提高奠定了基础。此外，根据《关于开展首届"京津冀地区高校'城乡建设与管理'领域研究生学术论坛"筹备工作的通知》（研字〔2014〕29号）、《关于开展"京津冀地区高校'城乡建设与管理'领域研究生学术论坛"征文工作的通知》（研字〔2015〕3号）等文件要求，2015年土木学院组织研究生积极投稿，最终22篇论文录用并发表于相关论文集。

（四）教学工作

【概述】在本科教学日常管理工作中，坚持管理制度的建设与执行，注重教学过程管理与控制，依据校院两级教学督导专家组对各教学环节检查的反馈意见，依靠学院教学工作委员会的决策机制，对各个教学环节实施质量检查与评价，及时解决各教学环节出现的各类问题，通过认真组织、协调和实施各项教学工作，使得我院教学质量逐步提高，教学秩序良好。以学生及格率、毕业率、学位率和四级通过率为考核点，通过与理学院、文法学院的密切配合，搞好学生基础课程及英语课程的学习。通过本学院学风建设、上课考勤及任课教师与班主任工作，提高学生对本专业的认同和学习的主动性。同时，注重学风建设，严抓上课出勤率、及格率、毕业率、学位率和就业率，实现了年初制定的教学目标。2015年，各项科技竞赛及社会实践均紧密结合教学环节开展，邀请各教研室专业教师广泛参与，保证和学生的课程学习步调一致，为培养学生成长成才起到积极作用。加强日常学风建设工作的引导和督察，通过每学期学习委员座谈会，了解我院教风学风现状，并向学院党政班子通报。对四、六级通过的同学进行表彰，提高学生学习英语的积极性；实行宿舍检查、不定期进课堂巡查登记、学生工作办公室随机抽查等制度，促进学风转变。总结毕业生成长成才经历，组织其中部分优秀毕业生分别对各年级学生进行座谈、采访，形成树典型、宣传典型、学习典型的氛围。

根据高等教育质量工程建设的总体工作部署，2015年围绕土木学院专业建设、课程建设、教材建设、教学名师与教学团队建设、校外生产实习基地建设、实验示范中心建设开展工作。土木与交通工程学院下设五个专业方向，既有基础雄厚的土木工程专业，也有年青的无机非金属材料专业和交通工程专业，在充分发挥强势专业龙头作用的基础上，积极开展新办专业的建设工作。经过全院教师的长期建设和积累，在全院教师的共同努力下，取得"土木工程教育部特色专业"，"国家级工程实践教育中心"，"土木工程市级优秀教学团队"、"北京市高创领军人才"、"北京市教学名师"、"北京市优秀教师"，两个"市级校外人才培养基地"，三个"市级学术创新团队"，"土木学院校级实验教学示范中心"，以及北京市精品课"土木工程施工"，三本北京市精品教材《土木工程概论》、《土木工程施工》、《土力学》等一批代表我院特色、优质的精品课程、精品教材等质量工程标志性成果。穆静波为首的施工教研室，获得北京市教学成果二等奖、三等奖各一项。

【英语四级通过率】土木学院英语四级通过率实现连续4年持续增长，这两年四级通过率从60％增长到68％，再增长到73.67％。全年参加四级考试共报名658人次，参加六级考试共报名729人次，参考率保持在97％以上。参加六级考试人数超出四级考试人数71人，学风状况提升明显。

【学位率】2011级学位率达到97％，实现了对学校的承诺。

【结构承载力大赛】结合我院二年级学生《材料力学》和三年级《结构力学》课程的学习，与我院专业基础部、结构教研室老师共同开展北京建筑大学结构承载力大赛、科技活动周等活动。通过此类竞赛的开展，为师生间提供了一个比课堂教学更多互动的交流机会。从不同角度增强学生对课程的认识，为学生求学、老师教学都增添了动力。同时，为在整个土木学院内部形成良好的学习、育人、学术交流的氛围起到了促进作用。

【大学生课外科技项目】2015年土木学院申报校级大学生课外科技项目30项，共有23位专业教师指导学生开展科技项目，共有180位学生参与。

【假期社会实践活动】2015年寒假，土木学院面向13、14级学生开展"学长访谈"和"直击人才市场"寒假社会实践活动，两个年级全体同学全员参与。2015年暑假，面向12级学生，和就业指导中心共同指导学生参加。同时，积极和各专业生产实习进行结合，各教研室在暑假前将生产实习手册发至学生手中，建筑工程系侯敬峰副主任与我校招生就业处朱俊玲副处长共同为学生做暑期社会实践的动员与培训，并有部分同学将暑期就业见习与生产管理实习进行结合。

【交通科技大赛】第五届北京市大学生交通科技大赛我院师生荣获一等奖2项、二等奖1项、优秀奖1项，其中，金珊珊、索智联合指导，学生李欣桐、徐杏、李杉杉、王博、徐梦熊和谢聪聪、刘思杨、周儒刚、朱蒙清分别完成的"仿生道路——自愈型沥青材料"和"缓解城市热岛效应——清凉沥青路面材料"荣获一等奖2项；李之红指导，学生李菡超、黎晓璐、冯诚、常迪、郑搏雄共同完成的作品"区域性交通枢纽行人路径选择动态模型与仿真"荣获二等奖；李之红老师指导，学生黎晓璐、常迪、冯诚、高宏伟、张立帆完成的作品"基于SPA的京津冀市域轨道交通通勤效率评价"荣获优秀奖。在第十届全国大学生交通科技大赛中由林建新、戴冀峰老师指导、杨倩、张琛、胡钰阳、袁广、朱经纬同学参与的作品"城市自行车道路路段服务水平研究"获得大赛二等奖；由索智、徐世法老师指导，李思童、武昊、刘晓彤、俞轩、王子祺同学参与的作品"抑尘减霾功能型道路铺装新材料"获得大赛三等奖。

【青年教师培养】针对土木与交通工程学院青年教师较多、工程能力和教学能力不够的情况，继续实行青年教师到工程单位实习一年制度，培养其解决工程问题的能力。有两位新入职青年被派出到工程单位进行工程实践。同时，为加强青年教师教学能力的培养，在为每位青年教师配备导师负责日常教学能力培养的基础上，组织了"第六届青年教师（40岁以下）教学基本功比赛"。从比赛结果看，青年教师在教学基本功方面有了普遍提高，为我院青年教师过教学能力关奠定了基础。青年教师许鹰获得北京建筑大学第十届校青年教师教学基本功一等奖,代表学校参加北京高校第九届青年教师教学基本功比赛,荣获理工B组一等奖,以及最佳教案奖和最佳演示奖,学院退休教师曲天培被评为"优秀指导教师"。

【教学质量长效机制】继续坚持教学质量长效机制建设,在教学过程控制、教学质量检查与评定、教学基础资料的检查与存档、院系两级教学管理工作方面开展工作,特别是对新入职的青年教师,做专门的培训、要求与检查。

【质量工程建设】在继续开展既有各级质量工程项目建设的基础上,重点开展省部级教研项目申报工作。申报的教研项目"土木工程专业卓越计划企业培养模式研究"获住房和城乡建设部专指委立项,建设期2014-2015年。

【专业建设成绩】专业建设是学院永恒的中心工作,而本科教学管理工作又是学院的重点工作内容之一,培养合格人才是学院的基本工作任务,也是学院未来发展的基础。学院以土木工程专业迎接2016年土木工程专业评估(认证)为契机,积极开展专业建设工作。2015年8月提交了《土木工程专业评估申请书》,9月获得住建部评估委《关于同意受理北京建筑大学土木工程专业教育评估申请的通知》(土木评〔2015〕第46号)。学院组建了土木工程专业评估领导小组与工作组,按照"以评促建,以评促改,评建结合,重在建设"的指导思想开展迎评工作。

【教材建设】出版土木工程专业教材7部。其中机械工业出版社1部,《工程结构基础设计》,韩森、张怀静主编;中国建筑工业出版社6部,《建筑抗震设计》,《荷载、内力分析及桥梁结构》,《多高层混凝土结构》,《砌体结构与木结构》,《混凝土结构》,《地基与基础》。

【高创领军人才】张怀静老师荣获"北京市高层次创新创业人才支持计划领军人才"。

【教学改革】在2015级招收土木英才实验班,实行导师制、学分制试点,为进一步促进土木工程专业人才培养质量,积极开展人才培养模式改革。

【联合培养】积极落实北京市教委"双培计划"、"实培计划"与"外培计划"项目。2015级交通工程专业招收16名"双培计划"同学到北京交通大学进行为期三年的学习,学院有39名同学获批"实培计划"项目,2名同学入选"外培计划"项目到美国科罗拉多大学进行为期一年的交流学习。

【校际交流】积极开展校际交流,接受贵州省凯里学院选派土木工程专业1名教师与10名学生进行为期1年的进修与交流学习。

(五)科研工作

【概述】学院始终以教学、科研为中心,以理论联系实际和面向国际大都市建设为特色,全面提高人才培养质量。学院的科研领域涉及建筑结构工程、防灾减灾、现代施工技术、路基路面工程、市政桥梁工程、地铁建设和地下空间开发及利用、现代大都市交通系统和高性能混凝土材料等。

【科研奖励】学院组织各学科有计划的申报科技进步奖。在2015年由国家地震局工力所主持、我校韩森教授参加的"基于性能的抗震研究及应用"获国家科技进步一等奖。

【科研项目】学院组织各类科研基金的申报工作。2015年保持了去年的好势头,共获得国家自然科学基金7项,其中面上项目5项(宋少民、王孟鸿、齐吉琳、焦朋朋、李地红),

青年基金项目 2 项（王琴、侯苏伟）。

【学术会议与交流】学院积极组织学术讲座工作。各学科组长负责接待、组织和主持，要求教师每学期出席 5 次，组织好相关专业研究生和本科生参加。2015 年组织了十几场国内外知名专家的学术报告会。同时，积极主办和承办各种学术会议。

2015 年 4 月 18 日主办节能减排协同中心研讨会，北工大、建科院等多家单位专家参会。

2015 年 8 月 6-7 日协助山东大学协办了第五届中俄非线性岩石力学研讨会，戚承志教授做了大会报告，两位研究生在青年博士论坛上做了报告。

2015 年 9 月 15-17 日在我校主办了第一届中俄白地下工程研讨会。来自俄罗斯、白俄罗斯、希腊、奥地利的 12 名国外专家，校内外 80 多名专家和研究生出席了会议，增进了中外学者的交流和我校学术声誉的提高。

2015 年土木与交通工程学院承担的各类科研项目一览表

序号	项目名称	负责人	项目来源	项目级别	合同经费（万元）	起止时间
1	深水长线盾构隧道地震动力响应机理	戚承志	"973" 计划	国家级	201	2015.01.01-2016.12.31
2	准脆材料强度尺寸效应和应变率效应的内在关系研究	戚承志	国家自然科学基金项目	国家级	85	2015.01.01-2018.12.31
3	有机蜡和水耦合作用下沥青-集料界面的剥落行为及黏附机理	季节	国家自然科学基金项目	国家级	80	2015.01.01-2018.12.31
4	含缺陷高速铁路隧道在列车和气动荷载作用下的状态响应及衰变机制研究	董军	国家自然科学基金项目	国家级	63	2015.01.01-2018.12.31
5	基于接触动力学的基础隔震结构软限位理论和方法研究	杜红凯	国家自然科学基金项目	国家级	25	2015.01.01-2017.12.31
6	高性能矩形钢管混凝土柱协同工作组合力学性能研究	曲秀姝	国家自然科学基金项目	国家级	25	2015.01.01-2017.12.31
7	外加劲肋加固圆钢管节点轴向承载力试验及设计方法研究	祝磊	国家自然科学基金项目	国家级	15	2015.01.01-2015.12.31
8	基于单轴约束温度-应力试验方法的再生骨料混凝土早期抗裂性能研究	李飞	国家自然科学基金项目	国家级	10	2015.01.01-2015.12.31
9	掺双膨胀源膨胀剂混凝土限制膨胀率的影响因素研究	王林	国务院其他部门	省部级	12	2015.06.01-2017.12.31
10	大型公共建筑环境下行人行为解析与安全疏散研究	李之红	国务院其他部门	省部级	8	2015.01.01-2016.12.31
11	地下综合交通枢纽防恐应急策略研究	赵东拂	省、市、自治区社科基金项目	省部级	8	2015.07.01-2017.06.30

续表

序号	项目名称	负责人	项目来源	项目级别	合同经费（万元）	起止时间
12	城市人群密集场所行人拥挤管理与安全疏散研究	李之红	主管部门科技项目	省部级	5	2015.07.01-2017.06.30
13	城市高架桥规划建设体系研究	焦驰宇	国务院其他部门	省部级	3	2015.01.01-2016.12.31
14	小半径曲线桥地震破坏机理的模型试验与数值模拟研究	焦驰宇	自选课题	地市级	15	2015.07.01-2017.06.30
15	黏土矿物对聚羧酸减水剂性能的影响机理及控制措施研究	王林	主管部门科技项目	地市级	15	2015.01.01-2017.12.31
16	大尺寸超弹性耗能装置力学性能的分析模型与数值模拟	庄鹏	主管部门科技项目	地市级	15	2015.01.01-2017.12.31
17	应力自感知水泥基复合材料的制备及其结构损伤监测应用	王琴	主管部门科技项目	地市级	15	2015.01.01-2016.12.31
18	铁尾矿粉用做高性能混凝土掺合料关键技术研究	侯云芬	自选课题	校级	4	2015.07.01-2017.06.30
19	木结构古建筑的无损检测技术研究与实践	张艳霞	自选课题	校级	5	2015.07.01-2017.06.30
20	高性能再生混凝土单轴受压应力-应变全曲线试验研究	彭有开	自选课题	校级	3	2015.07.01-2017.06.30
21	废旧道路基层材料循环利用成套技术研究	徐世法	企事业单位委托科技项目	横向	161	2015.06.01-2016.9.16
22	水泥稳定碎石废料再生利用成套技术开发及在驻信高速改扩建中的应用	徐世法	企事业单位委托科技项目	横向	60	2015.03.01-2016.9.16
23	振动搅拌对现代混凝土新拌与硬化性能的影响	宋少民	企事业单位委托科技项目	横向	40	2015.02.10-2016.9.16
24	植物纤维混凝土试配实验	张艳霞	企事业单位委托科技项目	横向	28	2015.06.01-2016.9.16
25	北京国际旅游度假期周围道路机动车交通流量调查与分析	林建新	企事业单位委托科技项目	横向	25	2015.11.20-2016.5.02
26	北京国际旅游度假区周围道路机动车交通流量调查与分析	林建新	企事业单位委托科技项目	横向	25	2015.09.01-2016.9.1
27	预应力扣压穿合式墙体抗震性能试验研究	张国伟	企事业单位委托科技项目	横向	20	2015.07.20-2016.9.16
28	建筑与市政工程职业培训试题库建设	王亮	企事业单位委托科技项目	横向	19.3	2015.02.10-2016.9.16
29	预制轻骨料混凝土组合楼板载荷试验及预制轻骨料混凝土型钢组合空心结墙板热工实验	杜红凯	企事业单位委托科技项目	横向	18.5	2015.12.17-2016.07.31

续表

序号	项目名称	负责人	项目来源	项目级别	合同经费（万元）	起止时间
30	北京榆构教育基金项目	李崇智	企事业单位委托科技项目	横向	15	2015.06.11-2016.9.16
31	长大隧道绿色环保高效施工关键技术	戚承志	企事业单位委托科技项目	横向	15	2015.01.08-2016.9.16
32	钢管螺旋基桩关键技术研究	王健	企事业单位委托科技项目	横向	13	2015.11.30-2017.12.31
33	温拌沥青混合料施工和易性评价技术开发	徐世法	企事业单位委托科技项目	横向	10.7	2015.03.20-2016.9.16
34	水泥砂浆面层加固砖墙抗震性能实验研究	杜红凯	企事业单位委托科技项目	横向	10	2015.11.20-2016.12.30
35	GPS出行数据处理关键技术研究	张蕊	企事业单位委托科技项目	横向	10	2015.07.01-2016.9.16
36	公路工程混凝土配合比设计方法研究	李飞	企事业单位委托科技项目	横向	10	2015.04.10-2015.6.30
37	顺义新城文体中心周边地区交通系统规划研究	戴冀峰	企事业单位委托科技项目	横向	8	2015.08.01-2016.9.1
38	新型装配式混凝土梁柱节点型钢连接试验研究	程蓓	企事业单位委托科技项目	横向	7	2015.03.05-2016.9.16
39	平谷区京平高速金海湖联络线交通调查分析	林建新	企事业单位委托科技项目	横向	6	2015.11.30-2016.03.01
40	建筑隔震防火防护装置实验研究	程蓓	企事业单位委托科技项目	横向	5.7	2015.11.20-2016.10.31
41	房山区良乡镇中心区周围交通流量调查与分析	林建新	企事业单位委托科技项目	横向	4.5	2015.09.01-2016.9.1
42	新型干砌砌块配筋砌体实验研究	陈嵘	企事业单位委托科技项目	横向	4.1	2015.10.01-2016.5.02
43	FRP加固桥墩拟静力试验	廖维张	企事业单位委托科技项目	横向	3.2	2015.09.16-2016.9.16
44	黏土三轴蠕变和应变率效应实验研究	孔令明	企事业单位委托科技项目	横向	3	2015.11.10-2016.12.25
45	北京站1000kV特高压变压器抗地震计算	韩淼	企事业单位委托科技项目	横向	2.8	2015.07.10-2016.9.16
46	软钢金属U型阻尼器性能试验	廖维张	企事业单位委托科技项目	横向	1	2015.11.02-2016.5.02
47	大跨度混凝土梁桥动力损伤演化规律研究	张国伟	企事业单位委托科技项目	横向	0.6	2015.01.01-2016.9.16
合计					1138万元	

（六）学生工作

【概述】 2015年，院学生工作领导小组根据不同年级学生的特点，制定了学风建设工作计划，有计划、有步骤、有检查地开展学风建设工作

【主题教育活动和纪念活动】 重温红色经典暖人情，在抗战胜利70周年之际，为加强青少年思想政治引领，深化社会主义核心价值观培育践行，组织引导广大学生更加踊跃地投身实现中国梦的伟大实践，同时也为传承革命精神并透过抗战的历史背景深入了解红色经典历程，土木学院按照校团委的要求，开展了纪念中国人民抗日战争胜利70周年主题教育活动。

【学生党建工作】 土木学院党总支、道桥党支部、专业基础部党支部获评校级优秀基层党组织，何立新获评校级优秀党务工作者，侯敬峰、赵东拂获评校级优秀党支部书记，吴徽、张蕊获评校级优秀共产党员。工作中提出了"五载体"开展学生党员先锋工程的实施方案，取得良好效果。2015年暑假期间，土木学院共组建45支实践团队，430余名学生在3名教授和14名青年教师的指导下，以"知行相济 学用相成 砥砺品学 服务社会"为主题，以"城市的建设与未来"为中心，围绕"京津冀"协同发展、北京"四个中心"协调发展、"城镇化"健康发展和"一带一路"全面建设四大板块，开展社会实践活动。活动立足首都，辐射京津冀，面向全国黑龙江、四川、江西、宁夏、浙江5省市及自治区开展。实践过程累计开展了310小时的志愿服务，形成专业调研报告9项，红色教育画册1本、实践总结17本。在活动过程中运用"互联网＋"方式，开展线上线下宣传报道，借助学校网站、学院微信平台，创建【土木·社会实践】板块，共推送新闻报道40篇，总访问量达5200余次；此外，校外媒体也对活动进行宣传报道，"北京考试报"推送关于学院社会实践活动宣传报道2篇，北京电视台也对我院捎书信使实践活动进行专题报道。

【学生骨干的培养工程】 开展"善友善学，积文化底蕴；敬人敬业，凝土木栋梁"第七届土木学院学生骨干培训活动，以学院学生骨干需求出发，结合专业特色，紧密围绕学院"五维"育人机制，以社会主义核心价值观为主导，以丰富多彩的活动为具体呈现，以关爱每一名学生骨干成长为目标，开展主题系列活动。为学生骨干们提供了一个沟通的机会和平台，让参与者在活动中经历，在经历中感悟，在感悟中成长。

【主题团日活动】 以践行习总书记提出的"勤学、修德、明辨、笃实"的重要要求为契机，开展"如何练好习大大传授的'八字真经'"主题团日活动。以贯彻中国梦、学习宣传教育及培育和践行社会主义核心价值观为时代背景，真正理解24字社会主义核心价值观的深刻内涵，内化于心；同时，聚焦行动，努力践行，将社会主义核心价值观外化于行，为践行习总书记提出的"勤学、修德、明辨、笃实"的重要要求，土木学院特于12级、13级、14级各团支部间开展了适合不同年级、主题特色鲜明的主题团日活动，以激励大学生在新学期初认真确立目标，规划梦想，展望未来。

【维护校园稳定】 学院负责学生工作教师根据学校安排，通过学生干部及班级导师，在每学期初对学生思想动态进行及时排查工作；并结合本年度学校的工作党的十八大会议期间，由学院领导、班级导师为全体学生做思想动员、在行为举止、文明礼仪、学风方面进行全面动员，以年级会议、班会的形式进行正向引导与规范。

【参加全国性科技竞赛】 我院学生课外科技作品荣获第十四届"挑战杯"全国大学生课外学术科技作品竞赛"智慧城市"专项赛二等奖1项，荣获第八届"挑战杯"首都大学生课

外学术科技作品竞赛二等奖2项、三等奖1项，荣获第九届全国大学生交通科技大赛二等奖1项、三等奖1项，荣获第六届全国高等院校斯维尔杯BIM软件建模大赛全能二等奖1项、全能三等奖3项、单项二等奖3项、单项三等奖15项，荣获"凌盛蓝天白云杯"京津冀百所高校节能环保大学生演讲比赛专场赛冠军。

【参加北京市科技竞赛】我院学生荣获第四届北京市大学生建筑结构设计竞赛A组赛题二等奖1项、B组赛题（结构方向）一等奖1项以及B组赛题（桥梁方向）一等奖1项，荣获第五届北京市大学"创意之星"银奖1项，荣获第五届北京市大学生交通科技大赛一等奖2项、二等奖1项、优秀奖1项，荣获2015年北京市大学生创业设计竞赛一等奖1项、三等奖1项、优秀奖2项。

【开展低年级学生的学风建设工作】在低年级中推行学生讲堂活动，充分发挥了学习优秀学生的榜样作用，讲述课程覆盖学院14级和15级全部20个班级，共开设学生讲堂20余次，每次1-2个小时。

【高年级及研究生的学风建设】在强调研究生导师作为研究生培养主要责任体的基础上，针对在校研究生科研投入不够问题，对研究生参加职业资格考试做了相关规定，制定了研究生助教、助岗、助研岗位责任制，并在学期末根据学生工作情况进行考核，目的是通过过程管理加强学生责任意识和整体素质的培养。目前，14级研究生已经按助教、助研和助管的岗位进入岗位，研究生教育开始进入一个良性发展的阶段。明年，我们还要继续下大力做好研究生招生工作，同时，要依托北京的城市建设行业，进一步扩大研究生招生规模，力争使研究生在较短的时间里，上一个新的台阶。

【学风建设研究】2015年，院学生工作领导小组，根据不同年级学生的特点制定了学风建设工作计划，有计划、有步骤、有检查地开展学风建设工作，从戚承志院长、何立新书记、龙佩恒副院长、韩淼副院长、王秉楠副书记到每一位班级导师多次与学生座谈，促进了学风建设。积极配合学校抓英语和数学的行动。同时，邀请了我院校友、行业专家、企业HR等来院介绍学习工作体会、企业对于土木工程专业学生的能力的要求，激发学生的学习积极性。

【2015届就业】土木学院本科签约率为99.72%，研究生签约率100%综合成绩排名全校第一。2015年，土木学院土木工程专业房建方向、土木工程专业道桥方向、土木工程专业地下方向、交通工程专业、无机非金属材料工程专业毕业生实现签约率分别为99.39%、100%、100%、100%和100%。学院2015届毕业生考取研究生55人、出国深造26人，毕业生升学率达22.82%。

【贫困生资助】2015年共评选出励志奖学金42名，贫困生236人，其中获得一等助学金学生94人，二等助学金127人。

【学生奖学金】为鼓励研究生科研方面的投入，根据《土木与交通工程学院研究生国家奖学金评选办法》，在各种制度的评价指标体系中突出了研究生科研成果数量及水平所占比例与权重，鼓励研究生将更多精力投入到科研工作中，为实现学院研究生总体科研水平的提高奠定了基础。

【课余文化生活】10月8日，学生会在西操场举行"荧光夜跑"活动。同学们积极参与，夜色朦胧薄雾弥漫的西操场荧光闪闪，热闹异常。同学们纷纷在写有"手握星光 荧光夜跑"的横幅上签名。倡导积极锻炼，热爱运动。许多同学现场加入我们的阵营。这样一场形式新奇，内容充实的活动给了大家见面交流、锻炼身体的机会。

【宿舍文明建设】土木学院发起的"巧手绘建大，土木添新衣"活动，以宿舍为单位进行报名，为宿舍区8号和10号宿舍的树木围挡绘制美丽图案，为土木添新衣。此次活动鼓励同学们打开脑洞，大胆创新，绘制出自己心里最美的景色，为美丽的建大冬景填上一抹亮丽的风景，在创建校园文化氛围的同时，活动也成了小伙伴们增进宿舍友谊的有效催化剂。自比赛通知下发之后，同学们积极报名、踊跃参加。

（七）对外交流

【国际学术交流】积极开展国际学术交流。2015年由土木学院牵头，组织了在意大利佛罗伦萨举行的第七届土木与建筑热点问题国际会议的征文工作。经过努力我校共征集论文35篇，其中土木与交通工程学院投稿30篇，促进了科研活力的保持。2015年11月19-21日，受我校的派遣，朱光、戚承志、刘临安教授出席了会议，并做报告，并与参会的外国学者交流，增进了学术交流和友谊，提高了我校的学术知名度。2015年10月4-5日戚承志教授参加了在土耳其安塔利亚举行的Aifantis国际研讨会，应邀做了报告。2015年4月我院交通系焦朋朋老师赴美国参加第三届国际华人岩土工程师协会岩土与地震工程国际会议暨第二十八届国际华人交通运输协会年会并做报告。2015年11月6-8日，张艳霞和程蓓老师参加了在澳大利亚举行的第十届太平洋地震工程会议并做报告。

（八）党建工作

【荣获北京市模范集体】土木学院荣获2014-2015年北京市模范集体，为我校首个二级单位获得市级模范集体的称号。

【开展教工党支部主题教育实践活动】本年度共开展4次教工党支部主题教育实践活动（参观中国人民抗日战争纪念馆、观看《筑梦中国，中华民族复兴之路》、《红色家书》等）。

【党风廉政建设】在学校党委的带领下，参加学校党委、组织部、宣传部、纪委组织关于党风廉政建设、从严治党等专题报告会议16次，学院参与人数260人次，在学院党政联席会、二级理论中心组、各系部、各教工党支部组织的专题学习中也将党风廉政建设的学习教育作为重点，特别是党员领导干部的"一岗双责"和党委的主体责任的学习，让党员干部深刻认识到加强廉政建设的迫切性和重要性，在廉政建设上不能有丝毫懈怠。依照"八项规定"要求增强广大党员、领导干部和专业教师的廉政和风险防范意识。连续3年每位项目负责人填写科研项目廉洁自律承诺书，对项目的规范化管理起到积极的作用。

【全面征求教师意见】根据学校关于"三严三实"专题教育期间查摆整改"不严不实"问题的通知精神，向每位老师发放了征求意见表70份，收回66份。征求意见结果对领导班子及领导个人满意率为100％。

【打造校友文化】围绕80周年校庆打造校友文化，举办土木学院青年校友论坛（2015年5月23日），建40班毕业50周年和1955届道三乙班毕业六十周年返校活动。

【规范党员发展程序】规范新形势下党员发展程序，进一步完善《中共北京建筑大学土木与交通工程学院委员会关于党员发展工作的实施细则》。

【发表《缅怀先烈，牢记使命》文章】在《北京支部生活》2015年第5期中刊登文章《缅怀先烈，牢记使命》。

【开展系列关爱学生活动】学院扶植阳光互助社，关爱学生，开展中秋节庆祝、元旦团聚等集体活动。

【暑期社会实践成果丰硕】 2015年暑假期间，土木学院共组建45支实践团队430余名学生，在3名教授和14名青年教师的指导下，以"知行相济　学用相成　砥砺品学　服务社会"为主题，以"城市的建设与未来"为中心，围绕"京津冀"协同发展、北京"四个中心"协调发展、"城镇化"健康发展和"一带一路"全面建设四大板块，开展社会实践活动。活动立足首都，辐射京津冀，面向全国黑龙江、四川、江西、宁夏、浙江5省市及自治区开展。实践过程累计开展了310小时的志愿服务，形成专业调研报告9项，红色教育画册1本、实践总结17本。在活动过程中运用"互联网＋"方式，开展线上线下宣传报道，借助学校网站、学院微信平台，创建【土木·社会实践】板块，共推送新闻报道40篇，总访问量达5200余次；此外，校外媒体也对活动进行宣传报道，《北京考试报》推送关于学院社会实践活动宣传报道2篇，北京电视台也对我院捎书信使实践活动进行专题报道。

（九）实验室建设

【北京市高等学校实验教学示范中心】 2015年土木工程实验教学中心积极申报北京市高等学校实验教学示范中心，经专家评审、答辩考察、市教委审核，并最终获得批准。以此为契机，土木工程实验教学中心将继续加大投入，持续建设，加大实验教学改革与实验室建设力度，创新实验室运行管理机制，确保中心能在实验教学和科研试验方面发挥示范辐射作用。

【振动台实验室建设】 2015年8月我校科技处组织高校振动台台阵建设领域和振动台实验室管理方面的专家对土木与交通工程学院拟建的振动台实验室建设方案、实验室管理、振动台设备参数以及振动台实验室建设过程中需要注意的问题进行研讨。土木学院、机电学院、电信学院、测绘学院和理学院等相关学院的专家学者参与了本次会议的讨论。本次专家咨询会，明确了振动台阵实验室建设应组建专职的实验室建设团队、健全实验室管理制度和实验室运行方案。

2015年9月9日校长办公会上，戚承志院长对振动台实验室建设计划进行了详细汇报，内容包括实验室基本情况、建设的背景和意义、发展趋势及国内外建设现状、振动台实验室建设规划及功能、振动台建设方案、已有条件学科团队建设、振动台实验室建设与管理建议。参会的各位领导对于振动台实验室建设方案、实验室建设领导与工作小组、资金筹集、建设程序等进行了详细的研究和探讨，认为我校经过多年深入调研和筹备已完成振动台实验室建设必要性和可行性的充分论证，正式启动振动台实验室建设计划，实验室名称定为：大型多功能振动台阵实验室；组建振动台建设领导小组，由校长和书记作为领导小组组长，其他分管副校长分别担任成员；工作组由李爱群副校长担任组长，执行组由戚承志院长任组长。

2015年11月13日，北京市教委组织召开了"大型多功能振动台阵实验室建设项目"专家论证会，与会专家审阅了项目建设方案，听取了项目负责人李爱群副校长的汇报，经质询，一致同意项目立项，投资专项经费2亿元建设北京建筑大学大型多功能振动台阵实验室。与会专家认为，抗震减灾一直是国内外土木工程领域的研究热点，目前国内已建成的大型振动台实验室还无法满足复杂结构的抗震研究需要，亟须采用先进的振动台阵实验平台为高水平防震减灾技术研究提供支撑，该项目建设符合当前国家科技战略的主导方向，具有很大的必要性；大型多功能振动台阵实验室建设项目建成后将成为国内领先、国际一流的高水平振动台阵实验室和人才培养基地，为"京津冀一体化"及国家"一带一路"西部基础设施建设和"生命线工程"的抗震安全提供技术支撑，能提升国家的防灾和城市安全能力，更好地服务北京科技创新中心建设，项目建设具有重要的现实意义；项目建设方案设计合理、技术路线可行，建设目标明确，建设内容具体，可实现复杂结构、市政桥梁、地下工程以及生命线工程等领域的动力试验研究，同时可有效兼顾建筑遗产保护、电气设备、核电装备、机械振动、动态数据精密量测等领域抗震减振研究。项目建设将科学研究、人才培养与社会服务有机结合，为学校建设一流学科和高水平大学提供了良好保障；项目经费预算合理，能保证"四台阵地震模拟振动台系统"、"振动台阵配套数据采集系统"、"实验反力架和振动台阵沟槽防护系统"、"实验监测和实时控制系统"和"振动台阵设备基础"等设备的购置；专家建议进一步完善有关保障制度及相关配套措施，以保障今后实验室的顺利建设、运营和功能拓展。

（何立新　李　飞　龙佩恒　王　亮　韩　淼
廖维张　车晶波　刘　倩　张　蕊　张国伟）
（戚承志）

三、环境与能源工程学院

（一）学院概况

北京建筑大学环境与能源工程学院前身为城市建设工程系，成立于1984年，2006年6月正式更名为环境与能源工程学院，是学校设立最早、实力最强、规模最大的学院之一。学院现有建筑环境与能源应用工程（国家级特色专业）、给排水科学与工程（北京市特色专业、教育部"卓越工程师教育培养计划"试点专业、中美合作"2+2"项目专业）、环境工程（创新人才培养试点专业）、环境科学（创新人才培养试点专业）、能源与动力工程（教育部"卓越工程师教育培养计划"试点专业）等5个本科专业，2005、2010、2015年建筑环境与能源应用工程和给排水科学与工程先后三次通过了住建部高等教育专业评估。学院设有6个硕士学位授予点：供热、供燃气、通风及空调工程，市政工程，环境科学和环境工程，建筑科学技术，建筑遗产保护。同时授予建筑与土木工程、环境工程领域专业硕士学位，并招收"建筑遗产保护理论与技术"博士研究生。

学院拥有10个国家级或省部级教学与科研基地：国家级水环境实验教学示范中心、国家级建筑用能虚拟仿真实验教学示范中心、城市雨水系统与水环境教育部重点实验室、供热供燃气通风及空调工程北京市重点实验室、北京市应对气候变化研究及人才培养基地、北京市可持续城市排水系统构建与风险控制工程技术研究中心、北京市建筑能源高效综合利用工程技术研究中心、电子废弃物资源化国际合作基地、绿色建筑北京市重点实验室（共建）、热力过程节能技术北京市重点实验室和具有国际先进水平的"中法能源培训中心"等。拥有包括国家级工程实践教育基地在内的40余个校外实践教学基地。此外还有北京学者工作室、工业余热利用与节能研究所、城市燃气中心、瑞士万通水质分析实验室等研究机构。

近五年先后承担60余项国家重大科技专项、国际合作和国家自然科学基金等项目，科研经费超过亿元。学院积极开展国际学术交流与合作，与美国奥本大学、明尼苏达大学、加拿大阿尔伯特大学、英国南威尔士大学、诺丁汉大学、日本东京大学、韩国湖西大学、新西兰奥克兰大学等建立了师生交流与合作关系，每年均有一批优秀毕业生到海外高等学府深造。学院秉承学风严谨、崇尚实践与创新的优良传统，引导学生积极参加各类科技创新和科技竞赛，全院本科生在学期间，都有参与大学生科技项目创新项目的经历，每年都有数十个项目获得省部级和国家级的各类奖励。

（二）师资队伍建设

【概述】环能学院拥有一支结构合理、兼具学术研究、应用研究和实践经验的师资队伍，截至2015年年底，学院有教职工86人，其中教授12人，副教授29人，讲师28人，助教2人，高级实验师3人，实验师5人，职员7人。93%以上的教职工具有硕士学位，62%以上的教职工具有博士学位（博士学位53人，硕士学位27人）。专任教师中具有博士学位的超过75%，近半数专任教师有海外留学、研修、工作、学习经历。

【2015年人才引进工作总结】2015年，共计引进博士2人，分别是：（1）孙子乔，热能与动力工程学科教师，在北京市建筑能源综合高效利用工程技术研究中心工作。（2）张伟，环境工程学科教师，在北京市可持续排水系统构建与风险防控工程技术研究中心工作。引进辅导员1名，曹宇曦，行政管理专业，从事学生辅导员工作。另外，因年龄原因，办公室主任王义退休，经考察试用，学工部陈亚飞调入环能学院，担任学院办公室主任职务。

为弥补师资力量的不足，积极招收博士后，2015年共计招收博士后3人，分别是：供热供燃气通风及空调北京市重点实验室招收博士后1名（聂金哲）；北京市可持续排水系统构建与风险防控工程技术研究中心招收博士后1名（张紫阳）；北京市建筑能源综合高效利用工程技术研究中心招收博士后1名。

目前，环能学院教职工共计86人，存在的主要问题包括：（1）高层次领军人才明显不足；（2）教授比例显著偏低，且面临着学科带头人和梯队断接的问题，这些突出问题与教学研究型学院和建设一流学科的要求相差甚远。因此今后人才引进的重点工作是高层次领军人才的引进。为此，学院积极响应学校"海聚工程"等人才引进工程，吸引海外高水平人才。

【考核聘任工作试点先行】2015年是2013-2015聘期的收官考核之年，也是2015-2018聘期聘任工作的起始之年。按照北京建筑大学十三五规划及深化人事制度改革的总体部署，环能学院在2013-2015聘期考核聘任工作试点先行的基础上，进一步深化人事制度改革，向管理要效益，深度挖掘广大教职员工的潜力，激发创造力和生产力。同时，在总结2013-2015聘期聘任考核工作的同时，吸取经验，进一步完善相关制度，制定了《环境与能源工程学院关于教师岗位申报条件和岗位职责的规定（讨论稿）》（环境与能源工程学院〔2015〕13号文）。2013-2015聘期共低职高聘院聘教授四级岗4人（马文林、冯萃敏、许萍、王崇臣），院聘副教授七级岗4人（孙丽华、袁冬海、彭浩、孙方田），享受相应津贴待遇。2015-2018聘期，环能学院张群力、袁冬海被低职高聘为校聘教授四级岗；学院低职高聘院聘教授2人（李颖、马文林），院聘副教授（含院聘高级实验师三级）8人（杜晓丽、胡沅胜、黄忠臣、孙丽华、王思思、熊亚选、徐荣吉、张君枝），享受相应津贴待遇。另认定仇付国、王崇臣、许萍、袁冬海为院聘教授四级岗（不享受相应津贴）；付昆明、胡文举、李惠民、彭浩、张晓然为院聘副教授七级岗（不享受相应津贴）。

【教师队伍培养工作】 2015年，环能学院继续加强教师队伍培养工作，提高教学和科研水平。共组织教工参加新教工培训、师德培训、科研能力与师德培训、外语教学与科研培训等各类培训10余场，参训人员达100余人次。积极组织教师参与金字塔人才工程，千人计划，百千万工程等各级人才称号认定工作，以带动教师总结、凝练、提高。

【王随林教授入选"北京学者"】 2015年7月，北京建筑大学环能学院退休教师王随林教授入选"北京学者"。王随林教授入选"北京学者"是北京建筑大学教师首次获此殊荣。9月22日，我校举行"北京学者王随林工作室"揭牌仪式暨北京学者培养交流座谈会。北京市人力资源和社会保障局专家与博士后工作处李维处长、李世贵副调研员、王希出席本次活动，校长张爱林、副校长李爱群，北京学者王随林教授以及党政办、组织部、人事处、科技处、宣传部、环能学院等负责人参加了本次活动。

（三）教学工作

【概述】 环能学院5个本科专业共招生8个班，招生共264人，实施2015级培养方案。环境工程和环境科学专业实施大类招生，环境类创新实验班首次招生2个班。新生中包括"双培计划"16人，按照"3+1"模式由北京师范大学与北京建筑大学合作培养。环境与能源工程学院新生开始实行学分制。2015届毕业本科生共220人，毕业率98%，学位授予率97%。毕业班有3人参加"实培计划"，在中科院生态中心完成毕业设计。毕业设计（论文）全面实施查重检测，成果重复率低于30%为通过的基本条件。

【召开建筑环境与能源工程专业评估大会】 2015年5月11-14日，住房和城乡建设部高等教育建筑环境与能源工程专业评估委员会评估视察专家组进校视察。专家组由哈尔滨工业大学姚杨、天津市建筑设计院伍小亭、东南大学张小松、中国中元国际工程有限公司李著萱组成。2015年5月12日上午，在大兴校区四合院会议室，副校长张大玉主持召开了建筑环境与能源工程专业评估汇报会。专家组听取学校、学院和专业的汇报，对相关问题进行了质询。2015年5月14日上午，在大兴校区四合院会议室，评估专家姚杨主持召开了建筑环境与能源工程专业评估视察反馈大会，向校领导、学校有关职能部门负责人、环境与能源工程学院领导、建筑热能工程系全体教师，以及建筑环境与能源工程专业学生代表，宣布了视察小组的视察报告，对北京建筑大学建筑环境与能源工程专业的办学实绩给予充分肯定，并建议通过评估。

【召开给排水科学与工程专业评估大会】 2015年5月12-15日，住房城乡建设部高等教育给排水科学与工程专业评估委员会评估视察专家组进校视察。专家组由重庆大学张智、中国兵器工业第五设计研究院刘巍荣、兰州交通大学张国珍、中国市政工程华北设计研究总院李成江组成。2015年5月13日上午，在大兴校区四合院会议室，副校长张大玉主持召开了评估汇报会。专家组听取学校、学院和专业的汇报，对相关问题进行了质询。2015年5月15日上午，在大兴校区四合院会议室，评估专家张智主持召开了给排水科学与工程专业评估视察反馈大会，向校领导、学校有关职能部门负责人、环境与能源工程学院领导、市政工程系全体教师，以及给排水科学与工程专业学生代表，宣布了视察小组的视察报告，对北京建筑大学给排水科学与工程专业的办学实绩给予了充分肯定，并建议通过评估。

【召开建筑环境与能源应用工程专业建设指导委员会筹备会】 2015年10月18日上午，在西城校区第一会议室，冯萃敏主持召开暖通专业杰出校友代表座谈会暨建环专业建设指导委员会筹备会，共17位暖通专业杰出校友代表与校长张爱林、环能学院全体班子成员和建筑热能工程系主任李锐、郝学军及教师代表座谈并讨论了筹备成立建筑环境与能源应用工程专业建设指导委员会的相关事宜，并决定在建校80年校庆时正式成立建筑环境与能源应用工程专业建设指导委员会。

【专业建设成绩显著】2015年6月9日，住房和城乡建设部建环评〔2015〕8号和给排水评〔2015〕9号文件下发，建筑环境与能源工程专业、给排水科学与工程专业均全票通过住房和城乡建设部高等教育评估复评，合格有效期为5年，自2015年5月起至2020年5月止。王文海被评为校级教学名师。杜晓丽获校级青年教师教学基本功比赛三等奖。建筑用能国家级虚拟仿真实验教学示范中心申报并通过国家级评审，成为环境与能源工程学院的第二个国家级教学平台。2015年8月18-19日，北京建筑大学与中国建筑设计研究院联合组织给排水科学与工程专业CIB建筑给水排水国际论坛在北京建筑大学召开。水111班金纪玥（指导教师：冯萃敏）的毕业设计成果被评为全国给排水科学与工程专业优秀毕业设计。国家英语四级主考年级（2013级）的四级通过率累计82%，超过以往年级同期通过率。

【创新人才培养模式】2015年5月21日，党委书记王建中深入环能学院王崇臣教学科研团队专题调研人才培养工作。王崇臣老师详细汇报了团队依托科研内容和成果构建的"以课题组为单元的本科人才培养模式"，即以课题组为平台、以科研能力为支撑的"朋辈传承制"、"循序渐进的组内轮岗制"、"组会/学术报告制"和"因材施教的多元化培养机制"等一整套措施与方法，以及"夯实基础、强化实践、鼓励创新、提高能力"的人才培养理念、"导师－研究生－高年级本科生－低年级本科生"的金字塔式团队结构和"大一进组接受熏陶、大二上手夯实基础、大三收获产出成果、大四考研/出国开启新旅程"的链条式培养体系。与会学生代表围绕参与课题研究的经历畅谈了学习及成长的收获。在听完汇报后，王建中书记对王崇臣团队"以课题组为单元的本科生人才培养模式"取得的显著成效表示高度赞赏，对王崇臣老师"沉浸"于科研、教书、育人的工作境界给予高度评价。他指出，"以课题组为单元的本科生人才培养模式"是"导师制"和"朋辈传承制"的有机结合，是一种先进的人才培养理念。王崇臣团队是一个有梦想、有思想、有模式、有成果和有爱心的团队，团队凝聚的很多精神、积累的很多经验值得大家学习推广。他强调，"爱心"、"创新"和"投入"是做好立德树人工作的三大核心要素。下一阶段，学校要积极瞄准国际前沿，瞄准国家重大需求，围绕创新人才培养模式，进一步凝练科研和教研方向，进一步提高科研水平，不断创新人才培养机制体制，大力提升整个学校的人才培养质量。王建中要求，各相关职能部门和学院要进一步总结凝练王崇臣团队的经验，认真分析王崇臣团队在学生培养和团队建设方面取得的成功经验，采取有效措施，抓住学校综合改革的契机，把该团队好的人才培养经验进行推广，培养出越来越多优秀的学生和杰出成就的教师。党委宣传部、教务处、科技处主要负责人，环能学院班子成员以及环境科学与工程系、实验中心负责人陪同调研。

（四）科研工作

【王随林教授荣获2014年度国家技术发明奖二等奖】2015年1月14日，王随林教授主持的"防腐高效低温烟气冷凝余热深度利用技术"项目荣获2014年度国家技术发明奖二等奖，这是学校首次主持获得国家技术发明奖，也是近五年来北京市属高校作为主持单位获得的唯一一项国家技术发明奖。王随林教授成立工业余热利用技术研究所，并与北京市华通热力集团共同建立北京建筑大学-华通热力联合研发中心。

（五）学生工作

【概述】学生工作是环境与能源工程学院人才培养体系的重要组成部分。学院学生工作遵循"注重思想引领、强化学风建设、搭建发展平台"的基本思路，学生教育管理工作有序推进，深入开展学生主题教育、党团建设、学风建设、科技创新、社会实践、志愿服务、职涯教育等各项工作，硕果累累。

【成立爱·回家青年校友联盟】2015年4月25日，环能学院成立"爱·回家"青年校友联盟，举办联盟成立大会，聘请13名来自各个企事业单位的优秀青年校友担任在校生青年成长导师，并与在校生代表进行交流。爱·回家青年校友联盟的成立搭建起了连接校友与学院的情感纽带，同时为即将步入职场的在校生提供智力支持和行业资源。

【由学生绘制的首份"建大绿地图"问世】2015年4月13日，环能学院35名学生历时2个月，将校园人文、自然景观绘制成一幅大兴校区"绿地图"，"绿地图"详尽介绍了校园内生态景观、节能设施，以此来倡导绿色、低碳的校园生活。"建大绿地图"共分为"绿植物"、"绿景观"、"绿感受"和"绿使者"四个部分。

【2015届考研工作取得新突破】2015年5月19日，环能学院2015届考研工作圆满收官，呈现"考研数据创新高、新建专业有突破、榜样群体点带面"的特点，2015届本科毕业生65人参加研究生入学考试，最终录取48人，考研率19.2%，350分以上17人，390分以上2人，取得历届最好成绩。

【大学生科技作品喜获首都"挑战杯"特等奖】2015年5月30日，由环能学院王崇臣、王鹏两位老师指导的大学生科技作品"沸石咪唑酯骨架结构材料ZIF-8的电化学法批量制备及其光催化性能研究"喜获第八届首都"挑战杯"特等奖，实现学校大学生科技作品获奖的新突破！

【与"绿建之窗"科技有限公司签署校企战略合作协议】2015年7月19日，环能学院与"绿建之窗"科技有限公司签署校企战略合作协议，"绿建之窗"将连续三年在学院设立额度为50000元/年的专项绿色建筑奖学金，并在学院成立"绿色建筑人才培养基地"，共同开展项目合作，参与专项设计、施工、运营等方向性、专业性的合作。

【"筑绿环保实践团"参加团中央2015年"井冈情·中国梦"全国大学生暑期实践季专项行动喜获佳绩】2015年7月22日，学院13名师生组成的北京建筑大学"筑绿环保实践团"远赴井冈山参加由团中央学校部、全国青少年井冈山革命传统教育基地管理中心共同举办的2015年"井冈情·中国梦"全国大学生暑期实践季专项行动（第三期），这是我校首次入围团中央"井冈情·中国梦"全国大学生暑期实践季专项行动，经过7天全方位的实践与调研，最终，获得第三期第一名的优异成绩，并荣获"优秀团队"荣誉称号。

【英语四级一次通过率首次突破80%】2015年9月1日，作为主考年级的2013级英语四级一次通过率达到83%，连续第二年提升10个百分点，这也是环能学院英语四级一次通过率首次突破80%。

【首次参加全国大学生农建专业创新设计竞赛并获佳绩】2015年9月4日，环能学院首次派出代表队参加全国大学生农业建筑环境与能源工程相关专业创新设计竞赛，进入决赛的

4支团队全部获奖,其中二等奖1项,三等奖3项,并荣获"优秀组织奖"。

【燃81级校友返校活动】2015年9月19日,环能学院分别在西城校区和大兴校区举办燃81级校友返校活动。校纪委书记何志洪、校党政办公室、招就处、环能学院相关领导、退休老教师、燃81级校友参加此次活动。在母校即将迎来八十华诞的秋季,燃81级校友与退休老教师、校领导老师共聚一堂,共同追忆逝去的青春,感恩母校多年的培养,感谢传道授业解惑的老师,与学校领导老师共同谋划母校美好的明天,为学校在人才培养和发展方面献计献策。

【筑绿环保协会公众号"建大筑绿"跻身中国高校绿色公众号周榜前十】2015年12月7日,在第35期中国绿色公众号周榜中,环能学院筑绿环保协会公众号"建大筑绿"在高校周榜上跻身前十,平均阅读量1218,学校成为绿色环保公众号前十名中唯一的北京高校。

(六)对外交流

【Saffa Riffat教授应邀访问北京建筑大学】2015年5月18日,英国诺丁汉大学人工环境系创始人Saffa Riffat教授应邀访问北京建筑大学,Saffa教授是北京建筑大学的客座教授,近期受聘为"北京市节能减排协同创新中心"国际合作专家,此次访问主要是讨论双方合作事宜并作学术讲座。上午校长朱光会见了Saffa教授,国际合作与交流处处长赵晓红和环能学院党委书记陈红兵参加了会见。朱光对Saffa教授的到来表示欢迎,介绍了学校近几年的发展情况,并表达了希望双方进一步加强合作与交流的愿望,在亲切交谈之后双方互赠纪念品并合影留念。

【金勇周院长一行对北京建筑大学进行友好访问】2015年7月16日,韩国环境产业技术院金勇周院长一行对北京建筑大学进行了友好访问,副校长汪苏及相关部门人员与金勇周院长一行进行了友好洽谈。副校长汪苏对金勇周院长一行的来访表示热烈欢迎,并且介绍了北京建筑大学的发展历史及科学研究领域所取得的各项成就。金勇周院长也介绍了韩国环境产业技术院的基本情况。副校长汪苏为金勇周院长颁发了客座教授荣誉证书,金勇周院长非常高兴能成为我校的客座教授,并提出两单位将在环境与节能领域方面开展紧密合作。会后副校长汪苏带领访问团一行参观了大兴校区学院楼、图书馆以及环能学院实验室。

【北京建筑大学与韩国大田大学签署合作谅解备忘录】2015年12月10日,北京建筑大学与韩国大田大学签署了合作谅解备忘录。双方一致同意围绕学生交流、教师交流、共同开展研究及举办学术会议展开合作。副校长汪苏接待了大田大学副校长宣吉均、研究生院院长李凤炯和环境学科教授林凤洙、金泰应一行4人。研究生院、环境与能源工程学院、国际合作与交流处相关人员参与了接待。

【校长张爱林率团访问法国诸校】12月13-17日,校长张爱林率团先后访问了法国克雷泰学区、马克西米利尔佩雷学校、巴黎东部马恩-拉瓦雷大学、里尔高级工程师学院(HEI集团)和中法经济贸易合作区—首创中法国际大学城,随行人员包括国际交流合作处处长赵晓红、教务处处长邹积亭、财务处处长贝裕文、北京建工建筑设计院院长丛小密、环能学院副院长张群力。此次出访签署了《北京建筑大学中法能源中心合作办学协议书》和《北京建筑大学与巴黎东部马恩-拉瓦雷大学合作备忘录》,落实了中法能源培训中心第三期合作内容,扩大了我校与法国政府、高校、企业多边合作范围和形式,提升了学校国际化合作层次。

（七）党建工作

【概述】环能学院党委始终坚持"围绕中心抓党建，抓实党建促发展"，将党的工作融入学科专业建设、师资队伍建设、人才培养、教学科研等各项工作之中，为推动学院可持续发展提供了思想保证、政治保证和组织保证。

【"三严三实"专题教育活动】2015年6月30日，环能学院于西城校区实2-311开展"三严三实"专题教育活动，院党委书记陈红兵给党员教师讲授"三严三实"专题党课。通过本次专题教育活动，环能学院教师党员了解了"三严三实"的由来和发展过程，对"三严三实"的来龙去脉有了一个全面的了解；深刻认识了"三严三实"的重大意义和丰富内涵；并结合学院实际，剖析了学院事业发展和党员干部队伍中存在的"不严不实"问题，针对存在的这些问题，提出了一些解决措施和办法。全院师生党员积极践行"三严三实"，势必形成优良作风，凝心聚力，共同推动学院又好又快发展，实现壮丽建大梦环能篇章。

【退休党支部召开"纪念抗战胜利70周年"主题活动】2015年9月24日上午，环能学院退休党支部"纪念抗战胜利70周年"主题活动在西城校区实验2号楼206室顺利举行。环能学院分党委书记刘艳华，退休党支部16名退休党员参加了本次活动。活动由退休党支部书记梁贤英主持。围绕抗战胜利70周年、九三大阅兵，与会者积极讨论，气氛热烈，祖国的发展、民族的复兴让每一个人都感到无比骄傲与自豪。对比新中国成立前后新旧两个世界的不同，让大家深切感受到中国共产党带领国家和人民取得的巨大成就。活动中，院党委书记刘艳华还向各位退休党员介绍了学校学院近期的发展和分党委的相关工作，尤其是学校80周年校庆工作，也邀请各位退休老师积极参与，贡献力量，届时返校过节。对此，与会退休教师纷纷建言献策。此外，关于教育教学，老师们也发表了自己的看法。退休老师们的建议，饱含对学校的深厚感情，闪耀着岁月的智慧与光华，寄托着对后来者的殷切希望。"爱国爱党情系建大 建言献策寄望后学"，环能学院退休党支部"纪念抗战胜利70周年"主题活动圆满结束，为学院的发展留下了一笔宝贵的财富。

【环能学院召开党支部书记会议】2015年11月10日，环能学院召开党支部书记会议。学院党委书记刘艳华、党委副书记黄琇及全体党支部书记参加会议。

会议要求各党支部认真学习贯彻十八届五中全会精神，结合学院、专业特点谋划好支部发展，在下一阶段支部工作中做到以下四点：一是加强党支部建设，认真抓好本支部的思想建设、组织建设、作风建设、制度建设和反腐倡廉建设。二是加强学习，认真组织好理论联系实际的支部党员学习活动。三是加强团结，在学校学院发展的关键时期，围绕聘任、十三五规划、人才培养改革、科技工作改革、干部推荐等重点工作，各党支部一定要加强团结，紧密配合学院中心工作，发挥好党支部的战斗堡垒作用。四是规范有序开展党支部活动。此外，会议还布置了近期学生党建相关工作。

会议还组织各支部书记学习了《十八届五中全会公告》、《中国共产党廉洁自律准则和条例》和《轻有力——用90后思维管理90后》等学习资料，并发放了相关材料。切实打造学习型党组织，用理论武装党员同志头脑，更好地指导实践活动。

（八）工会工作

【概述】学院以"党建领导，行政支持"开展教代会、工会、统战工作。依法治院，民主治院。

【2015环能教职工羽毛球比赛顺利举行】2015年1月9日下午，环能学院分工会在西城校

区大学生活动中心举行了"2015环能教职工羽毛球比赛",环能学院所有系部均积极参与了比赛。为增进教师感情,加强学院凝聚力,倡导"勤奋工作、健康生活"发挥了重要作用。

【"行走·改变 教师健康走"活动顺利举行】 2015年10月1日,环境与能源工程学院启动了以"行走·改变 教师健康走"为主题的教师健康走系列活动,全院教工80余人参加了健康走活动。活动全程共分为三个阶段:第一阶段(走起来)、第二阶段(走出规模)、第三阶段(走进大自然),分别以个人和工会小组为评比对象,通过1年的坚持,形象化完成25000里的"健康长征路"。本次健康走系列活动同期开通"环能学院教师健康走"微信群,赢得了大家称赞和支持,无论身在国外交流访学,还是临时出差外地,都不忘定期上报数据并相互提醒"为了健康迈开腿"、"适度运动强体魄"。10月31日,第一阶段活动已圆满完成,教师参与度稳步提高,活动期间个人日均步数最高达到20227步。既锻炼身体、开拓思路,又促进了教师之间的交流,提高了团队凝集力。在第一阶段评选中,共评选个人优秀奖六名,团体组织奖一名。

【重阳敬老活动】 2015年10月21日,重阳佳节这个特殊的日子,环能学院分工会邀请退休教师参观大兴校区,亲身感受我校近年来巨大的发展变化。环能学院分党委书记刘艳华,基建处副处长邵宗义,及环能学院部分老师负责组织接待工作,共有19名退休教师参观了大兴校区。

【环能学院教师教研能力提升研讨会暨户外团队素质拓展训练】 2015年10月30-31日,环能学院分工会在怀柔雁栖山庄组织教职工参加"环能学院教师教研能力提升研讨会暨户外团队素质拓展训练"培训活动,全院60余名教师参加了培训。通过此次培训,提升了参训人员的教研能力,为学院教师提供了交流平台,促进了彼此感情,凝聚了团队,为学院后期工作的开展打下了扎实的团队基础。

【环能学院召开教职工代表大会审议通过考核聘任文件】 2015年12月17日,环能学院在西城校区实验2号楼311报告厅召开2015年度教职工代表大会。学院校、院两级教师代表及大会工作人员共25人参加了此次教职工代表大会。大会由院党委书记刘艳华主持。大会讨论通过了2015年《环境与能源工程学院关于教师岗位申报条件和岗位职责的规定(讨论稿)》(以下简称2015聘任文件)。会前,学院充分发扬民主,通过邮件、研讨、单独沟通等多种形式广泛征集教师意见、建议94条,归纳合并为37条,四版共涉及83项条文修改。院长李俊奇在会上向与会代表报告了2015聘任文件的修订原则及修订过程,加深了与会代表对文件精神的理解与认识。随后,大会采取不计名投票表决方式,每位代表对关系学院教师切身利益的聘任文件投下了自己神圣而庄重的一票,教代会代表有序参与、依法行使民主权利。最后刘艳华同志公布了投票结果并向与会代表做了2015年职工福利费、活动费等工会经费的使用情况报告。

(九)实验室建设

【概述】 实验室包括西城校区实验室和大兴校区实验室两部分,西城校区实验室以服务科研和研究生为主,大兴校区实验室以服务本科生培养为主,两校区实验室由学院统一协调管理。总实验面积8300平方米,其中大兴校区4400平方米,西城校区3900平方米,仪器设备总值6千万元,可开设实验项目400项,面向全校6个学院开设实验课。支撑2个国家级实验教学平台和6个省部级科研平台。

【城市雨水系统与水环境省部共建教育部重点实验室获荣誉称号】2015年4月10日，2015年北京市环境保护委员会（扩大）会议暨"首都环保奖"表彰大会在北京会议中心隆重举行，副市长、市环委会主任张工以及环境保护部等相关单位领导出席了会议。会上，我校城市雨水系统与水环境省部共建教育部重点实验室被北京市政府授予"首都环境保护先进集体"荣誉称号。

【环能学院开展实验室安全工作突击检查及现场培训会】2015年12月8日上午，环能学院开展了实验室安全工作突击检查及现场培训会。环能学院院长李俊奇、党委书记刘艳华、实验中心主任孙金栋、办公室主任陈亚飞及使用实验室的部分师生参加了培训。通过此次突击检查及现场培训会，进一步强化了师生的安全意识，培训了安全知识，为师生的实验安全提供了保障。

（十）重大事件

【环能学院召开"十三五"发展规划主题研讨会】2015年1月12日，环能学院在实2—311举办以"改革创新 卓越发展——'十三五'发展规划"为主题的研讨会，环能学院全体班子成员，各系、科研基地、实验中心主任以及部分教师代表出席研讨会，研讨会由院长李俊奇主持。会议总结了环能学院"十二五"期间取得的成绩和存在的问题，通过科学分析和统筹规划，制定了2015年详实的工作计划，并展望和研讨了环能学院"十三五"发展目标。环能学院"十三五"发展目标中强调，环能学院各项工作的指导思想为党政协同、凝心聚力、改革创新、卓越发展，紧紧围绕教学、科研等"内涵、质量、水平"的整体提升开展工作，在学科建设、师资团队、专业建设、科学研究、研究生培养、国际交流等六个方面同时发力，真正做到以学科建设和高水平科学研究为龙头，以科研和教学基地建设为支撑，以高质量的人才培养为根本，全面提高学院的核心竞争力和可持续性发展能力。与会老师纷纷表达了自己的看法，一方面认可了学院"十二五"期间取得的成绩，另一方面为工作中存在的不足提出了中肯的意见和富有建设性的建议。最后，党委书记陈红兵对本次研讨会做了全面而深刻的总结。本次研讨会为后期工作的开展做出了指导性规划，将推动环能学院的长足发展。

【环能学院召开教职工大会】2015年1月14日，环能学院全体教师齐聚一堂，举办环能学院教职工大会。学院邀请国家杰出青年基金获得者、中国科学院生态研究中心胡春研究员，做了"国家自然科学基金申请"的专题辅导，并对教师们提出的问题进行了解答和交流。院长李俊奇以"改革创新、卓越发展"为题总结了2014年学院在学科平台建设、教学改革、人才培养、科学研究、师资队伍建设、对外合作交流、学生管理、学院工会教代会等方面取得的成绩和存在的问题。同时，展望了学院"十三五"发展目标，制定了2015年在学科建设、师资团队、专业建设、科学研究、研究生培养、国际交流等方面详实的工作计划。党委书记陈红兵代表学院领导班子对一年来为学院发展辛勤付出的全体教职工表示感谢，希望全院教职工继续团结奋进，在和谐向上的氛围中切实围绕提升"内涵、质量、水平"的方针踏踏实实做好学院各项工作，实现卓越发展。

【获奖】2015年3月，环能学院获得北京市人民政府颁发的"首都环境保护先进集体"称号。

2015年9月，环能学院获得学校先进集体称号。

（陈亚飞　冯萃敏　张群力　黄琇　刘艳华　李俊奇）

四、电气与信息工程学院

(一)学院概况

北京建筑大学电气与信息工程学院拥有 1 个"控制科学与工程"一级学科,1 个"建筑数字化工程与技术"培育增列交叉学科,4 个本科专业:自动化、电气工程及其自动化、计算机科学与技术、建筑电气与智能化,1 个北京市优秀教学团队,1 个北京市学术创新团队,自动化专业为北京市特色专业建设点,"建筑电气与智能化实验教学中心"为北京市实验教学示范中心,获批 1 个国家级智慧城市国家级虚拟仿真实验教学中心,1 个机器人仿生与功能研究北京市重点实验室,1 个北京市建筑安全监测工程技术研究中心。电气与信息工程学院与美国罗克韦尔公司、德国西门子公司等多个国际国内企业共建了创新实验室,是中国建筑学会建筑防火综合技术分会建筑电气防火专委会挂靠单位。学院在职教职员工 63 人,退休教师 22 人,全日制学生 1055 人,其中本科学生 981 人,硕士研究生 74 人。

(二)师资队伍建设

【概述】电气与信息工程学院拥有一支结构合理的师资队伍,其中教授 8 人,副教授 19 人,1 名北京市教学名师,1 名北京市优秀教师,1 名北京市师德标兵,7 名北京市优秀青年骨干教师。博士和在读博士教师占专任教师数的 79%。同时还聘请了多名具有工程实践经验的校外高级工程师为兼职教授。电气与信息工程学院努力搭建青年教师发展帮助平台,营造老中青教师传帮带氛围,积极鼓励青年教师到国内外进修,2015 年选派 5 名教师赴海外深造,出国访学教师 4 人,出国攻读博士学位 1 人。积极开展交流研讨和到企业锻炼,促进青年教师的成长成才,在 2014/2015 学年的本科教学工作中,青年教师学生评教结果全部为优秀。重视教师教学和科研水平的提高,执行教师素质提升计划,按照人均 1000 元安排教师培训及交流,组织开展讲座、座谈和交流 30 多场次。积极鼓励教师进修学习、参与实践。结合 2015 年人才工作会议,进一步统一了学院教师的思想,形成了积极进取的良好氛围。李英姿教授被评为北京市优秀共产党员,王晓辉老师获第十届校级青年教师教学基本功比赛二等奖,赵春晓老师被评为第四届校级教学名师,刘慧和孙卫红两位老师获校级优秀毕业设计(论文)指导教师称号。

【举行师生学术报告】3-6 月,电气与信息工程学院建筑电气工程师大讲坛先后举办 6 场学术报告,邀请了中科院自动化研究所彭思龙,北航自动化科学与工程学院教授、杰青、长江学者贾英民,美国康涅狄格大学教授、清华大学讲座教授陆宝森,中国建筑设计研究院教授级高工欧阳东,美国德州大学圣安东尼奥分校机械工程系助理教授董冰来校做讲座,同师生交流。

【督导组专家及院领导督导青年教师教学】电气与信息工程学院贯彻执行督导组专家和学院领导对青年教师进行全覆盖跟踪听课工作,培养和提升青年教师的教学能力。

(三)学科建设

【概述】电气与信息工程学院加强了学校重点学科"控制科学与工程"的建设工作,实施培育增列交叉学科"建筑数字化工程与技术"建设方案。明确了学科发展方向:智慧城市的建筑节能与安全监控、机器人仿生与功能控制、BIM 与建筑设计 3D 视觉、建筑环境物联与移动互联。

【研究生招生及培养情况】 电气与信息工程学院招收研究生 27 名，完成了控制科学与工程学术型硕士以及建筑电气与智能化方向专业学位硕士培养方案，增设交叉学科课程，制定了硕士研究生毕业标准，建立完善了硕士研究生导师负责制，保证了研究生培养质量。

【获批国家级虚拟仿真实验教学中心】 1 月，智慧城市虚拟仿真实验教学中心获批国家级虚拟仿真实验教学中心。中心设有城市智能化城市安全以及城市建筑 3D 打印 8 个虚拟仿真实验教学平台，开设 117 个虚拟仿真实验项目。

【中国建筑学会建筑防火综合技术分会建筑电气防火专委会挂靠北京建筑大学】 1 月，中国建筑学会建筑防火综合技术分会建筑电气防火专委会成立暨分会理事长工作会议在大兴校区四合院会议室召开，分会将建筑电气防火专委会的挂靠单位设在北京建筑大学。

【获批机器人仿生与功能研究北京市重点实验室】 5 月，北京建筑大学电气与信息工程学院获批机器人仿生与功能研究北京市重点实验室，本实验室以北京建筑大学为依托，联合北京理工大学和安川首钢机器人有限公司，共建机器人基础理论与应用关键技术研究的国内外联合实验室。

【承办第九届中国国际建筑电气节能技术论坛暨第一届全国建筑机电技术研究生学术论坛】 5 月，由中国建筑学会建筑电气分会、中国建筑电气分会节能专业委员会（CBEEC）主办，北京建筑大学电气与信息工程学院承办的"2015 第九届中国国际建筑电气节能技术论坛暨第一届全国建筑机电技术研究生学术论坛"在西城校区大学生活动中心开幕。本届论坛主题为"探索机电节能技术，共创绿色智慧城市"，吸引了来自全国各地的建筑电气分会理事以及业内专家、专业人士、教师、研究生等 300 余人参加。

【参与智能机器人与系统北京市高精尖创新中心工作】 电气与信息工程学院推进参与的"北京技术创新行动计划（2014-2017）"重大专项"智能机器人与系统北京市高精尖创新中心"工作，4 月参加中心第一次筹备会和 VIP 成员会。

【加强校企合作】 4 月，电气与信息工程学院接洽合作企业美国罗克韦尔公司全球总监，7 月与美国 BENTLEY 公司达成战略合作意向，8 月与中国 BIM 门户网签订加入"高校联盟 BIM+"协议。

（四）教学工作

【概述】 电气与信息工程学院加强以社会需求和行业发展需要为重点的教学改革研究，探索人才培养模式多样化的道路。2015 年 4 个本科专业以"建筑电气与信息类"大类招生，试行学分制，开办"工科创新实验班"，加入"北京市高水平人才交叉培养计划"，设置双培和外培计划项目，完成了 2014 版本科培养方案教学大纲制定工作。加强学生工程实践能力的培养，依托昌盛联行商业地产管理顾问有限公司和中国 BIM 门户网新建了校外人才培养基地，落实双导师制度，聘请多名企业工程师和行业专家担任兼职导师承担实训教学任务、指导毕业设计、开展讲座，与山东建筑大学、天津城建大学、吉林建筑大学和青岛理工大学开展了联合毕业设计。

【教学成果】 智慧城市虚拟仿真实验教学中心获批国家级虚拟仿真实验教学中心，组织申报并获批学校教育教学改革项目 2 项，教材建设项目 2 项，实践教学改革项目 2 项，王晓辉老师获第十校级青年教师教学基本功比赛二等奖，赵春晓老师被评为第四届校级教学名师，刘慧和孙卫红两位老师获校级优秀毕业设计（论文）指导教师称号。

【学生科技竞赛成果】2015年，电气与信息工程学院近500人次参与各级各类科技竞赛，136人次获奖，其中国家级奖励30项、省部级奖励24项。在2015中国机器人大赛暨RoboCup公开赛中共取得两项亚军、一项二等奖及两项三等奖；在第十届"飞思卡尔"杯智能汽车竞赛中获得华北赛区二等奖两项、三等奖两项和优胜奖两项；获华北五省（市、自治区）大学生机器人比赛二等奖1项、三等奖7项；获北京市大学生机器人大赛二等奖4项、三等奖5项。

（五）科研工作

【概述】2015年电气与信息工程学院获批纵向科研项目19项，横向科研项目12项，其中国家自然科学基金青年项目1项，合作面上项目1项，获批北京市教委科研能力提升计划项目"养老护理机器人研制与产业化"。申报北京市自然科学基金7项。王佳教授的科研团队在Building SMART2015年香港国际BIM大奖赛获得"最佳BIM应急应用项目大奖"。

【科研经费情况】2015年电气与信息工程学院到校科研经费355万元，其中横向项目到校经费61万元，纵向项目到校经费294万元。

【实验室和基地建设情况】5月电气与信息工程学院获批机器人仿生与功能研究北京市重点实验室，制定了北京市重点实验室管理制度，召开了学术委员会，开展了8项开放课题的审批工作。实施了大兴校区机器人仿生与控制、分布式能源及微电网、艺术视觉与数字处理、大型3D打印机控制系统、电磁兼容、罗克韦尔先进控制等创新实验室的建设工作。

（六）学生工作

【概述】电气与信息工程学院在校全日制学生1055人，其中本科生981人，硕士研究生74人。学院以建设良好学风为根本，持续深入开展目标引领、基础管理、环境营造、帮扶助困、实践成才、就业促进六大工程。学院通过推行手机收纳袋、举办电气大讲坛、组织科技竞赛、参观专业展览、开展早晚自习评比、结合党员先锋工程开展一对一学业帮扶、为学困生建立台账、建立"电力十足"微信平台推送课程复习资料、重点课程开展成绩分析交流会、开展"见贤思齐"电信榜样系列宣传活动树立典型、学生党员联系宿舍共建学风等具体措施积极开展学风建设工作。近500人次参与各级各类科技竞赛，136人次获奖，其中国家级奖励30项、省部级奖励24项。2015届本科生就业率97.71%、签约率96.79%，研究生就业率100%、签约率100%。

【成立电信学院考研联盟】4月20日，电气与信息工程学院考研联盟成立，旨在为学院考研学生提供一个便利的交流平台。

【社会主义核心价值观主题教育活动——学习先进榜样】5月26日中午，电气与信息工程学院本科生体党员举行了社会主义核心价值观专题学习会。北京建筑大学党委常委张素芳老师、电气与信息工程学院党委副书记武岚老师出席。

【电信学院研究生会成立】5月27日，电气与信息工程学院研究生会成立大会在学宜宾馆报告厅召开。新一届研究生会主席邓亚同学代表研究生会全体同学表示，要努力团结广大研究生同学，维护全体研究生同学的利益，切实发挥群众性组织"自我教育、自我管理、自我服务"的职能。

【开展毕业生党员三个一活动】7月，电气与信息工程学院开展毕业生党员三个一活动，即"详解一门课程"、"推荐一本书籍"、"分享一条经验"。

（七）党建工作

【概述】电气与信息工程学院党委围绕中心开展党建和思想政治工作，深入改革，攻坚克难，与班子密切配合，进一步明晰了学院在党建、学科、科研、人才培养的发展规划；深入开展了党的群众路线教育实践活动，进一步加强了党的作风建设。在学院发展的重要问题上集中师生智慧，注重工作中的民主公开透明。电气与信息工程学院党委书记为学院师生上党课5次，以践行社会主义核心价值观为引领，组织开展师生思想政治教育活动31次，在北京高校纪念中国共产党成立94周年座谈会上介绍了北京市优秀共产党员李英姿教授先进事迹，结合学校人才工作会和学院聘任等工作，举办座谈会7场，深入各系中心，谈心多人，营造了进取、安全、稳定、廉洁、和谐的发展氛围。

【党风廉政建设责任制具体落实情况】电气与信息工程学院坚持执行党务和院务公开。每年向全体教职工述职述廉，公开学院经费使用情况；坚持贯彻民主集中制。在专项经费使用、教育教学改革等重大事项中广泛听取意见；完善落实规章制度。严格落实电气与信息工程学院领导班子执行"三重一大"制度的实施细则、学院实验仪器设备及元器件材料等采购管理办法等文件。把廉洁教育贯穿于师德学风建设之中。

（八）工会工作

【概述】电气与信息工程学院分工会始终坚持"围绕中心、服务大局、统一思想、凝聚力量"为主题，创造性地开展工作。在党政的领导下，推进二级教代会工作，积极贯彻民主管理民主监督，党政工全力配合，营造团结和谐工作氛围，推进电信学院工作健康稳定发展。在校工会的领导下，积极开展分工会工作，在教职工思想教育、教学基本功比赛、送温暖、文体活动等方面细致梳理，关心丰富教职工生活，全力做好后勤保障。

【召开教职工大会】1月20日，电气与信息工程学院召开工作年会暨教职工大会，副校长汪苏、电气与信息工程学院班子成员及全体教师参加会议，会议第一阶段，由各系主任、实验中心主任发言，梳理了本部门2014年的工作，并提出了2015年的初步工作计划。会议第二阶段，由学院领导就分管工作向教职工大会做了汇报。分工会主席就经费使用等做了财务报告。

【教代会代表参与学院聘任制度制定】1月，电气与信息工程学院多次召开党政领导与系主任、教师代表的研讨会，对学院新一期聘任文件制定进行充分调研、充分讨论，上上下下多次征求意见，并经由教职工大会投票最终通过聘任文件。

【举办电气与信息工程学院首届师生羽毛球赛】5月28-29日，在西城校区大学生活动中心举办电气与信息工程学院首届师生羽毛球赛。活动丰富了师生的课余生活，加强了老师和同学们间的友谊。

【关心退休教师生活】2015年底，电气与信息工程学院班子探望生病及生活不便的退休教师，开展送温暖活动。对每一位退休教师一年保证电话联系至少四次，及时了解他们的生活状况并及时给予帮助。充分发挥退休老师的力量，聘请退学教师担任教学质量督导，指导青年教师提高教学水平。

（九）实验室建设

【概述】2015年，电气与信息工程学院依托"建筑电气与智能化实验教学示范中心"北京市实验教学示范中心、智慧城市国家级虚拟仿真实验中心，进一步提升实验室建设理念，凝练成果，积极推动实践教学改革与探索；积极联合企业共建实验室，建立高校产学联合培养人才的模式和机制，进一步推进实验室建设。

【机器人仿生与功能研究北京市重点实验室建设】 12月4日，电气与信息工程学院召开"机器人仿生与功能研究北京市重点实验室学术委员会暨研究课题评审会"。2015年，重点实验室组织了3场国内知名专家的学术报告，建设了3个高水平科研实验室，落实科研基地建设专项经费500万元，获批北京市属高校创新能力提升计划项目1项（养老康复机器人设计与应用研究，300万元），在研国家自然科学基金项目3项、北京市自然科学基金项目2项，发表SCI、EI收录期刊论文20余篇，申报专利3项。2015年，重点实验室与北京理工大学、日本早稻田大学、意大利比萨圣安娜大学合作申报"智能机器人与系统北京市高精尖创新中心"获批。

（十）重大事件

1月，由北京建筑大学电气与信息工程学院牵头申报的"智慧城市虚拟仿真实验教学中心"获批国家级虚拟仿真实验教学中心，这是近年来北京建筑大学获批的第二个国家级虚拟仿真实验教学中心。目前，同时拥有两个国家级实验教学中心的高校全国有45所，北京8所，北京建筑大学为其中仅有的一所市属高校。

1月，中国建筑学会建筑防火综合技术分会建筑电气防火专委会挂靠北京建筑大学。

4月，北京建筑大学电气与信息工程学院推进"北京技术创新行动计划（2014-2017）"重大专项"智能机器人与系统北京市高精尖创新中心"工作，参加中心第一次筹备会和VIP成员会。2015年北京市高精尖创新中心共获批六个，北京建筑大学参与的"智能机器人与系统北京市高精尖创新中心"为其中之一。

4月，来自全球的BIM行业专家学者汇聚香港科学园高锟会议中心，参加Building SMART2015年香港国际BIM大奖赛颁奖典礼，共遴选出15个项目获得奖励，北京建筑大学电气与信息工程学院王佳教授的科研团队在Building SMART2015年香港国际BIM大奖赛获得"最佳BIM应急应用项目大奖"。

5月，电气与信息工程学院获批机器人仿生与功能研究北京市重点实验室，是2015年北京市科学技术委员会认定的62个北京市重点实验室之一。

5月，北京建筑大学电气与信息工程学院承办了第九届中国国际建筑电气节能技术论坛暨第一届全国建筑机电技术研究生学术论坛。

6月，北京高校纪念中国共产党成立94周年座谈会召开，市委常委、教育工委书记苟仲文出席并讲话。北京建筑大学电气与信息工程学院党委书记杨光介绍了北京市优秀共产党员李英姿教授先进事迹。

9月，电气与信息工程学院全部本科专业以"建筑电气与信息类"大类招生，试行学分制。

（田　芳　杨　光）

五、经济与管理工程学院

（一）学院概况

经济与管理工程学院（以下简称经管学院）设有"三系三所四中心"，即：工程管理系、工商管理系、公共管理系；工程管理研究所、工程法律研究所、经济管理与人居环境研究所；MBA教育中心、经管学院实验中心、经管学院培训中心、创新创业课程中心。在本科生教育方面，设置有工程管理、工程造价、工商管理、市场营销和公共事业管理（招标采购方向）等五个专业。在研究生教育方面，全日制学术型设置有管理科学与工程、工商管理两个一级学科硕士学位授权点，包含企业管理、会计学和技术经济及管理等二级学科硕士学位授权点；专业学位设置有MBA（工商管理）、项目管理和物流工程硕士学位授权点；非全日制设置有项目管理领域和物流工程领域工程硕士学位授权点。管理科学与工程是北京市重点建设学科，工程管理专业是北京市级特色专业。

2015年经管学院现有在校本科生1344名，研究生299人（其中MBA30人，普硕45人，在职工硕224人），专任教师39名，其中教授11人，博士生导师2人，副教授15人。

经管学院毕业生定位于为北京地区经济建设和城市建设管理各行业服务，以其知识面广、专业知识扎实、应用能力强，既懂技术又懂管理的特点和优势受到用人单位的欢迎和认可，一大批毕业生成为公司经理、项目经理或总监。

（二）师资队伍建设

【概述】经管学院拥有一支结构合理、兼具学术研究、应用研究和实践经验的师资队伍。现有教职员工50人，其中专任教师39人，其他人员11人。有教授11人，博士生导师2人，副教授15人。

【调入人员名册】

经管学院2015年调入人员情况一览表

序号	姓名	性别	学历	类型	报到时间
1	彭磊	女	博士	学院党委书记	2015.4
2	李雅雯	女	硕士	辅导员	2015.12

【调出人员名册】

经管学院2015年调出人员情况一览表

序号	姓名	性别	学历	类型	调出时间
1	吴雨桐	女	硕士	辅导员	2015.11

【退休人员名册】

经管学院2015年退休人员情况一览表

序号	姓名	性别	学历	类型	退休时间
1	张庆春	男	研究生	学院党委书记	2015.4

（三）学科建设

【概述】经管学院现有两个一级学科，即管理科学与工程和工商管理。

管理科学与工程学科起源于土木工程的施工管理专业，研究生教育始于1981年。于1998年成为管理科学与工程硕士学位授权点。2008年4月，其支撑专业工程管理通过建设部专业评估，2009年被评为北京市特色专业。管理科学与工程于2010年被列为北京市一级重点建设学科。

工商管理学科发展至今，经历了近20年的发展历程。从1997年管理系成立，到2002年9月工商管理本科专业和市场营销本科专业第一届学生入学；再到2006年1月技术经济及管理二级硕士点开始招生，并设立企业管理二级硕士点；2011年3月，工商管理一级学科获得批准。

【以评促建，加强学科建设】 顺利通过 MBA 专业学位专项评估，以评促建，进一步完善 MBA 教育管理制度，加强日常教学管理，严格课程考核管理及相关资料的备案。推进教师队伍的培训工作；扩大招生宣传，强化特色，加强 MBA 教学案例库的建设。工商管理和管理科学与工程一级学科的自评估工作也在按部就班地进行。"管理科学与工程"一级学科下增设"城市管理"方向。

（四）教学工作

【概述】 经管学院进一步加强本科人才培养内涵建设，以创新创业教育和辅修教育为突破口，辅以"一系一品"学科竞赛模式，在进一步做大做强我院工程管理类专业优势的同时，积极探索工商管理学科和专业发展新空间。

【积极探索工商管理辅修教育的可能性】 经过广泛调研，形成工商管理辅修专业调研报告，提出三个层次、两种模式的办学构想以及多单位协同作战、整合教学资源、制定配套规制等实施建议，并向学校提交了详细的辅修专业培养方案，为培养既掌握专业技术又熟知市场经济知识、深谙管理之道的"一专多能"复合型人才做好准备。

【公共事业管理专业探索城市管理方向】 为适应我国城市管理的发展趋势、满足相关人才培养的需求，我院公共事业管理专业在原有招标采购方向基础上，增设城市管理方向，并制定该方向培养方案。

【大类分流】 2015 年 7 月，我院工商管理专业完成第一次大类分流，依据学生第一学年成绩，参考学生意愿，将工商管理类两个班近 70 名学生分为工商管理和市场营销两个专业。

【逐步构建"543"的毕业设计教学模式】 进一步深化工程管理专业毕业设计改革，逐步形成"五个方向＋四个阶段＋三重指导"的毕业设计教学模型，并探索校企合作共同指导毕业设计的组织管理模式。其中我院与广联达公司指导的"基于 BIM 工程项目管理方案"毕业设计获得广联达全国高等院校 BIM 毕业设计一等奖。

【"一系一品"学科竞赛】 组织开展北京建筑大学经管学院第一届工程算量大赛和"鲁班"杯创新创业大赛。组织暑期训练营，启动"一系一品"的学科竞赛模式，促进学科竞赛由精英参与向全员参与模式的转变。获得斯维尔全国 BIM 建模大赛二等奖 2 项、三等奖 3 项以及广联达 BIM 算量大赛全国单项冠军 1 项、一等奖 2 项、二等奖 2 项的好成绩。

【成立创新创业课程建设中心】 抽调 6 名骨干教师组建了创新创业课程团队，成立创新创业课程建设中心，初步形成了思路较为清晰的教学大纲和授课计划，面向全校开设创新创业选修课。

【举办创新创业沙龙】 邀请腾讯、京东等著名企业高管、成功创业者与学生分享创新思维和创业经验。

【有序推进课程建设】 完成全校首批慕课之一——"中国当代政治制度"课程建设。继续进行"房地产估价"等校级精品课建设，增设"城市经济"等双语课。工程管理、工商管理、市场营销、工程造价四个专业打包通过英国皇家特许不动产管理协会（CIH）课程认证。

【教学研究项目申报新成果】 成功申报校级重点教研项目一项：《高等学校微课群的设计与建设研究——以北京建筑大学为例》。

【教学获奖】 工程造价和工商管理专业建设教研项目入围 2015 年校级教学成果奖；两位教师（王红春老师、樊瑜老师）入围 2015 年校级教学优秀奖决赛。

【论坛合作】成功承办 2015 年建筑经济年会暨高峰论坛、中国建筑学会年会建筑施工 BIM 应用分论坛、全国首届高校基建管理论坛。

（五）科研工作

【概述】2015 年经管学院科研工作在全体教师的共同努力下取得了较好成绩。申请批准的项目共计 19 项。其中获得国家自然科学基金项目 2 项，省部级项目 2 项，其他项目 15 项。到校经费共计 229.5 万元。共发表学术论文 65 篇，其中 EI 等检索论文 2 篇，核心期刊论文 20 篇，其他论文 43 篇。著作 14 部。

【举办学术讲座，浓厚学术氛围】成功承办 2015 年建筑经济年会暨高峰论坛、中国建筑学会年会建筑施工 BIM 应用分论坛、全国首届高校基建管理论坛。依托经管系列论坛，邀请中国社科院经济所裴长洪院士、英国剑桥大学国际土地学院 Nigel Walker 教授、香港理工大学建筑及房地产学系建设管理系主任兼建设及环境学院副院长沈岐平教授及其团队、台湾云林科技大学苏南教授、香港创展房地产集团练均华总经理等行业内知名专家围绕建筑经济、新城开发、本科生创新创业教育等专题为师生举办了 20 余场讲座，极大地开拓了师生的学术视野。

【承担科研项目数量和质量均有增加】

2015 年经管学院承担的各类科研项目一览表

序号	项目名称	负责人	项目来源	项目级别	合同经费（万）	起止时间	项目分类
1	基于数据的供应链协同机制研究	王红春	国家自然科学基金项目	国家级	85	2015-01-01 至 2018-12-31	国家自然科学基金资助项目
2	煤矿绿色生态投入动力分析及机制设计研究	赵金煜	国家自然科学基金项目	国家级	2	2015-05-01 至 2016-11-30	国家自然科学基金资助项目
3	进一步加强公共租赁住房社区管理政策研究	姜军	国务院其他部门	省部级	15	2015-04-01 至 2015-12-31	国家其他部委项目
4	绿色建造过程资源循环利用协同机制研究	尤完	主管部门科技项目	省部级	8	2015-07-01 至 2017-06-30	北京市哲学社会科学规划项目
5	可持续发展背景下市域城乡协调发展评价研究	万冬君	教育部人文社科研究项目	地市级	5	2015-01-01 至 2017-12-31	主管部门科技项目
6	不完全施工合同的经济分析	郑宪强	主管部门科技项目	地市级	15	2015-01-01 至 2016-12-31	主管部门科技项目
7	以"人"为中心的城市反恐国际经验及其对首都反恐启示	陈松川	学校社科项目	校级	2	2015-06-16 至 2016-12-31	校设科研基金
8	新常态下我国建筑服务贸易发展研究	邓世专	学校社科项目	校级	3	2015-06-16 至 2017-12-31	校设科研基金
9	基于行为特征分析的突发事件在线社交网络舆情研判研究	金占勇	学校社科项目	校级	3	2015-06-16 至 2017-07-31	校设科研基金
10	我国养老社区管理机制问题研究	刘娜	学校社科项目	校级	3	2015-06-16 至 2017-06-30	校设科研基金
11	互联网环境中建筑企业运营模式研究	卢彬彬	自选课题	校级	2	2015-06-16 至 2017-06-30	校设科研基金

横 向 课 题

1	建筑市场与工程质量安全百起案例研究	姜军	其他研究项目	服务	10	2015-01-05 至 2015-06-30	应用研究
2	住房城乡建设稽查执法统计分析制度研究	张丽	企事业单位委托项目	开发	10	2015-03-01 至 2015-12-31	应用研究
3	物业管理行业物联网应用情况研究	郭立	企事业单位委托项目	服务	2	2015-03-01 至 2015-09-30	应用研究
4	关于陕西省建筑业建立现代企业制度和民营企业发展的指导意见	卢彬彬	企事业单位委托项目	开发	6	2015-03-10 至 2015-05-30	应用研究
5	ppp模式建设方案编制合作协议	赵世强	企事业单位委托项目	开发	10	2015-04-06 至 2015-12-31	应用研究
6	北京市属医院基本建设项目管理研究	姜军	企事业单位委托项目	开发	21	2015-09-01 至 2016-12-31	应用研究
7	北京市民政公共服务基础设施建设规划落实评价	姜军	企事业单位委托项目	开发	26.5	2015-11-30 至 2015-12-31	应用研究
8	理财规划师职业资格考试阅卷及试卷分析	樊瑜	企事业单位委托项目	开发	1	2015-12-12 至 2016-01-12	应用研究

（六）学生工作

【概述】2015年经管学院学生工作在校学工部的指导下，在经管学院党委和行政班子领导下，在全体教职员工的支持下，以努力提高学生德育素质为核心，以促进学生综合能力全面发展为目标，各项工作均取得了长足进步，顺利完成了学生教育和管理等各项工作。

【辅导员队伍建设】学院学生工作2015年新进1名辅导员，配齐了工作队伍。学院组织辅导员参与培训，定岗定责，助力辅导员快速成长。确保班级导师队伍持续健康发展，通过开展培训，使班级导师及时了解工作内容，尽快进入角色。紧密围绕学院中心工作锻炼辅导员队伍。积极承担MBA评估、建筑经济高峰论坛组织等学院的核心工作，主动承办全国大学生房地产策划大赛、全国大学生BIM软件应用大赛，为学生提供专业实践平台，全年接待校外师生超过2000人次，提升了辅导员队伍的意志力和战斗力，并连续获得优秀组织奖，得到领导好评。

【学生就业】经管学院重视学院学生就业工作，在全社会就业矛盾突出、高校毕业生人数持续增加、高校毕业生就业压力持续增大的情况下，领导班子多次专题研究就业工作，听取就业工作汇报，系主任动员系内所有老师积极参与就业，并建立教学与学生工作联动管理平台，为学生提供更全面的就业服务工作，提早发现学生学业问题，帮助学生减少由于个人的学业问题导致就业难的情况，与此同时，要求全体教师必须思想上高度重视毕业生就业工作，充分利用自身资源，积极为学生推荐就业岗位。积极开展企业校园宣讲，不断拓展就业渠道，畅通就业环节，经全院师生共同努力，我院毕业生就业继续保持良好态势，截至2015年10月27日，学院本科生就业率97.67%，签约率为95.02%；研究生就业率100%，签约率97.88%，完成当年就业工作目标。

【学生科技活动】学院领导高度重视、老中青教师队伍齐上阵、学生参赛项目和规模扩大，学院科技竞赛逐步形成"一系一品"模式。依托全国大学生房地产策划大赛，搭建创新创业平台。积极承办大赛，促进竞赛交流平台，扩大学校学院影响力。2015年10月我院成功承办"第八届全国中、高等院校BIM算量大赛暨第六届全国高等院校BIM施工管理沙盘及软件应用模拟大赛总决赛（北方赛区）"、12月份承办"金茂杯"第八届全国大学生房地产策划大赛总决赛。组织暑期训练营，启动"一系一品"的学科竞赛模式，促进学科竞赛由精英参与向全员参与模式的转变。获得斯维尔全国BIM建模大赛二等奖2项、三等奖3项以及广联达BIM算量大赛全国单项冠军1项、一等奖2项、二等奖2项的好成绩。2人获美国大学生数学建模竞赛（MCM/ICM）二等奖，2人获北京市大学生数学建模与计算机应用竞赛一等奖。此外，我院共有100多人参加全国各类创新创业大赛，共获奖10余项。

【安全稳定】经管学院将学生学习、生活与活动区域划分成若干责任区，安排学生党员、干部担任负责人，联系班级、宿舍，及时掌握动态。学院还安排党员、干部联系学业困难学生、少数民族学生、家庭经济困难学生，结成帮扶对子，关心他们日常学习生活中的困难，及时排忧解难，发现问题及时反馈汇报，将不稳定因素降至最低。

经管学院每学期定期开展排查心理问题学生、家庭经济困难学生、少数民族学生工作，给困难学生安排勤工助学岗位，组织申报奖助学金，安排少数民族学生参与保卫处安全岗，担任学生安全员，指导心理困难学生找心理中心老师咨询，化解情绪。敏感日、节假日、放假前，学院都会通过信息平台、召开学生大会等形式，进行安全教育，提醒学生注意安全。

【主题教育】经管学院以十八大为契机，以学生党员先锋工程为引领，加强学生思想政治教育，扎实开展学生思想政治工作，取得较好效果。学院注重班级班风建设，通过班徽班训设计、以实际行动让班徽闪光等主题活动，营造正风正气，引领学生奋进，取得良好效果。我院积极开展"社会主义核心价值观宣传月系列活动""'时代记忆'——高党及发展对象社会实践系列活动"、"经管学院第三届人文关怀系列活动之——情系经管，感恩你我"等，立足于学生之间，积极向同学们传递正能量，积极引导学生树立正确的思想观、价值观、人生观。我院学生在多项大学生学科和科技竞赛中获得佳绩；造价141班荣获北京市"我的班级我的家"示范班级称号，是我校唯一获奖班级。

【学风建设】学院注重发挥榜样引领作用，积极开展活动表彰先进个人、集体，开展典型事迹报告和交流，充分动员和号召广大学生向先进学习，传递正能量。在先进的感召下，2015年经管学院涌现出一批优秀集体与个人，造价141获得2015北京高校"我的班级我的家"示范班集体，2014-2015年度北京市先进班集体；2人获国家奖学金，1人获研究生国家奖学金，25人获一等奖学金，43人获二等奖学金，80人获三等奖学金，40人获励志奖学金。2015年6月，管112班四级一次通过率达到74.1%，全院平均通过率基本达到60%。

关注学业困难学生，结对子帮扶，助力学业进步。学院下半年认真梳理了有不及格课程学生情况，对于挂科门次多的学生，进行重点谈话，通过发警示通知、通报家长、重点结对子帮扶等形式加强学生教育帮助；学院还为不及格门次超过4门的学生、部分少数民族学生，安排学习优秀学生党员结对子，开展1帮1，助力学业进步。

学院邀请专家开设讲座，培育学生专业思想。学院邀请鲁班软件公司资深培训经理为工程管理专业毕业班学生举办了"基于BIM的项目全过程管理"专场讲座；邀请校外导师田成刚开展"中国建设监理体制的创建与发展"讲座；邀请北京市工程咨询公司咨询投资部资深专家戴建行经理为学生举办"项目可行性研究报告编制要点及注意事项"专题讲座；邀请华北电力大学侯学良教授做题为"大型建筑工程项目管理理论与实践——以广州亚运工程为例"的学术报告；举办中国建筑学会建筑经济分会2015年学术年会暨第十届中国建筑经济高峰论坛；邀请客座教授陈川生举办"招投标理论和实务前沿"为主题的报告等等，学生参与积极，在学习中开阔了视野，增强了专业认知，取得了良好效果。

【志愿服务】经管学院积极搭建学生志愿服务平台，为学生提供实践平台。一年来学院依托大兴新秋老年公寓等单位，并在万明医院建立爱心志愿服务基地，结合校院重大事件，开发志愿服务项目，积极开展志愿服务活动，使学生在志愿奉献中锻炼成才。开展"春暖花开献爱心"活动，用实际行动彰显并宣传新时代的雷锋精神。参与北京市"社区青年汇"系列活动、开展"感志愿之风，欢度重阳佳节"、"心系希望 暖暖孤儿""冬日关怀——万明医院志愿者主题志愿活动"，服务社会、帮助他人，积极弘扬社会主义核心价值观。

（七）对外交流

【概述】经管学院本年度对外交流取得新进展。

【与我国台湾地区大学开展交流活动】继续积极开展与台湾云林科技大学和台湾大叶大学的合作交流项目。全年累计派出21名全日制普通硕士研究生、10名MBA学生、15名本科学生赴台进行交流学习。2015年8月，我院为台湾大叶大学举办了第二期"产业发展与经营实务"研修班。台湾大叶大学李城忠教授带领28名MBA研究生参加了此次研修班。

【与美国奥本大学交流活动】10月，美国奥本大学建筑、设计与管理学院工程管理系主任Richard Burt教授来我院进行交流访问。姜军院长等领导及工程管理系相关教授参加了此次交流。双方就"1+2+1"外培计划课程对接、"3+2"合作项目等问题进行了深入洽谈，达成了一致共识。2015年9月我院向奥本大学派出1名本科生进行为期1学年的交流学习。

【与英国南威尔士大学交流活动】2015年我院向英国南威尔士大学3+1项目派出本科生11人，有6人参加暑期英国南威尔士语言文化交流活动。

【与境外其他大学建立合作意向】我院积极推动与英国南岸大学、美国明尼苏达州立大学和香港理工大学的合作。

【境外名家讲学】我院邀请英国剑桥大学、美国奥本大学以及香港理工大学、台湾云林科技大学等境外知名高校教授开办讲座及学术沙龙近10场。

（八）党建工作

【概述】经管学院党委狠抓党的自身建设及教职工思想政治工作取得新成绩，切实发挥了政治核心作用，为学院发展提供了有效的思想、组织保证。

【坚持思想引领，切实加强师生思想政治工作】学院年初制定《经管学院党委学习安排方案》，将习近平系列讲话精神、高校基层党组织条例、学校人事、教学、科研工作大会的内容均列入学习方案。通过组织师生积极参与学校层面的辅导报告、学院层面的集中学习和各支部分散学习和个人自学等方式，确保师生的思想与中央、市委和校党委保持一致，保证中央、市委、校党委的决策部署得到不折不扣地贯彻落实。

【坚持以上率下，不断加强领导班子和干部队伍建设】一是加强院级班子建设。学院班子配齐后，及时明确分工，明确党建责任和联系支部。在明确责任的基础上，认真落实"三重一大"制度，充分利用"三会两学习"，即党政联席会、班子务虚会、班子民主生活会、理论中心组学习和理论中心组片组学习，加强班子的建设。二是积极加强系级班子建设，在个人自荐的基础上，经过公开竞聘答辩、全院教职工推荐、聘任工作领导小组集体讨论、公示等环节，最终确定了12位系（中心）正副主任人选，着力打造一支业务强、素质高、敢担当的学院中层干部队伍，为实现学院提质、转型、升级的目标奠定基础。

【坚持固本强基，不断加强基层组织建设】一是选优配强支部书记。现有教工支部书记均为副教授或博士，同时兼任系主任或副主任。二是支部结合自身特点开展丰富多彩的活动。工程支部结合学生实践能力的培养，发挥教师党员的作用，组织校内BIM算量大赛，并指导学生在全国算量大赛中取得优异成绩；工商支部在创新创业课程建设、MBA专项评估中充分发挥了党员的作用；公管支部发挥党员作用，积极推动招投标实验室的建设和宣传工作；学生党支部开展了以"我为社会主义核心价值观代言"、"中国梦"、"三严三实"为主题的各项活动，切实增强了基层党支部的战斗力和凝聚力。

【"三严三实"专题教育活动】一是通过认真参加学校层面组织的"三严三实"专题教育活动动员部署会，听取党委书记专题党课，参观纪念中国人民抗日战争暨世界反法西斯战争胜利60周年大型展览等教育活动，全面把握党委对"三严三实"教育的总体要求。二是通过理论中心组片组共同学习郭金龙党课，观看纪录片《作风建设永远在路上》，互相研讨，交流思想，加深对"三严三实"教育活动内涵的理解。三是在深刻理解"三严三实"教育内涵的基础上，在学院开展了书记讲党课、十分钟论坛、撰写心得体会、征求意见等系列活动，真正将"三严三实"教育活动落到实处。例如针对师生反映的教学与学生工作需进一步融合的问题，建立由书记、院长牵头，教学副院长和学生工作副书记以及全体学工人员和教务员共同参加的教学与学工联动机制，线上和线下及时互动，解决工作中遇到的问题；又比如学院发挥管理学科特长，与财务处党支部联合开展了题为"党务融合业务，专业服务管理"的"三严三实"党性实践活动，取得了预期效果，双方商定建立长效机制，定期开展座谈交流、业务探讨，以专业服务管理，以管理促进专业，努力做到理论与实践结合促事业、机关与学院互动强沟通、党务与业务融合优服务，为学校的"提质、转型、升级"贡献力量。

【坚持警钟长鸣，深入推进党风廉政建设工作】一是在班子分工时，明确"廉政首问制"，促进班子成员履行"一岗双责"。二是利用全院教职工大会、党政联席会、支部书记会等各类会议加强党风廉政教育，在关键节点比如中秋、国庆、元旦等重要节日，进一步强调提醒。三是针对专项经费负责人、科研项目负责人等，在日常教育提醒外，还邀请财务处进行财经法规和财经纪律的培训。一年来，学院未发现违规行为。

【党员发展工作取得新成绩】截至2015年12月，共发展学生党员70人，其中女生48人，少数民族8人。学院共有党员163人，其中女生118人，少数民族22人。积极分子共有335人，其中女生206人，少数民族54人。申请入党学生860人，其中女生397人，少数民族99人。

（九）工会工作

【概述】经管学院分工会共有会员50人，其中在编人员50人。下设四个工会小组，分别是：工程管理系工会小组、工商管理系工会小组、公共管理系工会小组、机关工会小组。分工会主席由分党委书记彭磊兼任。

【工会自身建设】工会定期向学院党政联席会汇报工作计划和总结，组织的重大活动或者决策能够及时与联席会沟通征求意见。涉及学院发展和教职工切身利益的决定会议，工会委员和教执委委员都必须参与其中讨论和决定，充分发挥民主权利。1月，召开教职工大会。大家听取了2014年党政工作报告、工会工作报告和学院经费使用情况报告。"党、行政、分工会"三位一体的互动机制，进一步推进我院民主管理。分工会不定期召开工会工作会议，鼓励大家提出个人的想法和意见。组织工会干部参加各类培训会议，提高了委员工作水平和管理水平，保证各项工作的贯彻落实。

【营造积极向上的和谐氛围】工会组织开展了丰富多彩、形式多样的文体活动。力争通过这些活动活跃学院文化，创造积极向上的精神风貌。我院积极参加了2015年底的全校新年教职工联欢会，我院教师表演的校园民谣歌舞串烧，为学校展现了我院积极向上的精神面貌。1月22日，历时一年的"2014经管榜样"人物评选活动最终有了结果，尤完、王红春和邹娥获得"2014经管榜样"荣誉称号，并召开表彰会议进行了全院范围内的表彰。同月，举办了"强健身心增固友谊 欢乐祥和团拜迎新"新春团拜活动。10月，工会组织全院教职工前往古北水镇活动。借我院承办办创新创业教育论坛活动之机，组织教职工到香山植物园进行了一次户外健步走活动，大家锻炼身体的同时欣赏了美景。通过举办丰富多彩的活动，给大家一个聚会和放松紧张工作情绪的机会。

【开展送温暖活动】本年度对新结婚的3名老师分别给予了慰问；针对家里老人去世的2位老师申请了慰问补助金；为2名患重病的老师申请学校及学院慰问补助。学院还积极参与首都爱心捐款活动，捐款共计460元。针对单身教职工、女教职工、当年属相过生日及六一儿童节等特定人群，积极配合校工会进行关心慰问。通过对特定人群的及时关心关怀，让教职工真正感觉到工会是自己的贴心人，解决了大家的后顾之忧，更好地为学校及学院服务。

（十）实验室建设

【概述】经管学院"经管模拟实验中心"，设有管理模拟实验室、沙盘模拟实验室、工程项目数字化实验室、BIM实验室、物联网实验室、电子招投标实训室、BIM实训室和信息中心，建筑面积1039平方米，仪器设备930多台套，设备总值1100余万元。开设实验课程20门，专职教师2人。经管实验中心主要支撑工程管理、工程造价、工商管理、市场营销、公共事业管理等五个专业的本科生教学和部分研究生教学，面向全校本科生、研究生开放，本年度承担本科生1300多人实验教学任务，开放时数约2360小时，接待国内外参观交流近400人次。

【实验室建设】

2015年经管学院实验室建设项目一览表

序号	项目名称	负责人	项目来源	实验设备（套/台）	实验场地（平方米）	合同经费（万元）	起止时间
1	BIM实训室（2015年追加）	戚振强	北京市财政专项	70	83	142.3285	2015.06.30-2016.09.08

（十一）重大事件

2015年1月22日，经济与管理工程学院召开2014年度教职工大会。校党委副书记张启鸿、学院领导班子成员、教职工大会执行委员会成员、分工会委员会成员及全体教职工参加了本次会议。大会由学院党委书记、教职工大会执委会主席、分工会主席张庆春主持。大会听取了姜军院长关于2014年度管理科学与工程及工商管理学科建设、财政公用、实验室建设、专业建设等项经费的使用情况的报告，赵世强副院长关于学院近几年工程管理特色专业建设经费的使用情况的报告。

2015年1月26日，经管学院召开了2014年度处级党员领导干部专题民主生活会。学校党委副书记张启鸿参加了专题生活会，会议由学院党委书记张庆春主持。班子成员在此次民主生活会会前按照认真学习领会相关文件讲话精神、广泛征求意见、逐一深入谈心谈话、梳理教育实践活动整改方案落实情况、撰写对照检查材料的要求做了准备。会上，学院党委书记张庆春代表领导班子通报了教育实践活动整改情况和班子对照检查材料。随后，班子成员张庆春、姜军、赵世强、魏强逐一汇报了自身对照检查情况，找出了自身存在的主要问题，深刻剖析了问题成因，提出了整改措施和努力方向。会上班子成员间在前期谈心的基础上开诚布公地就个人存在的问题进行了批评与帮助，坦诚地相互提出了意见和建议。通过民主生活会增进了班子成员之间的团结，交流了思想，提高了认识。

2015年3月10日，2015年北京高校宣传教育工作会议在中国地质大学（北京）国际会议中心召开，会议表彰了2014年北京高校宣传教育工作优秀成果。在我校被表彰的项目中，我院多项成果获奖。我院营132班荣获2014年"我的班级我的家"优秀班集体创建活动优秀示范班级称号，是我校唯一获得此荣誉的班集体，也是首次获得该奖项；本科生第一和第三党支部获得2014年北京高校红色"1+1"示范活动优秀奖，连续两年获得该项荣誉；商131班李玲获得北京高校培育和践行社会主义核心价值观征文本科生组二等奖，是我校唯一获得三等及以上奖励的本科学生。

2015年3月26日，校领导班子在西城校区第一会议室召开经管学院发展研讨与基层党建工作调研会。党委书记王建中、党委副书记张启鸿，学校党委组织部、党委宣传部、纪委办公室、学工部、教务处、科技处、人事处、研究生处负责人，以及经管学院全体领导班子成员、教授、系主任、党支部书记参加调研会。会议由党委书记王建中主持。王建中书记在主持会议时指出，针对高等教育发展的新形势，学校要主动认识、适应、引领发展新常态，更加注重内涵发展，坚持立德树人根本任务，大力提升人才培养质量。学院是学校办学的基础，是学科的具体承载单位，是教学科研等工作的实施单位，学院强则学校强，坚持推进内涵式发展，必须把学院做实做强。调研会上，经管学院院长姜军首先针对学院的发展现状以及未来一段时间的发展目标和发展战略做了专题汇报，秦颖、李英子、张原、郭立、陶庆、何佰洲等6位教授围绕怎样发展好经管学院，如何提升教师的科研能力，以及如何更好地推进学科专业建设、优化大类招生制度、改革人事评价制度等问题分别作了发言，畅谈了自身的思考，提出了很多宝贵建议。

2015年4月，工程管理、工商管理、市场营销、工程造价四个专业打包通过英国皇家不动产管理协会（CIH）课程认证。"不动产资产经营管理"证书认证工作于2013年10月启动。经可行性论证、课程筛选、实习基地落实及申请评审等阶段，终于迎来现场评估。2015年3月30日，CIH总部委派标准部门主管Vanessa Howell女士、北爱尔兰

Ulter 大学 Paddy Gray 教授、CIH 亚太分会黄显能总经理及教育培训委员会委员练均华博士一行四人抵达我院，中国物业管理协会发展研究部刘寅坤主任、北京市物业管理行业协会宋宝程秘书长及我校国际交流处赵晓红处长到场给予关注与支持，经管学院领导班子成员、所在专业系正副主任、四个专业负责人、骨干教师及主管学生工作老师出席认证会。CIH（Chartered Institute of Housing）是英国特许封号的专注培养不动产管理与运营人才的专业团体，制定全球商业地产、设施及物业管理等最高行业标准，搭建全球最具影响力的地产与金融交流平台，引领创造全球不动产管理行业可持续发展。

2015 年 4 月 7 日，学校在大兴校区经管学院会议室召开经管学院发展研讨与基层党建工作第二次调研会，专题听取学院副教授对于学院发展和基层党建工作的意见和建议，进一步理清经管学院的发展方向和发展重点，进一步凝聚发展合力，推动学院更好更快发展。党委书记王建中、党委副书记张启鸿、学校党委组织部、宣传部、学工部、研工部、教务处、科技处、人事处负责人，以及经管学院全体领导班子成员、副教授、系主任、党支部书记参加调研会。会议由党委书记王建中主持。

王建中书记在主持会议时再次强调指出，学院强则学校强，实现学校建设有特色高水平的建筑大学的目标，学院是基础，要全心全意依靠教职工努力把学院办好、办强。学院的发展，教授是龙头、副教授是主力、青年教师是主力军，全校上下要进一步营造服务学院发展、关心教师成长的浓郁氛围，共同促进学院人才培养提升、学科专业发展和教师成长。各职能部门要进一步下移管理重心，沉下身去了解师生需求，听取师生意见，通过上下沟通，让师生充分了解学校的发展意图和具体发展举措，上下配合形成合力，共同推动学院和学校发展。

调研会上，经管学院王平、张俊、刘娜、刘建立、张宏、周霞、王红春、张丽、戚振强、陈雍君、孙杰、邵全、王炳霞、赵金煜等 14 位教师围绕怎样发展好经管学院，如何提升个人素质、如何做好教师的培养与激励、如何提升教师的科研和教学水平、如何办好现有的学科和专业等问题分别作了发言，畅谈了自身的思考，提出了很多宝贵的意见。

2015 年 4 月 23 日，学校在大兴校区学 A316 会议室召开经管学院新一届领导班子宣布大会，校党委书记王建中、纪委书记何志洪，相关职能部门负责人，经管学院全体教师参加了会议。纪委书记何志洪代表学校党委宣读了关于经管学院新一届班子部分领导的任命决定。经校党委研究决定，彭磊同志任经管学院党委书记，姜军同志任经管学院院长，魏强同志任经管学院党委副书记。王书记在讲话中指出，学校党委高度重视经管学院班子换届，学校希望配齐配强经管学院领导班子，带领学院科学发展。

2015 年 5 月 8 日，经管学院邀请华北电力大学侯学良教授做了题为"大型建筑工程项目管理理论与实践——以广州亚运工程为例"的学术报告。广州亚运工程是一项典型的大型建筑工程项目，侯教授的研究团队基于工程实践，利用多学科理论，开展了三大专题三十一项子课题的系统研究，不仅有效解决了工程实际问题，还给企业带来了显著的经济效益和社会效益。报告以该工程项目为例，就高校教师如何将理论与实践结合起来开展科学研究、如何实现教学与科研的协同发展进行了实例讲解。经管学院教师及研究生认真学习并听取了报告，报告结束后进行了热烈的讨论互动。

2015 年 5 月 9 日，中国建筑学会建筑经济分会、中国建设科技集团主办，经济与管理工程学院、建筑经济杂志社承办的"中国建筑学会建筑经济分会 2015 年学术年会暨第十届中国建筑经济高峰论坛"在我校西城校区第二阶梯教室隆重举行。本届论坛主题为"建筑经济与管理科研发展——新常态·新思维·新谋划",吸引了来自全国各地的建筑经济分会理事以及业内学者、专业人士、教师、学生等300余人参加。本次论坛发布了建筑经济与管理领域首份基于大数据的科研发展研究报告,为同业了解本领域科研动态、把握研究方向提供支撑。同时,围绕工程管理等相关学科发展的困境,以新常态重新审视交叉学科发展定位,热议如何"破茧"。本次大会将进一步促进高校、科研院所、建筑企业在建筑经济与管理领域的交流与合作,促进建筑经济管理新技术、新思维的推广与应用,增强我们谋事而定、乘势而动的主动性,推动我校工程管理及其相关学科和专业的快速发展。

2015年5月9-10日,第六届全国高等院校"斯维尔杯"建筑信息模型(BIM)应用技能大赛总决赛分别在哈尔滨工业大学(北方赛区)、华中科技大学(南方赛区)隆重举行。由北京建筑大学经管学院赵世强、周霞、陈雍君老师指导,任艺、赵伟仑、李贻、杨晓熠和张小培同学组成的"比目鱼"队赴哈尔滨工业大学参加总决赛。比赛为期两天,进入决赛的有清华大学、同济大学、哈尔滨工业大学、北京交通大学、北京建筑大学等317所院校321支参赛团队,我院学生在八个比赛项目中,获得全能三等奖一项、二等奖一项和三等奖四项的好成绩。

2015年6月29日,为进一步加强学院党员干部教育,促进学院事业发展,按照学校党委"三严三实"专题教育实施方案的要求,6月29日,经济与管理工程学院党委书记彭磊在大兴校区为学院全体党员干部讲授题为"深入学习践行'三严三实'以优良作风推动经管学院科学发展"的专题党课。彭磊同志从"三严三实"提出的背景及过程着眼,传达了校党委书记王建中同志在"深入学习践行'三严三实',以优良作风推动有特色、高水平建筑大学建设"专题党课中的讲话精神,详细解读了"三严三实"的深刻内涵,并坚持问题导向,按照"三严三实"的要求,认真查找了学院事业发展和党员干部队伍中存在的"不严不实"问题。

2015年7月13日,经管学院2015"一路向北"毕业晚会隆重举办。当晚,即将离开母校的学长学姐们精心编排并演出了精彩的节目,为四年的大学生活画上了难忘的句号。

2015年7月15日,为进一步加强学院中层干部队伍建设,经管学院举行系部中心主任竞聘大会。此次竞聘的岗位有系正(副)主任、实验中心主任、培训中心主任、MBA中心副主任等12个职位。学院在全体教职工范围内公布了每个岗位的任职资格和岗位职责。在个人自荐的基础上,经过资格审查,确定了最终候选人。在此次系(中心)主任聘任中,学院大胆启用年轻教师,给那些年纪轻、有活力、表现好、有潜质的年轻人压担子,为他们施展管理才能提供平台。12名聘任上岗的系(中心)正、副主任均具有高级职称或博士学位,有5名年轻教师首次担任系(中心)主任职务。学院将根据实际情况,开展有针对性的培训,着力打造一支业务强、素质高、敢担当的学院中层干部队伍,为实现学院提质、转型、升级的目标奠定基础。

2015年10月18日,经管学院校友代表座谈会暨校友分会理事会在西城校区第六会议室召开。来自政府、行业协会、企业、高校、研究院(所)等单位的优秀校友代表10人,以及经管学院院长姜军、党委书记彭磊、副书记魏强、副院长周霞和部分学生工作教师、学院学生会主席参加了座谈会。座谈会由魏强副书记主持。此次座谈的主题是研讨学院"十三五"发展规划、研讨新形势下学院人才培养工作和通报学校80周年校庆的相关工作。

2015年10月28日，经管学院戚振强教授在北京新奥集团有限公司下属的城市综合区建设项目为MBA学生现场讲授项目管理学。在我校的MBA课程体系中，项目管理学是体现我校特色定位的课程，主要讲授项目管理理论在工程实践中的应用。学生们现场一边听老师和施工人员讲解，一边观看和触知实体，对所学知识的理解有所加深，为后续核心知识讲解打下了良好基础。

2015年10月31日，北京建筑大学经管学院举办创新创业教育论坛。论坛邀请了来自政府、高校、创新创业培训机构、创业项目投资咨询机构、创业企业的6位专家学者以及创业实践者就创新创业问题进行了交流。论坛由经管学院院长姜军和经管学院党委书记彭磊共同主持。北京建筑大学党委副书记吕晨飞出席论坛并讲话，教务处处长邹积亭、学生工作部部长黄尚荣、团委书记朱静，经管学院全体教师、团委相关老师和部分学院辅导员参加了此次论坛。经管学院在北京建筑大学创新创业教育中承担着师资队伍建设、课程提供和实践活动指导等职责，本次论坛对于提高教师对创新创业教育的认识、了解国家有关政策措施、丰富教学方法和手段起到了良好的促进作用。

2015年12月1日，北京建筑大学首届2015年阳光体育学生广播体操比赛在大兴校区气膜馆如期举行，我院学生经过前期大量认真、辛苦的训练，在赛场上以热情饱满的状态、张弛有力的体操动作，向在场的观众展示经管学生的青春活力和昂扬斗志，最终荣获一等奖。

2015年12月1日，为进一步落实"三严三实"教育活动的要求，加强机关和学院的互动，专业与业务的融合，经管学院党委与财务处党支部联合开展了题为"党务融合业务，专业服务管理"的"三严三实"党性实践活动。财务处处长贝裕文、副处长曾晓玲、预算科科长李晶哲，经管学院领导姜军、彭磊、周霞、魏强，各系正副主任、专业负责人及党支部书记参加了活动。双方商定将进一步贯彻落实"三严三实"精神，建立长效机制，定期开展座谈交流、业务探讨，以专业服务管理，以管理促进专业，努力做到理论与实践结合促事业、机关与学院互动强沟通、党务与业务融合优服务，为学校的"提质、转型、升级"贡献力量。

2015年11月28日，经管学院首届校外导师论坛在银龙苑宾馆举行。来自企业管理一线、政府机关等30余位校外导师到场，围绕硕士研究生培养展开研讨。经管学院院长姜军、副院长周晓静、副院长周霞、党委副书记魏强，以及学院各系主任，各中心负责人，以及学院办公室、学生辅导员、教务员参加了活动。本次研讨会促进了学院与校外导师进一步的交流，对培养高层次、高质量的学生有着重要而深远的意义。

2015年12月12日，"金茂杯"第八届全国大学生房地产策划大赛总决赛暨颁奖典礼在我校大兴校区隆重举行。校党委副书记张启鸿，中国建设教育协会副秘书长李奇，中国房地产业协会副会长苗乐如出席了颁奖典礼，中国金茂控股集团有限公司营销管理部总经理助理霍博宁，校团委书记朱静，经管学院院长姜军、院党委书记彭磊、副书记魏强、副院长周霞，以及各参赛队指导教师代表与全体参赛学生参加了活动。"金茂杯"第八届全国大学生房地产策划大赛由中国建设教育协会主办，北京建筑大学、首都经济贸易大学、中国金茂控股集团有限公司承办。本届大赛以"构筑未来绿动力"为主题，宗旨是倡导学生学习房地产策划专业知识，加深对房地产行业理解，建立团队协作理念，在提高学生的工作组织、协调、实施能力的同时，推动高等院校房地产与市场营销相关专业实践教学的探索与学科建设，营造学生主动学习专业知识、钻研专业技能的学习氛围，提高对地块深入分析能力，为就业打下良好的基础。我校经管学院学生组成的"御林南郡"队夺得特等奖，"筑梦建大"队获得一等奖，"绿镜师"和"诚铸设计"获得二等奖，此外我校还获得了优秀组织奖和竞赛贡献奖。

2015年12月25-26日，经管学院承办了我校第一期创新创业师资培训班，学院工商管理系骨干教师发挥重要的牵头组织作用。培训班邀请了中国青年政治学院副院长李家华教授，苏河汇北京合伙人、总经理赵炜，中国青年政治学院刘帆副教授进行两天的集中授课。此外，组织教师调研了京内外创新创业示范性企业。

（周　霞　周晓静　郝　迈　李佳冰　魏　祎　邹　娥　陈雍君　章　瑾）
（姜　军　彭　磊）

六、测绘与城市空间信息学院

（一）学院概况

2015年，测绘与城市空间信息学院在校党委、行政的正确领导下，在学校各机关部门和兄弟学院的大力支持以及全院教师的积极参与下，依据《北京建筑大学2015年党政工作要点》及《测绘与城市空间信息学院2015年工作计划》，紧紧围绕学校中心工作，着眼学院长远发展，进一步凝练办学特色、提高办学质量，积极开展基层党建和思想政治工作、教学科研工作、学科专业建设工作、学生工作和工会工作等，取得了显著成绩。

2015年，测绘学院具有教工总数44人，其中专职教师38人，具有博士学位的老师35人，占教师总数的92.1%。教师中有国务院政府特殊津贴1名，北京市教学名师1名，北京市拔尖创新人才2名，校级教学名师1名，博士研究生导师4名，北京市创新团队2个，分别服务于"三系一部一中心"，即测绘工程系、地理信息科学系、遥感科学与技术系、基础教学部、测绘信息遥感实验中心。

学科建设与研究生培养方面，针对2012年学科评估结果，进行了针对性建设，包括聘请海外华人学者专项指导青年教师和研究生撰写SCI等高水平论文，与加拿大约克大学探讨了研究生1+2培养模式，与澳大利亚南昆士兰大学探讨了博士联合培养意向，口头商定为我校毕业硕士研究生预留2个免学费博士名额，并由两校导师联合培养等。录取硕士研究生52名，其中全日制硕士研究生45名，非全日制工程硕士7名。全日制生源录取平均分高出国家控制线46分，质量大幅度提高。

教学方面组织完成了测绘工程专业国际工程教育专业认证自评报告提交、修改，接受了认证专家组现场考查，提交了现场考查报告的反馈意见。并以工程认证为契机，在测绘学院三个专业的专业建设、教学管理、质量监控、学生培养等各个方面完全按照工程认证的标准进行。取得了一系列教学成果。

科研方面以代表性建筑与古建筑数据库研究中心和现代城市测绘国家测绘地理信息局重点实验室和6个研究所为依托开展科研工作。获得国家自然科学基金2项，国家行业科研专项1项，北京市自然科学基金2项，北京市科技提升计划项目1项，获得中国地理信息科学技术二等奖1项。到校总经费350万元，其中纵向经费120万，横向经费230万。出版学术专著7部，SCI检索8篇，EI检索7篇，授权专利8项。重点实验室发布了第四次开放基金指南，经过认真审议和投票表决，资助6个项目。

学生工作方面以深入践行社会主义核心价值观为中心，围绕党的十八大、十八届三中、四中、五中全会精神、"四进四信"等主题开展各级各类活动80余次，学生参与率100%。开展红色"1+1"社会实践活动，学院"美丽兰考 三彩青春"暑期社会实践项目被评为北京市一等奖第一名，取得历史性突破。制定了"团体辅导"、"个性辅导"、"分类引导"等就业帮扶措施，建立就业见习基地，促进实习就业，就业率为97.52%，签约率为96.56%。

党建方面启动了学院领导班子换届工作，并已任命了党委书记、副书记和教学院长；学院二级班子也已确定，任命了三系一部的正副主任。认真开展党务公开、校务公开工作。

此外，学院也重视教师的凝聚力建设及教师身心健康的引导，学院分工会组织了古北水镇野外活动，首都爱心捐款活动，在学校2015年度秋季运动会取得教师拔河比赛一等奖，跳绳比赛三等奖。并注意关心每位教师的特殊情况，学院有一位退休老教授，长期坐轮椅，学院分工会坚持组织安排发放慰问金，将党和国家的政策、温暖及时送给离退休教师。

充分发挥学院分工会在维护教职工的合法权益、凝聚人心等方面的作用。

（二）学科建设与研究生教育

【学科建设具体举措完成情况】凝练测绘学科博士点学科方向，确保一次申报成功。

针对2012年学科评估结果，进行了针对性建设，主要表现在：

1. 聘请海外华人学者王建国教授、李松年教授，专项指导青年教师和研究生撰写SCI等高水平论文。

2. 与加拿大约克大学探讨了研究生1+2培养模式，择机正式签订协议。与澳大利亚南昆士兰大学探讨了博士联合培养意向，口头商定为我校毕业硕士研究生预留2个免学费博士名额，并由两校导师联合培养。

3. 外派2名研究生前往澳大利亚参加国际学术会议并做学术报告。

【研究生招生及培养情况】

1. 录取硕士研究生52名，其中全日制硕士研究生45名，非全日制工程硕士7名。全日制生源录取平均分高出国家控制线46分，质量大幅度提高。

2. 2012级硕士研究生全部顺利毕业并获得硕士学位，其中2人获得北京市优秀毕业生，3人获校级优秀毕业生，4人获校级优秀学位论文。

3. 组织研究生学术论坛论文筛选，共有15篇论文提交论坛审核。有15篇研究生论文入选京港澳测绘技术交流会论文，1篇获得优秀论文二等奖、1篇获得三等奖。

（三）教学工作

【教学改革情况】

1. 完成测绘工程专业国际工程教育专业认证

组织完成了测绘工程专业国际工程教育专业认证自评报告提交、修改，接受了认证专家组现场考查，提交了现场考查报告的反馈意见。通过工程认证，实现教学管理和教学质量保障的不断持续改进，提高专业的教学水平和学生培养质量。

2. 主办和鼓励学生参加技能竞赛

主办了学校和北京市测绘技能大赛。举办了学校 GIS 应用技能大赛暨全国大学生 GIS 技能应用大赛选拔赛，组织队伍参加第四届全国大学生 GIS 技能应用大赛选拔赛。选送了 9 名学生的科技论文参加 2015 年测绘学科大学生论文竞赛。

3. 和加拿大约克大学联合培养计划

与加拿大约克大学签署了联合培养学生的协议，学院正式开始和国外大学实现联合办学，我院的国际化教育取得初步成效。

4. 积极安排教学改革

以工程认证为契机，在测绘学院三个专业的专业建设、教学管理、质量监控、学生培养等各个方面完全按照工程认证的标准进行。

5. 配合学校开展教学改革

积极响应学校进行学分制改革，测绘学院率先试行学分制，在学院内部实施学业导师制，总结学分制和导师制存在的不足，对存在的问题进行积极改进，为学校全面推开学分制积累经验。

【教学成果情况】

入选 4 项北京市教委实培计划；

获第八届全国高等学校测绘类专业青年教师讲课竞赛二等奖；

获第十五届全国多媒体课件大赛微课组一等奖；

获第三届全国高校 GIS 青年教师讲课竞赛二等奖；

在北京高校第九届青年教师教学基本功比赛中荣获论文比赛三等奖；

获第十届校级教学基本功比赛三等奖；

"则泰杯"第八届全国大学生测绘科技论文竞赛 7 篇论文获奖，其中一等奖 2 篇、二等奖 1 篇、三等奖 4 篇，一等奖数量和论文获奖率两项指标都名列前茅。

（四）科研工作

【科研团队建设情况】以代表性建筑与古建筑数据库研究中心和现代城市测绘国家测绘地理信息局重点实验室和 6 个研究所为依托开展科研工作。

【科研成果】获国家自然科学基金 2 项，国家行业科研专项 1 项，北京市自然科学基金 2 项，北京市科技提升计划项目 1 项；

获得中国地理信息科学技术二等奖 1 项。

【科研经费情况】到校总经费 350 万元，其中纵向经费 120 万，横向经费 230 万。

【实验室和基地建设情况】加强科研基地与国内外学术交流，先后邀请国家测绘地理信息局李维森副局长、中国工程院王家耀院士、国家基础地理信息中心总工程师陈军教授、加拿大卡尔加里大学 Derek 教授、香港理工大学李志林教授、日本京都大学徐培亮教授、瑞士苏黎世大学 Heinz Berke 教授、加拿大瑞尔森大学李松年教授等来校做学术报告。

重点实验室发布了第四次开放基金指南，经过认真审议和投票表决，资助 6 个项目。

【科研论文及成果转化情况】出版学术专著 7 部，SCI 检索 8 篇，EI 检索 7 篇，授权专利 8 项。

（五）学生工作

【学生思想政治教育】 抓好学生党支部建设、学生党员教育管理、入党积极分子教育管理，发展学生党员29名，学生党员在"党员先锋工程"中表现优异。目前学生党员总数95人。其中本科生党员44人，比例7.9%；研究生党员51人，比例44.5%。

以深入践行社会主义核心价值观为中心，围绕党的十八大、十八届三中、四中、五中全会精神、"四进四信"等主题开展各级各类活动80余次，学生参与率100%。

开展好红色"1+1"社会实践活动，学院"美丽兰考 三彩青春"暑期社会实践项目被评为北京市一等奖第一名，取得历史性突破。

【升学就业工作】 继续开展"诚信、爱岗、敬业"教育，邀请北京测绘院8家单位HR就业宣讲8次，让毕业生提前了解就业政策、就业形势。

制定"团体辅导"、"个性辅导"、"分类引导"等就业帮扶措施。

建立就业见习基地，促进实习就业。就业率97.52%，签约率96.56%。

强化考研"内外帮扶"、本科生升入研究生人数10人，比例7.1%。

【学生获奖】 120多人获得综合奖学金、单项奖学金、团体奖学金和精神文明奖学金，A班四级通过率100%，整体通过率达61%。

2名本科生、2名研究生获国家奖学金，1名本科生获北京市创业大赛一等奖、1名本科生获北京市"挑战杯"科技竞赛二等奖；

本科生的7篇论文获得教指委测绘学科科技论文大赛一等奖2项、二等奖1项、三等奖4项；

10名学生获"超图"软件开发大赛二、三等奖；

6名同学获"蓝桥杯"软件开发大赛全国二等奖、三等奖；

8位同学获"美丽中国"版图知识大赛北京市第一名；

在定向越野比赛中斩获京津冀三地高校联赛第一名；

3项科研作品获得发明专利，1项在北京市科技作品大会上作风采展示；

一批学生在北京市测绘实践技能大赛中荣获特等奖、一等奖和二等奖；

30余名本科生、研究生共同研制的兰考规划图、3D焦裕禄纪念馆获当地高度认可，并获颁发证书。

（六）党建工作

【领导班子建设情况】 启动了学院领导班子换届工作，并已任命了党委书记、副书记和教学院长；学院二级班子也已确定，任命了三系一部的正副主任。

【党建与思想政治工作情况】 地理信息教工党支部和研究生党支部被评为学校优秀基层党支部；

一位教师获学校"优秀党务工作者"称号；

一位教师获学校"优秀共产党员"称号；

一位教师获学校"优秀党支部书记"称号。

【党风廉政建设责任制具体落实情况】 坚持把好纵横项科研经费报销关口；

坚持院务公开制度，严格执行国家和学校财经纪律，确保重大经费的使用监督保障；

教学和科研仪器设备采购由学院仪器设备委员会、学科建设委员会负责，杜绝仪器设备在申报、招投标、采购环节的漏洞，确保仪器设备购置科学合理；

认真开展党务公开、校务公开工作。

【退休人员工作情况】 现有离退休教职工 12 人。聘请学院退休教授,负责退休教职工工作,组织退休教职工参观北京建筑大学大兴校区。关心离退休教职工家庭与生活,学院坚持对有困难的教师上门慰问,学院有一位退休老教授,长期坐轮椅,学院分工会坚持组织安排发放慰问金,将党和国家的政策、温暖及时送给离退休教师。

(七)工会工作

注重发挥工会、二级教代会作用,凝聚人心谋求发展,强调事业留人。突出二级教代会制度建设,加强二级教代会工作规范,确保二级教代会民主管理、民主监督职能以及教职工大会的四项职权得到落实。

为构建民主之家创造良好条件。创造和谐氛围,促进教师身心发展,关心青年教师家庭生活,积极组织对部分教师开展慰问活动。并开展学院教职工古北水镇野外活动,首都爱心捐款活动,在学校 2015 年度秋季运动会取得教师拔河比赛一等奖,跳绳比赛三等奖。

(八)重大事件

1 月 25 日下午,测绘学院在学宜宾馆报告厅召开 2014 年度总结大会,主要回顾了学院在教学、科研、学科建设、人才培养以及二级分工会、教代会等方面的工作,并对 2015 年学院的各项工作提出展望。测绘学院全体教师参加会议,张大玉副校长出席会议。

4 月 14 日,国家基础地理信息中心遥感与航空摄影处廖安平处长等应邀来我校测绘学院座谈,协商关于科研团队、科研课题以及国际交流等方面合作事宜。廖安平处长以《国家基础地理信息中心—遥感方向情况介绍》为题作了交流报告,并提出同测绘学院建立长期稳定合作关系的意愿,以及合作促项目和兴趣促项目的合作模式,表示国家基础地理信息中心将利用中心的优势支持测绘学院和教师的教学科研工作,加强交流,共同发展。

4 月 14 日下午,资深培训师、生涯规划师、畅销书作者王鹏程老师"把每一天当作梦想的练习"职业生涯讲座在大兴校区小鸟巢精彩上演。招就处副处长朱俊玲、土木学院党委副书记王秉楠、我院党委副书记王震远、教学院长吕书强及专业教师和学生 300 余人陶醉其中。

5 月 9 日下午,北京市测绘学会测绘教育委员会 2015 年工作会暨北京市大学生测绘技能大赛预备会在我校第一会议室召开,北京市测绘教育委员会副主任委员杨松林、冯仲科,以及来自清华大学、中国矿业大学、中国地质大学、北京工业大学、北方工业大学、华北科技学院、防灾科技学院、北京工业职业技术学院等高校的多位代表参加会议。我校测绘学院杜明义、吕书强参加。会议由我校测绘学院副院长杜明义教授主持。

6 月 1 日,中国工程教育认证协会测绘工程专业认证专家组一行 7 人进驻我校,对我校测绘工程专业进行为期 4 天的现场考查。专家组由中国矿业大学高井祥教授担任组长,成员有解放军信息工程大学翟翊教授、中国测绘地理信息学会马志勇处长、张建国教授、同济大学陈义教授、辽宁工程技术大学宋伟东教授,秘书由哈尔滨工程大学孙荣平副处长担任。6 月 2 日上午,学校召开专业认证汇报会。中国工程教育认证协会测绘工程专业认证现场考查专家组成员,我校校长朱光,各相关职能部门,测绘学院领导、专业负责人、教师代表等参加了汇报会。随后考查组专家实地走访了图书馆、工程实训中心、物理实验室、力学实验室、大学生心理素质教育中心、计算机与网络信息部、测绘工程实验室,全方位了解了我校基础设施、师资力量、专业建设、学生实践等情况,并予以高度肯定。在当天下午召开的教师座谈会、学生座谈会上,详细听取了老师对测绘工程专业建设的意见和建议,并深入了解学生在课程学习、科技创新、专业实践等方面的收获和成长。考查组还访谈学校职能部门管理人员及测绘学院负责人、教师、管理干部、毕业生代表、用人单位代表,实地考查现代测绘仪器实验室,查阅学生试卷、课程设计报告、实习报告、实验报告及毕业设计论文等教学资料,详细了解测绘工程专业教学、学生管理等相关情况。

6月3日下午,英国伦敦大学伊恩·道曼(Ian Dowman)教授在校本部第三阶梯教室为我校师生作了题为"地理科学所面临的挑战"的专题学术报告。报告会由测绘学院、人事处、教务处、国交处联合主办,人事处副处长侯妙乐主持。全校各学院教师、学生百余人聆听了本次报告。

6月14日,北建大第八届测绘,技能实操大赛在大兴校区拉开帷幕。本次大赛作为第七届北京市高校测绘大赛的选拔赛,由测绘学院主办,比赛分为专业组和非专业组,主修测绘工程专业的学生组成专业组,辅修该专业学生组成非专业组。参赛学生主要由测绘学院、土木学院大三学生组成,共分为10支队伍。测绘学院党委书记赵西安、副书记王震远、教学副院长吕书强、指导教师陈秀忠及部分专业教师对比赛进行全程指导和协助。

6月18日上午,测绘学院组织退休教师参观我校大兴校区。参观活动得到大兴校区管委会、图书馆、基建处、保卫处等部门的大力支持,测绘学院党委副书记王震远及学院部分教师陪同参观。

6月26-28日,由北京测绘学会教育委员会主办、北京建筑大学承办的"天力发—中海达杯"第七届北京市普通高等学校大学生测绘实践创新能力大赛在我校大兴校区顺利举行。大赛吸引了来自清华大学、北京交通大学、北京林业大学、中国地质大学、中国矿业大学、北京工业大学、北京建筑大学、北方工业大学、北京工业职业技术学院、华北科技学院、防灾科技学院共11所院校的40支队伍160名学生参赛。赛会由北京测绘学会教育委员会委员、部分高校教师及部分企业专家共22人担任评委。北京测绘学会理事长、北京测绘设计研究院杨伯钢副院长,国家测绘地理信息局职业技能鉴定指导中心曾晨曦处长到会祝贺,教育部测绘学科教学指导委员会和中国测绘地理信息学会教学委员会秘书长、解放军信息工程大学翟翊教授到会观摩并作为仲裁委员会成员现场指导。本次大赛分为A类(测绘专业)与B类(非测绘专业)两组进行,测绘专业组(A类)由23支参赛队通过抽签分成三大组,每大组参赛队交替进行四等水准测量、导线测量、数字测图三个项目的比赛;非测绘专业组(B类)由17支参赛队通过抽签分成三大组,每大组参赛队交替进行普通水准测量、图根导线测量、施工测设三个项目的比赛。我校代表队在本次大赛中取得了优异成绩,获得专业类综合二等奖两项,非专业类综合特等奖一项,综合二等奖一项,周乐皆老师荣获优秀指导教师奖。

6月29日晚,测绘学院2015届"测青春 绘未来"毕业晚会在二阶精彩上演。会场灯光璀璨,充满了欢声笑语。学工部部长黄尚荣老师,测绘学院党委书记赵西安老师,副书记王震远老师,教学副院长吕书强老师以及学院专业老师、班级导师、辅导员为他们送行。

7月10日,2015中国智慧城市国际博览会在北京展览馆正式开幕,会期3天,7月12日结束。我校测绘学院智慧城市研究团队代表北京市西城区政府,展示了近年来在智慧城市领域的六项研究和应用成果，包括"城市运行物联网监测平台"、"城市运行实景影像平台"、"城市防汛应急指挥调度系统"、"城市交通运行协调指挥系统"、"城管一张图PDA办公系统"、"医疗资源移动自助服务系统"。

7月14日下午5点，测绘学院在大兴校区举办北京建筑大学第三届GIS应用技能大赛暨第四届全国大学生GIS技能应用大赛选拔赛。测绘学院12级地理信息系统专业的全体学生参加了比赛。本次大赛重在了解我GIS学子对GIS基本应用技能的掌握程度，推动高水平GIS应用型人才的培养，并为我校参加全国大赛选拔参赛选手。

9月21日下午，中国矿业大学环测学院教师一行5人在江苏省资源环境信息工程重点实验室副主任郭广礼教授的带领下到我校测绘学院调研交流，就测绘工程专业国际工程教育认证、专业培养方案、课程教学大纲及学生培养情况进行了广泛的交流。我校测绘学院杜明义副院长、吕书强副院长等人出席交流会。

10月15日，山东理工大学建筑工程学院教学副院长张大富教授等一行六人，到我校测绘学院调研交流，就测绘实践教学、专业课程设置及学生培养、学科规划等进行了广泛交流。我校测绘学院副院长杜明义教授、吕书强副教授及三位系主任出席交流会。

10月16日，国家测绘地理信息局副局长李维森同志应邀到我校大兴校区做题为"科技创新与测绘重大工程建设"的学术报告。报告会由我校张爱林校长主持，我校原校长朱光教授出席报告会，测绘学院党委书记赵西安、副院长杜明义、党委副书记王震远、副院长吕书强等300余名师生及学生家长参加了报告会。

10月18日上午，测绘学院举办优秀校友返校座谈交流会，测绘学院党委书记赵西安、副院长杜明义、党委副书记王震远、副院长吕书强及教师代表出席座谈会，测绘学院8位优秀校友参加座谈会。会议由党委副书记王震远主持。

10月23日上午，测绘学院与北京数维翔图高新技术有限公司、泰瑞数创科技（北京）有限公司在我校大兴校区洽谈建立学生联合培养基地事宜。测绘学院校友、北京数维翔图高新技术有限公司副总经理赵星涛，泰瑞数创科技（北京）有限公司技术代表唐丽萍，测绘学院杜明义副院长及系主任、实验中心主任等人出席洽谈会。经洽谈，测绘学院与北京数维翔图高新技术有限公司将积极开展建立学生联合培养基地的后续准备事宜，争取本学期送出第一批实验小组，将联合培养基地工作做实并逐渐做出成效。

10月27日，南京工业大学测绘科学与技术学院副院长吉文来教授、副院长徐敬海教授、学院党委书记申勤俭、院长助理李宁等一行7人，到我校测绘学院调研交流，就学科建设、科学研究、专业建设、培养方案、课程体系、实践教学、学生培养、实验室建设等进行了广泛交流。我校测绘学院党委书记赵西安、副院长杜明义、党委副书记王震远及部分教师出席交流会。

10月29日，美国Maryland大学孙国清教授受邀到我校测绘学院为2015级遥感专业和地理信息专业新生做题目为"植被遥感导论"的讲课与交流。本次课程是测绘学院新生专业引航工程系列学术活动之一。测绘学院郭明讲师、张瑞菊讲师、王荣华讲师参加了本次授课活动，活动由遥感工程系主任庞蕾副教授主持。

11月12日下午，中国工程院院士王家耀教授应邀到我校大兴校区做题为"互联网＋时空大数据与智慧城市"的学术报告会。王院士是我国著名地图学与地理信息工程专家，现任中国人民解放军信息工程大学教授、博士生导师。报告会由测绘学院副院长杜明义主持，测绘学院全体师生近 300 人参加。

11 月 12 日下午，测绘学院在大兴校区臻园教师沙龙召开学科与科技工作研讨会，会议由测绘学院副院长杜明义主持。测绘学院党委书记赵西安、党委副书记王震远、教学副院长吕书强、研工部王子岳及测绘学院教师 30 余人参会。会议紧紧围绕如何提高学科建设工作、学校科技体制改革、科研创新能力提升、成立独立科研机构及建设专职科研队伍等方面展开热烈谈论，在座教师积极踊跃发言，提出了很多建设性意见和措施，如进一步完善科研经费制度、加强科研基地建设等，对会议的主要议题达成了良好的共识。

11 月初，加拿大瑞尔森大学李松年教授应邀到我校进行学术交流和访问，并受聘为测绘与空间信息学院的客座教授。在此期间，李教授与测绘学院师生就科研方向、遇到的难题及未来发展展开了热烈交流。同时李教授对目前测绘行业的国际形势进行了分析，并建议测绘学科应多与建筑相关的其他行业学科交叉融合。11 月 13 日，李教授又为我校测绘学院师生做了关于英文科研论文写作的专题讲座。

11 月 14 日上午，一次别样而又温馨的"点名"在西城校区第一会议室感动上演。这一天是 05 届校友毕业十周年聚会日子，测绘学院副院长杜明义老师、副书记王震远老师、昔日的班主任牛磊老师、赵江洪老师、任课教师代表霍亮、周乐皆、刘旭春、周克勤与校友们共话当年情。

11 月 17 日，北京建筑大学测绘学院副院长杜明义等一行四人走访北京测绘设计研究院，就毕业生就业及双方合作等问题与测绘设计研究院开展座谈交流。北京测绘设计研究院常务副院长杨铂钢主持会议，测绘设计研究院程祥副院长，我校测绘学院党委副书记王震远、地理信息科学系主任赵江洪等人参加会议。

11 月 27 日下午，测绘学院在西城校区第一会议室举办发展论坛暨校友分会成立大会，自 82 年毕业、工作于京内和京外国家机关和企事业单位的 15 位校友参会，校党委副书记、校友理事会常务副会长张启鸿，校友工作办公室主任沈茜，测绘学院领导班子及教授代表、退休教师代表等二十余人参加会议。

12 月 3 日，测绘学院"科技前沿"学术讲座第五讲拉开序幕，邀请日本京都大学徐培亮教授到我校大兴校区做题为"地空观测的数学挑战"的学术报告。报告会由测绘学院副院长杜明义教授主持，测绘学院师生近 200 人参加。

12 月 4 日上午，华北理工大学矿业工程学院测绘工程系大四学生二十余人在张永彬教授等四位老师的带领下到测绘学院参观交流。

12 月 4 日下午，瑞士苏黎世大学 Heinz Berke 教授应邀到我校进行学术交流，并在我校西城校区做了题为 "The Invention of Blue and Purple Pigments in Ancient Times"（古代蓝紫颜料的发明）的学术报告，我院近 100 名师生聆听了报告。

12 月 9 日至 12 日，第九届移动测量技术国际学术交流大会（MMT2015）在澳大利亚悉尼新南威尔士大学土木与环境工程学院举行。我校测绘与城市空间信息学院杜萌和温源两位研究生受邀参加了本次大会，杜萌同学在大会上作题为 A NEW PANORAMIC STATION VISULIZATION METHOD OF STREET VIEW AND ITS APPLICATIONS 的报告。报告结束后，在场的专家和学者对汇报的有关移动测量技术在智能移动终端的可视化技术兴趣浓厚，并展开了热烈的讨论，对我校学生的研究成果给予了高度评价。

12 月 10 日，由教育部高等学校测绘学科教学指导委员会、中国测绘地理信息学会教育委员会联合举办的"则泰杯"第八届全国大学生测绘科技论文竞赛评审会在成都理工大学落下帷幕。我校测绘学院推选9篇论文参赛，最终7篇论文获奖，其中一等奖2篇、二等奖1篇、三等奖4篇，一等奖数量和论文获奖率两项指标都名列前茅。

12月17日，三维激光建模和高光谱应用学术交流会在我校学宜宾馆举行，交流会由测绘学院副院长杜明义教授主持，我校客座教授加拿大Ryerson，大学李松年教授担任主席。加拿大Calgary大学Derek Litch教授、中国地质大学康志忠副教授、测绘学院副院长杜明义教授、人事处副处长侯妙乐副教授做主题发言，参会的还有测绘学院党委书记王震远书记、北京大学杜世宏教授研究团队和测绘学院青年教师骨干及在读研究生。

（杜明义　赵江洪　高兰芳　王震远）

七、机电与车辆工程学院

（一）学院概况

机电与车辆工程学院（简称机电学院）设机械工程系、机械电子工程系、车辆工程系、工业工程系、机电实验中心等教学部门及北京市建筑安全监测工程研究中心、北京市建设机械与材料质量监督检验站等科研服务单位。设置有机械工程、机械电子工程、车辆工程、工业工程共四个本科专业，其中车辆工程专业按汽车工程和城市轨道交通车辆两个方向招生。机电学院学科涵盖了机械工程一级学科和管理科学与工程学科，具有载运工具运用工程、检测技术与自动化装置等二级学科硕士学位授权点，招收载运工具运用工程专业、检测技术与自动化装置专业全日制研究生及机械工程、物流工程、工业工程专业工程硕士。

通过不断凝练，学院学科团队致力于在特种加工技术及应用、机电系统检测与控制、工程机械设计理论及应用、工程机械动力装置安全与节能、车辆运行品质及性能综合控制及生产过程管理与先进制造系统等方向开展研究，形成特色，服务城乡建设。

学院拥有城轨车辆运行状态监测、故障诊断与自牵引关键技术北京市学术创新团队、机械工程及自动化专业北京市优秀教学团队、北京市百千万人才1名、北京市长城学者2名、北京市青年拔尖人才1名、北京市青年学术骨干5人、北京市教学名师1人、北京市高层次创新创业领军人才1人、"首都劳动奖章"、"北京市教育教学创新标兵"及"北京市优秀青年骨干教师"荣誉称号获得者。

自2009年以来，学院先后与北京地铁运营技术研发中心、住总集团等19家单位建立联合培养基地，与永茂建机、广达汽修等行业企业设立企业奖学金，服务学生成长成才。依托联合培养基地，学院大力开展学生科技创新计划，共获得国家级奖项7项，省部级奖项45项，学生为第一发明人的发明专利授权10余项，实用新型专利授权50余项。

三十年来，学院为首都城乡建设行业、高新技术企业培养了大批专业人才，历届毕业生受到了市场的欢迎，目前他们分布在北京市的各个企事业单位，从事设计、制造、技术开发、应用研究和管理等方面工作，他们中的大部分已成为单位的骨干或各级技术领导，为首都的经济建设做出了突出的贡献。毕业生就业率近年来连续保持在100%，在全校名列前茅。

（二）师资队伍建设

【概述】 机电学院拥有一支结构合理、兼具学术研究、应用研究和实践经验的师资队伍。2015年，学院有教职工47人，其中专任教师36人（其中含科研岗2人，双肩挑干部3人），均为硕士以上学历，其中博士及以上学历28人，占专任教师总数的77.8%。40岁以下青年教师17人，占总数的47.2%，40-50岁教师14人，占38.9%。专任教师中正高职称6人，占总数的16.7%，副高16人，占总数的44.4%，中级及以下职称14人。学院具有博士生导师资格2人，硕士生导师资格27人，硕士生校外导师34人。

【人才培养资助项目】 2015年获批北京市百千万人才工程市级人选1人，北京市高层次创新创业人才支持计划1人。申报北京市百千万人才工程1人。

【人才招聘】 年内引进学科方向带头人1名，教师2名，招收博士后1名。

【人才培养】 学院重视青年教师培育，鼓励参与各类培训、实践、继续教育、出国交流，年内申报北京海聚计划1人；申请国家留学基金委项目4人，前往德国、美国、英国学习进修；在职读博教职工4人；1人出国进行学术交流。

【校外导师】 年内学院与北京市地铁运营公司运营技术研发中心等7家企事业单位签署联合培养专业学位研究生合作协议，严格推行专业学位学生培养双导师制，聘任校外优秀企业导师10名。

（三）学科建设

【概述】 机电学院学科涵盖了机械工程一级学科和管理科学与工程学科，具有载运工具运用工程、检测技术与自动化装置等二级学科硕士学位授权点，招收载运工具运用工程专业、检测技术与自动化装置专业全日制研究生及机械工程专业、物流工程专业、工业工程专业工程硕士。通过不断凝练，学院学科团队致力于在特种加工技术及应用、机电系统检测与控制、工程机械设计理论及应用、工程机械动力装置安全与节能、车辆运行品质及性能综合控制及生产过程管理与先进制造系统等方向开展研究，形成特色，服务城乡建设。

【机械工程学科建设方案确定】 年内完成机械工程学科建设及学科团队建设方案，确定学科梯队，明确任务，按教育部"卓越工程师教育培养计划"研究生层次学科的目标，建设机械工程专业学位点。

【学科点建设与培育工作】 初步开展工业工程、物流工程学位授权学科点2015年校内自评阶段工作。明确将车辆工程专业学位点培育建设成新的专业学位增列点或调整点。

（四）教学工作

【概述】 学院设有机械工程、车辆工程、机械电子工程、工业工程四个本科专业，其中车辆工程专业按汽车工程和城市轨道交通车辆两个方向招生，2015年招收5个自然班，在校本科生共20个本科班级，共计610人。学院教师承担5个专业方向学科基础课、专业基础课、专业课及其他相关专业的机械类必修课和选修课，拥有机械工程及自动化专业北京市优秀教学团队，北京市级精品课1门，校级精品课4门，校级优秀课12门，主编教材26部，其中北京市精品教材1部，教师中有荣获"首都劳动奖章"、北京市教育教学创新标兵、北京市级和校级教学名师奖、北京市优秀青年骨干教师奖、"育人标兵"、"优秀德育工作者"等荣誉称号获得者。学院的办学宗旨是：坚持以本科教学为中心，重视教学过程管理；重视实践教学和创新意识培养；注重在教学环节中根据科技发展情况引入新技术和新方法；坚持以市场为导向调整专业结构，调整教学内容和改进教学方法，保持与学校总体办学指导思想、办学定位、办学特色相一致，使我院的教育体系和结构符合培养国家及首都经济社会发展需要的应用型人才。

【专业建设】按照专业认证标准进行专业建设，凝炼专业特色。年内修订2015版教学培养方案，按照专业认证标准进行专业建设，对机械工程专业进行了专业认证的准备工作，为申报机械工程、车辆工程专业认证奠定基础。完成机械工程、机电工程、车辆工程、工业工程的专业协同建设，实行机械工程、机电工程、工业工程"机电类"大类招生，汽车工程方向、城市轨道交通车辆方向按照"车辆工程专业"招生。

【青年教师培训】组织2015年度机电学院青年教师教学基本功比赛，推荐陈志刚老师参加校级青年教师基本功比赛，获得二等奖。通过教学基本功培训和比赛，促进了新、老师教师之间的相互交流，对提高青年教师的业务素质和教学水平有显著的促进作用。组织推荐3位老师参加2016年校级教学优秀奖评比。

【校外实践教学基地】2015年，我校与北京石油化工学院联合共建"北京京港地铁有限公司市级校外人才培养基地"获批，为培养学生实践能力提供了平台，并依托基地开展管理、实习、培训、人才输送及科研合作。

【教学成果】2015年，学院组织完成5项校级教学成果奖的申报工作。杨建伟教授被评为校级教学名师；陈志刚获校级青年教师基本功比赛二等奖；校级教育科学研究项目立项5项，校级教材立项1项；周庆辉完成慕课录制——力学结构模型加工与性能检测综合实验。

（五）科研工作

【概述】机电学院围绕服务城乡建设开展科研工作，教师申报科研项目的数量、层次和成果质量逐年上升，为企业或建设管理部门提供了大量的科技服务。学院下设北京市建筑安全监测工程研究中心、北京市建设机械与材料质量监督检验站等科研服务单位，为北京市的城市建设管理做出了巨大努力，得到了北京市建设部门的充分肯定。

【科研团队建设】学院贯彻落实学校关于学科科研工作会议的有关精神，把提质、转型、升级作为基本策略，执行学校科技兴校战略，为加强学院青年教师培养，为充分调动学院科研的积极性、主动性，增强竞争力和协作能力，制订了《机电与车辆工程学院学术创新（科研）团队建设与管理办法》。根据学校、学院资源状况，城乡建设与城市运营、京津冀一体化战略和北京新的战略定位等工程领域对科技的需求，以及学院科研积累，已形成机电系统可靠性与故障诊断、机械动力装置安全与节能、轨道车辆轮轨关系与维保装备3个特色研究方向。

【科研项目】学院加强科研管理与引导，大力支持教师开展科研活动与学术交流。2015年争取申报国家自然科学基金12项，北京市自然基金面上项目9项，北京市自然科学基金重点项目B类（教委重点课题）1项，北京市属高校创新能力提升计划项目1项，北京市教委科技计划项目7项。获得北京市教委科技计划项目3项。2015年纵向到校经费74.5万元，横向到校经费157.2万元，到校经费总计231.7万元。2015年横向到校经费比2014年增长23.2%，总的科研经费增长10%。

【科研成果】机电学院年内申报省部级及以上科研奖励2项，2015年获河北省科学技术奖科技进步一等奖、山西省科学技术奖科技进步二等奖各1项。申请发明专利8项，获发明专利授权5项，实用新型专利授权1项。发表论文38篇，SCI收录2篇，EI收录15篇，核心期刊论文6篇；专著2部，编写教材6部。

【科研基地和科研平台建设】2015年北京市建筑安全监测工程技术研究中心完成3年中心建设计划，考核结果为良好，考核结果在市属高校工程技术研究中心中排名第一。北京市建筑安全监测工程技术研究中心是机电学院申请、三个学院共同建设，2015年中心认真凝练研究方向，进一步明确研究团队人员，完成学年中心建设计划；年内完成城市轨道交通车辆服役性能保障北京市重点实验室申报后答辩、现场考核，并获得认证，按北京市重点实验室任务要求开展工作，完成重点实验室研究项目指南发布、申请、评审等工作，利用财政专项资金和项目基金800万，采购科研工作需要的关键仪器设备，以支撑应用基础性研究。

【校企合作】与北京地铁运营有限公司运营技术研发中心、京港地铁有限公司、中车二七车辆厂等合作进一步深化，建立了本科生、研究生培养基地，服务于学生的成长、成才。推进产学研合作，教师科研成果转化为企业服务。

【研究生参与科研工作】研究生参与科研工作积极性提升，年内发表科技论文19篇，参与编写教材2部，申请发明专利2项，实用新型专利1项。2名研究生获得国家奖学金，2名研究生获得北京建筑大学优秀毕业硕士论文，3人获得北京优秀毕业生，5人考上北京航空航天大学等高校博士生，研究生考博率31.25%。

（六）学生工作

【概述】机电学院以培养和提高学生综合素质为主线，以创造良好学风为重点，加强学生的思想政治教育，搭建学习实践平台，丰富课余文化生活，实施学生党员先锋工程，充分发挥了学生教育工作在学院的稳定与发展中的积极作用。

【就业工作】学院高度重视就业工作，形成了全院教师共促就业的良好氛围。截至2015年10月31日，2015届毕业生就业率超过97%，签约率超过94%，重点单位就业率超过40%，不仅保证了签约率和就业率，还与就业单位建立了密切的联系，提高了就业质量。2015届本科毕业生考取研究生总人数和比例均达到学院历史最高水平，录取率超过9%，2015届硕士研究生考博率实现了历史性突破，毕业研究生16人，5人报名考博，全部被录取（录取率31.25%）。

【学科竞赛】培育了一批学科竞赛重点项目，"鲁班杯"大学生科技作品竞赛选拔了7项参与校级竞赛，有3项作品被推荐参加第八届"挑战杯"首都大学生课外学术科技作品竞赛，最终获一、二、三等奖各1项；其中一项作品还获得第八届全国大学生节能减排社会实践与科技竞赛二等奖。10月8日，举行中国大学生方程式汽车大赛赛车新车发布会暨出征仪式，由来自机电学院和经管学院的学生们自行设计、研发并通过测试的我校第一辆内燃机方程式赛车正式亮相。

【校友工作】4月22日，机电学院优秀校友江荫众应邀回母校为学生做了一场精彩的报告；25日，北京建筑大学举办了青年校友论坛，7名机电学院的校友回到母校参加论坛；29日，任尊松教授给同学们带来了一场关于中国高速铁路发展的精彩学术讲座。10月陆续开展"迎80周年校庆"校友访谈，对退休教授俞启灏，北京市地铁运营有限公司马赛、刘巍，天津航空长征火箭制造有限公司陈立业，朝阳区中国人寿保险公司杨殳，中国计量检测科学研究所高春柳，北京市技术监督局特种设备检测中心丁家宝等人进行了访谈，并成立了校友分会。

【学风建设】英语四级一次通过率连年保持上升，2015年6月，2013级第一次达到50%，比4年前提高了近1倍。2014级职业生涯与发展规划课程引入企业专家讲座，并举办了第一届职业生涯规划大赛，效果明显。1月份启动2012级考研工作，陆续开展了考研动员、考研讲座、学长面对面经验交流、考研冲刺等活动。企业奖学金颁奖暨学风建设大会于5月21日隆重举行，树立了学生榜样。5月21日还进行了第七届全国大学生机械创新设计大赛暨校内选拔赛宣讲会。6月7日下午，以"选择·行动——未来你我同行"为主题的2015全国高校汽车科技文化节在我校成功举行。

【学生党员培养与发展】4月17日至19日，机电学院副教授卢宁携学生党员一行6人赴南京调研，结合车辆工程专业知识，针对"大运量交通在战争中的运用"进行了学术探究。5月，党委副书记汪长征老师带领学生党员与积极分子一行6人赴武汉开展中山舰的参观调研活动，并运用3D打印技术将中山舰模型打印出来，在我校举办的"遗迹·足迹·使命·责任——国家级抗战纪念设施、遗址社会实践调研成果展"，吸引了广大师生以及社会记者朋友前来参观学习。6月6日机电学院本科生党支部二十余名积极分子由汪长征老师带领赴北京市顺义区东北燕山余脉参观焦庄户地道战遗址并开展了一系列以"铭记历史，缅怀先烈，珍爱和平，开创未来"为主题的教育活动。严把党员发展质量，2015年发展学生党员35人。

【社会实践】3月底4月初，大一、大二同学陆续开展了寒假社会实践展示活动。机电学院组织师生奔赴昆明地铁公司，开展一系列社会实践活动，获评北京市优秀社会实践团队和优秀实践成果。暑期，机电学院三名同学还参加了由北京科技大学主办的北京高校机械类专业群夏令营。

（七）对外交流

【校际交流】2015年上半年，选派6名学生赴北京航空航天大学进行为期半年的访学；2015年下半年，选派7名学生赴北京航空航天大学进行为期一年的访学。2015年下半年，与北京交通大学在车辆工程专业上就16名学生实行双培；与北京航空航天大学在机械工程专业上就16名学生实行双培。

（八）党建工作

【概述】机电学院党委共有党员121人，其中在职教职工党员35人、退休教职工党员13人、学生党员73人；正式党员人94人、预备党员27人；设有10个党支部，其中教职工党支部4个、退休教职工党支部1个、本科生党支部4个、研究生党支部1个。

【落实"党建首问制"】机电学院认真落实"党建首问制"，确保党建工作与学院工作同谋划、同部署、同落实。健全和落实党员直接联系群众制度和党内民主制度，营造聚精会神抓党建、抓好党建的氛围。

【领导班子建设】机电学院以抓好领导班子理论学习为重点，通过理论中心组（片组）集体学习、个人自学、网上学习等形式，努力推进学习型院党委建设；以"六型"为标准，加强班子党风廉政建设和作风建设。把"三严三实"作为班子成员修身做人的基本准则。持之以恒抓好作风建设，不断巩固深化党的群众路线教育实践活动成果，落实好领导班子整改措施，建设团结型、学习型、民主型、创新型、务实型、廉洁型的"六型"班子。

【理论学习】依托学院理论中心组以及党支部"主讲主问制"理论学习模式，持续深入地学习党的十八大、十八届三中、四中、五中全会精神和习近平总书记系列重要讲话精神，以及习近平总书记关于意识形态工作、高校党建工作重要批示精神、社会主义核心价值观等内容，做到内化于心，外化于行，切实把学习成果转化为推动学院科学发展的精神动力。创新教职工理论学习方式，通过组织辅导报告、专题培训、参观等多种形式，引导党员干部、师生员工进一步增强道路自信、理论自信和制度自信。以创新党支部学习模式为重点，推进学习型党支部建设；以巩固拓展建设学习型党组织的阵地、积极开展党员干部主题教育活动为重点，推进学习型党员队伍建设。

【学习阵地建设】为推进学习型党支部、学习型党委建设，为党员创造良好的理论学习环境，学院党委以"党员学习园地"为载体，丰富学习内容，为建设学习型党组织创造良好条件，营造积极氛围。

【全面落实从严治党】进一步推动基层党建工作创新，统筹推进学习型、服务型、创新型党组织建设，不断提升基层党组织引领和服务学院改革发展的能力和水平。做好发展党员工作和党员教育、管理和服务工作，加强高级职称群体和学术骨干的培养与教育，成熟一个发展一个。

【安全稳定工作】巩固"平安校园"达标取得的成果；加强教职工及学生安全工作教育，特别是少数民族学生的安全稳定工作，提高师生的安全稳定意识；做好师生的防火、防盗、防汛、防震安全教育；抓好节假日、敏感期值班安排和安全检查，重点做好两会期间及6.4、7.7及9.18等敏感时期安全稳定工作；重点抓好实验室、学生及研究生工作室的防火、防盗措施的落实。

（九）工会工作

【概述】机电学院分工会努力建设团结机电之家，不断完善激励机制，高度重视全体教职工的身心健康发展，关爱教职工、维护教职工合法权益，充分发挥工会组织作用，保障学院稳定、快速发展。

【召开学院教职工大会】1月19日，机电学院召开2014年教职工大会。校纪委书记何志洪出席会议。大会向全体教职工汇报了2014年学院党政、分工会、教代会工作，以及学院党政经费、分工会财务情况。

【困难帮扶及离退休工作】学院分工会围绕以增强集体凝聚力为重点，及时慰问、关心教师，及时解决在职及退休教师的实际困难；组织退休教师参加校、院的活动；学院"七一"开展慰问退休党员、春节慰问退休职工等送温暖慰问活动。

（十）实验室建设

【日常实践教学情况】实验中心对2015年度的实践教学资料进行了自查和抽查，实践教学指导书、实验报告齐全，实验设备良好，实验教师指导认真，实验教学效果良好，未有出现实验教学事故现象。

【专项申报】完成2015年专项招标、设备安装调试等工作；组织2015年教学专项申报。

（张媛媛　高瑞静）

八、文法学院

（一）学院概况

文法学院现有教职工67人，专任教师59人，其中博士生导师1人，硕士生导师5

人；教授3人，副教授19人，讲师37人，助教3人。师资队伍的职称、学历、年龄和学缘结构合理，师德高尚、教学质量好、科研能力强。有北京市社科基地1个，北京市大学生素质教育基地1个，北京市伦理创新科研团队1个，北京市优秀人才培养资助人选5人，北京市师德先进个人1名，北京市中青年骨干教师5人，校级教学名师2人，校级重点学科1个，校级特色专业1个。

文法学院设有法学和社会工作两个本科专业。法学和社会工作专业在夯实本专业基本理论知识和专业知识的基础上，结合学校办学传统和特色，开设与建筑和城市管理相关的课程，以满足城市化进程中对城市建设、城市管理、城市服务的复合型高级专门人才的需要。

文法学院下设法律系、社会工作系、外语系、教学实验中心，拥有北京市建筑文化研究基地、北京市大学生城市文化教育基地、房地产法律研究所、城市历史与文化研究中心、法学实训基地、社会工作实训基地、模拟法庭和图书资料中心等教学科研平台。

（二）师资队伍建设

【概述】文法学院现有专职教师59人，其中博士生导师1人，硕士生导师5人；教授3人，副教授19人，讲师34人，助教3人，包括青年英才1名，优秀班主任教师1名，校级"师德先锋"2名，校级教学基本功比赛优秀一等奖1名。教授人数占专任教师人数的5.1%，副教授占32.2%，具有博士及以上学位11人，占18.6%，45岁以上教师占27.1%，36岁至45岁教师占54.2%，35岁以下教师占18.7%，已形成一支学历层次较高、学缘结构和年龄合理、师德高尚、教学和科研能力较强的教学与研究团队。

（三）学科建设

【概述】文法学院2015年社会工作专业硕士点首次招生顺利进行，共招收了4名新生，培养工作正常进行，为迎接专业评估积极做好各项工作。设计学（伦理学与美学方向）招生和培养以及就业工作正常进行，建筑伦理学在北京高校形成了鲜明特色，以此为基础学校自主设置了设计学（中外设计比较学）并做好了招生的各项准备工作，组建了以外语系骨干教师为基础的跨文化研究团队，并积极有效开展了工作。

两个交叉学科点的论证和建设工作取得初步成效，"城市文化空间"交叉学科基础进一步夯实，依托设计学等学科，充分利用北京建筑文化研究基地这一北京哲学社会科学平台，成功申报了5项省部级课题，科研水平的提高促进了团队建设的质量；另一个是"建筑法律"，召开了交叉学科建设论证会，通过到东南大学等科研院所考察，进一步明确了建设方向，形成了建筑法律研究团队，以科研为龙头，强化教学，进一步实施资源整合，借助学校提供的团队建设经费20万元，形成以建筑遗产保护为主题的多项科研成果，交叉学科建设的基础进一步夯实。

2015年10月文法学院的思想政治理论教研部从学院中分离出去，成立马克思主义学院，肖建杰任马克思主义学院院长。

（四）教学工作

【概述】保障基础教学工作的井然有序，确保外语教学的稳步提升；提高思政课的课堂教学效果，强化意识形态责任感，加强课堂政治纪律；继续打牢专业基础知识，强化应用务实能力培养，突出自身特色，找准定位，形成优势专业培养模式。

【充分发挥主渠道、主阵地作用，积极推进我校大学生素质教育】思想政治理论教学部在搞好教学、科研的基础上，着眼于学生的全面发展和健康成长，充分发挥思想政治理论课主渠道、主阵地的作用，为推进我校的大学生素质教育，进行了积极的探索和努力。

通过教学研究课题和班级试点，力求探索一种思政课实践教学的新模式：即将思政课实践教学与团委、学生处、宣传部等部门组织的学生自我教育活动、社会实践活动有机衔接，从而拓展对大学生进行素质教育的平台。思政部全体教师苦练内功，举行"精彩一课"活动。通过活动大家达成共识：上好思政课，不仅要在教学的内容和形式两方面下功夫，还需要教师多关注社会前沿问题，将课程和学生所学专业相结合。完成市教育工委、市教委布置的思政部自评工作。北京市素质教育基地——大学生城市文化教育基地成功开设"城市文化教育"系列选修课，受到学生欢迎。具体做法：一是加强课堂建设，加强课堂政治纪律的教育和检查。根据教育部和北京市教工委的精神，落实责任意识；二是根据学校工作要点中关于"思想政治课建设体系创新工程、思政课教师队伍能力提升工程、马克思主义学科领航工程"的要求，进一步提高思想政治理论课的教学效果，推进社会主义核心价值观"进教材、进课堂、进头脑"；三是组织思政项目的市级申报和报奖；四是开展思政课程比赛。组织参加"精彩一课"的评选工作；五是积极推进大学生社会实践活动和理论文章的征集和报奖。

【激发学生学习英语的兴趣，提高四、六级通过率】总结了去年的成绩，制定2015年的总体工作要点。

（1）2015年的四级教学确定任务目标，按照各方面的基础数据，确定今年要完成的指标。计划指标是2015年主考年级一次通过率达到70%（最后统计2013级达到71.59%）。2015年6月考试前，制定详细的工作方案和实施步骤。首先，细化内部指标的落实，全体教师要以高度负责的态度，认真完成相应的任务，确保今年四级教学任务的完成。其中，党员教师、骨干教师要传帮带，青年教师要发挥积极的作用；其次，做好协同攻关的工作，发挥年级组的指挥部作用，组织落实各个备考环节的落实和跟踪、检查；再次，积极做好与相关职能部门、学工系统、班主任、辅导员以及各个二级学院的配合、协调工作，形成上下联动、各方合作的四级备战工作的体制机制；最后，做好四级考前的分步骤应考工作。包括专项练习、课外辅导、早晚自习、模拟考试等。（2）做好英语教学的统筹协调工作，如两个校区的英语教学、本科生与研究生的教学工作、"2+2"国际班以及搭建网络教学平台，使课堂、网络相结合的教学模式。（3）大学英语教学中的分级教学工作，即A/B的不同教学与备课任务，英语教学后续课程的支持。（4）做好围绕大学英语教学工作的教研课题申报、教学成果的总结和相关教材的组织编写工作，在建设教学标志性成果和加强课程建设方面的凝练、总结提升工作；申报校级教研课题八项。

【开展青年教师基本功比赛评选活动】为巩固本科教学水平评估工作成效，提高教学质量，落实质量工程，根据学校教务处工作部署，我学院按照青年教师比例，将指标分配给各部、系。各部、系采用听课、集中比赛等不同的形式，在35岁以下青年教师中开展了讲课大赛。我学院推选出六名教师，参加本学期青年教师基本功比赛。学校专家组对参赛教师进行了资格审定、教案评审以及随堂跟踪听课，我学院的叶青入围。在学校举办的青年教师技能大赛决赛中，该教师获得一等奖。在下半年，积极组织教师优秀奖的评选，推选出10位教师参加校级活动，争取优异成绩。

【国际交流】确定了文法学院社会工作系与南康涅狄克州立大学社会工作系合作协议，推进了教师交流、成立办事处、三类学生交流；3+1+1协议：在北京建筑大学3年，到南康学习一年，回校获得本科学位，返回南康继续学习一年，获得南康硕士学位。7月份的社会工作暑期团（1教师+10学生+10市团委社工）前往南康大学，完成了为期三周的学习实习，9月份两名交换学生（严涵潇、黄家慧）在南康大学社会工作系开始了为期一年紧张的学习、生活。

【参加筹备下半年召开本科人才培养教学工作大会】 按照学校的要求，下半年召开教学工作大会。通过此次大会，宣传教育改革发展形势，破解教育教学重点、难点问题，统一思想，充分领会"十八大报告"的要求：学校要把立德树人作为教育的根本任务；全面实施素质教育，深化教育领域综合改革，着力提高教育质量，培养学生社会责任感、创新精神、实践能力。同时完成学校第五次党代会以及"提质、转型、升级"的要求；进入二个先进行列；建设高水平有特色的建筑大学；以学生为本，教学优先、彰显特色为原则；服务北京，服务学校大局，服务教师，服务学生；在思想观念、评价体系、激励机制、培养模式、知识结构上进行转变。孙希磊院长根据张爱林校长在"本科人才培养大会"上的讲话精神，规划出了文法学院在本科人才培养方面的远大前景。

（五）科研工作

【概述】 2015年文法学院省部级项目6项，到校经费总计28万元；北京市项目2项，到校经费11万元；发表文章27篇，其中核心期刊12篇；出版著作9部。

2015年文法学院承担的各类科研项目一览表

序号	项目名称	负责人	项目来源	项目级别	合同经费（万元）	起止时间	项目类别
1	上市公司股东直接诉讼与派生诉讼的选择提起问题研究	王丹	司法部2012年国家法治与法学理论研究部级科研项目	省部级	5	2015.4.16	一般
2	近代北京城市公共空间对城市文化影响研究	孙希磊	北京社科基金	省部级	5	2013.3-2015.12	一般
3	北京城乡独生子女家庭养老问题比较研究	赵仲杰	北京社科基金	省部级	5	2013.6-2015.6	一般
4	美国纽约城市地标法对北京建筑遗产保护的启示	左金凤	北京社科基金基地项目	省部级	5	2013.12-2015.12	一般
5	北京市农村住房养老法律制度研究	张晓霞	北京社科基金	省部级	5	2013.4-2015.6	一般
6	上市公司股东直接诉讼与派生诉讼的选择提起问题研究	王丹	司法部	省部级	3	2013.5-2015.5	一般
7	北京市社区空巢老人精细化管理研究	张守连	北京市委组织部	司局级	10	2013.1-2015.12	一般
8	北京市中华英才项目	杨娜	北京市教委	司局级	1	2013.7-2016.7	一般

2015 年文法学院教师发表的学术论文一览表

序号	成果名称	第一作者	发表时间	发表刊物	刊物类别
1	Urban Spatial Justice of Intra-generations in Port Suva：another existential form of Neo-Urbanism	武烜	2015	The Science	JA
2	中国古代社会道德治理的运行机制及其时代价值	张溢木	2015.09.10	伦理学研究	CSSCI，核心期刊，权威期刊
3	陈独秀抗战思想的伦理解读	金焕玲	2015.07.15	伦理学研究	CSSCI，核心期刊，中国人民大学复印报刊资料
4	人民监督员选任制度反思与完善	裴娜	2015.03.01	中国刑事法杂志	CSSCI
5	先秦道家生态哲学思想与生态文明建设	许亮	2015.02.15	理论视野	CSSCI，核心期刊
6	语言态度对聘用决策的影响研究	聂平俊	2015.01.01	语言学研究	CSSCI
7	资本主义与环境	武烜	2015.12.28	国外理论动态	CSSCI，核心期刊
8	派生诉讼资金激励问题研究	王丹	2015.09.01	比较法研究	CSSCI
9	中美翻转课堂教学模式的应用差异及启示	张华	2015.09.01	教育探索	核心期刊
10	城市规划的刚性约束与维护公共安全	秦红岭	2015.08.31	瞭望	核心期刊
11	反思建筑抄袭风	秦红岭	2015.06.22	瞭望	核心期刊
12	交通精细化管理提升城市品质	秦红岭	2015.05.04	瞭望	核心期刊
13	城市管理：细节决定宜居	秦红岭	2015.01.26	瞭望	核心期刊
14	建筑的现代性反思：卡斯腾哈里斯的建筑伦理思想述评	秦红岭	2015.09.15	华中建筑	一般期刊
15	中美翻转课堂教学模式的应用差异研究	张华	2015.09.11	科教导刊	一般期刊
16	美国思想政治教育的主要经验及对中国的启示	张华	2015.09.01	高校期刊	一般期刊
17	二十世纪初西方文学中的北京形象分析	许辉	2015.09.01	时代文学	一般期刊
18	学龄前流动儿童医疗保障问题研究	杨娜	2015.07.01	产业与科技论坛	一般期刊
19	个案社会工作在城市社区失独老人帮扶中的应用	晁霞	2015.06.30	产业与科技论坛	一般期刊
20	列菲伏尔空间哲学思想溯因	张华	2015.06.01	燕山大学学报	一般期刊

续表

序号	成果名称	第一作者	发表时间	发表刊物	刊物类别
21	学龄前流动儿童医疗保障制度存在的问题及对策	杨娜	2015.06.01	管理观察	一般期刊
22	图书馆学进行解释学研究的意义——以"图书馆核心价值研究"为例	许亮	2015.05.10	高校图书馆工作	一般期刊
23	建筑命名的伦理分析	金焕玲	2015.04.01	管理观察	一般期刊
24	中美高校主流意识形态教育的差异	张华	2015.03.12	科教导论	一般期刊
25	马克思主义认识论的实践意蕴	张守连	2015.01.01	黑龙江史志	一般期刊
26	论大学英语写作形成性多元评价机制中教师的角色定位及其启示	刘宏	2015.06	大学英语教学理论与实践2014	一般期刊
27	大学生校内外英语学习情况调查研究——以北京建筑大学为例	刘宏	2015.12	建筑类高校教育教学改革实践研究——2014中国建筑教育协会普通高等教育委员会教育教学改革与研究论文集	一般期刊

2016年文法学院教师出版学术著作一览表

序号	成果名称	第一作者	出版时间	出版社	性质
1	古希腊经济伦理思想史纲	张溢木	2015.07.10	武汉大学出版社	学术专著
2	建筑伦理与城市文化（第四辑）	秦红岭	2015.06.01	中国建筑工业出版社	编著
3	法律文书写作与司法口才运用实例教程	石磊	2015.11	中国经济出版社	正式出版教材
4	试析中英颜色词的文化内涵及翻译策略	杜苗	2015.06	大学英语教学理论与实践2014	编著
5	社工服务项目操作指南	赵仲杰	2015.06	知识产权出版社	编著
6	明心诗集（中英文版）	经天	2015.09.09	世界知识出版社	文学著作
7	大学英语四级专项训练：听力与写作分册	刘宏	2015.02.01	中国人事出版社出版	编著
8	建筑空间城市：北京建筑文化研究基地研究论丛2014	高春花	2015.08.15	天津人民出版社	编著
9	中国建筑文化年鉴2013	高春花	2015.08.15	天津人民出版社	编著

【举办学术会议】2015年北京建筑文化研究基地举办学术会议。

2015年10月24-25日，由中国伦理学会主办、北京建筑文化研究基地、北京建筑大学文法学院联合承办的"伦理视域下的城市发展"第五届全国学术研讨会暨北京建筑文化研究基地 2015 年学术年会在北京紫玉饭店隆重召开。来自中国人民大学、北京师范大学、南开大学、上海社会科学院、欧洲建筑学会、北京建筑大学等国内外高校和研究机构的专家学者 100 余人汇聚一堂，围绕"伦理视域下的城市发展"问题进行了学术研讨。天津人民出版社、《理论视野》杂志社、《中国建设报》、《科技日报》、《中国科学报》、《城市住宅》杂志社等出版界和媒体界代表参加了会议。北京建筑大学校长张爱林教授出席会议，会议由副校长张大玉教授主持。文法学院孙希磊教授、刘国朝副教授、李志国教授分别主持了主题报告和闭幕式会议。

24 日上午，中国伦理学会常务副秘书长王海滨首先做大会致辞。他指出，当前我国城市病凸显、奇怪建筑频现，其根源是价值观出了问题。伦理学作为一门实践哲学，应发挥关注现实、解释现实、解决现实的根本作用。北京建筑大学作为一支异军突起的力量，在建筑伦理、城市伦理研究方面涌现出了一批知名学者，取得了一批重要研究成果，大大推动了建筑伦理学和城市伦理学这一交叉学科的发展，成为中国伦理学会的重要研究力量。此次学术盛会，以城市空间建设与利用、智慧城市建设、生态环境保护与绿色城市建设、红色建筑物保护与利用、西方城市发展思潮与价值观变迁等为主要研讨议题，凝练了当前城市发展领域与伦理学相关的许多重大前沿问题，需要深入研究，希望学者积极贡献智慧。

校长张爱林教授对大会的顺利召开表示热烈祝贺。他说，北京建筑大学是一所有着悠久建校历史的高等学校，培养的人才遍布很多重要岗位，对国家和社会做出了重要贡献。目前，全校师生员工正在致力于有特色、高水平、创新型教学研究型大学建设，并就如何建设创新型大学发表了重要讲话。他说，要建设创新型大学，必须加强交叉学科建设。目前，城市发展中存在的问题不是单一学科所能解决，必须综合利用哲学、建筑学、规划学、环境学、管理学等学科力量协同解决。此次会议汇聚了多学科研究力量，必将为城市协同发展提供一种整体性思维模式和正确价值取向，同时也会为我校交叉学科建设提供良好的平台。他强调，创新型大学关键在于培养创新型人才。此次大会创新性地安排了"城市，让生活更美好——2015 中青年学者对话会"，这将为青年学者和广大学子搭建一个直接与知名教授对话的平台，对促进学术交流具有重要意义。

中国伦理学会副会长、中国人民大学焦国成教授做了主旨演讲。他指出，在我国城镇化推进过程中，城市伦理应该成为现代社会发展的一个方向。只有认真研究城市的特点才能更好地制定与之相应的现代社会发展的伦理道德规范。他认为，城市不仅是建筑物的集合体，更是一个有文化的生命体，它具有整体性和系统性。每个城市的精神和性格是与其文化传统和地理环境紧密联系在一起的，对城市寄居者具有重要的精神熏陶作用。

在主题报告阶段，北京师范大学文学院、中华文明传播基金会理事长毛峰教授从中华文明发展史的角度指出，未来中华文明的复兴将是全球的新文艺复兴，它也是实现中国梦的内在动力。城市文明作为中华文明的重要组成部分应该体现中国文化的特色，城市建筑空间的公共话语应该呈现中国灵魂。北京原本营造建筑设计咨询有限公司建筑师朱启鹏从北京城市规划的历史变迁层面，对北京古都风貌保护问题进行了热切关注。欧洲建筑师学会大卫·毕加索（David Picazzo）对勒·柯布西耶的建筑设计理念和经典作品进行了介绍，以纪念勒·柯布西耶逝世 50 周年。上海社会科学院的陈忠教授认为，城市结构是人性结构的映像，二者具有互相印证的关系。他认为主体性失控造成了空间生产的非正义和无序化，而城市伦理的新建构则是实现空间正义、有序化的重要途径。北京建筑大学高春花教授认为，要实现城市空间正义应从世界观层面对城市有一个新的认知，"中心—边缘"的认知图式应该被"网状结构"的认知图式取代，这将在实践领域对满足城市的同质性诉求和异质性诉求产生积极影响。南开大学的王中田教授通过对马克斯·韦伯的城市发展理论的引介，指出韦伯的共同体的理念、城市精神的思想及其城市文化的培养等观点可以对我们的城市问题研究提供启示。湖南城市学院的薛姝和刘刚、北京建筑大学的秦红岭、南昌工程学院的王传峰教授，分别以土地生态伦理的农村土地整理问题、新型城镇化进程中的城中村治理研究、文化规划视角下历史文化名城建筑遗产保护的基本原则、伦理经济与低碳文明为题做了专题报告。

24日下午，大会以四个分论坛形式进行了分组讨论。分论坛主题分别为：建筑伦理与城市空间哲学、京津冀协调发展与智慧城市建设、红色建筑物保护与人文城市建设、城市发展思潮与价值观变迁暨勒·柯布西耶逝世五十周年纪念研讨会。

24日晚举行的"城市，让生活更美好——2015中青年学者对话会"，为此次会议增添了新亮点，体现了学术为人才培养服务的宗旨。上海社会科学院的陈忠教授、首都经贸大学的高桂林教授、北京建筑大学的刘临安教授、江西师范大学的吴瑾菁教授、北京建筑大学的秦红岭教授担任对话会嘉宾。与会代表、建筑学院和文法学院的学生就古建筑保护和利用、大气污染防治的法律问题、城市发展与城市政治生态建构、城市区域公平正义和城市群建设、城市规划和建设的价值取向等问题，和嘉宾进行了热烈讨论和思想交锋。

在闭幕大会上，高春花教授做了总结发言。她指出，会议从多学科视角探讨城市发展中的问题、原因与对策，体现了理论为现实服务的学术关怀，传统与现代传承发展的思维路径，中国与西方相互启发借鉴的理论视野，是一场高品质的学术盛会。

（六）学生工作

【概述】2015年文法学院学生工作围绕"两路、两节、三赛、一长廊"，举办了大量的文化及教育类活动。其中包括重走五四路、重走一二九之路的主题教育活动；社工文化节和少数民族风情节的两节活动；北京市模拟法庭大赛、北京市人文知识大赛及北京市英语演讲比赛三项大赛；还有文法学院的一条文化长廊的展示。

【组织片组学习会】2015年1月9日上午，按照校党委的统一部署，文法学院、计信部、体育部联合组织了学习习近平《在党的群众路线教育实践活动总结大会上的讲话》片组学习会，学习会在大兴校区文法学院会议室举行，文法学院、计信部、体育部主要班子成员参加了学习和讨论。

【美国南康涅狄克州立大学教育代表团来我校进行友好访问】2015年1月6-9日，美国南康涅狄克州立大学教育代表团来我校进行友好访问。宋国华副校长会见了代表团全体成员。代表团一行三人，由美国南康涅狄克州立大学健康与人类服务学院社工系主任托德·罗夫斯教授、威廉·罗教授和杨进进教授组成，就加强社会工作专业交流与我校开展相关合作。

【文法学院举办"国际社工日——音乐治疗"讲座】2015年3月17日，为第九个国际社工日，文法学院举办的"国际社工日——音乐治疗"讲座在基础教学楼D118拉开了帷幕。本次讲座也是文法学院"社工文化节"的第一次活动。出席本次讲座的嘉宾有红枫妇女心理咨询机构首席咨询师刘凤琴老师、文法学院社会工作系主任晁霞老师、团总支书记杨举老师以及此次参与演讲的心理咨询师团队成员。

【文法学院召开思想政治理论课建设工作调研会】2015年3月31日下午，学校在大兴校区召开思想政治理论课建设工作调研会，进一步学习贯彻中办、国办下发的《关于进一步加强和改进新形势下高校宣传思想工作的意见》精神，落实《意见》各项任务，切实加强学校思想政治理论课建设工作。党委书记王建中、党委副书记张启鸿、党委常委张素芳，组织部、宣传部、学工部、研工部、教务处、人事处、思政部、校团委负责人，以及文法学院领导班子全体成员、思政部全体教师参加调研会。会议由党委副书记张启鸿主持。

【张大玉副校长来文法学院调研】2015年4月2日下午，张大玉副校长、教务处邹积亭处长以及人事处孙景仙处长一行来到文法学院，与外语系全体教师进行了座谈。座谈会由文法学院孙希磊院长主持。张校长在总结讲话中充分肯定了外语系教师在四级教学中所取得的成绩，感谢大家的付出和努力，学校对外语教学会加大关注力度，为教师培训提供更多的机会，同时，希望大家围绕本科教学改革多思考、多探索，多联系教师上课的学院，了解其专业，与专业教师合作申报课题，形成交叉研究。要求年轻教师在搞好外语教学的基础上做一些研究，要有建树。

【文法学院师生观摩"当代中国的改革与发展道路"为主题的公开示范课】2015年4月14日下午，文法学院特别邀请清华大学马克思主义学院教授、博士生导师、中央马克思主义理论与建设工程《马克思主义发展史》课题组主要成员、清华大学马克思主义学院"中国马克思主义与当代"课程负责人刘敬东老师，在大兴校区文法学院模拟法庭讲授了以"当代中国的改革与发展道路"为主题的公开示范课，思政部、文法学院的全体教师参加了这次教学观摩活动。

【文法学院在北京市第八届高校思想政治理论课教学基本功比赛取得佳绩】2015年4月15日，北京市第八届高校思想政治理论课教学基本功比赛在北京航空航天大学圆满落下帷幕。我校思政部教师张华副教授获得三等奖的好成绩，并在初赛中一举摘得"研究生思想政治理论课"一等奖桂冠；同时，思政部另一位参赛选手张溢木博士也获得分组赛的好成绩，即"思想道德修养与法律基础"教学基本功比赛三等奖。因我校有关部门组织工作出色，参与率高，由此而荣获本次大赛组委会颁发的"优秀组织奖"。

【"北京建筑大学文法学院实践教学基地"在校工会、校图书馆正式挂牌】2015年4月21日，"北京建筑大学文法学院实践教学基地"在校工会、校图书馆正式挂牌。文法学院分党委书记肖建杰、校工会主席刘艳华、图书馆馆长王锐英、直属党支部书记沈茜、社工系主任晁霞等出席了揭牌仪式。此次文法学院与校工会、图书馆建立实践教学基地，是社会工作专业充分利用校内资源进行实践教学模式的新探索，拓宽了我院专业实践教学的渠道，有利于培养学生的团队精神、创新意识和动手能力，增强学生的责任感和使命感，提高学生的综合素质；同时，也可以发挥社会工作专业优势为我校师生提供专业社工服务，促进和谐校园建设建设。

【文法学院师生党员前往平西抗日战争纪念馆等地调研】2015年4月25-26日，文法学院党委书记肖建杰、院团总支书记杨举带领5名学生党员前往平西抗日战争纪念馆、《没有共产党就没有新中国》词曲诞生地纪念馆等地调研。为期两天的调研，让师生们再一次感受到共产党带领全国人民取得抗日战争胜利的艰难，也深深地为革命前辈的事迹感动，革命先辈的精神必将鼓励年轻的党员们为了国家贡献自己一生的力量！该活动是文法学院调研抗日战争胜利70周年系列活动之一，之后将继续深入到平北等地区进行深入的调研。

【文法学院邀请到红枫心理咨询中心孙一江老师做讲座】2015年4月28日，为配合社工文化节公益项目设计竞赛，文法学院邀请到红枫心理咨询中心孙一江老师在基础喽D座220教室，向同学们做项目策划书写作的指导讲座。参会的老师有社工系晁霞、郭昊和文法学院团总支书记杨举。孙一江老师曾获得第三届中国公益慈善项目大赛年度特别奖，并担任雅安地震灾后心理救援项目官员，有丰富的拟写项目策划书的经验。孙老师从她的获奖作品出发，深入浅出的为同学们讲解了一个项目策划书从一丝灵感，一直到成型策划书的过程，并且在讲解当中穿插了她在申请过程中遇到的困难和解决的方法，为我们展现了拟写项目策划书的完整过程。

【文法学院邀请佟静老师分享新西兰游学经历】2015年4月28日，文法学院邀请到在国外深造多年的佟静老师为同学们分享了她在新西兰游学时的经历。文法学院副院长刘国朝、社工系主任晁霞以及社工系郭昊老师倾听了讲座。本次讲座也是文法学院社工文化节的一部分。

【文法学院第二届社工文化节开幕式成功举办】2015年5月12日，文法学院第二届社工文化节开幕式在基础教学楼D座一层模拟法庭举行。校党委副书记张启鸿莅临指导并致辞，同时参加开幕式的领导和老师还有学工部部长黄尚荣、文法学院党委书记肖建杰、校团委书记朱静、学工部副部长李红、校团委副书记车晶波、社工系主任晁霞以及学工部和文法学院的老师们。

【文法学院召开2013级四级动员大会】2015年5月14日，文法学院在基础楼D216召开了2013级四级主考年级四级动员大会，文法学院院长孙希磊、院党委书记肖建杰、副院长刘国朝及英语教师赵文通、叶青参加了动员会，动员会由文法学院团委书记杨举主持。

【文法学院社工系组织主题为"沟通与交流"的参与式工作坊】2015年5月19日，文法学院社工系组织了一次主题为"沟通与交流"的参与式工作坊。参与式工作坊是针对某一主题，主持人通过游戏等方式带入，参与者们对这一主题发表自己的看法、观点，引发探讨的活动。

【文法学院组织学生重走五四路】2015年5月23日，文法学院以"传承五四精神，肩负民族使命"为主题，延续传统，继续组织了"重走五四之路"活动。参与此次活动的学生来自文法学院、机电学院、电信学院、环能学院、理学院共120余人。活动由文法学院团委书记杨举带队，文法学院院长孙希磊担任讲解工作。活动的考察路线是：五四大街的北大红楼遗址、东交民巷近代建筑保护区、东单附近的赵家楼胡同。周六的北京城，夏暑初袭，不能阻挡同学们的爱国之心；烈日当头，不能动摇同学们的探索热情。

【文法学院举办社工文化节闭幕式】2015年6月4日下午，文法学院在基础D座模拟法庭举办了社工公益项目竞赛暨社工文化节闭幕式。出席闭幕式的领导和评委有文法学院院长孙希磊、院党委书记肖建杰、社工系主任晁霞、社工系赵仲杰、黄华贞老师、院团委书记杨举。

【文法学院举办社工专业讲座】2015年6月30日下午，文法学院举办了"心理社工的实践与探索——以反家暴工作为例"的专业讲座，主讲人为北京红枫妇女心理咨询服务中心的侯志明咨询师。

【文法学院举办"中国梦 校园情 快乐心"的系列欢送活动】似水流年，转眼间大学四年匆匆而过，你还记得小湖边朗朗的读书声吗，还记得操场里矫健的身影吗，还有那严厉而又慈祥的老师，那又爱又恨的早晚自习。为让11级毕业生谨记自身使命，留住爱校之情，2015年7月14日，文法学院为毕业生准备了"中国梦 校园情 快乐心"的系列欢送活动。

【文法学院深入山东基层农村开展暑期社会实践】2015年8月22-30日，为深入贯彻落实习总书记的讲话精神，我校文法学院"悦群"志愿者暑期实践团一行12人由文法学院团委书记杨举老师带队，前往山东省济宁市汶上县进行为期一周的暑期社会实践服务工作，服务的对象主要是农村的留守儿童和老年人。

【文法学院师生访谈抗战老兵】2015年9月3日，中华人民共和国举行盛大的阅兵仪式，以纪念抗日战争胜利70周年，受检阅的老兵中，有这样一位老人，他先后参加了抗日战争、解放战争和抗美援朝，他就是山东省汶上县的88岁老兵胡家英。8月28日，文法学院暑期社会实践团来到了他的家中，倾听了他对抗战的描述。

【文法学院开展我的班级我的家班级建设活动】为了促进2015级新生更好融入班集体，形成良好的班级氛围，2015年9月13日晚，我校在大兴校区开展了"我的班级我的家"启航之旅——班级建设活动。此次活动由学生工作部组织策划，文法学院及其他二级学院大力协助，心理素质教育中专业教师指导2013级80余名社工专业同学及心理委员联合会志愿者一起精心设计、认真准备，2015级56个班级的1700余名新生参与了本次活动。

【文法学院院领导看望军训学生】2015年9月21日，文法学院院长孙希磊、学院党委副书记康健和院团委书记杨举、辅导员王彤带领大二、大三的朋辈辅导员来到军训场地，探望正在辛苦训练的文法大一新生并给他们带来了西瓜和苹果。孙老师询问了同学们训练的情况，表达了对新生的慰问，祝愿同学们大学四年学有所成。随后，孙老师叮嘱同学们训练要认真，但不要受伤，有了困难可以随时找老师解决。

【文法学院举办少数民族茶话会】2015年9月24日，正值我国西北地区少数民族的"古尔邦节"，文法学院党委在大兴校区举办了少数民族学生节庆茶话会，共同祝贺少数民族学生的节日。文法学院院长孙希磊、党委副书记康健、团委书记杨举、辅导员王彤与少数民族同学一起交流并联欢。

【文法学院召开本科生班级导师会议】2015年9月25日，文法学院在大兴校区基D三层会议室召开了本科生班级导师会议。文法学院党委书记肖建杰、党委副书记康健、副院长李志国、法律系主任刘炳良、社会工作系主任晁霞、团委书记杨举、本科生各班班级导师及辅导员王彤参加了会议。会议由康健老师主持。

【文法学院召开赴美游学团交流会】2015年9月28日，文法学院学生赴美游学团交流会在基础楼D座召开。文法学院院长孙希磊、院党委书记肖建杰、副院长刘国朝、社工系主任晁霞和专业教师郭昊以及赴美游学的十名同学参与了本次会议。

【文法学院开展了"纪念抗战胜利，缅怀革命烈士"活动】2015年9月29日，为迎接我国首个烈士纪念日，文法学院在大兴校区基D220为2015级新生开展了"纪念抗战胜利，缅怀革命烈士"——大学第一节党课主题活动。文法学院党委副书记康健、辅导员王彤及作为首都高校学生代表观看9月3日阅兵仪式的法121班刘婉嫄同学参加了此次活动。活动旨在向同学们宣传"继承抗战精神，发扬阅兵精神，宏扬爱国精神，展现建大精神"主题，是结合国家重大事件开展的一次大学生思想教育活动。活动由王彤主持。

【文法学院学生相约到秦红岭老师家中品石榴】2015年10月7日，文法学院设计学研究生相约到秦红岭老师家品石榴,在闹中取静的小院里喝茶聊天。火红的石榴早已压弯的树枝,迫不及待的露出他的笑颜,大家品尝着甜蜜的同时,在交流中互相学习,分享彼此的收获与感动。石榴象征着丰收和团结,在这美好的日子里,研究生们用心体悟着生活,用行动践行未来。

【文法学院组织学生观看《地道战》】2015年10月11日,为纪念抗战胜利70周年,开学初文法学院组织学生党员观看了电影《地道战》。文法学院由党委副书记康健老师、辅导员王彤老师带队,组织学生党员以及入党积极分子参观了位于顺义的焦庄户地道战抗日革命遗址。活动旨在使同学们铭记历史,缅怀先烈,激发党员们和入党积极分子们的爱国热情,增强社会责任感和历史使命感。

【文法学院组织学生参观北京市人民检察院】2015年10月15日,为了提高大一新生专业认知水平,文法学院由副院长李志国、党委副书记康健、辅导员王彤带队,组织法学专业新生参观了北京市人民检察院第二分院。首先由检察官向同学们介绍了检察院的基本职能以及控诉、批捕、逮捕等诉讼环节,使大家对检察院有了一个初步的认识。其次,讲解了近几年具有代表性的案例,同学们之间开展了热烈的讨论。最后,参观了检察院内部办公机构,包括审讯室、辨认室等等。同学们首次近距离接触国家司法机关,心情都十分激动。

【文法学院开展新生入学教育活动】2015年10月20日,文法学院在基D220开展了新生入学教育活动,文法学院副院长刘国朝、党委副书记康建、教务老师林青及辅导员王彤出席了活动。会议由王彤主持。首先,刘国朝老师介绍了学校和学院的概况,使同学们对我校的办学传统与特色、教学综合改革的规划措施等方面有了宏观的了解。随后,康健老师对目标导向问题进行了讲述,她提出了选择和执行的必要性,并指出目标导向是大学学习的奠基石。接着王彤老师向同学们举例讲解了奖惩贷助等政策。在场的全体学生都听得聚精会神,并且找到了自己的奋斗目标。最后林青老师发放奖品,用互动方式向同学们介绍了学籍管理实施细则以及网络辅助教学等内容,课堂氛围十分热烈。此次活动加深了新生们对文法学院学生工作的认识与理解,加强了学院与学生间的沟通,促进了新生们的成长、成才、成功。

【文法学院举办卡拉OK大赛】2015年10月27日,为丰富学生的课余文化生活,文法学院联合机电学院在基础楼D座118成功举办了"慧美衣橱"杯卡拉OK大赛。文法学院党委副书记康健、院团委书记杨举、辅导员王彤及机电学院教师李慧君担任比赛评委。本次比赛经过初赛、复赛环节,共选出选手16名,其中文法学院选手9名,机电学院选手7名。比赛过程精彩纷呈,最终文法学院刘逸凡和机电学院张然获得比赛一等奖,另外比赛还评出二等奖3名,三等奖4名及最佳台风奖。

(七)党建工作

【概述】2015年文法学院党委围绕校院两级整体工作思路,从思想、组织、作风、制度上,明确责任,精准发力,真抓实干,为推动学院事业发展保驾护航。

【开展"三严三实"教育活动】按照中央和北京市教工委的统一部署,文法学院党委认真开展学习活动,学习习近平总书记系列讲话,组织中心组看录像,听党委书记王建中、张启鸿副书记讲党课各一次,分党委书记为班子成员、支部书记讲党课一次,组织党员报告会两场;以学校的党建工作会为契机,召开专门的研讨会,提出了全面落实从严治党各项举措。

【加强班子建设】 建立和完善党建工作责任制，落实"一岗双责"；加强反腐倡廉宣传教育，深入推进党风廉政建设；坚持和完善民主集中制，坚持贯彻落实民主集中制，严格执行党政联席会议制度，完善领导班子的议事和决策机制，凡有重大事项均通过党政联席会议研究；做好党务公开、院务公开工作，自觉接受广大党员群众的监管。

【认真做好发展党员工作】 根据党章规定和发展党员工作细则，努力做好骨干教师入党工作，为党组织补充新鲜血液奠定坚实基础。以在教学第一线青年骨干教师为发展党员的重点，加强对入党积极分子的经常性教育和入党前的强化教育。坚持成熟一个发展一个的原则，严格预审制度及发展程序，保证发展重点和质量。进一步加强对预备党员的培养教育和考察，对考察合格的预备党员按时办理转正手续。截至2015年12月，文法学院发展青年教师党员1名，学生党员45名。

【其他工作】 为贯彻落实中央办公厅、国务院办公厅《关于进一步加强和改进新形势下高校宣传思想工作的意见》及《中共北京市委教育工作委员会关于落实北京高校思想政治理论课建设现场会有关工作精神与要求的通知》，制订了进一步加强我校思想政治理论课建设工作方案（讨论稿）；完成了2015年党员发展自查、党支部手册检查工作；本学期开学初，学院党委和工会倡议为学院2位困难学生捐款，共产党员带头，共捐款10740元；6月份，又积极响应北京市共产党员献爱心捐款活动，四个教工党支部共捐款1820.80元。

（八）工会工作

【概述】 文法学院分工会在校党委的正确领导下，根据校工会的工作部署和要求，紧紧围绕我校的中心工作，认真开展教书育人、娱乐健身等活动。工作中注重发挥分工会的桥梁纽带作用，真正关心和维护会员的利益，充分调动文法学院全体职工的积极性和集体荣誉感，增强教职工爱岗敬业的主人翁意识，为构建和谐社会、和谐校园做出应有贡献。

【注重精神文明创建活动，积极开展形式多样的文体活动】 我学院分工会结合本单位的特点，不断创新工会活动形式，活动内容及时上报校工会。通过开展丰富多彩的文体活动，丰富了职工业余文化生活，使工会活动起到了凝聚人心、娱乐教职工身心的作用，成为学院精神文明建设的重要组成部分。全院教职工有着较强的集体荣誉感，对校工会、院工会组织的活动积极热情地参与，并且我院领导对院工会每次的活动都予以支持并积极带头参加。2015年12月3日，我院工会举办快乐踢毽子活动，天气寒冷但我们选择在体育部室内，让大家既锻炼身体又愉悦了身心。

【认真履行工会职能，发挥我校工会会员代表在"双代会"中的作用】 我学院分工会认真履行工会职责，维护会员合法权益，充分发挥我校工会会员代表在"双代会"中的作用。学校的发展是与每位教职工的民主决策、民主管理、民主监督分不开的，这正是我们工会的基本职责所在。在我校今年6月14日召开的"两地办学后勤保障征求意见座谈会"上，文法学院代表提了几个方面的议案，内容涉及校园基础设施、硕博公寓住房、青年教师孩子入学入托等多项议题，提案不仅反映了教职工的意愿，也体现了教职工对学校发展群策群力的主人翁责任感。

【关心教职工生活，积极开展送温暖工程】 我院分工会关心教职工生活，认真做好五必访工作，在教职工有婚、丧、育、病、困之类事情时，工会组织做教职工的第一知情人、报告人和帮助人。关心青年教师的个人大事，关心老教师的身体健康，有事想在前面、做在前头，在教职工需要关心的时候及时出现，力所能及地主动帮助他们解决工作、生活方面的实际问题，把校工会和院分工会的温暖及时地送到教职工的心中。

我院本年度59位专任教师，人均年教学工作量达600多学时，是全校教学任务最繁重的教学单位之一，在繁重的教学任务面前，教师们自觉地承担教学任务，服从教学需要，无一人为教学任务而生怨言和不满。由于我学院女教师多、年轻教师占多数，孩子小、家务事多、教学任务繁重又无师资储备，许多女教师在怀孕、生病的情况下，为避免因停课而影响教学计划的实施和学生的学习，克服身体不适，带病上课，女教师很少因怀孕、生病、照顾家庭影响教学。有的教师，昨天还站在讲台上，第二天就住进了产房。

我学院分工会的女教工占大多数，家务工作繁重，孕产假、病假相对较多一些，给分工会开展活动带来了一些不便。所以，充分发挥女教工的作用是我们分工会的一大特色。根据院分工会自身的一些特点：年轻教师多、活动热情高、团结友爱，老教师也大都喜欢运动，我们事先做好宣传和发动工作，分工会开展活动都能非常顺利。2015年1月到12月期间，我学院分工会共探视生育的女教师林青、杨娜、刘宏共3人，送慰问金共计1200元，给新婚教师郭昊送慰问金400元，探视生病教师张守连1人，给亲人去世的杨长更、金焕玲两位老师送慰问金1600元，通过对老师们的看望与慰问，表达了校工会的温暖和院分工会对他们的关爱。

分工会还认真做好五一、端午节、六一儿童节、元旦等节日慰问品的领取和发放工作，及时通知系内女教工参加校女工部组织的定期体检，及时为教职工办理产病假手续，及时督促教职工参加工会组织的一系列活动等。

（李　伟　刘国朝）

九、理学院

（一）学院概况

理学院现有2个全日制本科专业：信息与计算科学，电子信息科学与技术；具有数学一级学科硕士授权点，覆盖基础数学、应用数学、计算数学、概率论与数理统计、运筹学与控制论5个二级学科。学院不仅承担本院的本科生、研究生的培养及理学专业的建设任务，还承担着全校大部分自然科学基础课的教学任务。

学院师资力量雄厚，现有教职工72名，其中教授7名，副教授28名，3名兼职博士生导师。拥有2个北京市优秀教学团队，1个北京市学术创新团队，1个中央支持地方科研创新团队，1名北京市爱国立功标兵，1名北京高校优秀共产党员，1名北京市师德标兵，1名北京市教育创新标兵，5名北京市优秀中青年骨干教师，1名北京市高校优秀辅导员。

学院学科优势明显，教学成果丰硕，科研实力雄厚。拥有北京市教育教学成果奖3项，北京市精品课程2门，北京市精品教材立项1项，北京市青年教师教学基本功比赛一等奖、二等奖各1项。获国家科技进步奖1项，省部级奖项4项，完成国家自然科学基金项目19项、部省级及省教育厅科研项目24项，发表学术论文490余篇（SCI等三大检索收录190余篇），出版教材著作20余部。学院教师经常参加各种国内外学术会议，并到英国、日本、美国、波兰等国家和地区进行学术交流。

学院学生科技成果突出，参加全国、北京市的大学生"高教杯"数学建模竞赛、数学竞赛、物理竞赛、"蓝桥杯"软件设计大赛等获得国家级及北京市级奖项多项。显示了良好的创新能力。学院自2010年起，与英国南威尔士大学开展了"3+1"联合培养本科生项目，成绩合格的学生可获得两校毕业证书。

理学院始终坚持学校的办学指导思想，认真落实学校的办学定位，积极开展前沿学术研究，创新教学方法，本着尊重学术人才、以学生为本的宗旨，开拓进取、求实创新，致力于培养服务城市化、德智体美全面发展、具有工程实践能力和创新精神的应用型高级专门人才。

（二）学科建设

【概述】充分准备，顺利实施研究生各项工作。2012级八名研究生毕业，获理学硕士学位，就业率100%。其中1人获得北京市优秀毕业研究生、校优秀毕业研究生称号，1人考取博士，1人的毕业论文被评为校优秀学位论文。同时完成了2013级研究生的开题和中期检查工作。今年研究生发表论文11篇，参加国内学术交流16人次，1人获得2015年研究生国家奖学金。

【完成学位授权点专项评估工作】我校数学硕士学位授权一级学科点需进行2014年学位授权点专项评估。理学院首先召开了教师动员会，分析了专项评估的必要性和重要性，并把评估工作分项细化，落实到具体教师。然后，教师们收集整理资料，按评估要素进行汇编，形成了评估报告的初稿。同时，学院及时向学校和研究生院汇报评估工作进展，听取意见和建议，并与经管学院进行交流学习。最后，经过数十次的修改，进一步细化评估指标，逐字逐句斟酌，撰写评估报告，分层分类整理支撑资料，按时完成了评估工作。

【召开"传染病数学建模与中国公共政策分析交流会"，推进生物数学学科发展】理学院承办了由中国生物数学学会主办的"传染病数学建模与中国公共政策分析交流会"，参会代表来自美国疾病防控中心、美国普渡大学、世界卫生组织驻华代表处、中国疾病防控中心和北京疾病防控中心等。本次学术交流会取得了圆满成功，推进了我校生物数学学科的发展，扩大了其在国内外的影响力。

【积极组织研究生参加会议、培训、研讨班】

2015年理学院研究生参加学术会议、培训、研讨班情况

序号	姓名	学术活动名称	时间	地点
1	张敏	2015年中国力学大会	2015.08.15	上海交通大学
2	崔栋利	第十九次"统计学论坛"	2015.12.28	中央财经大学
3	崔栋利	第十九届京津地区青年概率统计研讨会	2015.05.16	中国科学院数学与系统科学研究院
4	崔栋利	SPSS培训	2015.12.19-20 2015.12.26-27	首都体育学院
5	冯鸽	代数学系列学术报告	2015.06.23，07.02，09.07	中国科学院
6	韦宵宵	2015年生物数学研究生暑期学校	2015.07.13-08.05	西安交通大学
7	韦宵宵	MATLAB培训	2015.10.31-11.02	北京理工大学

续表

序号	姓名	学术活动名称	时间	地点
8	王丹	2015年生物数学研究生暑期学校	2015.07.13-08.05	西安交通大学
9	王丹	MATLAB培训	2015.10.31-11.02	北京理工大学
10	陈方媛	2015年生物数学研究生暑期学校	2015.07.13-08.05	西安交通大学
11	陈方媛	MATLAB培训	2015.10.31-11.02	北京理工大学
12	庞凯立	MATLAB培训	2015.10.31-11.02	北京理工大学
13	李君	MATLAB培训	2015.10.31-11.02	北京理工大学
14	李君	数据分析培训	2015.12.10	北京理工大学
15	武杰	第十九次"统计学论坛"	2015.12.28	中央财经大学
16	武杰	SPSS培训	2015.12.19-20 2015.12.26-27	首都体育学院

（三）教学工作

【概述】理学院负责全校理工类通识基础课程的教学工作和两个本科专业及理科实验班的人才培养工作。在学校主管领导、教务处的精心指导和大力支持下，各兄弟学院和职能部门的积极配合下，理学院教学运行平稳正常，教学效果成绩显著。

【严格质量监控 提升教师能力】学院非常重视教学质量监控，对于学校督导组专家提出的意见，及时反馈、沟通，并采取了相应的改进措施。学院教学督导组每月召开一次月度总结交流会，做到月月有重点，完成教学检查、教学评估、教研申报项目初评等工作。本学期里每位教师至少被督导组专家听课2次。

学院加强对青年教师教学基本功的培养，专门召开教学督导组教学经验交流和督导反馈会，经过精心准备，荣获第十届全校青年教师教学基本功比赛1个一等奖、2个二等奖、2个三等奖、1个优秀教案奖；首届全国高校数学微课程教学设计竞赛二等奖1名，华北赛区及北京市特等奖1名，一等奖1名，二等奖2名；一名教师入选2015年校级教学名师。

【深化教学改革，提升教学质量】自实施高等数学课程教学改革以来，学校领导、教务处、学工部以及学院都非常重视，通过上下齐心协力，狠抓落实，已经取得一定成效。本年度进一步调动学生学习的积极性，落实5个"实施"：实施院系对接，加强沟通和交流；实施与学生所在学院主管领导、辅导员、班主任之间的对接，随时通报，形成齐抓共管的良好态势；实施月考制度，增大平时成绩所占比重，加强过程化管理；实施个性化辅导，利用课前课后和专用答疑时间进行有针对性的辅导和答疑；实施对少数民族学生特殊政策，单独开设小班集中辅导上课。强化因材施教，开设考研数学辅导课，组织分级考试，为高数分级教学做好准备。

【推进教学研究 狠抓课程建设】教学工作是大学的生命线，理学院积极组织教师进行教学教研项目、教材项目、实践教学研究项目等的立项申报，获批5项校内教育科学研究项目，2项重点校级教材建设立项，1项重点校内实践教学专项基金。完成3门校级核心课程群延续建设项目中的《高等数学》、《普通物理》、《理论力学》全程录课环节；完成4门校级双语课程《材料力学》、《常微分方程》、《工程制图》、《概率论与数理统计》中期检查工作；申报校级教学成果奖 8 项。

【加强专业建设 谋划长远发展】 开展京内外 985、211、建筑类高水平大学的专业调研活动，学习了好的经验，开阔了研讨思路。两个专业对照学校专业评估标准，查找差距，制定具体可行目标，并多次研讨，规划好"十三五"时期的专业发展。在此基础上，理学院各基础课程群和各专业已完成 2014 版中英文对照培养方案的教学大纲制定和反馈修改环节。

学院定期召开专题专业建设汇报会，听取信计专业、电子专业负责人对专业发展情况的介绍，帮助解决专业发展遇到的具体问题。

本年度首届 5 位优秀学生完成北京航空航天大学北京学院访学项目，顺利返校；继续选派信息与计算科学专业 1 人、电子信息科学与技术专业 1 人参加访学，每人配备 1 位本专业优秀指导教师，学生已完成选课，学习状态良好。

电子信息科学与技术专业 15 届为首届毕业生，进一步规范理学院本科生培养各个环节，明确毕业论文要求，对毕设课题开题、中期检查、查重、评审、答辩等培养环节严格把关。信计和电子两个专业毕业生按期完成毕设任务，顺利毕业。2 名教师被评为优秀毕设指导教师。

根据学校相关规定，配合教务处圆满完成了理科实验班 35 人转专业工作（一本 19 人，二本 16 人）。

【加强实验室和基地建设】 在学校教学专项资助下，专业实验室建设、实践教学平台已初见成效，能保证学生实践教学和课程设计的需求。物理实验室、力学实验室、信计机房等的设备、环境，目前已过保修期，维修任务量增大，但在实验室教师的艰苦努力下，保证了理学院负责的实践类教学的正常进行。

组织完成财政专项设备建设工作，信计专业完成信息处理与信息安全实验室改建工作；电子专业重点搭建电子专业基础实验室综合实验平台和两个研究型实验平台；力学实验室积极配合学校校内实践创新基地建设，做好市级京南基础力学与结构创新开放实践平台建设。

加强校外实习基地建设，召开专业实践基地建设经验交流会。信息与计算科学专业签约校企合作实践基地企业 4 家：2 家合作企业提供短期实习（中科院计算所）、2 家企业有短期实践培训合作。电子信息科学与技术专业签约校企合作实践基地企业 3 家。

【鼓励本科生积极参与学科竞赛】 理学院积极组织学生参加 2015 年高等数学竞赛、大学生物理竞赛、大学生物理实验、全国大学生数学建模与计算机应用大赛、蓝桥杯软件设计大赛等学科和科技竞赛，指导教师付出了大量的时间和心血，成绩卓著。

荣获全国大学生数学建模竞赛北京市一等奖 1 项，北京市二等奖 1 项；北京市大学生数学竞赛一等奖 3 名，二等奖 4 名，三等奖 14 名；第 32 届全国大学生物理竞赛团体奖，一等奖 9 名，二等奖 9 名，三等奖 29 名；北京市大学生物理实验竞赛一等奖 1 项，三等奖 1 项；大学生数学建模竞赛：北京赛区一等奖 1 项、二等奖 2 项、成功参赛奖 10 项；蓝桥杯软件设计大赛：全国二等奖 1 人次、北京赛区一等奖 1 人次、北京赛区三等奖 7 人次。

【加强招生及其宣传工作】 配合学校全面部署，根据理学学科、专业优势，修订理学院 2015 年的招生简章，制作宣传展板、制作宣传彩页、制作宣传手册；派出专业教师骨干进行校内、校外、京内、京外高招咨询宣传。2015年理学院招生60人，京外生源约占50%，其中信计30人，电子30人。

（四）科研工作

【概述】 高度重视科研工作，提升项目论文数量和质量，新增教育部科研奖励一项。本年度学院新增科研课题10项，其中包含主持的国家自然科学基金项目3项、建设部科技计划项目1项、北京市教委科技计划面上项目3项、校设科研基金2项，参与国家自然科学基金1项，在研项目科研经费达644.05万元。

全年发表科研论文60余篇，SCI、CSSCI检索14篇，EI检索8篇，核心期刊14篇；出版教材和参考书7部，学术论文的质量与水平得到稳步提升。

理学院崔景安教授完成的项目"种群及其传染病时空演化动力学理论及方法"获得2014年教育部自然科学奖二等奖。

2015年理学院承担的各类科研项目一览表

序号	项目名称	教师	主持/参与	项目分类	起止时间	合同经费（万元）
1	液膜流动Marangoni效应边界层解析理论研究	张艳	主持	国家自然科学基金	2013.01.01-2015.12.31	25
2	媒体报道与医疗资源制约的新发传染病模型研究	崔景安	主持	国家自然科学基金	2014.01.01-2017.12.31	62
3	多铁材料中非共线磁性与电极化耦合机制的理论研究	陈蕾	主持	国家自然科学基金	2014.01.01-2016.12.31	25
4	建筑室外环境舒适度改善模拟与评价	宋国华	主持	其他国家级项目	2014.01.01-2016.12.31	128
5	爆炸冲击问题的波阵面追踪建模与数值算法	郝莉	主持	国家自然科学基金	2015.01.01-2018.12.31	88
6	微循环负载对冠状动脉狭窄影响机制的生物力学建模	何凡	主持	国家自然科学基金	2015.01.01-2017.12.31	25
7	基于多核表示和模糊近似的混合数据分类方法研究	何强	主持	国家自然科学基金	2015.01.01-2018.12.31	68
8	智能建筑中无线传感器网络的数据隐私保护技术研究	张长伦	主持	建设部科技计划项目	2015.01.01-2016.06.30	3
9	全面提高开放型经济水平研究	刘志强	参与	国家社科基金项目	2013.07.01-2015.08.01	30
10	变量阶常微分方程问题解的研究	侍爱玲	参与	国家自然科学基金	2014.01.01-2017.12.30	5.25
11	社交网络用户行为分析及话题演化趋势预测方法研究	张长伦	参与	国家自然科学基金	2015.01.01-2017.12.31	8.5
12	光伏玻璃组件在服役环境下的短期失效与耐久性分析	王秀芳	主持	中国建筑材料科学研究总院开放课题	2014.12.01-2015.12.31	10

续表

序号	项目名称	教师	主持/参与	项目分类	起止时间	合同经费（万元）
13	石墨烯的射流空化法制备及其在润滑上的应用研究	俞晓正	参与	北京市自然科学基金资助项目	2013.01.01-2015.12.31	3
14	城市居民出行信息自动获取技术及分析方法研究	徐志洁	参与	北京市教育委员会科技发展计划项目面上项目	2011.09.01-2015.12.31	30
15	一类具有非线性边值条件的分数阶微分方程解的存在性	侍爱玲	主持	北京市教育委员会科技发展计划项目面上项目	2013.01.01-2015.12.31	15
16	基于节能路由无线传感器网络数据融合技术研究	张长伦	主持	北京市自然科学基金资助项目	2013.01.01-2015.07.31	6.5
17	空心微珠表面磁控溅射金属膜的结构及生长机理研究	俞晓正	主持	北京市教育委员会科技发展计划项目面上项目	2013.01.01-2015.12.31	15
18	多校区办学模式下大学生思想政治教育机制的优化研究	郝迈	参与	北京市教育委员会科技发展计划项目面上项目	2013.12.06-2015.12.31	4
19	计算机代数、吴方法和孤立子方程的混合解	吕大昭	主持	北京市教育委员会科技发展计划项目面上项目	2014.01.01-2016.12.31	15
20	纵向数据中的变量选择和统计推断问题	牟唯嫣	主持	北京市教育委员会科技发展计划项目面上项目	2014.01.01-2016.12.31	15
21	无线传感器网络数据隐私保护技术研究	张长伦	主持	北京市教育委员会科技发展计划项目面上项目	2015.01.01-2016.12.31	15
22	弯曲动脉中波传播的流固耦合模型构造	何凡	主持	北京市教育委员会科技发展计划项目面上项目	2015.01.01-2017.12.31	15
23	特色教育资源库建设项目-建筑与城市规划专题-筑宅	杨谆	主持	北京市教育委员会科研与发展研究项目计划	2015.04.01-2016.04.01	10
24	压缩感知及其在图像修复中的应用研究	王恒友	主持	校设科研基金	2013.07.01-2015.07.30	0.8
25	集聚经济研发对企业生产率影响研究的数理方法及实证分析	刘志强	主持	校设科研基金	2013.07.01-2014.07.30	0.8
26	城市轨道交通桥梁结构在多重荷载作用下的振动响应研究	王少钦	主持	校设科研基金	2013.07.01-2015.06.01	3
27	多铁性材料的第一性原理研究	陈蕾	主持	校设科研基金	2013.07.01-2015.06.01	3
28	仿射Weyl群的Kazhdan-Lusztig多项式的首项系数	王利萍	主持	校设科研基金	2013.07.01-2015.07.30	3
29	单模FP腔半导体激光器的光谱调制特性研究	高卓	主持	校设科研基金	2014.07.01-2016.06.30	3
30	基于灰色系统的无线传感网络故障管理机制研究	张健	主持	校设科研基金	2014.07.01-2016.06.30	0.8

续表

序号	项目名称	教师	主持/参与	项目分类	起止时间	合同经费（万元）
31	基于偏小二乘法的初始地应力场反演及回归分析方法研究	石萍	主持	校设科研基金	2014.07.01-2016.06.30	0.8
32	基于"构件-装配体"方式的中国古建筑参数化三维建模设计方法研究	张士杰	主持	校设科研基金	2014.07.01-2016.06.30	0.8
33	内源性凝血过程微观机理的动力学研究	许传青	主持	校设科研基金	2014.07.01-2016.06.30	3
34	一种测量光速的新方法	宗保春	主持	校设科研基金	2015.07.01-2017.07.31	0.8
35	热助推泵浦自拉曼激光器研究	施玉显	主持	校设科研基金	2015.07.01-2017.06.30	3

2015年理学院教师发表的学术论文一览表

序号	成果名称	作者	时间	刊物名称	类别
1	Comparison of nickel-coated cenosphere particles fabricated by magnetron sputtering deposition and electroless plating	俞晓正	2015.01.07	Indian Journal of Physics	SCI
2	Numerical evaluation of blood viscosity affecting pulse wave propagation in a fluid-structure interaction model	何凡	2015.02.10	Biomedical Engineering/Biomedizinische Technik	SCI
3	A computational model for biomechanical effects of arterial compliance mismatch	何凡	2015.03.16	Applied Bionics and Biomechanics	SCI
4	Numerical Investigation on the Propagation Mechanism of Steady Cellular Detonations in Curved Channels	郝莉	2015.04.01	Chinese Physics Letters	SCI
5	地区性行政垄断对企业出口决策的影响研究	刘志强	2015.05.01	经济问题探索	CSSCI
6	A Balance Privacy-Preserving Data Aggregation Model in Wireless Sensor Networks	张长伦	2015.06.01	International Journal of Distributed Sensor Networks	SCI
7	A comparative study of Burakovsky's and Jacobs's volume dependence Grüneisen parameter for fcc Aluminum	聂传辉	2015.07.31	Physica B	SCI
8	A note on the Gauss-Bonnet-Chern theorem for general connection	赵皓然	2015.08.12	Journal of geometry and physics	SCI

续表

序号	成果名称	作者	时间	刊物名称	类别
9	Wall stress and deformation analysis in a numerical model of pulse wave propagation	何凡	2015.08.20	Bio-Medical Materials and Engineering	SCI
10	The Evolutionary Dynamics of Stochastic Epidemic Model with Nonlinear Incidence Rate	崔景安	2015.09.14	Bull Math Biol	SCI
11	PERMANENCE AND EXTINCTION OF NON-AUTONOMOUS LOTKA-VOLTERRA FACULTATIVE SYSTEMS WITH JUMP-DIFFUSION	崔景安	2015.09.15	DISCRETE AND CONTINUOUS DYNAMICAL SYSTEMS SERIES B	SCI
12	Robust Sparse Regression with High-Breakdown Value	牟唯嫣	2015.10.05	Communications in Statistics - Theory and Methods	SCI
13	Permanence and extinction for a single-species system with jump-diffusion	崔景安	2015.10.15	Journal of Mathematical Analysis and Applications	SCI
14	Exciton binding energies in GaAs films on AlxGa1-xAs substrates	陈蕾	2015.10.19	International Journal of Modern Physics B	SCI
15	A Secure Privacy-Preserving Data Aggregation Model in Wearable Wireless Sensor Networks	张长伦	2015.01.21	Journal of Electrical and Computer Engineering	EI期刊
16	Twin minimax probability machine for handwritten digit recognition	徐志洁	2015.02.01	International Journal of Hybrid Information Technology	EI期刊
17	Creep Behavior of Building Silicone Sealant Under Long-Term External	王秀芳	2015.03.19	Key Engineering Materials	EI期刊
18	A distributed and local-world topology evolution model for wireless sensor network	张长伦	2015.04.13	International Journal of Interdisciplinary Telecommunications and Networking	EI期刊
19	Tracking and Registration Method Based on Vector Operation for Augmented Reality System	高雁飞	2015.08.05	Proc. SPIE 9622, 2015 International Conference on Optical Instruments and Technology: Optoelectronic Imaging and Processing Tech	EI会议
20	多孔钛材料的动态力学响应研究	郝莉	2015.09.10	材料工程	EI期刊

续表

序号	成果名称	作者	时间	刊物名称	类别
21	Analysis of Variable Structure of the disease spread with media impact	崔景安	2015.10.15	2015 IEEE	EI会议
22	Optimal orthogonal designs，Computing	牟唯嫣	2015.10.22	Control, Information and Education Engineering	EI会议
23	涡旋光束在自由空间中的传输特性	黎芳	2015.01.01	激光与光电子学进展	核心
24	基于ABAQUS软件盾构法隧道施工下的市政管线的动力分析	任艳荣	2015.02.15	建筑技术	核心
25	基于欧拉反演法的金属磁记忆检测技术	白会娟	2015.02.15	现代科学仪器	核心
26	双加速平板引发的粘弹性流体流动问题	张艳	2015.04.01	计算力学学报	核心
27	法拉第电磁感应定律在薄膜风力发电机的应用实践	魏京花	2015.04.01	物理与工程	核心
28	密度泛函理论研究咪唑类硝基衍生物的性能	苏欣纺	2015.05.01	四川师范大学学报（自然科学版）	核心
29	模拟输液瓶液位监测及报警	王秀敏	2015.05.30	辽宁师范大学学报自然科学版	核心
30	Stability and Hopf Bifurcation Analysis of an Epidemiological Model Incorporating Delay and Media Coverage	王晓静	2015.06.19	Commun. Math. Biol. Neurosci.	核心
31	基于灰色预测的分布式传感器网络故障检测方法	张健	2015.08.01	传感技术学报	核心
32	一类非线性二维自治系统的两个重合着的极限环	王晓静	2015.08.30	大学数学	核心
33	方差分析在乙型流感病毒灭活疫苗试验设计中的应用	牟唯嫣	2015.09.01	数学的实践与认识	核心
34	离子液体的吸水性研究进展	王晓静	2015.09.20	科学通报	核心
35	计算机实验的正交空间填充设计	牟唯嫣	2015.12.11	系统科学与数学	核心
36	The Stress Relaxation of Cement Clinker under High Temperature	王秀芳	2015.12.14	Frontiers of Mechanical Engineering	核心
37	AFM study of magnetron sputtered nickel films coated oncenosphere particles	俞晓正	2015.01.07	Applied Mechanics and Materials	
38	Density functional studies on the standard heats of formation for nitroaromatic molecules	苏欣纺	2015.02.05	Adv. Mater. Res.	
39	改变教学模式提高高等数学教学质量	刘世祥	2015.03.06	信息周刊	
40	优化高等教学课堂教学方法提高教学质量	刘世祥	2015.04.15	城市建设理论研究	

续表

序号	成果名称	作者	时间	刊物名称	类别
41	我国省级科协系统院士专家工作站建设基本特征研究——来自全国20个省区市500家企业的样本分析	刘志强	2015.05.01	未来与发展	
42	用人工神经元网络原理来讲好模糊数学	刘世祥	2015.05.15	城市建设理论研究	
43	环境温度作用下中空玻璃密封单元变形解析	王秀芳	2015.06.24	中国建筑防水	
44	基于信息化管理系统的教学服务体系的研究与实践	李冰	2015.07.08	中国市场	
45	浅析《大学物理实验》预习中存在的若干问题	窦轶洋	2015.08.01	科技风	
46	物理演示实验中教师的主导作用	余丽芳	2015.08.01	教育届	
47	依托科技竞赛提升信息与计算科学专业竞争力的研究	王恒友	2015.08.24	教育教学论坛	
48	The untrenched Pipe's stability analysis on the seabed under Wave Loadings	任艳荣	2015.09.16	Vibroengineering PROCEDIA	
49	Testing System Reliability with Exponential Distribution Testing System Reliability	牟唯嫣	2015.10.15	Applied Mechanics and Materials	
50	Testing System Reliability with Exponential Distribution Testing System Reliability	牟唯嫣	2015.10.15	Applied Mechanics and Materials	
51	一种新的系统寿命分布-混合指数泊松分布	牟唯嫣	2015.12.01	统计学与应用	
52	砂基液化的因素筛选及预测模型	牟唯嫣	2015.12.01	统计学与应用	
53	基于农作物生长优选环境的方差分析模型	牟唯嫣	2015.12.01	统计学与应用	
54	从结构变量本身对顾客满意度测评模型的研究分析	牟唯嫣	2015.12.01	统计学与应用	
55	A numerical method for computing the thermal conductivity and thermal diffusivity of the building materials	白羽	2015.12.01	Contemporary problems of Architecture and Construction	
56	Analytical Solutions of Ionic Diffusion and Heat Conduction in Multilayered Porous Media	白羽	2015.12.01	Journal of Applied Mathematics	
57	Design and Realization of Computer Remote Control Software	白羽	2015.12.12	2015 International Conference on Computational Intelligence and Communication Networks	

续表

序号	成果名称	作者	时间	刊物名称	类别
58	Oscillation Criteria for Even Order Functional Differential Equations with Damped Term	侍爱玲	2015.12.28	Mathematical Computation	
59	双加速平板引发的一类新的黏弹性流体流动问题的解析解	张艳	2015.12.30	北京建筑大学学报	
60	基于构件-装配体方式的中国古建木构架三维参数化设计方法研究	张士杰	2015.12.31	北京建筑大学学报	

2015 年理学院教师出版的教材著作一览表

序号	著作名称	作者	出版社	出版时间	ISBN 号
1	工程制图	薛颂菊，徐瑞洁，连香姣，徐昌贵（外），杨谆，李冰	清华大学出版社	2015.04.01	978-7-302-39130-2
2	注册公用设备工程师考试公共基础课历年真题解析与模拟试卷 给水排水 暖通空调 及动力专业	魏京花	中国电力出版社	2015.05.01	978-7-5123-7494-2
3	普通物理实验	马黎君，黄尚永，贺柳良，施玉显，王秀敏，杨宏，黄伟	清华大学出版社	2015.06.06	978-7-302-40291-6
4	土木与建筑类 CAD 技能等级考试试题集	杨谆，王少钦，刘晓然	清华大学出版社	2015.08.01	978-7-302-41102-4
5	简明高等数学	张鸿鹰，侍爱玲，吴尚文，牟唯嫣	国防工业出版社	2015.09.01	978-7-118-10303-8
6	线性代数	刘长河，刘志强，吕大昭，刘世祥，代西武，侍爱玲，张鸿鹰	兵器工业出版社	2015.09.01	978-7-5181-0110-8
7	土木工程制图	杨谆，王少钦	科学出版社	2015.09.27	978-7-03-045474-4

（五）对外交流

【概述】开展国际合作，商讨联合培养。美国新墨西哥州立大学数学科学系系主任 Joseph Lakey 教授来理学院进行了交流访问，双方达成联合培养研究生的意向性协议。

【积极开展丰富多彩的学术交流活动】教师参加国内外学术会议、培训近 20 人次，邀请国内外专家举办学术讲座近 20 次，1 名教师到美国进行访问交流。

2015 年理学院邀请校外专家学术报告会

序号	讲座日期	主讲人	主讲人单位	讲座名称
1	2015.01.06	曾新霞	北京建业通工程检测技术有限公司	混凝土结构无损检测

续表

序号	讲座日期	主讲人	主讲人单位	讲座名称
2	2015.01.06	王延辉	北京大学	星载原子钟的物理学基础
3	2015.01.22	彭思龙	中国科学院自动化研究所	国家自然科学基金申报的填写
4	2015.06.06	方在庆	中科院	爱因斯坦与科学中的创造性
5	2015.06.12	沈文仙	美国奥本大学	非局部扩散的演化方程
6	2015.06.12	郑作环	中科院	Lipschitz 各态历经性和广义各态历经性
7	2015.06.25	Joseph Lakey	美国新墨西哥州立大学	Some Mathematical Tools for Analysis of EEG data
8	2015.06.25	田健君	美国新墨西哥州立大学	A mathematical model for high pathogenicity avian influenza viruses emerging from outbreaks with low pathogenicity avian influenza viruses
9	2015.07.03	楼元	美国俄亥俄州立大学	Dispersal in advective environments
10	2015.07.16	董建军	美国奥本大学	First-principles Theory Based Model of Thermal Conductivity of Earth's Lower Mantl
11	2015.07.22, 09.15	冯芷兰	美国普渡大学	Hopf and homoclinic bifurcations and applications in epidemiological models
12	2015.09.15	王思鉴	美国威斯康星大学麦迪逊分校	Regularized Outcome Weighted Subgroup Identification for Differential Treatment Effects
13	2015.10.23	曹鸿钧	北京交通大学	大脑神经元数学模型的研究及其应用
14	2015.10.27	朱怀平	加拿大约克大学	Predator-prey dynamics and Hilbert's 16th problem
15	2015.10.27	孙向东	中国动物卫生与流行病学中心	羊群布病防控措施定量评估
16	2015.11.17	席南华	中国科学院	数学——简单与高深
17	2015.11.28	Mohammad Mehdi Rashidi	同济大学	Analytical Modeling of Entropy Generation for Casson Nano-Fluid Flow Induced by a Stretching Surface
18	2015.12.23	谭天祐	美国奥本大学	Low and High Roads in Matrix Theory

2015年理学院教师参加学术会议人员情况

参会人	会议名称	主办单位	参会日期
苏欣纺	第一届凝聚态物理会议	清华大学物理系、中国科学院物理研究所、北京大学物理学院、量子物质科学协同创新中心	2015.07.15
王晓静	第十届全国微分方程稳定性理论与应用	中国科学院数学与系统科学研究院	2015.07.16

续表

参会人	会议名称	主办单位	参会日期
许传青	第十届全国微分方程稳定性理论与应用学术会议	沈阳师范大学	2015.07.17
苏欣纺	第十八届全国原子与分子物理学术会议	中国物理学会原子与分子物理专业委员会	2015.08.10
王晓静	北京高校数学教育发展研究中心2015暑期培训暨华北赛区微课比赛颁奖会	北京高校数学教育发展研究中心	2015.08.21
崔景安	第5届中日韩生物数学会议	日本京都大学	2015.08.26
许传青	动力系统与生物医学数据分析研讨会	西安交通大学	2015.10.29
崔景安	动力系统与生物医学数据分析研讨会	西安交通大学数学与统计学院	2015.10.29
王晓静	动力系统与生物医学数据分析研讨会	西安交通大学数学与统计学院	2015.10.29
魏京花	2015高等学校光学教学学术研讨会	教育部光学研究会 中山大学	2015.11.19
苏欣纺	第十三届全国计算化学学术会议	中国化学会	2015.11.19
王晓静	传染病数学建模与中国公共政策分析交流会	中国生物数学学会	2015.11.25
崔景安	传染病数学建模与中国公共政策分析交流会	中国生物数学学会	2015.11.25
梁昔明	2015中国自动化大会	中国自动化学会	2015.11.27
梁昔明	高等院校科研项目申报与评审暨骨干教师科研能力提升专题研修班	中国教育协会	2015.12.11
贺柳良	工会干部培训班	北京建筑大学	2015.12.11
许传青	传染病数学建模与中国公共卫生政策分析交流会	北京建筑大学	2015.12.23

（六）党建工作

【概述】理学院党委根据学校2015年党建和思想政治工作要点，坚持"围绕中心抓党建、抓好党建促发展"的思路，以制定"十三五"规划为契机，团结带领全院师生员工解放思想、抢抓机遇、真抓实干，以重点突破带动整体发展，推动学院事业快速发展。理学院党委依据两校区办学的需要，所有本科生都迁往大兴校区，为了便于开展工作，把10个党支部调整为9个党支部，教工党支部不变，两个本科生党支部合二为一。

【召开领导班子民主生活会】2015年1月24日，理学院领导班子召开民主生活会，党委副书记张启鸿应邀参会。民主生活会前，党委会专题研究，制定工作方案，坚持高标准严要求，充分做好各项准备工作：一是认真抓好学习教育；二是广泛征求意见；三是逐一深入谈心谈话；四是认真梳理教育实践活动整改方案落实情况；五是认真撰写对照检查材料。民主生活会上，首先，理学院党委书记程士珍代表班子汇报开展党的群众路线教育实践活动中，结合"四风"方面存在的突出问题；其次，班子成员分别从查摆存在问题、剖析产生问题原因、努力方向和改进措施等逐一发言；每位班子成员分别对发言人指出不足，深入开展批评与自我批评，张启鸿书记也进行了明确表态，指出班子和成员存在的缺点，强调召开民主生活会的重要性。

【党风廉政建设工作会】2015年3月10日，理学院召开全院教职工大会，党委书记程士珍传达纪委书记何志洪的讲话，主要从八个方面、25个点，介绍了学校党委对2015年党风廉政建设与反腐败工作计划部署。同时传达党委书记王建中的重要讲话，从三个方面提出要求：一是要认清新形势，把握新特征，主动认识、适应和引领发展新常态；二是要坚持内涵发展、推进综合改革，持续增强办学实力、核心竞争力与社会影响力；三是要坚持从严治党，落实主体责任，全面加强学校党的建设。最后程书记强调了学院党风廉政建设的重点和风险点，要求广大教职工牢固树立责任意识，不要触碰高压线。

2015年12月7日下午，理学院领导班子召开党风廉政建设工作会，会上学院党委书记程士珍进一步明确党风廉政建设责任和任务，特别是对处级干部用房超标问题，做出明确规定，严格按照上级精神，调整干部用房，做到不破坏整体格局下，把干部用房控制在标准之下。要求每位领导干部必须坚持重要事项汇报制度，不隐瞒、不逃避、不避重就轻、不留死角。

2015年12月25日下午，理学院党政一把手参加学校召开党风廉政建设工作会，纪委书记何志洪传达"学校2013年、2014年预算执行与决算收支审计整改"的通知。进一步明确单位整改的第一责任人、整改完成时间、整改重点等。针对理学院存在问题，理学院当即召开领导班子会，针对有项目的每位老师都要求自查，对出现的问题，当面约谈，限时整改。

【支部书记工作例会】2015年3月10日下午，理学院召开支部书记工作例会，布置各党支部民主生活会工作小结、支部年度工作总结、党员民主评议表等材料提交时间，安排党支部手册检查任务。讨论2015年理学院党委工作计划，加强党建工作重点要求，明确党委副书记张启鸿联系数学系党支部和本科生党支部。

2015年5月5日下午，理学院召开支部书记工作例会，首先学院党委书记程士珍对各党支部党性实践活动提出要求，明确各党支部以"一个支部一个品牌"为标准，结合实际情况，围绕服务型党组织建设做好规划。其次组织学习习近平总书记的一系列讲话，结合"三严三实"查找问题，引导教职工正确看待岗位聘任结果。

2015年9月28日下午，理学院召开支部书记工作例会，学院党委书记程士珍提出本学期党委工作计划和重点工作，要求各支部书记加强理论学习，并督促全体党员完成党员在线学习任务，组织观看《红色家书》录像，丰富"三严三实"学习内容。组织全体党员9月29日观看"百团大战"电影，进一步加强爱国主义教育。

【召开院级领导班子2014年度专题民主生活会情况通报会】2015年3月17日，理学院党委召开院级领导班子2014年度专题民主生活会情况通报会。学院领导班子成员、全院教职工等70余人参加会议。学校党委副书记张启鸿应邀出席会议，会议由学院党委书记程士珍主持。程书记通报了院级领导班子专题民主生活会会前准备工作的情况、会议召开的情况和领导班子整改方案及班子成员个人整改措施的制定情况。

【理论中心组扩大会】2015年3月31日下午，理学院党政领导、支部书记、系主任召开理论中心组扩大会，研讨理学院2015年党政工作计划，从党建和思想政治工作、党风廉政建设、教学工作、学科建设、学生工作等进行认真研讨，结合"十二五"规划收官任务及制定"十三五"发展规划，责任到人，落实到位。

2015年5月4日下午，理学院党政领导、支部书记、系主任召开理论中心组扩大会，研讨学校提出的人事聘任制度改革方案，各系主任结合实际工作情况，分别对教学型、教学研究型教学工作量比重提出建议，依据理科与工科特点提出科研经费上的差异，对指导学生竞赛获奖归属科研还是教学提出质疑。通过学习和讨论学校人事聘任制度改革方案，与会人员感到压力非常大。

2015年6月30日下午，理学院党政领导、党委委员、支部书记、系主任召开理论中心组扩大会，学院党委书记程士珍讲"三严三实"专题党课，她从三个方面：时代背景、历史传承、事业发展阐明"三严三实"的重要意义，要求党员干部认真学习，深入查找问题，改进工作作风。会上部署困难学生和困难党员帮扶问题、"七一"党的生日慰问困难党员问题、党员爱心捐款等日常工作。

【党委委员工作例会】2015年4月22日下午，理学院党委召开委员工作例会，研讨2015年党委工作计划，并明确党员发展规划，对预备党员转正问题进行了表决。理学院党委将结合"十三五"发展规划，团结动员广大教职员工，支持学校人事聘任制度改革、人才培养方案制定等，促进各项事业的发展。

2015年11月25日下午，理学院召开党委委员工作例会，根据前期各支部推荐新一届党委委员候选人情况，酝酿党委委员候选人名单，并请示学校党委，等待党委批示后，进行新一届党委换届选举。

【召开评优答辩会】2015年5月2日下午，理学院召开评选先进学生党支部、优秀学生党员答辩会，评委由党委正副书记、团委书记、学生支部书记、班导师等构成。候选人5人，学生支部3个，通过答辩、匿名投票形式，最终推荐1名优秀学生党员、1名优秀研究生党员、一个先进党支部。

【党建工作专题工作会】2015年7月2日下午，学校党委副书记吕晨飞、理学院领导班子、党委委员、支部书记召开党建工作专题工作会。首先由学院党委书记程士珍结合"三严三实"精神的具体做法和成效汇报学院党建工作。其次学院院长崔景安发表感言，他说："三严三实"内容简单但是非常实，理学院在制定"十三五"发展规划中，充分认识到学校在从教学型到教学研究型转变过程中，理学院面临的挑战和困难，比如：学科建设发展不均衡，师资队伍力量不足，研究生招生数量少等。与会人员分别结合自己的感受和体会，谈到支部组织生活开展情况、对党建的理解和认识、党性实践活动等。最后，吕书记总结发言，他说理学院老师们的敬业精神令人感动，尽管面临困难，但是要有信心，要有"老牛拉破车，拉车不散架"的精神，要有与其他学院合作的胸怀，与学校的中心工作紧密结合，敢提要求，形成特色。

【理论中心组扩大会暨暑期工作安排】2015年7月18日上午，理学院党政领导、支部书记、系主任召开理论中心组扩大会，宣布学院"十三五"发展规划工作小组成员名单，落实分块制定"十三五"规划责任人和时间节点，要求暑假期间做好调研和相应工作安排。结合学校两校区定位，讨论学院西城校区用房问题，并对暑假期间安全稳定工作进行了详细部署。

【召开"作风建设永远在路上"专题学习】2015年7月22日上午，理学院领导班子和支部书记在西城校区教5-201一起观看录像"作风建设永远在路上"，重温"八项规定"，理解作风是什么？作风在哪里？作风建设中存在的问题？世情、国情、党情等变化，作风的突出表现，通过观看录像，大家心情十分沉重，也充分认识到作风建设的重要性，党的作风建设有起点，没有终点，永远在路上。

【召开"三严三实"第一阶段交流】2015年7月22日下午，理学院领导班子召开"三严三实"第一阶段交流，会上党员领导干部结合前一阶段的学习，谈学习"三严三实"心得体会，查找工作中可能存在的不严不实的问题，领导干部之间相互启发，指出工作整改方向，要求抛开个人成见，从大局出发，全面分析，准确定位，提高工作效率。

【召开"三严三实"第二阶段交流】2015年9月6日上午，理学院领导班子召开"三严三实"第二阶段交流，会上三位党员领导干部程士珍、宫瑞婷、郝迈结合前一阶段的学习和培训，谈心得体会，认真剖析工作中存在的问题和产生问题的原因，并对今后的工作提出整改措施，会后提交了书面文字材料。

【"三严三实"专题教育整改落实工作会】2015年12月22日下午，理学院领导班子和支部书记参加了学校召开的"三严三实"专题教育整改落实工作会。会上纪委书记何志洪、校长张爱林、党委书记王建中传达学习了中央和市委的最新精神和要求，从严从实落实了全面从严治党的主体责任和深入推进党风廉政建设和反腐败斗争工作，对学校"三严三实"专题教育整改落实工作进行了再动员、再部署、再推进。

（七）工会工作

【概述】按照学校2015年党政工作要点，2015年理学院分工会、教代会结合本单位的实际情况，在学校党委、工会的领导下，贯彻落实习近平总书记系列重要讲话精神，围绕中心，服务大局，以创建民主、和谐、健康的"教工之家"为载体，构建党政主导的维权格局，团结动员广大教职工积极投身到学校和学院的改革与发展中。

【举办2015年新春联欢会】2015年1月13日下午，理学院2015年新春联欢会在基础楼C座教工之家隆重举行，校党委副书记张启鸿和全院教职工欢聚一堂，共迎新春。黄尚永和陈思源担任主持人。

联欢会是由学院5个工会小组自编自导自演，首先物理工会小组带来的欢快舞蹈《小苹果》拉开了序幕。接着，数学工会小组编排的小品《上课请别开手机》，绘声绘色、形象生动、活灵活现地把课上学生使用手机现象展现出来，将活动气氛推向高潮。其他各工会小组毫不示弱，信计工会小组《北京之夜》、制图工会小组《最炫民族风》，载歌载舞，掌声不断。主持人也不忘展现才华将改编的一首《为自己点赞》，唱出了2014年老师们工作和生活的苦与乐。力学工会小组手语演唱《感恩的心》和《颁奖》震撼全场，笑点频出。张士杰、刘志强二位老师合作说相声，爆了冷门，他们二人将说学逗唱演绎得淋漓尽致，张士杰用评剧演唱手法道出女人的心酸，刘志强捧哏恰到好处烘托，赢得大家阵阵掌声。中间穿插互动游戏和抽奖环节，使整个联欢会现场洋溢着欢乐、祥和以及如春天般的温暖气息。最后，联欢会在数学工会小组《相亲相爱一家人》的动人歌声中圆满结束。

新春联欢会得到全院老师们的支持，大家共同参与策划，充分展示自我，在繁重的教科研压力下，偷得半日闲，释放自我，在欢声笑语中，展现了学院团结奋进、乐观向上、自强不息的精神风貌。

【召开2014年教职工代表（工会会员）大会】2015年1月14日，理学院2014年教职工代表（工会会员）大会在大兴校区基础楼C座509召开，实到教职工人数占总数95%（不含长期休病假和产假教师）。校党委副书记张启鸿同志受邀参加了学院年会，会议由理学院党委书记兼分工会主席程士珍主持。

学院院长崔景安作理学院2014年工作总结，对照学校党政工作要点和学院工作计划，汇报了学院总体、教学、科研、学科专业建设等工作主要指标完成情况，归纳了本年度的工作经验体会和工作中存在的问题，提出了下一年度工作目标。学院分工会主席程士珍作理学院2014年分工会、教代会工作报告，总结了理学院分工会在民主管理、监督机制、送温暖活动、文体活动等方面情况，并进行了点题公开。学院办公室主任王恒友对理学院2014年分工会的经费使用情况进行说明。

分管理学院的校领导、党委副书记张启鸿做了总结发言，肯定了学院班子和全体教师齐心协力辛勤工作，精神可嘉；分享了学校2个项目荣获2014年度国家科学技术奖的喜悦心情，强调了学院面临的困难和挑战，希望学院谋划好"提质、转型、升级"的关键点和落脚点，要勇于创新。最后张书记向大家拜个早年，祝愿全体教师阖家幸福，万事如意！

【召开党政联席会研究工会工作计划】2015年3月9日下午，理学院召开党政联席会，领导班子成员结合分管工作就党建和思想政治工作、工会和教代会、教学和专业建设、学科和师资队伍、学生教育和就业工作等进行认真讨论，制定2015年党政工作计划，明确工会和教代会工作方案。

【工会小组组长研讨工会活动方案】2015年4月21日下午，理学院分工会组织工会小组组长会议，工会主席程士珍简单说明2015年工会活动工作计划，提出乒乓球比赛时间、春游活动时间、教职工文艺汇演筹备等逐项工作。要求各工会小组组长广泛征求工会会员意见，把教代会提案反馈给教代会代表。

【理学院分工会举办教职工乒乓球比赛】春天来了，万物复苏，春意盎然。人们逐渐恢复各种户外活动，在这充满生机活力的季节里，理学院分工会在全体教师的支持下，各工会小组利用业余时间开展乒乓球比赛，并在此基础上推荐10多名选手参加学院决赛，决赛在2015年4月28日下午体育楼一层乒乓球活动室举行。比赛采取三局两胜制，经过捉对厮杀，决出名次。比赛中充分展示了理学院教师积极进取、健康向上的精神面貌，不仅赛出成绩更赛出风格，通过相互切磋球艺，享受运动带来的快乐！

【教代会代表工作会】2015年5月5日下午，理学院11名教代会代表集中研讨代表提案，把教职工反映上来的意见分门别类整理，按照1名代表提议，5名代表附议的原则，完成提案提交任务。会上认真学习人事制度改革11个文件，对人事聘任改革提出补充意见。

【全院教职工大会】2015年9月22日下午，理学院召开全院教职工大会，党委书记程士珍解读了上级关于三节（教师节、中秋节、国庆节）的慰问通知，传达落实市纪委加大中秋国庆期间监督执纪问责力度，坚决防止"四风"反弹要求的通知。对学院文化建设、校庆工作、工资调整等多方面问题进行了解答和部署。

【理学院分工会开展"强身健体 激情无限"文体活动】2015年10月27日，理学院分工会积极响应学校号召，树立"每天锻炼一小时，健康工作五十年，幸福生活一辈子"的生活理念，利用午休时间开展跳长绳、踢毽子、跳健美操、打乒乓球等形式多样的文体活动，得到老师们的积极响应和支持。只见踢毽场上毽子被老师们踢得上下翻飞，令人眼花缭乱；跳绳场上，两位老师快速摇动绳子，双臂带动绳子发出"呼呼"的响声，跳绳的老师们在欢笑声中跳出青春的节奏，有的轻巧、有的沉稳、有的执着；而教工之家又是另一番景象，在热情、奔放、欢快的节奏中，老师们迈着轻松的舞步，感受健美操带来的乐趣；传统的乒乓球比赛项目，也不逊色，老师们轮流排队，有张有弛有序进行比赛。这次活动本着"我运动,我快乐"的主题,为老师们提供了一个放松心情的平台。

【理学院在学校第十四届教职工运动会取得佳绩】2015年10月27日下午学校召开第十四届教职工运动会,理学院分工会积极参与团体项目:跳长绳和集体拔河比赛,理学院分工会第2队荣获跳长绳项目第一名,第1队荣获跳长绳项目第四名;集体拔河项目获得一等奖;有60余人参加了定向越野。

【理学院分工会接受"北京市先进教职工小家"评审专家组检查】根据北京市教育工会《关于开展2015年度先进教职工小家评选表彰工作的通知》精神,经分工会自荐和学校评审,理学院分工会被推荐参评2015年度北京市先进教职工小家评选。

2015年11月19日上午,理学院分工会迎来了评审专家组实地走访检查。学校纪委书记、工会、教代会主席何志洪,校工会常务副主席张素芳陪同检查。理学院领导班子、分工会委员、教代会代表、教师代表等参加了验收检查工作。

实地走访检查由北京市教育工会第二片组评审1组组长、北京大学校长助理、工会主席孙丽主持。专家组实地走访理学院教职工小家建设情况和查阅了档案资料,听取了理学院院长崔景安工作汇报,首先,他从领导班子如何支持工会工作说起,其次,谈理学院学科建设、专业发展、科研成果等工作中工会工作如何发挥作用。随后,理学院分工会主席程士珍以"爱心浇筑,努力拼搏,推动学院和谐发展"为题,从五个方面进行汇报,一是党政高度重视,建设团结型教职工之家;二是维护职工权益,建设民主型教职工之家;三是健全规章制度,建设规范型教工之家;四是搭建发展平台,建设发展型教工之家;五是加强工会组织建设,建设温馨型教工之家。

检查完成后,北方工业大学常务副主席陈太栋代表评审组对检查情况进行了意见反馈。他指出,参观理学院教职工小家建设、查阅档案材料、听取汇报之后,感触颇深,一是耳目一新,建家硬件配套设施齐全,屋内屋外彰显温馨小家特色;二是为之一振,建家软件档案资料扎实,记录详细,存档完整规范。总结小家有三个特点:(1)建家理念先进,认识到位;(2)领导高度重视,投入到位;(3)建家工作扎实,服务到位。他反馈推荐意见为:北京建筑大学理学院分工会党政高度重视,党政工密切配合,围绕中心,服务至上,发扬民主,达到了凝聚人心、建和谐之家的目的,同意推荐理学院分工会为"北京市先进教职工小家"。

最后,工会、教代会主席何志洪感谢各位专家,他说理学院是最早入驻新校区的学院,当时条件非常艰苦,很多服务不到位,理学院教师基础课教学任务繁重,女教师又占多数且家庭负担重,但是理学院全院教职工克服困难,团结一心,工会努力为教职工服务,维护教职工权益,组织各种文化娱乐和休闲活动,缓解压力,成绩突出,希望理学院分工会工作将来会做得更好。

【理学院工会举办"快乐走"活动】2015年11月9日,为提升团队意识,培养运动精神,理学院分工会组织全体教职工进行"快乐走"活动。活动地点在大兴区念坛公园,老师们以公园健身步道为行进路径,并在路途中寻找指定场景拍照合影,才算完成任务。念坛公园的秋天格外美丽,路两旁的花草树木换上了五颜六色的衣裳。原本静无声息的公园,随着老师们的到来,公园也好像充满了勃勃生机,到处是老师们的欢声笑语,他们忘记烦恼,尽情地陶醉在美景中,纷纷举起手中相机在林海寻幽、西溪倩影、幽州台歌、双仪花洲等景点合影留念。老师们说,念坛公园距离大兴校区不远,可是平时工作忙,都不知道还有这样一块净土，它远离城市的喧闹，在占地 2500 亩中整个水域面积达到 700 亩，非常适合健身，以后会常来活动，大家在流连忘返中结束了快乐之行。

【领导班子成员述职考核】 2015 年 12 月 29 日下午，理学院召开全院教职工大会，学校党委副书记吕晨飞出席会议，学校考核组成员王跃进、孙景仙、张莉组织考核工作。理学院共有 66 名教职工参加，占全院教职工总数的 92%。会上领导班子每位成员述职述廉，学院党委书记述党风廉政建设和党建工作，考核小组给每位教职工发放考核测评表，匿名给学院领导班子和个人打分。最后，吕书记做了总结发言，他说理学院一年来工作很辛苦，收获很大，要求全院教职工树立三种意识：一是危机意识；二是战略意识；三是创新意识。他希望理学院制定好"十三五"发展规划，未来五年有收获、有突破、有成果。

（八）大事记

1 月 6 日，理学院在基础教学楼 A 座 520 教室、139 教室分别举办了两场电子专业讲座，分别由来自北京建业通工程检测技术有限公司曾新霞经理做题为"混凝土结构无损检测"和来自北京大学信息学院王延辉老师做题为"星载原子钟的物理学基础"的讲座，理学院应用物理系主任黄伟老师、专业教师黄尚永老师，团总支书记陈思源老师及电子 12、13、14 级同学参加了此次讲座。通过两位老师绘声绘色的传授与讲解，使同学们对电子专业知识产生了浓厚的兴趣，为下学期的专业知识学习奠定了坚实基础。

1 月 9 日，理学院举行 2013 级硕士研究生开题报告会，硕士研究生导师和研究生参加了开题报告会，会议由副院长梁昔明教授主持。在此次研究生开题报告会上，相关导师对每位研究生报告的内容提出了具有针对性和建设性的意见。梁院长也对 2013 级研究生及全体研究生以后的学习计划和安排提出了宝贵意见。

1 月 11 日，伴随新年的脚步，理学院研究生党支部的全体成员参观了国家大剧院。支部成员们利用将近三个小时的时间，从地下一层参观到顶层。对大剧院的经典作品展、艺术成果展以及大剧院的内部结构进行了细细的欣赏。大家在参观的过程中，亲身感受到了高雅艺术的熏陶，对我们个人的人生观、价值观都有积极的影响。

1 月 13 日，理学院 2015 年新春联欢会在基础楼 C 座教工之家隆重举行，校党委副书记张启鸿和全院教职工欢聚一堂，共迎新春。黄尚永和陈思源担任主持人。新春联欢会得到全院老师们的支持，大家共同参与策划，充分展示自我，在繁重的教学科研压力下，偷得半日闲，释放自我，在欢声笑语中，展现了学院团结奋进、乐观向上、自强不息的精神风貌。

1 月 14 日，理学院 2014 年教职工代表（工会会员）大会在大兴校区基础楼 C 座 509 召开，实到教职工人数占总数的 95%（不含长期休病假和产假教师）。校党委副书记张启鸿同志受邀参加了学院年会，会议由理学院党委书记兼分工会主席程士珍主持。此次大会肯定了学院班子和全体教师齐心协力辛勤的工作，精神可嘉；强调了学院面临的困难和挑战，希望学院谋划好"提质、转型、升级"的关键点和落脚点，要勇于创新。

1 月 22 日，为了更好地服务教师发展，提高教师撰写国家自然科学基金申报书的质量，理学院邀请到中国科学院自动化研究所彭思龙教授，举办了题为"国家自然科学基金申报的填写"讲座。此次讲座在理学院大兴校区基 C-509 会议室进行。出席本次报告会的有理学院领导班子成员及理学院、电信学院部分教师等共 40 余人，会议由理学院科研副院长梁昔明教授主持。老师们就撰写自然基金申请书遇到的一些实际问题与彭教授进行了交流与探讨，现场气氛浓厚。通过本次讲座，很大程度上促进了老师们对于撰写国家自然基金申请书的质量、目的的掌握，对于立项等一系列流程有了更进一步的了解。

3月17日，理学院2015届本科毕业生毕业设计暨就业工作推进会在西城校区教学楼1号楼425召开。学院班子成员全体出席会议。参加会议的有信息与计算科学系、物理系、光电与物理实验中心全体教师、毕业班班级导师、辅导员等。会议由副院长宫瑞婷主持。此次会议强调了就业工作的重要性和必要性，就业工作是专业发展的关键，面对当前出现的就业新形势、新问题，各位老师一定要高度重视、积极应对、及时反馈。在新学期中，老师们要互相帮助与合作，有效解决问题，推进就业工作。

3月23日上午，理学院退休教师党支部举行了本学期第一次活动。作为联系理学院的学校党委副书记张启鸿、理学院党委书记程士珍参加了活动。此次活动由退休教师支部书记吴昌泽主持。会上，张书记肯定了退休教师为理学院发展打下了坚实的基础，希望老教师们继续发挥余热，关注学校和学院的发展。程书记对退休支部活动井然有序表示肯定和支持，对退休教师之间互助友爱的精神表示感谢，希望老教师常回家看看，多给学院出谋划策，促进学院更好更快地发展。

3月23日20：00，理学院团总支学生会全体成员，在基础教学楼A座139房间召开了14/15学年春季学期团总支学生会第一次全体大会。主席柴海波、副书记刘博洋、副主席顾安琦、李磊，以及各部部长、副部长、干事参加本次会议。这次会议让大家对各部门的具体人员及职能有了更加充分的了解，让学生会成员对整个工作系统更为熟悉，为以后各项工作的展开起到了很大的作用，相信在未来的日子里，理学院学生会全体成员一定会乘风破浪，让理学院、让北建大更加辉煌。

3月31日，理学院研究生党支部理论学习活动在实1-424顺利举行。会议就两会工作报告和习总书记系列讲话精神及两个热点畅谈了学习体会。会上每名党员纷纷针对自己关注的不同角度，分享学习体会，共同探讨，会议现场气氛融洽热烈。

4月8日下午四点在教1-225，理学院举办研究生会成立大会暨2014/2015学年研究生奖学金表彰大会，理学院院长崔景安老师、党委书记程士珍老师、研工部副部长李云山老师、理学院副院长梁昔明老师、副书记郝迈老师、校研究生会秘书长李月老师、理学院院团总支书记陈思源老师及全体研究生参加了大会，会议由研究生代表张克主持。研究生会的成立是理学院研究生教育一个新的里程碑。站在新的起点上，理学院第一届研究生会将始终以服务学院全体研究生同学、实现良好的自我管理为宗旨，创建出更多的活动品牌，加强自主管理能力，活跃校园文化，加强对外交流，用坚定不移的理想信念和坚持不懈的努力谱写新篇章！

4月16日，理学院本科生第一党支部理论学习活动在大兴校区基础教学楼C座104顺利举行。会议就"两会精神"畅谈了学习体会。会议中，支部成员纷纷分享了个人对两会工作报告和李克强总理在第十二届全国人大三次会议中外记者招待会上的讲话的学习心得。大家感触良多，受益匪浅。会上每名党员纷纷针对自己关注的不同角度，分享学习体会，共同探讨，会议现场气氛融洽热烈。

4月17日，理学院"重温红色精神"调研小分队在院团委书记陈思源老师的带领下，刘博洋、柴海波、秦萃青一行4人走进延安，重温红色精神，开展了为期两天的学习调研活动。在活动中，同学们凝神观看着各处历史图片和实物，缅怀革命先辈光辉业绩，感悟党发展壮大的非凡历程。每人都有极大的感触，表示要珍惜现在来之不易的生活。

4月28日，理学院分工会在全体教师的支持下，各工会小组利用业余时间开展乒乓球比赛，并在此基础上推荐10多名选手参加学院决赛，决赛在4月28日下午体育楼一层乒乓球活动室举行。比赛采取三局两胜制，经过捉对厮杀，决出名次。比赛中充分展示了理学院教师积极进取、健康向上的精神面貌，不仅赛出成绩更赛出风格，通过相互切磋球艺，享受运动带来的快乐！

5月12日下午一点，理学院党委书记程士珍老师在基A-527教室为第55期入党积极分子、第二期发展对象和全体本科生第一党支部成员做了"坚定理想信念 争做优秀党员"的专题理论党课。会上程老师总结，大梦想要坚持，小事情也不可忽略，故"勿以恶小而为之，勿以善小而不为"。从今天起，从身边的小事做起，与父母长辈为善，与老师同学为善，时刻以党员模范带头标准要求自己。

5月12日，学院研究生党支部在教1-506举办了第一届研究生党员读书分享会。会上，党员们表示希望让读书成为一种习惯，以学生党员的模范带头作用引领整个学院养成爱读、勤学、乐分享的好氛围。

5月18日，北京建筑大学首届数理文化节开幕式在大兴校区大学生活动中心隆重举行。北京建筑大学校长朱光、党委常委张素芳、教务处处长邹积亭、学工部部长黄尚荣、团委书记朱静、理学院院长崔景安、理学院党委书记程士珍及相关职能部门、二级学院的领导和老师们及学生代表近200人出席了开幕式。开幕式由理学院党委副书记郝迈主持。开幕式中，朱校长希望广大师生能够发扬求实创新的精神，勤于参与、敢于探索、善于实践、勇于创新。同时，也希望首届数理文化节能够办出风格、办出水平、办出特色，为不断浓郁校园学术文化氛围、提升学生科技创新能力和提高创新型人才培养质量，做出更多的贡献。

5月19日，在基础楼B座201举行北京建筑大学首届大学生"CAD绘图技能"竞赛，共有51名同学积极报名参赛。考试历时两个小时，考场上同学们认真思考，仔细作答。本次大赛主要考察参赛学生对工程制图知识的理解能力以及运用计算机技术绘制工程图样的能力，旨在加强同学对于《工程CAD》的学习积极性，提升理学学习的兴趣；同时检验工程CAD实践性教学环节的教学水平，体现"以赛促教、以赛促学"的目的。

5月22日，在基础楼A座223举行北京建筑大学首届大学生数学建模竞赛，全校共有来自土木、机电、环能、理学院等87名同学，共29个小组报名参加了此次比赛。整个竞赛历时7天。本次大赛主要考察参赛学生对数学建模的理解运用能力，旨在加强同学对于数学建模的学习积极性，提升理学学习的兴趣；同时检验教学建模教学环节的教学水平，体现"以赛促教、以赛促学"的目的。

6月1日，理学院2013级四级动员会在基础楼A座212召开。理学院党委书记程士珍老师、理学院教学副院长宫瑞婷老师、理学院党委副书记郝迈老师、团委书记陈思源、13级英语教师孙华、沈冰洁老师以及学院13级同学们参会。动员会由陈思源老师主持。院党委书记程士珍老师为同学们进行了总结动员。在场领导和参加动员会的同学在条幅上签上了自己的名字和寄语。希望经过大家的共同努力，13级的英语四级通过率创造出更好成绩！

6月4日，在基C楼418室理学院举行了助力考研学子交流会，这是继考研小导师后考研帮扶系列活动的第二次交流。理学院党委副书记郝迈老师,团委书记陈思源老师,14级研究生代表,大四考研代表和大三部分同学一同参加,交流会由理学院研究生会学习部部长韦宵宵主持。通过这次交流会,大三考研同学对考研过程有了更清晰的了解,为自己的考研之路打下了坚实的铺垫。

6月16日下午6:00在基础楼A座239教室,理学院邀请国内科学哲学界的知名学者、中科院科学史专家方在庆博士举办了一场以"爱因斯坦与科学中的创造性"为题的学术讲座。正值爱因斯坦创立相对论100周年之际,带给同学们一个不一样的、更有人情味的阿尔伯特。理学院电子专业全体学生还有不少"爱迷"参加了此次讲座。此次讲座中,同学们纷纷表示收获颇丰。"天才"的生活其实并不神秘而遥远,近年来,人们盲目地崇拜爱因斯坦,神化甚至非人化爱因斯坦。而本次方在庆教授的讲座为同学们描述了一个人类的爱因斯坦,一个平凡又不平庸的"天才"世界。

6月23日下午,北京建筑大学2014/2015学年宿舍文化节之"玩转高数公式"大赛在大兴校区成功举办。这场别开生面、生动有趣的以宿舍为单位的高数公式比拼,由学工部主办、理学院承办,面向全校2014级学生宿舍,主要考查学生对高数公式的掌握和运用程度。学工部副部长冯永龙、理学院数学系教师武利刚、徐志浩、吴尚文、团委书记陈思源老师出席了本次活动。本次比赛是宿舍文化与数理文化的和谐相逢、美妙碰撞,既增强了宿舍凝聚力,丰富了宿舍生活,同时展现了高数的奇妙魅力,引导同学们进一步增强对数学学习的兴趣,也为即将进入期末考试周的同学提供了强劲助力。

6月25日,来自美国新墨西哥州立大学数学科学系系主任Joseph Lakey教授和田健君教授来我校理学院进行交流访问。理学院院长崔景安、党委书记程士珍,部分老师和研究生20余人参会,会议由院长崔景安主持。此次会议分中,Joseph Lakey教授介绍了应用调和分析研究EEG数据的结果及相关问题;田健君报告了他在传染病数学模型方面的研究结果及应用前景。双方探讨了新墨西哥州立大学与北京建筑大学两校合作办学前景。

7月16日,应我校理学院邀请,美国奥本大学物理系董建军教授到我校理学院进行交流访问,理学院副院长宫瑞婷、物理系主任黄伟和部分老师参加了会议,会议由理学院副院长宫瑞婷主持。通过此次会议,双方结合科研、教学领域的合作进行了探讨,对Auburn University地理、人文、专业设置、理学院及物理系的科研、教学近况和未来发展计划有了进一步的了解。

7月22日下午四点在西城校区第三会议室,来自美国普渡大学的生物数学模型构建领域的国际知名专家冯芷兰教授做了题为"Hopf and homoclinic bifurcations and applications in epidemiological models"的学术报告。理学院部分教师和研究生参加了报告会,会议由崔景安教授主持。此次会议冯教授耐心地回答了师生提出的问题,与师生进行了学术讨论。

8月26日,第5届中日韩生物数学会议在日本京都举行。来自中国、日本、韩国等230多名专家和学者参加了会议。理学院院长崔景安教授应邀前往,并作大会45分钟的报告,报告题目是"The Impact of Media Coverage and Resource Restriction on the Spread of Infectious Diseases"。与会代表就生物数学研究领域中的前沿和热点问题进行了充分交流。

9月12日,为了欢迎2015级新同学加入北京建筑大学理学院的大家庭,进一步加强学校与学生家长之间的沟通，搭建家长和学院的联系平台，在基础楼C座205教室举行了理学院2015级新生家长会。理学院党委书记程士珍、院长崔景安、副院长白羽、党委副书记郝迈、团委书记陈思源、2015级班级导师以及2015级新生家长参加了此次会议。会议由郝迈老师主持。此次会议老师和家长进行了融洽的交谈，帮助新生能够更快地融入大学生活中。

9月13日，理学院2015级新生军训动员会于基础教学楼C座205顺利举行。理学院党委副书记郝迈老师、团委书记陈思源老师、退伍学长、朋辈辅导员以及理学院2015级新生出席了这次动员会。会议由陈思源老师主持。经过此次动员大会，使得同学们对即将到来的军训充满了期待。希望通过这为期12天的军训，同学们的组织性、纪律性能大大提高，为大学的四年生活奠定良好的基础。

9月15日，美国普渡大学生物数学领域的国际知名专家冯芷兰教授应邀来理学院进行了学术交流座谈会。理学院部分教师和研究生参加座谈，会议由院长崔景安主持。经过此次座谈会，师生对北京市的呼吸道传染疾病有了更深层次的了解，并一起研究部署了下一阶段这一研究领域的工作计划。

9月15日，美国威斯康星大学麦迪逊分校的生物统计领域的知名教授王思鉴教授来我校理学院做学术报告。理学院部分老师和研究生20余人参会，会议由副院长白羽主持。通过此次会议，王教授耐心解答了师生提出的问题，与师生进行了学术讨论，师生对人类健康研究的统计模型有了更深层次的了解。

10月13日下午在大兴校区基础D座报告厅举办理学院"践行八字真经 投身四个全面"社会实践宣讲大会，校团委书记朱静老师，文法学院团委书记杨举老师，理学院团委书记陈思源老师出席了此次大会，同时参与的还有学院2014、2015级全体学生。此次活动围绕社会主义核心价值观和纪念反法西斯抗战胜利内容，增加了团员青年对抗战的内涵和抗战的精神的深层次领悟，铭记历史，勿忘国耻，缅怀先烈，砥砺前行，为实现中国梦贡献自己的力量。

10月17日，在大兴校区基C112成功召开了"明德育才，耀我理院"暨理院校友回访大会。理学院党委书记程士珍老师、理学院党委副书记郝迈老师、理学院团委书记陈思源老师、信计专业教师代表王恒友老师、电子专业教师代表黄尚永、陈蕾老师出席了活动，30名老校友和学生代表近30余人一同参加了此次活动。这次的校友回访大会圆满落幕。今后，学院将继续深入开展校友活动，通过搭建平台，不断沟通交流，凝心聚力，共促校友事业不断发展；同时，也希望能够以此为契机，将建大精神深入人心，为学校建设发展贡献力量。

为了提高我院学生党员读书素养，形成积极进取、努力学习的氛围，进而提高各党员综合素质。10月20日晚，研究生党支部书记郝迈老师、理学院研究生学生党员在教1楼413教室开展了研究生党支部第二届读书分享会。活动由余沾同学主持。读书分享会作为党员的必修课对党员综合能力的培养有着重要的意义，希望学生党员们养成良好读书习惯，在读书中不断提升自身素质与修养。

10月23日上午九点在西城校区第三会议室，北京交通大学数学系曹鸿钧教授应邀做题为"大脑神经元数学模型的研究及其应用"的学术报告。理学院部分教师和全体研究生参会，会议由副院长白羽主持。曹教授教授耐心解答了师生提出的问题，与师生进行了学术讨论。通过此次会议，大家收获良多。

为培育理学院研究生团队协作意识，拓展能力素质，2015年10月25日，理学院研究生以"携手并进，勇往直前"为宗旨举办素质拓展活动。学院党委副书记郝迈老师，学院团委书记吴雨桐老师以及学院全体研究生参与了此次活动。活动结束后，郝迈老师勉励同学们要以此次活动为契机，从活动中学习，不断提高自身能力，培养团队合作精神，为自身成长加油。

2015年10月27日，加拿大约克大学数学系朱怀平教授应邀到理学院做学术报告。理学院院长崔景安、党委书记程士珍、副院长白羽、部分教师和研究生等20余人参加了报告会，会议由副院长白羽主持。针对与会师生提出的诸多问题，朱教授耐心地进行了深入浅出的讲解。朱教授的报告使我院师生更加感受到了数学科研的魅力，同时为开展下一步研究工作打下了基础。

2015年10月27日，理学院分工会积极响应学校号召，树立"每天锻炼一小时，健康工作五十年，幸福生活一辈子"的生活理念，利用午休时间开展跳长绳、踢毽子、跳健美操、打乒乓球等形式多样的文体活动，得到老师们的积极响应和支持。这次活动本着"我运动，我快乐"的主题，为老师们提供了一个放松心情的舞台。

为提升团队意识，培养运动精神，11月9日，理学院分工会组织全体教职工进行"快乐走"活动。活动地点在大兴区念坛公园，老师们以公园健身步道为行进路径，并在路途中寻找指定场景拍照合影，才算完成任务。念坛公园距离大兴校区不远，可是平时工作忙，都不知道还有这样一块净土，它远离城市的喧闹，在占地2500亩中整个水域面积达到700亩，非常适合健身，以后会常来活动，大家在流连忘返中结束了快乐之行。

11月17日，中国科学院院士席南华应邀到我校大兴校区图书馆报告厅做报告，题目是"数学——简单与高深"。席院士是我国著名数学家，现任中国科学院大学副校长、中国科学院数学与系统科学研究院学术院长、中国数学会副理事长。报告会由理学院院长崔景安主持。学校党委副书记吕晨飞、理学院领导班子、数学系教师、各学院学生等400余名师生参加此次报告会。此次学术报告是理学院数理文化节活动之一，理学院将继续开展一系列内容丰富、形式新颖的学术交流活动，增强学生专业认知，开阔学生视野，浓厚学术氛围，营造良好学风。

11月19日上午，理学院分工会迎来了评审专家组实地走访检查。学校纪委书记、工会、教代会主席何志洪，校工会常务副主席张素芳陪同检查。理学院领导班子、分工会委员、教代会代表、教师代表等参加了验收检查工作。理学院全院教职工克服困难，团结一心，工会努力为教职工服务，维护教职工权益，组织各种文化娱乐和休闲活动，缓解压力，成绩突出，希望理学院分工会工作将来会做得更好。

2015年11月25-27日，由中国生物数学学会主办、北京建筑大学承办的"传染病数学建模与中国公共政策分析交流会"在我校召开。来自美国疾病防控中心、美国普渡大学、世界卫生组织驻华代表处、中国疾病防控中心和北京疾病防控中心、北京建筑大学等单位的二十余人参加了会议。会议由理学院院长崔景安教授主持。本次学术交流会取得了圆满成功，促进了生物数学理论研究者与公共卫生政策决策者之间的进一步合作交流，为生物数学学科在实际应用过程中与公共卫生政策决策之间的交流融合搭建了良好的平台。

2015年11月28日上午，同济大学Mohammad Mehdi Rashidi教授应邀到理学院做了题为"Analytical Modeling of Entropy Generation for Casson Nano-Fluid Flow Induced by a Stretching Surface"的学术报告。来自我校理学院、环能学院和北京科技大学的教师、研究生近 20 人参加了报告会，会议由副院长白羽主持。此次学术报告，大家收获良多，并期待着双方有进一步的合作研究。

为增强青年学子的公民意识，2015 年 12 月 5 日，在北京建筑大学大兴校区大学生活动中心，理学院同学积极参与了本年度的无偿献血活动。此次无偿献血活动彰显了理学院同学们的人道主义风范，体现了当代大学生的奉献和爱心。这种精神值得每一个年轻人发扬。

为坚定共产主义理想信念，明确当代大学生的历史使命和人生追求，2015 年 12 月 9 日，理学院书记讲堂第一讲"入党二三事"在基础楼 A 座 207 教室正式开课。理学院党委书记程士珍为同学们讲授了题为"端正入党动机 争取早日入党"的入党第一课。此次培训使同学们深刻地认识到入党动机纯正的重要性，提升了党性修养，对于学生党员总体素质、坚定为人民服务的信念、创建和谐校园有着重要的指导意义。

全国研究生创新实践系列活动——"中关村青联杯"第十二届全国研究生数学建模竞赛颁奖大会于 12 月 12 日上午在北京交通大学举行，我校有 2 队 6 人获三等奖，7 队 21 人获成功参赛奖，这是我校学生首次参加全国研究生数学建模竞赛，激发了研究生的创新活力和学习兴趣，提高了同学们建立数学模型和运用计算机解决实际问题的综合能力，拓宽了知识面，同时也使同学们在竞赛中锻炼了团队合作能力。

2015 年 12 月 23 日下午，美国奥本大学数学与统计系系主任谭天祐教授应邀来理学院做了题为"Low and High Roads in Matrix Theory"的学术报告，近 20 位理学院教师及研究生参加了报告会，会议由理学院副院长白羽主持。谭天祐教授细致到位的讲解，极大地拓展了参会老师和同学的思维深度及广度，增加了大家从事数学科学研究的信心。

2015 年 12 月 26 日，第 26 届北京市大学生数学竞赛颁奖典礼在北京理工大学良乡校区隆重举行，数学系袁晓娜老师带领部分获奖学生代表参加了该典礼。竞赛成绩的取得与高数改革中老师们的辛勤劳动是分不开的，师生们将共同努力，争取明年此时再创佳绩！

（王恒友　程士珍）

十、马克思主义学院

（一）学院概况

北京建筑大学马克思主义学院最早可以追溯到成立于 1953 年的北京市土木建筑工程学校政治教研室，1977 年改为马列主义教研室，1986 年更名为社会科学部，1998 年改为人文社科部，2001 年更名为社会科学系，并在此基础上创办了法学和社会工作专业。2006 年，社会科学系与外语部合并成立文法学院。2008 年 12 月，成立独立的思想政治理论课教研部。2015 年 10 月，正式成立马克思主义学院。学院主要承担全校本科、硕士研究生思想政治理论课的教学任务，并承担"设计伦理学与城市美学理论"硕士研究生的教学和培养任务。

北京建筑大学马克思主义学院秉承学校办学特色和优势资源，近几年来，根据首都城市化建设需要，结合学科建设，本着"培养人才、服务首都、面向城市"的发展思路，形成以"马克思主义城市化理论与中国城市发展"为研究方向,以"马克思主义理论"为学科建设重点,以城市发展理论与建筑文化为研究特色,在研究平台、科研团队、项目申报、成果积累等方面,凝聚方向,加强建设。目前,具有北京市哲学社会科学研究基地、北京市大学生素质教育基地、中国特色社会主义理论大众化与国际传播协同创新中心等省部级科研教学平台,形成了以建筑伦理、城市空间文化为核心的科研团队,以承担并主持国家社科基金、教育部人文项目和北京市哲学社会科学重大项目等课题项目为研究载体,形成方向明确、特色鲜明的学科发展领域和科研成果,为北京的现代化城市建设做出贡献。

(二)师资队伍建设

【概述】北京建筑大学马克思主义学院思想政治理论课教师均毕业于思想政治教育及相关专业,具有坚定正确的政治方向和扎实的马克思主义理论基础;学历层次高,职称和学缘结构合理,学科领域覆盖齐全。截至2015年12月,思想政治理论课专职教师17人,其中,具有博士学位14人,硕士3人;教授4人,副教授6人,讲师7人;兼职教师20人,且均具有研究生以上学历和相关专业背景。

【张溢木入选2015年北京市"高创计划"青年拔尖人才】根据中共北京市委组织部《关于印发2015年北京市"高创计划"入选人员名单的通知》,北京建筑大学教师张溢木入选2015年北京市"高创计划"青年拔尖人才。北京市"高创计划"是贯彻落实国家"万人计划"、与北京市引进海外高层次人才的"海聚工程"相并行、面向国内高层次人才的重点支持计划。计划的实施将统筹首都人才规划的有关重点工程,整合资源、集成政策、创新机制,是培养造就国际领先、国内一流、规模适度、结构优化的高层次创新创业人才队伍的关键举措。北京市"高创计划"从2014年开始,计划用10年左右时间,按照"分领域、分类别、分年度"的遴选支持办法,统筹推进"杰出人才"、"领军人才"以及"青年拔尖人才"三支队伍建设。"杰出人才"依托"北京学者计划",计划支持75名,每两年遴选一批,每批15名左右。"领军人才"分四类:一是"科技创新与科技创业领军人才",依托"科技北京"百名领军人才培养工程,计划支持300名,每批30名左右;二是"哲学社会科学和文化艺术领军人才",依托北京市宣传文化系统"四个一批"人才培养工程,计划支持200名,每批20名左右;三是"教学名师",依托北京市高等学校教学名师奖评选项目,计划支持200名,每批20名左右;四是"百千万工程领军人才",依托北京市百千万人才工程,计划支持200名,每批20名左右。"青年拔尖人才"计划支持500名,每年遴选一批,每批50名左右。

(三)学科建设

【概述】北京建筑大学马克思主义学院拥有一个校级重点建设和培育学科——马克思主义理论。该重点建设和培育学科拥有10名学术骨干,其中教授4名,副教授6名,都承担全校本科思想政治理论课教学任务及硕士研究生的学位课和选修课程。北建大马克思主义学院拟申报马克思主义理论一级学科点,下设五个二级学科,分别是:"中国传统文化与思想政治教育"、"全球变革与马克思主义生命力"、"执政党建设理论与实践"、"中国特色社会主义民主与法制建设"、"城市化进程与社会主义核心价值观"。

北建大马克思主义学院还借助建筑学院设计学一级学科点,建成了二级硕士学位交叉学科点,为"设计学—设计伦理学与美学理论"。目前,该学科点已招生4届,在校生10人。

（四）教学工作

【概述】北京建筑大学马克思主义学院认真贯彻落实教育部、北京市关于加强思想政治理论课建设系列文件精神，严格执行北京建筑大学加强和改进思想政治理论课建设方案，根据学校工作要点中关于"思想政治理论课建设体系创新工程、思想政治理论课教师队伍能力提升工程、马克思主义学科领航工程"的要求，进一步提高思想政治理论课的教学效果，推进社会主义核心价值观的"进教材、进课堂、进头脑"；圆满完成北京市教工委对学校思想政治理论课的督察工作；积极组织广大教师参加北京市第八届"思想政治理论课青年教师基本功大赛"，获得优秀组织奖1项、研究生组一等奖1项，"思修组"三等奖1项，北京市三等奖1项；积极推进大学生社会实践活动和理论文章的征集和申报，并获得二等奖2项。

【荣获2015年北京高校思想政治理论课学生社会实践优秀论文二等奖】2015年3月28日，北京建筑大学马克思主义学院院长肖建杰教授指导的研究生王琪、钟康弘和李美艳小组的实践报告《北京市抗日战争纪念建筑物及建筑遗址保护研究》荣获2015年北京高校思想政治理论课学生社会实践优秀论文二等奖，肖建杰教授获得优秀指导教师二等奖。本次评奖是北京市教工委为贯彻教育部和北京市关于加强思想政治理论课建设的精神、充分发挥社会实践在思想政治理论课教学中的作用、引导学生在实践中深化理论认识、推进完善思想政治理论课实践教学机制举办的一次评选活动。《北京市抗日战争纪念建筑物及建筑遗址保护研究》这一获奖成果紧密结合中国人民抗日战争暨世界反法西斯战争胜利70周年纪念活动及北建大建筑遗产保护特色，反映出了北建大在革命纪念建筑及遗址遗迹保护与利用方面的独特优势和突出贡献，为进一步增强社会实践对大学生的育人功能、发挥思政课教师参与大学生课外社会实践具有积极的推动作用，对提升思想政治理论课教学实效性具有重要的意义。

（五）科研工作

【概述】2015年北京建筑大学马克思主义学院获批省部级科研项目4项，目前在研的科研项目达到15项，其中国家社科基金项目3项，省部级项目12项，到校经费总计80余万元。2015年北建大马克思主义学院教师发表学术论文18篇，其中核心期刊论文10篇，出版学术著作5部。

2015年马克思主义学院新增省部级科研项目一览表

序号	项目名称	负责人	项目来源	项目级别	合同经费（万元）	起止时间	项目类别
1	北京山区传统民居生态范式及维度研究	郭晓东	北京市社科基金	一般项目	8	2015-2017	省部级
2	农民工市民化的社会公正问题研究	汪琼枝	教育部人文社科项目	一般项目	3	2015-2017	省部级
3	当代大学生社会主义核心价值观日常生活化融入机制研究	尹保红	教育部人文社科项目	青年项目	8	2015-2017	省部级
4	农村土地承包体制中经济价值合理机制研究	冯蕾	教育部人文社科项目	青年项目	8	2015-2017	省部级

2015年马克思主义学院教师发表学术论文一览表

序号	成果名称	第一作者	发表时间	发表刊物	刊物类别
1	城市管理：细节决定宜居	秦红岭	2015.01.26	瞭望	核心期刊
2	先秦道家生态哲学思想与生态文明建设	许亮	2015.02.15	理论视野	CSSCI，核心期刊
3	交通精细化管理提升城市品质	秦红岭	2015.05.04	瞭望	核心期刊
4	反思建筑抄袭风	秦红岭	2015.06.22	瞭望	核心期刊
5	陈独秀抗战思想的伦理解读	金焕玲	2015.07.15	伦理学研究	CSSCI，核心期刊
6	城市规划的刚性约束与维护公共安全	秦红岭	2015.08.31	瞭望	核心期刊
7	中美翻转课堂教学模式的应用差异及启示	张华	2015.09.01	教育探索	核心期刊
8	中国古代社会道德治理的运行机制及其时代价值	张溢木	2015.09.10	伦理学研究	CSSCI，核心期刊
9	传统"德治"思想的现代转化	许亮	2015.10.15	理论视野	CSSCI，核心期刊
10	道德治理的实现难题	张溢木	2015.10.15	理论视野	CSSCI，核心期刊
11	建筑的现代性反思：卡斯腾哈里斯的建筑伦理思想述评	秦红岭	2015.09.15	华中建筑	一般期刊
12	中美翻转课堂教学模式的应用差异研究	张华	2015.09.11	科教导刊	一般期刊
13	美国思想政治教育的主要经验及对中国的启示	张华	2015.09.01	高校期刊	一般期刊
14	列菲伏尔空间哲学思想溯因	张华	2015.06.01	燕山大学学报	一般期刊
15	图书馆学进行解释学研究的意义——以"图书馆核心价值研究"为例	许亮	2015.05.10	高校图书馆工作	一般期刊
16	建筑命名的伦理分析	金焕玲	2015.04.01	管理观察	一般期刊
17	中美高校主流意识形态教育的差异	张华	2015.03.12	科教导论	一般期刊
18	马克思主义认识论的实践意蕴	张守连	2015.01.01	黑龙江史志	一般期刊

2015年马克思主义学院教师出版学术著作一览表

序号	成果名称	第一作者	出版时间	出版社	性质
1	生态文明视域下北京城市公共空间的优化管理研究	张守连	2015.12.01	新华出版社	学术专著
2	古希腊经济伦理思想史纲	张溢木	2015.07.10	武汉大学出版社	学术专著
3	建筑伦理与城市文化（第四辑）	秦红岭	2015.06.01	中国建筑工业出版社	编著
4	建筑空间城市：北京建筑文化研究基地研究论丛2014	高春花	2015.08.15	天津人民出版社	编著
5	中国建筑文化年鉴2013	高春花	2015.08.15	天津人民出版社	编著

（六）学术交流

【赴中央财经大学马克思主义学院调研】 2015年11月13日，北京建筑大学党委副书记张启鸿带领马克思主义学院党政负责人、教师代表与校学工部负责人赴中央财经大学马克思主义学院调研。中央财经大学校长助理朱凌云、马克思主义学院院长冯秀军等7人参加了调研座谈会。朱凌云助理代表中央财经大学致欢迎词，并介绍了中财大马克思主义学院的领导班子情况。张启鸿副书记简单介绍了北建大马克思主义学院成立的基本情况，并说明了本次调研的目的。中财大马克思主义学院院长冯秀军从人才队伍、学科建设、科研、教学各个方面做了介绍。北建大马克思主义学院教师代表就教育教学改革、实践教学、学科建设、师资队伍、学生考评体系、构建"大思政"格局等问题与中财大马克思主义学院教师代表进行交流探讨，重点就"问题链"教学方法和"一主两翼"实践教学改革进行了深入研讨。通过本次调研，北建大马克思主义学院汲取了中财大马克思主义学院发展的宝贵经验，特别是在学校重视、抢抓机遇、依托团队取得教学和科研的标志性成果等方面深受启发，为下一步的教学改革提供了有益的借鉴。

【邀请清华大学吴潜涛教授作"社会主义核心价值观研究的前沿问题"专题报告】 2015年12月23日，北京建筑大学马克思主义学院邀请清华大学社会主义核心价值观协同创新中心主任、博士生导师吴潜涛教授来校做"社会主义核心价值观研究的前沿问题"专题报告。报告会在北建大大兴校区四合院会议室召开，北建大马克思主义学院、宣传部、学工部、研工部、团委的中层干部、骨干教师和全体辅导员聆听报告。报告会前，北建大党委书记王建中教授与吴潜涛教授就新形势下高校宣传思想工作和意识形态阵地建设，北建大马克思主义学院、马克思主义理论学科建设与发展，社会主义核心价值观融入思想政治理论课堂和大学生思想政治工作等进行了深入交流与探讨。报告会由北建大党委副书记张启鸿主持。吴潜涛教授紧紧围绕社会主义核心价值观的产生背景、科学内涵、主要内容、重大意义，社会主义核心价值观与社会主义核心价值体系的关系，培育和践行社会主义核心价值观和弘扬中华优秀传统文化的关系等前沿问题进行了深入的解读。吴潜涛教授还结合中国高等学校意识形态建设、马克思主义理论学习研究宣传、协同创新中心建设的当前形势，提出要从理论研究、传统文化研究、立德树人等方面来积极培育和践行社会主义核心价值观，把社会主义核心价值观融入思想政治理论课堂、大学生思想政治工作和高等教育教学和管理服务的各个环节。

（七）重大事件

【北京建筑大学马克思主义学院成立】 2015年10月27日，北京建筑大学马克思主义学院成立大会暨揭牌仪式在北建大大兴校区基础教学楼D座报告厅举行。北建大党委书记王建中、校长张爱林、党委副书记张启鸿、党委副书记吕晨飞，学校相关职能部门负责人，文法学院班子成员、全体思想政治理论课专兼职教师、全体学生辅导员、学生代表100余人出席会议。大会由北建大党委副书记张启鸿主持。北建大党委副书记吕晨飞宣读了《中共北京建筑大学委员会关于成立马克思主义学院的通知》及相关干部任免通知。党委书记王建中、校长张爱林共同为马克思主义学院揭牌。北建大党委书记王建中作重要讲话，指出北建大成立马克思主义学院是贯彻落实习近平总书记关于加强意识形态工作、高校党的建设和思想政治理论课建设重要批示精神以及中央《关于进一步加强和改进新形势下高校宣传思想工作的意见》等系列文件精神，加强思想政治理论课建设的又一重要举措，对于学校全面贯彻党的教育方针，落实立德树人根本任务，全面提高思想政治理论课教学质量和水平，深入推进中国特色社会主义理论进教材进课堂进头脑具有重要意义。王建中书记就进一步提升思想政治理论课教学质量和水平明确提出了四点要求：一是夯实骨干力量，大力加强思想政治理论课教师队伍建设。二是聚焦育人实效，不断提高思想政治理论课课堂教育教学效果。三是发挥学科支撑，着力提升马克思主义理论研究水平和学科实力。四是加强体系和阵地建设，协同打造思想政治理论课教学大格局。北建大马克思主义学院首任院长肖建杰教授表示，马克思主义学院将按照中央、北京市的相关精神和学校的相关要求，抢抓机遇，精心谋划，加快发展。一是理顺工作机制，建立健全内部规章制度。二是实施教学质量提升工程，创新教学内容和教学方法。三是实施师资队伍能力提升工程，搭建校市两级人才梯队，造就高水平的师资队伍。四是实施马克思主义学科引航工程，进一步加大学科建设力度，以科学研究提升思想政治理论课的教学品质，引导大学生在文化浸润中增强中国特色社会主义的道路自信、理论自信和制度自信。五是进一步加强与宣传部、学工部、团委、各二级学院的合作力度，建设一支稳定、强大的专兼职马克思主义理论研究宣传队伍。文法学院院长孙希磊教授对马克思主义学院的成立表示祝贺，对思政部全体教师所做的贡献表示感谢，并希望文法学院和马克思主义学院今后密切加强合作，共同为加强和改进新形势下学校的宣传思想工作共同努力。

【北京高校思想政治理论课建设督查工作组督查北京建筑大学】2015年10月30日，北京高校思想政治理论课建设督查工作组第三小组对北京建筑大学思想政治理论课建设情况开展专项督查。督查专家组由市委教育工委委员、教育纪工委书记王文生担任组长，成员包括北京联合大学党委副书记周志成、原中国地质大学党委副书记王聪、原首都体育学院党委副书记吴淑荣、北京师范大学马克思主义学院院长王树荫、北京交通大学马克思主义学院院长韩振峰、北方工业大学马克思主义学院院长张加才和市委教育工委宣教处处长助理刘刚。北京建筑大学党委书记王建中、校长张爱林、党委副书记张启鸿、副校长李爱群、党委副书记吕晨飞、马克思主义学院院长肖建杰以及相关职能部门负责人出席了汇报会。

市教育纪工委书记王文生主持汇报会，指出此次专项督查工作旨在贯彻落实中央和北京市关于加强思想政治理论课建设的精神，结合各高校报送的思想政治理论课建设方案，对照教育部《高等学校思想政治理论课建设标准》，全面了解各高校思想政治理论课建设基本情况，总结成功经验，查找薄弱环节，更好地发挥思政课的主渠道作用。北建大党委书记王建中表示，北建大党政高度重视此次"思政课"专项督查工作，把此次专项督查作为提升学校思政课建设水平的重要契机，学校将悉心听取专家的意见和建议，认真配合督查组完成督查工作任务，争取把学校思想政治理论课建设得更好。北建大党委副书记张启鸿代表北建大向督查组作"坚持立德树人，推动改革创新，努力建设大学生思想政治教育坚强阵地——北京建筑大学思想政治理论课建设情况"的专题汇报。他从"坚持'四个到位'，切实加强思想政治理论课建设工作保障；夯实基础，拓宽途径，构建了'一体两翼'的教学格局和'三结合'的实践教学体系；坚定信念，提升能力，打造一支有信仰、重品行、懂理论、善教学教师队伍；注重交叉融合，形成了'聚焦城市发展问题，融合马克思主义最新前沿理论'的学科科研方向；突出特色、树立品牌，形成了'两渗透、两结合'的特色育人模式；抢抓机遇、协同创新，不断开创思想政治理论课建设新局面"六个方面介绍学校思想政治理论课建设情况。

专题汇报结束后,专家们分成三个小组展开工作:查阅北建大思想政治理论课建设工作的有关材料,实地考察北建大马克思主义学院教师的办公环境与条件,深入"思政课"课堂检查教师备课、学生出勤等情况。随后,督查组召开教师座谈会和学生座谈会,了解各职能部门配合"思政课"建设情况以及学生上"思政课"的心得体会。

(汪琼枝　许　亮　肖建杰)

第十二章 教学辅助工作

一、图书馆

（一）概况

北京建筑大学图书馆一直坚持"荟集建筑文献、研究建筑文化、培养建筑人才、传承建筑文明"的办馆理念，在资源建设、环境建设和文化建设方面形成了独具鲜明建筑特色和馆藏优势的、面向社会开放的高校大型图书馆，也是全国唯一的住房和城乡建设部与北京市合作共建的中国建筑图书馆，全面实现数据合一、资源共享。

截至2015年底，图书馆舍总使用面积2.46万平方米，馆藏中、外文图书150万册（包括建筑学院、文法学院、经管学院等二级学院资料室藏书近20万册，中国建筑图书馆近30万册），生均达到150册，期刊1689种，数据库31个（其中中文22个，外文9个，自建库3个，自建网络资源平台2个），电子图书400万种（连网络非本地共有121万种），主页访问量突破150万次。拥有阅览座位3200个，年日均接待读者1100人次。

图书馆分布在西城和大兴两个校区，大兴校区图书馆凌云阁为主馆，建筑面积3.5万平方米，使用面积2.25万平方米，目前藏书100万册；西城校区图书馆建图分馆馆藏图书2万册，使用面积2100平方米（2015年将1、2层和地下空间全部转给建筑学院使用，余下3、4层为图书馆使用，且大部分空间为中国建筑图书馆使用；本校仅为建筑阅览室）。

大兴校区凌云阁建成于2014年10月，其中地下层建有建本报告厅、知本学堂和本末会议室，以及地下密集书库。一层为读者服务大厅、休闲区和文化展览区，包括资源建设部办公区、接待室、图文服务中心等。二层为TU类建筑文献馆藏阅览区、数字媒体学习区、音像阅览室和放映室、造型艺术展览工作室。三、四层为人文社科文献、外文和报刊文献馆藏阅览区，分别建有白云厅、紫云厅和图书馆机房。五层为自然科学技术文献和规范资料馆藏阅览区，建有凌云厅和凌云报告厅。六层目前为建筑文化艺术和校史展览区。七层为研讨交流空间和办公区，建有智能特色研讨室、云云会议室和咨询室、京本书房和云中阳台。

本馆全部图书使用"中图法"进行分类。图书馆馆藏图书中75%为理工类图书，60%为广义建筑类图书，本馆成为建筑文化和老北京文化方面的文献丰富、全国建筑类图书最为齐全的高校图书馆之一。馆藏特色特别体现在积累了一批珍贵的、有价值的建筑类文献，例如《中国营造学社汇刊》30种，我馆有28种；《埃及的穆斯林建筑》1951年版全球550部，我馆有三部；英文原版瑞典喜仁龙著《北京的城墙和城门》1924年版全球800册，我馆收藏第241、250两册；清华大学建筑系教材，我馆收藏齐全；从清乾隆京城全图到各种老北京地图均有收藏，并建立了数字化的《北京地图》特色资源包，被北京市教委评为优秀资源包项目。

结合新馆建设，数字化资源系统和服务平台、安检系统、自助借还系统、信息发布系统、广播系统、机房和信息存储系统、自助服务系统、电子阅览系统、标识系统、移动图书馆系统等陆续建成投入运行，全馆实现无线免费上网，为读者提供方便、快捷的信息化服务，图书馆已成为内部以局域网连接，以集成系统进行管理，连接校园网和互联网，一证通用，资源共享的图书馆。本馆以开放的资源布局、现代化的管理手段和"以人为本"的服务理念为核心，实行"藏、借、阅、咨一体化"的开放服务管理模式，向读者提供借阅、咨询和文化素质教育等文献信息服务。

图书馆先后与北京地区高校图书馆文献资源保障体系（BALIS）、中国高等教育文献保障系统（CALIS）、国家科技图书文献中心（NSTL）签订了原文传递和馆际互借协议，实现了北京地区高校间的文献资源共享；积极参加了北京高教学会图书馆工作研究会、高等艺术院校专业委员会及CADAL项目；依托各种中外文数据库，积极开展参考咨询、科技查新、代查代引、定题服务、馆际互借和原文传递等服务，为教学、科研工作提供全面信息支持。

馆内分设资源建设部、信息咨询部、信息技术部、文化工作室、读者服务部和数字图书馆工作室、建筑文化研究室和办公室等部门。图书馆现有馆员36名，专业技术人员31人。其中正高2人，副高10人，中级13人。图书馆直属党支部有党员12名。

我们始终坚持把读者第一作为图书馆的服务宗旨，坚守"以人为本、以本为道，建本励学、知本敦行"馆训，逐步形成了一个由资源建设、流通阅览、信息咨询、培训指导、技术支持、文化导向组成的藏借阅用一体化的现代化文献信息服务体系。每年积极开展"把读者放在心中，把微笑挂在脸上"优质服务月活动。为了树立良好的图书馆形象，提升馆员个人素养，为读者提供更优质服务，2011年，图书馆特向全体读者正式公布图书馆服务公约：

爱国爱校，爱馆爱书，知书达礼，守时整洁，首问负责，读者第一，

服务育人，周到亲切，崇尚知识，努力学习，团结互助，爱岗敬业。

多年来，为配合学校开展人才素质教育，培养学生自学和独立钻研能力，积极吸纳学生志愿者，形成日益壮大的、自我管理和开展服务的学生馆员队伍；每年面向全校新生开展利用图书馆教育，为本科生学生开设《科技文献检索》、《文献检索》、《文献检索与科技写作》、《图书馆导航》等课程，面向研究生开设必修课《信息检索》；每年组织举办全校大型"开卷"系列读书活动，以"我读书、我知道、我应用、我创造"为导向，以学生社团为骨干，引导学生读好书、好读书。为此，我馆获得了由中国图书馆学会授予的"全国全民阅读示范基地"光荣称号，2014年获得中国图书馆学会优秀案例一等奖，连续多年荣获BALIS馆际互借服务先进集体奖和先进个人奖，北京科技情报学会先进单位奖。图书馆分工会还被评为北京市教育系统先进职工小家。图书馆社会影响力显著提升，成为中国图书馆学会大学生阅读推广委员会委员单位、北京高校博物馆联盟成员馆、北京市图书馆协会理事单位、北京科技情报学会理事单位。

（二）馆舍建设

2015年是新图书馆开馆运行的第一年。家具、标识项目继续未完成部分的设计与安装，启动窗帘项目策划与实施。

【继续新馆家具、标识、窗帘等环境布置】
1. 六、七层家具调整，确定造型等制作方案

1月，家具设备小组研究七层工会组合柜设计方案。审定家具项目继续运作和六、七层家具调整方案。

2月，家具设备小组研究七层走廊展板环境设计方案，斜撑书架设计方案。

3月，家具设备小组研究增加曲线沙发事宜。

4月，完成斜撑书架制作图纸。

5月，完成全馆窗帘分布策划图。确认各层厕所改造图纸。完成窗帘招标参数一稿。

6月，指导厂家完成纱窗翻板设计图，开始第一轮样品试做。与基建处协调咖啡吧上下水方案。

6月底，家具设备小组研究工会之家家具、花格柜设计方案。

10月，窗帘图案策划，指导学生绘制第一轮图纸。

12月底，经四轮方案修改，完成窗帘图案设计。

2. 标识标牌设计安装

1月，家具设备小组审定标识设计，标识项目调整方案。

2月，指导厂家修改一层总索引版面及造型设计。

4月，完成总索引版面制作图。

5月，安装一层吊挂及门牌。

6-8月，各层标牌制作，总索引制作图确认。确认七层展板制作方案。

9-12月，各层标牌安装，一层总索引安装。

【西城老馆改造与环境布置】 4-6月，3次调研老馆布局，制作三层门厅改造及阅览室、中国建筑图书馆更新标牌图纸，但因经费问题得不到学校支持，未能实施。

（三）文献资源建设

1. 订购2015年度中文期刊1556种，1591份；报纸89种，89份；外文期刊133种，133份。其中新增中文期刊456种；新增报纸10种；新增外文期刊6种。

2. 采购中外文图书1.8万种，编目加工图书2.2万册。

2015年度文献资源采购财政专项计划

序号	项目名称	经费（元）
1	中文图书资料购置项目	1000000.00
2	中文纸质期刊资料	100000.00
3	外文纸质期刊资料	400000.00
合计	图书资料购置项目	1500000.00

（四）信息化与数字图书馆件建设

1. 2015年6月20日通过招投标程序确定财政专项货物供应商：

图书馆多功能报告厅设备购置项目；

图书馆文化展览交流空间建设（2015年新竣工楼配套）；

北京建筑大学图书馆图书管理系统建设（2015年）项目。

2. 2015年9月7日，通过招投标程序确定财政专项货物供应商：

图书馆地下智能密集书库建设（2015年新竣工楼配套）。

3. 2015年9月10日起，开始北京建筑大学图书馆图书管理系统建设（2015年）项目实施，于2015年10月15日完成全部工作，调试成功。

4. 2015年9月10日起，开始图书馆多功能报告厅设备购置项目安装调试设备，并于2015年9月26日安装完毕，成功运行。

5. 2015年10月10日起，图书馆地下智能密集书库建设（2015年新竣工楼配套）项目实施，并于2015年11月20日安装完毕，成功运行。

6. 2015年10月21日起，图书馆文化展览交流空间建设（2015年新竣工楼配套）开始实施，主体工作于2015年12月20日完成。

7. 2015年12月22日，以下各个项目通过资产验收：
（1）图书馆多功能报告厅设备购置项目；
（2）图书馆文化展览交流空间建设（2015年新竣工楼配套）；
（3）北京建筑大学图书馆图书管理系统建设（2015年）项目；
（4）图书馆地下智能密集书库建设（2015年新竣工楼配套）；
（5）入资产账。

（五）信息咨询与读者服务

【信息咨询】2015年5月12日，信息咨询部全体馆员在大兴校区食堂圆满完成了2015年度BALIS馆际互借、原文传递宣传月活动，各项服务新增用户超过200人。

2015年5月19日，刘春梅老师在图书馆电子阅览室做《图书馆电子资源与馆际共享》专题讲座。

2015年5月30日，信息咨询部全体馆员共同完成了466册本校硕士研究生论文的分类、编目、出账及数据库发布工作。

2015年6月15日开始，郭燕平老师配合教务处完成本科生论文检测工作，共计检测本科生学位论文1418篇次。

2015年7月2日，信息咨询部全体馆员共同完成了446册纸本研究生论文的审核、收缴工作。

截至2015年12月31日，信息咨询部共计接待各类读者千余人次参观图书馆；郭燕平老师主责，信息咨询部全体馆员共同完成了学校职称评审工作中关于科研成果认定工作，共计核审了61名教师的841篇文章；由信息咨询部承担的在线虚拟参考咨询服务工作，在2015年度北京高校网络图书馆年终评比中被评为工作先进单位。

【读者服务】2015年6-10月配合纪念抗日战争胜利七十周年，在大兴校区图书馆一层进行的"抗日战争解放战争图书展"。

2015年7月，毕业季给优秀阅读学生发放阅读纪念卡；建立时间纪念胶囊。

2015年10月-2016年1月，在大兴校区图书馆一层举办了城建类图书经典及新书展。

2015年12月起开始清理大兴校区图书馆占座物品。

2015年流通量：187503册次

办理离校手续：本科生1684人，研究生470人，共计2154人

图书上账：563份

朱光校长捐书：850余册

毕业生捐书：620余册

发放阅读纪念卡片：56张

收到时间记忆胶囊：2个

开馆时间（节假日和寒、暑假除外）：周一——周日 8：30-22：30

（六）教学科研工作

【教学】 2015年，图书馆共计完成信息素质教育方面的课程424学时，其中校级公选课《电子资源信息检索与利用——图书馆导航》128学时；院级选修课《科技文献检索》、《文献检索与写作》、《文献检索》248学时；研究生必修课《信息检索》48学时，共计400余名硕士研究生掌握了信息检索技巧及论文写作方法。

【科研】 陈靖远馆长申报北京市财政专项课题"首都圈典型新城开发与规划方法比较研究"，高振、马琳作为项目组成员参与文献检索工作。

由郭燕平老师主责，高振老师参与的图书馆机构知识库建设正在进行中。

由王锐英馆长主持，郭燕平老师主责，高振老师参与的知识生产系统项目正在进行中。

（七）文化教育活动

【文化讲座】

2015年文化讲座一览表

时间	讲座主题	主讲	地点	主办单位
4月23日	北京地名漫话——从地铁1号线站名说开来	北京史地民俗协会常华秘书长	大兴校区 基A-327教室	图书馆
5月5日	破解朝内81号"鬼宅"之谜	北京史研究会王兰顺理事	大兴校区 基D-208教室	图书馆
5月19日	北京大西山佛寺源流及其建筑特色	北京史地民俗学会张文大	大兴校区 基A-128教室	图书馆
6月2日	北海公园的古桥	北京史地民俗学会梁欣立副秘书长	大兴校区 基A-139	图书馆
6月9日	房山古村落	北京史地民俗学会马垒	大兴校区 基A-334教室	图书馆
11月17日	青砖雕琢、万象包罗	北京砖雕技艺第六代传承人张彦	图书馆知本学堂	图书馆主办、非遗社学生社团承办
10月12日	听君讲座"Living Library——学长系列《创业青年洪森》	在校研究生洪森	图书馆建本报告厅	图书馆、土木学院、电信学院等二级学院合办
10月20日	新达人走进"Living Library"	机电学院秦建军老师	图书馆知本学堂	图书馆

【读书活动】 2015年4月21日，北京建筑大学第九届"开卷·生花"读书活动开幕式在大兴校区图书馆南广场隆重举行。校长朱光、副校长张大玉、党委常委张素芳，北京市图工委副主任、北京邮电大学图书馆馆长严潮斌出席，组委会成员单位代表、学校相关职能部门负责人以及师生代表参加了开幕式。开幕式由北京建筑大学图书馆直属党支部书记兼副馆长沈茜主持。开幕式上表彰了2014年度第八届读书活动阅读之星36名、优秀社团组织奖2个、策划奖2个、美文征选获奖者29名，同时推出了"北京建筑大学图书馆2014年度最受欢迎图书排行榜"。

第九届读书活动主题征文：流年。

【《北建大馆讯》】 本年度共完成第58期至65期共8期《北建大馆讯》的组稿、编辑、审核、印刷、发放工作，馆讯电子版同期上传至北京建筑大学图书馆网站。

【阅读推广活动】 2015年4月23日，教育部高等学校图书情报工作指导委员会组织的首届全国高校图书馆阅读推广案例大赛北京赛区颁奖仪式在中国人民大学图书馆举行，北京建筑大学图书馆"开卷招投标"案例获得三等奖，"开卷系列主题策划"案例获得优秀奖。

2015年4月20日-5月20日，与北京爱书吧科技有限公司共同举办"热爱你的生活和春天有个约会——口语伙伴读书月在线口语比赛"。

2015年5月22日，协助举办"2015中国高校出版社精品图书巡展"活动。

2015年5月26日，联合北京尚善公益基金会及北京建筑大学学工部、教务处共同举办"知识守护心灵 阅读传递爱心——心理健康图书漂流及阅读分享"活动。

2015年5月，北京建筑大学图书馆直属党支部以《中华民族抗日战争史》（中共党史出版社）作为选书依据，遴选出馆藏中反映中华民族抗战历史的图书书目。

2015年7月18日，北京建筑大学学生在第四届"图书馆杯北京大学生英语口说大赛"中获奖。在西城校区，王锐英馆长与大赛主办方代表一起为在本次比赛中获奖的测绘学院方佳铭同学颁发了奖金及奖状。方佳铭同学以93分的成绩，荣获本次大赛三等奖。

2015年9月，由中国图书馆学会、韬奋基金会、中国出版集团公司和中国新华书店协会联合主办，《图书馆报》承办的"2015全民阅读优秀案例"评选落下帷幕。北京建筑大学图书馆提交的"读书'活化课堂'助力学生快速成长"（策划人：沈茜）活动案例，荣获"全民阅读优秀案例"二等奖。

2015年10月，首届全国高校图书馆阅读推广案例大赛在武汉华中师范大学举办，来自全国180多所高校图书馆的代表参加。北京建筑大学图书馆申报的"开卷招投标——让学生做阅读的主人"案例，获得大赛优秀奖，并参加了决赛现场的海报展示。

【举办展览】

2015年举办展览一览表

时间	展览主题	地点	主办单位
1月20日	弘扬、融入、传播——高校培育和践行社会主义核心价值观艺术作品展	图书馆一层	宣传部、图书馆
5月22日	2015中国高校出版社精品图书巡展	图书馆一层	宣传部、图书馆
9-12月	李瑞环作品展	图书馆二层	图书馆
9-12月	图书馆馆藏珍品图书展	图书馆二层	图书馆
9-12月	建筑系教授赵希岗剪纸——鲤鱼跳龙门	图书馆二层	图书馆
12月24日	图书馆新馆建设图片展	图书馆七层	图书馆

【学生馆员管理工作】 2015年9月9日，召开学生馆员工作会，芦玉海主持，沈茜书记及文化工作室人员、学生馆员、各部门代表参加。

2015年9月15日，北京建筑大学图书馆文化工作室组织学生馆员到北京师范大学图书馆参观交流。

2015年9月22日，第二届北京建筑大学图书馆学生馆员工作委员会换届选举。

2015年10月26日，学生馆员座谈会，芦玉海主持，陈靖远副馆长及文化工作室人员、学生馆员常委参加。

2015年12月15日，学生馆员培训，王锐英馆长主讲"新图书馆建设探讨——后图书馆时代"，学生馆员及文化工作室全体参加。

【校史资料建设】搜集整理校史有关资料：校友捐赠图书整理、实物、照片等，建档及保存。

2015年9月28日，北京建筑大学杰出校友，中共中央政治局原常委、全国政协原主席李瑞环再次为母校签字赠书，个人著作《谈"少讲空话，多办实事"》、《城市建设随谈》、《为人民办实事随谈》、《木工简易计算法》赠送给母校，并亲笔在每本书的扉页上题字"赠北京建筑大学 李瑞环"。受李瑞环同志的委托，北京建筑大学工民建85级校友常卫军、刘兵夫妇将书籍送到北京建筑大学大兴校区图书馆，党委书记王建中代表学校接受赠书，党委副书记张启鸿，党政办公室主任白莽、招生就业处处长李雪华一同参加活动，并与常卫军、刘兵夫妇进行了座谈交流。多年来，李瑞环同志一直心系母校，关注教育，曾于2015年6月向母校赠书四套分别是《学哲学用哲学》、《辩证法随谈》、《务实求理》和《看法与说法》，这些赠书将为北京建筑大学永久珍藏，并在大兴校区图书馆展示。

（八）党建、工会工作

2015年，图书馆直属党支部继续坚持"搭建文化之桥，建服务型党组织"的党建工作特色，以"理顺工作机制，提高新馆服务质量"为重点，同时以馆员为本加强工会工作，确保馆员队伍稳定，确保图书馆各项工作顺利开展。

【党建工作】

1. 党员教育与管理

一是加强政治理论学习。集体学习采用主讲主问的形式，重点学习了十八届三中、四中全会精神和习总书记讲话精神。要求党员干部在工作中践行社会主义核心价值观。个人自学采取在线学习方式，党员和干部全部完成。

二是开展党性实践活动。在党员中征集馆训，全体党员参加，共提交作品21件；积极参与馆徽评选；"七一"建党节当天参观没有共产党就没有新中国纪念馆，并集体重温入党誓词，进行了一次党性教育。毕业季，退休党小组与机电学院党支部共建，共同学习十八大精神，寄语机电学院毕业生党员。

三是倡导做"有文化、有思想"党员，在全馆带头学习。组织党员读书论坛5次，并且邀请馆长和40岁以下年轻馆员，入党积极分子参加。参观中国科举匾额博物馆。齐群被评为校优秀共产党员。

2. 紧抓班子廉政务实，团结协作。搬家是考验和历练战斗力的时期，我们班子加强沟通、协作与支持，较好地完成了工作。同时，一贯重视党风廉政教育与制度建设，11月份接受了党委党风廉政工作检查，获得肯定。

3. 馆员思想政治工作。主要做法有：一是在工作中贯彻社会主义核心价值观，把工作做好；二是培育图书馆精神文化，发动全馆参与设计、研讨，确定了馆徽、馆训、馆印、馆旗、书签、名片、新馆服等文化符号；三是思想发动和凝聚人心，在搬迁和筹备开馆前关键时期，召开多次动员大会。此外，结合青年教师社会实践工作，组织年轻馆员寻访图书馆人物，讲述图书馆故事，凝炼图书馆精神，已经采访了3位退休教师，并拍摄影片。在搬家工作中评选14名先进，4名党员、10名部主任；四是通过试开馆和正式开馆仪式，靓丽展现图书馆与图书馆人的形象，激发自豪感；五是及时纠正不良思想苗头，及时纠正在推进搬家和筹备开馆等重要环节出现的不良现象。

4. 圆满完成学校接受党建先进校检查的重要任务。完成了动员工作，确保全馆上下保持最好地精神状态。整饬图书馆环境，整理党支部材料，接受党委检查2010年以来的工作1次。布置老北京模型展览，接受入校专家检查。

5. 帮扶慰问。慰问年事已高的周承渭老师，给困难党员尤惜华老师申请补助。探望住院的退休党员石常河和赵艳红老师。

6. 退休党小组。仍然按照季度活动4次，与毕业生共话十八大，参观颐和园，学习十八届四中全会，看辅导报告，迎新年座谈会。

【工会工作】

1. 建设新家

经过集思广益，将图书馆工会之家命名为"书韵之家"。正在逐步布置，力争突出文化之家的特色。安置了音响、舞厅球灯、乒乓球、台球、哑铃、照相机、折叠椅等。布置文化墙，把书写"家"的匾、馆徽、馆训、工会口号及特色展示出来。正在设计展柜和陈列装饰架。接待了2次外校参观。

2. 文体活动

组织游览青龙峡1次，业务知识竞赛1次；组织参观人大图书馆、北师大图书馆、清华图书馆；组织迎国庆、教师节、中秋节自助冷餐会；馆员拍摄新图书馆，评好片鉴赏活动，共24位参加，最后选出20张好片；历时6个月，组织馆训征集比赛，收到校内外作品119条，馆内19人参加；承办校工会活动1次，组织工会干部现采图书与参观宣南文化博物馆。

3. 民主管理

组织教代会代表参加校第七届教代会（工代会），提交提案7份。本年度馆内考核、评优、聘任，都通过民主程序。尤其是先进集体结果复议过程，是对民主管理的促进。

4. 帮扶慰问

上期福利费余额6344.76元。支出情况是：祝贺添丁1人次，老人去世4人次，生病修养超过一周4人次，住院4人次，经济困难补助3人次，向学校申请补助2人次。

5. 完成校级模范之家复评，准备材料，答辩。文化采编工会小组获得校先进工会小组。

6. 交流工作：5月份参加校工会干部培训，介绍了分工会工作经验。全年还与校外分工会交流2次。

7. 完成校工会爱心募捐2次，共计795元。

（陈靖远　齐　群　张文成　郭燕平　孔　娟
朱晓娜　芦玉海　袁伟峰）
（王锐英　毛发虎）

二、学报编辑部

【概况】2015年，学报编辑部、校报编辑部认真贯彻执行上级业务主管部门和学校党委与行政的要求部署，认真贯彻落实学校坚持目标导向、问题导向和绩效导向，围绕学校发展的总体目标，严格按照学校党委组建学报编辑部和校报编辑部时确定的工作职责，认真研究学报和校报的办刊办报方向、目标定位、编辑方针、规范要求，明确了工作的指导思想、工作目标、工作任务和实施步骤，并根据科学发展观的总体要求，结合工作实际，及时研究并调整工作中遇到的重大问题。根据学校工作要点，提出了学报编辑部2015年工作计划和校报编辑部工作安排，并付诸实施。

【北京建筑大学学报工作】2015年，学报工作坚持提高质量、提升水平、办出特色的指导思想。2015年，《北京建筑大学学报》出刊4期，符合行业出版要求，学术水平也有所提高，《北京建筑大学学报》2015年复合影响因子、综合影响因子均创历史最好水平，复合影响因子0.547，较上年的0.336增长62.2%，在土木建筑工程学科142家期刊中排名第42，较上年61位提升19位；综合影响因子0.263，较上年的0.161增长63.35%，在土木建筑工程学科142家期刊中排名第51，较上年63位提升12位。

注重培育北京建筑大学学报特色，坚持按栏目办刊的思想。重点培育建筑科学、土木工程、市政与环境工程、测绘工程等体现学校特色最为明显、学科学术实力较强的栏目。并重点围绕学校科研项目积极组织稿件，学报的影响因子创历史最好水平，基金论文比及稿件数量均有所提升。学报在古建保护、交通工程、测绘工程领域的论文发表处于领先行列。

积极争取学校对学报工作的支持，出台了在学报发表论文视同1篇核心期刊论文的政策。大幅提高学报稿酬，鼓励教师在学报发表论文。积极筹划调整学报编辑委员会，注重发挥编委在投稿、组稿、审稿中的作用。围绕校庆80周年，开展校庆专辑约稿工作。继续加强学报规范化建设，形成了以组稿、审稿、编辑、校对、发行为主体的管理制度体系。

【北京建筑大学校报工作】2015年，《北京建筑大学校报》共出版17期，内容、版式均获得好评，在高校校报中处于较高水平。根据校报编辑部工作实际，从讲政治、讲中心、讲基层、讲本领、讲协作、讲纪律高度出发，坚持"服务中心、围绕大局、提炼工作亮点、推动工作进程"的工作理念，围绕学校中心工作、围绕基层工作实际，初步建立起了选题、策划、编辑、出版、发行的工作机制，开展了导向正确、语言丰富、版面生动的宣传活动，起到了正确引导舆论的作用。校报由原四开四版改成对开四版，进行了报头和版式的重新设计，添加了新校徽和微信公众号二维码，校名正式使用标准色中的辅助色宫墙红。注重选题策划，紧密围绕"提质 转型 升级"，围绕学校中心工作如人才工作会、本科人才培养工作会、学科与科技工作会、发展规划研讨及国家科技发明奖、国家科技进步奖、三元桥大修等重要事件策划专栏和专题报道10余个，刊登大型报道30余篇。完善发行机制，通过多种渠道发放校报，向上级单位、合作单位以及校友寄送校报，扩大校报影响。

【大事记】

2015年12月，《北京建筑大学学报》复合影响因子0.547，较上年的0.336增长62.2%，在土木建筑工程学科142家期刊中排名第42，较上年61位提升19位。

2015年12月，《北京建筑大学学报》综合影响因子0.263，较上年的0.161增长63.35%，在土木建筑工程学科142家期刊中排名第51，较上年63位提升12位。

（牛志霖）

三、建筑遗产研究院

（一）概况

作为一个集建筑遗产保护、规划与工程设计、技术咨询与培训、研究生培养等于一体的综合性研究机构，建筑遗产研究院自成立以来，在学校层面上积极开展学科合作、课题申报、项目设计、对外交流等各项活动，结合专业优势，为提高国家公共文化服务水平，加强优秀传统文化传承做出积极努力。2015年，建筑遗产研究院继续发展以建筑遗产保护与利用为核心的研究优势，在学科建设、教学工作、科研工作、国际交流等方面均有较大突破。

建筑遗产研究院成立近2年，在组织多学科和多单位合作的各级科研课题申报、主持并参与建筑遗产保护与利用的项目研究、推动多学科协同介入建筑遗产保护领域的技术攻关、开展建筑遗产保护领域的国际及国内交流活动，以及整合学校教学资源进行建筑遗产保护领域的人才培养工作等方面取得了丰硕的成果。特别是2015年我校与国家文物局合作，实施"高层次文博行业人才提升计划"以来，建筑遗产研究院作为双方合作平台，为进一步提高文物系统干部队伍整体素质，促进我校内涵发展，培养一批适应文博行业发展需要的高素质人才发挥了积极作用。

目前建筑遗产研究院共有3名研究人员，其中教授2人，讲师1人，拥有博士学位2人。

（二）学科建设

【概述】 建筑遗产研究院2015年的学科建设工作，继续发展以建筑遗产保护与利用为核心的学科特色。通过主办会议、展览、讲座，参加会议，创办本科生实习基地等方式，在学校层面上协调各学院间的学科合作，通过与杂志、学校网站以及自身网站建设，积极将科学研究与学术成果在国内相关领域推广，扩大学科建设影响力。

【主办会议】 2015年10月30-31日，建筑遗产研究院与浙江省文物局、松阳县人民政府主办的"复兴之履——传统村落保护发展路径学术研讨会"在松阳县传统村落北乌井村和西田村举行。本次会议旨在促进传统村落的保护与复兴，强调在新时期需将村落中传统建筑与空间保护、地方产业发展与传承、政府管理与村民参与等充分结合，促进传统村落整体保护与复兴。来自同济大学、东南大学、浙江大学、北京建筑大学等高等院校和全国多个省市的文物局、文物保护研究中心、设计单位，以及从事传统村落保护研究与利用的管理者和文创产业人员、旅游策划人员，共计50多人与会，围绕相关主题进行了讨论和交流，提出了很多富有创新性的理论和观点。会议期间大家考察了松阳县传统村落试点项目，并与地方政府进行深入交流。

【主办展览】 2015年是中国人民抗日战争胜利暨世界反法西斯战争胜利70周年。建筑遗产研究院首倡"中国人民抗日战争纪念设施及遗址展示宣传活动",得到学校党委的大力支持,以及宣传部、团委的全力合作。1月至9月,遗产研究院共组织20余支队伍,奔赴全国19个省市的30余处国务院公布的第一批国家级抗战纪念设施及遗址,进行实地调研和记录。通过与所学专业知识的结合,同学们对抗战纪念设施与遗址的保护维护、展示利用、环境优化、节能改造等现存问题及改进提出了有益建议,并亲身感受了抗日战争纪念建筑、历史事件发生地所传达的场所感,体会到侵略者的残忍,抗战英烈们抛头颅洒热血的爱国主义奉献精神。

【参加会议】 受"2015(上海)国际建筑遗产保护博览会"邀请,建筑遗产研究院组织协调我校北京建工建筑设计研究院、建筑与城市规划学院、测绘与城市空间信息学院、环境与能源工程学院、北京建工建方科技公司、北京建工远大建设工程有限公司、党委宣传部等24名师生参加本次博览会。此次参会由张大玉副校长领队。通过中心展区的成果展示、参加学术讲座与互动体验,我校积极宣传推广并旨在促进建筑遗产保护专业的交流与发展,为促进我校与国际国内各建筑文化遗产管理部门、保护研究机构、产业相关企事业单位在学术和技术领域的交流合作,搭建一个专业化、零距离、多维度的有效平台。

【主办讲座】 结合佛罗伦萨大学建筑学院F. Rossi Prodi教授、C. De Vita教授在2015年11月9日至11月13日期间,以"营建迷你社区:北京旧城四合院改造"为题,进行中意联合设计工作营,我院组织"意大利建筑遗产保护理论与实务"、"住宅项目中的环境友好材料"、"城市历史街区的新建筑设计"专题讲座。

【实习基地】 为配合学校建筑遗产保护与利用的学科建设,建筑遗产研究院为我校建筑与城市规划学院的古建专业本科生提供实习岗位,实习期限为3个月。2015年,建筑遗产研究院共接收3个本科实习生,组织实习生参加"西城区挂牌保护四合院落保护规划管理研究"的实地调研、绘制图纸等工作。为实习生提供办公场所、工具、资料以及培训与指导等工作。

【杂志合作】 2015年,建筑遗产研究院与《中国古典园林》签署合作协议,为学校本专业的青年教师、研究生发表科学研究与学术成果提供平台。

【专题报道】 2015年,受学校宣传部邀约,在北京建筑大学校报《建筑:让历史穿越时空》专题中公开发表建筑遗产研究院承担的相关课题。到目前为止,相继发表《保护西城区245处挂牌四合院》、《让明中都皇故城遗址绽放光彩》、《明长城三关口段水洞沟段保护工程》在内的多篇文章。

【网站建设】 除与学校宣传部合作外,2015年建筑遗产研究院继续积极建设本院网站,及时发布、更新遗产院组织、参加的相关活动,树立建筑遗产保护与利用的科学品牌,扩大影响力。

(三)教学工作

【概述】 除张大玉教授、汤羽扬教授参加本科、研究生、博士生的教学工作外,建筑遗产研究院的青年教师也承担我校建筑与城市规划学院本科生的教学工作。

(四)科研工作

【概述】 2015年建筑遗产研究院签署三项横向课题;与北京建工建筑设计研究院合作,主持承担多项工程项目；发表 5 篇期刊文章；汤羽扬教授指导学生在"梦家园"杯丹东港 2014-2015 中国木结构建筑设计竞赛中获得三等奖与优秀奖；组织召开横向课题开题、中期检查、结题论证会；张大玉教授、汤羽扬教授等在《复兴之履——传统村落保护发展路径学术研讨会》发言。

2015 年科研基地承担科研项目一览表

序号	项目名称	负责人	委托单位	项目级别	合同经费	起止时间
1	开放类古建筑保护利用规程	汤羽扬	国家文物局	横向		2015.05.01-2015.12.31
2	西城区挂牌保护四合院落保护规划管理研究	汤羽扬	北京市规划委员会西城分局	横向		2015.05.01-2015.12.31
3	重庆市万州区天生城遗址保护规划	张曼	北京建工建筑设计研究院	横向（合作）	10 万	2015.05.01-2015.12.31

2015 年科研基地承担工程项目一览表

序号	项目名称	负责人	委托单位	合作单位	起止时间
1	安徽省寿春城考古遗址公园规划	汤羽扬	寿县文物管理局	北京建工建筑设计研究院	2015.05-
2	盘龙城核心保护区一期环境整治深化方案	汤羽扬	盘龙城遗址博物馆筹建处	北京建工建筑设计研究院	2015.04-
3	湖北省秭归县凤凰山古建筑群保护规划	汤羽扬	秭归县文物管理	北京建工建筑设计研究院	2015.05-
4	湖南省桃源县星子宫古建筑群保护规划	汤羽扬	桃源县文物局	北京建工建筑设计研究院	2015.04-

2015 年科研基地发表的学术论文一览表

序号	成果名称	第一作者	发表时间	发表刊物	刊物类别
1	复兴之履——传统村落保护发展路径学术研讨会会议综述	汤羽扬	2015.11.27	中国文物报	普通期刊
2	西藏鲁朗地区乡土距离田野调查	范霄鹏	2015.12	中国建筑文化遗产	普通期刊
3	西藏同纬度地区庄园田野调查	范霄鹏	2015.12	中国建筑文化遗产	普通期刊
4	西藏萨迦地区信仰空间田野调查	范霄鹏	2015.12	中国建筑文化遗产	普通期刊
5	西藏阿里地区生土建构田野调查	范霄鹏	2015.12	中国建筑文化遗产	普通期刊

2015 年科研基地获奖情况一览表

序号	竞赛名称	获奖名称	获奖级别	获奖人员	指导教师	组织单位
1	"梦家园"杯丹东港 2014-2015 中国木结构建筑设计竞赛	漫步山间	三等奖	袁拯等	汤羽扬	中国现代木结构建筑技术产业联盟

续表

序号	竞赛名称	获奖名称	获奖级别	获奖人员	指导教师	组织单位
2	"梦家园"杯丹东港2014-2015中国木结构建筑设计竞赛	木格之语	优秀奖	孙若宸等	汤羽扬	中国现代木结构建筑技术产业联盟

2015年科研基地组织项目论证会一览表

序号	成果名称	会议议题	会议时间	会议地点	参会代表
1	开放类古建筑保护利用规程	研究建议与讨论会	2015.06.24	北京建筑大学	唐炜、张凌、刘智敏、白雪冰、李新芳、尚国华、丛一蓬、钱兆悦、李静芳、侯卫东、王立平、杜启明、谭玉峰、徐婉玲、汤羽扬
2	开放类古建筑保护利用规程	课题结题论证会	2015.12.03	平安府宾馆	唐炜、凌明、张凌 专家：付清远、郑军、刘智敏、尚国华、魏青、汤羽扬
3	西城区挂牌保护四合院落保护规划管理研究	课题启动论证会	2015.04.28	北京市规划委员会西城分局	钟钫、闫宁、邹志坤、汤羽扬、范霄鹏、李春青、张曼
4	西城区挂牌保护四合院落保护规划管理研究	课题结题论证会	2015.11.27	北京市规划委员会西城分局	马炳坚、倪吉昌、廖正昕、石克辉、钟钫、闫宁、邹志坤、汤羽扬、李春青、张曼

2015年科研基地教师在学术大会发言一览表

序号	会议名称	时间地点	发言人	摘要
1	复兴之履——传统村落保护发展路径学术研讨会	2015.10.30-10.31 松阳县	张大玉	以《传统村落保护发展中的几个问题》为题，就如何理解传统村落保护、传统村落保护的重点、传统村落的功能提升等问题阐述自己的观点，并以古北水镇为例进行详细说明
2	复兴之履——传统村落保护发展路径学术研讨会	2015.10.30-10.31 松阳县	汤羽扬	
3	复兴之履——传统村落保护发展路径学术研讨会	2015.10.30-10.31 松阳县	范霄鹏	以《从区域视角看村落发展》为题，探讨传统村落的物人状况、复兴途径以及两端发展等问题
4	复兴之履——传统村落保护发展路径学术研讨会	2015.10.30-10.31 松阳县	李春青	以《对传统村落中非文物民居保护的思考》为题，指出通过调查江西古村落，以及近期督查的河北传统村落，这些非文物民居建筑怎么保护

（五）对外交流

【概述】 建筑遗产研究院借助各方面资源，在学校层面组织建筑遗产保护领域的国际交流活动。2015年，邀请佛罗伦萨大学建筑学院的老师与学生，与我校师生进行中意联合设计工作营；受意大利马尔凯理工大学Fausto Pugnaloni教授邀约，拟进行2016年政府间科技合作；受国家文物局邀请，汤羽扬老师前往中国台湾参加学术会议；经过3个月的联系协商，韩国建筑与城市政策研究院研究员車株榮博士拟来我院访问学者一年。

【学术交流】受北京建筑大学建筑遗产研究院邀请，佛罗伦萨大学建筑学院 F. Rossi Prodi 教授、C. De Vita 教授带领五名本科生，于 2015 年 11 月 9-13 日期间，在我校以"营建迷你社区：北京旧城四合院改造"为题，与我校建筑与城市规划学院 10 余名研究生展开学术交流，进行中意联合设计工作营的相关设计工作。期间组织三组设计小组进行四合院改造方案设计，并完成最终成果汇报。

【项目合作】受意大利马尔凯理工大学 Fausto Pugnaloni 教授邀约，拟与我院及建筑与城市规划学院开展 2016 年政府间科技合作。结合《中共中央关于制定国民经济和社会发展第十三个五年规划的建议》中的相关难点、热点，就城市建设中的生态环境、建筑遗产保护与发展等方面展开学术合作研究。

【访问学习】韩国建筑与城市政策研究院車株榮博士计划以访问学者的身份，于 2016 年到北京建筑大学建筑遗产研究院学习交流一年，并以中国城市设计的政策和系统与韩国相关政策比较作为课题开展研究。

（六）实验室建设

【概述】2015 年完成三维激光扫描仪纹理采样机的购置工作、完成三维激光扫描仪数据处理软件 Kubit PointSense Building 的购置工作，完成影像胶片扫描仪爱普生 V850 的购置工作，完善建筑遗产研究院专业实验室的建设工作。

（七）重大事件

2015 年 7 月 10 日，建筑遗产研究院首倡"中国人民抗日战争纪念设施及遗址展示宣传活动"，即"遗迹·足迹·使命·责任——国家级抗战纪念设施、遗址社会实践调研成果展"在大兴校区图书馆开展。我校党委书记王建中、党委副书记张启鸿、吕晨飞出席启动仪式。《人民日报》、《科技日报》、《中国建设报》、中国教育教育电视台、《北京日报》、北京电视台、《北京青年报》等十几家中央及北京市级媒体到会采访报道。建筑遗产研究院汤羽扬副院长在启动仪式发表重要讲话。

（张　曼　汤羽扬）

四、建筑设计艺术（ADA）研究中心

（一）概况

北京建筑大学建筑设计艺术（ADA）研究中心，成立于 2013 年 9 月，是一个拥有全球视野，对建筑、设计、艺术等先锋性理论与实践进行深入研究和创新性实践的综合性研究机构。

北京建筑大学建筑设计艺术（ADA）研究中心致力于广泛汇聚国内外具有重要影响力的专家、学者、建筑家、设计家和艺术家，结合学术的前沿理论及实践需求，打造国际水准、国内一流的学术平台。

北京建筑大学建筑设计艺术（ADA）研究中心秉承使命，致力于中国建筑设计艺术与文化的国际化、现代化，促进中国设计文化的思想飞跃，提升中国设计文化理论创新，为中国设计文化引领世界潮流做出贡献。

截至 2015 年 12 月 31 日，ADA 研究中心共设立了策展与评论研究所、都市型态研究所、现代建筑研究所、当代建筑理论研究所、自然设计建筑研究所、光环境设计研究所、现代城市文化研究所、建筑与跨领域研究所、住宅研究所、中国现代建筑历史研究所、世界聚落文化研究所、现代艺术研究所、建筑与自然光研究所、建筑与地域研究所共 14 个专项研究机构，成立现代建筑研究会、勒·柯布西耶建筑研究会共 2 个研究会，并于 2014 年 9 月设立了国内第一家建筑专业画廊——ADA 画廊。

（二）师资队伍建设

【概述】截至 2015 年 12 月 31 日 ADA 研究中心共有教师 16 名，汇聚了国内外顶尖的建筑师、设计师、艺术家等建筑、设计、艺术及相关领域的专家和学者。

2015 年建筑设计艺术研究中心教师一览表

姓名	职务
王昀	建筑设计艺术研究中心主任/现代建筑研究所主持人/现代建筑研究会主持人
方振宁（日籍）	策展与评论研究所主持人
齐欣（法籍）	都市型态研究所主持人
刘东洋（加拿大籍）	当代建筑理论研究所主持人
朱锫	自然设计建筑研究所主持人
许东亮	光环境设计研究所
黄居正	勒·柯布西耶建筑研究会主持人
王辉	现代城市文化研究所主持人
梁井宇（加拿大籍）	建筑与跨领域研究所主持人
董功	建筑与自然光研究所主持人
华黎	建筑与地域研究所主持人
马岩松	住宅研究所主持人
黄元炤（中国台湾）	中国现代建筑历史研究所主持人
李静瑜	ADA 媒体中心负责人/ADA 画廊执行总监
张捍平	世界聚落文化研究所主持人
赵冠男	现代艺术研究所主持人

1. 王昀：ADA 研究中心主任兼 ADA 研究中心现代建筑研究所主持人

中国美术家协会建筑艺术委员会委员，中国建筑学会壁画专业委员会副主任，清华大学建筑学院建筑学设计导师，《建筑师》、《世界建筑 WA》、《华中建筑》、《UED》等专业杂志编委，方体空间工作室主持建筑师。北京建筑工程学院建筑学学士学位，东京大学建筑学博士学位。

曾于 1994 年获日本《新建筑》第 4 回 S×L 国际建筑设计竞赛获一等奖。

曾于 2012 年参加意大利威尼斯国际建筑双年展中国馆；于 2011 年参加中国深圳·香港城市建筑双城双年展、意大利罗马"向东方-中国建筑景观"展、捷克举办中国·当代·建筑展；于 2010 年参加德国举办中国建筑展、威尼斯建筑艺术双年展；于 2009 年参加比利时布鲁塞尔举办的"'心造'——中国当代建筑前沿展"；于 2006 年参加第二届中国国际建筑艺术双年展；于 2004 年参加首届中国国际建筑艺术双年展、"'状态'中国青年建筑师 8 人展"。

出版有《传统聚落结构中的空间概念》、《空间的界限》、《从风景到风景》、《向世界聚落学习》繁体字版、《向世界聚落学习》简体字版、《空间穿越》、《一座房子的哲学观》、《空谈空间》、《空间的潜像》、《建筑与音乐》、《中国当代建筑师系列——王昀》等多本建筑理论专著。

2. 方振宁：ADA 研究中心策展与评论研究所主持人

著名华裔日籍艺术家、国际著名策展人，建筑及艺术评论家。日本当代著名华裔艺术家、建筑及艺术评论家、自由撰稿人。毕业于中央美术学院版画系获学士学位。1983 年于中国美术家协会机关刊物《美术》杂志社任责任编辑；曾于中央电视台中国电视剧制作中心任美术主管，北京故宫博物院紫禁城出版社任文字和美术责任编辑。2004 年成立方媒体工作室，从事艺术和建筑评论及策划。2008 年至今受文化部中国对外文化集团委托策划中国对外当代建筑展。2008 年至今执教于中央美术学院建筑学院，教授艺术与建筑比较课程，以及研究生的艺术与建筑评论。2011 年至今执教于中央美术学院设计学院，教授极少主义艺术课程。2012 年第 13 届威尼斯建筑双年展中国国家馆策展人。现为 ADA 研究中心策展与评论研究所主持人。

3. 齐欣：ADA 研究中心都市型态研究所主持人

著名华裔法国建筑师，1983 年毕业于清华大学建筑系获学士学位，1988 年毕业于法国巴黎 Villemin 建筑学院获建筑深造文凭 CEAA，1991 年毕业于法国巴黎 Belleville 建筑学院获建筑师文凭 DPLG，1994 年起在福斯特（亚洲）任高级建筑师，1997 年起在清华大学任副教授，2002 年组建齐欣建筑设计咨询有限公司，2013 年起兼任清华大学建筑学设计导师，2014 年起任中国科学院大学客座教授。2002 年获 WA 建筑奖；2003 年被评为中国房地产十佳建筑影响力青年设计师；2004 年获亚洲建筑推动奖；2004 年获法国文化部授予的艺术与文学骑士勋章；2010 年获全国优秀工程勘察设计行业一等奖；2011 年获北京国际设计三年展建筑设计奖。主要建筑作品：北京国家会计学院，北京天科大厦，东莞松山湖管委会，杭州玉鸟流苏商业街，南京江苏软件园，北京奥体公园下沉广场，杭州西溪湿地艺术村 L、K 地块。2003 年参加法国蓬皮杜中心"中国当代艺术"展；2004 年参加法国建筑博物馆中国当代建筑师"立场"展；2005-2009 年参加深圳第一至第三届城市与建筑艺术双年展；2009 年举办北京歌华艺术中心齐欣个展；2011 年参加罗马"向东方"中国城市与建筑展。现为 ADA 研究中心都市型态研究所主持人。

4. 刘东洋：ADA 研究中心当代建筑理论研究所主持人

著名建筑评论家。1985 年毕业于上海同济大学建筑系城市规划专业获学士学位，1989 年毕业于加拿大马尼托巴大学获城市规划硕士学位，1994 年毕业于加拿大马尼托巴大学获城市规划与人类学交叉学科博士学位。1998 年结束在加拿大温哥华谭秉荣建筑事务所的工作，定居大连，并在各校授课，2000 年后开始大连城市史调查与研究，2008 年后开始网络写作，自由撰稿人，2010 年后开始《建筑师》杂志"城市笔记人"专栏写作。1988 年，因美国加州大学戴维斯分校的植物园设计获美国艺术家基金会二等奖。2001 年，因云南玉溪主城区规划获加拿大当年规划师协会海外规划奖。自 2000 年起，连续 13 年参加主持华南理工大学建筑学院东方所的"冬月论坛"。自 2000 年起，连续 7 年参与同济大学常青教授主持的"建筑人类学"研究生课程，参与了东南大学建筑历史与理论丛书的翻译计划。翻译出版有《人文主义时代的建筑原理》、《城之理念：有关罗马、意大利及古代世界的城市形态人类学》等建筑理论书籍。现为 ADA 研究中心当代建筑理论研究所主持人。

5. 朱锫：ADA 研究中心自然设计建筑研究所主持人

著名建筑师。1985 年毕业于北京建筑工程学院获学士学位，1991 年毕业于清华大学建筑系获硕士学位并留校任教，2000 年毕业于 UC Berkeley 获建筑与城市设计硕士学位。2005 年创建朱锫建筑事务所，任主持设计师，2006 年被古根海姆基金会选为阿布扎比古根海姆博物馆设计师，2007 年被古根海姆基金会选为北京古根海姆博物馆设计师，2011 年被评为"当今世界最具影响力的 5 位（50 岁以下）建筑师之一"，2011 任欧洲密斯凡德罗建筑奖评委，2014 年任美国哥伦比亚大学客座教授。1989 年获"设计特别奖"，国际建筑协会、联合国教科文组织；2004 年获奥运建筑数字北京国际设计竞赛一等奖；2004 年获 WA"中国建筑奖"；2005 年获"中国建筑奖"，美国；2007 年"全球设计先锋"，美国；2008 年"最优秀建筑"，中国香港；2008 年"亚洲最高荣誉设计大奖"，"亚洲文化优异设计大奖"，中国香港；2009 年"库瓦西耶设计奖"，英国；2011 年"当今世界最具影响力的 5 位（50 岁以下）建筑师之一"，美国。主要建筑作品有：数字北京——奥运控制中心，艺术家蔡国强工作室，深圳 OTC 设计博物馆，深圳规划局办公楼，北京古根海姆博物馆，阿布扎比古根海姆艺术馆，民生当代美术馆，武汉大学美术馆等。作品曾多次参加国际国内建筑展览：2003 年参加法国蓬皮杜中国艺术展，2004 年参加中国当代青年建筑师 8 人展，2004 年参加"内化城市"中国青年建筑师 6 人展，2004 年参加"中国首届建筑艺术双年展"，2005 年参加巴西圣保罗双年展，2005 年参加 U 空间艺术展，2006 年参加荷兰中国当代建筑展，2010 年作品"意园"参加第十二届威尼斯建筑双年展，2012 年参加 1st 卡利亚那艺术双年展，2012 年参加西四北设计国际邀请展。现为 ADA 研究中心自然设计建筑研究所主持人。

6. 许东亮：ADA 研究中心光环境设计研究所主持人

著名光环境设计师。1985 年毕业于东南大学建筑系获学士学位，1988 年毕业于哈尔滨工业大学建筑系获硕士学位，1991 年赴日本从事设计工作，2005 年成立栋梁国际照明设计中心，任中心负责人，中国照明学会理事。主要光环境作品有：成都 101 研究所、成都华润万象城、大成国际中心、大连高新区万达广场、青岛李沧万达广场、泉州万达广场、万达瑞华酒店、无锡动漫城、伊金霍洛大剧院及体育馆、郑州绿地中央广场、主语城、西湖文化广场、莲花酒店、哈尔滨大剧院、成都华润东湖、中间建筑。主要景观光环境作品有中关村西区景观照明、仁皇山风景区、黄龙洞风景区、苏阳桥、天马栈桥、秀湖公园、愚园、云台山云台阁、杭州奥体中心。2012 年威尼斯建筑双年展作品"lightopia"、2013 年西班牙塞戈维亚中国宫参展、2013 年上海喜马拉雅美术馆开馆展、2013 年上海新天地原初回顾展参展、2013 年北京 798 白盒子艺术中心展参展。翻译出版有《伊东丰雄——走向轻型建筑》、《清水建设的细部》、《间接照明》、《世界空间设计》等，著有《光意象》《光的理想国·光探寻》。现为 ADA 研究中心光环境设计研究所主持人。

7. 黄居正：ADA 研究中心勒·柯布西耶研究会主持人

《建筑师》杂志主编。东南大学建筑系获学士学位，日本筑波大学艺术研究科建筑学专业获硕士学位，日本筑波大学艺术学研究科建筑学专业博士课程就读，后中途回国。2004 年《中国青年建筑师 8 人展（北京世纪坛美术馆）》策展人；2004 年澳大利亚新南威尔士大学访问学者；世界华人建筑师协会会员；中国建筑创作论坛小组核心成员；中国美术家协会建筑艺术委员会筹备委员；《南方建筑》杂志编辑委员会委员；中央美术学院建筑学院课程教授。曾在《建筑学报》、《华中建筑》、《南方建筑》、《住区》等杂志上发表多篇学术论文，编著出版了《大师作品分析 2——美国现代主义独体住宅》一书。

8. 王辉：ADA 研究中心现代城市文化研究所主持人

著名建筑师。1990 年毕业于清华大学建筑学院建筑系获学士学位，1993 年毕业于清华大学建筑学院建筑系获硕士学位，1997 年毕业于美国迈阿密大学建筑系获硕士学位，1993-1995 年于中央工艺美术学院环境艺术系任教师，1997-1999 年于纽约 Gensler 事务所任建筑师，1999-2001 年于纽约 Gary Edward Handel 事务所任高级建筑师，1999 年至今 URBANUS 都市实践建筑设计咨询有限公司创始合伙人。主要建筑作品有：唐山城市展览馆，大连海中国美术馆，唐山博物馆改扩建，白云观珍宝花园，北京梨花村新型生态社区。2013 年首都第十九届城市规划建筑设计方案优秀方案奖，2012 年 UED 博物馆建筑设计奖，2010 年第三届美国《建筑实录》"好设计创造好效益"中国奖 年度奖及最佳公共建筑奖，2009 年中国建筑学会建筑创作大奖，2004 年第二届 WA 佳作奖和鼓励奖，2004 年深圳市住宅规划奖，2005 年入选美国建筑师学会会刊《建筑实录》年度全球十大设计先锋，2006 年首届美国《商业周刊/建筑实录》中国奖 最佳公共建筑奖，2006 年深圳勘测设计奖，2007 年 07 深圳香港城市/建筑双城双年展最佳公众奖，2008 年第四届 WA 奖佳作奖，2008 年第二届美国《商业周刊/建筑实录》"好设计创造好效益"中国奖最佳公共建筑奖，2008 年 T＋A2007 建筑中国"年度建筑设计机构奖"。作品曾参加 2012 年"从北京到伦敦——当代中国建筑展"，伦敦；2011-2005 年历届"深圳香港城市/建筑双城双年展"，深圳、香港；2010-2011 年"设计的立场——中荷跨界设计展"，荷兰建筑师协会（NAI），上海、北京、成都、深圳、鹿特丹；2011 年"北京设计三年展"，国家博物馆，北京；2011 年"物我之境：田园/建筑/城市"国际建筑展，成都；2010 年"东西南北中——十年的三个民间叙事"，北京、上海、成都、烟台；2009-2010 年"活的中国园林展"，欧罗巴利亚中国文化年，布鲁塞尔；2009-2010 年"心造——中国当代建筑前沿展"，欧罗巴利亚中国文化年，布鲁塞尔；2008-2009 年"土楼公舍——中国廉租住宅个展"，库珀·休伊特国家设计博物馆，纽约；2008 年"中国建筑五人展"，纽约建筑中心；2008 年"当代中国建筑展"，法国建筑师学会，巴黎、巴塞罗那。现为 ADA 研究中心现代城市文化研究所主持人。

9. 梁井宇：ADA 研究中心建筑与跨领域研究所主持人

场域建筑（北京）工作室主持建筑师，城市研究者。毕业于温哥华不列颠哥伦比亚大学建筑专业，硕士。多次在国内外建筑院校、机构开设讲座；建筑作品及文章见于国内外各类刊物和出版物。除了从事建筑实践和城市研究，同时也是 2007 年大声展策展人之一，并作为 2009 年深圳香港双城双年展的策展团队成员负责展览空间设计。2000-2002 年期间，梁井宇曾作为电子艺术家为电子艺界（ELECTRONIC ARTS）游戏公司设计其游戏产品。在 1996 至 2002 年底回国前，梁井宇作为建筑师，工作于加拿大蒙特利尔及温哥华。近期完成和在案作品包括：北京伊比利亚当代艺术中心、上海民生银行美术馆及中国海关总署海关博物馆等。他还是 2008 年 WA 中国建筑优胜奖获得者。2008 年参与编译

《农民自建抗震住宅》，2011年翻译《庇护所》，2012年出版《梁井宇——当代中国建筑师系列》。现为ADA研究中心建筑与跨领域研究所主持人。

10. 董功：ADA研究中心建筑与自然光研究所主持人

著名建筑师，1994年毕业于清华大学建筑学院获建筑学学士，1999年毕业于清华大学建筑学院获建筑学硕士，2001年美国伊利诺大学建筑学院获建筑学硕士，德国慕尼黑理工大学交换学习。2001-2004年Solomon Cordwell Buenz & Associates, Inc. 美国；2004-2005年理查德迈耶设计事务所，美国；2005-2007年斯蒂文霍尔建筑设计事务所，美国；2008年创立直向建筑设计事务所；2013年执教于清华大学建筑学院，设计导师。其作品曾多次获得国内外奖项，包括中国建筑传媒奖（最佳建筑奖入围，最佳青年建筑师入围）；WA中国建筑奖佳作奖；中国建筑学会建筑创作佳作奖；CA'ASI中国新锐建筑创作展作品征集大赛一等奖；全国优秀工程勘察设计行业奖一等奖；2014年度《Architecture Record》"Design Vanguard"。主要建筑作品有鲅鱼圈万科品牌展示中心，重庆桃源居桃源公园社区中心，华润广安门生态展廊，三联海边图书馆，瞬间城市——合肥东大街售楼处，天津张家窝小学，有机农场系列——采摘亭。现为ADA研究中心建筑与自然光研究所主持人。

11. 华黎：ADA研究中心建筑与地域研究所主持人

著名建筑师，1994年毕业于清华大学建筑学院，获建筑学学士学位，1997年毕业于清华大学建筑学院，获建筑学硕士学位，1999年毕业于耶鲁大学建筑学院，获建筑学硕士学位。曾工作于纽约Herbert Beckhard & Frank Richlan建筑设计事务所，2003年回到北京开始独立建筑实践，2009年创立TAO工作室，2013年任清华大学建筑学院设计导师。2013获得2013亚洲建协建筑奖，北京国际设计周2013 D21中国建筑设计青年建筑师奖，入围2013阿卡汗国际建筑奖短名单，2012年高黎贡手工造纸博物馆获得2012WA中国建筑奖优胜奖，2012年TAO入选美国建筑实录杂志评选的全球设计先锋，获得第三届中国建筑传媒奖青年建筑师奖，香港亚洲设计奖荣誉奖，美国《建筑实录》杂志"好设计创造好效益"中国奖"最佳公共建筑奖"。主要建筑作品有常梦关爱中心小食堂，TAO事务所办公空间厂房改造，云南高黎贡手工造纸博物馆，四川德阳孝泉民族小学灾后重建，水边会所，半山林取景器，林间办公楼，武夷山竹筏育制场，智萌幼儿园及艺术学校，林建筑，四分院。现为ADA研究中心建筑与地域研究所主持人。

12. 马岩松：ADA研究中心住宅研究所主持人

著名建筑师。1999毕业于北京建筑工程学院建筑系获建筑学学士学位，2003毕业于美国耶鲁大学建筑系获建筑学硕士学位，2004年成立MAD建筑事务所，曾先后执教于中央美术学院、清华大学。2008年全球最具影响力20位青年设计师，ICON杂志；2009年全球最具创造力10人，Fast Company杂志；2011年国际名誉会员，RIBA（英国皇家建筑学会）；2012年"梦露大厦"：CTBUH洲地区高层建筑最高奖，2013年"梦露大厦"：2012全球最佳摩天楼；2014年世界青年领袖，世界经济论坛。主要作品有：梦露大厦，鄂尔多斯博物馆，中国木雕博物馆，朝阳公园，南京证大喜玛拉雅中心，哈尔滨文化岛，卢卡斯叙事艺术博物馆。作品参加2004年第一届中国国际建筑艺术双年展，2006年威尼斯Diocesi美术馆"MAD IN CHINA"个展，2007年丹麦建筑中心"MAD IN CHINA"个展，2008年第11届威尼斯建筑双年展——"超级明星—未来中国城"，"非永恒城市"展览，2009年纽约古根汉姆美术馆"世界集市"，"在空白中沉思：介入圆形大厅"展览，2011年路易斯安那州现代艺术博物馆"生活"展览，2011年罗马MAXXI博物馆"向东方：中国建筑景观"展览，2011年北京国际设计周，2012年西班牙马德里ICO博物馆"现代与传统之间"个展，2013年北京"山水城市"个展，2014年香港"构·建M＋：博物馆设计方案及建筑藏品"展览，2014年柏林"未来城市——高山流水（中国山水城市设计展）"。现为ADA研究中心住宅研究所主持人

13. 黄元炤：ADA研究中心中国现代建筑历史研究所主持人

主要研究的领域为"中国近代与当代建筑史论的整合、研究、系谱与纲要"。他曾在多家建筑专业杂志、报纸发表共二十余篇关于"中国近代与当代建筑"的研究论文。近年来出版了两本著作，《20中国当代青年建筑师》与《流向：中国当代建筑20年观察与解析（1991-2011）》（上、下册）。不同于普通一线建设人员，黄元炤作为中国建筑的观察者，完全跳脱出市场利益推动、政策与环境的影响，多年来一直以全面、客观、中肯的研究与观察的视角，总结并解析出我国建筑的发展。

14. 李静瑜：ADA媒体中心负责人/ADA画廊执行总监

2010年毕业于北京建筑工程学院获建筑学学士学位，2012年毕业于美国宾夕法尼亚大学设计学院获硕士学位，2012年任职于《建筑学报》杂志社。现任ADA媒体中心负责人、ADA画廊执行总监。

15. 张捍平：ADA研究中心世界聚落文化研究所主持人

毕业于北京建筑工程学院获城市规划学士学位，2013年毕业于北京建筑大学获建筑学硕士学位。主要研究的领域为"聚落文化研究"，著有《翁丁村聚落调查报告》。曾多次在城市空间设计杂志中发表文章。现为ADA研究中心世界聚落文化研究所主持人。

16. 赵冠男：ADA研究中心现代艺术研究所主持人

2010年毕业于北京建筑工程学院获建筑学学士学位，2013年毕业于北京大学建筑学研究中心获工学硕士学位，主要研究领域为"现代艺术历史"，曾多次在国内建筑专业期刊中发表文章，著有《西方现代艺术源流概览》。现为ADA研究中心现代艺术研究所主持人。

（三）科研工作

【概述】2015年北京建筑大学建筑设计艺术研究中心对现代建筑研究、中国近现代建筑历史研究、传统聚落研究以及现代艺术研究等方向开展了全面和深入的研究工作。在现代建筑研究中，在对建筑空间与音乐空间相互转化的实验研究后，相继开展对斗拱、园林、聚落与建筑空间之间关系的转化的研究，并将研究成果整理出版成《音乐月建筑》、《建筑与聚落》、《建筑与园林》。在对于中国近现代建筑历史的研究中，继续对全国范围的中国近现代建筑历史进行重点调查，并出版有《中国近代建筑纲要（1840-1949年）》、《柳士英》、《范文照》三本专著。传统聚落研究方面，完成了对于青岛里院和云南民居的调查，并将研究结果整理出版《青岛里院建筑》、《翁丁村聚落调查报告》。在现代艺术方面，对20世纪现代艺术历史进行全面和深入的调查，并出版《西方现代艺术源流概览》。

【出版】

2015年ADA中心共出版学术专著17本，详见以下列表：

《空间的聚散》-王昀-中国建筑工业出版社-2015.05

《翁丁村聚落调查报告》-张捍平-中国建筑工业出版社-2015.05
《60平米极小城市》-王昀-中国建筑工业出版社-2015.06
《8空间的陈述》-王昀-中国建筑工业出版社-2015.06
《灯光｜光梭》-王昀-中国建筑工业出版社-2015.06
《ADA画廊改造记录》-王昀，张捍平，赵冠男，李静瑜-中国建筑工业出版社-2015.06
《音乐与建筑》-王昀-中国电力出版社-2015.06
《建筑与聚落》-王昀-中国电力出版社-2015.06
《中国近代建筑师系列-柳士英》-黄元炤-中国建筑工业出版社-2015.06
《中国近代建筑师系列-范文照》-黄元炤-中国建筑工业出版社-2015.06
《西方现代艺术源流概览》-赵冠男-中国建筑工业出版社-2015.06
《青岛里院建筑》-北京建筑大学建筑设计艺术研究中心－中国建筑工业出版社-2015.06
《建筑与园林》-王昀-中国电力出版社-2015.07
《聚落平面图中的绘画》-王昀-中国电力出版社-2015.08
《聚落》-王昀-中国建筑工业出版社-2015.09
《空间》-王昀-中国建筑工业出版社-2015.09
《1840-1949-中国近代建筑纲要》-黄元炤-中国建筑工业出版社-2015.09

（四）ADA系列讲座

【概述】ADA系列讲座是ADA研究中心主办的建筑、设计、艺术及相关内容研究思想讲座。讲座由ADA中心各个研究所主持人主讲，针对各自研究领域的最新的研究思想和研究成果在讲座中进行发布和阐述。2015年ADA系列讲座全面进行，2015年ADA系列讲座共进行48场。讲座引起了全国高校学生、众多建筑设计从业者的关注，讲座现场反响热烈。

【2015年ADA讲座一览】

2015.03.23-许东亮＋栢万军-光的理性游戏-ADA5号车间
2015.03.24-许东亮＋齐洪海-光的后背-ADA5号车间
2015.03.26-黄居正-建筑空间研究课程·1—从拉斐尔前派到包豪斯-教1-123
2015.04.02-黄居正-建筑空间研究课程·2—勒·柯布西耶建筑起源的追溯与原型的展开（上）-教1-123
2015.04.13-许东亮＋施恒照-光浴空间-ADA5号车间
2015.04.14-许东亮＋周利-专业照明设计与专业建筑摄影-教1-104
2015.04.09-黄居正-建筑空间研究课程·3—勒·柯布西耶建筑起源的追溯与原型的展开（中）-教1-123
2015.04.16-黄居正-建筑空间研究课程·4—勒·柯布西耶建筑起源的追溯与原型的展开（下）-教1-123
2015.04.21-刘东洋-柯布前传：白宅的时空错乱-教1-104
2015.04.22-刘东洋-慢读基地计划-ADA红场
2015.04.28-梁井宇-建筑思维-在建筑凝固之前1：建筑的美丑有客观标准吗？-教

1-104
2015.04.30-梁井宇-建筑思维-在建筑凝固之前2：新千年价值观-教1-104
2015.05.05-梁井宇-建筑思维-在建筑凝固之前3：如何观察周围的事物-教10104
2015.05.07-梁井宇-建筑思维-在建筑凝固之前4：形式与想象力-教1-104
2015.05.26-六角鬼丈-建筑与五感-ADA中心5号车间
2015.06.08-刘东洋-柯布前传：罗马八日-ADA中心5号车间
2015.06.09-刘东洋-柯布与手法主义-ADA中心5号车间
2015.06.12-阮庆岳-建筑的现实，现实的建筑-ADA中心5号车间
2015.06.16-王辉-工艺性：现代建筑的一个传统5：工艺与装饰｜奥托·瓦格纳和他的学生们-ADA5号车间
2015.06.25-王辉-工艺性：现代建筑的一个传统6：装饰的突破｜阿道夫·路斯和朱塞佩·特拉尼-ADA5号车间
2015.06.23-方振宁-旅行即是教科书14-日内瓦和洛桑/寻找柯布西耶的房子-ADA5号车间
2015.06.24-方振宁-旅行即是教科书15-蒙塔纳-阿尔卑斯山的房子-ADA5号车间
2015.06.26-方振宁-旅行即是教科书16-莫斯科-库哈斯设计GARAGE-ADA5号车间
2015.06.30-方振宁-旅行即是教科书17-拉绍德封和日内瓦/早期柯布西耶-ADA5号车间
2015.07.02-王辉-工艺性：现代建筑的一个传统7：故事的工艺性｜2015米兰世博-ADA5号车间
2015.07.09-王辉-工艺性：现代建筑的一个传统8：工艺的故事性｜王澍与黄声远-ADA5号车间
2015.07.14-方海-建筑师与家具-ADA5号车间
2015.09.14-梁井宇-建筑思维-在建筑凝固之前5：传统这东西我明白，但继承是什么-ADA5号车间
2015.09.16-梁井宇-建筑思维-在建筑凝固之前6：众生与庇护-ADA5号车间
2015.09.21-梁井宇-筑思维-在建筑凝固之前7：美之惑——建筑师难过美之关-ADA5号车间
2015.09.23-梁井宇-建筑思维-在建筑凝固之前8：大栅栏-ADA5号车间
2015.11.02-许东亮＋刘晓希-光环境与视觉心理/米兰世博会中国馆照明设计-ADA5号车间
2015.11.09-刘东洋-湖畔之家：勒·柯布西耶真正的事业-ADA5号车间
2015.11.10-刘东洋-米开朗琪罗的楼梯（上）一座教堂的三条线索-ADA5号车间
2015.11.11-许东亮-徐庆辉-建筑灯光的创意与技术/广州W酒店-ADA5号车间
2015.11.12-许东亮＋李铁楠-光塑造空间-ADA5号车间
2015.11.13-方振宁-今日建筑研究.1：石上纯也/建筑的新尺度-ADA5号车间
2015.11.17-方振宁-建筑研究.2：藤本壮介/建筑的关系性-ADA5号车间
2015.11.19-方振宁-建筑研究.3：密斯和纽曼：艺术和建筑的崇高性-ADA5号车间
2015.11.26-许东亮＋Emmanuel Clair-Tricks and Tips of Lighting Design/照明设计

的窍门与技巧-ADA5号车间

2015.12.16-黄居正-建筑理论研究·1—密斯·凡·德·罗：徘徊在古典与非古典之间-教1-123

2015.12.17-王辉-在哥特天穹下重读经典1 开始和结局：法英双城记-ADA5号车间

2015.12.21-方振宁-建筑研究.4：柯布西耶：建筑的绘画性-ADA5号车间

2015.12.22-刘东洋-重读阿尔多·罗西的城市建筑学》-ADA5号车间

2015.12.22-王辉-在哥特天穹下重读经典2 知行合一｜兼读《哥特建筑与经院哲学》-ADA5号车间

2015.12.23-黄居正-建筑理论研究·2—阿尔瓦罗·西扎：从场地到场所-教-123

2015.12.29-王辉-在哥特天穹下重读经典3 奥德哥特｜兼读《抽象与移情》、《哥特形式论》-ADA5号车间

2015.12.30-黄居正-建筑理论研究·3—卡洛·斯卡帕：时间的形状-教1-123

（五）ADA读书会

ADA中心创立ADA读书会活动，由中心教师组织开展。ADA读书会是一个面向全社会及所有建筑、设计、艺术及相关学科教师、学生及从业人员所开展的一个针对在建筑、设计、艺术领域具有重要地位和影响作用的书籍的研读和交流活动。读书会由黄居正主持，邀请国内著名专家、学者共同主讲。读书会每期阅读一本书，并在读书会上对书籍内容、思想、阅读方式方法进行分享和交流。在2015年，截至2015年12月31日，ADA读书会共进行了2次。

【2015年ADA读书会一览】

2015.06.08-黄居正/丁垚-ADA读书会-哥特建筑与经院哲学—关于中世纪艺术、哲学、宗教之间对应关系的探讨-ADA中心红场

2015.12.23-黄居正/刘东洋-ADA读书会-忧郁的热带-ADA中心红场

（六）ADA画廊

2014年9月26日，ADA中心创办了中国第一家拥有广泛专业性和学术性的建筑画廊——北京建筑大学建筑设计艺术（ADA）画廊。ADA画廊是北京建筑大学建筑设计艺术（ADA）研究中心设立的非营利性学术机构，作为中国第一个拥有广泛专业性和学术性的建筑画廊，将成为重要的艺术设计成果呈现场所、建筑文化普及、国内外建筑设计与艺术领域的学术交流平台。

【画廊展览】

1. 2015.05.22-2015.06.30-ADA画廊-勒·柯布西耶全记录

"勒·柯布西耶全记录"（Le Corbusier Documenta）于5月22日在北京建筑大学ADA画廊开幕。该展览由北京建筑大学建筑设计艺术（ADA）研究中心主办，ADA研究中心策展与评论研究所主持人、著名国际独立策展人方振宁老师策划并监制。

2015年正值柯布西耶逝世50周年，在世界各地都举行了相关的纪念活动，其中位于法国巴黎的蓬皮杜艺术中心目前正在举行相关富有国际影响力的大型展览。在这样一个历史节点上，ADA研究中心的ADA画廊以"勒·柯布西耶全记录"为题同时展出柯布西耶全部作品的视觉大事记，此举正是想将他留给人类的遗产进行完美地呈现。为此ADA研究中心策展与评论研究所主持人方振宁老师在过去四个月里把全部的时间和精力投入到

准备这个展览中来。

本次"勒·柯布西耶全记录"于北京建筑大学 ADA 画廊进行为期五周的展出（展期 2015.05.22-2015.06.30）。展览呈现的年表研究去除了所有水分，不评价、不形容，只是记述而不描述，尽可能全面的记述柯布西耶的生涯业绩。年表由四个大块构成：生平、建筑、艺术和著作、活动和影响。这次展览汇集了三千多张图片资料，其核心价值就是在柯布西耶研究的领域中打造一个前所未有的基础工程，在柯布西耶逝世五十周年这样一个节点上，编撰一份这样的年表献给这位开创了 20 世纪新的设计语言的建筑师。

2. 2015.09.25-2015.11.25-ADA 画廊-克雷兹的建筑素描

来自瑞士的著名建筑师克里斯蒂安·克雷兹（Christian Kerez）的"克雷兹的建筑素描"（Christian Kerez，Architecture Drawings）展于 9 月 25 日下午在北京建筑大学 ADA 画廊开幕。该展览由北京建筑大学建筑设计艺术（ADA）研究中心主办，ADA 研究中心策展与评论研究所主持人、著名国际独立策展人方振宁策划。"克雷兹的建筑素描"展开幕式由北京建筑大学建筑设计艺术（ADA）研究中心主任王昀主持，策展人方振宁对本次展览进行了介绍，瑞士建筑师克雷兹本人出席了本次展览的开幕式，并就此次展览的内容进行了专题演讲。

本次展览是克里斯蒂安·克雷兹第一个以草图和施工图为载体的综合展览，对克雷兹而言，草图和施工图对整个设计流程至关重要。十二个设计项目被展出，这些项目跨越了他实践初期至今日的职业生涯。沿着展厅的墙面总共展出 385 张草图作品，每个项目在 20 到 40 张之间；而在展厅中央的桌子上将展出施工图。这次展览展现了他的作品从设计之初到最终完成的全过程。展览中的手绘草图很多来自设计的起步阶段，因此有些非常抽象，甚至难以理解；草图往往聚焦不同建筑要素之间的关系，以及结构、空间、光影的关系。手绘草图旁展示着精选的施工图纸，一些是工程师绘制的，一些是在车间由施工人员绘制的，当然也包括由建筑师绘制的传统施工图。施工图不仅能展示建筑是如何建造的；同时与设计之初的概念草图并置，有助于更好地理解建筑的概念思考是如何在建造过程中连续并实现的。草图及施工图结合的展示将揭示建筑思考与真实建造的关系。

（七）国内国际学术交流

2015 年 ADA 研究中心继续积极与国内国际建筑、设计、艺术及相关领域高校、专业机构、媒体等进行合作和交流，获得了卓著的成果。

2015 年 2 月，ADA 研究中心与大栅栏达成合作协议。ADA 研究中心在大栅栏炭儿胡同 15 号建立 ADA 大栅栏观察站，并开展对于大栅栏地区的调查工作。

2015 年 5 月 ADA 中心作为学术支持单位与马德里建筑师协会、中国人民对外友好协会共同在西班牙马德里联合主办中西建筑与地产投资论坛。

2015 年 5 月 7 日，ADA 中心接待法国大使馆文化参赞来访并参观 ADA 画廊展览"勒·柯布西耶文献展"，双方就合作展览和共同举办文化活动达成了合作共识。

2015 年 6 月 9 日上午，日本神户大学代表团来我校参观交流。来访的代表团包括有日本著名建筑师、神户大学远藤秀平教授，著名建筑学者、神户大学槻桥修准教授及神户大学著名建筑师福冈孝则准教授。代表团此次来华专程走访了天津大学和我校 ADA 研究中心。代表团首先来到 ADA 中心，参观了 ADA 中心现代建筑研究所、中国现代建筑历史研究所、世界聚落文化研究所、现代艺术研究所，并了解了ADA中心的相关讲座、展览、科研成果出版等情况。随后，代表团参观了画廊正在展出的"勒·柯布西耶全记录"展览。代表成员对展览给予了高度评价，并表示希望画廊未来能够举办日本建筑师的作品展览，以促进相互间的文化交流。

2015年6月17日，ADA研究中心承办中国建筑学会室内设计分会（CIID）2015CIID"中国设计国际化思维"专题学术沙龙，中国建筑学会室内设计分会（CIID）众多设计师、专家学者参与学术活动。

2015年9月23日，由ADA研究中心主办，大栅栏投资有限责任公司作为支持单位的"'院（yuàn）景'——大栅栏聚落调查展"，在ADA大栅栏观察站——大栅栏炭儿胡同15号开幕。该展览是2015北京国际设计周的展览之一。ADA大栅栏观察站是北京建筑大学建筑设计艺术（ADA）研究中心与大栅栏共同协作对大栅栏地区聚落空间、建筑空间以及居民生活进行调查研究设置的观察站点。大栅栏作为北京旧城区的一个标志性地区，其整体呈现出的聚落形态以及居民在其中的生活及行为都具有极强的代表性，我们关注居民的生活行为与现有空间之间的关系、生活在这里的居民对于生活空间的理解，居民随着生活的变化所带来的空间的需求和未来的愿景。"院（yuàn）景"——大栅栏聚落调查展所呈现的是ADA大栅栏观察站对于大栅栏地区部分院（yuàn）景和居民所进行的展示。

2015年9月25日，由ADA研究中心策展与评论研究所主持人方振宁策划组织，ADA研究中心作为学术支持单位的"建筑中国1000（2000-2015）"展亮相2015北京国际设计周，展览在北京798艺术工厂开幕，并举行了展览开幕论坛，张永和、马岩松、邵韦平、王昀、朱锫、刘家琨、梁井宇等建筑师出席了活动。展览在798艺术工厂以编年史方式展出1000个中国当代建筑作品，展览在建筑领域获得了极大的影响力。

2015年11月25日，ADA中心与CHINA HOUSE VISION中国理想家在北京建筑大学西城校区共同举办"未来住居研究"论坛活动，"未来住居研究"邀请国内著名建筑设计师共同探讨未来住居的可能。出席活动的有张永和，非常建筑主持建筑师；王昀，方体空间工作室主持建筑师、ADA研究中心主任；华黎，TAO创始人及主持建筑师；张轲，标准营造建筑事务所合伙人；王辉，URBANUS都市实践创建合伙人、主持建筑师；董灏，Crossboundaries合伙人；John van de Water，NEXT Architects事务所合伙人；蒋晓飞，NEXT Architects事务所合伙人；土谷贞雄｜HOUSE VISION亚洲负责人、CHINA HOUSE VISION执行委员会委员。

2015年12月12日，ADA中心与亚洲设计学年奖组委会在北京建筑大学西城校区共同举办"从文化到文明——论区域发展的多价值体系与设计"国际论坛。

（八）重大事件

【王建中书记等校领导莅临ADA中心调研并指导工作】

2015年7月9日，北京建筑大学党委书记王建中及学校各级领导到ADA研究中心调研工作。ADA研究中心主任就ADA中心自成立以来所展开的各项工作及成果进行了汇报。王书记对于ADA研究中心所取得的阶段性工作成果表示高度肯定和支持。

【2015年3月著名意大利建筑杂志《DOMUS》第094期对ADA中心进行题为"突围"的报道】

《Domus》是全球建筑与设计领域的权威杂志，1928年创刊于世界现代设计发源地之一米兰，具有广泛的影响力。《Domus国际中文版》第094期以"建筑教育"为专题，在本期报道中对世界范围内50所建筑学院以及50所设计学院进行了报道，对于哈佛大学设计学院、我国的清华大学和同济大学也进行了报道。我校于2013年成立的ADA研究中心在本期"建筑教育"专题中，作为非学院派教育机构的典型代表，进行了以"突围"为主题的大篇幅的报道。以下为《Domus》杂志所报道的具体内容。

【ADA中心主办、参办展览获得2015北京国际设计周最喜爱项目】

2015年11月12日，ADA画廊主办的"克雷兹的建筑素描"、ADA研究中心作为学术支持单位的"建筑中国1000"展在设计周委会组织开展"2015北京国际设计周最喜爱项目评选"中，由公众网络投票，被列入2015北京国际设计周最喜爱的优秀项目，两个展览均由ADA研究中心策展与评论研究所主持人方振宁策展。

（张捍平　王　昀）

第十三章 社 会 服 务

一、北京建大资产经营管理有限公司

（一）概况

北京建大资产经营管理有限公司（以下简称资产公司），2008年4月根据教育部关于校办产业规范化建设的要求，改制成北京建筑大学所属的一人有限责任公司。注册资金1500万元，董事长、法定代表人李维平，总经理丛小密。

资产公司目前所属企业有北京建工京精大房工程建设监理公司、北京建工建筑设计研究院、北京建工远大建设工程有限公司、北京建达兴工程咨询有限公司、北京建工建方科技公司、北京致用恒力建筑材料检测有限公司、北京学宜宾馆有限公司、北京建广嘉业房地产开发有限公司、北京北建大物业管理有限公司、北京北建大科技园发展有限公司、北京建大科技有限公司、北京建大投资有限公司和北京高校联合房地产开发有限公司等13家。

2015年是校办产业"十二五"规划的收官之年，是"十三五"规划的谋划之年，是校办产业管理体制机制的改革提升之年。经过多年的发展，产业在自身不断取得突破的同时，也在服务社会等方面发挥了重要作用。一是形成了相对完整的建筑行业产业链。目前我校校办企业主要经营范围包括房地产开发、建筑设计与规划、工程管理与造价、工程监理与咨询、建筑施工、工程测绘与三维激光扫描、建筑材料检测、物业管理等，基本涵盖了建筑行业的主要领域。二是全面改进管理，规范化建设取得明显成效，建立了全新的校办产业管理体制。三是全面融入对接，有力支持了学校整体工作。四是全面开拓市场，社会影响力和知名度不断提升，参与了一大批有影响的社会工程，获得了良好的社会评价。"十二五"期间，总计承担各类项目2600多项，以服务北京为主，逐渐辐射到全国大部分省区市。其中承担了中海油深圳大厦、北京航空航天大学实验楼、北京地铁八通线屏蔽门、雁栖湖国际会展中心、福州商务区等项目的监理工作。承担了天安门城楼修缮、巴彦淖尔市医院、锦州大酒店、新疆有色金属工业产品研发仓储基地、新首钢高端产业综合服务区、炎帝陵修复保护工程、明中都皇故城及皇陵石刻皇城中轴线修缮工程、天津地铁5号线和10号线一期站点工程、国家非物质文化遗产博览园工程和阴山岩画保护工程等项目的规划、设计工作。承担了北京地铁15号线望京西站和崔各庄站监控量测工程、云冈石窟2窟病害管理信息系统的研究与建立、杭州西湖南山造像三维激光扫描数字化、先农坛太岁殿古建筑精细测绘、湖南省博物馆近现代保护建筑精细测绘和建筑信息管理系统和颐和园花承阁多宝塔三维激光扫描等工作。承担了北京理工大学国防科技园、中国石油大学（北京）综合行政楼、首都师范大学南校区行政和教学楼、北京中医药大学良乡新校区和北京信息科技大学昌平新校区等工程建设的项目管理与综合服务工作。累计获得詹天佑奖、鲁班奖、结构长城杯金奖等各类奖励近70项。

（二）管理工作

【概述】2015年，资产公司主要围绕落实完善产业集团化建设，整合产业资源，继续推进各企业稳定发展，积极谋求互联网＋和古建文保等建筑产业融合，落实学校发展要求切实推进大学科技园等科技园区建设工作。致力于推进产业服务社会，增加学校社会影响力和美誉度，为学校两高布局和新老校区建设贡献力量。

【举办古桥研究院成立揭牌仪式】2015年1月18日，在大兴校区四合院成功举办了"北京建筑大学古桥研究院揭牌仪式"。我校校长朱光，北京市交通委员会主任、党组书记周正宇，我校副校长宋国华、李维平，北京茅以升科教基金会秘书长、中国古桥研究会秘书长茅玉麟，北京市市政工程设计研究总院有限公司总工程师包琦玮，北京市政路桥控股集团总工张汎，中国公路学会桥梁委员会副秘书长、《桥梁》杂志总编杨志刚，河北省赵县文物旅游局局长冯才钧等参加了揭牌仪式。古桥研究院是学校在整合土木学院、北京建工建筑设计研究院、图书馆等单位古桥研究资源的基础上，在中国古桥研究会、河北赵县等社会单位的支持下成立的。我校借助古桥研究院这个平台，通过大家的不懈努力和各方的支持，为中国古桥技术和文化的弘扬、对人类桥梁事业的发展做出更大的贡献。

【承办2015亚洲医院建设新格局高峰论坛（中国站）】2015年4月1-2日，2015亚洲医院建设新格局高峰论坛（中国站）在我校西城校区大学生活动中心隆重举行。民建中央办公厅主任谷娅丽，国家机关事务管理局公共机构节能管理司副司长李兆宇，住房和城乡建设部机关服务局副主任彭维平，北京市中医管理局副局长禹震，北京市医院建筑协会会长任玉良，中国医学科学院肿瘤医院总体发展规划办主任侯惠荣，北京建筑大学党委书记王建中、副校长李维平等出席高峰论坛。来自国内28个省市112家大型公立医院、外资医院、合资医院、民营医院的代表，46家来自亚洲、港澳台及欧美等国家及地区的医院建设与运维专家，以及30余名国际一流医院规划设计机构的代表等400余位与会嘉宾云集北京建筑大学，落座圆桌，从设计理念、建造技术、信息化、养老和政策措施等方面就我国医疗设施建设应如何适应新时期百姓对于优质医疗卫生服务的新需求进行了深入研讨，共商医院建设发展新格局。本次论坛由民建中央人口医药卫生委员会、中国女医师协会医院建设管理专家委员会、北京建筑大学、北京市医院建筑协会、北京建工建筑设计研究院联合主办，上海Spire Coris史派柯承办，是继"HOSCON Asia亚洲医院建设新格局高峰论坛"成功在新加坡、南京、上海举办之后，连续第二年在我校举办。本次会议多触角、多层次关注医疗建设的深层问题，与会专家从不同角度阐述了关于医院建设的各种观点。在为期两天的论坛中，与会代表围绕"绿色医院建筑技术、医院节能技术"、"信息化、数据化与智慧医院"、"养老与医疗"、"医院建设管理与评价"等话题进行了4场开放、务实、充满互动、极具建设性的圆桌对话。本次高峰论坛作为一个高端学术论坛，立足于亚洲，立足于中国医院、养老领域的整体发展现状和政策环境，为国内外医院与养老社区的建设者提供了一个与业内同仁以及相关主管部门沟通交流的国际化平台。

【学校召开2015年校办产业工作大会】2015年4月28日，学校在学宜宾馆报告厅召开了本年度校办产业工作大会，部署2015年产业主要工作。党委书记王建中、校长朱光、副校长李维平，校产办和资产公司负责人，各校办企业职能部门副职以上人员及财务人员参加了工作会。各校办企业总经理分别汇报了本企业2015年基本经营目标和思路。校产办副主任祖维中代表校产办和资产公司介绍了2015年我校校办产业主要工作任务和思路。会上，校产办主任王健通报了经学校经营性资产管理委员会批准的对2014年校办企业负责人的考核结果。北京建大资产经营管理有限公司总经理、北京建工建筑设计研究院院长丛小密，北京建工京精大房工程建设监理公司总经理田成钢和北京致用恒力建筑材料检测有限公司总经理严新兵被评为优秀。校长朱光代表学校为他们颁发了荣誉证书。王建中书记对下一步产业发展提出了明确要求。校产办主任王健和资产公司总经理丛小密与各企业总经理分别签订了《校办企业经营目标和党风廉政建设责任书（2015年）》。校办产业党委书记刘蔚结合学校党风廉政建设工作部署和现实案例，进行了党风廉政建设专题培训。

【学校召开北京建大资产经营管理有限公司干部任免会】2015年5月11日，北京建大资产经营管理有限公司干部任免会在学宜宾馆报告厅召开，学校党委书记王建中出席会议并作重要讲话。副校长、资产经营管理有限公司董事长李维平，党委副书记张启鸿出席会议。张启鸿宣读了《中共北京建筑大学委员会关于调整学校内设机构的通知》和《中共北京建筑大学委员会关于刘蔚等同志职务任免的通知》。根据通知，学校撤销校产经营开发管理办公室建制，将其人员、职能全部并入北京建大资产经营管理有限公司，全面加强资产公司建设，调整后资产公司作为学校与校办企业经营的"防火墙"，成为学校今后经营性资产和校办产业唯一的管理机构和对外的归口单位，在学校的授权范围内，具有对校办产业人、财、物的调配和决策权，承担依法经营和对学校经营性资产保值增值的责任。学校同时按照国家和北京市的有关要求，对资产公司进行监管。此次调整对于我校校办产业，尤其是管理体制具有重大影响和深远意义。

【成立北京北建大物业管理有限公司】2015年6月26日，学校在学宜宾馆报告厅隆重召开深化后勤保障服务体制机制改革动员会暨北京北建大物业管理有限公司成立揭牌仪式，全面启动学校后勤服务保障体制机制改革工作。党委书记王建中、校长朱光、副校长李维平出席动员会并共同为"北京北建大物业管理有限公司"牌匾揭幕。为建立和完善学校后勤事业进一步科学发展的体制机制，切实提高效率和效益，谋求更高水平的发展，学校实施了"大后勤、大保障"改革，撤销原后勤集团，成立了具有独立法人资格的北京北建大物业管理有限公司，并划入资产公司统一管理。党委书记王建中代表学校作重要讲话。校长朱光代表学校为物业公司总经理张宪亭颁发了聘任证书。副校长李维平宣读了《北京建大资产经营管理有限公司关于张宪亭同志职务任命的通知》和《北京北建大物业管理有限公司领导班子成员名单》。资产与后勤管理处处长刘蔚就学校大后勤改革情况作了简要说明。北京建大资产经营管理有限公司总经理丛小密和北京北建大物业管理有限公司总经理张宪亭分别作了发言。党政办公室、大兴校区管委会、学工部、保卫部、资产与后勤管理处、规划与基建处、审计处等部门负责人，资产公司和各校办企业负责人，物业公司领导班子成员和职工代表等参加。

【与泛华建设集团有限责任公司签署《战略合作协议》】2015年6月3日，我校与泛华建设集团有限责任公司在学宜宾馆报告厅举行《战略合作协议》签约仪式。副校长、资产公司董事长李维平，人事处处长孙景仙，经济与管理工程学院院长姜军，资产公司总经理丛小密和部分校办企业负责人；泛华集团党委书记、董事长、总裁杨天举，副总裁吴彦俊、林之毅、李凌，董事长助理杨年春、陈光远，部分职能部门和所属企业负责人等参加了签约仪式。丛小密和林之毅代表双方签署了《战略合作协议》。李维平还代表学校为杨天举董事长颁发了客座教授聘任证书。根据《战略合作协议》，双方将共同组建专家团队参与住房和城乡建设部的建筑产业现代化顶层设计和政策研究，以及为试点城市提供咨询、评估服务；共同组建课题组向住房和城乡建设部申请"全国建筑产业信息标准化系统应用课题研究"等相关课题，共同建设"中国建筑产业科技创新中心"。

【北京市教委副主任郑登文带队来我校调研指导工作】2015 年 7 月 3 日，北京市教育委员会副主任郑登文一行来我校调研指导校办产业工作，北京市校办产业管理中心主任翟世良、副主任盛国家等陪同调研。我校党委书记王建中代表学校会见了郑主任一行，副校长李维平主持召开郑主任调研指导会，资产公司负责人参加了上述调研活动。与会人员就校办产业管理体制改革、发展方向、产学研合作平台建设等方面的问题进行了深入研讨。

【北京工业大学到我校调研校办产业发展情况】2015 年 6 月 4 日，北京工业大学资产公司党总支书记刘俊武一行 4 人到我校资产公司进行调研。我校资产公司党委书记刘蔚和副书记祖维中接待了刘俊武一行。会上，双方就学校与产业的关系、学校对产业的管理、产业工作遇到的困难、产业内部机制建设等具体问题进行了深入探讨和交流。大家一致认为，要建立完善各项规章制度，探索建立校办产业发展的长效机制，促进校办产业更好更快发展。

【李维平副校长率队赴南京大学和苏州大学调研】2015 年 8 月 13-14 日，副校长李维平率资产公司和各企业负责人赴南京大学和苏州大学调研大学科技园和校办产业工作，调研组成员受到两所学校主管领导和相关部门负责人的热情欢迎与接待。调研组成员全面学习了两校大学科技园及孵化器建设的基本经验，即大学科技园和孵化器建设要以学校学科与科研优势为依托，以全面服务学校为中心，以政企联动为平台，以市场为导向，以发挥灵活的市场决策机制为手段，以投资与孵化两种功能并重为核心内容，促进科技园及孵化器全面健康发展。同时，调研组成员也更清楚了解了我校校办产业与其他高校校办产业相比所具有的特色、优势及存在的问题；更切实认识到大学科技园建设对于大学科技创新、科技成果转化、服务学校中心工作和拓展校办产业发展空间具有的重要意义。这为科学制定我校大学科技园建设规划、尽快全面启动大学科技园建设奠定了坚实基础。

【资产公司召开第一届董事会第一次会议】2015 年 8 月 25 日，学校资产公司召开第一届董事会第一次会议，审议并原则通过了《北京建大资产经营管理有限公司组织机构设置方案》、《北京建大资产经营管理有限公司人员配备方案》和《北京建大资产经营管理有限公司薪酬管理制度（审议稿）》，讨论了北京北建大科技园发展有限公司、北京建大科技有限公司和北京建大投资有限公司有关建设问题。纪委书记、监事会主席何志洪，副校长、副董事长张大玉，党委副书记、副董事长吕晨飞等领导出席会议并讲话。担任资产公司董事、监事职务的科技处、财务处、审计处、资产公司和部分校办企业等部门和单位负责人也参加了本次会议，并就有关事项提出了一系列意见和建议。

【市教委委员张永凯一行来我校调研指导工作】2015 年 8 月 27 日，市教委委员张永凯一行来我校调研指导两校区功能定位和西城校区疏解工作，市教委基建处处长张龙、副处长冷传才，规划处处长姚林修、副处长张晓玲等一同调研。我校副校长李维平和党政办、资产公司等部门负责人参加了调研活动。李维平副校长代表学校向张永凯一行汇报了学校初步确定的把"大兴校区建成高质量本科人才培养基地，西城校区建成高水平人才培养和科技成果转化、产学研协同创新基地"的"两高"功能布局方案、西城校区本科教育疏解目标与初步工作安排，以及所面临的一些困难和问题。张永凯对我校确定"两高"功能布局、积极推进西城校区本科教育疏解和建设大学科技园的工作给予充分肯定。他表示，市教委将认真考虑学校在推进疏解工作、建设大学科技园和大兴校区过程中所面临的困难和问题，并与有关市直单位、大兴区等密切沟通，共同推进疏解工作，推动学校事业健康发展。

【资产公司召开2015年校办企业暑期经理书记工作会】8月27日，资产公司组织召开了2015年校办企业暑期经理书记工作会，纪委书记、资产公司监事会主席何志洪，副校长、资产公司董事长李维平，党委副书记、资产公司副董事长吕晨飞等领导出席会议并讲话。会上，李维平宣读了《北京建大资产经营管理有限公司关于张宪亭、刘文和王玮等同志职务任命的通知》，何志洪与吕晨飞为资产公司新任副总经理颁发了聘书。各企业负责人分别汇报了2015年上半年经营情况和下半年主要工作安排。中环协建筑垃圾管理与资源化工作委员会常务副主任陈家珑介绍了工作委员会围绕学校和成员单位需求开展服务的情况。资产公司总经理丛小密介绍了上半年校办产业整体工作进展情况，分析了整体经营形势，并对下半年八项重点工作作了安排。学校国有经营性资产管理委员会办公室主任、财务处处长、资产公司董事贝裕文，审计处副处长、资产公司监事孙文贤，资产公司党委和经营班子成员，各企业领导班子成员及财务负责人参加了本次会议和调研活动。

【学校参加动物园服装批发市场产权单位疏解工作督查会】2015年10月19日，北京市常务副市长李士祥主持召开动物园服装批发市场产权单位疏解工作督查会。副市长、西城区委书记王宁，市政府副秘书长徐熙，市政府副秘书长、信访办公室主任于长辉等领导出席会议。西城区政府、市委宣传部、市财政局、市教委、市发改委、市国资委、市监察局和市政府法治办等单位和部门负责人，北京建筑大学、北京公交集团、北京公联公司和北京矿冶研究总院等四家产权单位负责人参加会议。我校李维平副校长和资产公司党委副书记祖维中等代表学校参加会议。会议要求，各产权单位下一步疏解工作要做到依法依规、人情入理、细致工作、注重实效。政府有关部门要帮助产权单位、市场方等研究问题、分析问题、解决问题，并给予必要的支持。各方要形成合力，及时沟通信息，积极稳妥向前推进，圆满完成市政府确定的疏解任务，不断降低人口流量、缓解交通压力、改善环境秩序，走出创新发展的新路子。

【资产公司召开2016年经营预算编制工作布置会】2015年10月29日，资产公司在学校第三会议室召开2016年经营预算编制工作布置会。学校财务处处长、国有经营性资产管理委员会办公室主任贝裕文，各校办企业负责人、人力资源负责人和财务部负责人参加了本次会议，会议由资产公司财务总监李曼主持。会议在回顾总结的同时，针对2016年的经营预算编制工作进行讲解及布置。

【中关村科技园区西城园管委会常务副主任缪剑虹一行来我校调研工作】2015年11月12日，中关村科技园区西城园管委会常务副主任缪剑虹一行4人到我校调研指导大学科技园工作。资产公司总经理丛小密，资产公司党委书记刘蔚、副书记祖维中等共同接待了缪剑虹一行。双方与会人员就大学科技园建设思路、运营模式、人才引进与激励以及与相关政府部门政策对接等问题进行了深入的交流。缪剑虹对我校大学科技园工作给予了充分的肯定并表示，西城园管委会将与北京建筑大学密切沟通，及时解决问题，全力为大学科技园建设提供便捷、科学、周到的服务与支持，共同推进大学科技园早日取得成效。

【副校长李维平出席第二届中国城市建筑垃圾管理与资源化国际论坛并致辞】2015年10月30日，由中国城市环境卫生协会建筑垃圾管理与资源化工作委员会和中国建筑设计院有限公司联合主办的第二届中国城市建筑垃圾管理与资源化国际论坛在北京成功举办。我校副校长、建筑垃圾管理与资源化工作委员会主任李维平出席论坛并致开幕词。日本驻华使馆公使高岛竜祐、德国再生骨料行业协会主席克莱科勒（Jasmin Klöckner）、能源基金会（美国）节能项目部经理辛嘉楠等国际代表，住建部城建司、国家发改委资源节约和环境保护司、工信部节能与综合利用司等单位代表以及各地政府管理部门和企业代表近百人参加了论坛。论坛由委员会秘书长高振杰主持。本次论坛旨在通过学习借鉴德国和日本等国在建筑垃圾资源化利用方面的先进经验，围绕"如何推动完善建筑垃圾资源化利用的相关法律和政策，如何在城市管理中更好实现建筑垃圾资源化利用，以及如何强化建筑垃圾资源化利用的城市管理保障措施"等问题展开深入研讨，以便为今后相关法律和管理政策的制定提供参考。克莱科勒主席、高岛竜祐公使和委员会常务副主任陈家珑教授分别作了有关专题报告。

【学校财务处与资产公司联合举办财务专题培训会】2015年11月27-28日，学校财务处与资产公司首次联合举办了财务专题培训会。学校财务处全体财务人员，资产公司和各校办企业负责人、全体财务人员参加了此次培训。培训会由学校财务处处长贝裕文主持。培训内容涉及中国税制、企业所得税、个人所得税、营业税等。授课结合税法、实际案例及税务稽查中普遍涉及的问题为与会人员详细讲解了涉税风险，厘清了日常工作中的疑惑。财政部领军人才、北京国家会计学院教授崔志娟以"新常态下的财务知识讲座"为题，作了财务管理与风险控制专题培训。本次授课给予企业管理者以思想上的启迪、理论上的提升、实践上的指导，同时也充分认识到大数据时代带给企业的机遇与挑战，也更充分认识到财务管理的重要性。

【李维平副校长出席北京高校科技产业协会科技成果转化服务分会（众筹联盟）成立大会】2015年12月5-6日，北京高校科技产业协会科技成果转化服务分会（众筹联盟）（以下简称众筹联盟）成立大会在香山饭店举行。教育部科技发展中心副主任李建聪，北京市教委副主任郑登文，我校副校长、北京高校科技产业协会理事长李维平出席会议并共同为众筹联盟揭牌。北京地区有关高校、相关合作单位代表、专家学者以及新闻媒体代表等百余人参加了成立大会。会上，北京信息科技大学和中国石油大学（北京）分别介绍了两所学校推进科技成果转化工作的情况和设想。中国技术交易所和相关合作企业就拟为众筹联盟推进科技成果转化及创新创业提供的中介服务和资金融投资平台作了介绍。众筹联盟还分别与天津武清区政府及有关企业平台代表现场签订了合作协议。李维平在代表北京高校科技产业协会作了重要讲话。会议还举办了科技成果转化智库论坛，与会专家就科技成果转化趋势、途径、模式创新等问题进行了广泛深入的探讨与交流。众筹联盟是北京建筑大学和北京联合大学、首都医科大学、中国石油大学、中国矿业大学、北京科技大学、北京工业大学、北京信息科技大学、北京服装学院、中央财经大学等10所在京高校校办产业管理部门为贯彻落实党的十八届三中、四中、五中全会精神，《中共中央国务院关于深化体制机制改革加快实施创新驱动发展战略的若干意见》以及"京校十条"等文件精神，共同发起成立的旨在搭建平台、形成对接、提供服务、有效促进的服务性、行业性、非营利性社会组织，隶属于北京高校科技产业协会。众筹联盟目前已经初步建立了专家库、成果储备库,现有各高校自有科技成果转化推介项目31项,入选专家库专家52人,参与合作的检验检测中心13家。近期还将逐步建立知识产权数据库、建构综合成果评价机制和转化平台场所,进一步完善各项服务功能。

(三)党建工作

【概述】2015年,资产公司党建工作主要就公司各级党组织的党风廉政建设和党员先锋模范作用建设等方面逐步开展。公司党委立足于从群众中来,到群众中去的原则,积极稳妥地开展各项党建工作,组织各项活动,加强党员队伍建设,取得较好效果。

【李维平副校长代表学校慰问困难职工】2015年7月3日,党委常委、副校长李维平代表学校党委与行政慰问了北京北建大物业管理有限公司困难党员周怀雄同志,送上了党的温暖和关怀。资产与后勤管理处处长、资产公司党委书记刘蔚、后勤系统党总支书记聂跃梅和组织部副部长赵海云等一同参加了慰问活动。周怀雄同志1985年来我校工作,是我校的老职工,身为地下公寓管理员,工作上尽职尽责,任劳任怨,对自己、对工作严格要求,有很强的责任感。李维平详细了解了他的家庭和工作情况后,对周怀雄同志的困难深表同情,并肯定了他多年来在平凡的岗位上为学校做出的贡献。李维平向周怀雄同志发放了"北京市生活困难党员帮扶专项资金扶助金"。

【校办企业负责人参观海淀看守所廉政法制教育基地】2015年11月10日,学校党委宣传部与资产公司联合组织校办企业主要负责人和重点岗位人员一行21人赴海淀区廉政法制教育基地——海淀区看守所,开展警示教育。此次警示教育,进一步加强了企业负责人的法制观念,提高了党性觉悟。

【学校资产公司党委召开校办企业廉政风险防控工作布置会】2015年12月3日,资产公司党委书记刘蔚主持召开校办企业廉政风险防控工作布置会。审计处副处长、资产公司监事孙文贤从审计角度,结合实际,系统分析了企业经营管理中存在的常见问题,并提出了规范管理的相关要求。会议专题学习了《北京市市属国有企业负责人履职待遇、业务支出管理暂行办法》,并研究部署了校办企业廉政风险防控工作。资产公司总经理丛小密、党委副书记祖维中,各校办企业总经理、常务副总经理及财务负责人参加了会议。会议要求,各企业要高度重视廉政风险防范,明确职责,严格要求。企业一把手为第一责任人,要按照《北京市市属国有企业负责人履职待遇、业务支出管理暂行办法》等有关规定,带头遵守,严格执行;领导班子成员对分管工作承担具体责任,层层负责,层层传导,做到守住底线,不碰红线。要结合新要求、新精神,加强和完善各项管理制度,梳理工作流程,加强内部控制和过程控制。要根据有关规定,强化预算管理,科学编制,建立动态监控机制,及时纠正预算编制和执行中存在的问题,增强预算执行的严肃性。进一步完善并坚决执行"三重一大"决策制度,规范决策程序。各企业财务负责人和经营管理人员要真正负起责任,严格把关,强化经济合同的真实性、合法性与合理性核验。会议决定,从现在起到明年3月底前,各校办企业要根据有关规定,重点围绕决策程序、资产管理、招投标、合同管理、预算执行以及公务接待、办公用房、公车使用等事项全面开展自查自纠。各党支部在原有学习安排基础上,近期组织党员专题学习《中国共产党廉洁自律准则》和《中国共产党纪律处分条例》,教育党员要严格遵守政治规矩和政治纪律,以身作则,积极发挥表率作用,以高标准带头践行,成为守纪律、讲规矩的模范;使廉洁自律规范内化于心,外化于行。丛小密和祖维中分别就开展对照检查、自查自纠的工作步骤和时间安排以及进一步的检查做了部署。

（王　珏　韩忠林　王建宾）

二、北京建工京精大房工程建设监理公司

（一）公司概况

北京建工京精大房工程建设监理公司（以下简称公司）成立于1991年1月，隶属于北京建筑大学，伴随着我国监理事业的发展，是北京市成立最早的监理公司之一，是全国首批具有建设部监理综合资质及交通部监理甲级资质的大型工程咨询企业。公司主营工程建设监理、工程项目管理、工程技术咨询和工程技术服务。自成立至今，累计承担1100余项建设工程监理和项目管理任务，所涉及建设工程范围广泛，业务遍及全国及世界多个国家和地区。田成钢任公司总经理、法定代表人。

公司现有员工700余名，其中具有国家注册监理工程师、建筑师、结构工程师、房地产估价师、造价工程师及经济师、会计师、律师和英国皇家特许建造师、测量师等各类专业技术人员占全员的80%以上。

为满足业主在工程立项阶段、设计阶段、施工招投标阶段、施工阶段的全过程需求，公司建立了以现场项目部为技术基础、以公司整体实力为技术保证、以国内知名专家组成的专家顾问组为技术支持的三个层次的技术服务体系，在工程项目的执行过程中从不同深度给予充分的技术保证，以取得服务的最佳社会效益。

经过二十多年的锤炼，成功地缔造"京精大房"品牌，跻身于全国监理行业前50强，累计获国家"鲁班奖"、"国家土木工程詹天佑奖"、"国家优质工程奖"、全国"钢结构金奖"和北京市"长城杯"、"优质工程"奖、北京市科技进步一等奖、二等奖等400余项。公司一贯坚持为行业的发展做出贡献的主导思想，积极参与行业内的各种活动，多次参与了行业的有关法规、规范的研究与制定工作。公司技术业务实力与在行业中所做的突出贡献也得到了社会的充分认可，连续十多年被评为全国和北京建设监理行业先进单位。现公司为中国建设监理协会常务理事单位、北京市建设监理协会副会长单位。

公司坚持"精心服务，诚实守信，以人为本，业精于勤"管理理念；坚持以市场为导向，以为业主提供全过程、高水平、深层次的建设工程项目监理和管理服务为宗旨；坚持以品牌为主线，以文化为核心，以人才为根本，以科技为动力，不断优化管理，不断提升效益，不断提升企业的核心竞争力，为成为综合型国际工程咨询企业而不懈努力。

（二）管理工作

【概述】2015年，公司积极适应经济发展新常态，调整经营策略，聚焦内部管理提升，大力推进创新驱动，保持了公司的平稳健康发展，基本完成了公司确立的年度各项工作目标，实现了经济效益和创新发展同步提高。

【最高管理层述职报告】2015年1月30日，在公司小会议室召开了京精大房监理公司最高管理层首次述职会议，公司8位最高管理层成员、10名部门经理参加了述职会。最高管理层全体人员就一年来所分管的工作进行了述职报告，梳理了成绩和不足，分享了心得和体会，相互借鉴经验和方法，进一步提升了公司管理核心的整体水平。

【召开总结表彰大会】2015年2月6日，公司"2014年度总结表彰大会"在北京建筑大学西城校区第二阶梯教室简约举行。北京建筑大学副校长李维平、北京建工广厦资产经营管理中心总经理丛小密、校办产业党委书记刘蔚、校产办副主任祖维中等领导莅临大会。京精大房监理公司领导班子、机关管理人员、总监理工程师及骨干员工等200余人参加了会议。

【召开经营管理目标责任制总结会】2015年4月3日，公司《事业部经营管理目标责任书》签订会在公司小会议室举行。事业部经营管理目标责任制经过近5年的探索、实践、研究，已然成为公司管理制度中不可或缺的重要组成部分，大家的重视程度也随之增加，《事业部经营管理目标责任书》也随着在实践中的不断总结而日趋完善。

【管理机构及人员调整】2015年4月，公司将2011年成立的战略发展研究中心提升为一个常设部门，以加强企业持续发展战略及规划的研究工作。同时对48名机关管理人员进行了职务聘任和岗位调整，形成了层次清晰、职能明确的管理人员架构，补充完善了事业部技术负责人，建立健全了两级技术管理体系，提高了管理工作效能。

【产学研新进展】2015年5月经北京市教委批准，公司与北京建筑大学共建北京高等学校"城乡建设与管理"产学研联合研究生培养基地，于4月28日正式签约、挂牌。

（三）经营工作

【概述】2015年公司在监项目共计82个，其中房屋建筑工程占63.4%，市政公用工程占34.1%，其他工程占2.5%。项目分布在全国17个省市，今年公司新承接的项目中，轨道交通项目和外埠地区项目份额明显增多，与国内著名大型房地产开发企业的合作显著增加，公司的经营市场重点突出，拓展有效，抗风险能力稳步提升。

【经营拓展】2015年公司成功入围政府采购网招标平台，成了为数不多的国家机关事务管理局定点监理公司之一；与大型房地产集团公司建立了稳固的战略合作伙伴关系。公司不仅成功中标合肥、长春、青岛、郑州等城市的新项目，使这些既有市场得到扩展，公司还在呼和浩特、徐州、石家庄、三亚等城市中标，开辟了新的监理市场。同时，公司响应北京市住房和城乡建设委员会的倡导，积极拓展混凝土驻厂监理，承担了9家搅拌站的驻站监理工作。

【经营业绩】2015年公司全年新签订合同110项，合同额10756万元，已经中标进场，正在洽谈签约的合同共11项，预计合同额约7165万元，新签合同与待签合同共计17922万元，超额完成了16500万元的合同额指标。特别值得一提的是公司荣幸地参与了北京市行政副中心迁建工作，承担市人大和市政协两大办公楼共计30万平方米工程的监理工作。

2015年京精大房承担的重点项目一览表

序号	工程名称	负责人	建设单位	合同经费（万元）	起止时间
1	中铁诺德三期	刘辉	北京诺升置业有限公司	506.278435	2015.05.11-2017.07.31
2	清华东路9号	王光云	北京市利群住宅合作社与北京市海淀区欣华农工商公司	407.74	2014.11.01-2017.05.01
3	庞各庄保障房一标	雷西元	北京市大兴区住房保障事务中心	1044.28	2015.11.25-2017.12.13

续表

序号	工程名称	负责人	建设单位	合同经费（万元）	起止时间
4	庞各庄保障房二标	赵宇	北京市大兴区住房保障事务中心	1306.04	2015.11.25-2017.12.13
5	河南城铁调度中心	张柏	河南铁路投资有限责任公司城际铁路综合调度指挥中心项目部	776	合同未注明

（四）人资管理工作

【概述】2015年公司总编制人员控制在650人左右。其中拥有住房和城乡建设部和交通运输部各类注册证书474个，比去年同期增加了77个。持有国家注册监理工程师证书152人，其中具有高级工程师职称的97人，占64%，本科及以上学历88人，占58%。年龄在30-50岁间，具有大专以上学历且具有中级以上职称人员246人，占总人数的37%，同比2014年增幅3%。公司的骨干人员数量不断增加，人才梯队的中间力量不断壮大。

【人力信息平台建设】2015年5月，"人力资源U8信息系统"启动上线运行。人力资源部对该系统的各项功能进行介绍，同时对该系统试运行阶段的工作安排和下一步针对该系统的培训计划进行说明。

（五）财务工作

【主要数据】2015年公司累计实际收入12800万元，实现了人均产值19.7万元。2015年公司上交各项税金1047万元，实现资产总额6851万元，比去年同期增幅5.7%。2015年公司完成上交学校管理费650万元，为学校的发展做出了应有的贡献。

（六）文化建设工作

【概述】公司始终注重企业文化建设工作。在企业内部创造荣辱与共、同舟共济、彼此珍重、和谐向上、快乐健康的环境和氛围，注重增加员工的快乐感和满意度，增强员工对公司的认同感和归属感。

【企业文化建设】2015年6月，启动公司核心价值观凝练和七三规划编制工作。凝练形成了"崇尚学习、勇于创新、精心服务、合作共赢"十六字的企业核心价值观，形成了颇具共识的公司价值取向和员工精神引导。

【组织乒乓球比赛】2015年7月，以"健康快乐、爱乒才行"为主题的公司第一届乒乓球比赛顺利举行，有力地促进了公司团队建设。

【新员工拓展培训】2015年8月17日，公司组织1-3年司龄员工进行了拓展培训。通过培训增强了员工的归属感，也把京精大房团结凝聚的企业文化和积极进取的企业精神传递给每一位同志，增强了企业凝聚力。

（七）行业贡献工作

【概述】公司能够成为行业第一方阵中的一面旗帜，离不开各主管部门及学校各级领导的关爱，离不开行业内各位同仁们的鼎力支持，因此公司发挥优势积极为行业发展贡献力量。

【自身实力积淀】2015年，公司组织技术骨干在编写完成《城市轨道交通车站装饰装修工程质量通病及防治措施手册》的基础上，编写出版了《地铁车站装饰装修工程质量管理实务》；在编制形成公司《工程测量监理业务导则》的基础上，修订了《建筑施工测量技规程》；今年还初步完成了对公司《建设工程监理工作手册》的修订工作，形成了公司新的技术经验积累。

【参与行业建设】公司参与了《建设工程监理规程》、《建筑工程施工组织设计管理规程》和《建筑工程资料管理规程》等三个北京市地方标准的修编工作；参与了《盾构直接切割围护结构始发与接收技术规程》和《城市轨道交通建设工程验收管理规程》两个北京市地方标准编制的组织和起草工作，为行业提供了技术资料参考。公司参与编写完成了市监理协会培训教材《操作问答》，编写完成了《监理企业综合实力评价研究》和《BIM技术在工程管理中的应用》课题研究报告，参与了《北京市建设工程质量条例》、《北京市轨道交通建设工程安全质量管理办法》和北京市工程质量管理标准化、监理单位工程质量管理行为标准化等14个课题的研究工作，极大提高了京精大房品牌的知名度，提升了公司在行业的影响力。

（八）企业荣誉

【概述】2015年公司在监项目中，未发生涉及监理责任的质量安全事故，实现了公司年度质量安全监理控制目标，在北京市建筑市场监管信息平台中的成绩长期保持在行业前列。我们的风险防范机制和应急处理机制发挥了重要作用并得到进一步完善，在全市监理企业诚信体系评价中名列前茅。公司荣获各类省部级奖项近500余项。京精大房的品牌形象得到极大充实。

【项目荣誉】2015年公司监理的凤凰卫视项目荣获詹天佑奖，北京林业大学学研中心和凯莱酒店项目荣获鲁班奖，北京市援建的和田县北京中学项目荣获国家优质工程奖，还有18个项目荣获长城杯结构和竣工奖项。

【公司荣誉】2015年我们连续第三年被北京市建筑业联合会授予"建设行业诚信监理企业"荣誉称号，再次被北京市建设监理协会评为"先进监理企业"，连续十九年保持行业先进。

（九）支部党建工作

【概述】公司认识新常态、适应新常态，坚持在经营管理工作中严格遵守"八项规定"，自觉抵制"四风"，加强对企业经营管理行为的有效监督，坚决不破"底线"，不越"红线"，时刻保持着依法治企、依法经营、依法管理的政治觉悟和思想意识。

【党员教育活动】注重发挥党支部战斗堡垒和党员干部影响带动作用，积极组织党员、入党积极分子和普通员工参加党风廉政建设学习活动、"三严三实"教育活动、纪念抗日战争胜利参观活动等，时刻保持着具有政治觉悟和社会责任的先锋模范作用。

（李晓飞　王建宾）

三、北京建工建筑设计研究院

（一）公司概况

北京建工建筑设计研究院（以下简称设计院）成立于1960年，隶属于北京建筑大学，是在古建文保、医疗建筑、教育建筑、绿色建筑、养老建筑、BIM技术、环境能源、TOD、建筑改造和环境艺术等领域具有研究型特色的设计院，在古建文保领域一直领先。

设计院具有双甲级三乙级设计资质：工程设计资质-建筑行业（建筑工程）甲级，文物保护工程勘察设计资质甲级；城乡规划编制资质乙级，旅游规划资质乙级，风景园林工程设计专项乙级，是北京市高新技术企业、北京市设计创新中心。

设计院现有员工433人，具有国家一级注册建筑师、一级注册结构工程师、注册公用设备工程师、注册电气工程师、注册城市规划师、注册造价工程师58人；各类高级专业人才80多人。国内具有影响力民居大师1人，国家文物局认定古建专家8人。依靠北京建筑大学资源，设计院在逐步完善自身的同时，对人才本着"兼容并蓄"的态度，开展多元化吸纳，已形成了以设计团队为专业基础、教授团队为科研基础、大师团队为资源基础的崭新格局。并将继续鼓励创新学习，形成人才储备梯队。

为与首都发展相适应，设计院立足北京、面向全国、依托建筑业、以"服务城市化"为己任，高度关注国计民生、文化传承等方面的发展，强化专业化发展和特色创新，在古建文保、医疗建筑、教育建筑、绿色建筑、养老建筑、BIM技术、环境能源、TOD、建筑改造和环境艺术方面有专家组成10个研究中心，使设计与研究完美结合。

承揽业务范围涵盖各类公用与民用建筑工程设计、城市规划、城市设计、居住区规划与住宅设计、仿古建筑设计、古建筑修缮与保护、文物保护规划、体育场馆、医疗建筑、养老建筑、景观园林、室内设计、前期可研与建筑策划、各类工程项目咨询等领域。50余年来，设计院已在全国承接完成各类工程项目数千余项，获得各类奖项百余项。

设计院作为北京建筑大学科研与实践的基地，通过与国内外高校、科研机构和建筑事务所的长期合作，不断提升设计水平与综合实力，逐渐形成了以建筑设计为主体，以教学和科研为两翼的规划、设计、科研、教学综合体，实现设计院的全面整体腾飞。

从1960年建院以来设计院已完成近千余项工程，设计院一贯遵循"诚实守信，业广惟勤，博蓄出新，厚德共赢"的精神，热情的为国内外各界提供优质的设计与服务。

（二）管理工作

【概述】 设计院的管理工作在进一步完善规范化管理的基础上，逐步的提升为战略管理，着重抓好战略的执行和落实。设计院继续采用统一管理、多元化经营模式运营，建立和完善了管理体系，实行目标责任制、深化绩效考核管理办法等措施，进一步提升管理水平，形成管理工作制度化、规范化。以北京建筑大学作为品牌建设的坚强后盾，以特色发展作为品牌建设的主要方向，以技术创新作为品牌建设的核心要素，以管理创新作为品牌建设的内在动力，在新形势下把市场驱动的粗放式发展模式，转化为内部驱动的精细化发展模式。通过加入产业联盟及行业协会等主动措施，扩大企业知名度，并在国内设立分院，探索新的管理模式。

【召开年度总结表彰大会】 2015年2月10日，设计院全体员工在学校第二阶梯会议室召开2014年度总结表彰大会。院长丛小密做了题为《把握时代脉搏，实现转型升级》的主题发言；常务副院长边志杰对一年来设计院的总体工作情况进行总结。对一年来表现优秀的员工和集体予以表彰，共设奖项：突出贡献，优秀项目，优秀团队，优秀管理者，优秀员工奖，优秀论文奖。

【城乡规划编制甲级】 2015年7月31日，设计院获中华人民共和国住房和城乡建设部批准并颁发城乡规划编制甲级资质。这是设计院获得的第三项甲级资质，至此实现了"3+2"资质体系建设的阶段性目标。

【专题研讨会议】2015年6月8日,设计院召开经营及人力资源管理研讨会,就经营业务及人力资源管理发展进行了各个管理层面的全面探讨。参会人员有各所所长、各专业总工、院团队专业室主任、机关负责人、教授工作室代表。

【三标管理体系认证审核】2015年5月19-20日,设计院通过了北京中经科环质量认证有限公司对设计院三标体系的年度审核。

【获北京市设计创新中心称号】2015年5月8日,设计院获得北京工业促进中心颁发的"北京市设计创新中心"称号。

【住房和城乡建设部行业规范修订工作】2015年6月,由设计院丛小密院长主持的《疗养院建筑设计规范》JGJ 40—87修编工作进展顺利,编制组主要人员多次进行疗养院实地考察,进行了2次统稿,提交了征求意见稿,并通过了中国标准院标准中心的初步审查,力争明年初按计划报审。

【中国建筑学会建筑师分会乡村建筑专业委员会成立】2015年11月22日,由北京建筑大学、清华大学、郑州大学和设计院联合发起的中国建筑学会建筑师分会乡村建筑专业委员会成立大会在学校西城校区学宜宾馆会议室举行,会上选举产生了管理委员会成员,张大玉副校长担任委员会主任,边志杰常务副院长担任秘书长,李维副院长和建筑学院丁奇副院长担任常务副秘书长,来自全国各高校、设计院、投资机构、政府主管部门的60余名专家学者出席成立大会,以业祖润教授为首的设计院多名专家担任委员。设计院作为该专委会挂靠单位,使我院在乡村建筑领域拥有了一个全国性专业平台。

【成立三个研究中心】2015年6月,设计院成立TOD研究中心,由副院长吴学增副博士主管并担任中心主任;12月,成立环境艺术研究中心,由常务副院长边志杰主管,建筑学院环艺系系主任杨琳副教授担任中心主任;同月还成立了环境能源研究中心,由李维副院长主管,环能学院院长李俊奇教授担任中心主任。

(三)经营工作

【概述】2015年,设计院继续专业特色发展战略,新增TOD研究中心、环境艺术研究中心、环境能源研究中心,目前已有10个研究中心,形成带动企业发展的源动力。并依托北京建筑大学,将"城市研究院"及"古桥研究院"落户设计院。

【经营业绩】2015年设计院新签合同273份,其中民用建筑类94个、文物保护类123个、仿古类7个、咨询类30个、规划类12个、方案类4个、其他类3个。全年合同额约2.17亿元,实现营业收入约1.4亿元。实现利润总额557.55万元;全年上交税费1134万元;上缴学校560万元。资产总额及上缴税金稳步上升,资产总额5528.77万元。

2015年北京建工建筑设计研究院签订的主要设计服务合同情况一览表

签订日期	合同名称	合同分类	工程建设单位	项目负责人	工程规模（平方米）	合同额（万元）
2015-01-15	体育馆、行政办公楼项目	民用建筑合同	北京建筑大学	边志杰、王玮	36000	442.038
2015-01-25	北京文物保护建筑三维数据信息采集与存储	文物保护	北京市文物局	王玮		1658.8

续表

签订日期	合同名称	合同分类	工程建设单位	项目负责人	工程规模（平方米）	合同额（万元）
2015-03-09	北京大学人民医院白塔院区房屋结构加固装修工程设计	民用建筑合同	北京大学人民医院	李维	8603.4	542.24
2015-04-12	国家非物质文化遗产博览园——前门项目B4、C2、C4地块规划及建筑设计工程	仿古合同	北京前门天街置业发展有限公司	陈欣伟	15986.102	574.32
2015-11-20	内蒙古自治区文化厅《内蒙古自治区长城保护总体规划编制》	文物保护	内蒙古自治区政府采购中心	汤羽扬		588
2015-12-01	保护规划编制技术服务合同	文物保护	北京市怀柔区文物管理所	倪越		514
2015-12-25	池州市海绵城市建设项目技术咨询服务合同	规划合同	池州市城市建设重点工程管理办公室	李俊奇		1600.2
2015-12-25	安阳古城保护、整治、复兴规划设计	规划合同	安阳市城乡规划管理局	边志杰	约2.5平方公里	515
2015-12-25	濮阳市海绵城市建设技术服务单位	规划合同	濮阳市住房和城乡建设局	李俊奇	26.6平方公里	480

【天安门城楼修缮项目】2015年9月，设计院圆满完成天安门城楼修缮与装修任务。为2015年中国反法西斯战争胜利70周年大阅兵做出了重大贡献。

【海绵城市项目】2015年12月3日，设计院环境能源研究中心充分发挥规划资质升为甲级的优势，中标国家级海绵城市建设试点城市项目——"池州市海绵城市技术咨询服务项目"，标志着设计院在开拓海绵城市规划建设市场领域迈出了坚实的一步。

（四）人力资源管理工作

【概述】2015年设计院人力资源工作始终贯彻"请人以博，用人以专，育人以恒，留人以情"的工作方针。把人才作为市场竞争中的重要元素，与维护企业资质放在同样重要位置。2015年人力资源工作在加强内部制度建设的基础上，探索新的管理模式。实行HR层级管理，积极开展各种培训，加强对外人力交流。2015年人力资源工作抓住市场政策机遇，引进注册人员15人，注册人员总量达到58人，海外留学人才引进2名。企业人员规模从2011年底的175人增长到2015年433人的规模。

【年度突出贡献奖】2015年1月20日，赵晖在总结表彰大会上获得年度突出贡献奖：设计院5所结构工程师赵晖在2月1日北京百荣世贸商城火灾现场，与消防官兵共同奋斗三昼夜，先后出入火场8次，为救火取得决定性胜利做出了突出贡献。百荣世贸的沈总给设计院送来锦旗"专业强 楼坚强"。他的行为受到消防官兵、政府和社会的称赞，他为设计师这一称号赢得了荣誉。

【员工培训】2015年11-12月期间，设计院组织进行员工素质培训。今年重点是当年新员工，甄选4门课程，共计87人次接受培训，效果良好。

【文物保护责任设计师】2015年10月，设计院30人通过国家文物局首批"文物保护责任设计师"资格考试，获得证书，设计院在文物行业领域持续领先具备了人才保证。另有8人于2006年已获得该资格认证。

【首都建筑领域外事人才培训】2015年11月16日，学校国际合作交流处委托设计院筹办了第一期首都建筑领域外事人才培训班，为期3天。邀请北京市人民政府外事办公室主任等专家主讲，听众近200人。为学校和设计院立足首都，面向世界开拓国际空间领域做好准备。

【员工技术培训】2015年设计院技术质量部充分考虑员工技术培训的点、线、面覆盖。技术培训苦练内功，通过每个项目完结进行提出项目总结，达到交流经验吸取教训的目的，不断提高专业水平。各专业由总工负责每季度组织不少于两次专业学习，包括点评图纸，讲解规范。全院相关专业采取技术沙龙模式。先后组织了12次技术专题培训沙龙活动，分别是"我国健康住宅的理论与实践"、"《建筑设计防火规范》宣贯上、下"、"空调与防排烟技术沙龙"、"人性化的交通设计"、"结构设计与施工图审查中的几个问题"、"日本东急集团沿线高中低密度城市开发理念及沿线铁路站综合实体剖析"、"项目展示"、"结构制图标准与设计"、"PKPM交流会"、"PKPM节能与绿建软件培训"、"盈建科软件培训"。共计400余人次参加培训。

【员工素质培训】2015年设计院连续第5年，利用冬季午休时间，组织新员工培训，培训人次100多人。

（五）文化建设工作

【概述】企业精神是企业文化之魂，设计院的企业精神是："传承文化、创新理念、践行人生、服务社会。"明确以人为本的企业文化发展方向，加大文化建设投入，创造和谐的工作氛围，提高员工个人素养。通过搭建文化建设平台，使员工在工作的同时享受"我与企业共成长"的快乐。

【中国将军文化研究会交流活动】2015年1月19日，中国将军文化研究会到设计院进行文化交流活动。中国将军文化研究会副会长（周总理卫士、中央警卫局原副局长）高振普将军、中国将军文化研究会副会长（海军装备部原部长）申良启将军、中国将军文化研究会副会长（北京军区政治部主任）张世刚大校、解放军总医院涿州培训基地项目书记兼副指挥王驰大校、解放军总医院国际部张静主任、中国将军文化研究会李铁成执行会长、中国将军文化研究会刘文琴秘书长等一行7人到访。校办祖维中副主任、设计院丛小密院长、王玮副院长、王玥院长助理、格伦教授等出席交流活动。并特别安排周总理卫士高振普将军签名赠书活动。

【举办首届足球联赛】2015年5月，设计院成功举办第一届设计院足球联赛。本次联赛有4支球队报名参赛，90多人参与，赛程从4月21日开幕，到5月14日举行冠亚军决赛，历时一个多月，一共进行了8场比赛。

【编著《增订宣南鸿雪图志》】2015年9月25日，西城区政府为纪念北京建城3060年，在北京湖广会馆隆重举行了《增订宣南鸿雪图志》首发式。该书是由北京市西城区宣南文化研究会、北京建筑大学和设计院等三家单位的专家共同组成编委会完成编修工作。学校朱光校长为"图志"写"序",设计院古建文保中心王葵主任担任副主编,设计院党支部曲秀莉书记、王葵主任代表设计院参加了"图志"首发仪式。

(六)对外交流工作

【概述】设计院积极组织和参加设计研究方面的各种交流活动,邀请国内外著名设计机构和专家访问设计院,进行双方交流,探索合作的可能与空间。通过加强对外交流,拓展企业员工的设计视野,开阔思路,取长补短,促进企业发展。

【积极参与各专业协会】2015年设计院在北京市规划协会的推荐下,成为中国规划协会的理事单位。目前,设计院作为理事单位、会员单位已参加各类行业协会14家。设计院主要技术骨干也陆续被聘为国家文物局、北京市科学技术委员会、北京市教育委员会、北京市卫生和计划生育委员会、北京市医院管理局、北京市规划和国土资源管理委员会、北京市建设委员会、北京市职称评审委员会等专家。

【养老建筑领域】2015年1月,设计院养老建筑研究中心与日本株式会社、清华养老研究所合作,与老龄委、民政部、国家开发银行等机构建立密切联系,成为"中国医疗保健国际交流促进会健康养老专业委员会"创始单位和副理事长单位,为设计院养老建筑设计搭建起发展的平台。

【举办亚洲医院建设新格局高峰论坛-上海分论坛】2015年2月15-16日,由设计院作为主办方之一,承办了"2015亚洲医院建设新格局高峰论坛-上海分论坛"。该论坛在上海隆重举行。此次会议有共有来自国内近20个省、市的民营医院、外资医院、合资医院32个,来自中国、美国、新加坡等国家及中国香港、中国台湾等地区的专家学者40余名,共计200余名中外代表参加会议。论坛紧扣非公医院建筑主题,关注非公医疗建设的深层问题,从不同角度阐述各自观点。为我院在非公医疗建设领域拓展取得进展。李维副院长担任大会主席。

【郑州大学代表团来访】2015年5月21日,郑州大学代表团一行5人到设计院交流。双方就多层次合作进行交流研讨,并就"中国建筑学会建筑师分会乡村建筑专业委员会"筹备事宜进行洽谈。

【郑州中医院一行来访】2015年10月10日,郑州中医院一行7人来访设计院,双方就今后项目合作等事宜进行了交流。

(七)企业荣誉

2015年度北京建工建筑设计研究院获奖情况一览表

序号	获奖名称	发奖单位	工程名称	获奖日期
1	包头市2015年度"优秀建设项目规划设计方案奖"	内蒙古包头市规划局	内蒙古科技大学逸夫楼、实验楼	2015.12
2	包头市2015年度"优秀建设项目规划设计方案奖"	内蒙古包头市规划局	内蒙古科技大学校园足球联盟基地综合楼	2015.12
3	2015精瑞奖最佳人居城市更新范例	北京精锐住宅科技基金会	北京大学人民医院白塔寺院区房屋结构加固装修工程	2015.10
4	北京市设计创新中心	北京市科学技术委员会		2015.10

续表

序号	获奖名称	发奖单位	工程名称	获奖日期
5	2015年全国医院基建十佳供应商评选活动"十佳专业服务供应商"	《中国医院建筑与装备》杂志社中国医院基建管理者俱乐部		2015.04

（八）支部党建工作

【概述】设计院党支部积极贯彻学校党委部署，加强组织领导，在大力开展群众教育路线的同时，深入开展"三严三实"专题教育，努力将严的精神、实的作风转化为党员干部推动转型发展的强大动力。2015年在资产中心党委的领导下，设计院全体党员的积极配合下，我支部按要求积极贯彻落实各项工作，并顺利完成。

【"三严三实"专题教育】2015年3-4月，设计院党支部连续召开支委会，研究制定了《设计院党支部开展"三严三实"专题教育实施方案》，牢牢把握"突出问题导向、坚持从严要求、坚持以上率下"的总体要求，安排设计院全体党员干部学习"三严三实"文件的具体时间，将专题教育落到实处。党支部号召全体设计院职工干部按照部门"三严三实"专题教育实施方案和工作安排的要求，在工作和生活中，严格执行设计院各项规定、严格检查岗位工作质量、保证"三严三实"落实在设计院每一个角落。组织全体党员观看习主席的"三严三实"讲话录像；学习观看历史纪录片《筑梦中国——中华民族复兴之路》和纪录片《作风建设 永远在路上》，党员们撰写观后感。

【党员学习】2015年7月，设计院党支部组织党员学习了《中国共产党廉洁自律准则》、《中国共产党纪律处分条例》及《中国共产党党章》修改部分的内容。按照党委要求，设计院党员100%完成高校党员在线学习任务。

【党建工作】2015年全年共接收3名党员组织关系转入，2名同志递交入党申请书。12月院党支部举行预备党员转正和新党员发展大会，1名同志党员转正，1名同志发展为预备党员。

【支部特色活动】2015年设计院党支部结合设计院的业务范围与特点积极开展具有特色的支部活动。5月7日，全体党员参观AEPC会议中心和规划建设展示馆，学习绿色建筑设计技术与规划知识。6月，参加学校召开的建党94周年党建工作会，聆听学校书记讲话。8月6日，前往国家博物馆参观学习《抗战与文艺：纪念抗日战争胜利70周年馆藏文物系列展》。

【爱心捐赠】2015年6月，设计院党支部组织党员献爱心活动，共捐款900余元。

（九）工会小组工作

【概述】2015年设计院工会小组继续围绕中心工作开展活动，增进员工间的沟通与交流，传递友谊与正能量，促进设计院的业务水平与员工素质的提高，起到了有效的沟通纽带和桥梁的作用。对老弱病残的员工送爱心，体现设计院大家庭的温暖。

【举办解读体检报告专题讲座】2015年1月22日，设计院邀请校医院的医生来为员工解读体检报告，使员工对于各种体检数据以及疾病的预防知识更加了解。体现了我院关爱员工健康，关心员工生活的团队文化建设工作成果。

【健步走活动】2015年12月8日，设计院组织在校员工进行健步走运动比赛，鼓励大家通过健身运动，增强体质，更好的投入工作。

【政务礼仪培训】 2015年12月10日，设计院组织政务礼仪培训讲座。各机关服务人员和经营工作人员积极参加培训。通过培训，使员工增加了对外交流及业务往来时所必需的礼仪知识，对于提高自身素养，提升设计院形象起到了一定的作用。

（十）产学研工作

【概况】 设计院作为学校的校产企业，和学校有着密不可分的联系。设计院积极利用这一优势，充分发挥产学研基地的作用。今年，技术部组织各设计部门，为各学院提供研究生课题19项，并有18项课题被研究生选中，占全校研究生实习基地提供课题总数的半数以上，得到学校研究生处高度认可。接纳研究生、本科生实习20人次，参与研究生答辩工作4人次，我院技术骨干被聘为建筑大学研究生导师6人次。设计院还与校内建筑与城市规划学院、土木与交通工程学院、环境与能源工程学院、电气与信息工程学院开展多方合作，共同研究绿建节能、加固改造、海绵城市、分布能源、BIM应用等课题，利用研究成果指导现实设计工作，并在海绵城市的科研转换项目方面和BIM实际应用方面，取得了可喜的进展。

【北京市医管局研究课题】 2015年12月，设计院完成北京市医院管理局"北京市属医院导医标识系统设计指南"课题研究，并进行成果汇报。

【丰台区教委研究课题】 2015年12月，设计院与丰台区教委签署全面合作协议，设计院承担《北京市丰台区中小学建设标准》系列研究任务，今后每年都会有相关课题进行专项研究。

【学校研究生培养】 2015年设计院获批学校第三批"城乡建设与管理"产学研联合研究生培养基地资助项目15个，7人担任研究生导师。6人被聘为经管学院研究生导师。

（曲秀莉 李 维 罗 辉 王 玮 王 玥 高 韬 孙 明 王建宾）

四、北京建工远大建设工程有限公司

（一）概况

北京建工远大建设工程有限公司（以下简称公司），系北京建筑大学直属企业。公司是于1993年成立的国有独资建筑市政施工企业，具有房屋建筑工程施工总承包贰级、市政公用工程施工总承包叁级，装修装饰专业承包贰级，钢结构工程贰级，防水工程专业承包贰级。张宝忠任公司总经理、法定代表人。

公司以建筑大学专家教授和高新技术为依托，拥有雄厚的专业人才队伍、资金和技术实力，现有工程技术人员150余人，中高级职称42人，项目经理25人，其中一级注册建造师12人，二级注册建造师13人，机械设备总值近千万元。

自公司成立以来，先后承建各类住宅建筑、工业厂房、公共建筑、学校建筑、大型商贸市场100万平方米等民用建筑，以及市政道路、桥梁、给排水、热力燃气管道防水工程和绿化工程数万平方米。作为学校所属企业，公司多年来一直致力于推动产学研协同发展，现已成为学校学生生产和管理实习的主工基地，学校教师和科研人员的科研成果推广、应用、开发的产学研基地。

公司成立至今，始终坚持诚信为本、信誉至上的经营理念，秉承质量第一、安全为重的工作标准，使公司业务规模不断扩大。围绕"以人为本"的宗旨，不断的引进人才、培养人才，适时增强公司的人才队伍建设。

时尚的设计，精湛的工艺，合理的施工，完善的售后，营造舒心的经营氛围，因为专业，所以卓越。

（二）管理工作

【概述】 2015年是公司锐意进取、稳步前行、创造更好成绩的一年。在这一年里，公司进一步落实企业内控管理，完善管理制度，深化绩效考核，这些工作进一步提升了管理水平，促进了管理工作规范化、科学化，使公司运营管理、市场开拓、产值增效、利润提升方面，都迈上了一个新台阶。

【召开管理工作会】 2015年7月份公司召开全员管理工作会，会上公司将"项目承包责任制"管理理念进行宣贯，并达成共识，2015年率先在结构实验室和圆恩寺项目实施项目管理目标责任制度。

【三标管理体系认证审核】 2015年12月，公司通过质量、环境和职业健康安全管理体系认证监督审核。

（三）经营工作

【概述】 为保证2015年经营目标的实现，公司把市场开拓放在首位，积极开拓校外市场，重点对新增的古建资质进行拓展，承接了3000万元的后院恩寺7号、9号工程项目。公司与北京京航建筑有限责任公司合资成立了北京北建大建设工程有限公司，并依靠合作单位的市场脉络，承接了文物保护工程项目，与此同时还先后承接了土交实验室项目、职业康复中心1号楼等4项、麦邦光电生产楼等三项、学校部分宿舍楼维修改造工程等一批工程管理项目。以上项目的承接，不单单体现在合同额的增加方面，更主要的是开拓了市场，通过新的资质、与合作公司联营等形式，为日后拓宽市场，增加市场份额，积累了经验。

2015年建工远大承建工程情况一览表（代表性工程）

序号	工程名称	负责人	建设单位	合同额（元）	起止时间
1	西城校区大门外饰面维护改造	冯永昌	北京建筑大学	915765.00	2015.03.22
2	东城区圆恩寺后街7、9号四合院修缮工程	庞涛	百荣投资控股集团有限公司	15000000.00	2015.07.13
3	结构实验室组团室外装饰挡墙工程	崔剑平	北京建筑大学	3045019.35	2015.05.06
4	大兴校区2#配电室工程	崔剑平	北京建筑大学	806863.25	2015.05.20
5	劳动人民文化宫展览展示项目窗扇修缮工程	庞涛	北京市劳动人民文化宫	5180561.24	2015.01.06
6	北京最美的乡村（西麻村）项目	周宝宁	中国人民解放军总政治部歌舞团	8461577.16	2015.10.08

（四）人力资源工作

【概述】2015年，公司根据发展需要，组建自己的专业项目部，引进高级管理人才，人员规模达到80人。

（五）财务工作

【概述】截至2015年年底，公司累计签订工程项目合同28项，合同总额为2.51亿元，超出计划合同额的20%。公司全年实现总产值1.8亿元，完成计划产值的82%。各项指标基本完成了2015年计划指标。上交管理费：500万元。

（六）企业荣誉

【概述】2015年12月份通过公司对安全生产的高度重视，教工学生食堂项目部被评为大兴优秀项目部。同期荣获"北京市安全文明工地"和"结构长城杯银奖"的两项殊荣。

（高丽敏　王建宾）

五、北京建达兴工程咨询有限公司

（一）公司概况

北京建达兴工程咨询有限公司（以下简称公司）成立于2011年4月，隶属于北京建筑大学，专业从事工程咨询、工程建设全过程项目管理。公司员工均具有中、高级职称及国家相关专业执业资格，是一家知识密集型咨询管理公司。

公司依托于北京建筑大学的专业化优势及深厚的行业人脉资源，可提供规划咨询、可行性研究、项目建议书、工程造价咨询、设计管理、全过程项目管理等一条龙服务的专业工程咨询。公司具有国家发改委颁发的工程咨询丙级资质，北京市建委颁发的造价咨询乙级资质和招标代理暂定级资质，并于2013年7月通过质量、环境和职业健康安全管理体系认证。

公司先后承接了北京建筑大学大兴新校区（一、二期）、北京信息科技大学新校区、北京理工大学国防科技园、中国石油大学行政办公楼、北京中医药大学良乡新校区、首都师范大学南校区行政教学楼、北京舞蹈学院学生宿舍综合楼、北京电影学院摄影棚、图书馆等项目的前期咨询、项目管理和造价咨询服务。

公司一贯秉承"开拓、创新、专业、诚信"的企业精神，遵循"以口碑获得信赖，以信赖创造价值"的经营方针，牢固树立"建达兴咨询"管理品牌，希望通过我们专业咨询、精心管理，为客户带来良好的经济效益和社会效益。

（二）管理工作

【概述】公司一直以来都将管理放在突出位置，作为极重要的工作来抓，2015年，公司围绕着完善内部管理，强化执行力这一中心思想开展各项工作，通过强化绩效考核、规范制度、完善管理、强化责任等方法进一步提高执行力和工作效率，促进了管理团队建设和各项工作的落实。

【召开全员培训会】2015年，每季度组织公司全员培训会，解决项目实施过程中遇到的各类问题，对三体系文件、项目管理实践经验等进行培训，着力增强公司核心竞争力。

（三）经营工作

【概述】2015年公司发展进入瓶颈期。需进一步加强创新意识，不断拓宽思路和渠道，以创业精神做好经营工作。虽然面对困难，但公司实现了净利润的增长，完成了学校的上交任务，确保国有资产的保值增值。

2015年，公司共签订合同9份，合同总额489.69万元，回款840.4万元。实现净利润53万元，比2014年增长155%。全资子公司北京建大兴业工程造价有限公司签订合同8份，合同总额378.91万元，回款210.5万元。实现净利润50.8万元，比2014年增长56%。

（四）人力资源工作

【概述】健全和完善人力资源管理的相关机制，根据公司的经营战略及发展目标，按照专业化、理性化、系统化的人力资源管理理念和技术，完善公司人力资源管理平台。

（五）财务工作

【概述】2015年较好地完成了财务核算、纳税申报、预、决算编制等管理工作，充分发挥了核算、监督职能。对公司财务状况、经营成果、现金流量进行了动态分析和预测，进一步加强了公司财务动态监测管理工作。

【主要数据】2015年收入793万元；利润总额64万元；净利润53万元；上缴税费90万元，其中：增值税48万，个人所得税25万元，企业所得税14万元，城建税3万元；上缴管理费40万元。

（六）文化建设工作

【概述】加强文化建设，关心员工身心健康，通过组织员工健身锻炼、体检，及生日送祝福等活动，构筑共同的价值观念。进而增强企业的凝聚力、执行力和创造力，达到提升企业核心竞争力的目标。

（伊勇适　杨国康　王建宾）

六、北京建工建方科技公司

（一）概况

北京建工建方科技公司（以下简称公司）成立于1993年，隶属北京建筑大学，系北京中关村高新技术企业。2008年起，公司主营业务调整到三维激光扫描测绘、地理信息系统工程、精密测量工程等领域。近年来，公司依托北京建筑大学雄厚的教学及技术力量，实现了产、学、研的有机结合，尤其在高新测绘技术方面，走在了行业的前列。王晓刚任公司总经理、法定代表人。

公司具有乙级测绘资质，2009年成为北京中关村高新技术企业，2011年公司通过了质量管理体系、环境管理体系和职业健康管理体系的认证，公司也是北京建筑大学的实践教学基地。

目前，公司拥有三维激光扫描测绘、地理信息系统、精密测量工程和文物保护领域等方面的专家和各类专业技术人员49余人。下设经营部、财务部、综合办公室三个职能部门，三维数字营造中心、地理信息中心、测绘工程部三个业务部门，拥有多型号三维激光扫描仪、数台品牌全站仪、GPS 接收机、精密数字水准仪、图形工作站、专业摄影设备等，并配有专业数据处理软件。公司在行业主管单位和北京建筑大学等单位的大力支持下，经过多年的项目实践、技术开发和应用，沉淀了建工建方企业作业流程和技术标准，形成了高新测绘企业自有的技术运行管理体系。

公司在三维激光扫描和三维 GIS 等高新测绘技术应用方面走在了同行业的前列。近年来，在文物保护、工业遗址、馆藏文物、现代特异型建筑测绘方面，以及在建筑设施信息管理系统、遗产建筑和遗址信息管理系统、虚拟现实、三维打印等方面进行了大量的应用、开发和实践。针对三大主营业务，以客户需求为主线，定制和深化测绘工程、三维激光扫描和三维 GIS 三大业务模块的服务及问题解决方案，力争做到方案先行，客户满意。

（二）管理工作

【制度修编】2015 年 3 月公司完成了对 2014 版《管理制度手册》、《薪酬管理制度手册》部分内容的补充和说明，形成了比较完善的标准化工作体系，进一步明确工作内容和职责，规定了标准化工作体制、组织机构、任务、职责、工作方法与要求。

【岗位设置】2015 年 3 月公司领导班子及部门负责人调整，任命吴耐明为总经理助理，部门正副职岗位配备齐全，形成稳定的领导班子及中层以上管理班子成员。

【资质管理】2015 年 4 月新增地下管线测量和房产测绘两项资质，进一步拓展了公司相关业务的深度和广度，为开展地下管线测量和房产测绘工作提供了有力的资质保证。

【三标体系】2015 年 10 月，公司顺利通过"三标管理体系"的再认证。

【高新技术】2015 年 12 月公司通过了中关村高新技术企业复审取得新证书，同时获取《大同云冈石窟博物馆虚拟展示系统》和《湖南省博物馆建筑信息管理系统》两项计算机软件著作权，对建工建方的自主创新发展起到重要的推动和促进作用，为坚持走高新技术企业道路迈出坚实的一步。

（三）经营工作

【概述】2015 年公司定制深化项目解决方案，倡导云经营理念，广开渠道积极拓展经营市场。根据公司以高新测绘和地理信息应用开发为主导，传统测绘技术为支柱的业务定位。为此，公司组织各部门详细划分业务范畴，总结定制、深化客户需求的解决方案。

【经营业绩】公司新签合同 62 项，合同额 794 万元，超额完成了公司年合同额 780 万元指标，完成率 101.79%，同比增加 10.3%。

2015 年建工建方承揽主要项目一览表

序号	项目名称	负责人	建设单位	合同经费（万元）	起止时间
1	首钢西十筒仓三期建筑、结构布局三维激光扫描测绘	丁延辉	北京首钢国际工程技术有限公司	40	2015.07.30-2015.08.30
2	北京至石家庄客运专线铁路工程衙门口北街框架中桥工程京广高速铁路工程第三方监测委托合同	吴耐明	北京帝测科技股份有限公司	33.6	2015.03.24
3	北京至石家庄客运专线铁路工程衙门口北京框构中桥工程燃气管线第三方监测及物理探测委托合同	吴耐明	北京帝测科技股份有限公司	29.4	

续表

序号	项目名称	负责人	建设单位	合同经费（万元）	起止时间
4	盾构直接切削围护结构始发与接收监测技术	王晓刚	北京市建设工程质量第三检测所有限责任公司等10家单位	56.8	2015.03.01-2015.12.30
5	北京大学人民医院白塔寺院区近现代文物建筑精细测绘与建模	丁延辉	北京大学人民医院	32	合同签订之日起至设计任务完成之日
6	青岛市红岛-胶南城际（井冈山路-大珠山段）轨道交通工程项目（5合同段）工程监测	王晓刚	北京城建勘测设计研究院有限责任公司天津分公司	134.8	合同签订之日起至土建完工后二个月
7	新建工程穿越热力管网安全保护技术研究	王晓刚	北京市热力集团有限责任公司	50	2015.09.20-2016.12.31
8	文物建筑三维信息采集技术	吴志群	北京工业大学	43	2015.09.25-2015.12.31
9	北京CBD核心区地下空间、交通大厅北段基坑施工变形监测	吴耐明	北京城建集团有限责任公司	40	2013.09-2015.12.30

（四）财务工作

【主要数据】公司完成营业收入747.8万元，超过年预算742万元的营业收入指标，完成率100.8%，同比年增加36.7%。公司实现净利润68.70万元，全年上缴税金48.94万元。2015年，公司总资产885.03万元，比2014年同期817万元增加68.03万元，增长8.3%，公司资产总额及税金实现上升。

（五）人力资源管理

【概述】2015年公司在职人员总数49人，正高级职称1人，中级职称7人，初级职称12人，研究生4人，本科16人，大专18人，中专8人，高中3人，人员年龄结构年轻化。

（六）文化建设

【公司宣传】2015年5月开通公司公众微信账号平台，制作公司及业务部门宣传折页，实行走出去战略，开辟多渠道的公司宣传，扩大公司的知名度。

【文体活动】2015年8月组建篮球队和羽毛球队，定期组织活动，凝聚团队精神，丰富员工的文体生活。

【技能大赛】2015年12月举办员工测绘实践技能大赛，为员工提供展示的平台，也为企业选拔技术能手。

（七）对外交流

【协会活动】2015年4月公司派员工第一次参加了北京测绘学会组织的定向越野比赛，卿照获得女子组第三名的好成绩；11月参加北京测绘学会2015年学术年会暨第十二届一次理事会。

【规程参编】2015年4月公司组织了地铁盾构直接切削玻璃纤维筋混凝土结构地方规程编

制，以及地铁注浆等科技项目的研究和实施。

【石窟寺保护】2015年6月公司在与云冈合作十年的基础上，促成了学校与云冈研究院的人才培养基地建设合作和挂牌。

【专业授课】2015年8月公司副总经理丁延辉和总经理助理吴耐明代表公司参加了国家文物局古建筑培训班测绘和高新技术应用讲座；11月公司副总丁延辉受邀代表公司参加了测绘学会在黄山组织的三维激光测绘的技术讲座。

（八）产学研工作

【概述】2015年公司紧密围绕产学研用开展业务活动，充分发挥校企平台和媒介作用。2015年公司分别与校实训中心、建筑学院实验室、资后处、测绘学院等进行多次沟通、协商，达成一定的合作意向，并进行一些意向性实验和合作，如两校区实验室面积的普查和测绘、山西晋城会馆扫描项目等，公司与实训中心合作，利用德国蓝光摄影扫描设备完成了部分文物的精细建模。公司还与校地下工程实验室等进行了地下工程施工车站三维模拟系统的应用合作和开发，并为学校学生实习发挥了教育实习基地的作用。

（刘 伟 王建宾）

七、北京致用恒力建筑材料检测有限公司

（一）公司概况

北京致用恒力建筑材料检测有限公司（以下简称公司）于2006年9月注册成立，前身为北京建工学院中建新力材料检测所。公司隶属北京建筑大学（原名：北京建筑工程学院），是学校的校办企业和对外服务的窗口，也是北京市高校中唯一具有建设工程检测资质的校办检测机构。严新兵任公司总经理、法定代表人。

北京建筑大学为公司提供了得天独厚的人才、资金、地域、设备和环境的优势，这个优势为公司科学、准确、公正、规范地进行检测工作提供了保障，十余年的公正检测使公司成为工程建设方首选的试验检测单位。自1996年至今公司承检单位工程项目3150余个，相比2014年增长1%，总建筑面积达1800万平方米，公司所承揽的主要项目类型有：地铁、古建及部分房建。

（二）管理工作

【概述】2015年公司制度进一步完善，在继续执行公司《人力资源管理办法》、《市场经营管理办法》、《固定资产管理制度》、《印章使用审批制度》的前提下，修订了《奖惩管理制度》，使公司管理逐渐制度化、规范化。在公司全体员工的共同努力下，2015年公司圆满完成北京市住房和城乡建设委员会复评审工作，扩项30个涉及183个参数，为公司今后发展打下了良好基础。

（三）经营工作

【概述】公司保持"巩固扩大房建市场、稳固加强古建市场、开拓新兴市场"的经营战略指导下，房建检测市场得到了进一步提升和加强（古建收入占总收入的20%，地铁收入占总收入的20%，房建收入占总收入的60%）。

（四）人力资源工作

【概述】2015年公司在职员工20名，公司员工队伍较为稳定（不含5名长期劳务人员），从目前业务量来看，现有员工基本能满足公司业务需要。

（五）财务工作

【概述】2015年公司实际收入434.72万元，营业税金及附加1.56万元，净利润8.64万元，上交管理费用20万元。收入与上年基本持平，利润较上年有所增长。

（高方红　王建宾）

八、北京学宜宾馆有限公司

（一）概况

北京学宜宾馆有限公司（以下简称宾馆），隶属于北京建筑大学。1998年11月1日试营业，1999年9月21日正式取得接待国内外宾客的特级旅店资质。宾馆拥有全套独立对外经营资质，注册资金50万。原拥有客房25间，2014年8月装修报告厅及卫生间占用一间客房，现为24间客房，报告厅一处。马小华任总经理、法定代表人。

宾馆属于24小时营业的特种行业，服务和安全保障要全覆盖，因此涉及的工种、班次较多，包括前台接待、客房、维修、夜班、安保、库管等。为节省开支，我们最大限度地安排兼职兼岗。现有人员9人（不含委派的财务人员），其中高级服务师2人，中级服务师2人，中级工1人，大专学历以上4人。

作为北京建筑大学校内唯一有住宿服务接待资质的小型企业，自成立以来，始终树立学校利益第一的思想和意识，始终把满足学校的接待需要尤其是重大接待需要，作为宾馆开展经营活动的基本准则。在学校一系列本科及专业学科的教学评估、党建和思想政治工作评估、建筑类高校书记校长论坛等活动中，宾馆始终按照学校的安排严格执行，认真落实，高质量、高水平地完成了各项接待工作，受到校领导的多次肯定和表扬。

近年来，在上级党委及行政的领导下，宾馆各项管理制度不断完善，各项工作有章可循，工作效率不断提高，服务水平不断提升。作为校办企业，有着自身的特殊性，通过统筹校内外两个市场，兼顾服务与经营两个任务，积极主动开拓校外资源，达到以外养内，学校利益最大化的目的。通过宾馆团队的共同艰苦努力，学宜宾馆近年来圆满完成了各项经营指标，每年均被西城公安分局评为安全保卫工作先进单位，截至2015年年底，累计完成上缴任务近781.7万元。

（二）管理工作

【概述】宾馆在2015年管理中，继续深刻认识并牢固树立"学校利益高于一切"的经营理念。积极有效地处理好服务学校与创收的理念。在服从学校统一安排的条件下，积极主动开拓校外资源，以外养内，以外补内。继续做好前台收款业务的管理工作，严控风险点。选择品德好的同志担任此项工作。制定严格的制度。长期以来，始终坚持前台《日报表》三方审核四人签字的管理办法。

【日常管理】继续做好客房卫生清洁的管理工作。继续做好安保、设备的巡检工作。进一步强化全员安全生产意识，每日专人巡查变电箱、污水井、锅炉房、燃气表房、总机、烟感报警器等设备，若发现隐患，立即组织人员抢修。并坚持填写每日巡查记录，确保宾客人身及财产安全，确保宾馆财产安全且无事故。

（三）经营工作

【概述】2015年在经营用房有所减少，以及经营形势严峻的情况下，年初投入五万元，将2套1标的卫生间进行了重装，粉刷了楼道，更换了LED灯具；完成了继黑龙江电视台"全国两会报道组"入住，国家文物局培训班入住，顺利完成了"纪念世界反法西斯战争胜利70周年暨中国人民抗日战争胜利70周年大阅兵"提供安保服务的辽宁刑警学院45天的住宿任务，完成校院级会议30余场。

（四）财务工作

【概述】2015实现净产值208万元，完成预算收入180万元的115％。实现财务收入220多万元，上缴国家税金万元，净利润万元，资产总额万元。

团体大客户构成情况

序号	客房	报告厅
1	国家文物局 31.5 万元（两期培训班，各为期一个月）	华章 MBA 8.3 万元（2014 年 6.8 万元）
2	刑警学院 10.3 万元	黑龙江电视台 4.1 万元（2014 年 3.9 万元）
3	中国建筑文化发展中心培训部 9.8 万元	校内各类会议 5 万元（2014 年 1.7 万元）
4	黑龙江电视台 8.3 万元	鲁班培训 1.3 万元

（马小华　王建宾）

九、北京天乐服装批发市场有限公司

【概述】2015年7月，北京天乐服装批发市场有限公司完成工商年检激活，名称变更为北京建大投资有限公司。

（王　珏　王建宾）

十、北京建广嘉业房地产开发有限公司

（一）概况

北京建广嘉业房地产开发有限公司成立于2011年，隶属于北京建筑大学，由北京建筑大学全资企业北京建大资产经营管理有限公司、北京建工京精大房工程建设监理公司、北京建工建筑设计研究院、北京建工远大建设工程有限公司四家企业投资筹建。公司业务范围涵盖房地产开发，销售商品房，投资管理，项目投资，物业管理，工程技术咨询，租赁建筑设备，承办展览展示，设计、制作、代理、发布广告，家居装饰及设计，仓储服务

等业务。公司目前有员工3人，丛小密兼任董事长、总经理、法定代表人。

（二）管理工作

【概述】依托于北京建筑大学的教学、科研资源，拥有强大的校友团队及国内外知名专家教授团队。凭借北京建筑大学搭建的交流平台，通过社会服务与各省市建立了良好的社会关系，形成了经验丰富、技术过硬、专业齐全，具有较高科研及开发建设水平，富有创新精神的经营团队。

（三）经营工作

【概述】北京建筑大学西城校区科技园规划方案构想的提出和设计，自2013年开始至今，已经历时近2年，为了符合北京市未来发展战略和科技创新新常态的要求，科技园的规划功能定位经过了反复的论证和调整过程。期间总计完成编制规划建设方案30余套（其中规划设计方案20余套，多媒体规划汇报方案2套，项目咨询策划方案2部，科技园项目可行性研究报告一部）。

（四）人力资源工作

【概述】在编人员3人，学校编制0人。

（五）财务工作

【概述】2015年营业总收入886.37万元、成本费用总额825.69万元、利润总额74.14万元，实现净利润60.82万元。2015年上交税费共计85.35万元。

（宛　霞　王建宾）

十一、北京北建大科技园发展有限公司

【概况】北京北建大科技园发展有限公司（以下简称公司）成立于2015年7月20日，是法人独资公司。主要经营范围包括：科技企业的孵化；技术开发、技术咨询、技术服务、技术推广、技术转让、技术培训；企业策划；企业管理咨询；设计、制作、代理、发布广告；组织文化艺术交流活动（不含演出）；承办展览展示；应用软件服务；软件开发；会议服务等。

（宛　霞　王建宾）

十二、北京北建大物业管理有限公司

（一）概况

北京北建大物业管理有限公司（以下简称物业公司）成立于2015年6月28日，由北京建工远大建设工程有限公司出资设立，注册资金100万元，法定代表人张宪亭。公司隶属于北京建筑大学，公司依托北京建筑大学的专业化优势，提供专业的物业服务。公司下设综合办公室、质量管理部、经营开发部、财务部四个职能部室及各物业项目管理部，物业项目管理部按照业务职能划分分为工程、环境、安保、客服四个中心。在提供常规物业服务的同时，积极拓展经营服务范围，先后开展了车辆运输服务、会务服务、康体健身服

务等一系列项目。

（二）管理工作

【概述】 公司自成立后，立足学校，沿着学校大后勤大保障深化改革的道路不断进取，在完成学校后勤物业保障工作的基础上，在制度建设、队伍建设、经营拓展、文化建设和党组织建设等方面扎实工作，锐意进取，随着一系列制度、标准的落地和实施。物业公司迈出了规范管理、流程管理和细节服务的第一步，企业各项管理工作逐步走向正轨。公司结合物业企业特点及自身发展方向，制订了"以人为本、亲情服务，规范管理，树立品牌"的十六字质量方针。

【组织架构】 公司在成立之初在充分考虑未来2-3年发展规划的基础上，结合物业管理特点，对公司刚成立时设计的公司组织架构进行了调整和重构，通过对公司架构的完善，公司将实现物业管理项目化的管理模式，为公司未来承接大兴校区物业服务、西城校区大科园物业服务、居民楼物业服务及其他物业项目奠定组织架构基础。

【制度建设】 公司在成立之初开展了集中的制度建设工作。各部门负责人详细梳理了本部门的各项工作，并在此基础上编制了完备的各项工作制度和岗位职责，这个制度将成为公司未来高效运转的制度保障。其中，新的薪酬体系在经理办公会讨论后，经过试运行，实现了原后勤集团到物业公司薪酬的顺利过渡。新的薪酬体系较原后勤集团薪酬体系，发生了质的改变，结合岗位工作性质、工作特点及社会行业薪酬水平，对原薪酬体制进行了大刀阔斧的改革。新制定的薪酬体系，突出绩效管理，强调工作的量与质，不但实现了同岗同酬、奖勤罚懒、多劳多得的薪酬原则，同时也兑现了公司成立时向员工们提出的工资收入普涨的承诺。

（三）经营工作

【概述】 公司目前承接北京建筑大学西城校区物业管理、大兴校区部分楼宇物业管理和学校附属住宅物业管理。

【引进商贸】 公司通过从社会引进高品质服务合作伙伴的方式，已经基本搭建起一个较为完整和高层次的校内经营服务体系。小麦公社、水果店、理发店、图文社等商贸点的开业及升级，为西城校区师生员工构建了一个方便舒适的校园经营服务圈。其次，咖啡店的入驻将成为西城校区文化建设、休闲服务的新核心。

（四）人力资源工作

【概述】 公司以薪酬体系做保障，企业文化做引导，采取对外引进、对内培养的方式，逐步构建了公司新的管理队伍。目前公司中层干部队伍，先后从外引进3人，从内培养选拔2人，他们与原有人员共同承担起物业公司管理与服务的责任，目前这支管理团队老、中、青梯队合理，专业突出，关系融洽，已经基本实现了公司队伍建设的第一步工作。公司成立以来，高层领导先后通过专业学习培训、员工代表座谈、专题问题讨论、一线岗位调研、参与一线工作等多种方式与一线员工做近距离沟通交流，使大家从内心认同企业。

（五）财务工作

【主要数据】 2015年全年实现营业收入92.11万元，自成立至年底净亏损71.37万元；上交税费3.82万元，其中营业税2.99万元；资产总额1515.96万元。

（六）文化建设

【概述】 公司在创立之初，就确定了规范管理、树立品牌，以人为本、亲情服务十六字方针的管理与服务理念。这一理念将作为公司企业文化建设的核心内容，融进企业管理与服务行为中。公司启动了网站及公众微信号建设；公司对外宣传公告栏及LED屏也已投入使用并定期更新；公司还每月组织当月过生日员工举办生日会，彼此沟通了感情，使每位在外务工者找到了家的感觉。今后公司也将在其他方面不断丰富和完善企业文化内涵建设，使其真正成为鼓舞士气、团结队伍、推崇正能量的有力武器。逐步形成物业公司自己的具有凝聚力、感召力和使命感的企业文化。

（七）支部党建工作

【概述】党支部秉承"守正笃实、无怠无荒"的宗旨，以"讲实际、重实效、办实事"为工作原则，以建设"学习型、服务型、实效型"的团队为奋斗目标，积极开展各项活动。

【党员实践活动】党支部自成立以来，先后开展了清擦垃圾箱、捡拾烟头、深入车队调研、参观焦庄户抗战遗址、参加新薪酬工资说明会等活动。这些活动的开展激发了党员的爱国热情，拉近了党组织和群众的距离，帮助群众解决了工作和生活中遇到的难题和困难，受到员工的一致好评。

【党员教育活动】党支部陆续开展了中国共产党的指导思想，互联网＋、大数据与物业服务，中国共产党廉洁自律准则和纪律处分条例，全国两会、中央城市工作会会议精神，物业企业相关法律知识培训，"补足共产党人精神上的钙"等学习活动，观看"反腐倡廉"主题纪录片活动，学习习近平视察"八一"学校讲话等教育活动。党员在线学习100%完成。

（何　驰　王建宾）

第十四章 毕业生名单

一、2015年北京建筑大学本科毕业生名单

序号	班级	姓名	序号	班级	姓名	序号	班级	姓名
1	材111	李旭涛	29	材111	王靖婷	57	地111	张彦
2	材111	秦禹	30	材111	李少武	58	地111	高楚君
3	材111	高岩	31	材111	张思楷	59	地111	林琳
4	材111	冯宇婷	32	测111	徐雪男	60	地111	缪云龙
5	材111	韩昌君	33	测111	王心怡	61	地111	程远
6	材111	邢君	34	测111	席帆	62	地111	王柳
7	材111	李梦泽	35	测111	尤欣悦	63	地111	闪永川
8	材111	胡剑琛	36	测111	刘玉婷	64	地111	王梦琦
9	材111	甄理	37	测111	谭然	65	地111	王子强
10	材111	张润森	38	测111	朱祎祎	66	地111	刘玉
11	材111	刘阳	39	测111	张凯伦	67	地111	曹毅满
12	材111	孟琦	40	测111	杜泽乔	68	地111	魏东
13	材111	陈雷	41	测111	吴桐	69	地111	李艳鹏
14	材111	张启静	42	测111	邓健平	70	地111	李穆
15	材111	刁鹤	43	测111	曹毕铮	71	地111	王再玉
16	材111	董跃	44	测111	王红蕊	72	地111	张晟源
17	材111	郝蕴	45	测111	李壮	73	地111	刘飞
18	材111	何鑫	46	测111	张冬卿	74	地111	刘景灿
19	材111	彭小东	47	测111	薛文晧	75	地111	张彧
20	材111	张雪	48	测111	周星琛	76	地111	孟繁星
21	材111	关瑞阳	49	测111	张计岩	77	地111	陈倪
22	材111	秦隆震	50	测111	郭大帅	78	地111	张屹然
23	材111	陈礼	51	测111	黄宇枢	79	地111	辛英惠
24	材111	崔鑫有	52	测111	周玥	80	地111	许佳宾
25	材111	李伟光	53	测111	刘灏	81	地111	王攀
26	材111	梁少凡	54	测111	王瑜	82	地111	张俊杨
27	材111	葛强	55	地111	蒋志超	83	地111	周静
28	材111	王福晋	56	地111	朱逢宁	84	地112	马博文

续表

序号	班级	姓名	序号	班级	姓名	序号	班级	姓名
85	地112	张申	121	地113	沙玛莎莎	157	地113	谭轲
86	地112	赵沛然	122	地113	陈旭江	158	地113	蒋汪洋
87	地112	张晨	123	地113	韩晔	159	电气111	李博文
88	地112	潘昕	124	地113	张圣伦	160	电气111	周晓蕾
89	地112	高超	125	地113	杨碧华	161	电气111	吕扬
90	地112	张子钰	126	地113	梁雪莹	162	电气111	何学宇
91	地112	孙帅	127	地113	董梦	163	电气111	王晓放
92	地112	王英杰	128	地113	周志成	164	电气111	张博文
93	地112	宋心悦	129	地113	庞博	165	电气111	王乃琦
94	地112	王雪梅	130	地113	卢钊	166	电气111	默然
95	地112	张慧	131	地113	赵逸凡	167	电气111	史一锐
96	地112	杨森	132	地113	陈宇恒	168	电气111	田舜禹
97	地112	李可心	133	地113	包晓玄	169	电气111	李雨溪
98	地112	张晓瑄	134	地113	张艺薇	170	电气111	纪凡
99	地112	陈玥妍	135	地113	吴涧桥	171	电气111	毕然
100	地112	姜俊奇	136	地113	张晴	172	电气111	金星辉
101	地112	郭建嵩	137	地113	王祎	173	电气111	周势雄
102	地112	郑康	138	地113	左思哲	174	电气111	姚大卫
103	地112	杨光	139	地113	张桦楠	175	电气111	兰媛媛
104	地112	邱乾镝	140	地113	马斯鸣	176	电气111	张拗凡
105	地112	阿依努尔·玉山江	141	地113	王家欢	177	电气111	李一鸣
106	地112	刘爽	142	地113	姚毅	178	电气111	牟笛
107	地112	张博超	143	地113	邵云锋	179	电气111	岳坤
108	地112	郑峻鹏	144	地113	张硕	180	电气111	刘江龙
109	地112	张迪	145	地113	于成龙	181	电气111	张家贝
110	地112	赵任义	146	地113	蔡雨桐	182	电气111	马千惠
111	地112	支宇	147	地113	肖寒	183	电气111	朱浩楠
112	地112	郭晓路	148	地113	付艳丽	184	电气111	钱晨豪
113	地112	单天鹤	149	地113	于海鹏	185	电气111	范嘉琪
114	地112	谢立	150	地113	吴爱梅	186	电气111	张逸豪
115	地112	彭鹏	151	地113	尼玛旦增	187	电气111	王浩
116	地112	裴松云	152	地113	高峰	188	电气111	徐靓
117	地112	张栋	153	地113	柴成文	189	电气111	张峻玮
118	地112	周婧狄	154	地113	孙率	190	电气111	刘国帅
119	地112	林佳丽	155	地113	郭世杰	191	电气111	蒲天
120	地112	连慧斌	156	地113	李卓璇	192	电气112	董明虎

续表

序号	班级	姓名	序号	班级	姓名	序号	班级	姓名
193	电气112	侯翔	229	电子111	张笛	265	动力111	孙柏屹
194	电气112	杨晓刚	230	电子111	翟杰	266	动力111	徐平
195	电气112	邓冉冉	231	电子111	郭春阳	267	动力111	赵凌枫
196	电气112	朱鸣宇	232	电子111	王诗洋	268	动力111	张晨
197	电气112	刘思宇	233	电子111	刘丹奕	269	动力111	乔婧怡
198	电气112	冯凯文	234	电子111	宋海楠	270	动力111	王悦
199	电气112	李乐	235	电子111	付德银	271	动力111	褚超
200	电气112	姚震	236	电子111	兰剑	272	动力111	王学渊
201	电气112	张天际	237	电子111	高海峰	273	动力111	杨云帆
202	电气112	博爱	238	电子111	蒋洁婷	274	动力111	李远洋
203	电气112	魏志凯	239	电子111	陆阳	275	动力111	马文鹏
204	电气112	高毅	240	电子111	张学	276	动力111	雷睿智
205	电气112	张放	241	电子111	胡久靖阳	277	动力111	周鹏飞
206	电气112	阎博萱	242	电子111	张冲	278	动力111	周壮
207	电气112	付承志	243	电子111	迪力亚尔·牙力坤	279	动力111	张爱敏
208	电气112	邱岳峤	244	电子111	关经纶	280	动力111	闫梦霏
209	电气112	于景淇	245	电子111	王晓宇	281	动力111	闫美玉
210	电气112	陈新宇	246	电子111	刘启航	282	动力111	贾晓伟
211	电气112	杨子豪	247	电子111	张时雨	283	动力111	赵旭
212	电气112	李博	248	电子111	崔笑然	284	动力111	夏娇阳
213	电气112	关明朗	249	电子111	王强	285	动力111	孙相宇
214	电气112	贺威	250	电子111	杨灿	286	动力111	刘秀秀
215	电气112	王佳文	251	电子111	崔屹	287	动力111	刘畅
216	电气112	赵博	252	电子111	刘坤	288	动力111	于盛翔
217	电气112	李天	253	电子111	王成龙	289	法111	王鹏
218	电气112	李清涛	254	电子111	谭子杨	290	法111	王心玺
219	电气112	李春燕	255	电子111	汪浩	291	法111	周怡彤
220	电气112	刘帜琦	256	电子111	李敏	292	法111	李成龙
221	电气112	杨雪娇	257	电子111	黄敌展	293	法111	丹睿
222	电气112	盛斌	258	电子111	刘爽	294	法111	杨蕾
223	电子111	张太杰	259	电子111	唐菁	295	法111	山鑫
224	电子111	雍容	260	电子111	庄烨瑶	296	法111	左航
225	电子111	冯天依	261	动力111	王斌	297	法111	甘远达
226	电子111	李文嘉	262	动力111	戎岩	298	法111	李维中
227	电子111	刘思拓夫	263	动力111	沈阳	299	法111	李东泽
228	电子111	王佳亮	264	动力111	李鸣昊	300	法111	贵宾

续表

序号	班级	姓名	序号	班级	姓名	序号	班级	姓名
301	法111	高畅	337	法112	王思元	373	工业111	杨晶
302	法111	陈玲	338	法112	郭鹏	374	工业111	辛颖
303	法111	克丽比努尔·塔依尔	339	法112	王馨甜	375	工业111	白睿
304	法111	程雨晴	340	法112	张艾伦	376	工业111	张婷
305	法111	纪强	341	法112	刘若晨	377	工业111	吴寒
306	法111	彭程	342	法112	邵婧	378	工业111	冯宝金
307	法111	梁杰	343	法112	刘瑞	379	工业111	张志豪
308	法111	姜苗蕾	344	法112	刘仕玉	380	工业111	李佳乐
309	法111	白婷婷	345	法112	肖爽	381	工业111	张赛杰
310	法111	郭婧姝	346	法112	王福强	382	工业111	刘畅
311	法111	舒冬瑶	347	法112	马瑞雪	383	工业111	李文培
312	法111	赵申宜	348	法112	张亚楠	384	工业111	李阳
313	法111	周华宸	349	法112	旦增次仁	385	工业111	胡波
314	法111	王婷婷	350	法112	马小娟	386	工业111	韩宇箭
315	法111	匡红宇	351	工设111	余祺盈	387	工业111	张继胜
316	法111	吴董超	352	工设111	刘凯南	388	工业111	代明竹
317	法111	李凤丹	353	工设111	张硕	389	工业111	刘新祺
318	法111	吴义	354	工设111	兰晓珩	390	工业111	李万宇
319	法111	马天航	355	工设111	姜帅	391	工业111	袁齐
320	法111	葛雨桐	356	工设111	包松宇	392	工业111	冯强
321	法112	沈莲碧	357	工设111	李行	393	工业111	郭云鹏
322	法112	邸碧莹	358	工设111	王罂伟	394	工业111	田济
323	法112	陆源	359	工设111	胡安	395	工业111	吐尔洪·托合提
324	法112	韩霏	360	工设111	杨艺琦	396	工业111	王梦琪
325	法112	卢宇豪	361	工设111	臧丽娜	397	工业111	范寒月
326	法112	李明岩	362	工设111	林宇新	398	工业111	邢慧宁
327	法112	学博文	363	工设111	谢嘉伟	399	工业111	冯高磊
328	法112	蒋晶鑫	364	工设111	顾文博	400	工业111	杨秋敏
329	法112	郑博群	365	工设111	付晨辉	401	工业111	刘念
330	法112	牛春伊男	366	工设111	杜丽娟	402	工业111	杨海龙
331	法112	曹湛仪	367	工设111	杨治学	403	公管111	樊琳
332	法112	王晶	368	工业111	李龙	404	公管111	魏庆
333	法112	朱悦	369	工业111	张金龙	405	公管111	田然
334	法112	周天阳	370	工业111	张成	406	公管111	孙梦玥
335	法112	杨场	371	工业111	陈乔	407	公管111	成雪
336	法112	王婧琦	372	工业111	铁凌然	408	公管111	张雅琨

续表

序号	班级	姓名	序号	班级	姓名	序号	班级	姓名
409	公管111	秦宇瑶	445	公管112	于洋	481	管111	王帅
410	公管111	陈雨桐	446	公管112	王岱珩	482	管111	贾一凡
411	公管111	王逸静文	447	公管112	湛方园	483	管111	杨斯思
412	公管111	李登科	448	公管112	戚琪	484	管111	王雅晴
413	公管111	王凯然	449	公管112	马佳庆	485	管111	唐陈晨
414	公管111	王春蕾	450	公管112	杨赛	486	管111	张鹏
415	公管111	刘寅东	451	公管112	张贺	487	管111	程洪达
416	公管111	王梦媛	452	公管112	郁蕾	488	管111	赵丹
417	公管111	刘思思	453	公管112	魏秀棋	489	管111	张迪
418	公管111	徐赛	454	公管112	张钰	490	管111	吴维邮
419	公管111	韩天娇	455	公管112	刘逍	491	管111	张振
420	公管111	苏金豹	456	公管112	赵艳	492	管111	陈诗月
421	公管111	韩博	457	公管112	佛玉婷	493	管111	万俊伟
422	公管111	王文佳	458	公管112	余琦凡	494	管111	何弘睿
423	公管111	叶蕴勃	459	公管112	陈明珏	495	管111	廖景山
424	公管111	孙伟豪	460	管111	王文晓	496	管111	曲西拉姆
425	公管111	王宇超	461	管111	时悦	497	管111	罗银凯
426	公管111	潘婧	462	管111	张琪	498	管112	祖晨
427	公管111	张璇	463	管111	芦梦雅	499	管112	宋伟
428	公管111	曹凯花	464	管111	张依辰	500	管112	胡小雪
429	公管111	罗静	465	管111	李仁韬	501	管112	胡盛乔
430	公管111	张劼	466	管111	樊程亭柳	502	管112	吴婷婷
431	公管111	刘畅	467	管111	马赛	503	管112	丁玎
432	公管112	杨翠	468	管111	王铎	504	管112	卢迪
433	公管112	牛誉璇	469	管111	李鑫昊	505	管112	侯丹雪
434	公管112	王文婷	470	管111	范涛	506	管112	王燕青
435	公管112	沈笑男	471	管111	张雪强	507	管112	樊亚琛
436	公管112	侯博石	472	管111	杨蓓欣	508	管112	张天伊
437	公管112	闫彦	473	管111	郭龄懋	509	管112	冯剑辉
438	公管112	赵梓淇	474	管111	郝梦轩	510	管112	张潇允
439	公管112	杨天玥	475	管111	戚博晨	511	管112	刁程远
440	公管112	杨思	476	管111	韩丹羽	512	管112	孙凡
441	公管112	周蓓	477	管111	王梦琪	513	管112	翁潇琪
442	公管112	周毅	478	管111	张福逸	514	管112	李梦楠
443	公管112	王贺艺	479	管111	王雨萌	515	管112	刘东君
444	公管112	杨静	480	管111	陈朝	516	管112	赵瑞

续表

序号	班级	姓名	序号	班级	姓名	序号	班级	姓名
517	管112	贾晓茜	553	管113	樊小宾	589	管114	赵晨光
518	管112	张镇	554	管113	陈丽	590	管114	左梁
519	管112	黄思琦	555	管113	焦宇洋	591	管114	耿双灵
520	管112	魏青	556	管113	张鑫	592	管114	刘瑾
521	管112	连艺	557	管113	刘星雨	593	管114	刘君辉
522	管112	王月	558	管113	唐君	594	管114	赵婧华
523	管112	于洁	559	管113	张育奎	595	规101	邵龙飞
524	管112	赵婷婷	560	管113	李妮芝	596	规101	张超
525	管112	门宗伟	561	管113	王晓丹	597	规101	李劭天
526	管112	张子阁	562	管113	王然	598	规101	李美仪
527	管112	张瑶仙	563	管113	江山	599	规101	于寒露
528	管112	马乐	564	管114	范雪风	600	规101	刘艾乔
529	管112	王惋莹	565	管114	魏博	601	规101	陈博
530	管112	方兴	566	管114	庞贺	602	规101	屈辰
531	管112	许鹏超	567	管114	余杰	603	规101	赵禹宁
532	管112	张青松	568	管114	阮婷婷	604	规101	王馨雨
533	管112	黄富恒	569	管114	韩燕	605	规101	唐轩
534	管112	史翼铭	570	管114	王珊珊	606	规101	赵紫含
535	管112	王雅慧	571	管114	曹桢	607	规101	付乐
536	管113	赵猛猛	572	管114	赵姗姗	608	规101	李嘉宇
537	管113	史永腾	573	管114	袁蓬勃	609	规101	丁超凡
538	管113	王兴华	574	管114	曹雅宁	610	规101	崔天亮
539	管113	牛亚琼	575	管114	王新蕊	611	规101	史云鹏
540	管113	郑丹丹	576	管114	刘安营	612	规101	桑家晔
541	管113	孟宇晨	577	管114	张欣	613	规101	赵洪民
542	管113	罗冉冉	578	管114	汪洋宝	614	规101	李伟佳
543	管113	许普峰	579	管114	许晨	615	规101	范金龙
544	管113	曹一	580	管114	吕迪	616	规101	彭斌鑫
545	管113	谷雅雯	581	管114	温雪	617	规101	刘佳琦
546	管113	张霞	582	管114	张婧	618	规101	张驰野
547	管113	江凡	583	管114	张璕	619	规101	蔡亚
548	管113	张召	584	管114	梁红娟	620	规101	白晓静
549	管113	吴纪平	585	管114	程晓蕊	621	规101	柏云
550	管113	赵哲慧	586	管114	李婷婷	622	规101	杨惠明
551	管113	师胜锋	587	管114	孙悦	623	环科111	张瀚宇
552	管113	王娟娟	588	管114	姚雨锋	624	环科111	王玥玥

续表

序号	班级	姓名	序号	班级	姓名	序号	班级	姓名
625	环科111	杨铭	661	环科112	李博涵	697	环科112	钱坤
626	环科111	祝明睿	662	环科112	李珺娇	698	环科112	刘亚如
627	环科111	郑少雄	663	环科112	刘祎琛	699	环科112	侯亚菲
628	环科111	朱芮	664	环科112	李成诚	700	环科112	李中洋
629	环科111	孙可欣	665	环科112	王思辰	701	环科112	徐丽丽
630	环科111	孟令谊	666	环科112	叶芳舟	702	环科112	郑兴峰
631	环科111	陈潇潇	667	环科112	李志霏	703	机111	储元
632	环科111	宋雨彤	668	环科112	张园园	704	机111	谢达
633	环科111	李清野	669	环科112	段嘉洵	705	机111	赵珣
634	环科111	王莹莹	670	环科112	潘润泽	706	机111	牛凯
635	环科111	何江伟	671	环科112	崔健	707	机111	李子毅
636	环科111	张龙轩	672	环科112	李春暖	708	机111	张崧恺
637	环科111	赵紫然	673	环科112	王海平	709	机111	崔晨
638	环科111	耿欣	674	环科112	潘钟乐	710	机111	侯康琪
639	环科111	孙胜男	675	环科112	刘思佳	711	机111	黄泓源
640	环科111	屈小亮	676	环科112	盛宇	712	机111	杨悦
641	环科111	刘仁	677	环科112	李佳佳	713	机111	金维
642	环科111	王圆	678	环科112	李佳颖	714	机111	王晗
643	环科111	李欣	679	环科112	郝岩	715	机111	于壮
644	环科111	王凡	680	环科112	丁若愚	716	机111	直浩
645	环科111	王静	681	环科112	李畅	717	机111	袁旭
646	环科111	李美玲	682	环科112	赵天明	718	机111	张海洋
647	环科111	马文睿	683	环科112	杜雪冬	719	机111	孙迪
648	环科111	林翔	684	环科112	薄冰馨	720	机111	蒋星驰
649	环科111	李颖	685	环科112	靳贻博	721	机111	史海啸
650	环科111	张宇飞	686	环科112	王梦鸽	722	机111	蒋科学
651	环科111	王莘学	687	环科112	张惠茹	723	机111	刘长凯
652	环科111	熊子熠	688	环科112	傅涵杰	724	机111	陈洋
653	环科111	普布	689	环科112	游宇	725	机111	宋鑫
654	环科111	王丹	690	环科112	许柏宁	726	机111	王兆华
655	环科111	张轩	691	环科112	刘昂	727	机111	吐尔逊江·吐鲁洪
656	环科111	赵佳	692	环科112	田炳阳	728	机111	高建华
657	环科111	郭瑞	693	环科112	保红芬	729	机111	蔡齐陈
658	环科111	王飞翔	694	环科112	潘韵舟	730	机111	李天健
659	环科111	霍鹏	695	环科112	纪婧雨	731	机112	张浩冬
660	环科111	田瑞鹏	696	环科112	常月	732	机112	张海鑫

续表

序号	班级	姓名	序号	班级	姓名	序号	班级	姓名
733	机112	曹赫	769	机113	孙彦潇	805	计111	何珊珊
734	机112	黄岩	770	机113	崔东生	806	计111	段居福
735	机112	高亮亮	771	机113	赵天朋	807	计111	白清明
736	机112	张鹏展	772	机113	郭月	808	计111	王海生
737	机112	梁潇	773	机113	王京辉	809	计111	冯树勋
738	机112	赵一鸣	774	机113	邱星慧	810	计111	王亚
739	机112	侯峻峰	775	机113	涂宏俊	811	计111	安逸
740	机112	刘桐	776	机113	王娜	812	计111	张雨航
741	机112	张雪娇	777	机113	沈敏	813	计111	张绍峰
742	机112	尹盛杰	778	机113	梁磊	814	计111	王泽雨
743	机112	侯欣宇	779	机113	刘璐	815	计111	王智凤
744	机112	蔺山	780	机114	何嘉豪	816	计111	马俊超
745	机112	魏良	781	机114	张龙阁	817	计111	窦德鹏
746	机112	刘斌	782	机114	谷明罡	818	计111	高雁峰
747	机112	李枫	783	机114	翟伟桐	819	计111	李耀春
748	机112	郑子健	784	机114	秦畅	820	计111	刘伟楠
749	机112	赵志国	785	机114	姜绍博	821	计111	闫丛
750	机112	沈超	786	机114	王文龙	822	计111	刘震
751	机112	刘承荣	787	机114	崔劼	823	计111	季东
752	机112	韦智元	788	机114	郭雨	824	计111	张瑞岭
753	机112	董铁林	789	机114	郭佳翔	825	计111	耿磊
754	机113	张鹏	790	机114	贾梦垚	826	计111	刘政辉
755	机113	方覃升	791	机114	王鹏	827	计111	王圣
756	机113	卢嘉宇	792	机114	宋名申	828	计111	许诚语
757	机113	刘泰亨	793	机114	刘畅	829	计111	相鑫
758	机113	刘建辉	794	机114	高鹏	830	计111	张荣光
759	机113	甄盛青	795	机114	王欢	831	计111	曾嘉川
760	机113	王力行	796	机114	贾紫衣	832	计111	张新宇
761	机113	马越超	797	机114	程志鹏	833	计111	努日古力·喀依尔
762	机113	李天尧	798	机114	孙锐	834	计111	孙傲雷
763	机113	沙闯	799	机114	薛娅	835	计111	江南
764	机113	李嘉	800	机114	戴光明	836	计111	戴薛楠
765	机113	冯晔	801	机114	徐云霞	837	计111	刘欲晓
766	机113	杨京	802	机114	段鑫	838	计111	多吉康卓
767	机113	李彬	803	机114	柳珊	839	计111	杨德柱
768	机113	赵龙	804	机114	唐伟荣	840	计111	张宽

续表

序号	班级	姓名	序号	班级	姓名	序号	班级	姓名
841	计112	多杰	877	建101	赵云杰	913	建102	方铭
842	计112	于智浩	878	建101	杨明	914	建102	贺海铭
843	计112	王臣	879	建101	漆悦之	915	建电111	黄俊杰
844	计112	辛涛	880	建101	孙树鸿	916	建电111	王喆
845	计112	杨博	881	建101	顾婷	917	建电111	张海鹏
846	计112	王铎	882	建101	于桐	918	建电111	刘晓迪
847	计112	陈亦依	883	建101	刘纪超	919	建电111	赵雨晨
848	计112	张跃	884	建101	孙冬	920	建电111	冀帅
849	计112	贾晨宇	885	建101	刘富强	921	建电111	刘传
850	计112	高明	886	建101	边雷	922	建电111	魏嘉珩
851	计112	武云鹏	887	建101	王凡	923	建电111	林语峰
852	计112	刘泽宇	888	建101	韩夏	924	建电111	刘泽华
853	计112	王晓康	889	建101	钱书宸	925	建电111	董浩洋
854	计112	高雄	890	建101	戚浩	926	建电111	张明昊
855	计112	宋启亮	891	建101	高春雷	927	建电111	李雨朦
856	计112	王者	892	建101	刘玉超	928	建电111	耿广顺
857	计112	贾森太	893	建101	卢亦庄	929	建电111	高春宇
858	计112	王帅	894	建101	黄媛媛	930	建电111	冯志利
859	计112	叶高伯	895	建102	高宇含	931	建电111	陈永
860	计112	尉小盼	896	建102	杨思宇	932	建电111	高日
861	计112	崔紫铭	897	建102	刘英博	933	建电111	杜博然
862	计112	赵佳伟	898	建102	陈宽	934	建电111	徐磊
863	计112	王晶辉	899	建102	段振兴	935	建电111	李恒
864	计112	郭子赫	900	建102	赵璞真	936	建电111	杨宗彪
865	计112	阿迪力·阿力木江	901	建102	李家南	937	建电111	陆文龙
866	计112	吉力力卡热·吉力力	902	建102	谷筝	938	建电111	徐国建
867	计112	文婳婳	903	建102	于水晴	939	建电111	李佳明
868	计112	胡雪麟	904	建102	刘艺超	940	建电111	王思琪
869	计112	赵凡	905	建102	田双豪	941	建电111	马南
870	计112	钱婷玉	906	建102	翟玉琨	942	建电111	伊力哈木江·依明江
871	计112	潘玙	907	建102	范占强	943	建电111	何春晓
872	建101	施展	908	建102	王凡	944	建电111	董琪
873	建101	王潇玄	909	建102	郭小溪	945	建电111	何欣应
874	建101	王源	910	建102	张文智	946	交通111	徐凡
875	建101	郝晓旭	911	建102	包敬彬	947	交通111	张骁
876	建101	马行健	912	建102	康逸文	948	交通111	徐如玉

续表

序号	班级	姓名	序号	班级	姓名	序号	班级	姓名
949	交通111	赵东	985	暖111	张瑞	1021	暖112	崔皓辰
950	交通111	李思耕	986	暖111	章亚辰	1022	暖112	刘锐
951	交通111	杜梦晗	987	暖111	吴锦彬	1023	暖112	庞雪莹
952	交通111	李鸣旭	988	暖111	张舟	1024	暖112	矫育青
953	交通111	于海洋	989	暖111	何亿	1025	暖112	董元君
954	交通111	刘仲奇	990	暖111	翟思湧	1026	暖112	黄山石
955	交通111	张佳麒	991	暖111	于越	1027	暖112	夏晓曦
956	交通111	朱紫涵	992	暖111	马月婧	1028	暖112	张俊强
957	交通111	胡润泽	993	暖111	田滨	1029	暖112	孙正阳
958	交通111	芦岩	994	暖111	宋佩瑶	1030	暖112	薛田
959	交通111	郭晗	995	暖111	宋梦堃	1031	暖112	张梓峰
960	交通111	朱晨冉	996	暖111	崔志强	1032	暖112	刘云聪
961	交通111	杨健	997	暖111	谭宗生	1033	暖112	范留佳
962	交通111	安文仲	998	暖111	吴秀梅	1034	暖112	李晓男
963	交通111	张进凯	999	暖111	李妍静	1035	暖112	崔金玉
964	交通111	李阳	1000	暖111	马立鑫	1036	暖112	何瑞楠
965	交通111	邢威	1001	暖111	刘凯文	1037	暖112	薛钦枥
966	交通111	陈皓	1002	暖111	赵国正	1038	暖112	蔡一线
967	交通111	刘维淼	1003	暖111	卢冠舟	1039	暖112	张亮
968	交通111	朱拥海	1004	暖111	张豪	1040	暖112	牟清颖
969	交通111	闫佳星	1005	暖111	李方超	1041	暖112	白景琪
970	交通111	刘禄厚	1006	暖111	安治国	1042	暖112	赵卫旭
971	交通111	汤宇皇	1007	暖111	张泽	1043	暖112	吴占铁
972	交通111	刘侃	1008	暖111	薛曼曼	1044	暖112	段斯南
973	交通111	李扬	1009	暖111	陈甜鸽	1045	暖112	张科
974	交通111	杨修涵	1010	暖111	杜利那	1046	暖112	刘欣欣
975	交通111	马泓煜	1011	暖112	夏天晨	1047	暖112	汪丹丹
976	暖111	高思涵	1012	暖112	李奇昱	1048	商111	张京龙
977	暖111	刘紫祺	1013	暖112	张婧	1049	商111	何芳
978	暖111	马立国	1014	暖112	王鸣霄	1050	商111	李岩
979	暖111	王珏楠	1015	暖112	梁辰	1051	商111	王新慈
980	暖111	周春莹	1016	暖112	苏畅	1052	商111	王龙
981	暖111	安通	1017	暖112	王晗	1053	商111	李佳
982	暖111	张鲁燕	1018	暖112	胡秀	1054	商111	李硕
983	暖111	薛煜	1019	暖112	林海洋	1055	商111	孙方彬
984	暖111	张祎	1020	暖112	武玥	1056	商111	牛邵全

续表

序号	班级	姓名	序号	班级	姓名	序号	班级	姓名
1057	商111	周靖涵	1093	商112	刘意	1129	社111	李悦
1058	商111	于会策	1094	商112	任瑞鹏	1130	社111	田凯馨
1059	商111	刘畅	1095	商112	王迪	1131	社111	王景浩
1060	商111	陈伟	1096	商112	杨娜	1132	社111	许可心
1061	商111	聂圆月	1097	商112	张祥	1133	社111	朱丽玲
1062	商111	张璇	1098	商112	马骎	1134	社111	王杜
1063	商111	王思聪	1099	商112	单晶日	1135	社111	谢依子
1064	商111	张诗盟	1100	商112	韩京林	1136	社111	吴勐
1065	商111	赵晨阳	1101	商112	魏文龙	1137	社111	尉静
1066	商111	邵志鹏	1102	商112	张晨	1138	社111	李孟姣
1067	商111	刘宇	1103	商112	曹博	1139	社112	刘泽琳
1068	商111	王治钧	1104	商112	周欢欢	1140	社112	吾青战德
1069	商111	隋源浩	1105	商112	陈伯桓	1141	社112	徐可欣
1070	商111	胡小磊	1106	商112	杜昱奇	1142	社112	吴子珩
1071	商111	齐洋洋	1107	商112	郭晓	1143	社112	陶旭
1072	商111	王静	1108	商112	陆天一	1144	社112	田天地
1073	商111	王雪迪	1109	商112	李小秋	1145	社112	朱佳伶
1074	商111	迪理努尔·艾斯海尔	1110	商112	艾山·吾司曼	1146	社112	史可心
1075	商111	黄文	1111	商112	郭昊	1147	社112	袁书萌
1076	商111	张翠翠	1112	商112	戴怡冰	1148	社112	王帆
1077	商111	张吉鸣	1113	商112	许朝雪	1149	社112	许信
1078	商111	郑宇	1114	商112	热皮卡提·艾比力	1150	社112	方卓睿
1079	商111	李博洋	1115	商112	张娜	1151	社112	沈忱
1080	商111	党文静	1116	商112	王文楚	1152	社112	王信振方
1081	商111	朱佩琳	1117	社111	王美芸	1153	社112	金妍
1082	商111	鲁正理	1118	社111	牛笛	1154	社112	孟梦
1083	商111	王湧	1119	社111	尹依婷	1155	社112	王胜男
1084	商112	罗陶明明	1120	社111	田雪迪	1156	社112	张焕杰
1085	商112	罗浩然	1121	社111	宋丹	1157	社112	韦家秀
1086	商112	王梦伊	1122	社111	魏春竹	1158	社112	张懿
1087	商112	杨帆	1123	社111	王璐瑶	1159	社112	余勤
1088	商112	李卓远	1124	社111	韩曾旭	1160	社112	刘楚慧
1089	商112	王婷	1125	社111	朱凯	1161	社112	杜紫玮
1090	商112	葛森	1126	社111	张勃颖	1162	社112	常梦云
1091	商112	李硕	1127	社111	贾晓雯	1163	水111	李奇聪
1092	商112	帕尔哈提·艾则孜	1128	社111	靳蕾	1164	水111	任天奇

续表

序号	班级	姓名	序号	班级	姓名	序号	班级	姓名
1165	水111	王博	1201	水112	李佳	1237	土111	曹翊涵
1166	水111	张志凯	1202	水112	任丛	1238	土111	田佳
1167	水111	赵汉辰	1203	水112	闫石	1239	土111	王子豪
1168	水111	王淳	1204	水112	张鑫旸	1240	土111	李一辰
1169	水111	康欣	1205	水112	吴琦薇	1241	土111	隋鑫
1170	水111	吴宇涵	1206	水112	胡笑蝶	1242	土111	曹宇
1171	水111	陈倩	1207	水112	李宝龙	1243	土111	吴乃康
1172	水111	裴根	1208	水112	周航	1244	土111	孙略添
1173	水111	金艺文	1209	水112	刁百慧	1245	土111	张泽华
1174	水111	吴误	1210	水112	刘新爽	1246	土111	左延辉
1175	水111	姜美竹	1211	水112	刘琦	1247	土111	陈果
1176	水111	齐鑫	1212	水112	马琦越	1248	土111	杨凯
1177	水111	房子谦	1213	水112	李宝京	1249	土111	韩嘉兴
1178	水111	李宇盟	1214	水112	赵智韬	1250	土111	付楷亮
1179	水111	杨帆	1215	水112	冯今秋	1251	土111	李俭文
1180	水111	葛俊男	1216	水112	赵菁华	1252	土111	熊子祎
1181	水111	方鑫	1217	水112	李硕	1253	土111	高亚男
1182	水111	樊昌	1218	水112	魏江涛	1254	土111	储孟冉
1183	水111	何嘉伟	1219	水112	陈榕	1255	土111	相朋林
1184	水111	席广朋	1220	水112	孙钰林	1256	土111	弓宇康
1185	水111	金纪玥	1221	水112	袁锐	1257	土111	苟东立
1186	水111	侯静	1222	水112	赵犁	1258	土111	张子轩
1187	水111	吴文熙	1223	水112	王子栎	1259	土111	张雪姣
1188	水111	杨擎柱	1224	水112	刘潇萌	1260	土111	石海平
1189	水111	吴丛宇	1225	土111	刘欣蔚	1261	土111	张彬榕
1190	水111	李亚楠	1226	土111	王骏	1262	土111	冯燕
1191	水111	郑博航	1227	土111	宫磊	1263	土111	李东清
1192	水111	孔德洋	1228	土111	康然	1264	土112	李世超
1193	水111	杨鹏宇	1229	土111	孙伟强	1265	土112	张园
1194	水112	张国龙	1230	土111	初奇	1266	土112	井魏曼子
1195	水112	刁林禄	1231	土111	苑佳帆	1267	土112	王恺
1196	水112	吴蕊	1232	土111	刘悦	1268	土112	崔禹成
1197	水112	李傲	1233	土111	王文浩	1269	土112	许光达
1198	水112	赵宇豪	1234	土111	陈文健	1270	土112	李佳雨
1199	水112	高军晨	1235	土111	马心荷	1271	土112	刘思聪
1200	水112	张鸥	1236	土111	刘禹辰	1272	土112	常云鹏

续表

序号	班级	姓名	序号	班级	姓名	序号	班级	姓名
1273	土112	吴爽	1309	土113	娄群	1345	土114	刘齐
1274	土112	巩志强	1310	土113	袁宇奇	1346	土114	赵天瑞
1275	土112	晋常博	1311	土113	张嘉宾	1347	土114	徐时雨
1276	土112	马岳	1312	土113	张贺昕	1348	土114	张艺城
1277	土112	赵洋	1313	土113	康煜健	1349	土114	孟晨
1278	土112	张新征	1314	土113	周文林	1350	土114	周俊远
1279	土112	张强	1315	土113	曾志强	1351	土114	姚俊博
1280	土112	常媛	1316	土113	刘辉	1352	土114	袁鹏智
1281	土112	王雪剑	1317	土113	蒋松	1353	土114	吴文祖
1282	土112	张涛	1318	土113	陈亦非	1354	土114	陈俊
1283	土112	柴飞	1319	土113	曾祥武	1355	土114	谢法龙
1284	土112	旦增南木加	1320	土113	赵崇阳	1356	土114	麦稞
1285	土112	李传铭	1321	土113	李跃	1357	土114	王立文
1286	土112	张慕歆	1322	土113	李伟航	1358	土114	曲珍
1287	土112	李京宇	1323	土113	潘云龙	1359	土114	高飞
1288	土112	朱涵	1324	土113	袁伟	1360	土114	吴奇峰
1289	土112	郝卫东	1325	土113	李明欣	1361	土114	洪晓杰
1290	土112	郝云花	1326	土113	张云杰	1362	土114	孙久飞
1291	土112	马利	1327	土113	刘晓劲	1363	土115	张成媛
1292	土112	夏月亮	1328	土114	姚雪琳	1364	土115	张怡天
1293	土112	宋志勇	1329	土114	陈晓	1365	土115	刘安然
1294	土112	王壮	1330	土114	段超	1366	土115	尹学军
1295	土112	司纹瑞	1331	土114	马伯昊	1367	土115	董洁
1296	土112	王冬雪	1332	土114	恩学斌	1368	土115	王雪辰
1297	土113	孙博然	1333	土114	李明潭	1369	土115	李怡
1298	土113	陈昊昊	1334	土114	梁朔	1370	土115	崔宇强
1299	土113	刘想	1335	土114	王硕	1371	土115	侯丞
1300	土113	张圆	1336	土114	李林桐	1372	土115	王瑶
1301	土113	屠砚闻	1337	土114	樊震	1373	土115	杨光
1302	土113	陈瑜杉	1338	土114	苗凤仪	1374	土115	冯沫
1303	土113	刘琦	1339	土114	侯大伟	1375	土115	刘鸣
1304	土113	彭楠菲	1340	土114	姬宇轩	1376	土115	张舵
1305	土113	蔡振苗	1341	土114	国凯璇	1377	土115	夏萌
1306	土113	郭建华	1342	土114	吴昊宇	1378	土115	魏余特
1307	土113	高颖	1343	土114	张玉堂	1379	土115	韩金玉
1308	土113	张兵	1344	土114	张新宇	1380	土115	周思昂

续表

序号	班级	姓名	序号	班级	姓名	序号	班级	姓名
1381	土115	丁露伟	1417	土116	任玮	1453	土117	赵英杰
1382	土115	邓沛如	1418	土116	熊引航	1454	土117	李昂
1383	土115	黄康轩	1419	土116	刘旭增	1455	土117	李世伟
1384	土115	王紫栋	1420	土116	田硕鹏	1456	土117	鲍金宝
1385	土115	云耀	1421	土116	欧佳帅	1457	土117	宋文清
1386	土115	王霖	1422	土116	张佳滨	1458	土117	王迪
1387	土115	汤旬	1423	土116	张可	1459	土117	白宏博
1388	土115	荣幸	1424	土116	康江涛	1460	土117	王琦
1389	土115	潘宏斌	1425	土116	刘海龙	1461	土117	衣然
1390	土115	钱慧敏	1426	土116	韩佳育	1462	土117	梁朝阳
1391	土115	苏旭	1427	土116	孙德霖	1463	土117	肖炜
1392	土115	刘建北	1428	土116	李隆瑞	1464	土117	施鸿展
1393	土115	董湘珏	1429	土116	吴月	1465	土117	韩萱
1394	土115	李肖明	1430	土116	酒子同	1466	土117	杜涛
1395	土115	左健	1431	土116	缪佳艺	1467	土117	李蒙
1396	土115	雷樨淞	1432	土116	邱成	1468	土117	李依霖
1397	土115	张湘林	1433	土116	黄煜然	1469	土117	胡鸣
1398	土115	王瑞	1434	土116	郭家梦	1470	土117	郭颖颖
1399	土115	刘进伟	1435	土116	赵兴华	1471	土117	陈晓宇
1400	土115	孙常青	1436	土116	王彦虎	1472	土118	王帆
1401	土116	康雪楠	1437	土116	范鑫	1473	土118	杨茂亭
1402	土116	许文渊	1438	土116	邢亚威	1474	土118	李博轩
1403	土116	王思琦	1439	土116	宋培响	1475	土118	汪林
1404	土116	周挺	1440	土117	赵烨	1476	土118	吴天然
1405	土116	梁晟	1441	土117	顾辰	1477	土118	盛文杰
1406	土116	暴雪芬	1442	土117	翟鹏	1478	土118	吴佳莹
1407	土116	王娅妮	1443	土117	孙鑫铭	1479	土118	张宇轩
1408	土116	苗长君	1444	土117	孙艺博	1480	土118	王清源
1409	土116	曹珂	1445	土117	王思奇	1481	土118	孙冶默
1410	土116	陈晨	1446	土117	郄侨侨	1482	土118	雷浩
1411	土116	陈天瑜	1447	土117	赵波	1483	土118	李阳
1412	土116	鲁子明	1448	土117	陈文	1484	土118	纪盈达
1413	土116	段晨光	1449	土117	杨睿轩	1485	土118	皮学斌
1414	土116	张政刚	1450	土117	沈梦云	1486	土118	杜海标
1415	土116	彭玉聪	1451	土117	罗克帅	1487	土118	邢亚迪
1416	土116	史虎林	1452	土117	鲁楠	1488	土118	姚旗

续表

序号	班级	姓名	序号	班级	姓名	序号	班级	姓名
1489	土118	高琪智	1525	信111	山子豪	1561	营111	魏胜男
1490	土118	刘永健	1526	信111	郭利伟	1562	营111	闫雅文
1491	土118	王宇飞	1527	信111	齐泓洋	1563	营111	周晓月
1492	土118	李泽昊	1528	信111	史迎丰	1564	营111	张迪
1493	土118	王欢	1529	信111	姚赫	1565	营111	张迪
1494	土118	赵凯	1530	信111	杜健	1566	营111	尚月月
1495	土118	乔红军	1531	信111	高远	1567	营111	赵旭
1496	土118	赵宸伊	1532	信111	石子童	1568	营111	常娜
1497	土118	张泽宇	1533	信111	王思朋	1569	营111	王浩
1498	土118	詹睿轩	1534	信111	祁晶	1570	营111	李汤伟
1499	土118	陈虹坤	1535	信111	魏旭辉	1571	营111	阿孜古丽·库尔班
1500	土118	党博翔	1536	信111	刘海霞	1572	营111	杨亦畅
1501	土118	张宁	1537	信111	余沾	1573	营111	谢敏
1502	土118	王凯林	1538	信111	陈娅菲	1574	营111	邢春梅
1503	土118	张豫湘	1539	信111	邓景波	1575	营111	陈润丰
1504	土118	白云	1540	信111	玉苏普·麦海提	1576	营111	邵添
1505	土118	刘成	1541	信111	周闯	1577	营111	王文茂
1506	土118	张琪	1542	信111	李霖	1578	营111	石丽萍
1507	土118	李鹏飞	1543	信111	赵勋	1579	营111	陈卓
1508	信111	韦宛辰	1544	信111	延真真	1580	营111	韩东
1509	信111	刘广峰	1545	营111	赵安琪	1581	营111	阎春晓
1510	信111	顾洋洋	1546	营111	王睿	1582	自111	翟斌
1511	信111	刘博舟	1547	营111	玉拉叫	1583	自111	杨凯
1512	信111	王天阳	1548	营111	达哇央宗	1584	自111	蒋帅
1513	信111	王世豪	1549	营111	王紫卿	1585	自111	张万腾
1514	信111	张鑫垚	1550	营111	高兴	1586	自111	邢虹程
1515	信111	康琦	1551	营111	沈雁	1587	自111	吕泽婷
1516	信111	刘晓冰	1552	营111	陈硕	1588	自111	张奇智
1517	信111	李昂迪	1553	营111	张兆元	1589	自111	刘毅
1518	信111	赵天齐	1554	营111	张文豪	1590	自111	秦世吉
1519	信111	艾孝添	1555	营111	曹秋筠	1591	自111	安立宇
1520	信111	张佳庆	1556	营111	郝禹辰	1592	自111	江山
1521	信111	卞佳辉	1557	营111	唐鹏飞	1593	自111	王斯
1522	信111	尹星淇	1558	营111	王子龙	1594	自111	宋健
1523	信111	翟立丹	1559	营111	庞悦	1595	自111	李昆
1524	信111	于小羽	1560	营111	吴波	1596	自111	张磊

续表

序号	班级	姓名	序号	班级	姓名	序号	班级	姓名
1597	自111	郑鹏	1610	自112	张晓东	1623	自112	郭孟然
1598	自111	樊兴	1611	自112	李易达	1624	自112	王瑭坚
1599	自111	刘宇畅	1612	自112	霍一	1625	自112	铁维汉
1600	自111	朱昕鑫	1613	自112	么天舜	1626	自112	赵丙振
1601	自111	王达	1614	自112	刁明毅	1627	自112	王浩
1602	自111	王波	1615	自112	胡禾	1628	自112	栾金颖
1603	自111	王昱皓	1616	自112	安明扬	1629	自112	卜昊睿
1604	自111	程彩州	1617	自112	邓志远	1630	自112	霍鑫
1605	自111	梅杰	1618	自112	兰可心	1631	自112	陈启
1606	自111	潘文强	1619	自112	张堉斌	1632	自112	刘新科
1607	自111	李欣	1620	自112	袁航	1633	自112	佘秋甫
1608	自111	刘晓坤	1621	自112	段振辉	1634	自112	李闫硕
1609	自111	邓晓峰	1622	自112	李见			

二、2015年北京建筑大学本科生结业名单

序号	班级	姓名	序号	班级	姓名	序号	班级	姓名
1	土111	隋舜禹	11	地111	张萌	21	工业111	周鑫
2	土111	常凯	12	地111	王瑞	22	管113	张艺腾
3	土113	布楚迪	13	地113	王皓冉	23	营111	孙韬
4	土117	徐红婷	14	地113	乔思蒙	24	公管111	张子睿
5	土117	原华	15	水111	刘子一	25	电112	陈京南
6	土117	孙未尧	16	暖112	索源志	26	电112	闵曼影
7	土117	吴岳臻	17	环科111	张禹森	27	自112	李金泉
8	土118	贾东阁	18	环科111	朱伯洋	28	计112	周印
9	土118	回飞	19	机111	李晨晖	29	电子111	汪洋
10	土118	代磊	20	工业111	谢建	30	电子111	李星玥
						31	信111	李晋元

三、2015年外国留学生本科毕业生名单

专业：建筑学

序号	学号	姓名	中文姓名	性别	国籍	专业
1	6010ZJZ10004	TRAN MINH HUNG	陈明兴	男	越南	建筑学
2	6010YXN08006	SUKHBAT BILGUUNBOLD	比尔宫	男	蒙古	建筑学

四、2015年北京建筑大学学士学位获得者名单

（一）2014/2015学年第一学期授予普通高等教育本科毕业生学士学位名单

序号	学号	姓名	序号	学号	姓名	序号	学号	姓名
1	2101031011211	崔克弘	4	2107161012271	任鹏飞	7	2106140911092	修雅
2	2104091011311	李硕	5	2107341011201	周远			
3	2105261011082	张也	6	2106131012231	张洋溢			

（二）2014/2015学年第二学期授予普通高等教育本科毕业生学士学位名单

专业：法学

序号	学号	姓名	序号	学号	姓名	序号	学号	姓名
1	2109201111211	王鹏	21	2109201111132	白婷婷	42	2109201112251	牛春伊男
2	2109201111012	王心玺	22	2109201111142	郭婧姝	43	2109201112072	曹湛仪
3	2109201111022	周怡彤	23	2109201111152	舒冬瑶	44	2109201112261	王晶
4	2109201111221	李成龙	24	2109201111162	赵申宜	45	2109201112082	朱悦
5	2109201111032	丹睿	25	2109201111291	周华宸	46	2109201112092	周天阳
6	2109201111042	杨蕾	26	2109201111172	王婷婷	47	2109201112102	杨玚
7	2109201111052	山鑫	27	2109201111301	匡红宇	48	2109201112112	王婧琦
8	2109201111062	左航	28	2109201111182	吴童超	49	2109201112271	王思元
9	2109201111231	甘远达	29	2109201111192	李凤丹	50	2109201112281	郭鹏
10	2109201111241	李维中	30	2109201111202	吴义	51	2109201112122	王馨甜
11	2109201111251	李东泽	31	2109201111321	马天航	52	2109201112132	张艾伦
12	2109201111261	贵宾	32	2109201111311	葛雨桐	53	2109201112142	刘若晨
13	2109201111072	高畅	33	2109201112012	沈莲碧	54	2109201112152	邵婧
14	2109201111082	陈玲	34	2109201112022	邸碧莹	55	2109211111132	刘瑞
15	2109201111092	克丽比努尔·塔依尔	35	2109201112032	陆源	56	2109201112162	刘仕玉
			36	2109201112042	韩霏	57	2109201112172	肖爽
16	2109201111102	程雨晴	37	2109201112221	卢宇豪	58	2109201112291	王福强
17	2109201111271	纪强	38	2109201112052	李明岩	59	2109201112182	马瑞雪
18	2109201111281	彭程	39	2109201112231	学博文	60	2109201112192	张亚楠
19	2109201111112	梁杰	40	2109201112062	蒋晶鑫	61	2109201112311	旦增次仁
20	2109201111122	姜苗蕾	41	2109201112241	郑博群	62	2109201112202	马小娟

专业：社会工作

序号	学号	姓名	序号	学号	姓名	序号	学号	姓名
1	2109211111012	王美芸	16	2109211111152	朱丽玲	31	2109211112082	王帆
2	2109211111022	尹依婷	17	2109211111162	王杜	32	2109211112231	许信
3	2109211111032	田雪迪	18	2109211111172	谢依子	33	2109211112092	方卓睿
4	2109211111042	宋丹	19	2109211111261	吴勐	34	2109211112102	沈忱
5	2109211111052	魏春竹	20	2109211111182	尉静	35	2109211112241	王信振方
6	2109211111062	王璐瑶	21	2109211111192	李孟姣	36	2109211112122	金妍
7	2109211111221	韩曾旭	22	2109210912301	刘泽琳	37	2109211112132	孟梦
8	2109211111231	朱凯	23	2109211112201	吾青战德	38	2109211112142	王胜男
9	2109211111072	张勃颖	24	2109211112012	徐可欣	39	2109211112191	张焕杰
10	2109211111082	贾晓雯	25	2109211112022	吴子珩	40	2109211112152	韦家秀
11	2109211111092	靳蕾	26	2109211112042	陶旭	41	2109211112162	张懿
12	2109211111102	李悦	27	2109211112052	田天地	42	2109211112172	余勤
13	2109211111112	田凯馨	28	2109211112062	朱佳伶	43	2109211112182	刘楚慧
14	2109211111251	王景浩	29	2109211112221	史可心	44	2109211112272	杜紫玮
15	2109211111142	许可心	30	2109211112072	袁书萌	45	2109211112282	常梦云

专业：电子信息科学与技术

序号	学号	姓名	序号	学号	姓名	序号	学号	姓名
1	2108361111481	张太杰	14	2108361111261	高海峰	26	2108361111221	王强
2	2108361111492	雍容	15	2108361111032	蒋洁婷	27	2108361111271	杨灿
3	2108361111062	冯天依	16	2108361111361	陆阳	28	2108361111281	崔屹
4	2108361111341	李文嘉	17	2108361111042	张学	29	2108361111462	刘坤
5	2108361111301	刘思拓夫	18	2108361111231	胡久靖阳	30	2108361111421	王成龙
6	2108361111351	王佳亮	19	2108361111161	张冲	31	2108361111011	谭子杨
7	2108361111101	张笛	20	2108361111451	迪力亚尔·牙力坤	32	2108361111401	汪浩
8	2108361111131	翟杰				33	2108361111472	李敏
9	2108361111321	郭春阳	21	2108361111241	关经纶	34	2108361111431	黄啟展
10	2108361111211	王诗洋	22	2108361111091	王晓宇	35	2108361111382	刘爽
11	2108361111311	刘丹奕	23	2108361111171	刘启航	36	2108361111392	唐菁
12	2108361111151	付德银	24	2108361111181	张时雨	37	2108361111442	庄烨瑶
13	2108361111251	兰剑	25	2108361111072	崔笑然			

专业：信息与计算科学

序号	学号	姓名	序号	学号	姓名	序号	学号	姓名
1	2108191111012	韦宛辰	13	2108191111221	卞佳辉	25	2108191111351	王思朋
2	2108191111071	刘广峰	14	2108191111231	尹星淇	26	2108191111032	祁晶
3	2108191111081	顾洋洋	15	2108191111022	翟立丹	27	2108191111371	魏旭辉
4	2108191111091	刘博舟	16	2108191111241	于小羽	28	2108191111052	刘海霞
5	2108191111101	王天阳	17	2108191111251	山子豪	29	2108191111421	余沽
6	2108191111111	王世豪	18	2108191111261	郭利伟	30	2108191111062	陈娅菲
7	2108191111121	张鑫垚	19	2108191111271	齐泓洋	31	2108191111441	邓景波
8	2108191111141	康琦	20	2108191111281	史迎丰	32	2108191111451	玉苏普·麦海提
9	2108191111151	刘晓冰	21	2108191111291	姚赫	33	2108191111461	周闯
10	2108191111171	赵天齐	22	2108191111311	杜健	34	2108191111471	李霖
11	2108191111181	艾孝添	23	2108191111321	高远	35	2108191111481	赵勋
12	2108191111201	张佳庆	24	2108191111341	石子童	36	2108191111491	延真真

专业：环境科学

序号	学号	姓名	序号	学号	姓名	序号	学号	姓名
1	2104391111511	张轩	23	2104391111112	孙胜男	45	2104391112552	徐丽丽
2	2104391111521	赵佳	24	2104391111301	屈小亮	46	2104391112561	郑兴峰
3	2104391111501	郭瑞	25	2104391111321	刘仁	47	2104391112191	李博涵
4	2104391111551	王飞翔	26	2104391111122	王圆	48	2104391112012	李珺娇
5	2104391111531	霍鹏	27	2104391111132	李欣	49	2104391112022	李成诚
6	2104391111541	田瑞鹏	28	2104391111341	王凡	50	2104391112211	王思辰
7	2104391111022	张瀚宇	29	2104391111142	王静	51	2104391112221	李志霏
8	2104391111032	王玥玥	30	2104391111152	李美玲	52	2104391112052	张园园
9	2104391111201	杨铭	31	2104391111361	马文睿	53	2104391112231	段嘉润
10	2104391111211	祝明睿	32	2104391111371	林翔	54	2104391112241	潘润泽
11	2104391111221	郑少雄	33	2104391111162	李颖	55	2104391112062	崔健
12	2104391111052	朱芮	34	2104391111191	张宇飞	56	2104391112072	李春暖
13	2104391111231	孙可欣	35	2104391111411	王莆学	57	2104391112251	王海平
14	2104391111241	孟令谊	36	2104391111172	熊子熠	58	2104391112261	潘钟乐
15	2104391111062	陈潇潇	37	2104391111421	普布	59	2104391112092	刘思佳
16	2104391111082	宋雨彤	38	2104391111182	王丹	60	2104391112102	李佳佳
17	2104391111261	李清野	39	2104391112572	纪婧雨	61	2104391112112	李佳颖
18	2104391111092	王莹莹	40	2104391112522	常月	62	2104391112311	郝岩
19	2104391111271	何江伟	41	2104391112531	钱坤	63	2104391112122	丁若愚
20	2104391111281	张龙轩	42	2104391112512	刘亚如	64	2104391112321	李畅
21	2104391111291	赵紫然	43	2104391112542	侯亚菲	65	2104391112331	赵天明
22	2104391111102	耿欣	44	2104391112501	李中洋	66	2104391112341	杜雪冬

续表

序号	学号	姓名	序号	学号	姓名	序号	学号	姓名
67	2104391112132	薄冰馨	71	2104391112361	傅涵杰	75	2104391112411	田炳阳
68	2104391112351	靳贻博	72	2104391112371	游宇	76	2104391112172	保红芬
69	2104391112152	王梦鸽	73	2104391112381	许柏宁	77	2104391112182	潘韵舟
70	2104391112162	张惠茹	74	2104391112391	刘昂			

专业：地理信息系统

序号	学号	姓名	序号	学号	姓名	序号	学号	姓名
1	2103371111071	蒋志超	35	2103381111012	张晨	69	2103381112512	李卓璇
2	2103371111081	朱逢宁	36	2103381111161	潘昕	70	2103381112531	谭轲
3	2103371111091	张彦	37	2103381111022	高超	71	2103381112521	蒋汪洋
4	2103371111012	林琳	38	2103381111171	张子钰	72	2103381112012	沙玛莎莎
5	2103371111111	缪云龙	39	2103381111181	孙帅	73	2103381112131	陈旭江
6	2103371111121	程远	40	2103381111191	王英杰	74	2103381112141	韩晔
7	2103371111131	王柳	41	2103381111201	宋心悦	75	2103381112151	张圣伦
8	2103371111161	闪永川	42	2103381111032	王雪梅	76	2103381112161	杨碧华
9	2103371111181	王子强	43	2103381111042	张慧	77	2103381112022	梁雪莹
10	2103371111191	刘玉	44	2103381111211	杨森	78	2103381112032	董梦
11	2103371111201	曹毅满	45	2103381111221	李可心	79	2103381112181	周志成
12	2103371111211	魏东	46	2103381111052	张晓瑄	80	2103381112191	庞博
13	2103371111221	李艳鹏	47	2103381111062	陈玥妍	81	2103381112201	卢钊
14	2103371111231	李穆	48	2103381111231	姜俊奇	82	2103381112211	赵逸凡
15	2103371111042	王再玉	49	2103381111241	郭建嵩	83	2103381112221	陈宇恒
16	2103371111241	张晟源	50	2103381111251	郑康	84	2103381112042	包晓玄
17	2103371111251	刘飞	51	2103381111271	杨光	85	2103381112052	张艺薇
18	2103371111261	刘景灿	52	2103381111281	邱乾镝	86	2103381112231	吴涧桥
19	2103371111281	张彧	53	2103381111072	阿依努尔·玉山江	87	2103381112062	张晴
20	2103371111291	孟繁星	54	2103381111082	刘爽	88	2103381112241	王祎
21	2103371111052	陈倪	55	2103381111291	张博超	89	2103381112251	左思哲
22	2103371111301	张屹然	56	2103381111301	郑峻鹏	90	2103381112261	张桦楠
23	2103371111311	辛英惠	57	2103381111311	张迪	91	2103381112271	马斯鸣
24	2103371111321	许佳宾	58	2103381111321	赵任义	92	2103381112072	王家欢
25	2103371111331	王攀	59	2103381111331	支宇	93	2103381112281	姚毅
26	2103371111341	张俊杨	60	2103381111341	郭晓路	94	2103381112291	邵云锋
27	2103371111062	周静	61	2103381111092	单天鹤	95	2103381112301	张硕
28	2103381111501	张栋	62	2103381111361	谢立	96	2103381112311	于成龙
29	2103381111532	周婧狄	63	2103381111121	彭鹏	97	2103381112331	蔡雨桐
30	2103381111512	林佳丽	64	2103381111112	裴松云	98	2103381112092	肖寒
31	2103381111521	连慧斌	65	2103381112562	高峰	99	2103381112102	付艳丽
32	2103381111131	马博文	66	2103381112551	柴成文	100	2103381112351	于海鹏
33	2103381111141	张申	67	2103381112542	孙率	101	2103381112112	吴爱梅
34	2103381111151	赵沛然	68	2103381112501	郭世杰	102	2103381112361	尼玛旦增

专业：无机非金属材料工程

序号	学号	姓名	序号	学号	姓名	序号	学号	姓名
1	2102051012091	李旭涛	12	2102051111022	孟琦	23	2102051111231	陈礼
2	2102051011131	秦禹	13	2102051111151	陈雷	24	2102051111241	崔鑫有
3	2102051011261	高岩	14	2102051111161	张启静	25	2102051111251	李伟光
4	2102051111012	冯宇婷	15	2102051111171	刁鹤	26	2102051111261	梁少凡
5	2102051111081	韩昌君	16	2102051111181	董跃	27	2102051111271	葛强
6	2102051111091	邢君	17	2102051111032	郝蕴	28	2102051111052	王福晋
7	2102051111101	李梦泽	18	2102051111191	何鑫	29	2102051111062	王靖婷
8	2102051111111	胡剑琛	19	2102051111201	彭小东	30	2102051111281	李少武
9	2102051111121	甄理	20	2102051111042	张雪	31	2102051111291	张思楷
10	2102051111131	张润森	21	2102051111211	关瑞阳			
11	2102051111141	刘阳	22	2102051111221	秦隆震			

专业：工业设计

序号	学号	姓名	序号	学号	姓名	序号	学号	姓名
1	2101031111042	余祺盈	7	2101031111081	李行	13	2101031111111	谢嘉伟
2	2101031111071	刘凯南	8	2101031111022	王曌伟	14	2101031111231	顾文博
3	2101031111091	张硕	9	2101031111101	胡安	15	2101031111191	付晨辉
4	2101031111151	兰晓珩	10	2101031111032	杨艺琦	16	2101031111202	杜丽娟
5	2101031111121	姜帅	11	2101031111012	臧丽娜	17	2101031111211	杨治学
6	2101031111161	包松宇	12	2101031111141	林宇新			

专业：机械工程及自动化

序号	学号	姓名	序号	学号	姓名	序号	学号	姓名
1	2105111011101	储元	15	2105111111022	袁旭	28	2105111111291	李天健
2	2105111111041	谢达	16	2105111111161	张海洋	29	2105111112041	张浩冬
3	2105111111051	赵珣	17	2105111111171	孙迪	30	2105111112051	张海鑫
4	2105111111061	牛凯	18	2105111111181	蒋星驰	31	2105111112061	曹赫
5	2105111111071	李子毅	19	2105111111191	史海啸	32	2105111112071	黄岩
6	2105111111081	张崧恺	20	2105111111201	蒋科学	33	2105111112081	高亮亮
7	2105111111091	崔晨	21	2105111111211	刘长凯	34	2105111112091	张鹏展
8	2105111111012	侯康琪	22	2105111111032	陈洋	35	2105111112101	梁潇
9	2105111111101	黄泓源	23	2105111111221	宋鑫	36	2105111112111	赵一鸣
10	2105111111111	杨悦	24	2105111111231	王兆华	37	2105111112121	侯峻峰
11	2105111111121	金维	25	2105111111241	吐尔逊江·吐鲁洪	38	2105111112131	刘桐
12	2105111111131	王晗				39	2105111112012	张雪娇
13	2105111111141	于壮	26	2105111111251	高建华	40	2105111112022	尹盛杰
14	2105111111151	直浩	27	2105111111271	蔡齐陈	41	2105111112151	侯欣宇

续表

序号	学号	姓名	序号	学号	姓名	序号	学号	姓名
42	2105111112161	蔺山	63	2105121111151	冯晔	84	2105331111141	王文龙
43	2105111112171	魏良	64	2105121111161	杨京	85	2105331111151	崔劼
44	2105111112181	刘斌	65	2105121111171	李彬	86	2105331111161	郭雨
45	2105111112191	李枫	66	2105121111181	赵龙	87	2105331111171	郭佳翔
46	2105111112221	郑子健	67	2105121111191	孙彦潇	88	2105331111022	贾梦垚
47	2105111112231	赵志国	68	2105121111211	崔东生	89	2105331111181	王鹏
48	2105111112241	沈超	69	2105121111221	赵天朋	90	2105331111191	宋名申
49	2105111112251	刘承荣	70	2105121111022	郭月	91	2105331111201	刘畅
50	2105111112261	韦智元	71	2105121111241	王京辉	92	2105331111211	高鹏
51	2105111112271	董铁林	72	2105121111032	邱星慧	93	2105331111221	王欢
52	2105120912121	张鹏	73	2105121111251	涂宏俊	94	2105331111032	贾紫衣
53	2105121111051	方罝升	74	2105121111042	王娜	95	2105331111241	程志鹏
54	2105121111061	卢嘉宇	75	2105121111302	沈敏	96	2105331111251	孙锐
55	2105121111071	刘泰亨	76	2105121111291	梁磊	97	2105331111042	薛娅
56	2105121111081	刘建辉	77	2105121111312	刘璐	98	2105331111261	戴光明
57	2105121111091	甄盛青	78	2105331111071	何嘉豪	99	2105331111052	徐云霞
58	2105121111101	王力行	79	2105331111081	张龙阁	100	2105331111281	段鑫
59	2105121111111	马越超	80	2105331111091	谷明罡	101	2105331111062	柳珊
60	2105121111121	李天尧	81	2105331111101	翟伟桐	102	2105331111291	唐伟荣
61	2105121111131	沙闯	82	2105331111111	秦畅			
62	2105121111141	李嘉	83	2105331111121	姜绍博			

专业：热能与动力工程

序号	学号	姓名	序号	学号	姓名	序号	学号	姓名
1	2104311111091	王斌	11	2104311111171	褚超	21	2104311111261	闫美玉
2	2104311111101	戎岩	12	2104311111181	王学渊	22	2104311111271	贾晓伟
3	2104311111111	沈阳	13	2104311111191	杨云帆	23	2104311111281	赵旭
4	2104311111121	李鸣昊	14	2104311111201	李远洋	24	2104311111072	夏娇阳
5	2104311111131	孙柏屹	15	2104311111211	马文鹏	25	2104311111291	孙相宇
6	2104311111012	徐平	16	2104311111221	雷睿智	26	2104311111082	刘秀秀
7	2104311111141	赵凌枫	17	2104311111231	周鹏飞	27	2104311111301	刘畅
8	2104311111151	张晨	18	2104311111241	周壮	28	2104311111311	于盛翔
9	2104311111022	乔婧怡	19	2104311111042	张爱敏			
10	2104311111161	王悦	20	2104311111052	闫梦霏			

专业：电气工程及其自动化

序号	学号	姓名	序号	学号	姓名	序号	学号	姓名
1	2107171111061	李博文	22	2107171111231	刘江龙	43	2107171112022	博爱
2	2107171111012	周晓蕾	23	2107181112311	张家贝	44	2107171112131	魏志凯
3	2107171111071	吕扬	24	2107171111052	马千惠	45	2108361111111	高毅
4	2107161112051	何学宇	25	2107171111261	朱浩楠	46	2107171112141	张放
5	2104391112032	王晓放	26	2107171111271	钱晨豪	47	2107171112151	阎博萱
6	2107171111081	张博文	27	2107171111281	范嘉琪	48	2107171112161	付承志
7	2107171111091	王乃琦	28	2107171111291	张逸豪	49	2108191111211	邱岳峤
8	2107171111111	默然	29	2105261111401	王浩	50	2107171112181	于景淇
9	2107171111121	史一锐	30	2105111111282	徐靓	51	2107171112191	陈新宇
10	2107171111131	田舜禹	31	2107171111301	张峻玮	52	2107171112201	杨子豪
11	2107171111022	李雨溪	32	2107171111321	刘国帅	53	2107171112042	李博
12	2107171111141	纪凡	33	2107171111311	蒲天	54	2107171112211	关明朗
13	2107171111151	毕然	34	2107160912181	董明虎	55	2107171112241	贺威
14	2107171111171	金星辉	35	2106150911251	侯翔	56	2108361111201	王佳文
15	2107171111181	周势雄	36	2107160911281	杨晓刚	57	2107171112052	赵博
16	2107171111191	姚大卫	37	2107171012052	邓冉冉	58	2107171112271	李天
17	2107171111032	兰媛媛	38	2107171112081	朱鸣宇	59	2108191111381	李清涛
18	2107171111201	张拗凡	39	2107171112091	刘思宇	60	2107171112062	李春燕
19	2107171111211	李一鸣	40	2107171112012	冯凯文	61	2107171112291	刘帜琦
20	2107171111042	牟笛	41	2107171112101	李乐	62	2107171112312	杨雪娇
21	2107171111221	岳坤	42	2107171112121	张天际	63	2107171112301	盛斌

专业：自动化

序号	学号	姓名	序号	学号	姓名	序号	学号	姓名
1	2107161111041	翟斌	18	2107161111191	朱昕鑫	35	2107161112022	兰可心
2	2107161111051	杨凯	19	2107161111201	王达	36	2107161112131	张堉斌
3	2107161111061	蒋帅	20	2107161111211	王波	37	2107161112141	袁航
4	2107161111071	张万腾	21	2107161111221	王昱皓	38	2107161112151	段振辉
5	2107161111081	邢虹程	22	2107161111231	程彩州	39	2107161112161	李见
6	2107161111012	吕泽婷	23	2107161111251	梅杰	40	2107161112171	郭孟然
7	2107161111091	张奇智	24	2107161111261	潘文强	41	2107161112181	王瑭坚
8	2107161111101	刘毅	25	2107161111271	李欣	42	2107161112191	铁维汉
9	2107161111111	秦世吉	26	2107161111281	刘晓坤	43	2107161112201	赵丙振
10	2107161111121	安立宇	27	2107161111291	邓晓峰	44	2107161112221	王浩
11	2107161111131	江山	28	2107161112061	李易达	45	2107161112032	栾金颖
12	2107161111022	王斯	29	2107161112071	霍一	46	2107161112231	卜昊睿
13	2107161111141	宋健	30	2107161112081	么天舜	47	2107161112042	霍鑫
14	2107161111161	张磊	31	2107161112091	刁明毅	48	2107161112251	陈启
15	2107161111171	郑鹏	32	2107161112101	胡禾	49	2107161112261	刘新科
16	2107161111181	樊兴	33	2107161112111	安明扬	50	2107161112271	佘秋甫
17	2107161111032	刘宇畅	34	2107161112121	邓志远			

专业：计算机科学与技术

序号	学号	姓名	序号	学号	姓名	序号	学号	姓名
1	2107181011042	何珊珊	23	2107181111281	王圣	45	2107181112181	高明
2	2107181011261	段居福	24	2107181111291	许诚语	46	2107181112191	武云鹏
3	2107181111071	白清明	25	2107181111311	张荣光	47	2107181112211	刘泽宇
4	2107181111081	王海生	26	2107181111321	曾嘉川	48	2107181112221	王晓康
5	2107181111091	冯树勋	27	2107181111032	张新宇	49	2107181112231	高雄
6	2107181111101	王亚	28	2107181111042	努日古力·喀依尔	50	2107181112241	宋启亮
7	2107181111111	安逸	29	2107181111331	孙傲雷	51	2107181112022	王者
8	2107181111121	张雨航	30	2107181111341	江南	52	2107181112251	贾森太
9	2107181111131	张绍峰	31	2107181111351	戴薛楠	53	2107181112271	王帅
10	2107181111141	王泽雨	32	2107181111381	刘欲晓	54	2107181112281	叶高伯
11	2107181111151	王智风	33	2107181111052	多吉康卓	55	2107181112032	尉小盼
12	2107181111161	马俊超	34	2107181111391	杨德柱	56	2107181112291	崔紫铭
13	2107181111171	窦德鹏	35	2107181111401	张宽	57	2107181112301	赵佳伟
14	2107181111181	高雁峰	36	2107181112081	多杰	58	2107181112321	王晶辉
15	2107181111211	李耀春	37	2107181112091	于智浩	59	2107181112331	郭子赫
16	2107181111221	刘伟楠	38	2107181112111	王臣	60	2107181112341	阿迪力·阿力木江
17	2107181111022	闫丛	39	2107181112121	辛涛	61	2107181112351	吉力力卡热·吉力力
18	2107181111231	刘震	40	2107181112131	杨博	62	2107181112042	文婳婳
19	2107181111241	季东	41	2107181112141	王铎	63	2107181112052	胡雪麟
20	2107181111251	张瑞岭	42	2107181112151	陈亦依	64	2107181112391	赵凡
21	2107181111261	耿磊	43	2107181112171	张跃	65	2107181112072	钱婷玉
22	2107181111271	刘政辉	44	2107181112012	贾晨宇	66	2107181112401	潘玙

专业：城市规划

序号	学号	姓名	序号	学号	姓名	序号	学号	姓名
1	2101021011161	邵龙飞	11	2101021011231	唐轩	21	2101021011301	范金龙
2	2101021011171	张超	12	2101021011092	赵紫含	22	2101021011012	彭斌鑫
3	2101021011032	李劭天	13	2101021011102	付乐	23	2101021011122	刘佳琦
4	2101021011042	李美仪	14	2101021011241	李嘉宇	24	2101021011311	张驰野
5	2101021011052	于寒露	15	2101021011251	丁超凡	25	2101021011132	蔡亚
6	2101021011072	刘艾乔	16	2101021011261	崔天亮	26	2101021011142	白晓静
7	2101021011191	陈博	17	2101021011271	史云鹏	27	2101021011152	柏云
8	2101021011201	屈辰	18	2101021011112	桑家眸	28	2101021011321	杨惠明
9	2101021011211	赵禹宁	19	2101021011281	赵洪民			
10	2101021011082	王馨雨	20	2101021011291	李伟佳			

专业：土木工程

序号	学号	姓名	序号	学号	姓名	序号	学号	姓名
1	2102271111522	高亚男	37	2102271111331	熊子祐	73	2102271113501	赵崇阳
2	2102271111532	储孟冉	38	2102271211501	李东清	74	2102271113511	李跃
3	2102271111501	相朋林	39	2102271112501	李京宇	75	2102271113532	李伟航
4	2102271111551	弓宇康	40	2102271112521	朱涵	76	2102271113551	潘云龙
5	2102271111561	荀东立	41	2102271112531	郝卫东	77	2102271113541	袁伟
6	2102271111541	张子轩	42	2102271112562	郝云花	78	2102271113522	李明欣
7	2102271111572	张雪姣	43	2102271112552	马利	79	2102271113572	张云杰
8	2102271111512	石海平	44	2102271112511	夏月亮	80	2102271113582	刘晓劲
9	2102271111592	张彬榕	45	2102271112601	宋志勇	81	2102271013062	孙博然
10	2102271111582	冯燕	46	2102271112571	王壮	82	2102271013362	陈昊昊
11	2102270911151	刘欣蔚	47	2102271112542	司纹瑞	83	2102271113091	刘想
12	2102271111081	宫磊	48	2102271112582	王冬雪	84	2102271113111	张圆
13	2102271115012	康然	49	2102271115081	李世超	85	2102271113022	屠砚闻
14	2102271111101	孙伟强	50	2102271112012	张园	86	2102271113032	陈瑜杉
15	2102271111111	初奇	51	2102271112022	井魏曼子	87	2102271115151	刘琦
16	2102271111022	苑佳帆	52	2102271115091	王恺	88	2102271113042	彭楠菲
17	2102271111032	刘悦	53	2102271112091	崔禹成	89	2102271113181	蔡振苗
18	2102271111121	王文浩	54	2102271112101	许光达	90	2102271113201	郭建华
19	2102271111131	陈文健	55	2102271112121	李佳雨	91	2102271113052	高颖
20	2104391112082	马心荷	56	2102271112032	刘思聪	92	2102271115221	张兵
21	2102271111151	刘禹辰	57	2102271112151	常云鹏	93	2102271113231	娄群
22	2102271115161	曹翊涵	58	2102271112161	吴爽	94	2102271115231	袁宇奇
23	2102271115171	田佳	59	2102271112171	巩志强	95	2102271115241	张嘉宾
24	2102271111191	王子豪	60	2102271112181	晋常博	96	2102271113241	张贺昕
25	2102271111052	李一辰	61	2102271112191	马岳	97	2102271113251	康煜健
26	2102271111211	隋鑫	62	2102271112201	赵洋	98	2102271113271	周文林
27	2102271111221	曹宇	63	2102271112231	张新征	99	2102271113291	曾志强
28	2102271111231	吴乃康	64	2102271112241	张强	100	2102271113301	刘辉
29	2102271111341	孙略添	65	2102271112052	常媛	101	2102271113311	蒋松
30	2102271111062	张泽华	66	2102271112251	王雪剑	102	2102271113331	陈亦非
31	2102271111261	左延辉	67	2106141111311	张涛	103	2102271114512	洪晓杰
32	2108191111401	陈果	68	2102271112311	柴飞	104	2102271114501	孙久飞
33	2102271111291	杨凯	69	2102271112321	旦增南木加	105	2102271114012	姚雪琳
34	2102271111301	韩嘉兴	70	2102271115321	李传铭	106	2102271114091	陈晓
35	2102271111311	付楷亮	71	2102271112082	张慕歆	107	2102271114101	段超
36	2102271115311	李俭文	72	2102271113561	曾祥武	108	2102271114111	马伯昊

续表

序号	学号	姓名	序号	学号	姓名	序号	学号	姓名
109	2102271114121	恩学斌	145	2102271111141	崔宇强	181	2102281111071	王思琦
110	2102271115121	李明潭	146	2102271113151	侯丞	182	2102281111081	周挺
111	2102271115131	梁朔	147	2102271111161	王瑶	183	2102281111091	梁晟
112	2102271114131	王硕	148	2102271115042	杨光	184	2102281111022	暴雪芬
113	2102271114141	李林桐	149	2102271111042	冯沫	185	2102281111032	王娅妮
114	2102271115141	樊震	150	2102271115052	刘鸣	186	2102281111101	苗长君
115	2102271114042	苗凤仪	151	2102271114052	张舵	187	2102281111111	曹珂
116	2102271114161	侯大伟	152	2102271112211	夏萌	188	2102281111121	陈晨
117	2102271114171	姬宇轩	153	2102271113221	魏余特	189	2102281111141	鲁子明
118	2102271114181	国凯璇	154	2102271112062	韩金玉	190	2102281111151	段晨光
119	2102271115181	吴昊宇	155	2102271115062	周思昂	191	2102281111171	张政刚
120	2102271114201	张玉堂	156	2102271111241	丁露伟	192	2102281111181	彭玉聪
121	2102271115201	张新宇	157	2102271111251	邓沛如	193	2102281111191	史虎林
122	2102271115211	刘齐	158	2103371111271	黄康轩	194	2102281111211	任玮
123	2102271114211	赵天瑞	159	2102271112341	王紫栋	195	2102281111221	熊引航
124	2102271114221	徐时雨	160	2104391111351	云耀	196	2102281111231	刘旭增
125	2102271114231	张艺城	161	2102271112261	王霖	197	2102281111042	田硕鹏
126	2102271114241	孟晨	162	2102271115261	汤旬	198	2102281111241	欧佳帅
127	2102271114062	周俊远	163	2102271111072	荣幸	199	2102281111251	张佳滨
128	2102271114251	姚俊博	164	2102271113261	潘宏斌	200	2103061111151	张可
129	2102271114261	袁鹏智	165	2102271111271	钱慧敏	201	2102301111291	康江涛
130	2102271114281	吴文祖	166	2102271115271	苏旭	202	2103381112341	刘海龙
131	2102271114291	陈俊	167	2102271112281	刘建北	203	2108191111042	韩佳育
132	2102271114081	谢法龙	168	2102271115072	董湘珏	204	2102281111271	孙德霖
133	2102271114301	麦稞	169	2102271115281	李肖明	205	2102281111281	李隆瑞
134	2103061111241	王立文	170	2102271115291	左健	206	2102281111052	吴月
135	2102271114072	曲珍	171	2102271112291	雷樾淞	207	2102281111291	酒子同
136	2102271114321	高飞	172	2102271112301	张湘林	208	2104091111281	缪佳艺
137	2102271114331	吴奇峰	173	2102271115301	王瑞	209	2107181111361	邱成
138	2102271111012	张成媛	174	2102271111321	刘进伟	210	2104391111391	黄煜然
139	2102271113081	张怡天	175	2102271112331	孙常青	211	2102281111311	郭家梦
140	2102271114022	刘安然	176	2102281111511	范鑫	212	2102281111321	赵兴华
141	2102271113101	尹学军	177	2102281111501	邢亚威	213	2102281111331	王彦虎
142	2102271115022	董洁	178	2102281111521	宋培响	214	2102281112501	胡鸣
143	2102271115032	王雪辰	179	2102281011032	康雪楠	215	2102281112532	郭颖颖
144	2102271114032	李怡	180	2102281012012	许文渊	216	2102281112511	陈晓宇

续表

序号	学号	姓名	序号	学号	姓名	序号	学号	姓名
217	2102281112022	赵烨	239	2102281112341	梁朝阳	261	2102291111151	纪盈达
218	2102281112071	顾辰	240	2102281112291	肖炜	262	2102291111081	皮学斌
219	2102281112081	翟鹏	241	2102281112301	施鸿展	263	2102291111051	杜海标
220	2102281112091	孙鑫铭	242	2102281112052	韩萱	264	2102291111012	邢亚迪
221	2102281112101	孙艺博	243	2102281112321	杜涛	265	2102291111061	姚旗
222	2102281112111	王思奇	244	2102281112331	李蒙	266	2102291111121	高琪智
223	2102281112032	郄侨侨	245	2102281112062	李依霖	267	2102291111091	刘永健
224	2102281112121	赵波	246	2102291111511	刘成	268	2102291111141	王宇飞
225	2102281112131	陈文	247	2102291111521	张琪	269	2102291111241	李泽昊
226	2102281112141	杨睿轩	248	2102291111501	李鹏飞	270	2102291111232	王欢
227	2102281112042	沈梦云	249	2102290911151	王帆	271	2102291111291	赵凯
228	2102281112151	罗克帅	250	2102290911251	杨茂亭	272	2102291111281	乔红军
229	2102281112181	鲁楠	251	2102291111171	李博轩	273	2102291111212	赵宸伊
230	2102281112191	赵英杰	252	2102291111022	汪林	274	2102291111321	张泽宇
231	2102281112201	李昂	253	2102291111041	吴天然	275	2102291111341	詹睿轩
232	2102281112211	李世伟	254	2102291111071	盛文杰	276	2102291111251	陈虹坤
233	2102281112221	鲍金宝	255	2102291111032	吴佳莹	277	2102291111261	党博翔
234	2102281112231	宋文清	256	2102291111161	张宇轩	278	2102291111301	张宁
235	2102281112241	王迪	257	2102291111131	王清源	279	2102291111311	王凯林
236	2102281112251	白宏博	258	2102291111181	孙冶默	280	2102291111272	张豫湘
237	2102281112261	王琦	259	2102291111111	雷浩	281	2102291111331	白云
238	2102281112281	衣然	260	2102291111191	李阳	282	2102271011032	李闫硕

专业：建筑环境与设备工程

序号	学号	姓名	序号	学号	姓名	序号	学号	姓名
1	2104081111531	安治国	12	2104081111022	张鲁燕	23	2104081111231	田滨
2	2104081111541	张泽	13	2104081111032	薛煜	24	2104081111082	宋佩瑶
3	2104081111502	薛曼曼	14	2104081111171	张祎	25	2104081111241	宋梦堃
4	2104081111512	陈甜鸽	15	2104081111181	张瑞	26	2104081111251	崔志强
5	2104081111522	杜利那	16	2104081111191	章亚辰	27	2104081111261	谭宗生
6	2104100911311	高思涵	17	2104081111201	吴锦彬	28	2104081111092	吴秀梅
7	2104081111131	刘紫祺	18	2104081111062	张舟	29	2104081111102	李妍静
8	2104081111141	马立国	19	2104081111211	何亿	30	2104081111321	马立鑫
9	2104081111012	王珏楠	20	2104081111221	翟思湧	31	2104081111281	刘凯文
10	2104081111151	周春莹	21	2104391112271	于越	32	2104081111291	赵国正
11	2104081111161	安通	22	2104081111072	马月婧	33	2107161111241	卢冠舟

续表

序号	学号	姓名	序号	学号	姓名	序号	学号	姓名
34	2104081111301	张豪	47	2104081112151	梁辰	60	2104081112221	张俊强
35	2104081111311	李方超	48	2104081112161	苏畅	61	2104081112231	孙正阳
36	2104081112561	白景琪	49	2104081112022	王晗	62	2104081112082	薛田
37	2104081112551	赵卫旭	50	2104081112032	胡秀	63	2104081112241	张梓峰
38	2104081112541	吴占铁	51	2104081112171	林海洋	64	2104081112251	刘云聪
39	2104081112501	段斯南	52	2104081112042	武玥	65	2104081112092	范留佳
40	2104081112521	张科	53	2104081112181	崔皓辰	66	2104081112102	李晓男
41	2104081112532	刘欣欣	54	2104081112191	刘锐	67	2104081112112	崔金玉
42	2104081112512	汪丹丹	55	2104081112052	庞雪莹	68	2104081112281	何瑞楠
43	2104100911431	夏天晨	56	2104081112201	矫育青	69	2104081112291	薛钦枥
44	2104081112131	李奇昱	57	2104081112062	董元君	70	2104081112301	蔡一线
45	2104081112012	张婧	58	2104081112211	黄山石	71	2104081112311	张亮
46	2104081112141	王鸣霄	59	2104081112072	夏晓曦	72	2104081112122	牟清颖

专业：给水排水工程

序号	学号	姓名	序号	学号	姓名	序号	学号	姓名
1	2104091111532	李亚楠	22	2104091111231	葛俊男	43	2104091112062	吴琦薇
2	2104091111522	郑博航	23	2104091111241	方鑫	44	2104091112072	胡笑蝶
3	2104091111511	孔德洋	24	2104091111251	樊昌	45	2104091112201	李宝龙
4	2104091111501	杨鹏宇	25	2104091111261	何嘉伟	46	2104091112211	周航
5	2104091111131	李奇聪	26	2104091111271	席广朋	47	2104091112082	刁百慧
6	2104091111012	任天奇	27	2104091111112	金纪玥	48	2104091112092	刘新爽
7	2104091111151	王博	28	2104091111122	侯静	49	2104091112221	刘琦
8	2104091111161	张志凯	29	2104091111291	吴文熙	50	2104091112231	马琦越
9	2104091111171	赵汉辰	30	2108191111431	杨擎柱	51	2104091112241	李宝京
10	2104091111181	王淳	31	2104091111301	吴丛宇	52	2104091112251	赵智韬
11	2104091111032	康欣	32	2104090911171	张国龙	53	2104091112102	冯今秋
12	2104091111042	吴宇涵	33	2104090911271	刁林禄	54	2104091112112	赵菁华
13	2104091111052	陈倩	34	2104091112012	吴蕊	55	2104091112261	李硕
14	2104091111191	裴根	35	2104091112141	李傲	56	2104091112271	魏江涛
15	2104091111062	金艺文	36	2104091112151	赵宇豪	57	2104091112281	陈榕
16	2104091111072	吴误	37	2104091112171	高军晨	58	2104091112291	孙钰林
17	2104091111082	姜美竹	38	2104091112022	张鸥	59	2104091112301	袁锐
18	2104091111211	齐鑫	39	2104091112032	李佳	60	2104091112311	赵犁
19	2104091111221	房子谦	40	2104091112181	任丛	61	2104091112122	王子栎
20	2104091111092	李宇盟	41	2104091112191	闫石	62	2104091112132	刘潇萌
21	2104091111102	杨帆	42	2104091112052	张鑫旸			

专业：建筑电气与智能化

序号	学号	姓名	序号	学号	姓名	序号	学号	姓名
1	2107341111061	黄俊杰	11	2108361111081	张明昊	21	2107341111251	杨宗彪
2	2107341111071	王喆	12	2107341111022	李雨朦	22	2107341111261	陆文龙
3	2107341111081	张海鹏	13	2107341111171	耿广顺	23	2107341111271	徐国建
4	2107341111012	刘晓迪	14	2107341111181	高春宇	24	2107341111281	李佳明
5	2107341111091	赵雨晨	15	2107341111191	冯志利	25	2107341111032	王思琪
6	2107341111101	冀帅	16	2107341111201	陈永	26	2107341111042	马南
7	2107341111111	刘传	17	2107341111211	高日	27	2107341111291	伊力哈木江·依明江
8	2107341111121	魏嘉珩	18	2107341111221	杜博然	28	2107341111301	何春晓
9	2107341111141	刘泽华	19	2107341111231	徐磊	29	2107341111052	董琪
10	2107341111151	董浩洋	20	2107341111241	李恒	30	2107341111311	何欣应

专业：测绘工程

序号	学号	姓名	序号	学号	姓名	序号	学号	姓名
1	2103061111012	徐雪男	9	2103061111111	杜泽乔	17	2103061111201	周星琛
2	2103061111022	王心怡	10	2103061111121	吴桐	18	2103061111211	张计岩
3	2103061111091	席帆	11	2103061111131	邓健平	19	2103061111221	郭大帅
4	2103061111101	尤欣悦	12	2103061111141	曹毕铮	20	2103061111281	黄宇枢
5	2103061111032	刘玉婷	13	2103061111072	王红蕊	21	2103061111082	周玥
6	2103061111042	谭然	14	2103061111161	李壮	22	2103061111261	刘灏
7	2103061111052	朱祎祎	15	2103061111171	张冬卿	23	2103061111271	王瑜
8	2103061111062	张凯伦	16	2103061111191	薛文皓			

专业：交通工程

序号	学号	姓名	序号	学号	姓名	序号	学号	姓名
1	2102301011032	徐凡	11	2102301111062	朱紫涵	21	2102301111251	陈皓
2	2102301111111	张骁	12	2102301111181	胡润泽	22	2102301111261	刘维森
3	2102301111012	徐如玉	13	2102301111191	芦岩	23	2102301111271	朱拥海
4	2102301111022	赵东	14	2102301111072	郭晗	24	2102301111281	闫佳星
5	2102301111131	李思耕	15	2102301111082	朱晨冉	25	2102301111301	刘禄厚
6	2102301111032	杜梦晗	16	2102301111201	杨健	26	2102301111311	汤宇皇
7	2102301111042	李鸣旭	17	2102301111211	安文仲	27	2102301111321	刘侃
8	2102301111052	于海洋	18	2102301111221	张进凯	28	2102301111331	李扬
9	2102301111161	刘仲奇	19	2102301111231	李阳	29	2102301111092	杨修涵
10	2102301111171	张佳麒	20	2102301111241	邢威	30	2102301111102	马泓煜

专业：工业工程

序号	学号	姓名	序号	学号	姓名	序号	学号	姓名
1	2105261111111	李龙	13	2105261111191	李佳乐	25	2105261111301	冯强
2	2105261111121	张金龙	14	2105261111201	张赛杰	26	2105261111311	郭云鹏
3	2105261111012	张成	15	2105261111211	刘畅	27	2105261111321	田济
4	2105261111022	陈乔	16	2105261111221	李文培	28	2105261111341	吐尔洪·托合提
5	2105261111131	铁凌然	17	2105261111231	李阳			
6	2105261111141	杨晶	18	2105261111062	胡波	29	2105261111351	王梦琪
7	2105261111032	辛颖	19	2105261111251	韩宇箭	30	2105261111082	范寒月
8	2105261111151	白睿	20	2105261111261	张继胜	31	2105261111092	邢慧宁
9	2105261111042	张婷	21	2105261111072	代明竹	32	2105261111381	冯高磊
10	2105261111052	吴寒	22	2105261111271	刘新祺	33	2105261111102	杨秋敏
11	2105261111161	冯宝金	23	2105261111281	李万宇	34	2105261111391	刘念
12	2105261111171	张志豪	24	2105261111291	袁齐	35	2105261111411	杨海龙

专业：工程管理

序号	学号	姓名	序号	学号	姓名	序号	学号	姓名
1	2106131111012	王文晓	23	2106131111331	杨斯思	45	2106131112052	侯丹雪
2	2106131111022	时悦	24	2106131111142	王雅晴	46	2106131112062	王燕青
3	2106131111032	张琪	25	2106131111152	唐陈晨	47	2106131112231	樊亚琛
4	2106131111052	张依辰	26	2106131111341	张鹏	48	2106131112241	张天伊
5	2106131111221	李仁韬	27	2106131111351	程洪达	49	2106131112261	冯剑辉
6	2106131111062	樊程亭柳	28	2106131111162	赵丹	50	2106131112072	张潇允
7	2106131111072	马赛	29	2106131111172	张迪	51	2106131112271	刁程远
8	2106131111241	王铎	30	2106131111381	吴维邮	52	2106131112281	孙凡
9	2106131111251	李鑫昊	31	2106131111391	张振	53	2106131112092	翁潇琪
10	2106131111261	范涛	32	2106131111182	陈诗月	54	2106131112102	李梦楠
11	2106131111271	张雪强	33	2107181111371	万俊伟	55	2106131112112	刘东君
12	2106131111082	杨蓓欣	34	2106131111411	何弘睿	56	2106131112122	赵瑞
13	2106131111092	郭龄懋	35	2106131111421	廖景山	57	2106131112311	贾晓茜
14	2106131111281	郝梦轩	36	2106131111192	曲西拉姆	58	2106131112321	张镇
15	2106131111291	戚博晨	37	2106131111431	罗银凯	59	2106131112331	黄思琦
16	2106131111102	韩丹羽	38	2106131112201	祖晨	60	2106131112132	魏青
17	2106131111112	王梦琪	39	2106131112012	宋伟	61	2106131112142	连艺
18	2106131111301	张福逸	40	2106131112022	胡小雪	62	2106131112341	王月
19	2106131111122	王雨萌	41	2106131112032	胡盛乔	63	2106131112152	于洁
20	2106131111311	陈朝	42	2106131112042	吴婷婷	64	2106131112162	赵婷婷
21	2106131111132	王帅	43	2106131112211	丁玎	65	2106131112351	门宗伟
22	2106131111321	贾一凡	44	2106131112221	卢迪	66	2106131112361	张子阁

续表

序号	学号	姓名	序号	学号	姓名	序号	学号	姓名
67	2106131112172	张瑶仙	90	2106131113262	赵哲慧	113	2106131114191	袁蓬勃
68	2106131112371	马乐	91	2106131113201	师胜锋	114	2106131114132	曹雅宁
69	2106131112182	王惋莹	92	2106131113102	王娟娟	115	2106131114142	王新蕊
70	2106131112381	方兴	93	2106131113131	樊小宾	116	2106131114161	刘安营
71	2106131112391	许鹏超	94	2106131113112	陈丽	117	2106131114122	张欣
72	2106131112401	张青松	95	2106131113092	焦宇洋	118	2106131114251	汪洋宝
73	2106131112411	黄富恒	96	2106131113292	张鑫	119	2106131114101	许晨
74	2106131112421	史翼铭	97	2106131113182	刘星雨	120	2106131114202	吕迪
75	2106131112192	王雅慧	98	2106131113272	唐君	121	2106131114082	温雪
76	2106131113031	赵猛猛	99	2106131113051	张育奎	122	2106131114052	张婧
77	2106131113231	史永腾	100	2106131113252	李妮芝	123	2106131114172	张瑁
78	2106131113062	王兴华	101	2106131113122	王晓丹	124	2106131114072	梁红娟
79	2106131113222	牛亚琼	102	2106131113082	王然	125	2106131114062	程晓蕊
80	2106131113282	郑丹丹	103	2106131113011	江山	126	2106131114262	李婷婷
81	2106131113192	孟宇晨	104	2106131114311	范雪凤	127	2106131114282	孙悦
82	2106131113042	罗冉冉	105	2106131114301	魏博	128	2106131114091	姚雨锋
83	2106131113021	许普峰	106	2106131114291	庞贺	129	2106131114111	赵晨光
84	2106131113141	曹一	107	2106131114011	余杰	130	2106131114231	左梁
85	2106131113162	谷雅雯	108	2106131114152	阮婷婷	131	2106131114042	耿双灵
86	2106131113212	张霞	109	2106131114032	韩燕	132	2106131114272	刘瑾
87	2106131113151	江凡	110	2106131114022	王珊珊	133	2106131114181	刘君辉
88	2106131113241	张召	111	2106131114242	曹桢	134	2106131114212	赵婧华
89	2106131113072	吴纪平	112	2106131114222	赵姗姗			

专业：工商管理

序号	学号	姓名	序号	学号	姓名	序号	学号	姓名
1	2106141111571	郑宇	11	2106141111042	李佳	21	2106141111251	张诗盟
2	2106141111551	李博洋	12	2106141111201	李硕	22	2106141111261	赵晨阳
3	2106141111512	党文静	13	2106141111052	孙方彬	23	2106141111271	邵志鹏
4	2106141111502	朱佩琳	14	2106141111211	牛郅全	24	2106141111112	刘宇
5	2106141111562	鲁正理	15	2106141111231	于会策	25	2106141111281	王治钧
6	2106141111521	王湧	16	2106141111062	刘畅	26	2106141111342	隋源浩
7	2106140911291	张京龙	17	2106141111241	陈伟	27	2106141111291	胡小磊
8	2106141111012	何芳	18	2106141111072	聂圆月	28	2106141111301	齐洋洋
9	2106141111022	李岩	19	2106141111082	张璇	29	2106141111122	王静
10	2106141111032	王新慈	20	2106141111092	王思聪	30	2106141111132	王雪迪

续表

序号	学号	姓名	序号	学号	姓名	序号	学号	姓名
31	2106141111142	迪理努尔·艾斯海尔	44	2106141112211	刘意	58	2106141112122	郭晓
			45	2106141112221	任瑞鹏	59	2109211111122	陆天一
32	2106141111321	黄文	46	2106141112052	王迪	60	2106151111322	李小秋
33	2106141111152	张翠翠	47	2106141112062	杨娜	61	2106141112291	艾山·吾司曼
34	2106141111162	张吉鸣	48	2106141112231	张祥			
35	2106141112171	罗陶明明	49	2106141112241	马骜	62	2106141112301	郭昊
36	2106141112181	罗浩然	50	2106141112072	单晶日	63	2106141112132	戴怡冰
37	2106141112012	王梦伊	51	2106141112082	韩京林	64	2106141112142	许朝雪
38	2106141112022	杨帆	52	2106141112251	魏文龙	65	2106141112311	热皮卡提·艾比力
39	2106141112331	李卓远	53	2106141112092	张晨			
40	2106141112032	王婷	54	2106141112261	曹博	66	2106141112152	张娜
41	2106141112042	葛淼	55	2106141112102	周欢欢	67	2106141112162	王文楚
42	2109211112211	李硕	56	2106141112271	陈伯桓			
43	2106141112191	帕尔哈提·艾则孜	57	2106141112281	杜昱奇			

专业：市场营销

序号	学号	姓名	序号	学号	姓名	序号	学号	姓名
1	2106151111541	邵添	14	2106151111121	陈硕	27	2106151111111	张迪
2	2106151111501	王文茂	15	2106151111151	张兆元	28	2106151111272	尚月月
3	2106151111532	石丽萍	16	2106151111191	张文豪	29	2106151111281	赵旭
4	2106151111522	陈卓	17	2106151111052	曹秋筠	30	2106151111032	常娜
5	2106151111512	韩东	18	2106151111171	郝禹辰	31	2106151111231	王浩
6	2106151111552	阎春晓	19	2106151111161	唐鹏飞	32	2106151111311	李汤伟
7	2106150812032	赵安琪	20	2106151111221	王子龙	33	2106151111252	阿孜古丽·库尔班
8	2106151111241	王睿	21	2106151111102	庞悦			
9	2106151111012	玉拉叫	22	2106151111211	吴波	34	2106151111262	杨亦畅
10	2106151111342	达哇央宗	23	2106151111092	魏胜男	35	2109211111241	谢敏
11	2106151111082	王紫卿	24	2106151111072	闫雅文	36	2106151111302	邢春梅
12	2106151111181	高兴	25	2106151111042	周晓月	37	2106151111331	陈润丰
13	2106151111201	沈雁	26	2106151111062	张迪			

专业：公共事业管理

序号	学号	姓名	序号	学号	姓名	序号	学号	姓名
1	2106351111012	樊琳	3	2106351111211	田然	5	2106351111032	成雪
2	2106351111201	魏庆	4	2106351111022	孙梦玥	6	2106351111042	张雅琨

续表

序号	学号	姓名	序号	学号	姓名	序号	学号	姓名
7	2106351111052	秦宇瑶	24	2106351111142	潘婧	41	2106351112241	王贺艺
8	2106351111062	陈雨桐	25	2106351111152	张璇	42	2106351112092	杨静
9	2106351111072	王逸静文	26	2106351111162	曹凯花	43	2106351112251	于洋
10	2106351111231	李登科	27	2106351111172	罗静	44	2106351112261	王岱珩
11	2106351111241	王凯然	28	2106351111182	张劼	45	2106351112102	湛方园
12	2106351111082	王春蕾	29	2106351111192	刘畅	46	2106351112112	戚琪
13	2106351111251	刘寅东	30	2106351112012	杨翠	47	2106351112271	马佳庆
14	2106351111092	王梦媛	31	2106351112022	牛誉璇	48	2106351112122	杨赛
15	2106351111102	刘思思	32	2106351112032	王文婷	49	2106351112281	张贺
16	2106351111261	徐赛	33	2106351112042	沈笑男	50	2106351112132	郁蕾
17	2106351111112	韩天娇	34	2106351112211	侯博石	51	2106351112291	魏秀棋
18	2106351111271	苏金豹	35	2106351112052	闫彦	52	2106351112142	张钰
19	2106351111281	韩博	36	2106351112062	赵梓淇	53	2106351112152	刘逍
20	2106351111122	王文佳	37	2106351112072	杨天玥	54	2106351112172	赵艳
21	2106351111132	叶蕴勃	38	2106351112221	杨思	55	2106351112182	佛玉婷
22	2106351111291	孙伟豪	39	2106351112082	周蓓	56	2106351112192	余琦凡
23	2106351111321	王宇超	40	2106351112231	周毅	57	2106351112202	陈明珏

专业：建筑学

序号	学号	姓名	序号	学号	姓名	序号	学号	姓名
1	2101011011091	施展	16	2101011011062	王凡	31	2101011012032	谷筝
2	2101011011012	王潇玄	17	2101011011072	韩夏	32	2101011012042	于水晴
3	2101011011101	王源	18	2101011011201	钱书宸	33	2101011012052	刘艺超
4	2101011011022	郝晓旭	19	2101011011211	戚浩	34	2101011012161	田双豪
5	2101011011111	马行健	20	2101011011221	高春雷	35	2101011012171	翟玉琨
6	2101011011121	赵云杰	21	2101011011231	刘玉超	36	2101011012181	范占强
7	2101011011131	杨明	22	2101011011241	卢亦庄	37	2101011012191	王凡
8	2101011011141	漆悦之	23	2101011011082	黄媛媛	38	2101011012072	郭小溪
9	2101011011151	孙树鸿	24	2101011012012	高宇含	39	2101011012201	张文智
10	2101011011042	顾婷	25	2101011012101	杨思宇	40	2101011012211	包敬彬
11	2101011011052	于桐	26	2101011012022	刘英博	41	2101011012221	康逸文
12	2101011011161	刘纪超	27	2101011012111	陈宽	42	2101011012082	方铭
13	2101011011171	孙冬	28	2101011012121	段振兴	43	2101011012231	贺海铭
14	2101011011181	刘富强	29	2101011012131	赵璞真			
15	2101011011191	边雷	30	2101011012141	李家南			

（三）2014/2015学年第二学期授予普通高等教育本科毕业生学士学位名单（往届补发学位）

序号	学号	姓名	序号	学号	姓名	序号	学号	姓名
1	2102270911281	张云龙	4	2104091011181	杨帅	7	2101020911271	刘若班
2	2102281011171	门凯光	5	2104321011231	常天啸			
3	2102280912281	张骏腾	6	2105111011111	高商			

（四）2015年授予外国留学生学士学位名单

专业：建筑学

序号	学号	姓名	中文姓名	性别	国籍	学位类别
1	6010ZJZ10004	TRAN MINH HUNG	陈明兴	男	越南	建筑学学士学位
2	6010YXN08006	SUKHBAT BILGUUNBOLD	比尔宫	男	蒙古	建筑学学士学位

五、2015年北京建筑大学硕士毕业生名单

（一）北京建筑大学2015届冬季毕业硕士研究生名单

序号	学号	姓名	学院	年级	专业	毕结业结论
1	1108140611006	董月龙	土木与交通工程学院	2011	桥梁与隧道工程	毕业
2	1108521311022	孟令亚	土木与交通工程学院	2011	建筑与土木工程	毕业
3	1108521311052	牛春晓	环境与能源工程学院	2011	建筑与土木工程	毕业
4	1108521312020	张喆	土木与交通工程学院	2012	建筑与土木工程	毕业

（二）北京建筑大学2015届夏季毕业硕士研究生名单

序号	学号	姓名	专业	年级	学院	毕结业结论
1	1108130012001	万家栋	建筑学	2012	建筑与城市规划学院	毕业
2	1108130012002	陈晓虎	建筑学	2012	建筑与城市规划学院	毕业
3	1108130012003	郝杰	建筑学	2012	建筑与城市规划学院	毕业
4	1108130012004	陆红伟	建筑学	2012	建筑与城市规划学院	毕业
5	1108130012005	杨安琪	建筑学	2012	建筑与城市规划学院	毕业
6	1108130012006	曹海云	建筑学	2012	建筑与城市规划学院	毕业

续表

序号	学号	姓名	专业	年级	学院	毕结业结论
7	1108130012007	陈琬	建筑学	2012	建筑与城市规划学院	毕业
8	1108130012008	葛国栋	建筑学	2012	建筑与城市规划学院	毕业
9	1108130012009	胡俊凤	建筑学	2012	建筑与城市规划学院	毕业
10	1108130012010	姜雪薇	建筑学	2012	建筑与城市规划学院	毕业
11	1108130012011	李艾桦	建筑学	2012	建筑与城市规划学院	毕业
12	1108130012012	刘锦辉	建筑学	2012	建筑与城市规划学院	毕业
13	1108130012013	宋晓梦	建筑学	2012	建筑与城市规划学院	毕业
14	1108130012014	孙弘扬	建筑学	2012	建筑与城市规划学院	毕业
15	1108130012015	杨琳琳	建筑学	2012	建筑与城市规划学院	毕业
16	1108130012016	高焱	建筑学	2012	建筑与城市规划学院	毕业
17	1108130012017	何彩虹	建筑学	2012	建筑与城市规划学院	毕业
18	1108130012018	乔岩	建筑学	2012	建筑与城市规划学院	毕业
19	1108330012001	陈洁心	城乡规划学	2012	建筑与城市规划学院	毕业
20	1108330012002	禹婧	城乡规划学	2012	建筑与城市规划学院	毕业
21	1108330012003	郑岩	城乡规划学	2012	建筑与城市规划学院	毕业
22	1108330012004	邓龙	城乡规划学	2012	建筑与城市规划学院	毕业
23	1108330012005	高迎	城乡规划学	2012	建筑与城市规划学院	毕业
24	1108330012006	黄炜	城乡规划学	2012	建筑与城市规划学院	毕业
25	1108330012007	胡玉佳	城乡规划学	2012	建筑与城市规划学院	毕业
26	1108330012008	李兆云	城乡规划学	2012	建筑与城市规划学院	毕业
27	1108330012009	邱文瑜	城乡规划学	2012	建筑与城市规划学院	毕业
28	1108330012010	谭杪萌	城乡规划学	2012	建筑与城市规划学院	毕业
29	1108330012011	王晨曦	城乡规划学	2012	建筑与城市规划学院	毕业
30	1108330012012	王振南	城乡规划学	2012	建筑与城市规划学院	毕业
31	1108330012013	薛鸿博	城乡规划学	2012	建筑与城市规划学院	毕业
32	1108330012014	张碧瀚	城乡规划学	2012	建筑与城市规划学院	毕业
33	1108330012015	苗凯	城乡规划学	2012	建筑与城市规划学院	毕业
34	1108330012016	叶成	城乡规划学	2012	建筑与城市规划学院	毕业
35	1108330012017	宋超俊	城乡规划学	2012	建筑与城市规划学院	毕业
36	1108340012001	李昂	风景园林学	2012	建筑与城市规划学院	毕业
37	1108340012002	白同宇	风景园林学	2012	建筑与城市规划学院	毕业
38	1108340012003	焦睿红	风景园林学	2012	建筑与城市规划学院	毕业
39	1108340012004	王诗鑫	风景园林学	2012	建筑与城市规划学院	毕业
40	1108340012005	孟晓东	风景园林学	2012	建筑与城市规划学院	毕业
41	1108340012006	马效	风景园林学	2012	建筑与城市规划学院	毕业

续表

序号	学号	姓名	专业	年级	学院	毕结业结论
42	1108510012001	崔明华	建筑学	2012	建筑与城市规划学院	毕业
43	1108510012002	高天慕	建筑学	2012	建筑与城市规划学院	毕业
44	1108510012003	胡玉洁	建筑学	2012	建筑与城市规划学院	毕业
45	1108510012004	梁珊珊	建筑学	2012	建筑与城市规划学院	毕业
46	1108510012005	黎琰	建筑学	2012	建筑与城市规划学院	毕业
47	1108510012006	李振华	建筑学	2012	建筑与城市规划学院	毕业
48	1108510012007	王溪	建筑学	2012	建筑与城市规划学院	毕业
49	1108510012008	吴奕瑾	建筑学	2012	建筑与城市规划学院	毕业
50	1108510012009	张玲玲	建筑学	2012	建筑与城市规划学院	毕业
51	1108510012010	戴锦晓	建筑学	2012	建筑与城市规划学院	毕业
52	1108510012011	郝琛	建筑学	2012	建筑与城市规划学院	毕业
53	1108510012012	路瑶	建筑学	2012	建筑与城市规划学院	毕业
54	1108510012013	孙利铭	建筑学	2012	建筑与城市规划学院	毕业
55	1108510012014	谈抒婕	建筑学	2012	建筑与城市规划学院	毕业
56	1108510012015	白宇龙	建筑学	2012	建筑与城市规划学院	毕业
57	1108510012016	程鑫	建筑学	2012	建筑与城市规划学院	毕业
58	1108510012017	陈杰敏	建筑学	2012	建筑与城市规划学院	毕业
59	1108510012018	陈潭秋	建筑学	2012	建筑与城市规划学院	毕业
60	1108510012019	丁轶光	建筑学	2012	建筑与城市规划学院	毕业
61	1108510012020	郝瑞生	建筑学	2012	建筑与城市规划学院	毕业
62	1108510012021	侯跃	建筑学	2012	建筑与城市规划学院	毕业
63	1108510012022	贾宣墨	建筑学	2012	建筑与城市规划学院	毕业
64	1108510012023	纪少华	建筑学	2012	建筑与城市规划学院	毕业
65	1108510012024	亢晓宁	建筑学	2012	建筑与城市规划学院	毕业
66	1108510012025	梁爽	建筑学	2012	建筑与城市规划学院	毕业
67	1108510012026	梁双艺	建筑学	2012	建筑与城市规划学院	毕业
68	1108510012027	李斌	建筑学	2012	建筑与城市规划学院	毕业
69	1108510012028	李宸	建筑学	2012	建筑与城市规划学院	毕业
70	1108510012029	李孟竹	建筑学	2012	建筑与城市规划学院	毕业
71	1108510012030	李鹏	建筑学	2012	建筑与城市规划学院	毕业
72	1108510012031	刘海德	建筑学	2012	建筑与城市规划学院	毕业
73	1108510012032	刘恋	建筑学	2012	建筑与城市规划学院	毕业
74	1108510012033	李威	建筑学	2012	建筑与城市规划学院	毕业
75	1108510012035	齐飞	建筑学	2012	建筑与城市规划学院	毕业
76	1108510012036	任晓伟	建筑学	2012	建筑与城市规划学院	毕业

续表

序号	学号	姓名	专业	年级	学院	毕结业结论
77	1108510012038	王珺	建筑学	2012	建筑与城市规划学院	毕业
78	1108510012039	王沛	建筑学	2012	建筑与城市规划学院	毕业
79	1108510012040	王雨	建筑学	2012	建筑与城市规划学院	毕业
80	1108510012041	徐建勤	建筑学	2012	建筑与城市规划学院	毕业
81	1108510012042	杨慧媛	建筑学	2012	建筑与城市规划学院	毕业
82	1108510012043	杨珂	建筑学	2012	建筑与城市规划学院	毕业
83	1108510012044	闫泽彬	建筑学	2012	建筑与城市规划学院	毕业
84	1108510012045	于家兴	建筑学	2012	建筑与城市规划学院	毕业
85	1108510012046	于莎	建筑学	2012	建筑与城市规划学院	毕业
86	1108510012047	张思	建筑学	2012	建筑与城市规划学院	毕业
87	1108510012048	张阅文	建筑学	2012	建筑与城市规划学院	毕业
88	1108510012049	周宇辰	建筑学	2012	建筑与城市规划学院	毕业
89	1113050012001	黄庭晚	设计学	2012	建筑与城市规划学院	毕业
90	1113050012002	胡正鑫	设计学	2012	建筑与城市规划学院	毕业
91	1113050012003	冷一楠	设计学	2012	建筑与城市规划学院	毕业
92	1113050012004	李梦墨	设计学	2012	建筑与城市规划学院	毕业
93	1113050012005	刘敬博	设计学	2012	建筑与城市规划学院	毕业
94	1113050012006	邢文宣	设计学	2012	建筑与城市规划学院	毕业
95	1113050012007	郗鑫鑫	设计学	2012	建筑与城市规划学院	毕业
96	1113050012008	颜超	设计学	2012	建筑与城市规划学院	毕业
97	1113050012010	周琼	设计学	2012	建筑与城市规划学院	毕业
98	1113050012011	陈宇杰	设计学	2012	建筑与城市规划学院	毕业
99	1113050012012	江笑宇	设计学	2012	建筑与城市规划学院	毕业
100	1113050012013	宋明敏	设计学	2012	建筑与城市规划学院	毕业
101	1113050012014	朱凤	设计学	2012	建筑与城市规划学院	毕业
102	1113050012015	刘国娜	设计学	2012	建筑与城市规划学院	毕业
103	1113050012016	李逸	设计学	2012	建筑与城市规划学院	毕业
104	1113050012017	薛育佳	设计学	2012	建筑与城市规划学院	毕业
105	1113050012018	袁静	设计学	2012	建筑与城市规划学院	毕业
106	1113050012019	王琼	设计学	2012	建筑与城市规划学院	毕业
107	1113050012021	许姗姗	设计学	2012	建筑与城市规划学院	毕业
108	1113050012022	王米来	设计学	2012	建筑与城市规划学院	毕业
109	1108230111003	赵志超	道路与铁道工程	2011	土木与交通工程学院	毕业
110	1108140112001	宋方佳	岩土工程	2012	土木与交通工程学院	毕业
111	1108140112002	周洪	岩土工程	2012	土木与交通工程学院	毕业

续表

序号	学号	姓名	专业	年级	学院	毕结业结论
112	1108140112003	刘德华	岩土工程	2012	土木与交通工程学院	毕业
113	1108140212001	詹远	结构工程	2012	土木与交通工程学院	毕业
114	1108140212002	冯永存	结构工程	2012	土木与交通工程学院	毕业
115	1108140212003	高日	结构工程	2012	土木与交通工程学院	毕业
116	1108140212004	贾天宇	结构工程	2012	土木与交通工程学院	毕业
117	1108140212005	姬晨濛	结构工程	2012	土木与交通工程学院	毕业
118	1108140212006	李书文	结构工程	2012	土木与交通工程学院	毕业
119	1108140212007	刘雨冬	结构工程	2012	土木与交通工程学院	毕业
120	1108140212008	石家鑫	结构工程	2012	土木与交通工程学院	毕业
121	1108140212009	师姗姗	结构工程	2012	土木与交通工程学院	毕业
122	1108140212010	徐艳龙	结构工程	2012	土木与交通工程学院	毕业
123	1108140212011	张文会	结构工程	2012	土木与交通工程学院	毕业
124	1108140212012	张延赫	结构工程	2012	土木与交通工程学院	毕业
125	1108140212013	赵微	结构工程	2012	土木与交通工程学院	毕业
126	1108140212014	宫凯	结构工程	2012	土木与交通工程学院	毕业
127	1108140212015	孙健	岩土工程	2012	土木与交通工程学院	毕业
128	1108140212016	张旭阳	结构工程	2012	土木与交通工程学院	毕业
129	1108140212017	宗禹	结构工程	2012	土木与交通工程学院	毕业
130	1108140212018	王何佳	结构工程	2012	土木与交通工程学院	毕业
131	1108140212019	廖炜	结构工程	2012	土木与交通工程学院	毕业
132	1108140212020	林含	结构工程	2012	土木与交通工程学院	毕业
133	1108140212021	许博超	结构工程	2012	土木与交通工程学院	毕业
134	1108140212022	张晓奇	结构工程	2012	土木与交通工程学院	毕业
135	1108140512001	徐琛	防灾减灾工程及防护工程	2012	土木与交通工程学院	毕业
136	1108140512002	朱爱东	防灾减灾工程及防护工程	2012	土木与交通工程学院	毕业
137	1108140512003	郭建东	防灾减灾工程及防护工程	2012	土木与交通工程学院	毕业
138	1108140612001	张羽	桥梁与隧道工程	2012	土木与交通工程学院	毕业
139	1108140612002	万超杰	桥梁与隧道工程	2012	土木与交通工程学院	毕业
140	1108140612003	杨宏泰	桥梁与隧道工程	2012	土木与交通工程学院	毕业
141	1108140612004	朱春杰	桥梁与隧道工程	2012	土木与交通工程学院	毕业
142	1108230112001	孙鹏飞	道路与铁道工程	2012	土木与交通工程学院	毕业
143	1108230112002	王晓晓	道路与铁道工程	2012	土木与交通工程学院	毕业
144	1108230112003	魏伟	道路与铁道工程	2012	土木与交通工程学院	毕业
145	1108230112004	吴振朋	道路与铁道工程	2012	土木与交通工程学院	毕业
146	1108230112005	赵永尚	道路与铁道工程	2012	土木与交通工程学院	毕业

续表

序号	学号	姓名	专业	年级	学院	毕结业结论
147	1108230312001	赵晓霞	交通运输规划与管理	2012	土木与交通工程学院	毕业
148	1108230312002	郭彧鑫	交通运输规划与管理	2012	土木与交通工程学院	毕业
149	1108230312003	李雪	交通运输规划与管理	2012	土木与交通工程学院	毕业
150	1108230312004	李扬威	交通运输规划与管理	2012	土木与交通工程学院	毕业
151	1108230312005	王红霖	交通运输规划与管理	2012	土木与交通工程学院	毕业
152	1108230312006	刘荣强	交通运输规划与管理	2012	土木与交通工程学院	毕业
153	1108521312001	韩倩	建筑与土木工程	2012	土木与交通工程学院	毕业
154	1108521312002	陈春华	建筑与土木工程	2012	土木与交通工程学院	毕业
155	1108521312003	冯江晓	建筑与土木工程	2012	土木与交通工程学院	毕业
156	1108521312004	黄海龙	建筑与土木工程	2012	土木与交通工程学院	毕业
157	1108521312005	胡松松	建筑与土木工程	2012	土木与交通工程学院	毕业
158	1108521312006	金汉	建筑与土木工程	2012	土木与交通工程学院	毕业
159	1108521312007	李世伟	建筑与土木工程	2012	土木与交通工程学院	毕业
160	1108521312008	刘景波	建筑与土木工程	2012	土木与交通工程学院	毕业
161	1108521312009	刘旭	建筑与土木工程	2012	土木与交通工程学院	毕业
162	1108521312010	郄泽	建筑与土木工程	2012	土木与交通工程学院	毕业
163	1108521312011	王溪	建筑与土木工程	2012	土木与交通工程学院	毕业
164	1108521312012	杨扬	建筑与土木工程	2012	土木与交通工程学院	毕业
165	1108521312014	叶烈伟	建筑与土木工程	2012	土木与交通工程学院	毕业
166	1108521312015	于冠雄	建筑与土木工程	2012	土木与交通工程学院	毕业
167	1108521312016	郁海杰	建筑与土木工程	2012	土木与交通工程学院	毕业
168	1108521312017	张进凡	建筑与土木工程	2012	土木与交通工程学院	毕业
169	1108521312018	张世玉	建筑与土木工程	2012	土木与交通工程学院	毕业
170	1108521312019	张晓琳	建筑与土木工程	2012	土木与交通工程学院	毕业
171	1108521312021	赵岩	建筑与土木工程	2012	土木与交通工程学院	毕业
172	1108521312022	周茜	建筑与土木工程	2012	土木与交通工程学院	毕业
173	1108521312023	崔相东	建筑与土木工程	2012	土木与交通工程学院	毕业
174	1108521312024	李宏维	建筑与土木工程	2012	土木与交通工程学院	毕业
175	1108521312025	仕帅	建筑与土木工程	2012	土木与交通工程学院	毕业
176	1108521312026	赵程昊	建筑与土木工程	2012	土木与交通工程学院	毕业
177	1108521312027	郭祎	建筑与土木工程	2012	土木与交通工程学院	毕业
178	1108521312028	宋旱云	建筑与土木工程	2012	土木与交通工程学院	毕业
179	1108521312029	殷辰鹏	建筑与土木工程	2012	土木与交通工程学院	毕业
180	1108521312030	朱木森	建筑与土木工程	2012	土木与交通工程学院	毕业
181	1108521312031	韩志宇	建筑与土木工程	2012	土木与交通工程学院	毕业

续表

序号	学号	姓名	专业	年级	学院	毕结业结论
182	1108521312032	陈明路	建筑与土木工程	2012	土木与交通工程学院	毕业
183	1108521312033	范值慎	建筑与土木工程	2012	土木与交通工程学院	毕业
184	1108521312034	田瑞	建筑与土木工程	2012	土木与交通工程学院	毕业
185	1108521312035	李瑞	建筑与土木工程	2012	土木与交通工程学院	毕业
186	1108521312036	苑伯祺	建筑与土木工程	2012	土木与交通工程学院	毕业
187	1108521312037	隗功骁	建筑与土木工程	2012	土木与交通工程学院	毕业
188	1108521312038	许春懿	建筑与土木工程	2012	土木与交通工程学院	毕业
189	1108521312039	左亚	建筑与土木工程	2012	土木与交通工程学院	毕业
190	1108521312040	李力寻	建筑与土木工程	2012	土木与交通工程学院	毕业
191	1108521312041	杜世伟	建筑与土木工程	2012	土木与交通工程学院	毕业
192	1108521312042	郭晓东	建筑与土木工程	2012	土木与交通工程学院	毕业
193	1108521312043	韦康杰	建筑与土木工程	2012	土木与交通工程学院	毕业
194	1108521312044	班力壬	建筑与土木工程	2012	土木与交通工程学院	毕业
195	1107760112001	王义臣	环境科学	2012	环境与能源工程学院	毕业
196	1107760112002	刘云帆	环境科学	2012	环境与能源工程学院	毕业
197	1107760112003	于英汉	环境科学	2012	环境与能源工程学院	毕业
198	1107760212001	刘超	环境工程	2012	环境与能源工程学院	毕业
199	1107760212002	刘亮	环境工程	2012	环境与能源工程学院	毕业
200	1107760212003	石安邦	环境工程	2012	环境与能源工程学院	毕业
201	1107760212004	王思莹	环境工程	2012	环境与能源工程学院	毕业
202	1107760212005	武彦杰	环境工程	2012	环境与能源工程学院	毕业
203	1107760212006	赵思琪	环境工程	2012	环境与能源工程学院	毕业
204	1107760212007	程慧	环境工程	2012	环境与能源工程学院	毕业
205	1107760212008	李红	环境工程	2012	环境与能源工程学院	毕业
206	1107760212009	陆利杰	环境工程	2012	环境与能源工程学院	毕业
207	1107760212010	吕臣	环境工程	2012	环境与能源工程学院	毕业
208	1107760212011	全爽	环境工程	2012	环境与能源工程学院	毕业
209	1107760212012	于荣兴	环境工程	2012	环境与能源工程学院	毕业
210	1107760212013	王建富	环境工程	2012	环境与能源工程学院	毕业
211	1107760212014	王亚婧	环境工程	2012	环境与能源工程学院	毕业
212	1108140312001	黄鑫	市政工程	2012	环境与能源工程学院	毕业
213	1108140312002	胡娜娜	市政工程	2012	环境与能源工程学院	毕业
214	1108140312003	李庚	市政工程	2012	环境与能源工程学院	毕业
215	1108140312004	刘高杰	市政工程	2012	环境与能源工程学院	毕业
216	1108140312005	任冰倩	市政工程	2012	环境与能源工程学院	毕业

续表

序号	学号	姓名	专业	年级	学院	毕结业结论
217	1108140312006	王焱	市政工程	2012	环境与能源工程学院	毕业
218	1108140312007	王远	市政工程	2012	环境与能源工程学院	毕业
219	1108140312008	于栋	市政工程	2012	环境与能源工程学院	毕业
220	1108140312009	张传挺	市政工程	2012	环境与能源工程学院	毕业
221	1108140312010	庞纪元	市政工程	2012	环境与能源工程学院	毕业
222	1108140312011	王春丽	市政工程	2012	环境与能源工程学院	毕业
223	1108140312012	王婧	市政工程	2012	环境与能源工程学院	毕业
224	1108140312013	杨平	市政工程	2012	环境与能源工程学院	毕业
225	1108140312014	张玉玉	市政工程	2012	环境与能源工程学院	毕业
226	1108140412001	孙晓禹	供热、供燃气、通风及空调工程	2012	环境与能源工程学院	毕业
227	1108140412002	韩龙娜	供热、供燃气、通风及空调工程	2012	环境与能源工程学院	毕业
228	1108140412003	李彬彬	供热、供燃气、通风及空调工程	2012	环境与能源工程学院	毕业
229	1108140412004	李泓钰	供热、供燃气、通风及空调工程	2012	环境与能源工程学院	毕业
230	1108140412005	李丽艳	供热、供燃气、通风及空调工程	2012	环境与能源工程学院	毕业
231	1108140412006	赵国春	供热、供燃气、通风及空调工程	2012	环境与能源工程学院	毕业
232	1108140412007	朱爱明	供热、供燃气、通风及空调工程	2012	环境与能源工程学院	毕业
233	1108140412008	陈聪	供热、供燃气、通风及空调工程	2012	环境与能源工程学院	毕业
234	1108140412009	黄聪	供热、供燃气、通风及空调工程	2012	环境与能源工程学院	毕业
235	1108140412010	刘思梦	供热、供燃气、通风及空调工程	2012	环境与能源工程学院	毕业
236	1108140412011	李印龙	供热、供燃气、通风及空调工程	2012	环境与能源工程学院	毕业
237	1108140412012	王建凯	供热、供燃气、通风及空调工程	2012	环境与能源工程学院	毕业
238	1108140412013	席志云	供热、供燃气、通风及空调工程	2012	环境与能源工程学院	毕业
239	1108140412014	许金星	供热、供燃气、通风及空调工程	2012	环境与能源工程学院	毕业
240	1108140412015	尹荣杰	供热、供燃气、通风及空调工程	2012	环境与能源工程学院	毕业
241	1108140412016	于文贤	供热、供燃气、通风及空调工程	2012	环境与能源工程学院	毕业
242	1108140412017	张凤娇	供热、供燃气、通风及空调工程	2012	环境与能源工程学院	毕业
243	1108140412018	何璇	供热、供燃气、通风及空调工程	2012	环境与能源工程学院	毕业
244	1108140412019	齐好	供热、供燃气、通风及空调工程	2012	环境与能源工程学院	毕业
245	1108140412020	吴生俊	供热、供燃气、通风及空调工程	2012	环境与能源工程学院	毕业
246	1108140412021	祝立强	供热、供燃气、通风及空调工程	2012	环境与能源工程学院	毕业
247	1108140412022	刘海静	供热、供燃气、通风及空调工程	2012	环境与能源工程学院	毕业
248	1108140412023	于瑞	供热、供燃气、通风及空调工程	2012	环境与能源工程学院	毕业
249	1108140412024	张航	供热、供燃气、通风及空调工程	2012	环境与能源工程学院	毕业
250	1108140412025	申曦	供热、供燃气、通风及空调工程	2012	环境与能源工程学院	毕业

续表

序号	学号	姓名	专业	年级	学院	毕结业结论
251	1108521312045	段良飞	建筑与土木工程（供热、供燃气、通风及空调工程方向）	2012	环境与能源工程学院	毕业
252	1108521312046	李翠洁	建筑与土木工程（供热、供燃气、通风及空调工程方向）	2012	环境与能源工程学院	毕业
253	1108521312047	李丹丹	建筑与土木工程（供热、供燃气、通风及空调工程方向）	2012	环境与能源工程学院	毕业
254	1108521312049	李少雷	建筑与土木工程（供热、供燃气、通风及空调工程方向）	2012	环境与能源工程学院	毕业
255	1108521312050	刘然	建筑与土木工程（供热、供燃气、通风及空调工程方向）	2012	环境与能源工程学院	毕业
256	1108521312051	刘泽宇	建筑与土木工程（供热、供燃气、通风及空调工程方向）	2012	环境与能源工程学院	毕业
257	1108521312052	邵雪华	建筑与土木工程（供热、供燃气、通风及空调工程方向）	2012	环境与能源工程学院	毕业
258	1108521312054	王鹏	建筑与土木工程（供热、供燃气、通风及空调工程方向）	2012	环境与能源工程学院	毕业
259	1108521312055	王起	建筑与土木工程（供热、供燃气、通风及空调工程方向）	2012	环境与能源工程学院	毕业
260	1108521312056	王小	建筑与土木工程（供热、供燃气、通风及空调工程方向）	2012	环境与能源工程学院	毕业
261	1108521312057	王野	建筑与土木工程（供热、供燃气、通风及空调工程方向）	2012	环境与能源工程学院	毕业
262	1108521312058	吴玮	建筑与土木工程（供热、供燃气、通风及空调工程方向）	2012	环境与能源工程学院	毕业
263	1108521312059	邢雅熙	建筑与土木工程（供热、供燃气、通风及空调工程方向）	2012	环境与能源工程学院	毕业
264	1108521312060	杨雷	建筑与土木工程（供热、供燃气、通风及空调工程方向）	2012	环境与能源工程学院	毕业
265	1108521312061	杨硕	建筑与土木工程（供热、供燃气、通风及空调工程方向）	2012	环境与能源工程学院	毕业
266	1108521312062	张晓宁	建筑与土木工程（供热、供燃气、通风及空调工程方向）	2012	环境与能源工程学院	毕业
267	1108521312063	周静	建筑与土木工程（供热、供燃气、通风及空调工程方向）	2012	环境与能源工程学院	毕业

续表

序号	学号	姓名	专业	年级	学院	毕结业结论
268	1108521312064	黄鹭	建筑与土木工程（市政工程方向）	2012	环境与能源工程学院	毕业
269	1108521312065	李斯	建筑与土木工程（市政工程方向）	2012	环境与能源工程学院	毕业
270	1108521312066	刘丹丹	建筑与土木工程（市政工程方向）	2012	环境与能源工程学院	毕业
271	1108521312067	李研	建筑与土木工程（市政工程方向）	2012	环境与能源工程学院	毕业
272	1108521312068	米楠	建筑与土木工程（市政工程方向）	2012	环境与能源工程学院	毕业
273	1108521312069	师路远	建筑与土木工程（市政工程方向）	2012	环境与能源工程学院	毕业
274	1108521312070	苏乃特	建筑与土木工程（市政工程方向）	2012	环境与能源工程学院	毕业
275	1108521312071	尹晓星	建筑与土木工程（市政工程方向）	2012	环境与能源工程学院	毕业
276	1108521312072	俞天敏	建筑与土木工程（市政工程方向）	2012	环境与能源工程学院	毕业
277	1108521312073	张建强	建筑与土木工程（市政工程方向）	2012	环境与能源工程学院	毕业
278	1108521312074	张楠	建筑与土木工程（市政工程方向）	2012	环境与能源工程学院	毕业
279	1108521312087	赵婷婷	建筑与土木工程（供热、供燃气、通风及空调工程方向）	2012	环境与能源工程学院	毕业
280	1108522912001	景焕平	环境工程	2012	环境与能源工程学院	毕业
281	1108522912002	黄涛	环境工程	2012	环境与能源工程学院	毕业
282	1108522912003	李小宁	环境工程	2012	环境与能源工程学院	毕业
283	1108522912004	郭娉婷	环境工程	2012	环境与能源工程学院	毕业
284	1108522912005	张晶晶	环境工程	2012	环境与能源工程学院	毕业
285	1108522912006	崔骏	环境工程	2012	环境与能源工程学院	毕业
286	1108522912007	韩晓	环境工程	2012	环境与能源工程学院	毕业
287	1108522912008	李贞子	环境工程	2012	环境与能源工程学院	毕业
288	1108522912009	秦宇胜	环境工程	2012	环境与能源工程学院	毕业
289	1108522912010	石蕊	环境工程	2012	环境与能源工程学院	毕业
290	1108160112001	白玉龙	大地测量学与测量工程	2012	测绘与城市空间信息学院	毕业

续表

序号	学号	姓名	专业	年级	学院	毕结业结论
291	1108160112002	石泽平	大地测量学与测量工程	2012	测绘与城市空间信息学院	毕业
292	1108160112003	李明慈	大地测量学与测量工程	2012	测绘与城市空间信息学院	毕业
293	1108160112004	王志良	大地测量学与测量工程	2012	测绘与城市空间信息学院	毕业
294	1108160112005	户亚飞	大地测量学与测量工程	2012	测绘与城市空间信息学院	毕业
295	1108160112006	勾朝君	大地测量学与测量工程	2012	测绘与城市空间信息学院	毕业
296	1108160212001	丁新峰	摄影测量与遥感	2012	测绘与城市空间信息学院	毕业
297	1108160212002	李天烁	摄影测量与遥感	2012	测绘与城市空间信息学院	毕业
298	1108160212003	樊鹏昊	摄影测量与遥感	2012	测绘与城市空间信息学院	毕业
299	1108160212004	朱忠国	摄影测量与遥感	2012	测绘与城市空间信息学院	毕业
300	1108160212005	赵军合	摄影测量与遥感	2012	测绘与城市空间信息学院	毕业
301	1108160312001	王琛茜	地图制图学与地理信息工程	2012	测绘与城市空间信息学院	毕业
302	1108160312002	王倩	地图制图学与地理信息工程	2012	测绘与城市空间信息学院	毕业
303	1108160312003	杨艳	地图制图学与地理信息工程	2012	测绘与城市空间信息学院	毕业
304	1108160312004	何曼修	地图制图学与地理信息工程	2012	测绘与城市空间信息学院	毕业
305	1108160312005	梁冰	地图制图学与地理信息工程	2012	测绘与城市空间信息学院	毕业
306	1108160312006	王佳嘉	地图制图学与地理信息工程	2012	测绘与城市空间信息学院	毕业
307	1108521512001	韩晓梦	测绘工程	2012	测绘与城市空间信息学院	毕业
308	1108521512002	张磊	测绘工程	2012	测绘与城市空间信息学院	毕业
309	1108521512003	魏海洋	测绘工程	2012	测绘与城市空间信息学院	毕业
310	1108521512004	杨炳伟	测绘工程	2012	测绘与城市空间信息学院	毕业
311	1108521512005	杨红粉	测绘工程	2012	测绘与城市空间信息学院	毕业
312	1108521512006	张小桐	测绘工程	2012	测绘与城市空间信息学院	毕业
313	1108521512007	郇洁	测绘工程	2012	测绘与城市空间信息学院	毕业
314	1108521512008	王天明	测绘工程	2012	测绘与城市空间信息学院	毕业
315	1108521512009	张悦	测绘工程	2012	测绘与城市空间信息学院	毕业
316	1108521512010	崔斌	测绘工程	2012	测绘与城市空间信息学院	毕业
317	1108521512011	马文武	测绘工程	2012	测绘与城市空间信息学院	毕业
318	1108521512012	陈明学	测绘工程	2012	测绘与城市空间信息学院	毕业
319	1108521512013	田军	测绘工程	2012	测绘与城市空间信息学院	毕业
320	1108110112001	郭百泉	控制理论与控制工程	2012	电气与信息工程学院	毕业
321	1108110112002	刘卓	控制理论与控制工程	2012	电气与信息工程学院	毕业
322	1108110112003	聂沐晗	控制理论与控制工程	2012	电气与信息工程学院	毕业
323	1108110112004	施帅	控制理论与控制工程	2012	电气与信息工程学院	毕业
324	1108110112005	王泽峰	控制理论与控制工程	2012	电气与信息工程学院	毕业
325	1108110112006	禹洪	控制理论与控制工程	2012	电气与信息工程学院	毕业

续表

序号	学号	姓名	专业	年级	学院	毕结业结论
326	1108110112007	赵治超	控制理论与控制工程	2012	电气与信息工程学院	毕业
327	1108110112008	周彬	控制理论与控制工程	2012	电气与信息工程学院	毕业
328	1108110112009	朱忠江	控制理论与控制工程	2012	电气与信息工程学院	毕业
329	1108110112010	谢康	控制理论与控制工程	2012	电气与信息工程学院	毕业
330	1108110212001	赵静	检测技术与自动化装置	2012	电气与信息工程学院	毕业
331	1108110212002	王义	检测技术与自动化装置	2012	电气与信息工程学院	毕业
332	1108110412001	魏旭峰	模式识别与智能系统	2012	电气与信息工程学院	毕业
333	1108230212001	陈英杰	交通信息工程及控制	2012	电气与信息工程学院	毕业
334	1108521312075	黄晓	建筑与土木工程（建筑电气与智能化方向）	2012	电气与信息工程学院	毕业
335	1108521312076	赵士元	建筑与土木工程（建筑电气与智能化方向）	2012	电气与信息工程学院	毕业
336	1108521312077	张裕婷	建筑与土木工程（建筑电气与智能化方向）	2012	电气与信息工程学院	毕业
337	1108521312078	丁名佳	建筑与土木工程（建筑电气与智能化方向）	2012	电气与信息工程学院	毕业
338	1108521312079	梁亚东	建筑与土木工程（建筑电气与智能化方向）	2012	电气与信息工程学院	毕业
339	1108521312080	刘合良	建筑与土木工程（建筑电气与智能化方向）	2012	电气与信息工程学院	毕业
340	1108521312081	龙承潮	建筑与土木工程（建筑电气与智能化方向）	2012	电气与信息工程学院	毕业
341	1108521312082	聂小利	建筑与土木工程（建筑电气与智能化方向）	2012	电气与信息工程学院	毕业
342	1108521312083	杨霞	建筑与土木工程（建筑电气与智能化方向）	2012	电气与信息工程学院	毕业
343	1108521312084	闫倩	建筑与土木工程（建筑电气与智能化方向）	2012	电气与信息工程学院	毕业
344	1108521312085	赵云涛	建筑与土木工程（建筑电气与智能化方向）	2012	电气与信息工程学院	毕业
345	1108521312086	郑健	建筑与土木工程（建筑电气与智能化方向）	2012	电气与信息工程学院	毕业
346	1112020411002	常青	技术经济及管理	2011	经济与管理工程学院	毕业
347	1112510011001	韩金芳	工商管理硕士	2011	经济与管理工程学院	毕业
348	1108523912001	王凯	项目管理	2012	经济与管理工程学院	毕业

续表

序号	学号	姓名	专业	年级	学院	毕结业结论
349	1108523912002	时慧杰	项目管理	2012	经济与管理工程学院	毕业
350	1108524012001	李海东	物流工程	2012	经济与管理工程学院	毕业
351	1108524012002	刘新欣	物流工程	2012	经济与管理工程学院	毕业
352	1108524012003	雷雨	物流工程	2012	经济与管理工程学院	毕业
353	1112010012001	关舜天	管理科学与工程	2012	经济与管理工程学院	毕业
354	1112010012003	张姝	管理科学与工程	2012	经济与管理工程学院	毕业
355	1112010012004	郑晓晓	管理科学与工程	2012	经济与管理工程学院	毕业
356	1112020212001	胡边青	企业管理	2012	经济与管理工程学院	毕业
357	1112020212002	陈鑫磊	企业管理	2012	经济与管理工程学院	毕业
358	1112020412001	赵仰华	技术经济及管理	2012	经济与管理工程学院	毕业
359	1112020412002	孙锋娇	技术经济及管理	2012	经济与管理工程学院	毕业
360	1112510012003	朱庆峰	工商管理	2012	经济与管理工程学院	毕业
361	1112510012008	陶静	工商管理	2012	经济与管理工程学院	毕业
362	1112510012009	王宝剑	工商管理	2012	经济与管理工程学院	毕业
363	1112510012013	庄磊	工商管理	2012	经济与管理工程学院	毕业
364	1112020413002	乔柱	技术经济及管理	2013	经济与管理工程学院	毕业
365	1112510013001	杨如吉	工商管理	2013	经济与管理工程学院	毕业
366	1112510013002	李刚锋	工商管理	2013	经济与管理工程学院	毕业
367	1112510013003	黄宁	工商管理	2013	经济与管理工程学院	毕业
368	1112510013004	廖玮	工商管理	2013	经济与管理工程学院	毕业
369	1112510013006	王震	工商管理	2013	经济与管理工程学院	毕业
370	1112510013007	张鑫睿	工商管理	2013	经济与管理工程学院	毕业
371	1112510013008	孙立红	工商管理	2013	经济与管理工程学院	毕业
372	1112510013011	张超	工商管理	2013	经济与管理工程学院	毕业
373	1112510013013	李勇	工商管理	2013	经济与管理工程学院	毕业
374	1112510013014	李伟	工商管理	2013	经济与管理工程学院	毕业
375	1112510013015	康宇	工商管理	2013	经济与管理工程学院	毕业
376	1112510013016	马宏	工商管理	2013	经济与管理工程学院	毕业
377	1112510013017	赵绪珍	工商管理	2013	经济与管理工程学院	毕业
378	1108110212003	梅寒	检测技术与自动化装置	2012	机电与车辆工程学院	毕业
379	1108110212004	杨明瀚	检测技术与自动化装置	2012	机电与车辆工程学院	毕业
380	1108230412001	王金海	载运工具运用工程	2012	机电与车辆工程学院	毕业
381	1108230412002	贾晓社	载运工具运用工程	2012	机电与车辆工程学院	毕业
382	1108230412003	杨云	载运工具运用工程	2012	机电与车辆工程学院	毕业
383	1108523612001	卞文静	工业工程	2012	机电与车辆工程学院	毕业

续表

序号	学号	姓名	专业	年级	学院	毕结业结论
384	1108523612002	赵佳宝	工业工程	2012	机电与车辆工程学院	毕业
385	1108523612003	纪超	工业工程	2012	机电与车辆工程学院	毕业
386	1108523612004	陈楠	工业工程	2012	机电与车辆工程学院	毕业
387	1108523612005	贾超社	工业工程	2012	机电与车辆工程学院	毕业
388	1108523612006	朱琳琳	工业工程	2012	机电与车辆工程学院	毕业
389	1108524012004	陆斯媛	物流工程	2012	机电与车辆工程学院	毕业
390	1108524012005	薛蕊	物流工程	2012	机电与车辆工程学院	毕业
391	1108524012006	葛琳	物流工程	2012	机电与车辆工程学院	毕业
392	1108524012007	赵小刚	物流工程	2012	机电与车辆工程学院	毕业
393	1108524012008	张世红	物流工程	2012	机电与车辆工程学院	毕业
394	1107010412001	张辉	应用数学	2012	理学院	毕业
395	1107010412002	陈习习	应用数学	2012	理学院	毕业
396	1107010412003	黄震	应用数学	2012	理学院	毕业
397	1107010412004	李超	应用数学	2012	理学院	毕业
398	1107010412005	潘艳雪	应用数学	2012	理学院	毕业
399	1107010412006	叶萌	应用数学	2012	理学院	毕业
400	1107010512001	陈卓	运筹学与控制论	2012	理学院	毕业
401	1107010512002	侯菲	运筹学与控制论	2012	理学院	毕业
402	1113050012020	王增岗	设计学	2012	文法学院	毕业
403	1113050012009	张夕洋	设计学	2012	文法学院	毕业
404	1105040411017	徐静	设计艺术学	2011	建筑与城市规划学院	毕业
405	1105040411023	侯启月	设计艺术学	2011	建筑与城市规划学院	毕业
406	1108130211005	贾凌云	建筑设计及其理论	2011	建筑与城市规划学院	毕业
407	1108130211026	张学玲	建筑设计及其理论	2011	建筑与城市规划学院	毕业
408	1108130311008	辛文娟	城市规划与设计	2011	建筑与城市规划学院	毕业

（三）北京建筑大学2015届留学生毕业硕士研究生名单

序号	学号	姓名	中文名字	性别	国籍	专业
1	6010YXN11014	IBRAHIM MOHAMED B. SULTAN	易卜拉辛	男	利比亚	建筑设计及理论
2	6010ZTM13001	BISMACK KOOMSON	贝斯麦克	男	加纳	结构工程
3	6010ZTM13002	ELI LEONARD MNDEME	孟德莫	男	坦桑尼亚	桥梁与隧道工程
4	6010ZTM12009	MEHRAN KHARAZMI	米和岚	男	伊朗	道路与铁道工程
5	6010YXN11016	AL. JELIDI MOUSA. MOHAMED. A	穆萨	男	利比亚	岩土工程
6	6010ZJG11009	TCHOMCHE HIPPOLYTE FRITZ	福来	男	喀麦隆	技术经济及管理

六、2015年北京建筑大学硕士学位获得者名单

（一）2015届冬季（2014/2015学年第1学期）授予毕业研究生硕士学位名单

专业：桥梁与隧道工程

序号	学号	姓名	性别	学位类别
1	1108140611006	董月龙	男	工学硕士学位

专业：建筑与土木工程

序号	学号	姓名	性别	学位类别
1	1108521311022	孟令亚	男	工程硕士专业学位
2	1108521311052	牛春晓	女	工程硕士专业学位
3	1108521312020	张喆	男	工程硕士专业学位
4	1243011409020	宁玉鑫	男	工程硕士专业学位
5	1243011409022	李伟	男	工程硕士专业学位
6	1243011409038	孙洁	女	工程硕士专业学位
7	1243011409039	王旭	男	工程硕士专业学位
8	1243011410025	高文超	男	工程硕士专业学位
9	1243011410027	张晓靖	女	工程硕士专业学位
10	1243011410031	田胜	男	工程硕士专业学位
11	1243011410035	赵琨	男	工程硕士专业学位
12	1243011410045	尹铮	男	工程硕士专业学位
13	1243011411109	王海丽	女	工程硕士专业学位

专业：项目管理

序号	学号	姓名	性别	学位类别
1	1208523912177	刘兵	男	工程硕士专业学位
2	1243014009006	姚志华	女	工程硕士专业学位
3	1243014009010	杜娟	女	工程硕士专业学位
4	1243014010018	吴天华	男	工程硕士专业学位
5	1243014011001	孙雷明	男	工程硕士专业学位
6	1243014011033	王季夏	男	工程硕士专业学位
7	1243014011038	温洪彬	男	工程硕士专业学位
8	1243014011039	谢树广	男	工程硕士专业学位
9	1243014011040	徐峥	男	工程硕士专业学位
10	1243014011042	薛万龙	男	工程硕士专业学位
11	1243014011047	张宏	女	工程硕士专业学位

（二）2015届夏季（2014/2015学年第2学期）授予毕业研究生硕士学位名单

专业：设计学

序号	学号	姓名	性别	学位类别
1	1113050012001	黄庭晚	女	艺术学硕士学位
2	1113050012002	胡正鑫	男	艺术学硕士学位
3	1113050012003	冷一楠	女	艺术学硕士学位
4	1113050012004	李梦墨	女	艺术学硕士学位
5	1113050012005	刘敬博	男	艺术学硕士学位
6	1113050012006	邢文宣	女	艺术学硕士学位
7	1113050012007	郗鑫鑫	男	艺术学硕士学位
8	1113050012008	颜超	男	艺术学硕士学位
9	1113050012009	张夕洋	女	艺术学硕士学位
10	1113050012010	周琼	女	艺术学硕士学位
11	1113050012011	陈字杰	男	艺术学硕士学位
12	1113050012012	江笑宇	女	艺术学硕士学位
13	1113050012013	宋明敏	女	艺术学硕士学位
14	1113050012014	朱凤	女	艺术学硕士学位
15	1113050012015	刘国娜	女	艺术学硕士学位
16	1113050012016	李逸	男	艺术学硕士学位
17	1113050012017	薛育佳	女	艺术学硕士学位
18	1113050012018	袁静	女	艺术学硕士学位
19	1113050012019	王琼	女	艺术学硕士学位
20	1113050012020	王增岗	男	艺术学硕士学位
21	1113050012021	许姗姗	女	艺术学硕士学位
22	1113050012022	王米来	女	艺术学硕士学位

专业：设计艺术学

序号	学号	姓名	性别	学位类别
1	1105040411017	徐静	女	艺术学硕士学位
2	1105040411023	侯启月	女	艺术学硕士学位

专业：应用数学

序号	学号	姓名	性别	学位类别
1	1107010412001	张辉	男	理学硕士学位
2	1107010412002	陈习习	女	理学硕士学位
3	1107010412003	黄震	男	理学硕士学位
4	1107010412004	李超	男	理学硕士学位

续表

序号	学号	姓名	性别	学位类别
5	1107010412005	潘艳雪	女	理学硕士学位
6	1107010412006	叶萌	男	理学硕士学位

专业：运筹学与控制论

序号	学号	姓名	性别	学位类别
1	1107010512001	陈卓	女	理学硕士学位
2	1107010512002	侯菲	女	理学硕士学位

专业：环境科学

序号	学号	姓名	性别	学位类别
1	1107760112001	王义臣	男	理学硕士学位
2	1107760112002	刘云帆	男	理学硕士学位
3	1107760112003	于英汉	男	理学硕士学位

专业：环境工程

序号	学号	姓名	性别	学位类别
1	1107760212001	刘超	女	理学硕士学位
2	1107760212002	刘亮	男	理学硕士学位
3	1107760212003	石安邦	男	理学硕士学位
4	1107760212004	王思莹	女	理学硕士学位
5	1107760212005	武彦杰	男	理学硕士学位
6	1107760212006	赵思琪	女	理学硕士学位
7	1107760212007	程慧	女	理学硕士学位
8	1107760212008	李红	女	理学硕士学位
9	1107760212009	陆利杰	男	理学硕士学位
10	1107760212010	吕臣	男	理学硕士学位
11	1107760212011	全爽	女	理学硕士学位
12	1107760212012	于荣兴	男	理学硕士学位
13	1107760212013	王建富	男	理学硕士学位
14	1107760212014	王亚婧	女	理学硕士学位

专业：控制理论与控制工程

序号	学号	姓名	性别	学位类别
1	1108110112001	郭百泉	男	工学硕士学位
2	1108110112002	刘卓	男	工学硕士学位
3	1108110112003	聂沐晗	男	工学硕士学位
4	1108110112004	施帅	男	工学硕士学位

续表

序号	学号	姓名	性别	学位类别
5	1108110112005	王泽峰	男	工学硕士学位
6	1108110112006	禹洪	女	工学硕士学位
7	1108110112007	赵治超	男	工学硕士学位
8	1108110112008	周彬	男	工学硕士学位
9	1108110112009	朱忠江	男	工学硕士学位
10	1108110112010	谢康	男	工学硕士学位

专业：检测技术与自动化装置

序号	学号	姓名	性别	学位类别
1	1108110212001	赵静	女	工学硕士学位
2	1108110212002	王义	男	工学硕士学位
3	1108110212003	梅寒	男	工学硕士学位
4	1108110212004	杨明瀚	男	工学硕士学位

专业：模式识别与智能系统

序号	学号	姓名	性别	学位类别
1	1108110412001	魏旭峰	男	工学硕士学位

专业：城市规划与设计

序号	学号	姓名	性别	学位类别
1	1108130311008	辛文娟	女	工学硕士学位

专业：岩土工程

序号	学号	姓名	性别	学位类别
1	1108140112001	宋方佳	男	工学硕士学位
2	1108140112002	周洪	男	工学硕士学位
3	1108140112003	刘德华	男	工学硕士学位
4	1108140212015	孙健	男	工学硕士学位

专业：结构工程

序号	学号	姓名	性别	学位类别
1	1108140212001	詹远	男	工学硕士学位
2	1108140212002	冯永存	男	工学硕士学位
3	1108140212003	高日	男	工学硕士学位
4	1108140212004	贾天宇	男	工学硕士学位
5	1108140212005	姬晨濛	女	工学硕士学位
6	1108140212006	李书文	女	工学硕士学位
7	1108140212007	刘雨冬	女	工学硕士学位

续表

序号	学号	姓名	性别	学位类别
8	1108140212008	石家鑫	男	工学硕士学位
9	1108140212009	师姗姗	女	工学硕士学位
10	1108140212010	徐艳龙	男	工学硕士学位
11	1108140212011	张文会	女	工学硕士学位
12	1108140212012	张延赫	男	工学硕士学位
13	1108140212013	赵微	女	工学硕士学位
14	1108140212014	宫凯	女	工学硕士学位
15	1108140212016	张旭阳	男	工学硕士学位
16	1108140212017	宗禹	男	工学硕士学位
17	1108140212018	王何佳	女	工学硕士学位
18	1108140212019	廖炜	男	工学硕士学位
19	1108140212020	林含	女	工学硕士学位
20	1108140212021	许博超	女	工学硕士学位
21	1108140212022	张晓奇	男	工学硕士学位

专业：市政工程

序号	学号	姓名	性别	学位类别
1	1108140312001	黄鑫	男	工学硕士学位
2	1108140312002	胡娜娜	女	工学硕士学位
3	1108140312003	李庚	男	工学硕士学位
4	1108140312004	刘高杰	男	工学硕士学位
5	1108140312005	任冰倩	女	工学硕士学位
6	1108140312006	王焘	男	工学硕士学位
7	1108140312007	王远	男	工学硕士学位
8	1108140312008	于栋	男	工学硕士学位
9	1108140312009	张传挺	男	工学硕士学位
10	1108140312010	庞纪元	男	工学硕士学位
11	1108140312011	王春丽	女	工学硕士学位
12	1108140312012	王婧	女	工学硕士学位
13	1108140312013	杨平	男	工学硕士学位
14	1108140312014	张玉玉	女	工学硕士学位

专业：供热、供燃气、通风及空调工程

序号	学号	姓名	性别	学位类别
1	1108140412001	孙晓禹	男	工学硕士学位
2	1108140412002	韩龙娜	女	工学硕士学位
3	1108140412003	李彬彬	男	工学硕士学位

续表

序号	学号	姓名	性别	学位类别
4	1108140412004	李泓钰	女	工学硕士学位
5	1108140412005	李丽艳	女	工学硕士学位
6	1108140412006	赵国春	男	工学硕士学位
7	1108140412007	朱爱明	男	工学硕士学位
8	1108140412008	陈聪	男	工学硕士学位
9	1108140412009	黄聪	男	工学硕士学位
10	1108140412010	刘思梦	女	工学硕士学位
11	1108140412011	李印龙	男	工学硕士学位
12	1108140412012	王建凯	男	工学硕士学位
13	1108140412013	席志云	男	工学硕士学位
14	1108140412014	许金星	男	工学硕士学位
15	1108140412015	尹荣杰	男	工学硕士学位
16	1108140412016	于文贤	女	工学硕士学位
17	1108140412017	张凤娇	女	工学硕士学位
18	1108140412018	何璇	女	工学硕士学位
19	1108140412019	齐好	男	工学硕士学位
20	1108140412020	吴生俊	男	工学硕士学位
21	1108140412021	祝立强	男	工学硕士学位
22	1108140412022	刘海静	女	工学硕士学位
23	1108140412023	于瑞	男	工学硕士学位
24	1108140412024	张航	男	工学硕士学位
25	1108140412025	申曦	女	工学硕士学位

专业：防灾减灾工程及防护工程

序号	学号	姓名	性别	学位类别
1	1108140512001	徐琛	男	工学硕士学位
2	1108140512002	朱爱东	男	工学硕士学位
3	1108140512003	郭建东	男	工学硕士学位

专业：桥梁与隧道工程

序号	学号	姓名	性别	学位类别
1	1108140612001	张羽	男	工学硕士学位
2	1108140612002	万超杰	男	工学硕士学位
3	1108140612003	杨宏泰	男	工学硕士学位
4	1108140612004	朱春杰	男	工学硕士学位

专业：大地测量学与测量工程

序号	学号	姓名	性别	学位类别
1	1108160112001	白玉龙	男	工学硕士学位
2	1108160112002	石泽平	男	工学硕士学位
3	1108160112003	李明慈	男	工学硕士学位
4	1108160112004	王志良	男	工学硕士学位
5	1108160112005	户亚飞	男	工学硕士学位
6	1108160112006	勾朝君	男	工学硕士学位

专业：摄影测量与遥感

序号	学号	姓名	性别	学位类别
1	1108160212001	丁新峰	男	工学硕士学位
2	1108160212002	李天烁	男	工学硕士学位
3	1108160212003	樊鹏昊	男	工学硕士学位
4	1108160212004	朱忠国	男	工学硕士学位
5	1108160212005	赵军合	男	工学硕士学位

专业：地图制图学与地理信息工程

序号	学号	姓名	性别	学位类别
1	1108160312001	王琛茜	女	工学硕士学位
2	1108160312002	王倩	女	工学硕士学位
3	1108160312003	杨艳	女	工学硕士学位
4	1108160312004	何曼修	女	工学硕士学位
5	1108160312005	梁冰	男	工学硕士学位
6	1108160312006	王佳嘉	女	工学硕士学位

专业：道路与铁道工程

序号	学号	姓名	性别	学位类别
1	1108230111003	赵志超	男	工学硕士学位
2	1108230112001	孙鹏飞	男	工学硕士学位
3	1108230112002	王晓晓	女	工学硕士学位
4	1108230112003	魏伟	男	工学硕士学位
5	1108230112004	吴振朋	男	工学硕士学位
6	1108230112005	赵永尚	男	工学硕士学位

专业：交通信息工程及控制

序号	学号	姓名	性别	学位类别
1	1108230212001	陈英杰	女	工学硕士学位

专业：交通运输规划与管理

序号	学号	姓名	性别	学位类别
1	1108230312001	赵晓霞	女	工学硕士学位
2	1108230312002	郭彧鑫	女	工学硕士学位
3	1108230312003	李雪	女	工学硕士学位
4	1108230312004	李扬威	男	工学硕士学位
5	1108230312005	王红霖	男	工学硕士学位
6	1108230312006	刘荣强	男	工学硕士学位

专业：载运工具运用工程

序号	学号	姓名	性别	学位类别
1	1108230412001	王金海	男	工学硕士学位
2	1108230412002	贾晓社	男	工学硕士学位
3	1108230412003	杨云	女	工学硕士学位

专业：城乡规划学

序号	学号	姓名	性别	学位类别
1	1108330012001	陈洁心	女	工学硕士学位
2	1108330012002	禹婧	女	工学硕士学位
3	1108330012003	郑岩	男	工学硕士学位
4	1108330012004	邓龙	男	工学硕士学位
5	1108330012005	高迎	女	工学硕士学位
6	1108330012006	黄炜	男	工学硕士学位
7	1108330012007	胡玉佳	女	工学硕士学位
8	1108330012008	李兆云	女	工学硕士学位
9	1108330012009	邱文瑜	女	工学硕士学位
10	1108330012010	谭杪萌	男	工学硕士学位
11	1108330012011	王晨曦	男	工学硕士学位
12	1108330012012	王振南	男	工学硕士学位
13	1108330012013	薛鸿博	女	工学硕士学位
14	1108330012014	张碧瀚	女	工学硕士学位
15	1108330012015	苗凯	男	工学硕士学位
16	1108330012016	叶成	男	工学硕士学位
17	1108330012017	宋超俊	男	工学硕士学位

专业：风景园林学

序号	学号	姓名	性别	学位类别
1	1108340012001	李昂	女	工学硕士学位
2	1108340012002	白同宇	男	工学硕士学位

续表

序号	学号	姓名	性别	学位类别
3	1108340012003	焦睿红	女	工学硕士学位
4	1108340012004	王诗鑫	女	工学硕士学位
5	1108340012005	孟晓东	女	工学硕士学位
6	1108340012006	马效	女	工学硕士学位

专业：管理科学与工程

序号	学号	姓名	性别	学位类别
1	1112010012001	关舜天	男	管理学硕士学位
2	1112010012003	张姝	女	管理学硕士学位
3	1112010012004	郑晓晓	女	管理学硕士学位

专业：企业管理

序号	学号	姓名	性别	学位类别
1	1112020212001	胡边青	女	管理学硕士学位
2	1112020212002	陈鑫磊	女	管理学硕士学位

专业：技术经济及管理

序号	学号	姓名	性别	学位类别
1	1112020411002	常青	女	管理学硕士学位
2	1112020412001	赵仰华	女	管理学硕士学位
3	1112020412002	孙锋娇	女	管理学硕士学位
4	1112020413002	乔柱	男	管理学硕士学位

专业：建筑设计及其理论

序号	学号	姓名	性别	学位类别
1	1108130211005	贾凌云	女	建筑学硕士专业学位
2	1108130211026	张学玲	女	建筑学硕士专业学位

专业：建筑学

序号	学号	姓名	性别	学位类别
1	1108130012001	万家栋	男	建筑学硕士专业学位
2	1108130012002	陈晓虎	男	建筑学硕士专业学位
3	1108130012003	郝杰	男	建筑学硕士专业学位
4	1108130012004	陆红伟	女	建筑学硕士专业学位
5	1108130012005	杨安琪	女	建筑学硕士专业学位
6	1108130012006	曹海云	女	建筑学硕士专业学位
7	1108130012007	陈琬	女	建筑学硕士专业学位
8	1108130012008	葛国栋	男	建筑学硕士专业学位

续表

序号	学号	姓名	性别	学位类别
9	1108130012009	胡俊凤	女	建筑学硕士专业学位
10	1108130012010	姜雪薇	女	建筑学硕士专业学位
11	1108130012011	李艾桦	女	建筑学硕士专业学位
12	1108130012012	刘锦辉	女	建筑学硕士专业学位
13	1108130012013	宋晓梦	女	建筑学硕士专业学位
14	1108130012014	孙弘扬	女	建筑学硕士专业学位
15	1108130012015	杨琳琳	女	建筑学硕士专业学位
16	1108130012016	高焱	男	建筑学硕士专业学位
17	1108130012017	何彩虹	女	建筑学硕士专业学位
18	1108130012018	乔岩	男	建筑学硕士专业学位
19	1108510012001	崔明华	女	建筑学硕士专业学位
20	1108510012002	高天慕	男	建筑学硕士专业学位
21	1108510012003	胡玉洁	女	建筑学硕士专业学位
22	1108510012004	梁珊珊	女	建筑学硕士专业学位
23	1108510012005	黎琰	女	建筑学硕士专业学位
24	1108510012006	李振华	男	建筑学硕士专业学位
25	1108510012007	王溪	女	建筑学硕士专业学位
26	1108510012008	吴奕瑾	女	建筑学硕士专业学位
27	1108510012009	张玲玲	女	建筑学硕士专业学位
28	1108510012010	戴锦晓	男	建筑学硕士专业学位
29	1108510012011	郝琛	男	建筑学硕士专业学位
30	1108510012012	路瑶	女	建筑学硕士专业学位
31	1108510012013	孙利铭	男	建筑学硕士专业学位
32	1108510012014	谈抒婕	女	建筑学硕士专业学位
33	1108510012015	白宇龙	男	建筑学硕士专业学位
34	1108510012016	程鑫	男	建筑学硕士专业学位
35	1108510012017	陈杰敏	女	建筑学硕士专业学位
36	1108510012018	陈潭秋	男	建筑学硕士专业学位
37	1108510012019	丁轶光	男	建筑学硕士专业学位
38	1108510012020	郝瑞生	男	建筑学硕士专业学位
39	1108510012021	侯跃	女	建筑学硕士专业学位
40	1108510012022	贾宣墨	男	建筑学硕士专业学位
41	1108510012023	纪少华	女	建筑学硕士专业学位
42	1108510012024	亢晓宁	女	建筑学硕士专业学位
43	1108510012025	梁爽	女	建筑学硕士专业学位
44	1108510012026	梁双艺	女	建筑学硕士专业学位

续表

序号	学号	姓名	性别	学位类别
45	1108510012027	李斌	男	建筑学硕士专业学位
46	1108510012028	李宸	女	建筑学硕士专业学位
47	1108510012029	李孟竹	男	建筑学硕士专业学位
48	1108510012030	李鹏	男	建筑学硕士专业学位
49	1108510012031	刘海德	男	建筑学硕士专业学位
50	1108510012032	刘恋	女	建筑学硕士专业学位
51	1108510012033	李威	女	建筑学硕士专业学位
52	1108510012035	齐飞	男	建筑学硕士专业学位
53	1108510012036	任晓伟	男	建筑学硕士专业学位
54	1108510012038	王珺	女	建筑学硕士专业学位
55	1108510012039	王沛	男	建筑学硕士专业学位
56	1108510012040	王雨	女	建筑学硕士专业学位
57	1108510012041	徐建勤	女	建筑学硕士专业学位
58	1108510012042	杨慧媛	女	建筑学硕士专业学位
59	1108510012043	杨珂	女	建筑学硕士专业学位
60	1108510012044	闫泽彬	男	建筑学硕士专业学位
61	1108510012045	于家兴	男	建筑学硕士专业学位
62	1108510012046	于莎	女	建筑学硕士专业学位
63	1108510012047	张思	女	建筑学硕士专业学位
64	1108510012048	张阅文	女	建筑学硕士专业学位
65	1108510012049	周宇辰	女	建筑学硕士专业学位

专业：建筑与土木工程

序号	学号	姓名	性别	学位类别
1	1108521312001	韩倩	女	工程硕士专业学位
2	1108521312002	陈春华	女	工程硕士专业学位
3	1108521312003	冯江晓	男	工程硕士专业学位
4	1108521312004	黄海龙	男	工程硕士专业学位
5	1108521312005	胡松松	男	工程硕士专业学位
6	1108521312006	金汉	男	工程硕士专业学位
7	1108521312007	李世伟	男	工程硕士专业学位
8	1108521312008	刘景波	男	工程硕士专业学位
9	1108521312009	刘旭	男	工程硕士专业学位
10	1108521312010	郄泽	男	工程硕士专业学位
11	1108521312011	王溪	女	工程硕士专业学位
12	1108521312012	杨扬	男	工程硕士专业学位
13	1108521312014	叶烈伟	男	工程硕士专业学位

续表

序号	学号	姓名	性别	学位类别
14	1108521312015	于冠雄	男	工程硕士专业学位
15	1108521312016	郁海杰	男	工程硕士专业学位
16	1108521312017	张进凡	男	工程硕士专业学位
17	1108521312018	张世玉	男	工程硕士专业学位
18	1108521312019	张晓琳	女	工程硕士专业学位
19	1108521312021	赵岩	男	工程硕士专业学位
20	1108521312022	周茜	女	工程硕士专业学位
21	1108521312023	崔相东	男	工程硕士专业学位
22	1108521312024	李宏维	男	工程硕士专业学位
23	1108521312025	仕帅	男	工程硕士专业学位
24	1108521312026	赵程昊	男	工程硕士专业学位
25	1108521312027	郭祎	女	工程硕士专业学位
26	1108521312028	宋旱云	男	工程硕士专业学位
27	1108521312029	殷辰鹏	男	工程硕士专业学位
28	1108521312030	朱木森	男	工程硕士专业学位
29	1108521312031	韩志宇	男	工程硕士专业学位
30	1108521312032	陈明路	男	工程硕士专业学位
31	1108521312033	范值慎	男	工程硕士专业学位
32	1108521312034	田瑞	男	工程硕士专业学位
33	1108521312035	李瑞	男	工程硕士专业学位
34	1108521312036	苑伯祺	男	工程硕士专业学位
35	1108521312037	隗功骁	男	工程硕士专业学位
36	1108521312038	许春懿	男	工程硕士专业学位
37	1108521312039	左亚	男	工程硕士专业学位
38	1108521312040	李力寻	男	工程硕士专业学位
39	1108521312041	杜世伟	男	工程硕士专业学位
40	1108521312042	郭晓东	男	工程硕士专业学位
41	1108521312043	韦康杰	男	工程硕士专业学位
42	1108521312044	班力壬	男	工程硕士专业学位
43	1108521312045	段良飞	男	工程硕士专业学位
44	1108521312046	李翠洁	女	工程硕士专业学位
45	1108521312047	李丹丹	女	工程硕士专业学位
46	1108521312049	李少雷	男	工程硕士专业学位
47	1108521312050	刘然	女	工程硕士专业学位
48	1108521312051	刘泽宇	女	工程硕士专业学位
49	1108521312052	邵雪华	女	工程硕士专业学位

续表

序号	学号	姓名	性别	学位类别
50	1108521312054	王鹏	男	工程硕士专业学位
51	1108521312055	王起	男	工程硕士专业学位
52	1108521312056	王小	女	工程硕士专业学位
53	1108521312057	王野	男	工程硕士专业学位
54	1108521312058	吴玮	女	工程硕士专业学位
55	1108521312059	邢雅熙	女	工程硕士专业学位
56	1108521312060	杨雷	男	工程硕士专业学位
57	1108521312061	杨硕	男	工程硕士专业学位
58	1108521312062	张晓宁	女	工程硕士专业学位
59	1108521312063	周静	女	工程硕士专业学位
60	1108521312064	黄鹭	女	工程硕士专业学位
61	1108521312065	李斯	男	工程硕士专业学位
62	1108521312066	刘丹丹	女	工程硕士专业学位
63	1108521312067	李研	女	工程硕士专业学位
64	1108521312068	米楠	男	工程硕士专业学位
65	1108521312069	师路远	男	工程硕士专业学位
66	1108521312070	苏乃特	女	工程硕士专业学位
67	1108521312071	尹晓星	女	工程硕士专业学位
68	1108521312072	俞天敏	男	工程硕士专业学位
69	1108521312073	张建强	男	工程硕士专业学位
70	1108521312074	张楠	女	工程硕士专业学位
71	1108521312075	黄晓	女	工程硕士专业学位
72	1108521312076	赵士元	男	工程硕士专业学位
73	1108521312077	张裕婷	女	工程硕士专业学位
74	1108521312078	丁名佳	男	工程硕士专业学位
75	1108521312079	梁亚东	女	工程硕士专业学位
76	1108521312080	刘合良	男	工程硕士专业学位
77	1108521312081	龙承潮	男	工程硕士专业学位
78	1108521312082	聂小利	女	工程硕士专业学位
79	1108521312083	杨霞	女	工程硕士专业学位
80	1108521312084	闫倩	女	工程硕士专业学位
81	1108521312085	赵云涛	男	工程硕士专业学位
82	1108521312086	郑健	男	工程硕士专业学位
83	1108521312087	赵婷婷	女	工程硕士专业学位
84	1208521312002	吴宇	男	工程硕士专业学位
85	1208521312045	贺晓梅	女	工程硕士专业学位

续表

序号	学号	姓名	性别	学位类别
86	1208521312097	邱明兵	男	工程硕士专业学位
87	1243011410001	刘保山	男	工程硕士专业学位
88	1243011410002	李昂	男	工程硕士专业学位
89	1243011410013	刘丰	男	工程硕士专业学位
90	1243011410030	娄杰	男	工程硕士专业学位
91	1243011410033	张蕾	女	工程硕士专业学位
92	1243011410040	李然	女	工程硕士专业学位
93	1243011410041	王博	男	工程硕士专业学位
94	1243011410056	孙妍	女	工程硕士专业学位
95	1243011410058	马雪林	男	工程硕士专业学位
96	1243011411009	张弛	男	工程硕士专业学位
97	1243011411010	张天伦	男	工程硕士专业学位
98	1243011411012	白云阁	男	工程硕士专业学位
99	1243011411036	李长缨	女	工程硕士专业学位
100	1243011411053	孙思维	男	工程硕士专业学位
101	1243011411058	王硕	女	工程硕士专业学位
102	1243011411062	温琳珊	女	工程硕士专业学位
103	1243011411069	杨东升	男	工程硕士专业学位
104	1243011411076	张立申	男	工程硕士专业学位
105	1243011411083	张志刚	男	工程硕士专业学位
106	1243011411084	赵军	女	工程硕士专业学位
107	1243011411092	冯婷	女	工程硕士专业学位
108	1243011411108	芦欣	女	工程硕士专业学位
109	1243011411111	张荣荣	女	工程硕士专业学位
110	1243011411112	徐兆颖	女	工程硕士专业学位
111	1243011411118	高晓宇	女	工程硕士专业学位

专业：测绘工程

序号	学号	姓名	性别	学位类别
1	1108521512001	韩晓梦	女	工程硕士专业学位
2	1108521512002	张磊	男	工程硕士专业学位
3	1108521512003	魏海洋	女	工程硕士专业学位
4	1108521512004	杨炳伟	男	工程硕士专业学位
5	1108521512005	杨红粉	女	工程硕士专业学位
6	1108521512006	张小桐	女	工程硕士专业学位
7	1108521512007	郇洁	女	工程硕士专业学位
8	1108521512008	王天明	男	工程硕士专业学位

续表

序号	学号	姓名	性别	学位类别
9	1108521512009	张悦	男	工程硕士专业学位
10	1108521512010	崔斌	男	工程硕士专业学位
11	1108521512011	马文武	男	工程硕士专业学位
12	1108521512012	陈明学	男	工程硕士专业学位
13	1108521512013	田军	男	工程硕士专业学位

专业：环境工程

序号	学号	姓名	性别	学位类别
1	1108522912001	景焕平	女	工程硕士专业学位
2	1108522912002	黄涛	男	工程硕士专业学位
3	1108522912003	李小宁	男	工程硕士专业学位
4	1108522912004	郭娉婷	女	工程硕士专业学位
5	1108522912005	张晶晶	女	工程硕士专业学位
6	1108522912006	崔骏	男	工程硕士专业学位
7	1108522912007	韩晓	女	工程硕士专业学位
8	1108522912008	李贞子	女	工程硕士专业学位
9	1108522912009	秦宇胜	男	工程硕士专业学位
10	1108522912010	石蕊	女	工程硕士专业学位
11	1243013011001	周晓龙	男	工程硕士专业学位

专业：工业工程

序号	学号	姓名	性别	学位类别
1	1108523612001	卞文静	女	工程硕士专业学位
2	1108523612002	赵佳宝	女	工程硕士专业学位
3	1108523612003	纪超	男	工程硕士专业学位
4	1108523612004	陈楠	女	工程硕士专业学位
5	1108523612005	贾超社	男	工程硕士专业学位
6	1108523612006	朱琳琳	女	工程硕士专业学位

专业：项目管理

序号	学号	姓名	性别	学位类别
1	1108523912001	王凯	男	工程硕士专业学位
2	1108523912002	时慧杰	男	工程硕士专业学位
3	1208523912049	贾骏	男	工程硕士专业学位
4	1208523912106	孙诚	男	工程硕士专业学位
5	1243014010019	陈卓	男	工程硕士专业学位
6	1243014011021	刘超	男	工程硕士专业学位

续表

序号	学号	姓名	性别	学位类别
7	1243014011025	马潮	男	工程硕士专业学位
8	1243014011027	齐宝廷	男	工程硕士专业学位
9	1243014011034	王军	男	工程硕士专业学位
10	1243014011046	尹亚辉	男	工程硕士专业学位
11	1243014011050	张峥	男	工程硕士专业学位
12	1243014011053	赵彦清	男	工程硕士专业学位
13	1243014011054	赵勇	男	工程硕士专业学位

专业：物流工程

序号	学号	姓名	性别	学位类别
1	1108524012001	李海东	男	工程硕士专业学位
2	1108524012002	刘新欣	男	工程硕士专业学位
3	1108524012003	雷雨	女	工程硕士专业学位
4	1108524012004	陆斯媛	女	工程硕士专业学位
5	1108524012005	薛蕊	女	工程硕士专业学位
6	1108524012006	葛琳	女	工程硕士专业学位
7	1108524012007	赵小刚	男	工程硕士专业学位
8	1108524012008	张世红	男	工程硕士专业学位

专业：工商管理硕士

序号	学号	姓名	性别	学位类别
1	1112510011001	韩金芳	女	工商管理硕士专业学位
2	1112510012003	朱庆峰	男	工商管理硕士专业学位
3	1112510012008	陶静	女	工商管理硕士专业学位
4	1112510012009	王宝剑	男	工商管理硕士专业学位
5	1112510012013	庄磊	男	工商管理硕士专业学位
6	1112510013001	杨如吉	男	工商管理硕士专业学位
7	1112510013002	李刚锋	男	工商管理硕士专业学位
8	1112510013003	黄宁	男	工商管理硕士专业学位
9	1112510013004	廖玮	男	工商管理硕士专业学位
10	1112510013006	王震	男	工商管理硕士专业学位
11	1112510013007	张鑫睿	男	工商管理硕士专业学位
12	1112510013008	孙立红	女	工商管理硕士专业学位
13	1112510013011	张超	男	工商管理硕士专业学位
14	1112510013013	李勇	男	工商管理硕士专业学位
15	1112510013014	李伟	男	工商管理硕士专业学位
16	1112510013015	康宇	男	工商管理硕士专业学位

续表

序号	学号	姓名	性别	学位类别
17	1112510013016	马宏	女	工商管理硕士专业学位
18	1112510013017	赵绪珍	男	工商管理硕士专业学位

（三）2015年授予来华留学毕业研究生硕士学位名单

序号	学号	姓名	中文名字	性别	国籍	专业	学位类别
1	6010YXN11014	IBRAHIM MOHAMED B. SULTAN	易卜拉辛	男	利比亚	建筑设计及理论	建筑学硕士专业学位
2	6010ZTM13001	BISMACK KOOMSON	贝斯麦克	男	加纳	结构工程	工学硕士
3	6010ZTM13002	ELI LEONARD MNDEME	孟德莫	男	坦桑尼亚	桥梁与隧道工程	工学硕士
4	6010ZTM12009	MEHRAN KHARAZMI	米和岚	男	伊朗	道路与铁道工程	工学硕士
5	6010YXN11016	AL. JELIDI MOUSA. MOHAMED. A	穆萨	男	利比亚	岩土工程	工学硕士
6	6010ZJG11009	TCHOMCHE HIPP0LYTE FRITZ	福来	男	喀麦隆	技术经济及管理	管理学硕士

七、2015年北京建筑大学继续教育学院毕业生名单

李亚军　毛鹏涛　刘新科　马波　刘俊成　刘墨　张勇　宫亚茹　石乐
程泽龙　李敏　李亚茹　刘思洋　王韶华　岳真真　孙振全　刘欢欢　马燕平
田承叶　赵瑞　侯涛　耿铁宝　孙雷　于忠强　孙丰楠　吕军　任秀文
祁建福　陈司晗　王砚杰　钱小彤　张召　王鑫鹤　牛家亮　齐振东　陈飞
李京　王静　高会　戴磊　段新奇　张金晶　徐宁　夏红霞　张星
董艳丽　邓俊平　王素婷　陆柔刚　赵淑青　高艳　林仁素　李菊　徐梦瑶
王晓敏　刘晓伟　刘爱欣　薛维　张海玲　杨洋　高垚　葛方秋　刘冰(结业)
李阔　刘竹君　谢萌萌　高林　臧秋子　王秀莲　田丽月　田宝亮　李佳滕
王畅　何银博　吴昊　丁燕枫　窦凤凤　杜明　曲大为　王平　张文利
汪鑫　吴爽　许淦　张信　韩晨光　周晓霞　付莉杰　王琳　刘明骅
杜文华　关吉芳　马迎迎　刘晶　李勋　宋兴华　史爽　迟天旭　毛德峰
陈奕光　陈鹏飞　郭冬冬　王文园　张大伟　赵盛村　王青　侯波　李城
丁宁　赵荣　王昊轩　王旸　刘涛　董大江　樊龙　蒋玉林　刘欢
方英　李红红　李晶晶　朱金飞　王淼　谭雅琼　张暄　张月振　郑哲
闫伟　齐天斌　陆然　张瀚　敖连金　宋志月　梁涓涓　邵明媚　赵建博
徐文军　喻云杰　杨大刚　潘宏巍　刘月月　王雅娜　武运苗　陈文鹏　杨玉梅
孙婷　张珊　黄珊　汤占星　段月爽　曹晨　段雅强　王欢欢　李美军
邢健　刘超胜　王晨　王紫凌　赵贤永　高海波　杨亮　牛超　尤学平

刘会升	常百惠	任肖迎	尹 征	张 璇	刘雯雯	杜丽平	付 瑶	赵 菁
杨 扬	胡 晨	刘 超	王 柳	曹志昱	邵 磊	葛 伟	贺小龙	陈衍超
康 瑜	王海红	周 宇	仵 新	孙 尧	孟丽辉	崔红强	周胜娜	李子龙
常雪莲	亓子源	郭吉龙	白丽洁	张金伟	李亚南	郭双双	张小超	李亚娟
焦 妍	郭 倩	刘 茜	李庆龙	苏晓磊	周亚玲	李桂静	陈 曦	赵 丹
郝建宙	柳宏亮	孙博志	刘 赛	杨 欢	蔡丽丽	董 新	齐 磊	冯淑会
李 铭	张洪凯	田学姗	王海燕	冯 健	丁 韦	宋 婕	王 龙	张茗涵
张 健	赵 艳	贾鸿雁	程婉婷	董焕晓	李学龙	殷 勤	姚 彬	胡振川
宋艳华	杨 洋	葛 佳	王保国	赵 凯	史宝伟	张 奔	赵珊珊	刘 翔
王颖杰	解宏伟	郭佳越	邱 锋	童 禹	赵冰涛	陈 鹏	龚 莉	冯清彦
宋雨洁	张雯雯	宋跃川	张维夏	黄春艳	王 涛	于 飞	赵 澄	王惠美
杨 东	李 茹	王玉雪	王 颖	郝子聪	芦孝山	朱占田	王大鹏	李维伟
陈文豹	李辰雪	王弘丽	李 超	王宇楠	李 理	刘武江	陆 璐	李 飚
余玉荣	刘文惠	王庆京	佟寒钰	张 慧	王漱玉	景 莉	杨志桐	马丽霞
韩洪超	赵宁宁	刘凤娇	邢 艳	马 谦	韩永生	罗 萌	韩会艳	孙 博
周 青	李卫国	林永生	王 真	张文瑾	辛秀秀	麻宁宁	涂怀山	张 琦
白宏伟	杨佳佳	薛 曼	张亚丽	严凤仙	杨喜风	李亚怡	李海莲	薛立宗
王逍逍	齐可欣	侯钧涛	阚雅琪	李彬彬	李天燕	姜玉超	崔 彬	钟九华
叶昕宇	李宝金	汪丽娜	刘凯功	曹忠情	王文贤	陈莺歌	闫东芳	王建泉
景 晨	张 敏	李苑林	郭翠平	王学涛	牛智超	竺文清	张建磊	王帅宁
王亚东	李 敏	陈晓虎	寇 升	孙 诚	王冬雪	宋 明	杨 磊	霍 栩
冯春燕	张 倩	骆臣相	陈 东	韩文哲	孔翠云	马 克	李晨光	刘 旭
何志宏	董 丹	张 婕	马连晶	罗 浩	谭永恒	张 永	孔德宁	王 豹
贾红霞	齐传莹	潘丽娜	果秀翠	牛思达	刘俊艳	王雁鹏	牛钢山	房建双
翟冉冉	孙贵芹	庞 昊	李 峥	段志豹	李卫健	王永晨	孔令功	周盈盈
贾星光	黄 亮	门士骑	陈 爽	王林娜	王 戈	方洪宾	周剑茹	刘 勋
王社平	董建军	高 超	李腾飞	韩海梅	黄彩云	张 培	谢顺喜	张亚东
翟林云	于书媛	陈 杰	范世伟	苑晓慧	周凤春	屈泓宇	朱红潮	范京媛
高庆丰	王 刚	刘宏利	何 彦	胡晨骁	张铜宇	刘永智	王炎青	岳振蕊
白艳南	朱旭明	郑凤梅	闫学伟	强 蕾	孟 凯	李 经	苏早强	霍瑞娟
冯丽霞	苏 刚	韩 伟	薛 莉	张晓军	王庆丰	梁婷婷	李 增	王 倩
余增洋	张新策	祝秀梅	池永青	张 辉	单英轩	黄萌萌	徐国宝	章珺玥
孙国华	常红琳	李 昊	闫 威	张 正	杨 杰	王雍璞	齐 辉	孙淑杰
侯 硕	张 欣	赵 光	赵 军	李银凯	李海涛	祝星星	李青海	赵兴宇
马 琳	吉长贵	谈志彬	潘贺楠	岳静芳	戴智超	刚丽双	肖慎重	周小中
张 晶	邱绍文	张天婵	任 淋	单 局	尤 磊	王仲琪	贾素翠	刘 帅
王天龙	李艳芳	王 寅	江占杰	杨 迪	胡刘锁	陈 林	杨海波	赵泊然
善海亮	刘 博	程计莲	王献华	杨 蕊	马 海	蒋鹏飞	盛金然	田小静
孙 盟	孙 爽	王 超	杨成武	许东升	肖洋峰	郑 斌	蔡文娟	刘 丽

李 稳	陈 娜	王 舸	张文婷	王文睿	谷萍萍	刘兆华	连月杰	孙力量	
田滋花	张 新	王 鑫	武惠芳	王福丽	张祥勇	李金龙	王 浩	郭梓锋	
王 龙	董 超	柳满娣	贾立平	李文婷	吴洪阁	肖红生	樊雏鹤	张 凡	
史文龙	孙 奇	赵 雄	赵 霞	刘京伟	夏俊杰	宋 燕	崔立花	刘凌飞	
李秋影	刘艳军	杨文霞	胡 龙	邱飞箭	姚金杰	乔珍燕	杨 洁	李 芹	
杨冬冬	胡仲武	莫美竹	李 情	杜 江	张 显	任晓娟	吴亚君	裴海鹏	
李洪峰	白丹丹	周一平	蔡连军	秦国栋	刘 姗	刘有志	张 岩	吴海英	
商秋生	闫利飞	王文侠	胡晓民	柳 昂	孔祥龙	侯 旭	刘 军	康建利	
刘 滨	王文龙	张育霜	胡林福	王立达	贾小莉	谭玲玲	张 晨	李明俊	
刘 伟	赵东雪	张世坤	孙 振	刘 涛	梁 丹	刘 晓	李 玮	陈德怀	
古笑冬	袁 帅	宋 凯	林 浩	陈 晨	李晓征	陈 彪	史 梁	刘鑫磊	
贾文杰	梁 帅	吕建刚	党 辉	刘 飞	卢 茜	刘 佳	高 伟	田丽可	
贾永然	杨 洋	郝少恒	付志成	李 艳	尚梦娇	李文龙	刘 轶	张海霞	
高泽京	刘 彬	高鹏飞	张 浩	刘 晶	刘 博	程建魁	王 璠	陈伟利	
范卫胜	刘 钊	郝永花	胡昕鹏	路文刚	李 超	卜春华	王 文	曹 威	
吕宝剑	侯志国	张文涛	何洋洋	唐 冲	吴津泙	宋国虎	孙 帆	刘小永	
许艳波	曹文香	牛俊青	黄 悦	马永祥	路天科	董建海	王 彪	徐向春	
刘雪莲	赵丽华	史晓龙	史家旗	耿雪亭	张志刚	李 磊	夏路彬	李天序	
侯 硕	谢秋红	李利飞	刘 义	郭东生	丁立波	史 欣	张海鹏	崔德旺	
李海波	刘春颖	王艳平	孙 伟	段亚桐	张 颖	于 瑾	王海舰	蔡本龙	
李亦彪	马 超	李玉龙	许元元	浦亚利	焦立征	陈 杰	刘海岳	郭 伟	
周海燕	付宏祥	郭建军	付永利	杨 明	张 冰	马文永	路燕伟	王 颖	
王召明	庞 雪	吕 艳	朱立建	刘 新	张海婷	张 单	李巨炯	安小鹏	
亓德鹏	黄 义	祝辰莎	宋振球	杜 姚	董 俊	曹军勤	肖成欣	杨建华	
张 峰	周 浩	王彦勃	焦占飞	王海金	郭祥民	司伟防	张秋杰	夏 惟	
陈 墨	徐海伟	张凌峰	张金明	张 闯	徐苗苗	陈晓静	曹 杰	程中彦	
徐海青	李 翔	孙世伟	郁亚新	罗蒙蒙	余常仁	卢彦丰	劳 寅	孙米娜	
姚海霞	董 云	范支虎	刘海英	霍培珍	申世拓	刘志涛	袁旭东	张 铸	
张 佳	李 晴	黄 刚	安 好	杜亚磊	康 凯	王 潇	李俊敏	程继伟	
王旭刚	牛原驰	刘雪连	李永林	王 柳	解子轩	赵鹍鹏	王 晨	谢 谦	
张 英	王 峰	孙焕新	符小龙						

八、2015年北京建筑大学继续教育学院本科毕业生获得学士学位名单

高 林	卢 晶	苟晓川	李 超	杨永麒	李佳滕	丁燕枫	曲大为	王 平	
汪 鑫	许 淦	刘明骅	马迎迎	李 勍	毛德峰	陈奕光	陈鹏飞	赵盛村	
丁 宁	赵 荣	王 旸	刘 涛	郑 哲	闫 伟	张 瀚	敖连金	徐文军	
陈文鹏	刘超胜	安小鹏	亓德鹏	宋振球	王利敏	刘红梅	朱小丽	王 磊	

董俊	周浩	王彦勃	王海金	陈墨	徐海伟	张闯	徐苗苗	曹杰	
徐海青	罗蒙蒙	孙米娜	姚海霞	刘海英	霍培珍	申世拓	杜延生	樊海良	
宗玉辉	吉长贵	谈志彬	潘贺楠	岳静芳	戴智超	张天婵	单局	贾素翠	
杨迪	程计莲	盛金然	田小静	孙盟	杨成武	许东升	刘丽	谷萍萍	
刘兆华	连月杰	孙力量	田滋花	李金龙	柳满娣	樊雏鹤	赵霞	崔立花	
杨文霞	杨洁	李芹	杨冬冬	张显	任晓娟	吴亚君	裴海鹏	白丹丹	
刘姗	吴海英	闫利飞	胡晓民	侯旭	康建利	王文龙	胡林福	李明俊	
刘伟	张世坤	李玮	宋凯	吕建刚	付志成	李艳	高泽京	路文刚	
许艳波	侯硕	周盈盈	张振洪	刘征	门士骑	王戈	方洪宾	周剑茹	
王社平	董建军	高超	李腾飞	韩海梅	翟林云	范京媛	高庆丰	王刚	
朱旭明	闫学伟	池永青	张辉	范雅聊	姜莹	张娜	郝晴	杜丽平	
付瑶	葛伟	孟丽辉	崔红强	周胜娜	亓子源	郭吉龙	白丽洁	张金伟	
李亚南	张小超	李亚娟	郭倩	刘茜	李庆龙	苏晓磊	周亚玲	李桂静	
郝建宙	孙博志	杨欢	蔡丽丽	董新	冯淑会	王海燕	冯健	贾鸿雁	
程婉婷	董焕晓	殷勤	姚彬	王保国	张奔	解宏伟	邱锋	赵冰涛	
龚莉	宋雨洁	黄春艳	赵澄	朱占田	李维伟	陈文豹	刘武江	陆璐	
景莉	杨志桐	马丽霞	韩洪超	赵宁宁	刘凤娇	邢艳	韩永生	罗萌	
韩会艳	周青	李卫国	涂怀山	张琦	张亚丽	杨喜凤	阚雅琪	钟九华	
陈莺歌	闫东芳	竺文清	张建磊	王亚东	何志宏	董丹	谭永恒	贾红霞	
齐传莹	潘丽娜	房建双	吴有良	常国永	于晓臻	刘鹏	是妍	王磊磊	
乔继东	张丹	韩暄宁	占宇	徐阳阳	安好	杜亚磊	康凯	王畅	
窦凤凤	张信	杜文华	董大江	武运苗	张珊	吴昊	曹军勤	张峰	
司伟防	夏惟	张金明	陈晓静	王柳	余常仁	刘志涛	李艳芳	善海亮	
王献华	杨蕊	蒋鹏飞	肖洋峰	陈娜	张文婷	王福丽	刘艳军	陈德怀	
林浩	梁帅	刘佳	郝永花	黄彩云	张亚东	于书媛	范世伟	刘宏利	
冯丽霞	苏刚	张晓军	常雪莲	焦妍	赵丹	齐磊	张茗涵	赵珊珊	
王颖杰	王惠美	王玉雪	王颖	郝子聪	王宇楠	马谦	王真	张文瑾	
李海莲	薛立宗	李彬彬	姜玉超	崔彬	张铸	王冬雪	果秀翠	牛思达	
孙贵芹	李永强	王宇	周毕生	周海军	桑中华				

九、2015年北京建筑大学自学考试本科毕业生名单

李金明　韩少东　王攀　李坤　王冬冬　孙文涛　武婷婷　陈刚　田翼飞
杨双全

十、2015年北京建筑大学自学考试本科毕业生获学位名单

吴有良　常国永　于晓臻　刘鹏　是妍　王磊磊　乔继东　张丹　韩暄宁
占宇　徐阳阳　李永强　周毕生　周海军　桑中华　王宇

第十五章 表彰与奖励

一、单位和教师所获表彰与奖励

（一）北京建筑大学2015年所获省部级及以上科技奖励一览表

序号	奖励名称	成果名称	所属单位	我校获奖完成人	发证机关	获奖级别	获奖等级
1	国家科学技术进步奖	建筑结构基于性态的抗震设计理论、方法及应用	土木学院	韩淼	中华人民共和国国务院	国家级	一等奖
2	国家科学技术进步奖	预应力整体张拉结构关键技术创新与应用	机关	张爱林	中华人民共和国国务院	省部级	二等奖
3	教育部科技进步奖	建筑垃圾资源化技术创新与规模化应用	土木学院	陈家珑、周文娟、周理安	中华人民共和国教育部	省部级	二等奖
4	教育部科技进步奖	大熊猫栖息地恢复技术研究与示范	机关	宋国华	中华人民共和国教育部	省部级	二等奖
5	北京市科学技术奖	重交通条件下的高比例RAP沥青路面关键技术研究与应用	土木学院	季节、索智、许鹰、徐世法	北京市人民政府	省部级	一等奖
6	华夏建设科学技术奖	城市节水关键技术与应用	环能学院	张雅君、许萍、陈韬、冯萃敏、王俊岭、汪长征、孙丽华	华夏建设科学技术奖励委员会	省部级	一等奖
7	华夏建设科学技术奖	城乡统筹环境系统整治关键技术及装备	环能学院	袁冬海、李俊奇、陈红兵	华夏建设科学技术奖励委员会	省部级	一等奖
8	华夏建设科学技术奖	异型组合拱桥新结构关键技术研究及其应用	土木学院	龙佩恒	华夏建设科学技术奖励委员会	省部级	一等奖
9	华夏建设科学技术奖	北京市生活垃圾源头减量化对策研究	环能学院	李颖、李盼盼、戚振强、吴菁	华夏建设科学技术奖励委员会	省部级	三等奖
10	华夏建设科学技术奖	变风量（VAV）系统调试方法的研究与应用	环能学院	于丹	华夏建设科学技术奖励委员会	省部级	三等奖
11	华夏建设科学技术奖	《雨水控制与利用工程设计规范》DB 11/685—2013	环能学院	/	华夏建设科学技术奖励委员会	省部级	三等奖

续表

序号	奖励名称	成果名称	所属单位	我校获奖完成人	发证机关	获奖级别	获奖等级
12	河北省科学技术进步奖	全断面隧道掘进机刀盘设计理论及应用	机电学院	窦蕴平	河北省人民政府	省部级	一等奖
13	山西省科学技术进步奖	建筑起重装备安全运行保障关键技术	机电学院	杨建伟、王凯晖、姚德臣	山西省科学技术奖励委员会	省部级	二等奖
14	地理信息科技进步奖	高效三维地学浏览器的研制与示范应用	测绘学院	霍亮、沈涛、靖常峰、赵江洪、张学东、蔡剑红	中国地理信息产业协会	省部级	二等奖
15	精瑞科学技术奖	北京大学人民医院白塔寺院区房屋结构加固装修工程	建筑学院	郝晓赛	北京精瑞人居发展基金会	省部级	最佳人居城市更新范例
16	河北省科学技术进步奖	重载交通热拌再生沥青混合料及高性能再生剂的开发与应用技术	土木学院	季节	河北省人民政府	省部级	三等奖
17	湖北省科学技术进步奖	农村分散型生产生活污染控制及其循环利用关键技术与装备	环能学院	袁冬海	湖北省人民政府	省部级	二等奖

（周理安　高　岩）

（二）北京建筑大学 2015 年教师节表彰

1. 科技类

【华夏建设科学技术二等奖】新建天津西站站房工程结构施工关键技术研究：王晏民

【华夏建设科学技术三等奖】新型村镇雨污水生态处理与资源化利用关键技术及实用装备：李俊奇　袁冬海　车伍

【华夏建设科学技术三等奖】北京城镇化生态承载力的综合评价研究：李颖　岳冠华

【测绘科技进步一等奖】多源数据融合的精细三维重建技术研究与应用：王晏民　朱光　黄明　王国利　胡春梅　张瑞菊　郭明　危双丰　侯妙乐　胡云岗

【中国地理信息科技进步一等奖】海量精细三维空间数据管理系统研制与应用：王晏民　黄明　危双丰　郭明　张瑞菊　王国利　胡春梅　赵江洪

【山西省科学技术二等奖（自然科学类）】智能交通非线性动力学特性及其控制研究：杨建伟

【高等学校科学研究优秀成果二等奖（科学技术）】种群及其传染病时空演化动力学理论及方法：崔景安　宋国华

【国家科学技术进步二等奖】农村污水生态处理技术体系与集成示范：杜晓丽

2. 教学类

【国家级虚拟仿真实验教学中心】
建筑全过程虚拟仿真实验教学中心

智慧城市虚拟仿真实验教学中心

【国家级精品视频公开课】《建筑与伦理》主讲人：秦红岭

【市级校内创新实践基地】 工程实践创新中心

【北京市高等学校教学名师】 欧阳文

【北京市级校外人才培养基地牵头单位】

建筑与城市规划学院　机电与汽车工程学院

3. 北京市模范集体

土木与交通工程学院

4. 第九届北京高校青年教师教学基本功比赛理工类 B 组一等奖、最佳教案奖及最佳演示奖：许鹰

5. 在教育战线辛勤工作三十年的教职工（按姓氏笔划排序）

王　芬　王毅娟　吕亚芹　刘福生　齐　群　孙一兵　阴振勇　李维平　李　英
陆　翔　宋桂云　吴俊奇　汪　苏　张怀静　张新天　金安琍　杨跃生　周　春
周怀雄　胡雪松　钟　铃　赵静野　桂益香　高春花　高金海　郭晓东　黄　莉
董素清　董艳玲　窦蕴平

（张　莉　陈红兵）

（三）其他

北京建筑大学 2015 年所获集体奖励

序号	奖励时间	获奖单位或部门	奖励名称	发证机关
1	2015 年 12 月	北京建筑大学	2015 北京高校青年教师社会调研工作优秀组织单位	市委教育工委
2	2015 年 3 月	北京建筑大学	首都文明单位标兵	首都精神文明建设委员会
3	2015 年 1 月	土木学院	"知行相济，学用相成，在社会实践中融入社会主义核心价值观教育"，荣获北京高校社会主义核心价值观宣传教育优秀项目	市委教育工委

（孙　强　孙冬梅）

北京建筑大学 2015 年教师所获奖励与表彰

序号	奖励时间	获奖完成人	获奖项目名称	奖励名称	获奖等级	发证机关
1	2015 年 12 月	李之红	综合交通枢纽人群疏散与设施优化研究——以北京南站为例	北京高校青年教师社会调研工作	一等奖	市委教育工委
2	2015 年 12 月	刘倩	北京市无障碍公共基础设施现状调研	北京高校青年教师社会调研工作	二等奖	市委教育工委
3	2015 年 12 月	刘猛	老旧社区综合改造的效果和居民满意度分析——以大兴区建兴居委会为例	北京高校青年教师社会调研工作	二等奖	市委教育工委

续表

序号	奖励时间	获奖完成人	获奖项目名称	奖励名称	获奖等级	发证机关
4	2015年12月	张守连	创新城市治理体制机制——建设生态和谐宜居北京	北京高校青年教师社会调研工作	二等奖	市委教育工委
5	2015年12月	刘猛	宛平城红色景区交通拥堵及疏解问题调研	北京高校青年教师社会调研工作	二等奖	市委教育工委
6	2015年12月	杨举	关爱留守儿童，服务空巢老人——深入山东农村调研报告	北京高校青年教师社会调研工作	二等奖	市委教育工委
7	2015年12月	索智	绿色低碳发展——北京城市道路技术状况调查及养护需求分析	北京高校青年教师社会调研工作	二等奖	市委教育工委
8	2015年12月	韩志鹏	关于左权革命老区环保工作现状和改进对策的调查研究	北京高校青年教师社会调研工作	二等奖	市委教育工委
9	2015年3月	高兰芳	敬业从1.01的故事说起	北京高校培育和践行社会主义核心价值观征文活动	教师组一等奖	市委教育工委、首都思政中心、《北京教育（德育）》编辑部
10	2015年3月	李晨	用心铺就学生成长之路	北京高校培育和践行社会主义核心价值观征文活动	教师组三等奖	市委教育工委、首都思政中心、《北京教育（德育）》编辑部
11	2015年3月	王俊岭	忆老刘	北京高校培育和践行社会主义核心价值观征文活动	教师组优秀奖	市委教育工委、首都思政中心、《北京教育（德育）》编辑部
12	2015年3月	刘志强	用内心善良的光芒照亮学生和国家前行的路	北京高校培育和践行社会主义核心价值观征文活动	教师组优秀奖	市委教育工委、首都思政中心、《北京教育（德育）》编辑部
13	2015年3月	刘志强	用内心善良的光芒照亮学生和国家前行的路	北京高校培育和践行社会主义核心价值观征文活动	教师组优秀奖	市委教育工委、首都思政中心、《北京教育（德育）》编辑部

续表

序号	奖励时间	获奖完成人	获奖项目名称	奖励名称	获奖等级	发证机关
14	2015年3月	任艳荣	将爱国敬业修成一种习惯	北京高校培育和践行社会主义核心价值观征文活动	教师组优秀奖	市委教育工委、首都思政中心、《北京教育（德育）》编辑部
15	2015年3月	冯永龙	对高校学生个人层面社会主义核心价值观的思考	北京高校培育和践行社会主义核心价值观征文活动	教师组优秀奖	市委教育工委、首都思政中心、《北京教育（德育）》编辑部
16	2015年12月	戴冀峰	全国优秀社员			九三学社中央委员会

（孙　强　孙冬梅）

【工会系统获奖情况】
2015年，校工会获北京市教育工会"2015年先进单位奖"；
土木与交通工程学院被中共北京市委、北京市人民政府评为"北京市模范集体"；
理学院分工会被北京市教育工会评为"2015年先进教职工小家"；
文法学院分工会郭昊同志被中共北京市委、北京市人民政府评为"北京市先进工作者"。

（张瑶宁　张素芳）

【12项成果在2014年全国高校学生工作优秀学术成果评选中获奖】 9月23日，全国高校学生工作优秀学术成果2014年评选结果揭晓，北京建筑大学共有12项成果获奖，其中荣获一等奖2项，二等奖10项。

序号	负责人	项目名称	成果形式	获奖级别
1	李守玉	基于课外科技活动的大学生创新能力培养模式研究	研究报告	一等奖
2	王秉楠	在大学生社会实践中三层次推进社会主义核心价值观教育的思考	研究报告	一等奖
3	黄尚荣	完善科技活动机制 注重结合培养学生实践创新能力	论文	二等奖
4	李红	新时期少数民族大学生思想政治教育研究	论文	二等奖
5	牛磊	建筑类高校校园建筑文化育人的认识与思考	论文	二等奖
6	王秉楠	构建"五维"育人机制，激发学生学习动力	研究报告	二等奖
7	齐勇	建筑类院校低年级大学生学习动力的调查和对策研究	论文	二等奖
8	齐勇	"北京精神"融入首都大学生思想政治教育的实践探索	论文	二等奖
9	宋宗耀	土木工程专业高效毕业生参加就业见习活动必要性研究	研究报告	二等奖
10	谷天硕	学生讲堂在大学一年级学风建设中的促进作用研究	研究报告	二等奖
11	冯永龙	紧密围绕"一体两翼"，加强新生教育管理	论文	二等奖
12	卫巍	朋辈辅导在大一新生适应性教育中的应用	论文	二等奖

【荣获"北京高校国防教育工作突出贡献奖"】 4月12日，北京高校国防教育协会2015年会员代表大会在清华大学召开，首都60多所高校参加。本次大会上，清华大学、北京化工大学、北京建筑大学等8所高校荣获"北京高校国防教育工作突出贡献奖"殊荣，同时，北京建筑大学还荣获"北京高校国防教育先进会员单位"荣誉称号。

【荣获第二届北京高校心理素质教育教师教学技能比赛一等奖】 心理素质教育中心主任李梅老师在第二届北京高校心理素质教育教师教学技能比赛中荣获一等奖。

（秦立富　李　红　黄尚荣）

二、学生所获表彰与奖励

（一）第八届"挑战杯"首都大学生课外学术科技作品竞赛获奖名单

序号	作品名称	项目负责人	获奖情况	指导老师
1	沸石型咪唑酯骨架结构材料ZIF-8的电化学法批量制备及其光催化性能研究	李金	特等奖	王崇臣
2	"灵·睿"自主跟随机器人	宋世丰	一等奖	秦建军
3	留住APEC蓝——抑尘减霾路面	李思童	二等奖	索智
4	应力自感知水泥基复合材料的制备及压敏性能研究	张昆	二等奖	王琴
5	基于移动互联的家居服务型机器人系统	张疆辉	二等奖	张雷
6	产生于双金字塔光波导网络的巨大光子带隙和强光子衰减	杨婉鑫	二等奖	王晏民
7	一种新颖的氨基修饰钼多酸化合物：合成、表征及高效吸附分离有机染料性能研究	朱钿	二等奖	王崇臣
8	"ACE"空气净化呼吸窗	贾一凡	二等奖	秦建军
9	百变魔桌	季旭武	三等奖	朱爱华
10	人群密集场所防止踩踏预警和疏散技术研究——以2015年北京地坛庙会为例	毕砚	三等奖	马晓轩、李之红、刘栋栋
11	基于ATmel微控制器的太阳能直接辐射强度测量仪——自动循迹云台系统	黄山石	三等奖	熊亚选、杨宏
12	基于无线传感器网络的燃气抢修现场监测系统	魏旭峰	三等奖	王亚慧
13	针对休闲场所的手机无线充电	蒋蒙巍	三等奖	岳云涛

（二）第十四届"挑战杯"全国大学生课外学术科技作品竞赛获奖名单

序号	作品名称	项目负责人	作品类型	获奖情况	指导老师
1	沸石咪唑酯骨架结构材料ZIF-8的电化学法批量制备及其光催化性能研究	李金	集体	三等奖	王崇臣

（三）国家级学生科技类竞赛主要奖项

序号	竞赛名称	所获奖项	人次
1	第五届全国大学生计算机应用能力与信息素养大赛	一等奖	2
		二等奖	2
		三等奖	3
2	第十届全国大学生交通科技大赛	二等奖	5
		三等奖	5
3	第六届蓝桥杯全国软件和信息技术专业人才大赛	三等奖	1
4	2015同济大学国际建造节	铜奖	8
5	第八届全国大学生节能减排社会实践与科技竞赛	二等奖	10
		三等奖	23
6	全国大学生农建专业创新设计竞赛	二等奖	5
		三等奖	15
7	第十届"飞思卡尔"杯智能汽车竞赛	二等奖	5
		三等奖	6
		优秀奖	6
8	全国大中学生第四届海洋文化创意设计大赛	优秀奖	1
		平面设计组优秀奖	1
9	2015"尚和杯"中国机器人大赛暨RoboCup公开赛分项赛	一等奖	3
		二等奖	6
		三等奖	9
10	华北五省机器人大赛	二等奖	2
		三等奖	4
11	华北五省暨港澳台大学生计算机应用大赛	二等奖	4
		三等奖	3
12	第八届全国测绘学科大学生科技论文竞赛	一等奖	4
		二等奖	1
		三等奖	9
13	2015年全国高等院校BIM应用比赛总决赛	一等奖	2
14	联合国环境规划署"绿色未来奖"	绿色未来奖	1
15	"凌盛蓝天白云杯"节能环保大学生演讲比赛专场赛 中国土木工程学会高校优秀毕业生	冠军	3
16	第五届国际"Virtual Design World Cup"设计竞赛	评委特别奖	3
17	第九届全国大学生结构设计竞赛	优秀奖	3
18	第六届全国高等院校斯维尔杯BIM软件建模大赛	团队全能二等奖	5
		单项二等奖	10

续表

序号	竞赛名称	所获奖项	人次
19	"金茂杯"第八届全国大学生房地产策划大赛	特等奖	9
		一等奖	9
		二等奖	17
		三等奖	144
20	"中关村青联杯"第十二届全国研究生数学建模竞赛	三等奖	6
21	"北科建杯"全国大学生建筑与环艺专业设计微电影大赛	最佳奖	3
22	第三十二届全国大学生物理竞赛北京赛区	一等奖	9
		二等奖	9
		三等奖	26
23	第十四届"挑战杯"全国大学生课外学术科技作品竞赛"智慧城市"专项赛	二等奖	3

（四）北京市三好学生（共10个）

序号	所在学院	所在班级	姓名
1	建筑学院	规111班	范文铮
2	机电学院	机112班	张俊玲
3	经管学院	公管121班	杜婉杰
4	土木学院	土115班	周思昂
5	土木学院	土126班	李思童
6	文法学院	法111班	王婷婷
7	测绘学院	地122班	谢泠涛
8	电信学院	计131班	马楠
9	环能学院	暖121班	松柏
10	理学院	信121班	郭盛

（五）北京市优秀学生干部（共3个）

序号	所在学院	所在班级	姓名
1	经管学院	商112班	郭昊
2	土木学院	土128班	李阔
3	土木学院	土123班	燕兆

（六）北京市先进班集体（共3个）

序号	所在学院	班级
1	建筑学院	规111班
2	环能学院	水131班
3	测绘学院	地131班

（七）2015年北京大学生舞蹈节

舞蹈名称	类别	奖项
闹羌寨	普通高校B组（非特长生组）大群舞	一等奖
筑魂	B组大群舞	二等奖
月狐吟	B组小群舞	二等奖

（陈笑彤　朱　静）

（八）荣获北京市高校红色"1＋1"示范活动一等奖

北京建筑大学测绘学院学生党支部从北京各高校参加评选的1100多个学生党支部中脱颖而出，进入25强，最后总决赛以总分第一名的成绩荣获北京市高校红色"1＋1"示范活动一等奖。

（秦立富　李红　黄尚荣）

（九）2014/2015学年本科生普通高等学校国家奖学金获奖学生名单

序号	学生姓名	专业	学院
1	范文铮	城乡规划学	建筑与城市规划学院
2	张薇萌	建筑学	
3	谢聪聪	城市道路与桥梁方向	土木与交通工程学院
4	邓青青	土木工程（建筑工程方向）	
5	董冰艳	建筑环境与能源应用工程	环境与能源工程学院
6	张豪	能源与动力工程	
7	张明雪	电气工程及其自动化	电气与信息工程学院
8	王鑫	电气工程及其自动化	
9	杨小梅	自动化	
10	张伊聪	工程管理	经济与管理工程学院
11	刘佳仪	公共事业管理	
12	杨婉鑫	测绘工程	测绘与城市空间信息学院
13	陈洋	车辆工程（汽车工程方向）	机电与汽车工程学院
14	刘艺文	工业工程	
15	姚奉雪	社会工作	文法学院
16	程晨	信息与计算科学	理学院

（十）2014/2015学年本科生普通高等学校国家励志奖学金获奖学生名单

序号	学生姓名	院系名称	专业
1	李颖欣	建筑与城市规划学院	城市规划（风景园林方向）
2	陆昊	建筑与城市规划学院	工业设计
3	岳帅	建筑与城市规划学院	建筑学
4	刘燕	建筑与城市规划学院	建筑学
5	杨昆	建筑与城市规划学院	建筑学

续表

序号	学生姓名	院系名称	专业
6	杨亚兵	建筑与城市规划学院	建筑学
7	杨柳溪	建筑与城市规划学院	历史建筑保护
8	买琳琳	建筑与城市规划学院	历史建筑保护工程
9	袁广	土木与交通工程学院	交通工程
10	张慧	土木与交通工程学院	交通工程
11	刘思杨	土木与交通工程学院	交通工程
12	程琪珉	土木与交通工程学院	土木工程（城市道路与桥梁工程方向）
13	蓝群力	土木与交通工程学院	土木工程（城市道路与桥梁工程方向）
14	张琰	土木与交通工程学院	土木工程（城市道路与桥梁工程方向）
15	彭泗雄	土木与交通工程学院	土木工程（城市道路与桥梁工程方向）
16	俞轩	土木与交通工程学院	土木工程（城市道路与桥梁工程方向）
17	张佩佩	土木与交通工程学院	土木工程（城市道路与桥梁工程方向）
18	桂晓珊	土木与交通工程学院	土木工程（城市道路与桥梁工程方向）
19	刘文勃	土木与交通工程学院	土木工程（城市道路与桥梁工程方向）
20	刘亚立	土木与交通工程学院	土木工程（城市道路与桥梁工程方向）
21	邓全祥	土木与交通工程学院	土木工程（城市地下工程方向）
22	王利	土木与交通工程学院	土木工程（城市地下工程方向）
23	洪勇	土木与交通工程学院	土木工程（城市地下工程方向）
24	杨亚平	土木与交通工程学院	土木工程（建筑工程）
25	王美玲	土木与交通工程学院	土木工程（建筑工程方向）
26	卢嘉茗	土木与交通工程学院	土木工程（建筑工程方向）
27	黄威振	土木与交通工程学院	土木工程（建筑工程方向）
28	谢庭	土木与交通工程学院	土木工程（建筑工程方向）
29	王磊	土木与交通工程学院	土木工程（建筑工程方向）
30	刘婷	土木与交通工程学院	土木工程（建筑工程方向）
31	曹鑫磊	土木与交通工程学院	土木工程（建筑工程方向）
32	李全刚	土木与交通工程学院	土木工程（建筑工程方向）
33	高垚	土木与交通工程学院	土木工程（建筑工程方向）
34	张旷	土木与交通工程学院	土木工程（建筑工程方向）
35	唐付宁	土木与交通工程学院	土木工程（建筑工程方向）
36	陈小奔	土木与交通工程学院	土木工程（建筑工程方向）
37	黄国泽	土木与交通工程学院	土木工程（建筑工程方向）
38	包芸芸	土木与交通工程学院	土木工程（建筑工程方向）
39	李建成	土木与交通工程学院	土木工程（建筑工程方向）
40	阳先翔	土木与交通工程学院	土木工程（建筑工程方向）
41	蔡世鹏	土木与交通工程学院	土木工程（建筑工程方向）

续表

序号	学生姓名	院系名称	专业
42	吴骏	土木与交通工程学院	土木工程（建筑工程方向）
43	孙猛	土木与交通工程学院	土木工程（建筑工程方向）
44	姜禹彤	土木与交通工程学院	土木工程（建筑工程方向）
45	文亚	土木与交通工程学院	土木工程（建筑工程方向）
46	刘洋博	土木与交通工程学院	土木工程（建筑工程方向）
47	封珏	土木与交通工程学院	土木工程（建筑工程方向）
48	丁伊宁	土木与交通工程学院	土木工程（建筑工程方向）
49	张乐义	土木与交通工程学院	无机非金属材料工程（建筑材料方向）
50	刘强	土木与交通工程学院	无机非金属材料工程（建筑材料方向）
51	王前朋	环境与能源工程学院	给排水科学与工程
52	丁宇	环境与能源工程学院	给排水科学与工程
53	王婷	环境与能源工程学院	给排水科学与工程
54	饶志峰	环境与能源工程学院	给排水科学与工程
55	郭清政	环境与能源工程学院	给排水科学与工程
56	徐庆龙	环境与能源工程学院	给水排水科学与工程
57	陈琳琳	环境与能源工程学院	给水排水科学与工程
58	赵远玲	环境与能源工程学院	环境科学
59	王欢	环境与能源工程学院	环境科学（资源循环利用方向）
60	陈祎思	环境与能源工程学院	环境科学（资源循环利用方向）
61	郭丽平	环境与能源工程学院	环境科学（资源循环利用方向）
62	陈凯琦	环境与能源工程学院	环境科学（资源循环利用方向）
63	钟军	环境与能源工程学院	环境科学（资源循环利用方向）
64	王浩冉	环境与能源工程学院	环境科学（资源循环利用方向）
65	陈曦	环境与能源工程学院	建筑环境与能源应用工程
66	翁晓香	环境与能源工程学院	建筑环境与能源应用工程
67	许博文	环境与能源工程学院	建筑环境与能源应用工程
68	刘琪	环境与能源工程学院	建筑环境与能源应用工程
69	杨雪	环境与能源工程学院	建筑环境与设备工程
70	孙超	环境与能源工程学院	能源与动力工程
71	魏玉瑶	环境与能源工程学院	能源与动力工程
72	张攀	环境与能源工程学院	能源与动力工程
73	李亚洲	环境与能源工程学院	能源与动力工程
74	范青柱	环境与能源工程学院	能源与动力工程
75	靳苏毅	环境与能源工程学院	能源与动力工程
76	徐质文	环境与能源工程学院	能源与动力工程
77	刘荣	环境与能源工程学院	热能与动力工程

续表

序号	学生姓名	院系名称	专业
78	郝卿儒	环境与能源工程学院	热能与动力工程
79	吴琼	环境与能源工程学院	热能与动力工程
80	上官广浩	电气与信息工程学院	电气工程及其自动化
81	何胜鱼	电气与信息工程学院	电气工程及其自动化
82	李伟	电气与信息工程学院	电气工程及其自动化
83	邵首飞	电气与信息工程学院	电气工程及其自动化
84	刘世松	电气与信息工程学院	电气工程及其自动化
85	张成林	电气与信息工程学院	电气工程及其自动化
86	张庆雷	电气与信息工程学院	电气工程及其自动化
87	田军伟	电气与信息工程学院	电气工程及其自动化
88	王嘉玥	电气与信息工程学院	电气工程及其自动化
89	林炎华	电气与信息工程学院	电气工程及其自动化
90	徐滔滔	电气与信息工程学院	电气工程及其自动化
91	王玉荣	电气与信息工程学院	计算机科学与技术
92	于贤杰	电气与信息工程学院	计算机科学与技术
93	马楠	电气与信息工程学院	计算机科学与技术
94	李宝丰	电气与信息工程学院	计算机科学与技术
95	排孜古·努尔依克木	电气与信息工程学院	计算机科学与技术
96	艾力·杰	电气与信息工程学院	计算机科学与技术
97	雍巧玲	电气与信息工程学院	计算机科学与技术
98	毛腾	电气与信息工程学院	计算机科学与技术
99	赵孟	电气与信息工程学院	计算机科学与技术
100	渠娅静	电气与信息工程学院	计算机科学与技术
101	刘际鹏	电气与信息工程学院	计算机科学与技术
102	闫畔	电气与信息工程学院	建筑电气与智能化
103	袁飞	电气与信息工程学院	建筑电气与智能化
104	伍彦霖	电气与信息工程学院	建筑电气与智能化
105	徐笑	电气与信息工程学院	建筑电气与智能化
106	王满丽	电气与信息工程学院	建筑电气与智能化
107	王永顺	电气与信息工程学院	建筑电气与智能化
108	赵翔康	电气与信息工程学院	自动化
109	雷依林	电气与信息工程学院	自动化
110	刘艳锋	电气与信息工程学院	自动化
111	林钊	电气与信息工程学院	自动化
112	艾德智	电气与信息工程学院	自动化

续表

序号	学生姓名	院系名称	专业
113	王鹏跃	电气与信息工程学院	自动化
114	安允	电气与信息工程学院	自动化
115	贾广政	电气与信息工程学院	自动化
116	李玲	电气与信息工程学院	自动化
117	潘贝	电气与信息工程学院	自动化
118	吴志伟	经济与管理工程学院	工程管理
119	卫孟飞	经济与管理工程学院	工程管理
120	张华	经济与管理工程学院	工程管理
121	冷茂坤	经济与管理工程学院	工程管理
122	游佳莉	经济与管理工程学院	工程管理
123	李晶晶	经济与管理工程学院	工程管理
124	李智仙	经济与管理工程学院	工程管理
125	王莉平	经济与管理工程学院	工程管理
126	白玮	经济与管理工程学院	工程管理
127	申媛慧	经济与管理工程学院	工程管理
128	顾颖超	经济与管理工程学院	工程管理
129	席卉	经济与管理工程学院	工程管理
130	张雅欣	经济与管理工程学院	工程管理
131	李格	经济与管理工程学院	工程管理
132	王洪琴	经济与管理工程学院	工程管理
133	覃智昭	经济与管理工程学院	工程管理
134	赵月	经济与管理工程学院	工程管理
135	郭银飞	经济与管理工程学院	工程管理
136	李停停	经济与管理工程学院	工程管理
137	陈育琼	经济与管理工程学院	工程管理
138	贾旭	经济与管理工程学院	工程管理
139	杨园园	经济与管理工程学院	工程管理
140	计均	经济与管理工程学院	工程造价
141	陈晴阴	经济与管理工程学院	工程造价
142	周楠星	经济与管理工程学院	工程造价
143	刘厚平	经济与管理工程学院	工程造价
144	赵珮涵	经济与管理工程学院	工程造价
145	康瑾	经济与管理工程学院	工程造价
146	赵冬蕾	经济与管理工程学院	工程造价
147	李玲	经济与管理工程学院	工商管理
148	郭丰祯	经济与管理工程学院	工商管理

续表

序号	学生姓名	院系名称	专业
149	黄英美	经济与管理工程学院	工商管理
150	朱思	经济与管理工程学院	工商管理
151	张丹丹	经济与管理工程学院	工商管理
152	肖美云	经济与管理工程学院	工商管理
153	刘丹丹	经济与管理工程学院	工商管理
154	刘欢	经济与管理工程学院	工商管理
155	舒如燕	经济与管理工程学院	工商管理
156	崔建平	经济与管理工程学院	工商管理
157	爨玲	经济与管理工程学院	工商管理
158	刘晓宇	经济与管理工程学院	工商管理
159	肉孜·阿	经济与管理工程学院	工商管理
160	努日曼·阿卜杜热伊木	经济与管理工程学院	工商管理
161	梁东军	经济与管理工程学院	工商管理
162	唐清明	经济与管理工程学院	公共事业管理
163	柴佳茹	经济与管理工程学院	公共事业管理（招标采购方向）
164	杨馥铭	经济与管理工程学院	公共事业管理（招标采购方向）
165	李丽燕	经济与管理工程学院	公共事业管理（招标采购方向）
166	邢路鑫	经济与管理工程学院	公共事业管理（招标采购方向）
167	桂金浩	经济与管理工程学院	公共事业管理（招标采购方向）
168	张堉雯	经济与管理工程学院	公共事业管理（招标采购方向）
169	何梦婷	经济与管理工程学院	市场营销
170	田亚飞	经济与管理工程学院	市场营销
171	许琼	经济与管理工程学院	市场营销
172	李历娟	经济与管理工程学院	市场营销（市场运营与策划方向）
173	高蕊	测绘与城市空间信息学院	测绘工程
174	孙帅印	测绘与城市空间信息学院	测绘工程
175	史晶晶	测绘与城市空间信息学院	测绘工程
176	赵天宇	测绘与城市空间信息学院	测绘工程
177	皇甫海风	测绘与城市空间信息学院	测绘工程
178	杜程	测绘与城市空间信息学院	测绘工程
179	陈志锋	测绘与城市空间信息学院	测绘工程
180	陈锐	测绘与城市空间信息学院	测绘工程
181	潘兴楠	测绘与城市空间信息学院	测绘工程
182	武丙龙	测绘与城市空间信息学院	测绘工程
183	王宁	测绘与城市空间信息学院	地理信息科学

续表

序号	学生姓名	院系名称	专业
184	黄俐	测绘与城市空间信息学院	地理信息科学
185	孙玉燕	测绘与城市空间信息学院	地理信息科学
186	伏家云	测绘与城市空间信息学院	地理信息系统（城市规划GIS方向）
187	苏荔丰	测绘与城市空间信息学院	地理信息系统（城市规划GIS方向）
188	樊龙飞	测绘与城市空间信息学院	地理信息系统（城市规划GIS方向）
189	甘夏莲	测绘与城市空间信息学院	地理信息系统（城市规划GIS方向）
190	王伟	测绘与城市空间信息学院	地理信息系统（城市空间信息获取方向）
191	位帅帅	测绘与城市空间信息学院	遥感科学与技术
192	杨燈	测绘与城市空间信息学院	遥感科学与技术
193	曹杰	机电与汽车工程学院	车辆工程（城市轨道交通车辆方向）
194	卢术娟	机电与汽车工程学院	车辆工程（城市轨道交通车辆方向）
195	张杰	机电与汽车工程学院	车辆工程（汽车工程方向）
196	杨勇	机电与汽车工程学院	车辆工程（汽车工程方向）
197	李贞强	机电与汽车工程学院	工业工程
198	王怀忠	机电与汽车工程学院	工业工程
199	张益溢	机电与汽车工程学院	工业工程
200	毛林	机电与汽车工程学院	机械电子工程
201	任磊	机电与汽车工程学院	机械工程
202	王凯	机电与汽车工程学院	机械工程
203	李文浩	机电与汽车工程学院	机械工程
204	石将从	机电与汽车工程学院	机械工程
205	谢鹏	机电与汽车工程学院	机械工程
206	陈其飞	机电与汽车工程学院	机械工程
207	荆红雁	机电与汽车工程学院	机械工程及自动化
208	丁大为	机电与汽车工程学院	机械工程及自动化
209	姜亚楠	机电与汽车工程学院	机械工程及自动化
210	穆鑫	机电与汽车工程学院	机械工程及自动化
211	杨续颖	机电与汽车工程学院	机械工程及自动化
212	德白	文法学院	法学
213	康瑞兰	文法学院	法学
214	曹阳	文法学院	法学
215	沈诚	文法学院	法学
216	宋佳琪	文法学院	法学
217	郑琼丽	文法学院	法学
218	尼旺	文法学院	法学
219	张杰	文法学院	法学

续表

序号	学生姓名	院系名称	专业
220	熊娟	文法学院	法学
221	尤瑞菲	文法学院	法学
222	张欣	文法学院	法学
223	常瑜	文法学院	法学
224	王衍丁	文法学院	法学
225	张姝柔梓	文法学院	社会工作
226	年治洁	文法学院	社会工作
227	代雨珊	文法学院	社会工作
228	王慧	文法学院	社会工作
229	田佳伟	理学院	电子科学与技术
230	袁世军	理学院	电子科学与技术
231	程斌	理学院	电子科学与技术
232	柏晓蓉	理学院	电子信息科学与技术
233	谭毛红	理学院	电子信息科学与技术
234	温雪岐	理学院	信息与计算科学
235	梁宁	理学院	信息与计算科学
236	李若万	理学院	信息与计算科学
237	王自强	理学院	信息与计算科学
238	陈新	理学院	信息与计算科学
239	桂爱瑶	理学院	信息与计算科学
240	张丽芝	理学院	信息与计算科学

（十一）北京建筑大学 2015 届北京市优秀本科毕业生名单

序号	学号	姓名	性别	民族	专业
1	2107171111022	李雨溪	女	汉	电气工程及其自动化
2	2107171111181	周势雄	男	汉	电气工程及其自动化
3	2107171112012	冯凯文	女	汉	电气工程及其自动化
4	2107181112022	王者	女	汉	计算机科学与技术
5	2107341111042	马南	女	汉	建筑电气与智能化
6	2107161112042	霍鑫	女	汉	自动化
7	2107161112091	刁明毅	男	汉	自动化
8	2104091111112	金纪玥	女	满	给水排水工程
9	2104081112112	崔金玉	女	汉	建筑环境与设备工程
10	2104391111371	林翔	男	汉	环境科学（环境工程方向）
11	2104391112012	李珺娇	女	回	环境科学（环境工程方向）
12	2105261111351	王梦琪	男	汉	工业工程

续表

序号	学号	姓名	性别	民族	专业
13	2105111112251	刘承荣	男	汉	机械工程及自动化（机电一体化方向）
14	2106131114011	余杰	男	汉	工程管理
15	2102281111022	暴雪芬	女	汉	土木工程（城市道路与桥梁工程方向）
16	2102281112022	赵烨	女	汉	土木工程（城市道路与桥梁工程方向）
17	2102271113042	彭楠菲	女	汉	土木工程（建筑工程方向）
18	2102271113052	高颖	女	汉	土木工程（建筑工程方向）
19	2102271111042	冯沫	女	汉	土木工程（建筑工程方向）
20	2102271115062	周思昂	女	汉	土木工程（建筑工程方向）
21	2102271115072	董湘珏	女	汉	土木工程（建筑工程方向）
22	2102051111062	王靖婷	女	汉	无机非金属材料工程（建筑材料方向）
23	2102291111032	吴佳莹	女	汉	土木工程（城市地下工程方向）
24	2109201111182	吴董超	女	汉	法学
25	2109201111301	匡红宇	男	汉	法学
26	2109201112102	杨玚	女	汉	法学
27	2109211111092	靳蕾	女	汉	社会工作
28	2109211111152	朱丽玲	女	汉	社会工作
29	2108361111462	刘坤	女	汉	电子信息科学与技术
30	2101011012171	翟玉琨	男	汉	建筑学
31	2101021011112	桑家晔	女	汉	城市规划
32	2101021011201	屈辰	男	汉	城市规划

（曲 杰 李 红 黄尚荣）

（十二）2015年研究生国家奖学金获奖学生名单

序号	姓名	学科	年级	所在学院
1	徐松月	建筑学	2013	建筑学院
2	单超	建筑设计及其理论	2013	
3	孙瑞	城乡规划学	2013	
4	王谦	建筑历史与理论	2013	
5	任军	设计学	2013	
6	甘振坤	建筑设计及其理论	2013	
7	孙拓	交通运输规划与管理	2013	土木学院
8	杨松	建筑与土木工程	2013	
9	陈媛媛	结构工程	2013	
10	刘梅	建筑与土木工程	2013	
11	刘美琪	交通运输规划与管理	2013	

续表

序号	姓名	学科	年级	所在学院
12	陈希琳	建筑与土木工程	2013	
13	刘晓睿	供热、供燃气、通风及空调工程	2013	
14	贺万玉	建筑与土木工程	2013	
15	王君可	供热、供燃气、通风及空调工程	2013	
16	魏静	市政工程	2013	环能学院
17	刘蕊	环境工程	2013	
18	张艳秋	环境工程	2013	
19	赵晨	环境工程	2013	
20	周晓	环境工程	2013	
21	彭月月	建筑与土木工程	2013	电信学院
22	王磊	检测技术与自动化装置	2013	
23	仇克坤	建筑与土木工程	2014	
24	许鹏	物流工程	2013	经管学院
25	杨芳	测绘工程	2013	
26	戴培培	测绘工程	2013	测绘学院
27	孙永尚	地理制图学与地理信息系统	2013	
28	赵春青	载运工具运用工程	2013	机电学院
29	吴建洋	检测技术及自动化装置	2013	
30	陈建杰	应用数学	2013	理学院

(十三) 2015年北京市优秀毕业研究生名单

推荐单位	学生姓名
建筑学院	何彩虹 李梦墨 杨琳琳 王振南 路瑶 陈字杰
土木学院	周茜 王红霖 李书文 张延赫
环能学院	赵思琪 朱爱明 黄涛 于文贤 王焘
电信学院	赵云涛
经管学院	郑晓晓 乔柱
测绘学院	樊鹏昊 李天烁
机电学院	赵小刚
理学院	李超

(十四) 2015届冬季硕士研究生优秀学位论文获奖名单

推荐单位	学生姓名	专业名称	论文题目	导师姓名
土木学院	董月龙	桥梁与隧道工程	钢筋混凝土U型梁扭转理论分析与试验研究	龙佩恒 焦驰宇

(十五) 2015届夏季硕士研究生优秀学位论文获奖名单

序号	推荐单位	学生姓名	专业名称	论文题目	导师姓名
1	建筑学院	侯启月	设计艺术学	古建彩画在陈设设计中的应用研究	李沙
2	建筑学院	宋晓梦	建筑设计及其理论	基于材料特性的工业建筑遗产主体结构改造研究	马英
3	建筑学院	杨琳琳	建筑设计及其理论	关于医院建筑环境能源效率的实证研究——以青岛大学附属医院门诊楼为例	郭晋生
4	建筑学院	何彩虹	建筑技术科学	综合医院门诊大厅建筑物理环境设计影响因素研究	李英
5	建筑学院	王珺	建筑学硕士	北京驿道沿线村落演变与空间形态特征研究——以延庆地区为例	欧阳文 丁明禄
6	建筑学院	陈宇杰	设计学	面向室内设计的信息模型建构方法研究	邹越 张磊
7	土木学院	周洪	岩土工程	玻璃纤维筋混凝土围护结构设计方法及其在盾构工程中的应用研究	刘军
8	土木学院	李世伟	建筑与土木工程	U型钢棒橡胶支座在基础隔震中的应用研究	戚承志 程蓓 蒋航军
9	土木学院	张延赫	结构工程	粉煤灰混凝土抗拉性能及其尺寸效应研究	何浙浙
10	土木学院	姬晨濛	结构工程	基于小波包能量和频响函数的网架结构损伤识别研究	王孟鸿
11	土木学院	周茜	建筑与土木工程	城市地下交通空间安全技术研究	刘栋栋 李磊
12	土木学院	赵微	结构工程	半刚接柱脚自复位装配式钢框架的抗震性能研究	张艳霞
13	土木学院	孙鹏飞	道路与铁道工程	橡胶粉改性水泥稳定碎石混合料路用性能研究	季节
14	土木学院	王何佳	结构工程	内爆作用下城市地铁口部冲击波传播规律研究	廖维张
15	土木学院	李瑞	建筑与土木工程	新型自复位耗能支撑性能研究	张艳霞 张海军
16	土木学院	刘德华	岩土工程	不同地下水位环境下地铁隧道结构的劣化机制研究	董军
17	土木学院	石家鑫	结构工程	既有村镇石结构建筑抗震加固改造技术研究	吴徽
18	环能学院	景焕平	环境工程	新型金属-有机骨架材料的合成与光催化性能研究	王崇臣 任秉雄

续表

序号	推荐单位	学生姓名	专业名称	论文题目	导师姓名
19	环能学院	王婧	市政工程	罗伊氏乳杆菌胞外聚合物抑制碳钢腐蚀行为研究	许萍
20	环能学院	黄涛	环境工程	城市雨水调蓄池水质控制效果优化研究	王建龙 张建新
21	环能学院	李庚	市政工程	建筑排水管道气压波动对卫生器具水封影响的研究	吴俊奇
22	环能学院	石安邦	环境工程	城市地表颗粒物重金属污染特性研究	李海燕
23	环能学院	崔骏	环境工程	新型多介质生态护坡技术研制及其对水中典型污染物的影响	马文林 张列宇 袁冬海
24	环能学院	李研	建筑与土木工程	基于SUSTAIN与SWC的城市雨水LID设施评价方法研究	陈韬 郑克白
25	环能学院	刘丹丹	建筑与土木工程	以控制管网腐蚀为目标的再生水处理工艺研究	冯萃敏 张炯
26	环能学院	祝立强	供热、供燃气、通风及空调工程	天然气催化燃烧炉窑特性及烧制唐三彩研究	张世红
27	环能学院	韩龙娜	供热、供燃气、通风及空调工程	基于风冷冷凝器喷雾降温装置的实验研究	李德英
28	环能学院	李丽艳	供热、供燃气、通风及空调工程	主动式相变蓄能建筑构件热性能研究	张群力
29	环能学院	吕臣	环境工程	基于微波预处理的餐厨垃圾和污泥联合厌氧消化研究	刘建伟
30	环能学院	俞天敏	建筑与土木工程	PAC-UF组合工艺处理二级出水典型有机物的膜污染机理研究	孙丽华 张雅君 王华
31	测绘学院	王佳嘉	地图制图学与地理信息工程	基于GIS的公交客流数据时空分析	张健钦 杜明义
32	测绘学院	李天烁	摄影测量与遥感	地面激光雷达与近景影像数据的自动配准方法研究	王晏民 胡春梅
33	测绘学院	王志良	大地测量学与测量工程	海量纹理图像存储管理与索引研究	庞蕾 王晏民
34	测绘学院	郁洁	测绘工程	75年来中国人口时空分布及变迁研究	蔡国印 杜明义 陈品祥
35	电信学院	王义	检测技术与自动化装置	冰蓄冷空调系统预测控制策略研究	魏东
36	电信学院	魏旭峰	模式识别与智能系统	无线传感器网络在燃气抢修中的应用研究	王亚慧

501

续表

序号	推荐单位	学生姓名	专业名称	论文题目	导师姓名
37	电信学院	赵治超	控制理论与控制工程	办公楼能耗分项计量实时监测系统研究	张少军
38	电信学院	周彬	控制理论与控制工程	建筑电气设计能效评价指标的研究	李炳华 岳云涛
39	机电学院	王金海	载运工具运用工程	高速动车组制动系统关键部件小子样问题的可靠性建模与研究	杨建伟
40	机电学院	陆斯媛	物流工程	汽车驾驶室室内温度场仿真及试验研究	周庆辉 张楠
41	经管学院	乔柱	技术经济及管理	工程建设标准化对项目经济效益影响的机理研究	张宏 赵金煜
42	经管学院	陶静	工商管理硕士	北京市MZ康复专科医院绩效考核体系的优化设计研究	张俊 邹玉萍
43	理学院	陈习习	应用数学	具有时滞的红松种群数学模型研究	宋国华
44	文法学院	王增岗	设计学	北京朝阜路区域历史建筑的伦理内涵与美学价值研究	高春花

（刘　伟　薛东云　戚承志　汪长征）

第十六章 大 事 记

【2个项目荣获2014年度国家科学技术奖】2015年1月9日，2014年国家科学技术奖励大会在人民大会堂隆重举行，党和国家领导人习近平、李克强、刘云山、张高丽出席大会并为获奖代表颁奖。我校共有2个项目获奖。环能学院王随林教授主持申报的"防腐高效低温烟气冷凝余热深度利用技术"荣获国家技术发明二等奖。这是近五年来北京市属单位唯一一次主持荣获国家技术发明奖，也是我校首次获得这一奖项，标志着科研工作取得新的突破。此外，我校作为主要完成单位，土木学院刘栋栋教授作为主要完成人合作完成的"混凝土结构耐火关键技术及应用"项目荣获国家科技进步二等奖。据了解，2014年度国家科学技术奖励共授奖318项成果、8位科技专家和1个外国组织。王随林教授作为项目第一主持人出席大会并受到党和国家领导人的接见，一批杰出的科技工作者受到表彰，充分体现了党中央、国务院对科技事业的高度重视和殷切希望。

【成立古桥研究院】1月19日，学校"古桥研究院"揭牌。校长朱光，我校校友、北京市交通委员会主任、党组书记周正宇，副校长宋国华、李维平，北京茅以升科教基金会秘书长、中国古桥研究会秘书长茅玉麟，我校校友、北京市市政工程设计研究总院有限公司总工程师包琦玮，北京市政路桥控股集团总工张汛，我校校友、中国公路学会桥梁委员会副秘书长《桥梁》杂志总编杨志刚，河北省赵县文物旅游局局长冯才钧等参加了研究院揭牌。朱光校长还宣读了古桥研究院的组织机构，由王建教授担任第一任院长。王健在代表古桥研究院讲话时表示研究院将在认真学习、研究、保护、继承和发扬我们的古代文化、遗产和技术的基础上，为我校桥梁的技术的教学、研究和设计水平的提高，为现代桥梁新技术的研究与应用做出努力。来自北京市交通委、北京市交通委路政局、市政、路桥、城建等单位的领导、专家，我校科技处、校产办、土木学院、设计院等部门和单位的领导、教师及学生代表参加了揭牌活动。

【2015亚洲医院建设新格局高峰论坛（中国站）在我校举行】2015年4月1-2日，2015亚洲医院建设新格局高峰论坛（中国站）在我校西城校区大学生活动中心隆重举行。民建中央办公厅主任谷娅丽，国家机关事务管理局公共机构节能管理司副司长李兆宇，住房和城乡建设部机关服务局副主任彭维平，北京市中医管理局副局长禹震，北京市医院建筑协会会长任玉良，中国医学科学院肿瘤医院总体发展规划办主任侯惠荣，北京建筑大学党委书记王建中、副校长李维平等出席高峰论坛。来自国内28个省市112家大型公立医院、外资医院、合资医院、民营医院的代表，46家来自亚洲及欧美等国家及地区的医院建设与运维专家，以及30余名国际一流医院规划设计机构的代表等400余位与会嘉宾云集北京建筑大学，落座圆桌，从设计理念、建造技术、信息化、养老和政策措施等方面就我国医疗设施建设应如何适应新时期百姓对于优质医疗卫生服务的新需求进行了深入研讨，共商医院建设发展新格局。此次高峰论坛得到了社会媒体的广泛关注，科技日报、中国建设报、中国建材报、新京报、中国BIM门户网、筑龙网等媒体的记者到会采访并被进行了

全面报道。

【"戴"你歌唱——声乐大师戴玉强走进北建大】5月5日,"戴"你歌唱——声乐大师戴玉强走进北建大演出在我校大学生活动中心拉开帷幕。著名男高音歌唱家戴玉强应邀来到我校与师生畅谈歌剧艺术。校党委副书记张启鸿为戴玉强颁发我校客座教授证书,随后戴老师在北建大的第一堂艺术公开课开讲。晚会开场,戴玉强用风趣幽默、通俗易懂的语言,从歌剧的起源讲到歌剧的发展阶段和风格,从歌剧创作者威尔第、普契尼、歌剧界"皇后"玛丽亚·卡拉斯谈到中国年轻一代的歌剧演唱者。戴玉强提到,歌剧在听,不在看,歌剧不仅是要听音乐,更要听故事。健谈的戴玉强现场讲述了国家大剧院原创歌剧《西施》、《图兰朵》、《茶花女》等经典歌剧的故事情节,提及了我国的国粹——"京剧"与西洋歌剧声部的区别,戴老师还指出歌剧是工业文明的产物,是工业文化的附属品,歌剧作为一种古典艺术在如今面临巨大的挑战,但与如今的流行音乐相比,歌剧更具有历史的厚重感和其独特的魅力。戴玉强和他的团队通过这种融大师课与音乐会于一体的全新方式,把隐身于历史深处、作品背后的艺术大师一一介绍给观众们,同时与歌唱演员一起将校园舞台变成一个音乐"秀"场,带给我校师生不同的音乐感受。据悉,戴玉强老师作为我校客座教授,在今后将会开展多种多样形式的艺术课堂,普及歌剧艺术,丰富校园文化生活。

【校领导出席中国建设教育协会普通高等教育委员会五届三次会议】6月6日,由中国建设教育协会普通高等教育委员会主办、重庆科技学院和重庆大学建筑学部承办的中国建设教育协会普通高等教育委员会五届三次会议在重庆科技学院举行。来自全国各地的24所建筑类高校和2家出版社共60余人参加此次会议。我校校长朱光作为中国建设教育协会副理事长兼秘书长、中国建设教育协会普通高等教育委员会主任委员,副校长张大玉作为中国建设教育协会普通高等教育委员会秘书长等一行出席会议。张大玉主持大会。下午的专题交流中,张大玉就中国建设领域卓越工程师教育联盟工作进展作了专题发言。他从教育联盟概况、高等教育的形势和任务以及已经开展的主要工作和今后设想等三个方面做了大会交流。重点就开展行业企业调研时各企业对高校人才培养的意见和建议、我校依托卓越工程师教育联盟推出的"校企协同育人USPS计划"等工作进行了介绍。张大玉指出下一步将依托教育联盟,扩大与行业企业合作的深度与广度,把校企协同育人做实做强。

【中国建设教育协会院校德育工作专业委员会常委(扩大)会在我校召开】6月12日,中国建设教育协会院校德育工作专业委员会常委(扩大)会议在我校大兴校区召开。我校校长朱光作为中国建设教育协会副理事长兼秘书长、党委副书记张启鸿作为建设院校德育工作专业委员会副主任委员、党委副书记吕晨飞等一行出席,来自全国各地的24所建筑类高校及相关会员单位共30余人参加此次会议。党委副书记张启鸿主持会议。会上,朱光代表学校对参加本次大会的各位领导表示热烈欢迎。他向与会人员介绍了北建大的历史沿革、人才培养、科学研究、社会服务等有关情况。他指出北建大作为中国建设教育协会普通高等教育委员会挂靠单位,积极参与住建部、中国建设教育协会的有关工作,不断推进协会建设和发展,取得了一定成绩。朱校长指出,德育工作专委会作为协会二级单位,成立时间不长,不断凝聚共识,发展前景广阔,并对德育工作专委会提出了希望和要求,希望德育工作专委会以十八大精神和习近平系列讲话精神为指引,加大工作研究,推进工作创新,凝练特色,在人才培养、德育教育等方面做出更大的贡献。

【荣获"北京市 2015 年能效领跑者"称号】6 月 13 日，国家发展改革委员会组织召开了北京市节能宣传周暨首批能效领跑者颁奖大会，我校位列高等院校（理工综合）类第二名，荣获"北京市 2015 年能效领跑者"称号，全市共有 13 家单位获奖。"北京市能效领跑者"是由市发改委、市财政局、市统计局为加强节能管理，树立能效标杆，提升全市重点行业能效利用效率，在六大行业十个领域中开展了能效领跑者的评选工作。通过多年努力，学校 2013 年顺利通过能源审计，2014 年通过首批清洁生产评估，并在同年年底荣获市教委评选的"2014 年节能先进集体"称号。今后，学校将继续依托专业优势，产学研相结合，积极响应国家节能减排的号召，按照综合治理、持续改进的思路，承担应尽的社会责任，建设绿色低碳校园。

【校大学生创新创业成果展开展】7 月 2 日，北京建筑大学大学生创新创业成果展作为 2015 年大学生科技节落幕展在图书馆一层大厅开展。成果展由共青团北京建筑大学委员会联合教务处、科技处共同主办，大学生科学技术协会承办，九个学院参加，展出五十余件科技创新作品、专利成果、文化创意作品、优秀毕业设计和优秀论文等。北京团市委副书记杨海滨、团中央学联办主任柏贞尧、北京市科协北京科技咨询中心主任何素兴、大兴团区委书记徐振涛、北京团市委大学部副部长佟立成受邀观展，校党委书记王建中、副校长李爱群、副书记吕晨飞一同参观。校团委副书记车晶波做成果展总体介绍和讲解。我校大学生科研团队为参观展览的领导、嘉宾和广大师生介绍创新成果。

【举行"遗迹·足迹 使命·责任——国家级抗战纪念设施、遗址社会实践调研成果展暨 2015 年大学生暑期社会实践启动仪式"】7 月 10 日，我校"遗迹·足迹 使命·责任——国家级抗战纪念设施、遗址社会实践调研成果展"在大兴校区图书馆开展。"践行'八字真经'投身'四个全面'"2015 年大学生暑期社会实践也同时拉开了序幕。

党委书记王建中、党委副书记张启鸿、吕晨飞出席启动仪式。人民日报、科技日报、中国建设报、中国教育教育电视台、北京日报、北京电视台、北京青年报等十几家中央及北京市级媒体到会采访报道。

"遗迹·足迹 使命·责任——国家级抗战纪念设施、遗址社会实践调研成果展"展出了我校师生结合专业学习，对第一批国家级抗战纪念设施、遗址中的 30 余处全国重点文物保护单位进行价值发掘、修缮整治、展示利用等研究的成果。

王建中在讲话中对国家级抗战纪念设施、遗址社会实践活动给予充分肯定，他指出，本次活动是学校师生将专业知识融入对历史和现实的思考，是实现专业教育和爱国主义教育无缝对接、将社会主义核心价值观融入专业教学、融入社会实践的又一次探索，是"中国梦"教育与人才培养的有机结合，是落实立德树人、全员育人、文化育人的具体实践，对于真实记录抗日战争历史、加强抗战遗址保护与利用，具有重大的意义。他希望，参加 2015 年暑期社会实践的同学们积极投身社会实践，通过社会实践受教育、长才干、做贡献，用专业的素养和爱国的热情，点燃青春的理想，收获更多更好的成绩。

本次活动由建筑遗产研究院、党委宣传部、校团委主办，主办单位负责人、相关职能部门负责人以及师生代表 200 余人参加调研成果展和社会实践启动仪式。

【与中国青年创业就业基金会签订推进青年创新创业行动全面合作备忘录】7 月 21 日，我校与中国青年创业就业基金会签订推进青年创新创业行动全面合作备忘录，在青年创业意识教育、青年创业就业扶持和青年创业阵地建设等领域全面合作。中国青年创业就业基金会党组书记、秘书长陈宗，北京团市委事业部部长张楠，党委书记王建中、校长张爱林、副校长李维平、党委副书记吕晨飞、相关职能部门负责人及各学院党委书记出席签约仪式。仪式由党委副书记吕晨飞主持。

王建中首先代表我校向团中央、北京团市委对我校的关心和支持表示感谢。他指出，我校与中国青年创业就业基金会正式签署全面合作备忘录，共同开启合作发展新里程，为深入推进青年创业就业事业发展注入了新的力量，具有重大意义。学校将进一步深化高等学校创新创业教育改革，鼓励支持青年学生开展创业活动，为创新创业搭建平台、提供帮助，促进高校毕业生更高质量创业就业，努力形成大众创业万众创新的新常态。王书记详细介绍了我校发展历史、近年的发展情况和取得的成绩，他希望双方通过合作项目的深度实施，联合打造全国大学生青年创业社区，推动我校创业创新教育工作全面升级，助推学校向创新型大学转型，实现真诚合作、优势互补、资源共享、互利共赢。

签约仪式实现了我校与中国青年创业就业基金会双方合作建立青年创业阵地的共同心愿。相信在双方共同努力下，通过深入开展多领域务实合作，不断凝聚合作发展共识，创新合作发展机制，必将进一步营造良好的青年创业发展环境，为促进青年创新创业做出新的更大贡献。

【暑假两岸青年学生交流团走进北建大】7月29日，2015年暑假两岸青年学生交流团走进校园活动在北京建筑大学大兴校区图书馆举行。宋庆龄基金会联络部部长陈爱民、校党委副书记张启鸿，宣传部部长孙冬梅、团委书记朱静、机电学院党委副书记汪长征出席活动。

来自台湾的近百名大学生参观了我校"遗迹·足迹 使命·责任——国家级抗战纪念设施、遗址社会实践调研成果展"，并聆听了参加调研的同学代表进行的经验分享。建筑学院王哲参加了庐山抗战纪念馆的调研。他认为空间是有情的，通过调研学习，从人对空间的真实感受出发进行设计实践，同学们学会了真正的"以人为本"的设计思想，并认识到加强抗战纪念设施、遗址的保护管理，可以更好地教育引导国人铭记历史，勿忘国耻，牢记使命，勇担责任。土木学院金鹤俣分享了制作平型关大捷纪念馆模型的收获。她认为在这次实践活动中，同学们不仅了解了很多抗日战争的历史故事，加深对抗战精神的理解，也深深体会了团队合作的重要性。环能学院房键旭介绍了所在团队在左权县麻田八路军总部纪念馆的调研情况。结合红色教育和绿色环保，同学们运用专业知识，对纪念馆的能耗、室内空气成分、风速、温湿度等进行了勘察和测量，通过发挥专业所长服务社会的实践活动，强化同学们科技报国的意识。机电学院秦鑫介绍了所在团队通过传统工艺与3D打印技术完成中山舰模型的制作过程。他认为在实践中感悟历史，激发学习科学技术的动力，增强勇挑时代重任的使命感，是实践团最大的收获。

【与中国BIM门户网签订加入"高校联盟BIM＋"协议】8月4日，在西城校区第三会议室，我校与中国BIM门户网签订了加入中国BIM"高校联盟BIM＋"协议，中国BIM门户网CEO甘靖、市场总监谢家国、运营总监赵勇和品牌总监母亚秋，以及我校副校长汪苏、电气与信息工程学院党委书记杨光、研究生工作处副处长李云山、电气与信息工程学院副院长魏东、副院长张雷和党委副书记武岚出席了签约仪式。

随着互联网＋浪潮在中国的推进，BIM这一建筑行业的新宠也越来越广泛的被应用。BIM无论从现阶段技术工具出发，还是基于未来的协同管理模式的创新来看，其应用推广的趋势已不可阻挡，对人才培养方面提出了更高的要求。中国BIM门户以"推动发展以BIM为核心的中国建筑业信息化"为宗旨，成立于2008年。为适应社会需要，促进学生更好地进行项目实践与市场接轨，中国BIM门户网在全国各大高校倡导和发起"高校联盟BIM+"活动，依托地产集团、建筑协会、建筑咨询企业、BIM软件厂商等合作单位，进行高校毕业生招聘、培训、创业基金扶持工作。

签约仪式上，双方就依托联盟促进人才培养、为学生提供更多的创业和就业机会，以及未来的联合科研攻关等方面进行了深入研讨，达成了校企合作框架协议，我校副校长汪苏和中国BIM门户网CEO甘靖共同签署了合作协议。

加入"高校联盟BIM+"后，我校将能够在BIM相关行业拓宽研究生和本科生就业渠道，同时依托中国BIM门户网的行业与线上资源，能够为学生提供更多的实习机会，并能够帮助学生接受到来自行业一线专家的BIM技术培训；在此基础上校企之间可以就实际工程中的技术需求开展科研合作，以便能够为建筑行业科技水平发展起到更好的促进作用。

【4位代表参加纪念中国人民抗日战争暨世界反法西斯战争胜利70周年大会】9月3日，纪念中国人民抗日战争暨世界反法西斯战争胜利70周年大会在天安门广场隆重举行。4万余名观众受邀参加阅兵仪式，按照中国科协、北京市委教育工委和北京市教委的统一安排，我校党委书记王建中作为高校领导代表、校长张爱林作为科技专家代表、土木学院戚承志教授作为教师代表和文法学院法122班刘婉嬉同学作为学生代表参加了观礼活动。

观礼结束后，戚承志教授激动地说，"能有幸作为北京建筑大学的教师代表参加此次阅兵仪式，在神圣的天安门广场上，目睹精神抖擞、气宇轩昂的解放军方队、代表我军先进水平的各种类装备，我心潮澎湃、热血沸腾。祖国的强大让我震撼，民族自豪感令我振奋！我们要继续努力，勤奋工作，为把祖国建设得更加繁荣富强，实现宏伟壮丽的中国梦而奋斗！"

刘婉嬉同学说，"在阅兵现场看到气势恢宏的现代化军队和精良的武器装备，我的心情无比激动。国之强盛在于万众一心，在于四海之内皆兄弟，纪念抗战胜利既提醒我们牢记和平的美好，也告诉我们勿忘国耻，伟大的抗日精神已经凝结于每个中国人血肉之中，我要继续努力学习，为祖国更美好的明天贡献自己微薄的力量！"

【校设计院圆满完成天安门城楼修缮及装修设计任务】9月3日上午，当习近平主席和各国领导人健步走上天安门城楼和70响礼炮响起时，世界聚焦在天安门。此时此刻，学校有这样一个团队，他们不仅激动万分，更感到无比自豪。不仅为抗战胜利自豪，更因为他们圆满完成了"纪念中国人民抗日战争暨世界反法西斯战争胜利70周年"活动的核心场地——天安门修缮及装修工程设计任务。

2015年初，为保障纪念中国人民抗日战争及世界反法西斯战争胜利70周年活动顺利进行，让天安门城楼在当天以崭新的面貌呈现于世，天安门地区管理委员会在多家大型设计单位中，经过认真比选，最终选择我校北京建工建筑设计研究院作为天安门城楼修缮及装修工程设计的承担单位。接到任务后，面临时间紧、任务重、要求高的问题，设计院高度重视，组织院团队设备、电气、方案各专业室与第十设计所全力合作。自5月开始，设计团队秉承"继承传统风格、保持建筑原貌、内部设计人性化"的改造原则，经过4个月的时间，与其他参建单位一道反复修改方案，力求尽善尽美。纪念活动前夕，经有关方面验收，全部合格，得到天安门地区管理委员会的高度肯定。

天安门城楼修缮和装修设计任务的顺利完成，不仅充分展现了我校设计院在古建文物保护设计领域的雄厚实力，更体现了我校及各校办企业依托优势，积极服务国家需要、勇于承担社会责任的良好形象。

【北京市属本科高校教学业务会在我校召开】9月11日下午，北京市属本科高校教学业务会在我校西城校区顺利召开。北京市教委委员黄侃、高教处副处长刘霄、高教处副处长荣燕宁、我校校长张爱林、副校长李爱群，各市属高校主管教学的校长和教务处长参加了此次研讨，会议由荣燕宁主持。

张爱林首先代表学校对参会领导和老师的到来表示热烈欢迎，对北京市教委和兄弟高校长期以来为我校发展给予的大力支持和帮助表示由衷感谢。张爱林围绕我校"十三五"规划制定向与会人员介绍了学校开展的主要工作。他谈到学校面对京津冀协同发展、非首都功能疏解和北京市、住房城乡建设部共建我校等重大历史机遇，将进一步统筹两校区功能规划建设，大兴校区支撑高质量本科培养基地和开放共享学科大平台，西城校区支撑高层次人才和创新基地的"两高"布局，推进由教学型向教学研究型大学转型，努力把学校建设有特色高水平创新型大学。

张爱林说，下半年将召开人才培养工作会，继续强化人才培养这一根本，重点加强科研基地服务人才培养的作用；发挥"京津冀建筑类高校协同创新联盟"和"中国建设领域卓越工程师教育联盟"平台作用，加强与建筑行业高校交流和研讨，面对新问题、新发展共同在人才培养模式、课程设置等方面进行探索与改革。最后，张校长向大家发出了明年80周年校庆的诚挚邀请，共同交流研讨，共叙情谊，共谋北京高等教育事业发展。

此次会议还邀请了国家级教学名师蒋宗礼教授为参会人员作了"专业教育从经验走向科学，从粗放走向精细"的专题报告。蒋教授以怎样确定学校基本培养目标、学校专业如何确定和表述培养目标、人才培养如何锁定目标等一系列问题为切入点，指出专业认证的核心追求是：体现学生为本、执行能力导向、要求准确定位、强调系统设计、引导科学施教、追求持续改进。

【北京市人民政府与住房和城乡建设部共建北京建筑大学】10月9日上午，北京市人民政府与住房和城乡建设部共建北京建筑大学签约仪式在北京建筑大学西城校区大学生活动中心举行，住房和城乡建设部副部长易军，中共北京市委常委、副市长陈刚出席了签约仪式。签约仪式由北京市教委主任线联平主持。

签约仪式上，住房和城乡建设部副部长易军与中共北京市委常委、副市长陈刚共同签署了共建北京建筑大学协议书。

根据协议，北京市将在重大科研项目评审、人才引进、学位点建设、重点学科、重点实验室、工程中心和教师队伍编制等方面对北京建筑大学予以倾斜支持，继续在高校基础能力建设和市属高水平大学建设方面加大经费投入，支持北京建筑大学建设"大学科技园"、协同创新中心、重点学科专业和重点科研基地，并将学校作为北京市高等教育建设的重点，纳入全市经济建设和社会发展的专项规划。住建部将在北京建筑大学改革、发展、建设等方面给予更多的指导和帮扶，强化其作为"北京城市规划、建设、管理的人才培养基地和科技服务基地"和"国家建筑遗产保护研究和人才培养基地"的地位，发挥其在建筑遗产保护与优秀文化传承领域发挥引领与示范作用。进一步强化建筑教育特色和学科专业发展，促进学校重点学科、特色专业、重点实验室、实践教学基地、工程技术研究中心的建设，支持学校发挥技术开发、成果转让、检测评价等方面的优势，承担行业与地方的工程设计与建设、学科研究和成果推广项目。

【法国驻华大使顾山先生一行访问我校】10月22日下午，法国驻华大使顾山先生、法国教育部国际合作与交流司司长德赫芙女士一行5人访问我校，此次访问的目的为商谈中法能源合作项目。校长张爱林、副校长汪苏会见了大使一行，环能学院、国际合作与交流处相关人员参加会谈，会谈由汪苏主持。

张爱林校长对大使一行来访表示欢迎。张校长首先回顾了北京建筑大学中法能源培训中心（以下简称"中法中心"）的合作历程与合作成果，指出中法中心是第一个将法国职业教育理念与方法系统地引入中国、第一个在国内构建法国职业培训技术平台、第一个将欧洲实践教学方法引入中国高等教育的合作办学机构，引起了住建部、教育部、市教委、行业领导专家广泛关注。经过15年的发展，中法中心已经建成了14个技术平台，输送了20名专业教师赴法培训。

张校长感谢法方对中法合作项目的大力支持。他建议，以现有的中法合作项目为基础，双方实施更高层次的发展计划：按照法国工程师教育模式培养学生，提高办学层次，针对行业需求培养创新型研发人才。他希望中法双方围绕两国重大需求开展教育科技合作，解决能源浪费、雾霾、内涝等大城市病问题。同时张校长提出了中法双方进行科技合作，共建国际科研合作实验室、低碳科技示范楼、共建中法建筑、艺术、科技合作中心等合作战略。张校长指出，学校希望利用大兴校区先进的教学实验设备资源，建立一个中法工程师学院，强化工程教育和职业教育，将其办成家长和学生满意的项目。

【荣获第五届北京市大学生"创意之星"银奖】在人头攒动的第十届中国北京国际文化创意产业博览会（以下简称文博会）大学生创新创意成果展区，我校土木学院索智、金珊珊老师指导，学生刘思扬、王博等共同完成的科技创新作品《智能型多功能路面材料》作为第五届北京市大学生"创意之星"银奖作品，于10月29日-11月1日在文博会现场进行展览。

为培养首都大学生的创新意识、创新思维和创新能力，引导青年学生全面发展和成长成才，由市委教育工委委托北京高校学生工作学会、北京服装学院举办第五届北京市大学生"创意之星"评选活动，北京大学、清华大学、中国农业大学、中央美术学院、北京建筑大学等35所知名院校数千件学生创意作品共同参与，经过专家投票评比，我校土木学院师生完成的科技创新作品《智能型多功能路面材料》荣获"创意之星"银奖，建筑学院学生王海月完成《你好，旧时光》创新创意饰品荣获"创意之星"优秀奖。

与此同时，为用核心价值体系引领青年大学生全面发展，展现首都高校大学生创新风采，激发首都高校大学生创意潜能，服务与促进学生的创意成果转化，为青年学生提供创新、创业平台。中共北京市委教育工作委员会决定按照第十届首都大学生创意文化节工作方案，继续组织各高校选拔优秀创意作品参加第十届文博会。

在文博会现场，我校学生科技创新作品《智能型多功能路面材料》，以其丰富的沥青色彩、仿生自愈合性能、抑尘减霾功能、清凉降温作用以及融冰阻雪效果吸引了大量观展人员的关注，在我校学生代表的讲解下，北京市中关村创新产业园区、北京市协同投融资联盟、北京君好管理顾问有限公司等相关企业，对我校学生科技创新作品产生了浓厚的兴趣，并表示很愿意为学生创业提供平台、资金、管理技术等支持。

【我校师生在第五届国际"Virtual Design World Cup"设计竞赛中喜获佳绩】 第五届国际"Virtual Design World Cup"学生 BIM&VR 设计竞赛决赛于 11 月 8-20 日在日本东京举行，我校由土木学院林建新、焦朋朋两位教师指导，来自土木学院交 121 班学生李菡超、袁广和齐泽阳，以及建筑学院规 111 班赵睿和许鹏 5 位同学共同努力完成的作品"EMARA"（Easy Mobility and Reactive Area）突出重围，最终荣获评委特别奖"Mobility Integration Award"，同时，我校也成为该项赛事中唯一一个中国大陆地区获奖高校。

我校师生在接到比赛报名通知后，积极准备，在林建新、焦朋朋老师共同指导下，李菡超等 5 名学生通过软件学习、理论研究、赛题解读、优化设计等内容，最终完成获奖作品"EMARA"（Easy Mobility and Reactive Area），该作品充分考虑了基隆车站的功能与立体交通分布，将基隆车站进行精细化设计，细化到每一个层的功能分区，同时运用了新颖的建筑外观形式——覆土建筑，体现出环保的理念。作品重视行人交通流，希望通过设计解决基隆车站的车流、人流的交通问题。在我校师生的共同努力下，参赛作品经过重重选拔，成为中国大陆地区 3 支参赛队进入决赛。在决赛现场，同学们凭借全英文的精彩讲解、精美的视频展示、新颖的设计概念、扎实的基础数据整理以及与评委老师们的交流互动，赢得了来自哈佛大学等知名教授专家的一致好评，最终赢得评委特别奖"Mobility Integration Award"，成为唯一一支中国大陆地区获奖参赛队。

【我校师生在北京市大学生创业设计竞赛中再夺一等奖】 2015 年北京市大学生创业设计竞赛决赛于 12 月 5 日在中央财经大学学术会堂圆满落幕，我校土木学院、经管学院师生组成的代表队经过重重选拔，荣获大赛一等奖 1 项，三等奖 1 项，优秀奖 2 项。其中由土木学院索智老师、金珊珊老师指导的"北京市途创多功能道路有限责任公司"荣获大赛一等奖，其创业理念及公司产品博得了大赛评委们的认可与创投企业的青睐，在比赛现场，中建远通高速公路投资管理有限公司与该项目达成了合作意向。这是我校继 2014 年荣获一等奖之后的又一佳绩，充分显现了我校大学生创业设计能力、创新能力和团队协作精神的不断提升，反映了我校创新创业教育的优异成果。

北京市大学生创业设计竞赛由北京市教委主办，中央财经大学承办。旨在通过搭建大学生创业设计成果交流展示平台，丰富首都大学生的创业知识，促进大学生创业设计成果转化，推动高校创业教育和人才培养模式改革。本届比赛共吸引北京建筑大学、中国人民大学、中央财经大学、中国传媒大学、北京林业大学等 20 所高校的 100 余组作品报名参加，经过激烈的初评与复赛，18 组作品进入决赛答辩环节。

近三年，我校大学生创业大赛硕果累累，继 2014 年"创青春"全国大学生创业大赛获得全国银奖之后，先后两年在北京市大学生创业设计竞赛中获得一等奖。学校在做好宣传动员、竞赛组织、服务指导等工作的同时，构建了"学院专业交叉、团队优势互补、科技创新与商业模式并重"的大学生创业竞赛模式，以此为基础，多方面开展创业创新教育活动，进而极大地提升了我校学生的创新创业能力。

【"构建海绵城市"及"城市更新"两场学术论坛在我校成功举办】 12 月 5 日，我校与江苏凤凰出版传媒集团旗下凤凰空间文化传媒有限公司联合主办的"构建海绵城市——多角度下城市绿色基础设施"学术论坛在国谊宾馆第一会议室成功举办。本次论坛邀请了德国戴水道设计公司中国区设计总监 Florian Zimmermann。中国城市规划设计研究院水务与工程院谢映霞副院长、美国卡诺集团公司生态学高级顾问,南佛罗里达州水资源管理署高级环境科学家伍业钢博士、清华大学建筑学院景观系副教授刘海龙、我校城市雨水系统与水环境教育部重点实验室车伍教授,以及 AECOM 人居与环境副总裁王焱先生进行主旨演讲,由我校建筑与城市规划学院丁奇副院长致开幕词,论坛与会者除了我校师生之外,还有清华大学、北京林业大学、中央美术学院等高校的研究生以及全国各地设计师共计150人参加。

  在此之前,11 月 28 日,我校和凤凰空间联合主办的"城市更新——再造城市活力空间"主题论坛在我校成功召开,来自荷兰尼塔设计集团创意总监 Dr. Anthony Thomas Johnson,泛华建设集团有限公司设计院副院长张峰,易肯建筑规划设计机构创始人、首席专家,易生活社区健康馆创始人、首席战略官李文捷以及英国剑桥威廉姆兹学院中国地区执行官徐峰做了主题演讲。几位嘉宾从旧城更新规划到具体的建筑改造甚至节点改造都提出了独到的观点和见解,Dr. Anthony Thomas Johnson 阐述了景观层面对城市更新的深入研究和独到见解,张峰先生以国内实际案例——清化老街的改造规划为大家带来开城市更新如何落地的生动演讲,李文捷女士从国家战略的宏观层面阐述的城市更新的重要意义,徐峰先生列举了大量国外城市更新的成功案例,提出要从经济发展的角度对城市再在开发进行研究和策划。

附录一 2015年新增、减员工一览表和名单

一、2015年接收调入教职工一览表

序号	单位名称	姓名	性别	出生日期	学历	学位	职称	进入我校形式
1	机关单位	张爱林	男	1961.03.27	研究生	博士	教授	从其他单位调入
2	机关单位	李爱群	男	1962.07.05	研究生	博士	教授	从其他单位调入
3	机关单位	吕晨飞	男	1978.03.15	研究生	博士	教授	从其他单位调入
4	机关单位	谢烈虎	男	1987.07.06	研究生	硕士	实验员	从其他单位调入
5	机关单位	彭升辉	男	1989.12.12	研究生	硕士		录用
6	机关单位	任彦龙	男	1991.02.03	研究生	硕士		录用
7	机关单位	郭潇萌	男	1989.07.01	研究生	硕士	助教	从其他单位调入
8	机关单位	孙海妹	女	1973.12.11	研究生	硕士	工程师	从其他单位调入
9	机关单位	王万鹏	男	1986.03.23	研究生	硕士	助理研究员	从其他单位调入
10	机关单位	薛孟贤	女	1989.02.02	大学本科	硕士	助理会计师	从其他单位调入
11	机关单位	王安然	女	1983.01.02	大学本科	学士	会计师	从其他机关调入
12	机关单位	王绍玉	女	1991.08.27	研究生	硕士	助理会计师	录用
13	机关单位	张瑞元	女	1990.01.27	研究生	硕士	助理会计师	录用
14	机关单位	盖学超	女	1984.01.25	大学本科	学士	助理翻译	军转干部安置
15	机关单位	李曼	女	1970.06.08	大学本科	学士	会计师	从其他单位调入
16	资产和后勤管理处	王梦	女	1989.05.16	研究生	硕士	助教	录用
17	建筑与城市规划学院	黄庭晚	女	1990.09.21	研究生	硕士	助教	录用
18	建筑与城市规划学院	丁光辉	男	1985.05.04	研究生	博士	讲师	录用
19	建筑与城市规划学院	吕小勇	男	1980.10.21	研究生	博士	讲师	录用
20	建筑与城市规划学院	王如欣	女	1984.09.06	研究生	博士	讲师	录用
21	建筑与城市规划学院	孙喆	男	1988.07.04	研究生	博士	讲师	录用
22	建筑与城市规划学院	陈雳	男	1973.04.06	研究生	博士	副教授	从其他单位调入
23	建筑与城市规划学院	郭龙	男	1979.11.02	研究生	博士	讲师	录用
24	土木与交通工程学院	周晨静	男	1987.03.04	研究生	博士	讲师	录用
25	土木与交通工程学院	齐吉琳	男	1969.01.15	研究生	博士	研究员	从其他单位调入
26	土木与交通工程学院	孔令明	男	1988.07.27	研究生	博士	讲师	录用
27	土木与交通工程学院	赵传林	男	1987.03.10	研究生	博士	讲师	录用
28	环境与能源工程学院	曹宇曦	男	1990.10.28	研究生	硕士	助教	录用

续表

序号	单位名称	姓名	性别	出生日期	学历	学位	职称	进入我校形式
29	环境与能源工程学院	孙子乔	女	1983.04.04	研究生	博士	讲师	从其他单位调入
30	环境与能源工程学院	聂金哲	男	1983.11.04	研究生	博士	讲师	录用
31	环境与能源工程学院	张紫阳	男	1985.01.08	研究生	博士	讲师	录用
32	环境与能源工程学院	吴正胜	男	1984.11.03	研究生	博士	讲师	从其他单位调入
33	环境与能源工程学院	张伟	男	1984.02.01	研究生	博士	讲师	录用
34	环境与能源工程学院	曹达啟	男	1988.05.02	研究生	博士	讲师	录用
35	机电与车辆工程学院	张军	男	1972.06.11	研究生	博士	教授	从其他单位调入
36	机电与车辆工程学院	姚德臣	男	1984.01.10	研究生	博士	讲师	录用
37	机电与车辆工程学院	王方	女	1987.02.20	研究生	博士	讲师	录用
38	机电与车辆工程学院	宋春雨	女	1971.09.19	大学本科	硕士	高级工程师	从其他单位调入
39	机电与车辆工程学院	李欣	男	1984.03.01	研究生	博士	讲师	录用应届高校博士研究生
40	文法学院	林青	女	1984.03.01	研究生	硕士	助理研究员	从其他单位调入
41	文法学院	王彤	女	1990.06.09	研究生	硕士	助教	录用
42	文法学院	刘英	女	1974.11.15	研究生	硕士	讲师	从其他单位调入
43	马克思主义学院	冯蕾	女	1982.10.10	研究生	博士	讲师	从其他单位调入
44	理学院	赵皓然	男	1981.09.02	研究生	博士	讲师	从其他单位调入
45	理学院	何强	男	1977.07.26	研究生	博士	副教授	从其他单位调入
46	理学院	刘晓然	女	1988.12.27	研究生	博士	讲师	录用
47	图书馆	马琳	女	1985.06.30	研究生	博士	助理研究员	录用
48	机关单位	孟梅	女	1961.11.18	研究生	硕士	教授	从其他单位调入
49	机关单位	化凤芳	男	1988.06.15	研究生	硕士		录用

二、2015年调出教职工一览表

序号	单位名称	姓名	性别	出生日期	职称	备注
1	经济与管理工程学院	刘国东	男	1977.04.21	高级工程师	调离
2	经济与管理工程学院	余玲艳	女	1973.10.25	助理研究员	调离
3	校产公司	宋明启	男	1955.01.02	中级工	退休
4	建筑与城市规划学院	樊振和	男	1955.01.06	教授	退休
5	后勤集团	阎仲超	男	1955.01.15	高级工	退休
6	学校办公室	宋国华	男	1955.01.17	教授	退休
7	土木与交通工程学院	刘栋栋	男	1955.01.29	教授	退休
8	离退休人员管理办公室	赵京明	男	1955.02.12	高级政工师	退休
9	继续教育学院	郭瑞林	男	1955.02.26	助理研究员	退休
10	财务处	卫雅琦	女	1984.02.19	会计师	调离
11	待聘人员	刘建才	男	1955.03.20	工人	退休

续表

序号	单位名称	姓名	性别	出生日期	职称	备注
12	纪委办公室（监察处）	于贵凡	男	1955.03.21	高级政工师	退休
13	电气与信息工程学院	张少军	男	1955.04.01	教授	退休
14	校产公司	孙树清	男	1955.04.05	高级工程师	退休
15	经济与管理工程学院	张庆春	男	1955.04.12	高级政工师	退休
16	资产与后勤管理处	刘家凤	女	1960.04.23	助理会计师	退休
17	土木与交通工程学院	穆静波	男	1955.04.26	教授	退休
18	待聘人员	张爱军	女	1955.05.01	工程师	调离
19	教务处	贾桂彬	男	1955.05.24	高级工	退休
20	图书馆	赵丹	女	1976.10.01	助理研究员	调离
21	后勤集团	王兰	女	1960.07.11	助理会计师	退休
22	环境与能源工程学院	王義	男	1955.07.15	工程师	退休
23	学校党政办公室	赵金瑞	男	1955.07.24	研究员	退休
24	后勤集团	李振明	男	1955.07.24	中级工	退休
25	教务处	陈桂荣	女	1960.07.29	工程师	退休
26	内退	李金生	男	1955.08.28	中级工	退休
27	图书馆	张静云	女	1965.08.29	中级工	退休
28	继续教育学院	韩路平	男	1955.09.25	助理馆员	退休
29	学校党政办公室	朱光	男	1954.09.02	教授	退休
30	校产公司	沈建国	男	1955.10.08	中级工	退休
31	财务处	谢春红	男	1983.10.08	会计师	调离
32	土木与交通工程学院	高金岐	男	1955.10.03	工程师	退休
33	校产公司	李常居	男	1955.10.11	工程师	退休
34	校产公司	周晓斌	男	1955.10.13	工程师	退休
35	工程实践中心	周渡海	男	1955.10.25	高级实验师	退休
36	校产公司	黄少代	男	1955.10.30	助理研究员	退休
37	理学院	曹宝新	女	1960.12.15	副教授	退休
38	土木与交通工程学院	吴徽	男	1954.12.16	教授	退休
39	保卫处	于志洋	男	1955.12.17	工程师	退休

附录二 学校高级职称人员名单

一、教学岗位正高级职聘人员

序号	单位	姓名	性别	出生日期	民族	政治面貌	学历	学位	职称
1	学校党政办公室	王建中	男	1964.08.10	汉族	党员	博士研究生	管理学博士	研究员
2	学校党政办公室	张爱林	男	1961.03.27	汉族	党员	博士研究生	工学博士	教授
3	学校党政办公室	何志洪	男	1956.10.24	汉族	党员	硕士研究生	工学硕士	研究员
4	学校党政办公室	汪苏	男	1959.12.14	汉族	民盟	博士研究生	工学博士	教授
5	学校党政办公室	李维平	男	1963.10.08	汉族	党员	硕士研究生	工学硕士	教授级高工
6	学校党政办公室	张大玉	男	1966.04.12	汉族	党员	硕士研究生	工学博士	教授
7	学校党政办公室	李爱群	男	1962.07.05	汉族	党员	博士研究生	工学博士	教授
8	组织部	孙景仙	男	1968.02.01	汉族	党员	博士研究生	法学博士	教授
9	纪委办公室（监察处）	高春花	女	1964.02.19	汉族	党员	博士研究生	法学博士	教授
10	教务处	邹积亭	男	1961.03.12	汉族	党员	硕士研究生	工学硕士	教授
11	教务处	张艳	女	1972.06.21	汉族	党员	博士研究生	工学博士	教授
12	研究生处	陈静勇	男	1963.04.03	汉族	党员	硕士研究生	文学硕士	教授
13	研究生处	李海燕	女	1975.11.27	汉族	党员	博士研究生	理学博士	教授
14	中共北京建大资产经营管理有限公司委员会	王健	男	1956.11.13	汉族	党员	大学本科	工学学士	教授
15	国际教育学院	吴海燕	女	1965.08.23	汉族	党员	博士研究生	工学博士	教授
16	继续教育学院	赵静野	男	1961.08.17	汉族	党员	博士研究生	理学博士	教授
17	建筑与城市规划学院	刘临安	男	1955.07.16	汉族	九三	博士研究生	建筑学博士	教授
18	建筑与城市规划学院	张忠国	男	1962.11.06	汉族	党员	博士研究生	理学博士	教授
19	建筑与城市规划学院	马英	男	1972.04.24	汉族	党员	博士研究生	工学博士	教授
20	建筑与城市规划学院	孙明	男	1960.05.08	汉族	九三	博士研究生	建筑学博士	教授
21	建筑与城市规划学院	胡雪松	男	1963.08.17	汉族	群众	硕士研究生	工学硕士	教授
22	建筑与城市规划学院	郭晋生	女	1960.07.27	汉族	群众	大学本科	工学学士	教授级高工
23	建筑与城市规划学院	范霄鹏	男	1964.10.14	汉族	群众	博士研究生	工学博士	教授
24	建筑与城市规划学院	谭述乐	男	1960.10.30	汉族	群众	博士研究生	艺术学博士后	教授
25	建筑与城市规划学院	李沙	男	1959.11.30	汉族	党员	大学本科	文学学士	教授
26	建筑与城市规划学院	田林	男	1968.05.02	汉族	党员	博士研究生	工学博士	教授级高工

续表

序号	单位	姓名	性别	出生日期	民族	政治面貌	学历	学位	职称
27	建筑与城市规划学院	欧阳文	女	1969.06.22	汉族	群众	硕士研究生	建筑学硕士	教授
28	土木与交通工程学院	戚承志	男	1965.03.25	汉族	党员	博士研究生	工学博士	教授
29	土木与交通工程学院	韩森	男	1969.10.19	汉族	党员	博士研究生	工学博士	教授
30	土木与交通工程学院	龙佩恒	男	1964.06.27	汉族	党员	博士研究生	工学博士	教授
31	土木与交通工程学院	吴徽	男	1954.12.16	汉族	党员	博士研究生	哲学博士	教授
32	土木与交通工程学院	何浙浙	女	1961.05.13	汉族	群众	硕士研究生	工学硕士	教授
33	土木与交通工程学院	王孟鸿	男	1965.04.25	汉族	群众	博士研究生	工学博士后	教授
34	土木与交通工程学院	刘军	男	1965.11.11	汉族	党员	博士研究生	工学博士后	教授级高工
35	土木与交通工程学院	徐世法	男	1963.10.10	汉族	党员	博士研究生	工学博士后	教授
36	土木与交通工程学院	季节	女	1972.09.01	汉族	民盟	博士研究生	工学博士	教授
37	土木与交通工程学院	张新天	男	1964.03.15	汉族	党员	大学本科	工学学士	教授
38	土木与交通工程学院	宋少民	男	1965.09.11	汉族	党员	硕士研究生	工学硕士	教授
39	土木与交通工程学院	李地红	男	1963.03.18	汉族	党员	博士研究生	工学博士	教授
40	土木与交通工程学院	张怀静	女	1962.02.20	汉族	党员	博士研究生	工学博士	教授
41	土木与交通工程学院	齐吉琳	男	1969.01.15	汉族	党员	博士研究生	工学博士	研究员
42	土木与交通工程学院	董军	男	1967.03.14	汉族	党员	博士研究生	工学博士	教授
43	环境与能源工程学院	李俊奇	男	1967.11.02	汉族	党员	博士研究生	工学博士	教授
44	环境与能源工程学院	李德英	男	1955.11.16	汉族	党员	博士研究生	工学博士后	教授
45	环境与能源工程学院	李锐	女	1963.01.10	汉族	党员	硕士研究生	工学硕士	教授
46	环境与能源工程学院	张金萍	女	1966.09.08	汉族	群众	博士研究生	工学博士后	教授
47	环境与能源工程学院	郝晓地	男	1960.04.19	汉族	群众	硕士研究生	工学博士	教授
48	环境与能源工程学院	吴俊奇	男	1960.04.01	汉族	群众	硕士研究生	工学硕士	教授
49	环境与能源工程学院	曹秀芹	女	1965.12.02	汉族	党员	硕士研究生	工学硕士	教授
50	环境与能源工程学院	车伍	男	1955.08.12	汉族	群众	硕士研究生	工学硕士	教授
51	环境与能源工程学院	张明顺	男	1964.01.10	汉族	党员	博士研究生	理学博士	教授
52	环境与能源工程学院	王瑞祥	男	1965.04.02	汉族	群众	博士研究生	工学博士	教授
53	环境与能源工程学院	张世红	女	1964.04.07	汉族	党员	博士研究生	哲学博士	教授
54	环境与能源工程学院	许淑惠	女	1966.04.03	汉族	党员	硕士研究生	工学硕士	教授
55	电气与信息工程学院	魏东	女	1967.12.06	汉族	九三	博士研究生	工学博士	教授
56	电气与信息工程学院	陈志新	男	1956.06.15	汉族	党员	硕士研究生	工学硕士	教授
57	电气与信息工程学院	王佳	女	1969.05.08	满族	群众	博士研究生	工学博士	教授
58	电气与信息工程学院	王亚慧	男	1962.07.07	汉族	党员	硕士研究生	工学硕士	教授
59	电气与信息工程学院	李英姿	女	1966.06.29	汉族	党员	硕士研究生	工学硕士	教授
60	电气与信息工程学院	赵春晓	男	1964.02.06	汉族	九三	博士研究生	工学博士	教授
61	电气与信息工程学院	蒋志坚	男	1960.07.25	汉族	党员	博士研究生	工学博士	教授

续表

序号	单位	姓名	性别	出生日期	民族	政治面貌	学历	学位	职称
62	经济与管理工程学院	姜军	男	1964.10.05	汉族	党员	硕士研究生	法学硕士	教授
63	经济与管理工程学院	周晓静	女	1967.02.25	汉族	党员	硕士研究生	工学硕士	教授
64	经济与管理工程学院	赵世强	男	1960.07.01	汉族	党员	硕士研究生	工学硕士	教授
65	经济与管理工程学院	何佰洲	男	1956.06.04	满族	党员	大学本科	双学位	教授
66	经济与管理工程学院	陶庆	男	1959.10.30	汉族	群众	研究生班	工学学士	教授
67	经济与管理工程学院	尤完	男	1962.11.22	汉族	党员	博士研究生	管理学博士	教授级高工
68	经济与管理工程学院	郭立	女	1966.07.14	汉族	群众	硕士研究生	管理学硕士	教授
69	经济与管理工程学院	李英子	女	1963.11.03	朝鲜族	党员	博士研究生	管理学博士	教授
70	经济与管理工程学院	张原	女	1967.01.17	汉族	九三	博士研究生	管理学博士	教授
71	经济与管理工程学院	秦颖	女	1968.08.23	汉族	党员	博士研究生	管理学博士	教授
72	经济与管理工程学院	王平	女	1963.07.25	汉族	党员	大学本科	法学硕士	教授
73	测绘与城市空间信息学院	王晏民	男	1958.04.01	汉族	群众	博士研究生	工学博士	教授
74	测绘与城市空间信息学院	赵西安	男	1957.11.19	汉族	党员	博士研究生	工学博士	教授
75	测绘与城市空间信息学院	杜明义	男	1963.06.27	汉族	群众	博士研究生	工学博士	教授
76	测绘与城市空间信息学院	罗德安	男	1968.05.02	汉族	民盟	博士研究生	工学博士后	教授
77	测绘与城市空间信息学院	石若明	男	1960.01.06	汉族	群众	博士研究生	工学博士	教授
78	测绘与城市空间信息学院	霍亮	男	1968.10.20	汉族	党员	博士研究生	工学博士	教授
79	测绘与城市空间信息学院	陈秀忠	男	1956.06.16	汉族	党员	硕士研究生	工学硕士	教授
80	机电与车辆工程学院	杨建伟	男	1971.04.06	汉族	党员	博士研究生	工学博士	教授
81	机电与车辆工程学院	王跃进	男	1958.03.19	汉族	党员	硕士研究生	工学硕士	教授
82	机电与车辆工程学院	陈宝江	男	1956.12.07	汉族	党员	博士研究生	工学博士	教授
83	机电与车辆工程学院	刘永峰	男	1973.12.15	汉族	党员	博士研究生	工学博士后	教授
84	机电与车辆工程学院	孙建民	男	1969.06.14	汉族	党员	博士研究生	工学博士	教授
85	机电与车辆工程学院	张军	男	1972.06.11	汉族	党员	博士研究生	工学博士后	教授
86	文法学院	孙希磊	男	1960.07.13	汉族	党员	研究生班	历史学学士	教授
87	马克思主义学院	肖建杰	女	1965.03.11	汉族	党员	博士研究生	法学博士	教授
88	文法学院	李志国	男	1970.01.29	汉族	党员	硕士研究生	法学硕士	教授
89	文法学院	贾荣香	女	1961.08.13	汉族	群众	大学本科	文学博士	教授
90	马克思主义学院	秦红岭	女	1966.09.26	汉族	民盟	硕士研究生	哲学硕士	教授
91	理学院	崔景安	男	1963.09.29	汉族	群众	博士研究生	理学博士	教授
92	理学院	程士珍	女	1964.09.13	汉族	党员	硕士研究生	理学硕士	教授
93	理学院	梁昔明	男	1967.02.12	汉族	党员	博士研究生	理学博士	教授
94	理学院	黄伟	男	1963.08.07	汉族	党员	硕士研究生	理学硕士	教授
95	理学院	郝莉	女	1963.11.30	汉族	群众	博士研究生	理学博士	教授
96	体育部	杨慈洲	男	1964.10.06	汉族	党员	研究生班	教育学学士	教授

续表

序号	单 位	姓名	性别	出生日期	民族	政治面貌	学历	学位	职称
97	计算机教学部	郝莹	女	1965.06.23	汉族	党员	硕士研究生	工学硕士	教授
98	图书馆	王锐英	男	1958.12.02	汉族	群众	大学本科	工学学士	研究员
99	校产公司	格伦	女	1965.01.17	蒙古族	群众	硕士研究生	工程硕士	教授

二、教学岗位副高级职聘人员

序号	单 位	姓名	性别	出生日期	民族	政治面貌	学历	学位	职称
1	学校党政办公室	谢国斌	男	1956.03.05	汉族	党员	研究生班		副教授
2	机关党委	王德中	男	1969.11.22	汉族	党员	硕士研究生	法学硕士	副教授
3	工会	张素芳	女	1960.05.01	汉族	党员	大学本科	双学位	副教授
4	教务处	那威	男	1979.01.22	满族	党员	博士研究生	工学博士后	副教授
5	科技处	高岩	男	1973.12.14	汉族	群众	博士研究生	工学博士后	副教授
6	科技处	陈韬	女	1977.11.14	汉族	党员	博士研究生	工学博士	副研究员
7	人事处	陈红兵	男	1977.07.23	汉族	党员	博士研究生	工学博士	副教授
8	人事处	侯妙乐	女	1974.09.28	汉族	群众	博士研究生	工学博士	副教授
9	国际合作与交流处	赵晓红	女	1969.08.14	汉族	党员	大学本科	文学学士	副教授
10	规划与基建处	邵宗义	男	1961.05.02	汉族	党员	大学本科	工学学士	副教授
11	建筑与城市规划学院	丁奇	男	1975.06.02	汉族	党员	博士研究生	工学博士	副教授
12	建筑与城市规划学院	赵可昕	女	1963.11.18	满族	群众	大学本科	工学硕士	高级工程师
13	建筑与城市规划学院	徐怡芳	女	1963.06.12	汉族	党员	博士研究生	工学博士	副教授
14	建筑与城市规划学院	孙克真	男	1956.07.18	汉族	群众	大学本科	农业推广硕士	副教授
15	建筑与城市规划学院	晁军	男	1969.01.21	汉族	党员	博士研究生	工学博士	副教授
16	建筑与城市规划学院	王佐	男	1971.01.16	汉族	群众	博士研究生	工学博士	副教授
17	建筑与城市规划学院	郝晓赛	女	1977.04.20	汉族	党员	博士研究生	工学博士	高级工程师
18	建筑与城市规划学院	冯丽	女	1962.04.06	汉族	九三	大学本科	工学学士	副教授
19	建筑与城市规划学院	孙立	男	1974.03.04	汉族	党员	博士研究生	工学博士	副教授
20	建筑与城市规划学院	荣玥芳	女	1972.01.15	汉族	党员	博士研究生	工学博士	高级规划师
21	建筑与城市规划学院	陈晓彤	女	1968.02.19	汉族	群众	博士研究生	工学博士	副教授
22	建筑与城市规划学院	刘剑锋	男	1978.11.19	汉族	党员	博士研究生	工学博士	高级城市规划师
23	建筑与城市规划学院	桑秋	男	1978.11.21	汉族	群众	博士研究生	理学博士	高级工程师
24	建筑与城市规划学院	杨琳	男	1968.07.12	汉族	党员	大学本科	工学学士	副教授
25	建筑与城市规划学院	滕学荣	女	1975.06.22	汉族	群众	博士研究生	文学博士	副教授
26	建筑与城市规划学院	赵希岗	男	1965.05.18	汉族	民盟	硕士研究生	文学硕士	副教授

续表

序号	单位	姓名	性别	出生日期	民族	政治面貌	学历	学位	职称
27	建筑与城市规划学院	黄莉	女	1963.11.05	汉族	群众	硕士研究生	工学硕士	副教授
28	建筑与城市规划学院	房志勇	男	1957.11.20	汉族	民盟	大学本科	工学学士	副教授
29	建筑与城市规划学院	李英	女	1962.03.02	汉族	民盟	硕士研究生	工学硕士	副教授
30	建筑与城市规划学院	冯萍	女	1975.06.05	汉族	党员	硕士研究生	建筑学硕士	副教授
31	建筑与城市规划学院	陆翔	男	1958.06.06	汉族	民盟	硕士研究生	工学硕士	副教授
32	建筑与城市规划学院	许政	女	1969.04.28	汉族	群众	博士研究生	工学博士	副教授
33	建筑与城市规划学院	陈雳	男	1973.04.06	汉族	群众	博士研究生	工学博士	副教授
34	建筑与城市规划学院	杨晓	男	1973.12.30	汉族	群众	硕士研究生	文学硕士	副教授
35	建筑与城市规划学院	李春青	女	1974.10.29	汉族	党员	博士研究生	工学博士	副教授
36	建筑与城市规划学院	靳超	男	1959.01.12	汉族	党员	硕士研究生	文学硕士	副教授
37	建筑与城市规划学院	钟铃	男	1960.05.30	汉族	九三	大学本科	文学学士	副教授
38	建筑与城市规划学院	朱军	男	1969.01.24	汉族	党员	硕士研究生	教育学硕士	副教授
39	建筑与城市规划学院	金秋野	男	1975.12.18	满族	党员	博士研究生	工学博士	副教授
40	建筑与城市规划学院	段炼	男	1965.05.01	汉族	九三	大学本科	文学硕士	副教授
41	建筑与城市规划学院	蒋方	男	1965.05.11	汉族	九三	大学本科	工学学士	副教授
42	建筑与城市规划学院	邹越	男	1967.10.27	汉族	党员	硕士研究生	工学硕士	副教授
43	土木与交通工程学院	赵赤云	女	1968.10.19	汉族	党员	博士研究生	工学博士	副教授
44	土木与交通工程学院	张艳霞	女	1970.09.27	汉族	党员	硕士研究生	工学硕士	副教授
45	土木与交通工程学院	邓思华	男	1963.01.24	汉族	群众	博士研究生	工学博士	副教授
46	土木与交通工程学院	赵东拂	男	1967.07.05	满族	党员	博士研究生	工学博士	副教授
47	土木与交通工程学院	祝磊	男	1980.08.25	汉族	群众	博士研究生	工学博士	副教授
48	土木与交通工程学院	廖维张	男	1978.12.25	汉族	党员	博士研究生	工学博士	副教授
49	土木与交通工程学院	杨静	女	1972.02.07	汉族	党员	硕士研究生	工学硕士	副教授
50	土木与交通工程学院	王亮	男	1977.12.27	汉族	党员	硕士研究生	工学硕士	副教授
51	土木与交通工程学院	侯敬峰	男	1978.01.21	汉族	党员	硕士研究生	工学硕士	副教授
52	土木与交通工程学院	王毅娟	女	1963.11.03	汉族	群众	硕士研究生	工学硕士	副教授
53	土木与交通工程学院	焦驰宇	男	1980.09.17	汉族	党员	博士研究生	工学博士	副教授
54	土木与交通工程学院	张蕊	女	1971.01.12	汉族	党员	博士研究生	工学博士	副教授
55	土木与交通工程学院	戴冀峰	女	1966.03.25	汉族	九三	硕士研究生	工学硕士	副教授
56	土木与交通工程学院	焦朋朋	男	1980.11.11	汉族	群众	博士研究生	工学博士后	副教授
57	土木与交通工程学院	李崇智	男	1969.02.17	汉族	党员	博士研究生	工学博士	副教授
58	土木与交通工程学院	侯云芬	女	1968.01.30	汉族	群众	博士研究生	工学博士	副教授
59	土木与交通工程学院	刘飞	男	1975.03.28	汉族	党员	博士研究生	工学博士	副教授
60	土木与交通工程学院	彭丽云	女	1979.06.05	汉族	党员	博士研究生	工学博士后	副教授

续表

序号	单位	姓名	性别	出生日期	民族	政治面貌	学历	学位	职称
61	土木与交通工程学院	罗健	男	1957.10.28	汉族	党员	硕士研究生	工学硕士	副教授
62	土木与交通工程学院	张国伟	男	1979.04.18	汉族	党员	博士研究生	工学博士	副教授
63	土木与交通工程学院	李飞	男	1981.10.13	汉族	群众	博士研究生	工学博士	副教授
64	环境与能源工程学院	冯萃敏	女	1968.09.01	蒙古族	党员	硕士研究生	工学硕士	副教授
65	环境与能源工程学院	张群力	男	1977.08.13	汉族	党员	博士研究生	工学博士后	副教授
66	环境与能源工程学院	冯圣红	男	1967.11.28	汉族	群众	博士研究生	工学博士后	副教授
67	环境与能源工程学院	詹淑慧	女	1961.12.22	汉族	党员	大学本科	工学学士	副教授
68	环境与能源工程学院	刘蓉	女	1962.11.19	汉族	群众	硕士研究生	工学硕士	副教授
69	环境与能源工程学院	闫全英	女	1970.04.12	汉族	党员	博士研究生	工学博士	副教授
70	环境与能源工程学院	郝学军	男	1968.10.31	汉族	党员	硕士研究生	工学硕士	副教授
71	环境与能源工程学院	杨晖	女	1970.04.24	汉族	群众	博士研究生	工学博士	副教授
72	环境与能源工程学院	于丹	女	1974.06.26	汉族	党员	博士研究生	工学博士	副教授
73	环境与能源工程学院	徐鹏	男	1976.06.25	汉族	党员	硕士研究生	工学硕士	副教授
74	环境与能源工程学院	许萍	女	1971.10.09	汉族	党员	博士研究生	工学博士	副教授
75	环境与能源工程学院	仇付国	男	1974.10.14	汉族	党员	博士研究生	工学博士	副教授
76	环境与能源工程学院	王俊岭	男	1973.03.23	汉族	群众	博士研究生	工学博士	副教授
77	环境与能源工程学院	杨海燕	女	1976.03.29	汉族	党员	博士研究生	工学博士	副教授
78	环境与能源工程学院	马文林	女	1968.05.11	汉族	党员	博士研究生	理学博士后	副教授
79	环境与能源工程学院	李颖	女	1965.07.28	满族	党员	硕士研究生	工学硕士	副教授
80	环境与能源工程学院	王敏	女	1968.04.25	汉族	群众	博士研究生	工学博士	副教授
81	环境与能源工程学院	刘建伟	男	1979.03.03	汉族	党员	博士研究生	工学博士	副教授
82	环境与能源工程学院	王建龙	男	1978.11.13	汉族	党员	博士研究生	工学博士	副教授
83	环境与能源工程学院	任相浩	男	1974.09.03	朝鲜族	群众	博士研究生	工学博士后	副教授
84	环境与能源工程学院	崔俊奎	男	1974.04.18	汉族	党员	博士研究生	工学博士	副教授
85	环境与能源工程学院	王文海	男	1963.10.13	汉族	党员	硕士研究生	工学硕士	副教授
86	环境与能源工程学院	岳冠华	女	1963.12.19	汉族	群众	硕士研究生	理学硕士	副教授
87	环境与能源工程学院	王崇臣	男	1974.02.02	汉族	群众	博士研究生	工学博士	副教授
88	环境与能源工程学院	牛润萍	女	1979.10.01	汉族	党员	博士研究生	工学博士	副教授
89	环境与能源工程学院	孙方田	男	1977.09.13	汉族	党员	博士研究生	工学博士后	副教授
90	环境与能源工程学院	冯利利	女	1980.10.12	汉族	党员	博士研究生	工学博士后	副教授
91	环境与能源工程学院	郭全	男	1959.11.04	汉族	群众	大学本科	工学学士	副教授
92	环境与能源工程学院	宫永伟	男	1982.06.27	汉族	群众	博士研究生	工学博士	副教授
93	电气与信息工程学院	张雷	男	1977.04.12	汉族	党员	博士研究生	工学博士	副教授
94	电气与信息工程学院	刘辛国	男	1959.02.01	汉族	党员	硕士研究生	工学硕士	副教授

续表

序号	单位	姓名	性别	出生日期	民族	政治面貌	学历	学位	职称
95	电气与信息工程学院	胡玉玲	女	1975.10.18	汉族	九三	博士研究生	工学博士	副教授
96	电气与信息工程学院	张立权	男	1969.03.14	汉族	群众	博士研究生	工学博士	副教授
97	电气与信息工程学院	谭志	男	1970.09.26	汉族	群众	博士研究生	工学博士	副教授
98	电气与信息工程学院	岳云涛	男	1971.01.24	汉族	党员	博士研究生	工学博士后	副教授
99	电气与信息工程学院	栾茹	女	1967.11.10	汉族	群众	博士研究生	工学博士	副教授
100	电气与信息工程学院	马鸿雁	女	1971.07.06	汉族	党员	博士研究生	工学博士	副教授
101	电气与信息工程学院	刘静纨	女	1969.07.21	汉族	党员	博士研究生	工学博士	副教授
102	电气与信息工程学院	龚静	女	1975.09.18	汉族	党员	硕士研究生	工学硕士	副教授
103	电气与信息工程学院	孙卫红	女	1969.05.04	汉族	党员	大学本科	工程硕士	高级工程师
104	电气与信息工程学院	田启川	男	1971.03.23	汉族	党员	博士研究生	工学博士后	副教授
105	电气与信息工程学院	王怀秀	女	1966.02.24	汉族	党员	博士研究生	工学博士	副教授
106	电气与信息工程学院	钱丽萍	女	1971.03.25	汉族	群众	硕士研究生	工学硕士	副教授
107	电气与信息工程学院	张琳	女	1975.09.12	汉族	党员	硕士研究生	工学硕士	副教授
108	电气与信息工程学院	衣俊艳	女	1978.08.11	汉族	党员	博士研究生	工学博士	副教授
109	经济与管理工程学院	周霞	女	1975.02.27	汉族	党员	博士研究生	经济学博士	副教授
110	经济与管理工程学院	张俊	男	1972.06.20	汉族	党员	博士研究生	管理学博士	副教授
111	经济与管理工程学院	戚振强	男	1973.10.02	汉族	党员	硕士研究生	经济学硕士	副教授
112	经济与管理工程学院	王炳霞	女	1968.03.12	汉族	党员	硕士研究生	工学硕士	副教授
113	经济与管理工程学院	张宏	女	1974.10.02	汉族	党员	博士研究生	管理学博士	副教授
114	经济与管理工程学院	孙杰	男	1976.04.18	汉族	党员	博士研究生	管理学博士	副教授
115	经济与管理工程学院	张丽	女	1977.11.07	汉族	党员	博士研究生	管理学博士	副教授
116	经济与管理工程学院	王红春	女	1976.04.09	汉族	群众	博士研究生	工学博士	副教授
117	经济与管理工程学院	刘建利	女	1971.10.22	蒙古族	党员	博士研究生	管理学博士后	副教授
118	经济与管理工程学院	陈雍君	男	1973.10.24	汉族	群众	博士研究生	工学博士后	副教授
119	经济与管理工程学院	钱雅丽	女	1964.05.10	汉族	群众	大学本科	经济学学士	副教授
120	经济与管理工程学院	邵全	女	1968.02.14	汉族	群众	博士研究生	管理学博士	副教授
121	经济与管理工程学院	刘娜	女	1974.10.28	汉族	党员	博士研究生	管理学博士	副教授
122	测绘与城市空间信息学院	吕书强	男	1973.07.01	汉族	党员	博士研究生	工学博士	副教授
123	测绘与城市空间信息学院	刘旭春	男	1969.03.20	汉族	群众	博士研究生	工学博士	副教授
124	测绘与城市空间信息学院	周乐皆	男	1965.03.16	汉族	党员	研究生班	工学学士	副教授
125	测绘与城市空间信息学院	丁克良	男	1968.07.07	汉族	党员	博士研究生	工学博士	副教授
126	测绘与城市空间信息学院	胡云岗	男	1975.10.13	汉族	党员	博士研究生	工学博士	副教授
127	测绘与城市空间信息学院	赵江洪	女	1976.11.12	汉族	党员	博士研究生	工学博士	副教授
128	测绘与城市空间信息学院	王文宇	女	1974.03.24	汉族	党员	博士研究生	理学博士	副教授
129	测绘与城市空间信息学院	危双丰	男	1979.10.24	汉族	党员	博士研究生	工学博士	副教授

续表

序号	单位	姓名	性别	出生日期	民族	政治面貌	学历	学位	职称
130	测绘与城市空间信息学院	刘扬	男	1979.09.12	汉族	预备党员	博士研究生	理学博士	副教授
131	测绘与城市空间信息学院	张健钦	男	1977.04.08	汉族	党员	博士研究生	理学博士后	副教授
132	测绘与城市空间信息学院	黄明	男	1971.09.17	汉族	党员	博士研究生	工学博士后	副教授
133	测绘与城市空间信息学院	蔡国印	男	1975.11.16	汉族	党员	博士研究生	理学博士	副教授
134	测绘与城市空间信息学院	庞蕾	女	1971.01.05	汉族	群众	博士研究生	工学博士后	副教授
135	测绘与城市空间信息学院	朱凌	女	1970.12.11	汉族	民盟	博士研究生	工学博士	副教授
136	机电与车辆工程学院	朱爱华	女	1977.04.01	汉族	党员	硕士研究生	工学硕士	副教授
137	机电与车辆工程学院	唐伯雁	男	1965.08.02	汉族	党员	博士研究生	工学博士	副教授
138	机电与车辆工程学院	高振莉	女	1963.08.18	汉族	党员	硕士研究生	工学硕士	副教授
139	机电与车辆工程学院	孙义	男	1956.02.11	汉族	党员	硕士研究生	工学硕士	高级工程师
140	机电与车辆工程学院	窦蕴萍	女	1964.11.08	汉族	群众	硕士研究生	工学硕士	副教授
141	机电与车辆工程学院	秦建军	男	1979.06.21	汉族	党员	博士研究生	工学博士	高级实验师
142	机电与车辆工程学院	周明	男	1966.01.01	汉族	群众	博士研究生	工学博士后	副教授
143	机电与车辆工程学院	连香姣	女	1966.08.25	汉族	党员	硕士研究生	工学硕士	副教授
144	机电与车辆工程学院	赫亮	女	1972.02.03	汉族	党员	硕士研究生	工学硕士	副教授
145	机电与车辆工程学院	陈志刚	男	1979.05.14	汉族	党员	博士研究生	工学博士	副教授
146	机电与车辆工程学院	周庆辉	男	1973.12.28	汉族	党员	博士研究生	工学博士	副教授
147	机电与车辆工程学院	周素霞	女	1971.09.16	汉族	党员	博士研究生	工学博士	副教授
148	机电与车辆工程学院	卢宁	男	1976.10.08	汉族	群众	博士研究生	工学博士后	高级工程师
149	机电与车辆工程学院	高嵩峰	男	1972.10.16	蒙古族	党员	博士研究生	工学博士	副教授
150	机电与车辆工程学院	尹静	女	1978.07.06	汉族	党员	博士研究生	管理学博士	副教授
151	机电与车辆工程学院	秦华	女	1970.07.12	汉族	党员	博士研究生	工学博士	副教授
152	机电与车辆工程学院	田洪森	男	1964.05.23	汉族	群众	大学本科	工学学士	高级工程师
153	文法学院	刘国朝	男	1961.10.23	汉族	党员	大学本科	文学学士	副教授
154	文法学院	张晓霞	女	1972.05.02	汉族	党员	博士研究生	法学博士	副教授
155	文法学院	刘炳良	男	1972.11.25	汉族	党员	博士研究生	法学博士	副教授
156	文法学院	左金风	女	1971.02.17	汉族	群众	硕士研究生	法律硕士	副教授
157	文法学院	王俊梅	女	1974.11.18	羌族	党员	博士研究生	法学博士	副教授
158	文法学院	晁霞	女	1970.01.24	汉族	党员	研究生班	哲学学士	副教授
159	文法学院	高春凤	女	1971.05.22	汉族	党员	博士研究生	管理学博士	副教授
160	文法学院	孟莉	女	1967.03.24	汉族	民盟	硕士研究生	教育学硕士	副教授
161	文法学院	赵仲杰	男	1972.08.04	汉族	党员	博士研究生	法学博士	副教授
162	文法学院	郭晋燕	女	1963.06.21	汉族	九三	大学本科	文学学士	副教授
163	文法学院	董艳玲	女	1963.04.03	汉族	九三	大学本科	教育硕士	副教授

续表

序号	单位	姓名	性别	出生日期	民族	政治面貌	学历	学位	职称
164	文法学院	陈品	女	1967.07.30	汉族	党员	大学本科	双学位	副教授
165	文法学院	陈素红	女	1967.06.25	汉族	党员	硕士研究生	文学学士	副教授
166	文法学院	吴逾倩	女	1967.07.16	回族	九三	研究生班	文学硕士	副教授
167	文法学院	吴彤军	女	1968.08.15	汉族	九三	大学本科	教育硕士	副教授
168	文法学院	武烜	男	1974.11.30	满族	党员	硕士研究生	文学硕士	副教授
169	文法学院	王彩霞	女	1964.06.19	汉族	九三	研究生班	文学学士	副教授
170	文法学院	王天禾	女	1968.11.20	汉族	群众	大学本科	文学硕士	副教授
171	文法学院	李宜兰	女	1970.07.09	汉族	群众	硕士研究生	文学硕士	副教授
172	马克思主义学院	郭晓东	男	1963.10.12	汉族	党员	硕士研究生	哲学硕士	副教授
173	马克思主义学院	常宗耀	男	1962.01.14	汉族	党员	博士研究生	法学博士	副教授
174	马克思主义学院	汪琼枝	女	1974.11.11	汉族	党员	博士研究生	哲学博士	副教授
175	马克思主义学院	陈南雁	女	1975.06.15	汉族	党员	博士研究生	法学博士	副教授
176	马克思主义学院	金焕玲	女	1978.12.01	汉族	党员	博士研究生	哲学博士	副教授
177	马克思主义学院	张华	女	1976.01.02	汉族	党员	博士研究生	法学博士	副教授
178	理学院	宫瑞婷	女	1973.09.22	汉族	党员	硕士研究生	工学硕士	副教授
179	理学院	白羽	女	1979.07.07	汉族	党员	博士研究生	理学博士	副教授
180	理学院	张鸿鹰	女	1967.09.28	汉族	群众	大学本科	理学学士	副教授
181	理学院	吕亚芹	女	1964.10.08	汉族	群众	硕士研究生	理学硕士	副教授
182	理学院	刘长河	男	1966.04.16	汉族	党员	博士研究生	理学博士	副教授
183	理学院	刘世祥	男	1963.11.02	汉族	民盟	硕士研究生	理学硕士	副教授
184	理学院	王晓静	女	1972.04.15	汉族	党员	博士研究生	理学博士	副教授
185	理学院	侍爱玲	女	1970.03.02	汉族	群众	硕士研究生	理学硕士	副教授
186	理学院	牟唯嫣	女	1981.10.22	汉族	党员	博士研究生	理学博士	副教授
187	理学院	许传青	女	1972.02.28	汉族	群众	博士研究生	理学博士后	副教授
188	理学院	代西武	男	1963.08.17	汉族	党员	硕士研究生	理学硕士	副教授
189	理学院	何强	男	1977.07.26	汉族	党员	硕士研究生	理学博士	副教授
190	理学院	聂传辉	女	1966.04.28	汉族	党员	硕士研究生	理学硕士	副教授
191	理学院	魏京花	女	1962.03.26	汉族	党员	大学本科	理学学士	副教授
192	理学院	余丽芳	女	1963.09.26	汉族	群众	大学本科	理学学士	副教授
193	理学院	王俊平	女	1968.09.27	汉族	党员	博士研究生	工学博士	副教授
194	理学院	马黎君	男	1970.12.14	汉族	党员	硕士研究生	理学硕士	副教授
195	理学院	王秀敏	女	1974.03.28	汉族	党员	硕士研究生	理学硕士	副教授
196	理学院	任洪梅	女	1962.11.04	汉族	群众	硕士研究生	理学硕士	副教授
197	理学院	曹辉耕	男	1960.11.03	汉族	群众	大学本科	理学学士	副教授
198	理学院	石萍	女	1971.01.18	汉族	党员	硕士研究生	理学硕士	副教授

续表

序号	单位	姓名	性别	出生日期	民族	政治面貌	学历	学位	职称
199	理学院	任艳荣	女	1973.02.02	汉族	群众	博士研究生	理学博士	副教授
200	理学院	俞晓正	男	1972.08.03	汉族	民盟	博士研究生	理学博士后	副教授
201	理学院	杨谆	女	1966.01.08	汉族	党员	硕士研究生	工学硕士	副教授
202	理学院	薛颂菊	女	1962.08.18	汉族	群众	大学本科	工学学士	副教授
203	理学院	张士杰	男	1956.03.30	汉族	党员	大学本科	工学学士	高级工程师
204	理学院	曹宝新	女	1960.12.15	汉族	群众	大学本科	工学学士	副教授
205	理学院	高雁飞	女	1971.07.01	汉族	党员	硕士研究生	工学硕士	副教授
206	理学院	毕靖	女	1974.10.18	汉族	党员	硕士研究生	工学硕士	副教授
207	体育部	康钧	男	1968.05.13	汉族	党员	研究生班	教育学学士	副教授
208	体育部	孙瑄瑄	女	1970.03.16	汉族	群众	大学本科	教育学学士	副教授
209	体育部	施海波	男	1970.03.20	汉族	党员	硕士研究生	教育学硕士	副教授
210	体育部	张胜	男	1974.05.29	汉族	党员	大学本科	教育学学士	副教授
211	体育部	刘梦飞	男	1974.01.25	汉族	党员	硕士研究生	教育学硕士	副教授
212	体育部	智颖新	男	1973.07.27	汉族	党员	硕士研究生	教育学硕士	副教授
213	体育部	朱静华	女	1968.04.28	汉族	党员	大学本科	教育学学士	副教授
214	体育部	李金	女	1980.11.06	汉族	党员	硕士研究生	教育学硕士	副教授
215	体育部	代浩然	男	1975.10.27	汉族	党员	硕士研究生	教育学硕士	副教授
216	体育部	胡德刚	男	1979.10.25	汉族	党员	硕士研究生	教育学硕士	副教授
217	计算机教学部	郭志强	男	1966.06.20	汉族	党员	大学本科	工学学士	高级工程师
218	计算机教学部	吕橙	男	1969.03.09	汉族	群众	硕士研究生	工学硕士	副教授
219	计算机教学部	李敏杰	女	1971.09.05	汉族	群众	硕士研究生	工学硕士	副教授
220	计算机教学部	曹青	女	1966.05.04	汉族	群众	大学本科	理学硕士	副教授
221	计算机教学部	李芳社	男	1963.02.27	汉族	群众	硕士研究生	工学硕士	副教授
222	计算机教学部	邱李华	女	1966.11.06	汉族	群众	硕士研究生	工学硕士	副教授
223	计算机教学部	张勉	女	1972.02.29	汉族	民盟	硕士研究生	理学硕士	副教授
224	计算机教学部	万珊珊	女	1980.07.15	汉族	党员	硕士研究生	工学硕士	副教授
225	图书馆	齐群	女	1964.02.02	汉族	党员	大学本科	工学学士	副教授
226	图书馆	赵燕湘	男	1956.12.30	满族	党员	硕士研究生	理学硕士	副教授

三、其他专业技术职务正高级职聘人员

序号	单位	姓名	性别	出生日期	民族	政治面貌	学历	学位	职称/工勤级别
1	学校党政办公室	吕晨飞	男	1978.03.15	汉族	党员	博士研究生	管理学博士	教授
2	学校党政办公室	王燕	女	1965.05.24	汉族	党员	大学本科	法学学士	研究馆员

续表

序号	单 位	姓名	性别	出生日期	民族	政治面貌	学历	学位	职称/工勤级别
3	招生就业处	李雪华	女	1972.02.10	回族	党员	博士研究生	理学博士	研究员
4	图书馆	郭燕平	女	1964.08.05	汉族	党员	大学本科	文学学士	研究馆员
5	工程实践中心	孟梅	女	1961.11.18	汉族	群众	硕士研究生	管理学硕士	教授
6	校产公司	李凯	男	1956.08.16	汉族	党员	大学本科	工学学士	教授级高工

四、其他专业技术职务副高级职聘人员

序号	单 位	姓名	性别	出生日期	民族	政治面貌	学历	学位	职称/工勤级别
1	学校党政办公室	张启鸿	男	1969.05.18	汉族	党员	博士研究生	工学博士	副研究员
2	学校党政办公室	白莽	男	1972.02.20	汉族	党员	博士研究生	管理学博士	副研究员
3	学校党政办公室	李大伟	男	1977.09.16	汉族	党员	硕士研究生	法学硕士	副研究员
4	校友工作办公室	沈茜	女	1973.01.12	汉族	党员	硕士研究生	管理学硕士	副教授
5	网络信息管理中心	魏楚元	男	1977.05.28	汉族	党员	硕士研究生	工学硕士	高级实验师
6	网络信息管理中心	孙绪华	男	1980.06.15	汉族	党员	硕士研究生	工学硕士	高级工程师
7	网络信息管理中心	李敏	女	1970.08.23	汉族	群众	大学本科	管理学学士	高级实验师
8	宣传部	孙冬梅	女	1968.01.25	汉族	党员	研究生	教育学硕士	高级政工师
9	宣传部	高瑞静	女	1976.06.15	汉族	党员	硕士研究生	文学硕士	高级政工师
10	宣传部	高蕾	女	1978.04.23	汉族	党员	硕士研究生	文学硕士	高级政工师
11	审计处	孙文贤	女	1968.10.22	汉族	党员	大学本科	管理学学士	高级经济师
12	团委	朱静	女	1978.03.04	汉族	党员	硕士研究生	法学硕士	副教授
13	学生工作部	黄尚荣	男	1977.08.20	汉族	党员	硕士研究生	工学硕士	副教授
14	学生工作部	李红	女	1978.08.17	汉族	党员	研究生班	工程硕士	副教授
15	离退休人员管理办公室	王京梅	女	1962.11.03	汉族	党员	大学本科	经济学学士	高级经济师
16	教务处	李冰	女	1961.07.25	汉族	党员	大学本科	工学学士	副教授
17	教务处	王启才	男	1970.09.26	汉族	民盟	大学本科		高级实验师
18	教务处	王雅杰	女	1980.09.25	汉族	预备党员	硕士研究生	理学硕士	高级实验师
19	招生就业处	朱俊玲	女	1978.10.25	汉族	党员	硕士研究生	教育学硕士	副教授
20	招生就业处	贾海燕	女	1979.10.29	汉族	党员	硕士研究生	教育学硕士	副教授
21	研究生处	刘伟	女	1972.08.28	汉族	党员	大学本科	工程硕士	副研究员
22	科技处	房雨清	女	1964.04.05	汉族	党员	大学本科	工学学士	副研究员
23	科技处	刘芳	女	1972.06.20	汉族	党员	硕士研究生	工学硕士	高级工程师
24	人事处	张莉	女	1979.01.14	汉族	党员	硕士研究生	管理学硕士	高级经济师
25	财务处	贝裕文	男	1977.06.17	汉族	党员	硕士研究生	管理学硕士	副研究员

续表

序号	单位	姓名	性别	出生日期	民族	政治面貌	学历	学位	职称/工勤级别
26	财务处	曾晓玲	女	1963.02.08	汉族	党员	大学本科	经济学学士	高级审计师
27	财务处	陈茹	女	1972.01.12	汉族	党员	硕士研究生	工商管理硕士	高级经济师
28	规划与基建处	周春	女	1963.02.28	汉族	党员	硕士研究生	教育学硕士	副教授
29	规划与基建处	申桂英	女	1971.12.25	汉族	群众	大学本科	工程硕士	高级经济师
30	规划与基建处	何伟良	男	1957.02.14	汉族	九三	大学本科		高级实验师
31	规划与基建处	杨倩	女	1979.02.01	汉族	党员	大学本科	工程硕士	高级工程师
32	资产与后勤管理处	杨湘东	男	1971.01.19	汉族	党员	大学本科	工学学士	副研究员
33	学报编辑部	牛志霖	男	1964.05.06	汉族	党员	硕士研究生	工学学士	副编审
34	学报编辑部	佟启巾	女	1965.06.18	满族	群众	大学本科		副编审
35	大兴校区管委会	冯宏岳	男	1975.12.16	回族	党员	大学本科	法学学士	高级政工师
36	医务室	贾瑞珍	女	1966.02.19	汉族	九三	大学	医学学士	副主任医师
37	土木与交通工程学院	何立新	男	1967.12.05	汉族	党员	大学本科	历史学学士	高级政工师
38	土木与交通工程学院	刘小红	女	1966.05.20	汉族	群众	大学本科	理学学士	高级工程师
39	土木与交通工程学院	周文娟	女	1977.02.18	汉族	党员	硕士研究生	工学硕士	副教授
40	环境与能源工程学院	刘艳华	女	1975.08.29	汉族	党员	硕士研究生	教育学硕士	副教授
41	环境与能源工程学院	孙金栋	男	1969.12.28	汉族	党员	大学本科	工学学士	高级实验师
42	环境与能源工程学院	侯书新	女	1968.05.11	汉族	群众	大学本科	工程硕士	高级实验师
43	环境与能源工程学院	周琦	男	1959.11.20	汉族	群众	大学专科		高级实验师
44	环境与能源工程学院	董素清	女	1963.12.17	汉族	群众	大学专科		高级实验师
45	电气与信息工程学院	杨光	男	1974.08.15	汉族	党员	大学本科	工学硕士	副教授
46	电气与信息工程学院	张翰韬	男	1967.05.17	汉族	党员	大学本科	双学位	高级实验师
47	电气与信息工程学院	陈一民	男	1979.05.14	汉族	党员	大学本科	工学学士	高级实验师
48	电气与信息工程学院	阴振勇	男	1956.02.18	汉族	群众	大学本科		高级实验师
49	经济与管理工程学院	彭磊	女	1975.01.29	汉族	党员	博士研究生	管理学博士	副研究员
50	经济与管理工程学院	张卓	女	1972.07.17	汉族	党员	硕士研究生	工学硕士	副教授
51	测绘与城市空间信息学院	王震远	男	1973.03.25	汉族	党员	硕士研究生	工学硕士	副教授
52	测绘与城市空间信息学院	廖丽琼	女	1969.05.29	汉族	群众	大学本科	工学学士	副教授
53	机电与车辆工程学院	汪长征	男	1981.01.11	汉族	党员	博士研究生	理学博士	副教授
54	机电与车辆工程学院	顾斌	男	1962.09.06	汉族	党员	大学本科	工学学士	高级工程师
55	机电与车辆工程学院	张惠生	男	1956.06.10	汉族	党员	大学本科	工学学士	高级实验师
56	机电与车辆工程学院	宋春雨	女	1971.09.19	汉族	党员	大学本科	工学硕士	高级工程师
57	计算机教学部	朱洁兰	女	1981.12.14	汉族	党员	硕士研究生	理学硕士	高级工程师
58	计算机教学部	张堃	女	1967.10.29	汉族	群众	大学本科	工学学士	高级工程师
59	图书馆	陈靖远	男	1962.03.17	汉族	群众	硕士研究生	工学硕士	高级工程师
60	图书馆	朱晓娜	女	1975.05.25	满族	群众	大学本科		副研究馆员

续表

序号	单 位	姓名	性别	出生日期	民族	政治面貌	学历	学位	职称/工勤级别
61	图书馆	刘春梅	女	1963.02.03	汉族	党员	大学本科	文学学士	副研究馆员
62	图书馆	蔡时连	女	1963.11.26	汉族	群众	硕士研究生	理学硕士	副研究馆员
63	图书馆	何大炜	女	1968.08.05	汉族	党员	大学本科	经济学硕士	副研究馆员
64	图书馆	潘兴华	男	1963.02.15	汉族	党员	大学本科	工学学士	高级工程师
65	图书馆	张煜	男	1979.11.02	汉族	团员	大学本科	工程硕士	副研究馆员
66	工程实践中心	王鲜云	女	1970.09.18	汉族	群众	大学本科	教育硕士	高级讲师
67	后勤集团	武全	男	1976.07.15	汉族	党员	硕士研究生	法学硕士	副教授
68	校产公司	丛小密	男	1965.08.17	汉族	党员	大学本科	工学学士	高级工程师
69	校产公司	田成钢	男	1959.07.12	汉族	党员	大学本科	工学学士	高级工程师
70	校产公司	周克勤	男	1962.09.06	汉族	党员	硕士研究生	工学硕士	副教授
71	校产公司	苏巧云	女	1965.12.30	汉族	群众	大学本科	工学学士	高级工程师
72	校产公司	耿秀琴	女	1962.10.08	汉族	党员	大学专科		高级工程师
73	校产公司	赵群	男	1967.01.06	汉族	群众	大学本科	工学学士	高级工程师
74	校产公司	谢四林	男	1966.03.16	汉族	党员	研究生班	工学学士	高级工程师
75	校产公司	田世文	男	1964.09.29	汉族	党员	研究生班	工程硕士	高级工程师
76	校产公司	边志杰	男	1966.10.24	汉族	群众	硕士研究生	工学硕士	副教授
77	校产公司	曲秀莉	女	1961.02.03	汉族	党员	大学本科	工学学士	副教授
78	校产公司	崔健航	男	1962.05.25	汉族	党员	大学本科	工学学士	高级工程师
79	校产公司	罗辉	男	1969.06.10	汉族	群众	大学本科	工学学士	高级工程师
80	校产公司	李放	女	1966.11.04	汉族	群众	大学本科	工学学士	高级工程师
81	校产公司	王晓刚	男	1967.01.20	汉族	党员	大学本科	工学学士	高级工程师
82	校产公司	张宝忠	男	1960.08.07	汉族	群众	大学本科	工学学士	高级工程师
83	校产公司	张宪亭	男	1970.09.01	汉族	预备党员	研究生班	土木工程硕士	副教授
84	校产公司	蔡小刚	男	1956.02.28	汉族	群众	大学本科	工学学士	高级工程师
85	校产公司	王华萍	女	1973.04.08	汉族	党员	硕士研究生	工学硕士	高级工程师
86	待聘人员	周永生	男	1957.01.24	汉族	党员	硕士研究生	经济学硕士	高级工程师